《世界各国刑事诉讼法》分解资料丛书

刑事执行程序

外国刑事诉讼法有关规定

卞建林 / 主编

中国检察出版社

《世界各国刑事诉讼法》分解资料丛书

主　　编　孙　谦　　卞建林　　陈卫东

执行编委　（按姓氏笔画为序）

王贞会　　朱建华　　刘计划　　安　斌

侯宇翔　　常　艳　　程　雷　　潘　灯

出版说明

为进一步推进我国法治建设，助力司法体制改革，促进学术研究，中国检察出版社与中国刑事诉讼法学研究会联合组织编译了《世界各国刑事诉讼法》，并由中国检察出版社于2016年8月出版。《世界各国刑事诉讼法》收录了世界五大洲61个国家的现行刑事诉讼法文本，全书按照地域分为五卷，分别为亚洲卷、欧洲卷、非洲卷、美洲卷、大洋洲卷。出版一年来，受到法学界、法律实务界的欢迎。由于《世界各国刑事诉讼法》长达一千余万字，卷帙浩繁，给研究和阅读带来不便。为此，编者对《世界各国刑事诉讼法》收录的外国刑事诉讼法所规定的刑事诉讼原则、刑事证据制度、刑事强制措施、刑事辩护与代理制度、刑事立案与侦查、刑事起诉制度、刑事审判制度、刑事执行程序、未成年人刑事司法程序、涉外程序和刑事司法协助等十个方面的内容进行分类梳理、编辑，出版这套《世界各国刑事诉讼法》分解资料丛书，以方便读者研读和查阅。本套丛书分别由孙谦教授、卞建林教授、陈卫东教授主持编写，丛书编委会审定。

受时间和能力所限，本丛书编辑的过程中可能存在不够妥当或错漏之处，敬请读者批评指正。

编　者
2017年8月

目　录

出版说明……………………………………………………………… 1

亚　洲

朝鲜……………………………………………………………………… 1
哈萨克斯坦……………………………………………………………… 4
韩国…………………………………………………………………… 13
马来西亚……………………………………………………………… 19
日本…………………………………………………………………… 27
沙特阿拉伯…………………………………………………………… 28
泰国…………………………………………………………………… 29
土库曼斯坦…………………………………………………………… 32
新加坡………………………………………………………………… 38
印度…………………………………………………………………… 48

欧　洲

奥地利………………………………………………………………… 55
保加利亚……………………………………………………………… 58
比利时………………………………………………………………… 62
德国…………………………………………………………………… 73
俄罗斯………………………………………………………………… 85
法国…………………………………………………………………… 96
荷兰…………………………………………………………………… 206
克罗地亚……………………………………………………………… 225
拉脱维亚……………………………………………………………… 227
挪威…………………………………………………………………… 271
葡萄牙………………………………………………………………… 274
瑞士…………………………………………………………………… 284

乌克兰 …………………………………………………………… 286
西班牙 …………………………………………………………… 295
意大利 …………………………………………………………… 299

非　洲

阿尔及利亚 ……………………………………………………… 318
埃及 ……………………………………………………………… 333
埃塞俄比亚 ……………………………………………………… 342
加纳 ……………………………………………………………… 347
喀麦隆 …………………………………………………………… 353
肯尼亚 …………………………………………………………… 362
摩洛哥 …………………………………………………………… 366
南非 ……………………………………………………………… 386
尼日利亚 ………………………………………………………… 387
突尼斯 …………………………………………………………… 397

美　洲

阿根廷 …………………………………………………………… 407
巴西 ……………………………………………………………… 415
秘鲁 ……………………………………………………………… 432
哥伦比亚 ………………………………………………………… 435
古巴 ……………………………………………………………… 440
墨西哥 …………………………………………………………… 443
乌拉圭 …………………………………………………………… 449
智利 ……………………………………………………………… 457

大　洋　洲

澳大利亚 ………………………………………………………… 462
巴布亚新几内亚 ………………………………………………… 471
瓦努阿图 ………………………………………………………… 488

附录：《世界各国刑事诉讼法》分解资料丛书翻译与审校人员 ………… 491

亚　　洲

朝　　鲜

朝鲜民主主义人民共和国刑事诉讼法[*]

第九章　判决、裁定的执行

第 418 条　（判决、裁定的执行期间）

判决、裁定应在确定后执行。

死刑判决应得到相关机关的许可才能执行。

第 419 条　（送达执行文件）

判决、裁定生效后，审判长应当在 2 日之内将执行文书送达相应的刑罚执行机关。

第 420 条　（监督判决、裁定的执行）

由检察官监督判决、裁定的执行。

执行死刑判决时，应当有检察官参与。

第 421 条　（死刑判决的执行）

死刑，由接收死刑执行指挥文书与判决书副本的刑罚执行机关执行。

死刑执行指挥文书应当由最高人民法院颁发。

第 422 条　（汇报死刑执行结果）

接收死刑执行指挥文书与判决书副本的刑罚执行机关，执行死刑后，应当在执行之日起 3 日内向相关法院汇报执行结果。

第 423 条　（无期徒刑、有期徒刑、劳动教养的执行）

对无期徒刑、有期徒刑、劳动教养的执行，应当由接收法院送达的判决、

---

[*] 本法于 1992 年 1 月 15 日由朝鲜最高人民会议批准并实施。先后于 1995 年、1996 年、1997 年、1999 年、2004 年、2011 年、2012 年颁布了 7 个修正案。本译本根据朝鲜最高人民会议官网提供的朝鲜语文本翻译。

裁定副本和确认通知书的相应的刑罚执行机关作出。

第 424 条 （刑期的计算）

无期徒刑、有期徒刑、劳动教养的刑罚执行期间应当从执行判决之日起计算。

罪犯在判决前已经被拘禁的，应当从拘禁之日起计算。

被判处无期徒刑、有期徒刑、劳动教养的罪犯在刑罚执行机关内住院的期间应当计入刑罚执行期间。

第 425 条 （剥夺选举权与罚金的执行）

剥夺选举权应当由接收刑罚执行机关送达的判决书副本和出狱证的市（区域）、郡人民委员会，在主刑罚执行完毕后执行。

罚金应当由相关机关执行。

第 426 条 （剥夺资格或停止资格的执行）

剥夺资格或停止资格应当由接收刑罚执行机关送达的判决书副本与出狱证的授予资格机关，在主刑罚执行完毕后执行。

第 427 条 （财产没收刑罚的执行）

财产没收刑罚应当由法院执行员在接收执行文书之日起一个月内执行。执行时，应当邀请两名见证人到场，制作财产没收清单目录后，将财产没收清单目录附加于案件笔录内，清单一式两份，其中一份交付被没收财产者。

对执行没收财产提出相关的意见时，应当由相应法院的法官在 3 日内审理。

第 428 条 （执行损害赔偿财产）

接收执行文书的法院的执行人员，应当为损害赔偿请求人，在一个月内执行裁判确定的财产。执行时，应当邀请两名见证人到场，制作两份损害赔偿财产目录，一份交给财产所有人。财产所有人应从损害赔偿请求人处获得财产移交成功的确认书。

与损害赔偿的财产执行相关的意见，应当由相关法院的法官在 3 日内解决。

第 429 条 （财产的强制执行）

财产所有权人无正当理由拒绝配合执行没收财产刑罚或因造成损害而判决赔偿财产时，执行机关应当强制执行。

第 430 条 （停止执行刑罚事由）

被判处无期徒刑、有期徒刑、劳动教养的罪犯，患有急性短暂性精神病或重病时，可以停止执行刑罚直至痊愈。

对于怀孕的妇女，应当从生产前 3 个月至生产后 7 个月，停止执行刑罚。

第 431 条　（刑罚执行的撤销事由）

被处于无期徒刑、有期徒刑、劳动教养的罪犯患有不可治愈的精神病或死亡时，可以撤销刑罚执行。撤销刑罚执行的情形，应当对罪犯进行法医鉴定。

第 432 条　（刑罚执行的停止或撤销、假释的申请）

对于停止或撤销无期徒刑、有期徒刑、劳动教养刑罚的执行或假释的申请，由刑罚执行机关的负责人向相应的检察院检察长提出。

检察院检察长应当对申请进行审查，认为申请适当时，应当向法院提出申请；认为申请不适当时，应当驳回申请。

第 433 条　（对于刑罚执行的停止或撤销、假释申请的审理）

对于停止或撤销无期徒刑、有期徒刑、劳动教养刑罚执行或假释的申请，由相关法院在检察官的参与下在 10 日内审理。

第 434 条　（处理和管理被停止执行刑罚的人）

对于被停止执行刑罚的人，应当适用强制医疗处分或监视居住处分。

对于被停止执行刑罚的人的管理，应当由相关的人民保安机关实施。

第 435 条　（解除停止刑罚执行）

对于被判处无期徒刑、有期徒刑、劳动教养的罪犯，其停止刑罚执行事由消除的，法院应当作出解除停止刑罚执行的裁定，命令继续执行剩余的刑罚。

中止刑罚执行的期间，不计入刑罚期间。

第 436 条　（刑罚执行过程中犯罪或停止刑罚执行过程中犯罪的处理）

在刑罚执行期间或停止刑罚执行期间，罪犯再犯新罪时，对该新罪的处理准用本法第 82 条之规定。

第 437 条　（对与判决、裁定的执行相关的申请进行审理的日期通知）

审理与判决、裁定执行相关申请的法院，应当在开庭审理前 3 日告知检察官审理日期。

第 438 条　（对与判决、裁定的执行相关的申请进行审理）

对判决、裁定执行相关事项申请进行审理时，法院应当在听取检察官的意见后作出相应裁定。

哈萨克斯坦

哈萨克斯坦共和国刑事诉讼法典[*]

第九编 司法判决的执行

第五十一章 法院刑事案判决与裁决的执行

第470条 刑事案判决产生法律效力并交付执行

1. 第一审审级法院下达的刑事案判决，由区辖法院与同级别法院、专门对刑事案件进行管辖的区际法院、专门对刑事案件进行管辖的区际军事法院、专门对未成年人案件进行管辖的区际法院、卫戍区军事法院下达的，在第一上诉审申诉或者抗诉期限届满时，如果未对其提起申诉或者抗诉的，应当产生法律效力并应交付执行。

2. 在第一上诉审审级法院再次审理案件的情况下，如果未对其予以撤销，刑事案判决自第一上诉审裁决下达之日起产生效力。如果第一上诉审上诉（刑事自诉）、抗诉在第一上诉审审级审判庭开庭之前被撤回，刑事案判决自第一上诉审审级法院下达有关鉴于上诉、抗诉撤销而终止案件诉讼程序的裁决下达之日起开始生效。

3. 刑事案判决，自该判决产生法律效力之日亦或上级法院将案件退回之日起3日内交付第一审审级法院执行。

4. 因实施刑事违法行为被处刑的人员，如果有罪刑事案判决在《哈萨克斯坦共和国刑事法典》规定期限内未予交付执行的，应当免除履行相应的刑罚。

5. 法院刑事案判决，有关对被宣告无罪人解除关押的部分，应当立即执行。

第471条 法院裁决产生法律效力并交付执行

1. 第一审审级法院下达的裁决，在对其提起申诉或者上诉的期限届满时，亦或就案件的审理向上级法院递交有关刑事自诉或抗诉请求时产生法律效力并

---

* 本译本根据哈萨克斯坦共和国司法部官方网站提供的哈萨克斯坦语与俄语文本翻译。

交付执行。

2. 法院下达的裁决，不应当提起申诉或者抗诉的，应立即产生法律效力，并在其下达后立即交付执行。

3. 法院在审前听证或者法庭主体审理程序阶段下达的有关终止案件的裁决，其中涉及释放被关押的刑事被告人或者刑事受审人的部分，应当立即执行。

4. 第一上诉审审级法院下达的裁决、刑事案判决，自宣布之时起产生效力。

5. 第一上诉审审级与第二上诉审审级法院下达的刑事案判决、裁决，依据本法典第445条与第466条规定的程序交付执行。

［本条第5款规定依据哈萨克斯坦共和国2015年10月31日第378－Ⅴ号法令修订（自2016年1月1日生效）。］

6. 法院下达的刑事自诉裁决，自产生法律效力后，应当在不晚于3日内交付履行相应管理职能的公职人员。在不晚于1个月内对自定裁决采取必要措施，并将相应结果通知下达该裁决的法院。

第472条 法院刑事案判决与裁决交付执行的程序

1. 产生法律效力的法院刑事案判决与裁决，对于所有国家机关、地方自治机关、法人、公职人员、公民没有例外，均具有强制性效力，在哈萨克斯坦共和国领域内必须严格执行。不执行法院下达的刑事案判决、裁决的，应当承担相应的刑事责任。

2. 有关刑事案判决、裁决交付执行的事项，应当由负责第一审审级案件审理的法院负责。有关执行刑事案判决的命令，由法官随附刑事案判决副本交付相应机关，依据刑事执行立法负有执行刑事案判决责任的。第一上诉审审级法院有责任告知有关对涉及被拘留人员的案件进行的第一上诉审审理的结果。在依据第一上诉审程序变更刑事案判决的情况下，在刑事案判决副本中应当随附第一上诉审裁决的副本。

3. 如果在刑事案判决中指明必须提及下述问题，有关剥夺哈萨克斯坦共和国总统授予被裁定有罪人的哈萨克斯坦共和国国家奖励、荣誉头衔、军衔、专业头衔或者其他头衔、职衔、外交官衔与专业职称的，作出刑事案判决的法院，应当向哈萨克斯坦共和国总统递交有关要求剥夺被裁定有罪人的国家奖励、上述称号、职衔、外交官衔与专业职称的报告，以及刑事案判决副本与有关刑事案判决产生法律效力的说明。

4. 刑罚执行机关或者机构，应当立即将刑事案判决的执行情况告知下达该判决的法院。刑罚执行机关或者机构应当向下达判决的法院告知有关被裁定有罪人履行刑罚的地点。有关第一上诉审审级法院刑事案判决的执行情况，应当通知相应的第一审审级法院。

第 473 条　向被裁定有罪人与刑事附带民事诉讼被告人亲属通知有关刑事案判决交付执行的事宜

1. 在刑事案判决产生法律效力之后，被拘留的被裁定有罪人被科处禁闭刑或者剥夺自由刑的，关押地的行政管理部门应当向被裁定有罪人家庭告知有关该人被遣送何处履行刑罚。

2. 有关刑事案判决交付执行的问题，在民事诉讼请求被受理的情况下，司法执行官应当告知刑事附带民事诉讼被告人。

第 474 条　允许被裁定有罪人同亲属会面

在刑事案判决交付执行之前，审理案件的审判长或者法院院长，对于被拘留的被裁定有罪人，如果其男性配偶（女性配偶）、近亲属提出要求的情况下，允许上述人员同被裁定有罪人会面与进行电话交谈。

第 475 条　刑事案判决的延期执行

1. 对于被科处社会劳动刑、矫正劳动刑、限制自由刑或者剥夺自由刑的被裁定有罪人，在具有下述根据之一的情况下，刑事案判决可以延期执行：

（1）被裁定有罪人罹患重病而阻碍履行刑罚的——在其痊愈之后履行；

（2）女性被裁定有罪人怀有身孕或者尚有年幼子女，男性被裁定有罪人独自抚养年幼子女的——依据《哈萨克斯坦共和国刑事法典》第 74 条规定的程序实行；

（3）对于被裁定有罪人，家庭遭受火灾或者其他自然灾害、家庭中惟一具有劳动能力的成员罹患重病或者死亡，亦或遭受其他紧急情况的，立即履行刑罚可能导致该被裁定有罪人或者其家庭产生极其严重的后果——应当由法院确定不超过 6 个月；而对于《哈萨克斯坦共和国刑事法典》第 76 条第 2 款规定的人员——应当不超过 3 个月。

2. 根据法院的刑事案判决，被裁定有罪人应当缴付的罚金以及其他应当赔偿的款项，可以延期或者分期在 6 个月内缴付，前提是如果被裁定有罪人无法立即缴付的。

3. 有关延期执行刑事案判决的问题，如果法院在下达刑事案判决时未能确定的，由下达刑事案判决的法院处理，或者根据被裁定有罪人、其法定代理人、近亲属、保护人的申请，亦或根据检察官或者履行刑事案判决机关的报告，由刑事案判决执行地的法院处理。

刑事案判决中的附加刑部分不得延期执行。

第 476 条　法院在刑事案判决执行时应当审理的问题

法院应当审理下述同刑事案判决执行有关的问题：

（1）有关在故意逃避履行下述类别的刑罚时变更为其他刑罚类别的问题：

因实施刑事不法行为而被裁定罚金刑——变更为社会性劳动刑亦或拘役刑（《哈萨克斯坦共和国刑事法典》第 41 条）；

因实施犯罪被裁定罚金刑——变更为剥夺自由刑（《哈萨克斯坦共和国刑事法典》第 43 条）；

被裁定限制自由刑——变更为剥夺自由刑（《哈萨克斯坦共和国刑事法典》第 44 条）；

（2）有关在产生阻碍矫正性劳动刑执行的情节时，因实施刑事不法行为被裁定刑罚的，应当变更为社会性劳动刑或者拘役刑，而因为实施犯罪被科处矫正性劳动刑的——变更为剥夺自由刑（《哈萨克斯坦共和国刑事法典》第 44 条）；

（3）有关对被判处刑罚的被裁定有罪人发布与终止通缉、选择强制性处罚措施的问题；

（4）有关依据刑事执行立法对被判处剥夺自由刑的人员根据刑事案判决变更刑事执行机构类别的问题；

（5）有关附条件提前免除刑罚（《哈萨克斯坦共和国刑事法典》第 72 条）、将未履行完毕的部分刑罚变更为较轻刑罚类别亦或缩短所裁定的刑罚期限（《哈萨克斯坦共和国刑事法典》第 44 条）的问题；

（6）有关撤销附条件提前免除刑罚（《哈萨克斯坦共和国刑事法典》第 72 条第 7 款）的问题；

（7）有关鉴于罹患疾病免除刑罚，适用或者不适用强制性医疗措施（《哈萨克斯坦共和国刑事法典》第 75 条）的，以及撤销有关免除继续履行刑罚的裁决，其中包括鉴于康复的原因撤销有关免除继续履行刑罚的；

（8）有关撤销附条件执刑亦或延长考验监督期限（《哈萨克斯坦共和国刑事法典》第 64 条）的问题；

（9）有关全部或者部分撤销此前对被裁定有罪人规定的自由限制责任（《哈萨克斯坦共和国刑事法典》第 44 条）；

（10）有关撤销延期执行刑罚的（《哈萨克斯坦共和国刑事法典》第 74 条）；

（11）有关鉴于法院下达的有罪刑事案判决时效届满而免除履行刑罚的（《哈萨克斯坦共和国刑事法典》第 77 条）；

（12）有关刑事案判决的执行，在具有其他未执行的刑事案判决时，前提是如果对此在最后下达刑事案判决时未予解决（《哈萨克斯坦共和国刑事法典》第 60 条）；

（13）有关拘留时间的折抵，以及在医疗机构留置时间的折抵（《哈萨克斯坦共和国刑事法典》第62条、第97条、第98条）；

（14）有关延长、变更或者终止适用强制性医疗措施（《哈萨克斯坦共和国刑事法典》第96条、第98条）；

（15）有关免除刑罚或者减轻刑罚，变更对被裁定有罪人实行行为的认定、缩短刑罚期限、鉴于具有回溯效力的刑事法律颁布亦或撤销相应实行行为的刑事责任而产生的累次犯罪、法院在作出刑事案判决时适用的法律，以及赦免法令被《哈萨克斯坦共和国宪法》认定为是违反宪法的法律或者其他规范性法令（《哈萨克斯坦共和国刑事法典》第6条）；

（16）有关依据刑事执行立法，降低从被判处矫正性劳动刑的被裁定有罪人工资中扣除的数额，以及有关根据法院的刑事案判决分期与延期缴付罚款及其他赔偿；

（17）有关在刑事案判决执行时对产生的各种疑问与不确定进行解释；

（18）有关鉴于被裁定有罪人死亡而终止诉讼程序；

（19）有关审理被裁定有罪人对刑事执行机构、检察官作出的、与刑事案判决执行问题有关的判决与行为提起的上诉；

（20）有关撤销前科的。

第477条 对与刑事案判决执行有关的问题进行处理的法院

1. 同刑事案判决执行问题有关的事项，由对刑事案判决执行地点具有管辖权的区辖法院或同级别法院处理，在没有上述法院的情况下，由上级法院处理。

上述法院负责审理与第一上诉审审级法院刑事案判决执行问题有关的事项。

专门的区际法院不处理上述问题。但是，本条第3款规定的问题除外。

2. 有关前科撤销的问题，由负责管辖被裁定有罪人居住地的、本条第1款规定的法院审理。

3. 下达刑事案判决的法院，负责对所有有疑问的与不确定的问题进行解释。

4. 所有案件材料与法院裁决的副本，与刑事案判决执行有关的，在判决产生效力之后应当归入刑事案卷。如果法院裁决由上一审审级法院审理，该审级法院裁决的副本同样应当归入刑事案卷。

第478条 对与刑事案判决执行有关的问题进行审理的程序

1. 法院根据被裁定有罪人的申请审理本法典第476条第5项、第16项、第19项与第20项规定的问题。

2. 本法典第476条第1项、第2项、第3项、第6项、第8项、第10项、第 12 项、第 14 项与第 18 项规定的问题，根据刑罚执行机关或者机构的报告审理。

3. 本法典第 476 条第 4 项、第 7 项、第 9 项、第 11 项、第 13 项、第 15 项与第 17 项规定的问题，法院根据被裁定有罪人的申请或者刑罚执行机关亦或机构的报告审理。

4. 法院在审理与刑事案判决执行有关的问题时，应当自申请递交之日起的 1 个月内，在被裁定有罪人出庭的情况下在公开的审判庭上独任审理。对于本法典第 476 条第 1 项、第 2 项、第 3 项、第 6 项、第 7 项、第 8 项、第 10 项、第 14 项与第 17 项规定问题，可以在被裁定有罪人未出庭的情况下审理。

5. 本法典第 476 条第 5 项规定的问题，法院根据哈萨克斯坦共和国总检察长或者副总检察长的申请，可以在合作诉讼协议的框架下审理。

6. 法院在审理与被裁定有罪人的刑事案判决执行有关的问题时，在本法典第 67 条第 1 款规定的条件下，辩护人必须参与。

在向被裁定有罪人提供法律帮助的情况下，根据法院裁决，依据本法典第 68 条的规定向律师支付劳务费用。

7. 在审理有关鉴定罹患疾病而释放被裁定有罪人，亦或将其安置于医疗机构的问题时，作出医疗鉴定结论的医疗委员会代表应当出庭，而在进行司法医学鉴定或者精神障碍性疾病学司法鉴定时，作出鉴定结论的鉴定人应当参与审判庭对该问题的审理。

8. 在宣布对缓刑的被裁定有罪人进行通缉的情况下，法院应当在裁决中指明缓刑监督期限暂停的开始时间，以及该期限的恢复时间。

9. 在审理有关附条件提前释放的问题时，刑事被害人本人有权亦或由其代理人代理参与审判庭的审理。

10. 如果问题涉及有关执行刑事案判决的民事诉讼请求部分，应当传唤刑事附带民事诉讼原告人或者其代理人出席审判庭。上述人员不出庭不影响案件的审理。

11. 检察官应当参与审判庭审理。

12. 在审判庭审理与刑事案判决执行有关的问题时，首先，应当由被裁定有罪人、检察官或者刑罚执行机构亦或机关的代表叙述相应申请。其次，对递交的材料进行审查，听取出席审判庭人员作出的，以及检察官的意见。最后，由法官在评议室内作出裁决。

13. 在审判庭阶段应当进行笔录。

第 479 条　对有关撤销前科的申请进行审理

1. 有关前科撤销的问题，依据《哈萨克斯坦共和国刑事法典》第 79 条的规定，由履行刑罚的行为人居住地法院根据该人申请进行审理。

2. 行为人在对其提起的撤销前科申请进行审理时，必须参加审判庭的审理。

3. 对该申请进行审理时，首先，应当听取递交申请者的解释。其次，对提交的证据进行审查并听取被传唤人员的说明。

4. 在拒绝撤销前科的情况下，再次提出有关撤销前科申请的，可以在拒绝撤销的裁决下达之日起，于1年期限届满前向法院再次提起。

第480条　对有关附条件提前免除刑罚或者将未履行的部分刑罚变更为较轻刑罚的问题进行审理

1. 根据被裁定有罪人的申请，在本法典第478条第5款规定的条件下，审理有关附条件提前免除刑罚或者将未履行的部分刑罚变更为较轻刑罚的问题。

2. 刑罚执行机关或者机构，应当向法院递交对于作出合法判决具有意义的案件材料。其中，包括证明被裁定有罪人根据法院刑事案判决指定的刑罚履行期限、对其犯罪行为所致损害予以赔偿的信息，以及相关资料的详细信息，有关被裁定有罪人在刑罚履行期间的行为，其中，包括有关被裁定有罪人进行酒精瘾癖、麻醉剂瘾癖治疗与治疗效果的信息，有关罹患其他疾病必须治疗的信息，有关其家庭成员关系的信息及其他材料。在递交哈萨克斯坦共和国总检察长或者副总检察长的申请中，应当随附在签订合作诉讼协议框架下作出的、已经产生法律效力的刑事案判决。刑罚执行机关或者机构，对于被裁定有罪人在该时间内的矫正程度、履行全部刑罚的必要性亦或不履行全部刑罚的问题向法院提出意见。刑罚执行机关或者机构，以及被裁定有罪人本人同样应当向法院提供有关被裁定有罪人在释放后预计生活的地点及其就业前景的材料（亲属的书面同意书，地方自治机关、组织提供居住与工作地点）。

3. 在审判庭开庭之前，被裁定有罪人有权对递交法院的案件材料进行阅卷，提交自己的解释、证据，以及提出申请。

4. 如果在提交的报告中提出有关将未执行部分刑罚变更为较轻刑罚的问题，刑罚执行机关或者机构，除本条第2款指定信息外，还应当向法院递交有关对刑罚类别、幅度、期限的合理意见，据此可以确定矫正程度与个体身份，可以确定对被裁定有罪人依据变更程序履行刑罚。

5. 在审理有关附条件提前释放或者将未履行完毕的部分刑罚变更为较轻刑罚的问题时，被裁定有罪人、辩护人、刑罚执行机构或者机关的代表、检察官必须参与审判庭的审理。刑事被害人、刑事附带民事诉讼原告人与他们的代理人不出庭的，不妨碍对相关申请的审理。

6. 审判庭预审部分完成之后，被裁定有罪人或者刑罚执行机构或机关分别对申请进行叙述。之后，法院对递交的材料进行审查，听取出庭人员的解释。被裁定有罪人有权参与审判庭对所有材料的审查，在庭上发言，就审理的问题表明自己的意见。

检察官应当向法庭论证有关可以受理申请，亦或留置申请不予审理的合理意见。

7. 根据审理结果，法院应当下达下述裁决：

（1）关于受理有关附条件提前免除被裁定有罪人继续履行刑罚的申请，亦或有关将未履行完毕的部分刑罚变更为较轻刑罚的申请；

（2）关于拒绝受理有关附条件提前免除刑罚的申请，或者有关将未履行完毕的部分刑罚变更为较轻刑罚的申请；

（3）关于拒绝受理有关附条件提前免除刑罚并判处将未履行完毕的部分刑罚变更为较轻刑罚的申请。

法院在受理有关将未履行完毕的部分刑罚变更为较轻刑罚的申请时，以及在拒绝受理有关附条件提前免除刑罚的申请时，有权作出有关将未履行完毕的部分刑罚变更为较轻刑罚的判决。

参见：哈萨克斯坦共和国最高法院 2015 年 10 月 2 日第 6 号规范法令《关于附条件提前释放、将未履行完毕的刑罚变更为较轻类别刑罚以及缩短裁定的刑罚期限等问题的司法实践》。

第 481 条　对有关鉴于疾病免除刑罚的申请进行审理

1. 有关因罹患疾病免除刑罚的问题，根据被裁定有罪人的申请（其法定代理人或者代理人），亦或刑罚执行机关或者机构的申请审理。

2. 刑罚执行机关或者机构，应当向法院递交对作出合理判决具有意义的案件材料，其中，包括确定被裁定有罪人根据法院刑事案判决指定的、应当履行的刑罚期限，说明被裁定有罪人在刑罚履行期间行为的详细信息，包含有关进行麻醉剂瘾癖与致幻物瘾癖治疗以及治疗结果的信息，医疗委员会有关被裁定有罪人罹患精神障碍性疾病或者其他重度疾病，进而阻碍其继续履行刑罚的医疗鉴定，以及必须进行相应治疗且无法在刑事执行机关进行治疗的鉴定结论。

3. 刑罚执行机关或者机构，应当向法院递交有关资料，对因罹患疾病而被释放的被裁定有罪人建议居住地点的，如果疾病的性质要求对其适用在法律规定条件下进行强制性医疗的，应当递交被裁定有罪人将要移送或者安置的医疗机构名称。

4. 在审理有关鉴于罹患疾病而免除刑罚的问题时，辩护人、法定代理人、检察官、刑罚执行机关或者机构的代表、作出医疗鉴定的医疗委员会代表必须出庭。在必要的情况下，根据法院裁决进行鉴定并作出鉴定结论的鉴定人也应当出庭。

法院对医疗鉴定是否符合授权机关确定的疾病清单问题进行审查，审查结果是免除被裁定有罪人履行刑罚的根据。

被裁定有罪人可以参与审判庭案件审理，前提是如果其罹患疾病的性质不阻碍其参与庭审活动的。

5. 审判庭预审部分完成之后，相应的被裁定有罪人（如果参加的）亦或刑罚执行机关或者机构对申请进行叙述。之后，法庭对递交的所有材料进行审查，听取出席审判庭人员的解释。在必要的情况下，为确定疾病的程度及相应的诊断，以及要求适用专业常识处理的其他问题时，法庭有权指定进行司法医学鉴定或者精神障碍性疾病学司法鉴定，其中包括进行再次鉴定。

6. 根据申请的审理结果，法庭应当作出下述裁决之一：

（1）有关受理申请的裁决，鉴于罹患疾病而免除被裁定有罪人继续履行刑罚，对其适用或者不适用强制性医疗措施；

（2）有关拒绝受理申请的裁决，如果被裁定有罪人罹患的精神障碍或者疾病不妨碍继续执行刑罚。

7. 被裁定有罪人鉴于罹患精神障碍而免除继续履行刑罚之后，在处理有关适用强制性医疗措施的问题时，法庭应当解决下述问题：

（1）被裁定有罪人的精神障碍是否表现出对自己本人或者其他人员具有一定的危险性，亦或导致其他损害的可能性；

（2）是否应当适用强制性医疗措施，以及具体适用何种措施。

在认定被裁定有罪人罹患的精神障碍疾病不会对自己本人或者他人造成危险，亦或可能导致其他损害的，法院不必对其指定适用强制性医疗措施。

在法院裁决中应当指出，被裁定有罪人痊愈后恢复刑罚履行的事宜，前提是如果有罪刑事案判决的时效期限尚未届满。被裁定有罪人接受强制医疗的时间计入刑罚履行的期限。

第482条　对被裁定有罪人的上诉进行审理

1. 被裁定有罪人，有权就刑罚执行机关或者机构涉及其权利与法定利益的行为（不作为）与判决，以及检察官就刑事案判决执行问题作出的裁决，亦或检察官拒绝受理相似上诉的事项向法院提起申诉，被裁定有罪人提出的上诉，由相应刑罚履行地的区法院审理。

2. 被裁定有罪人及其行为被提起申诉的人员，必须参加审判庭的审理。

3. 被裁定有罪人提起的上诉，依据本法典第106条规定的程序审理。

4. 根据审理结果，法官在评议室作出下述判决之一：

（1）有关受理上诉的，认定被申诉的行为（不作为）与裁决是非法行为（不作为）与裁决的，对其予以撤销的；

（2）有关留置上诉不予受理的；

（3）有关根据实施酷刑、其他非法行为与虐待的声明将上诉递交相应检察官以便实施审查的。

第483条 对法官的裁决提起申诉与抗诉

司法裁决，在审理与刑事案判决有关的问题时作出的，可以依据本法典第四十八章、第四十九章与第五十章规定提起第一上诉审审级与第二上诉审审级的上诉与抗诉。

韩　　国

韩国刑事诉讼法*

第六章　裁判的执行

第459条　（裁判的确定与执行）

法律无特别规定时，裁判应当在确定之后执行。

第460条　（执行指挥）

①作出裁判的法院对应的检察厅检察官指挥裁判的执行。但是，裁判的性质决定应当由法院或法官指挥的情况除外。

②执行上诉的裁判或因撤回上诉而执行下级法院裁判时，由上诉法院对应的检察厅检察官指挥。但是，其诉讼卷宗在下级法院或其对应的检察厅时，由该检察厅检察官指挥。

第461条　（执行指挥的方式）

裁判的执行指挥，应当以附加裁判书或记载裁判的笔录复制本或抄本的书面形式进行。但是，除指挥刑罚执行的情形外，可以在裁判书的正本、复制本

---

* 本法于1954年5月30日由大韩民国国会批准，1954年9月23日实施。最近一次修正时间是2016年1月6日。本译本根据大韩民国法制处官网提供的韩语文本翻译。

或抄本或者笔录的复制本、抄本等上盖章承认执行。

第 462 条　（执行刑罚的顺序）

除丧失资格、停止资格、罚金、罚款和没收外，两个以上刑罚的执行应当先执行较重的刑罚。但是，检察官经所属长官的许可后，可以停止较重刑罚的执行，而执行其他刑罚。

第 463 条　（死刑的执行）

死刑，应当依据法务部长官的命令执行。

第 464 条　（确定死刑判决与诉讼记录的提交）

宣告死刑的判决确定时，检察官应当立即将其诉讼卷宗提交法务部长官。

第 465 条　（执行死刑命令的时期）

①死刑执行命令，应当在判决确定之日起 6 个月以内作出。

②有上诉权恢复的请求、再审的请求或非常上告的申请时，其程序终了时为止的期间，不计入前款的期间内。

第 466 条　（死刑执行的期间）

法务部长官命令执行死刑时，应当在 5 日内执行。

第 467 条　（参与执行死刑）

①死刑的执行，应当由检察官与检察厅书记员、监狱长或拘留所所长或其代理人参与。［修订 63.12.13］

②未经检察官或监狱长或拘留所所长的许可，任何人均不得进入刑罚执行的场所。［修订 63.12.13］

第 468 条　（死刑执行笔录）

参与死刑执行的检察厅书记员，应当制作执行笔录，并与检察官、监狱长、拘留所所长或其代理人一同在笔录上签字或盖章。

［修订 63.12.13，2007.6.1］［［实行日 2008.1.1］］

第 469 条　（停止执行死刑）

①宣告死刑的人，因身心障碍而无意思表达能力，或是怀孕的妇女时，法务部长官应当命令停止执行死刑。

②依据前款规定停止执行的情况下，应当待其身心障碍恢复或分娩后，按照法务部长官的命令执行刑罚。

第 470 条　（停止自由刑罚的执行）

①被宣告惩役、禁锢或拘留等刑罚的人，因身心障碍处于无意思表达能力状态的，应当依照宣告刑罚的法院对应的检察厅检察官或管辖被宣告刑罚的人现所在地的检察厅检察官的指挥，停止执行刑罚直至身心障碍恢复时为止。

②依据前款规定停止执行刑罚时，检察官可以将被宣告刑罚的人移送至监

护义务人或地方公共团体,收容于医院或其他适当的场所。

③作出前款处分前,应当将被停止执行刑罚的人羁押于监狱或拘留所,并将其期间计入刑期。[修订63.12.13]

第 471 条　（同前）

①被宣告惩役、禁锢或拘留刑罚的人,有下列各项事由之一时,可以依照宣告刑的法院对应的检察厅检察官或管辖被宣告刑罚的人现所在地的检察厅检察官的指挥,停止刑罚的执行:[修订2007.12.21]

1. 因刑罚的执行可能明显危害健康或难以保障生命的;
2. 年龄70岁以上的;
3. 怀孕6个月以上的;
4. 分娩后未满60日的;
5. 因直系长辈年龄70岁以上或患重病或残疾,且没有其他亲属看护的;
6. 直系晚辈年幼且没有其他亲属抚养的;
7. 有其他重大事由的。

②检察官进行前款的指挥,应当取得所属高等检察厅检察长或地方检察厅检察长的许可。[修订2004.1.20,2007.6.1][[实行日2008.1.1]]

第 471 条之二　（中止刑罚执行审议委员会）

①为了审议第471条第1款第1项的中止刑罚执行及其延长相关的事项,在各个地方检察厅设立中止刑罚执行审议委员会(以下简称审议委员会)。

②审议委员会由委员长1名和10名以内的委员组成,委员的选拔由各个地方检察厅检察长在学界、法律界、医疗界、市民团体、人事等具备学识和经验的人才中任命或者委托。

③有关审议委员会的构成和运营以及其他相关事项由法务部令规制。

[本条新设2015.7.31]

第 472 条　（诉讼费用的停止执行）

在第487条规定期间内提出申请的,停止执行诉讼费用负担的裁判,直至对该申请的裁判确定时为止。

第 473 条　（为执行而进行的传唤）

①被宣告死刑、惩役、禁锢或拘留的人,未被羁押的,检察官为了执行刑罚可以将其传唤。

②经传唤后未到场时,检察官应当签发刑罚执行令进行拘传。[修订73.1.25]

③在第1款的情形下,被宣告刑罚的人逃跑或可能逃跑的,或现所在地不明的,可以不经传唤而直接签发刑罚执行令进行拘传。[修订73.1.25]

第 474 条　（刑罚执行令的方式与效力）

①前条的刑罚执行令，应当记载被宣告刑罚者的姓名、居所、年龄、罪名、刑期及其他必要事项。

②刑罚执行令，具有与羁押令同等的效力。

［专门修订 73.1.25］

第 475 条　（刑罚执行令的执行）

根据前两条规定执行刑罚执行令时，准用第一章第 9 节有关被告人羁押的规定。

［专门修订 73.1.25］

第 476 条　（资格刑的执行）

对于被宣告丧失资格或停止资格的人，将其记载于受刑者原簿之后，应当立即将其复制本送交被宣告刑罚者的原籍与居住地的市（指不设区的市，以下同上）、区、邑、面、长（作为城乡复合形态的市，属于洞地域的，市、区、长，属于邑面地域的，邑、面、长）。

［修订 94.12.22，2007.5.17 第 8435 项（关于家族关系登记等的法律）］
［［实行日 2008.1.1］］

第 477 条　（财产刑等的执行）

①罚金、罚款、没收、追征、诉讼费用、费用赔偿或先行缴纳等的裁判，应当依照检察官命令执行。

②前款的命令，与有执行力的债务名义具有同等效力。

③执行第 1 款的裁判，准用《民事执行法》有关执行的规定。但是，不要求执行前送达裁判。［修订 2002.1.26 法律第 6627 项，2007.6.1］［［实行日 2008.1.1］］

④第 1 款的裁判，可以不按照第 3 款的规定而依据《国税征收法》中国税缴纳处分规定执行。［新设 2007.6.1］［［实行日 2008.1.1］］

⑤检察官为执行第 1 款的裁判，可以进行必要的调查。在此情形下，准用第 199 条第 2 款的规定。［新设 2007.6.1］［［实行日 2008.1.1］］

⑥罚金、罚款、追征、延迟履行金、诉讼费用或者费用赔偿中的分期缴纳、延迟缴纳及通过代缴纳机关缴纳等与缴纳方式相关的事项有法务部令规制。［新设 2016.1.6］［实行日 2018.1.7］

第 478 条　（对于遗产的执行）

没收或者根据有关租税、专卖或其他课征法令裁判的罚金或追征，受该裁判者在裁判确定后死亡的，可以执行其遗产。

第 479 条　（合并后对法人的执行）

在对法人处以罚金、罚款、没收、追征、诉讼费用或赔偿的情况下，该法人在裁判确定后因合并而消灭时，可以对吸收合并后存续的法人或因新设合并而设立的法人执行。

第 480 条　（先予缴纳的调整）

执行了第一审先予缴纳裁判之后，作出第二审暂予缴纳裁判时，第一审裁判的执行，在第二审暂予缴纳金额的限度内，视为第二审裁判的执行。

第 481 条　（暂予缴纳执行与本刑的执行）

执行了暂予缴纳的裁判后，罚款、罚金或追征的裁判确定时，在其金额的限度内，视为执行了刑罚。

第 482 条　（有关确定判决前羁押日期等的计算）

①判决宣告后将判决确定前的羁押期限（包括判决宣告当日的羁押期限）全部计算在本刑罚中。［修订 2015.7.31］

②决定驳回上诉时，送达期间或立即抗告期间中的羁押期限全部计算到本刑罚中。［2007.6.1，2015.7.31］

③第 1 款第 2 项中一个羁押日期等于刑期中的 1 日或与罚金或罚款相关的留置期间的 1 日。［修订 2015.7.31］

［本条条旨修订 2015.7.31］

［2015.7.31 根据法律第 13454 号，修订 2009.12.29. 在宪法裁判所被决定为与宪法不一致的本条法律］

第 483 条　（处分没收物）

没收物应当由检察官处分。

［修订 95.12.29］

第 484 条　（交付没收物）

①执行没收后 3 个月内，对其没收物有正当权利者请求交付没收物时，除没收物应当被破坏或废弃外，检察官应当交付。

②处分没收物之后提出前款请求时，检察官应当交付公开拍卖所得的对价。

第 485 条　（伪造等的标记）

①返还伪造或变造的物品时，应当在其物品的全部或部分，标记为伪造或变造品。

②伪造或变造的物品未被扣押时，应当命令提交该物品以进行前款的处分。但是该物品属于公务机关时，应当将伪造或变造的事由通知公务机关，由公务机关作出适当的处分。

第 486 条　（无法归还与公告）

①因扣押物的应受返还者不明或因其他事由不能返还时，检察官应当将该事由在公报上公告。

②公告后 3 个月内未提出返还请求时，该物品收归国库。[修订 73.1.25]

③在前款的期间内，可以废弃无价值的物品，也可以拍卖难以保管的物品并保管该拍卖物品的对价。[修订 2007.6.1]［[实行日 2008.1.1]］

第 487 条　（申请免除执行诉讼费用）

被判负担诉讼费用的人，因贫困无法全部缴纳时，可以在裁判确定后 10 日内，向宣告裁判的法院申请免除执行对诉讼费用全部或部分。

第 488 条　（疑义申请）

被宣告刑罚的人对有关执行的裁判之解释有疑义时，可以向宣告裁判的法院提出疑义申请。

第 489 条　（异议申请）

被执行裁判的人或其法定代理人、配偶，可以以有关执行的检察官处分不当为由，向宣告裁判的法院提出异议申请。

第 490 条　（撤回申请）

①在法院作出决定之前，申请人可以撤回前 3 条的申请。

②第 344 条的规定，准用于前 3 条的申请及撤销。

第 491 条　（即时抗告）

①对第 487 条至第 489 条的申请，法院应当作出决定。

②对于前款的决定，可以即时抗告。

第 492 条　（劳役场留置的执行）

对于未完全缴纳罚金或罚款的人执行留置劳役刑罚时，准用刑罚执行的规定。

第 493 条　（执行费用的承担）

第 477 条第 1 款的裁判执行费用，应当由被执行人负担，并依照《民事执行法》的规定于执行时一并征收。

[修订 2002.1.26，法律第 6627 项，2007.6.1]［[实行日 2008.1.1]］

马来西亚

马来西亚刑事诉讼法典[*]

第六编　公诉程序

第二十七章　刑罚的裁量与执行

第 281 条　死刑执行规则

涉及死刑的案件应当遵守以下规则：

（a）死刑判决宣告后，法庭应当出具交押令将罪犯交付地区监狱监禁官。交押令全权授权上述官员或由其任命的其他负责人将罪犯收监，并将其监禁直至法院下达新的裁决；

（b）（i）规定时间内未送达上诉通知书的，规定期间经过后，作出死刑判决的法官应当在尽可能方便时将案件转送作出有罪判决的法院所在州的州务大臣处。应当移送的材料包括庭审中有关证据说明的复印件以及由法官亲笔签名的案件审理报告。审理报告中应当阐明其未送达上诉通知的理由以及所判处的死刑应当执行或不应当执行的理由；

（ii）在规定的时间内送达了上诉通知书，且上诉法院就上诉作出裁决的，作出死刑判决的法官应当将第（i）段中提及的审理报告提交联邦法院；联邦法院驳回上诉的，主审法官应当在驳回上诉后立即将下列材料提交州务大臣：前述审理报告、初审法院有关证据说明的复印件、联邦法院的诉讼程序记录，联邦法院主审法官认为合适的时候可以一并提交由其签名的联邦法院审理报告；

（c）一经收到上述材料，州务大臣应当将其提交州长，同时将材料复印件交于作出判决的法官所在法院，并将州长依据宪法第 42 条规定可能作出的

---

[*] 本法典于 1935 年由马来西亚海峡殖民地立法议会批准并实施。最近一次修正时间是 1999 年 4 月 4 日。本译本根据马来西亚议会官网提供的英语文本翻译。

任何命令予以密封。判决将被执行的,命令中应当载明执行地点;判决被折算成其他刑罚以及罪犯被赦免的,也应当在命令中予以载明;

（d）（i）一经收到上述命令副本,法庭应将其纳入法庭记录。前述命令指明应当执行死刑的,法庭应当在命令指定的时间范围内确定执行的具体时间。为保证执行效果,法庭可以签发执行令状或采取其他必要措施;

（ii）根据宪法第42条规定,州长有权要求暂缓执行,并另行确定执行时间和地点;

（iii）令状应当交由地区监狱的主管官员依法执行;

（e）（i）下列人员应当参加死刑执行：监狱法医,监狱主管部门负责人,监狱主管人员以及需要在场的监狱其他人员。下列人员可以参加死刑执行：监狱牧师以及监狱主管部门负责人认为合适的其他人;

（ii）死刑执行后,法医应当立即对被执行人进行检查,经检查确定被执行人确已死亡的,法医应当签署死亡证明并将其交付监狱主管人员;

（iii）死刑执行后24小时内,地区地方法官应当进行调查以确认尸体的身份以及死刑判决的执行是否适当,并向州务大臣汇报调查情况;

（f）被判处死刑的罪犯脱逃的,应当在其重新归案后依照法院的命令执行死刑;

（g）为防止命令或令状被错误执行,执行时间和地点不得有遗漏和错误,交付执行的命令或令状不得存在形式缺陷,且应当严格执行本条第（e）项规定。

第282条　监禁刑执行规则

监禁刑的执行应当遵守以下规则：

（a）被告人一经被判处监禁刑,作出判决的法庭应当立即向监狱发出执行令状。除非被告人已经在该监狱羁押,法庭应当依照令状将其在警察的羁押下送至监狱;

（b）监禁刑执行令状应当被交付监狱或其他监禁刑执行地点的负责人;

（c）罪犯将被监禁的,执行令状应当交存监狱负责人;

（d）除非作出判决的法院另有决定,监禁刑判决一经作出即产生法律效力。

第283条　罚金刑执行规则

（1）依据现行有效的法律判处罚金,但法律中没有关于罚金的明确规定的,应当适用以下规则：

（a）对可判处罚金的总数没有明确规定的,对罪犯的罚金可不受限制,但不应过量;

（b）罪犯被判处罚金的案件中，法庭作出判决后，有权为以下任何一项或所有行为：

（ⅰ）确定交纳罚金的时间；

（ⅱ）决定分期交纳罚金；

（ⅲ）签发令状以征缴通过扣押和拍卖罪犯财产所得的金钱；

（ⅳ）指明若罪犯不交纳罚金，他将受到一定时间的监禁。该刑期应当重于犯罪行为本应判处的刑期，或者重于符合减刑条件时所应当判处的刑期。

除非法庭查明罪犯没有财产或者其财产不足以交纳罚金，抑或与监禁刑相比通过扣押和拍卖的方式强制缴纳罚金将给罪犯或者其家庭造成更大伤害的，若事先未规定交纳期限，法庭不得因未交纳罚金而签发监禁令。

（ⅴ）指明罪犯应接受调查，通过调查获取的金钱或者判处监禁后发现的，应当将其用于冲抵罚金，剩余的部分应当返还给罪犯：

若法庭查明该金钱不属于罪犯所有或者以该金钱冲抵罚金对其造成的损害将超过监禁的，法庭不应以该金钱冲抵罚金；

（c）对于未按照判决交纳罚金的，法庭决定对罪犯监禁的时间不得超出以下范围——

（ⅰ）犯罪行为可以判处监禁刑时，法定最高刑为6个月以下监禁的，监禁时间不得超过法定最高刑；法定最高刑为6个月以上2年以下监禁的，监禁时间不得超过6个月；法定最高刑为2年以上监禁的，监禁时间不得超过法定最高刑的四分之一；

（ⅱ）犯罪行为不适用监禁刑时，法定最高罚金数额不超过25令吉的，监禁时间不得超过2个月；法定最高罚金数额在25令吉以上不超过50令吉的，监禁时间不得超过4个月；法定最高罚金数额在50令吉以上的，监禁时间不得超过6个月；

（d）（省略）

（e）一旦自行交纳了罚金或者通过法定程序强制缴纳罚金的，因未交纳罚金而被处以的监禁应当终止；

（f）前述程序中确定的监禁执行完毕前，已经自行交纳或者强制缴纳的罚金所占的比例不少于其未执行完毕的监禁所对应的罚金比例的，监禁应当终止；

（g）判决作出后6年之内的任何时间，法庭有权强制缴纳罚金。依照判决，罪犯受到6年以上监禁刑的，在执行期满以前以及在罪犯死亡的情况下，都不能免除其交纳罚金的责任。

（2）强制缴纳罚金的令状可以在马来西亚全境内执行，在签发令状的法院所在州的范围以外执行的，应当由法官予以注明或者由执行地有管辖权的首席地方法官签署。

第 284 条　特殊情况下的暂缓执行

罪犯仅被判处罚金并因未交纳罚金而被判处监禁，法庭依照本法第 283 条签发令状的，可以暂缓执行监禁判决，也可以不经提供担保而将正在执行监禁的罪犯予以释放，但应附加条件，即罪犯必须依照令状中的指定日期出席法庭；一旦罚金刑未能得以执行，法庭有权决定立即执行监禁刑。

第 285 条　有权签发执行令状的法官

执行令状应当由作出判决的法官或地方法官签发，也可由其继任者或者其他行使其职权的法官或地方法官签发。

第 286 条　鞭刑执行场所

被告人仅被判处鞭刑的，应当按照法庭指定的场所和时间执行。

第 287 条　鞭刑执行时间

（1）被告人被判处监禁刑同时附加鞭刑的，判决作出后 7 日内不得执行鞭刑。如果监禁刑延长至 14 日的，那么判决作出之日起 14 日以内，或者被告人在上述时间内提出上诉的，在上诉法院作出维持原判的决定前也不得执行鞭刑。

（2）一旦判决作出后 7 日或 14 日期限届满，或者收到上诉法院维持原判的决定，应当立即执行鞭刑。

第 288 条　鞭刑的执行方式

（1）被告人被判处鞭刑的，判决书中应当载明鞭打的次数。除法律明文规定的以外，对成年罪犯的鞭打次数不得超过 24 次，未成年罪犯不得超过 10 次。

（2）执行鞭刑时的击打部位应当由负有维护公共秩序责任的牧师进行指导。

（3）执行鞭刑所用的藤条直径不得超过半英寸。

（4）被告人所犯罪行为刑法典第 403 条、第 404 条、第 407 条、第 408 条、第 409 条或者第 420 条所规定的罪行，或者被告人是未成年人而被判处鞭刑的，应当以执行学校纪律的方式用较轻的藤条执行。

（5）通过法庭审理对被告人宣告有罪的，如果其所犯的两个或者多个罪行均可能被依法判处鞭刑而数罪并罚的，合并后对成年罪犯的鞭打次数不得超过 24 次，未成年罪犯不得超过 10 次。

第 289 条　特定情形下禁用鞭刑

鞭刑不得分期执行，以下情形不适用鞭刑：

（a）妇女；

（b）被判处死刑的男性；

（c）法庭认为已满 50 周岁的男性。

第 290 条　法医认证

（1）法医在场且经法医验证罪犯的健康状况能够承受的情况下才可以实施鞭刑。

（2）鞭刑执行期间，经法医验证罪犯的健康状况不足以承受剩余鞭刑的，应当停止执行。

（3）依照本法第 293 条执行鞭刑的，法医可以不在现场，但非经法庭认定罪犯的健康状况能够承受的，也不得执行鞭刑。

第 291 条　不执行鞭刑后的程序

（1）依照本法第 290 条规定全部或部分不执行鞭刑的，罪犯将被羁押直至法庭对已作出的判决予以修正。上述法庭有权减轻处罚，也有权判处最长 12 个月的监禁用以替代全部或未执行完毕的鞭刑，监禁可以作为对罪犯所犯同一罪行所受处罚之外的刑罚。

（2）本条规定不得被认为赋予法官超出被告人应当承担的责任或者超出法庭的法定权限判处过量监禁刑。

第 292 条　被关押者监禁刑的执行

（1）逃犯或者正在执行监禁刑的罪犯又被判处监禁刑的，应当立即开始执行监禁刑或者在前述被判处的监禁刑执行完毕之日经由法庭指示立即开始执行新的监禁刑。

（2）监禁刑悬而未决的，死刑也应当执行。

（3）任何对其先前或者后续罪行负有责任的人不得以本条第 1 款规定为由进行抗辩。

第 293 条　少年犯

（1）对任何被刑事法庭定罪且应当受到罚金或者监禁刑的少年犯，法庭有权在其不能交纳罚金的情况下不予判处一定期限的监禁，也有权不对其适用监禁刑，法庭可以——

（a）对少年犯进行警告后将其释放；

（b）将少年犯交给其父母、监护人、近亲属或其他有监护职责的人，责令上述人员出具保证书，并可以要求其提供担保；同时法庭应当告知上述人员，其有责任保证少年犯在不超过 12 个月的保证期内行为端正；在不要求提供保证人担保的情况下，法庭可以命令少年犯在不超过 2 年的时间内行为端正，并在符合本法第 294A 条第（a）项、第（b）项、第（c）项规定的情况下给予法庭认为合适的任何指示；

（c）命令男性少年犯接受不超过 10 次的鞭打，鞭打应当使用较轻的手杖

或藤条；被告人提出要求的，其父母或监护人可以在场；或者

(d) 法庭也可以以1947年少年犯法庭法案所规定的方式处理少年犯。

(2) 通过调查确信父母或监护人未尽到监护职责从而导致少年犯实施犯罪行为的，法庭对少年犯进行处罚的同时，可以判处其父母或监护人承担不超过20令吉的罚款，也可以不依照本条的规定对少年犯予以处罚，而仅判处上述人员承担罚款的责任：

法庭作出上述处罚时，应当听取少年犯的父母和监护人的意见（父母或监护人提出要求的），并应当给予其机会提供证据予以辩护。

(3) 依照本条第1款第（b）项之规定作出的命令，法庭有理由相信在该命令所指定的特定期限内少年犯有不端行为或者少年犯的行为与命令中的指示不一致的，可以向少年犯及其父母、监护人、近亲属或者其他负有监督职责的人发出通知，告知其不适用本条第1款第（b）项之规定的原因。上述人员提供的理由不能使法官确信时，法庭可以撤销该命令，并以1947年少年法庭法案为依据作出命令以替代前述命令，法庭也可以在必要的时候签发逮捕令以保证该命令行之有效。

第294条　初犯

(1) 非少年犯被判定犯可能被科以监禁刑的犯罪的，若法庭查明犯罪行为与行为人的性格、先前经历、年龄、健康或精神状况有关，或者导致犯罪行为发生存在情有可原的状况的，可以判处缓刑将罪犯予以释放。法庭可以不立即量刑，而是责令其提供保证，保证期间经法庭传唤罪犯应当出席法庭并接受审判，同时罪犯在该期间应当保证品行端正。

(2) 法庭认为合适的时候，可以责令罪犯承担起诉的全部或部分费用，经法庭许可，该费用可以分期交纳。

本法第432条的规定适用于依照本条作出的指令。

(3) 对初犯有管辖权的法院或者任何有简易审判权的法院认为罪犯未遵守保证书中的规定的，有权签发逮捕令。

(4) 根据上述逮捕令逮捕罪犯后，如果无法立即将其带至有管辖权的法院，则应当将其带至地方法官处。地方法官有权签发令状将其羁押至保证书所载明的应当出庭的期日，或者直至对其最初的犯罪行为有管辖权的法院确定的开庭日期。地方法官还可以责令其提供足够的财物担保并附加出庭受审的条件后将其保释。

(5) 被送押的罪犯可以交由监狱看管，交押令中应当载明罪犯应当被带至法庭接受审判或者接受法庭就其释放期间的行为的问询。

第 294A 条　保证书的条件

法庭要求执行保证书的规定，且罪犯在保证期间遵守法律、行为端正的，法庭可以在保证书中增加规定如下条件：

（a）保证期间内接受保证书中所指定的其他人的监督；

（b）采取法庭认为有必要的措施保证监督效果；

（c）与住所、职业、行业、戒酒有关的条件或者其他法庭认为有必要采取的条件。

第 295 条　判处接受警察监督

（1）因犯有可能被判处监禁刑的罪行而被判处 2 年或者 2 年以上监禁刑，后又犯其他可能被判处 2 年或者 2 年以上监禁刑的人——

（a）高等法院或地方法院有权责令其接受警察不超过 3 年的监督，该期限从罪犯最后一次罪行的刑罚执行完毕之日算起；

（b）地方法院有权责令其接受警察不超过 1 年的监督，该期限从罪犯最后一次罪行的刑罚执行完毕之日起算。

（2）被责令接受警察监督的人被判处监禁刑的，接受警察监督的时间应当扣除在监狱执行监禁刑的时间。

第 296 条　接受监督期间应当遵守的规定

（1）被责令接受警察监督的人，被监督期间应当遵守以下规定——

（a）将住址告知其住所所在辖区内的警察局负责人；

（b）住所发生改变但仍在该警察局辖区内的，应当将变更情况告知警察局；

（c）住所发生改变，且从一个警察局辖区迁移至另一个警察局辖区内的，应当告知变更前后住所所在地警察局；

（d）住所变更至马来西亚境外的，应当将变更情况及变更后的住址告知迁出地的警察局；

（e）住所迁至马来西亚境外后又迁回的，应当将迁回的情况及其新的住址告知所在地的警察局。

（2）接受警察监督的男性应当每个月依照警察局首席警官所指定的时间汇报一次自己的情况，汇报可以向该首席警官作出也可以向其所指定的其他警官作出。听取汇报时，警官可以提取汇报者的指纹。

第 297 条　对违反本法第 296 条规定的处罚

被责令接受警察监督的人有下列行为的——

（a）未在 48 小时以内将其住址告知住所地辖区内的警察局的；

（b）住址发生变更的情况下，未遵守本法第 296 条的规定的；

（c）没有履行本法第296条规定的汇报义务的。

如果不能向法庭证明其已经尽了最大的努力遵守监督期间的规定的，他应当被判处1年监禁。

第298条　马来西亚外作出警察监督命令的法律适用

作出警察监督命令所依据的法律在新加坡、马六甲或者槟榔屿仍现行有效，被监督者在这些地方的自由未曾受到限制或剥夺，且在马来西亚也是自由的，则本法第296条、第297条的规定应当适用于被监督者。

第299条　执行令状返还

判决执行完毕后，执行官应当将执行令状返还签发该令状的法院，并在令状后注明判决执行方式。

第二十八章　暂缓执行、赦免及减刑

第300条　暂缓执行或免刑

（1）任何人因犯罪被判处刑罚的，犯罪地或作出有罪判决的法院所在州的州长有权依据宪法第42条的规定，在任何时间附条件或不附条件地决定暂缓执行，或者免除全部或部分刑罚。

（2）州长收到暂缓执行或赦免的申请后，有权要求作出有罪判决的法官或地方法官就是否批准申请陈述意见，法官或地方法官应当据此陈述意见。

（3）据以暂缓执行或者免刑的条件不符的，作出批准决定的州长可以撤销该决定；被暂缓执行或免刑的罪犯未被剥夺人身自由的，警察可以无证逮捕，地方法官可以决定执行未尽的刑罚。

（4）本条规定不得被认为干涉了州长准予赦免、缓刑、减轻或免除处罚的权力。

第301条　减刑

犯罪行为所在地的州长有权依据宪法第42条规定，不经罪犯同意径行以下列任一刑罚替代为其后的刑罚：

（a）死刑；

（b）监禁刑；

（c）罚金刑。

日　本

日本刑事诉讼规则[*]

第七编　裁判的执行
（第295条—第295条之5）

第295条　申请免除诉讼费用等・法第500条等

申请免除执行命令负担诉讼费用的裁判、申请解释裁判或者对执行裁判声明异议，应当书面提出。申请的撤回，亦同。

关于前款的申请或者申请的撤回，准用第227条及第228条的规定。

第295条之2　申请免除的法院・法第500条

免除执行命令负担诉讼费用的裁判的申请，应当向宣告该裁判的法院提出。但在案件是由上诉审审结的场合，对全部诉讼费用，应当向该上诉法院提出申请。

收到前款申请的法院，应当对该申请作出裁定。但收到前款但书规定的申请的法院，认为自己作出裁定不适当时，可以使宣告命令负担诉讼费用的裁判的下级法院作出裁定。在此场合，应记载其意旨，并将审判长盖章确认的送交书连同申请书及有关文书一并送交该下级法院。

在作出前款但书规定的送交后，法院应当立即将其意旨通知检察官。

（昭和28年最高法院规则第21号・追加）

第295条之3　向应申请的法院以外的法院提交申请书时・法第500条

在向前条第1款规定的应受理申请的法院以外的法院（以案件系属的法院为限）提交申请书时，该法院应当迅速将申请书送交应受理申请的法院。在此场合，申请书是在申请期间内提交时，视为在申请期间内向应受理申请的

---

[*] 本规则于1948年（昭和23年）12月1日由日本最高法院公布，1949年（昭和24年）1月1日实施。最近一次修正时间是2012年（平成24年）2月20日。本译本根据日本法院官网（http：//www.courts.go.jp/）提供的日语文本翻译。

法院提交的申请。

（昭和 28 年最高法院规则第 21 号·追加）

第 295 条之 4　申请书的记载要件·法第 500 条

免除执行命令负担诉讼费用的裁判的申请书，应当指明宣告该裁判的法院，并具体记载不能完全交纳诉讼费用的事由。

（昭和 28 年最高法院规则第 21 号·追加）

第 295 条之 5　通知检察官·法第 500 条

法院收到免除执行命令负担诉讼费用的裁判的申请书时，应当立即将其意旨通知检察官。

（昭和 28 年最高法院规则第 21 号·追加）

沙特阿拉伯

沙特阿拉伯刑事诉讼法[*]

第九章　关于执行的规定

第 212 条　刑事判决除非是最终判决，否则不能执行。

第 213 条　被羁押的被告人如果被判无罪，或被判非监禁的刑罚，或在羁押期间已服完被判的刑期，应当立即释放。

第 214 条　1. 作出判决有罪并确定刑罚的法庭，可以以判决理由中的实质原因，命令推迟执行刑事判决，但在宣判时应确定延迟的期限。

2. 如果审理案件的法庭认为考虑被告人的品德、历史、年龄、个人条件、犯罪情节等，有理由停止执行判决，则可以在判决中规定停止执行监禁刑罚。如果被判人在最终判决之日起 3 年内再犯罪并被定罪，且处以监禁刑罚，法庭可以根据公诉人的请求，取消停止执行刑罚，此规定不影响新罪行被判的刑罚。

第 215 条　如果被判监禁刑罚的被告人，因宣判前已经被羁押一定时间，

---

[*] 本法于 2013 年 11 月 12 日（伊历 1435 年 1 月 8 日）由沙特阿拉伯内阁批准，2013 年 11 月 26 日（伊历 1435 年 1 月 22 日）通过皇家法令颁布。本译本根据沙特阿拉伯内阁官网提供的阿拉伯语文本翻译。

在执行刑罚时应当从被判处的监禁期限内扣除羁押时间。

因虚假指控、监禁期限延长或羁押时间超过规定期限从而遭受损失的人，均有权向最初受理诉讼的法庭提出赔偿请求。

第 216 条 审判长应当将法庭作出的必须执行的刑事判决书送交管理官，以便采取执行措施。管理官应当立即采取必要的措施执行判决。

第 217 条 1. 作出死刑、砍刑、石刑、同态复仇等刑罚的判决，应当在国王或其代表下达命令后方可执行。

2. 管理官、法庭、警察局的代表应当监督死刑、砍刑、石刑、鞭刑或同态复仇等判决的执行，本法此章规定其执行监督的程序。

泰 国

泰国刑事诉讼法典[*]

第十编 判决的执行与费用

第一节 判决的执行

第 245 条① 根据第 246 条、第 247 条和第 248 条，案件终审后应当立即执行判决。

一审法院有义务将一审判处死刑或终生监禁的案卷移送上诉法院。未经上诉法院确认，该类判决不得生效。

第 246 条② 在下列情形中，经被告人、被告人的配偶或亲属、检察官、监狱长官或其他负责执行监禁刑的人请求或法庭认为适当的，法庭有权命令暂缓执行监禁刑，直到暂缓的原因消失：

（1）被告人患有精神病；

---

* 本法典于1934年由泰国政府公布，先后经22次修正，最近一次修正案为2008年公布。本译本根据泰国最高法院官网提供的英语文本翻译。

① 第245条由刑事诉讼法典修正案（第6号）（B.E.2499）第17条修正。

② 第246条由刑事诉讼法典修正案（第25号）（B.E.2550）第5条修正。

（2）被告人入狱可能危及生命；

（3）被告人怀孕；

（4）被告人生育子女不满3年，需要照顾子女。

暂缓执行期间，法庭可以命令将被告人控制于除监狱或监禁刑执行令中确定的地点以外的适当场所。法庭应当命令依法负有看管责任的机关执行控制令。

第2款中所指适当场所的性质应当根据行政法律中关于控制与待遇的相关规定确定，应符合被告人的状况，能够防止其脱逃和受到伤害。

当法庭根据第1款作出决定后，如被告人不遵守依据第3款采取的命令或措施，或情形发生了变化，法庭有权改变决定或恢复执行监禁刑。

依据本条对被告人采取控制手段的期间应当从判决确定的执行期限中扣除。

第247条 被告人被判处死刑的，在本法典所规定的赦免程序未适用前，不得执行。

被判处死刑的女性，如已怀孕，应待其生产后3年，由死刑减为终生监禁，但子女在3年内死亡的除外。在其生产后的3年内，应允许其在监狱内适合照顾子女的场所照顾其子女。①

具体执行的地点和时间由权力机关作出认为适当的决定。

第248条 如在被执行死刑前罪犯患精神疾病的，执行应中止直到其康复。执行中止期间，法庭可适用《刑法典》第46条第2款。

如患病罪犯于判决生效1年后康复的，其死刑应减为终生监禁。

第249条 内容为返还原物、支付财产价款、赔偿或费用的判决或裁定的执行，应适用《民事诉讼法典》的相关条款。

第250条 除判决中另有规定，所有因同一犯罪受到刑罚的人应承担替代或相异的法律责任，以返还原物、支付财产价款或赔偿。

第251条② 如被扣押的财产需要支付诉讼费、罚金、财产价款或赔偿，但被告人的财产不足以同时支付的，应按照下列顺序支付：

（1）诉讼费；

（2）财产价款或赔偿；

（3）罚金。

---

① 第247条第2款由刑事诉讼法典修正案（第25号）（B.E.2550）第6条修正。
② 第249条、第250条和第251条由刑事诉讼法典修正案（第24号）（B.E.2548）第6条修改。

第十一编 赦免、减刑和减轻刑罚

第 259 条 任何服刑人或利害关系人,在案件结束后,可以向国王呈请赦免,也可以向司法大臣申请。

第 260 条 申请人正在监狱中的可以向监狱长或监狱管理者提交申请。收到申请后,监狱长或监狱管理者应向申请人出具收据,并立即将申请送交司法大臣。

第 261 条① 司法大臣有义务向国王建议是否应对申请人进行赦免。

如没有人申请赦免,司法部长认为有利的,也可以向国王建议对服刑人进行赦免。

第 261 条 bis② 内阁在认为适当时,可以向国王建议对服刑人进行赦免。

根据第 1 款所进行的赦免,应当以王室敕令的方式作出。

第 262 条 依据第 247 条和第 248 条,案件审理结束后,对任何被判处死刑的人,除有根据第 261 条申请或建议赦免的情形外,应当于宣判之后 60 日执行。在司法大臣提出申请或建议后,执行可推迟最多 60 日。如申请被驳回,则可以在此期限之前执行。③

对一名服刑人进行赦免的请求或建议只能提出一次。

第 263 条 对除死刑以外的人提出赦免请求的,不推迟执行时间。

第 264 条 对除死刑以外的人提出的赦免申请如被驳回,则自前一次申请被驳回之日起 2 年内不得再次申请。

第 265 条 决定无条件赦免后,刑罚不再执行。如已经开始执行,则应立即停止执行。如已经交纳罚金,则罚金应全额退还。

如赦免为减刑或减轻刑罚,剩余刑罚应照此执行。

赦免并不免除被赦免人返还原物、进行财产赔偿的责任。

第 266 条 如被赦免人因另一刑事犯罪被起诉,赦免不影响法庭根据《刑法典》关于累犯和执行的规定,加重其《刑法典》或不暂缓执行。

第 267 条 本节的条款参照适用于申请从轻或减轻刑罚。

---

① 第 259 条、第 260 条和第 261 条由刑事诉讼法典修正案(第 23 号)(B. E. 2548)第 3 条修改。

② 第 261 条 bis 由刑事诉讼法典修正案(第 9 号)(B. E. 2517)第 3 条增加。

③ 第 262 条第 1 款由刑事诉讼法典修正案(第 23 号)(B. E. 2548)第 4 条修改。

土库曼斯坦

土库曼斯坦刑事诉讼法典[*]

第八编 上诉审审级的诉讼程序

第四十六章 司法判决的执行

第471条 刑事案判决产生法律效力与交付执行

1. 第一审审级法院下达的刑事案判决,未对其递交上诉或者提起抗诉的,在法律规定依据上诉审程序递交上诉或者提起抗诉的期限届满时产生法律效力。依据上诉审程序对刑事案判决提起上诉或者抗诉的,如果该刑事案判决未撤销或者未终止,则在上诉审审级法院审理该案之后产生法律效力。

2. 第一审审级法院下达的刑事案判决自产生法律效力之日起,亦或依据上诉审程序审理后退回案件之日起3日内交付执行。

3. 有罪的刑事案判决,如果在《土库曼斯坦刑事法典》第79条规定的期限内未交付执行的,则被判处有罪人应当免予履行刑罚。

4. 在下述情况下,如果具有数名被判处有罪人,即使只对其中1名被判处有罪人提起了上诉或者提起抗诉的,则所有被判处有罪人,在依据上诉审程序审理该案件之前,相应的刑事案判决不具有法律效力。

第472条 法院裁决或者裁定产生法律效力与交付执行

1. 第一审审级法院下达的裁决或者裁定,在法律规定递交上诉或者提起抗诉的期限届满后产生法律效力并应交付执行。如果提起上诉或者抗诉的,对该裁定或者裁决在上一级法院审理后产生法律效力并交付执行。

2. 法院的裁决(裁定)不应对其递交申诉或者提起上诉的,在其下达之后立即产生法律效力并交付执行。

3. 法院有关终止刑事案件的裁决(裁定),在处理有关指定审判庭的问题

---

[*] 本法典于2009年4月18日由土库曼斯坦议会核准颁布,最近一次修正时间是2014年5月3日。本译本根据土库曼斯坦议会官方网站提供的土库曼斯坦语与俄语文本翻译。

时下达的，亦或在法庭审理阶段下达的，涉及释放被拘留的刑事被告人或者刑事受审人的部分，应当立即执行。

4. 上诉审审级法院下达的裁定，自宣告之时起产生法律效力，该裁定为最终裁定。仅可以依据本法典第四十七章、第四十八章规定的程序进行再次审理。

5. 上诉审审级法院下达的裁定，应当依据本法典第 466 条规定的程序执行。

6. 法院下达的裁定，有关鉴于罹患疾病而判处附条件免除刑罚、将未履行完毕的部分刑罚变更为较轻刑罚或者免除刑罚的，不计是否对其提起申诉或者抗诉，自该裁定被宣布之时起立即产生法律效力，并交付执行。

（本款规定依据土库曼斯坦法令 2011 年 8 月 4 日法律补充——《土库曼斯坦议会公报》，2011 年第 3 期第 56 条）

第 473 条　法院的刑事案判决、裁决与裁定交付执行的程序

1. 法院下达的刑事案判决、裁决与裁定，已经产生法律效力的，对于所有国家机关、地方自治机关、法人、公职人员、公民无一例外，具有强制效力并应在土库曼斯坦全部领域内严格执行。权力机关代表、公务员以及商业或者其他组织机构的职员，不执行法官或者法院已经产生法律效力的刑事案判决、裁决与裁定，亦或阻碍其执行的，应当承担相应的刑事责任。

2. 审理相应案件的第一审审级法官或者法院，负责有关该案的刑事案判决、裁决与裁定的执行问题。有关执行刑事案判决的命令，法院应当随附刑事案判决副本递送相应依据刑事执行立法负有执行刑事案判决职责的机关。依据上诉审或者监督审程序变更第一审审级法院下达的刑事案判决时，在刑事案判决副本中应当随附第二审的上诉审审级或者监督审审级法院下达的裁定或者裁决副本。

3. 如果在刑事案判决中指明，必须处理有关剥夺土库曼斯坦总统向被判处有罪人颁发的土库曼斯坦国家奖励、军衔、专业称号或者其他称号、职衔、外交职衔或者资质等级的，土库曼斯坦最高法院，应向土库曼斯坦总统递交相应法官或者法院的报告，下达有关剥夺被判处有罪人国家奖励、上述称号、职衔、外交职衔或者资质等级的刑事案判决的，以及刑事案判决副本与对该刑事案判决产生法律效力的说明。

4. 执行刑事案判决的机关，应当立即向下达该判决的法院告知有关刑事案判决执行的事宜。矫正机构的行政管理部门，应当向下达刑事案判决的法院告知有关被判处有罪人履行刑罚的地点以及有关该人被释放的情况。下达刑事案判决的法官亦或法院，应当监督刑事案判决、裁定与裁决的执行情况。

第 474 条　刑事案判决，在具有其他未执行的刑事案判决时的执行

在下述情况下，当被判处有罪人负有几起尚未执行的刑事案判决，下达最近一份刑事案判决的法院对此事项此前并不知悉的，该法院或者刑事案判决执行地的同级别法院，应当遵循《土库曼斯坦刑事法典》第 63 条与第 64 条的相关规定，下达有关裁定，规定被判处有罪人根据所有刑事案判决履行相应刑罚的程序。

第 475 条　被判处有罪人同亲属会面

在刑事案判决交付执行以前，法院院长应当允许拘留中的被判处有罪人，根据其近亲属的请求，同被判处有罪人会面或者进行电话通话。

第 476 条　向被判处有罪人与刑事附带民事诉讼原告人的亲属告知刑事案判决交付执行的事宜

1. 有关对拘留中的被判处有罪人剥夺自由的刑事案判决，在产生法律效力时，监禁地的行政管理部门，应当向其家庭成员或者近亲属告知有关被判处有罪人将要遭送何处履行刑罚的事宜。

2. 在刑事附带民事诉讼请求被受理的情况下，法院执行人应当向刑事附带民事诉讼原告人告知有关刑事案判决付诸执行的事宜。

第 477 条　对罹患重病的被判处有罪人免除应当履行的刑罚

1. 当被判处剥夺自由刑的行为人在刑罚履行期间罹患慢性精神障碍或者其他重病，使其不能继续履行刑罚的，法院根据矫正机构当地的区辖或者区辖市政府矫正机构行政管理部门与刑罚执行监察委员会共同出具的报告，参考相应医疗委员会的鉴定结论，有权下达有关免除该人继续履行刑罚的裁定。

2. 对于罹患慢性精神障碍性疾病的被判处有罪人，免除继续履行刑罚的，法院有权对其适用医疗性强制措施，亦或将其移送到医疗机构进行监管。

3. 除罹患慢性精神障碍性疾病的人员外，对于罹患重病的人员，在处理有关免除该人继续履行刑罚的问题时，法院应当参考相应犯罪行为的严重性质，被判处有罪人的人身特性以及其他情节处理。

4. 行为人，如果被判处剥夺自由刑以外的刑罚，但是罹患慢性精神障碍性疾病，或者其他重病的，在任何情况下，法院都应当下达有关免除该人继续履行刑罚的裁定。

5. 履行剥夺自由刑刑罚的行为人，如果曾经被安置于医疗机构，则在该机构的留置时间应当计入该人的刑罚履行时间。

（本款规定依据土库曼斯坦法令 2010 年 7 月 1 日法律补充——《土库曼斯坦议会公报》，2010 年第 3 期第 42 条）

第 478 条　附条件免除刑罚与变更为较轻刑罚

1. 附条件免除刑罚与将未履行完毕的刑罚变更为较轻刑罚的事项，在《土库曼斯坦刑事法典》第 75 条与第 76 条规定的情况下，由被判处有罪人刑罚履行地的法院根据矫正机构当地的刑罚执行机关与区辖或者区辖市政府的刑罚执行监察委员会共同出具的报告处理。

（本款规定依据土库曼斯坦法令 2010 年 7 月 1 日法律补充——《土库曼斯坦议会公报》，2010 年第 3 期第 42 条）

2. 实施犯罪时未满 18 岁的行为人，对其适用附条件免除刑罚与将未履行完毕的刑罚变更为较轻刑罚的事项，根据《土库曼斯坦刑事法典》第 91 条的规定，由法院根据矫正机构当地的刑罚执行机关、未成年人事务委员会与区辖或者区辖市政府的刑罚执行监察委员会共同出具的报告处理。

（本款规定依据土库曼斯坦法令 2010 年 7 月 1 日法律补充——《土库曼斯坦议会公报》，2010 年第 3 期第 42 条）

3. 根据社会团体、劳动集体或者被判处有罪人的申请，法院可免除对被判处有罪人裁定的剥夺担任一定职务或者从事一定劳动刑。

4. 当法院拒绝作出附条件免除刑罚或者将未履行完毕的刑罚变更为较轻刑罚的判决时，对于就这些问题提起的抗诉，自法院有关拒绝作出上述判决的裁定下达之日起，在 6 个月期限届满后可以进行再次审理。

（本条规定依据土库曼斯坦法令 2010 年 7 月 1 日法律补充——《土库曼斯坦议会公报》，2010 年第 3 期第 42 条）

第 479 条　法院对履行剥夺自由刑刑罚的人员变更关押条件

1. 对刑事案判决中裁定的矫正机构进行变更的事项，由相应法院根据矫正机构当地的刑罚执行机关会同区辖或者区辖市政府刑罚执行监察委员会共同出具的报告处理。

（本款规定依据土库曼斯坦法令 2010 年 7 月 1 日法律补充——《土库曼斯坦议会公报》，2010 年第 3 期第 42 条）

2. 当法院拒绝将实行特别严格管束制度的矫正院变更为实行严格管束制度的矫正院，亦或将监狱变更为矫正院时，自有关拒绝变更的裁定下达之日起，在 6 个月的时效期限届满后，可以根据递交的报告对上述问题再次审理。

（本款规定依据土库曼斯坦法令 2010 年 7 月 1 日法律补充——《土库曼斯坦议会公报》，2010 年第 3 期第 42 条）

第 480 条　法院审理与刑事案判决执行有关的问题

1. 下述问题：有关依据《土库曼斯坦刑事法典》第 78 条的规定延期履行刑罚的，依据《土库曼斯坦刑事法典》第 79 条的规定免除履行刑罚的，依据

《土库曼斯坦刑事法典》第 46 条、第 47 条、第 50 条与第 51 条的规定对损害予以赔偿、变更罚金刑、矫正劳动刑，以及履行在规定地点生活的义务的，亦或依据《土库曼斯坦刑事法典》第 98 条的规定延长、变更与终止适用医疗性强制措施时间的刑罚措施的，依据《土库曼斯坦刑事法典》第 94 条第 2 款与土库曼斯坦刑事执行立法的规定对罹患酒精、麻醉剂、致幻物瘾癖的人员适用医疗性强制措施的问题，以及在刑事案判决执行期间产生的所有存在疑问与不确定事项的问题，由下达刑事案判决的法院处理。

2. 如果是在下达该判决的法院管辖领域之外的地点执行刑事案判决的，上述问题应当由同级别的法院处理。执行刑事案判决的地区没有同级别法院的——由上一级法院处理。该法院的裁定副本应当递交下达刑事案判决的法院。

3. 下述问题：有关因罹患重病免除履行刑罚的，有关安置于医疗机构的，有关裁处附条件免除刑罚的，有关将未执行完毕的刑罚变更为较轻刑罚的，有关从教导院移送到矫正院的、从一种类别的矫正院移送到其他类别的矫正院、从矫正院移送到监狱亦或从监狱移送到矫正院的，有关鉴于丧失劳动能力亦或达到退休年龄而免除履行矫正性劳动刑类别的刑罚的，应当由被判处有罪人刑罚履行地的区辖法院、区辖市法院处理，不论是由哪一法院下达了相关的刑事案判决。

4. 有关依据《土库曼斯坦刑事法典》第 68 条与第 69 条的规定，对被判处附条件执刑人的相应义务予以撤销或者补充的、在考验期届满前撤销附条件执刑的、延长考验期或者撤销附条件执刑将被判处有罪人送遣以便履行剥夺自由刑的问题，有关根据《土库曼斯坦刑事法典》第 78 条的规定，免除被判处有罪人延期履行的刑罚，以及撤销延期履行刑罚并将被判处有罪人移送以便履行剥夺自由刑的问题，由被判处有罪人居住地的法院处理。

（本款规定依据土库曼斯坦法令 2011 年 8 月 4 日法律补充——《土库曼斯坦议会公报》，2011 年第 3 期第 56 条）

第 481 条　同刑事案判决执行有关问题的处理程序

1. 同刑事案判决执行有关的问题，由法院根据刑罚执行机关，会同相应的未成年矫正保障机构，亦或矫正机构当地的区辖或者区辖市政府刑罚执行监察委员会共同出具的报告处理。根据相应机关或者机构的报告对刑事案件进行审理时，应当传唤该机关或者机构的代表参与审判庭案件审理。

（本款规定依据土库曼斯坦法令 2010 年 7 月 1 日法律补充——《土库曼斯坦议会公报》，2010 年第 3 期第 42 条）

2. 当延期执行刑事案判决时，被判处有罪人因罹患重病被免除刑罚、鉴于有罪的刑事案判决时效期限届满而免除履行相应的刑罚期限、在具有其他未执行的刑事案判决的情况下执行刑事案判决、鉴于具有溯及力的刑事法律颁布、鉴于大赦法令或者特赦法令的适用而免除刑罚或者减轻刑罚的，在对所有在刑事案判决执行时产生的怀疑与不确定问题予以解释的情况下，被判处有罪人的申请可以作为法院审理上述问题的根据。

3. 法院在审理有关附条件免除刑罚、将未予执行的部分刑罚变更为较轻刑罚、将被判处有罪人从一个矫正院或者教导院遣送到实行其他管束制度的矫正院，亦或从矫正院遣送到监狱或者从监狱遣送到矫正院的问题时，应当邀请刑罚执行机关的代表参与。

4. 在本法典第480条第3款规定的条件下，被判处有罪人必须出席审判庭。被判处有罪人，有权对有其参与审理的审判庭的资料进行阅卷，递交申请与要求回避，进行解释，提供证据。

5. 被判处有罪人可以借助律师的帮助实现自己的权利。在法院审理下述问题时，与执行对未成年行为人下达的刑事案判决有关的，以及与因罹患身体或者心理残障导致不能独自履行自己辩护权利的人员有关的，或者与未掌握刑事案件诉讼程序应用语言的、未受过教育的人员有关的，律师必须参与案件的审理。

6. 法院在审理有关鉴于罹患重病亦或安置于医疗机构而释放被判处有罪人的问题时，作出医疗鉴定结论的医生委员会代表必须出庭。

7. 如果问题涉及刑事案判决中刑事附带民事诉讼请求部分判决的执行，也应当传唤刑事附带民事诉讼原告人及其代理人到庭。上述人员不出席审判庭的，不影响案件的审理。

8. 检察官应当参加审判庭的案件审理。

9. 在案件开始审理时，首先，由根据该机构的报告开始案件审理的相应机构代表发言，亦或由申请者解释说明。其次，对递交的案件材料进行审查，听取参加庭审者的解释与检察官的意见。在此之后，法庭退入评议室下达裁定。

（本条规定依据土库曼斯坦法令2010年7月1日法律补充——《土库曼斯坦议会公报》，2010年第3期第42条）

第482条　对有关撤销前科的申请进行审理

1. 依据《土库曼斯坦刑事法典》第81条第4款的规定履行刑罚后，被判处有罪人表现良好的，有关在前科时效期限届满前，但不早于该期限的一半时撤销其前科的问题，根据被判处有罪人的申请，由履行刑罚的被判处有罪人居住地的法院审理。

2. 在审理有关撤销前科的问题时，履行刑罚的被判处有罪人，必须参加审判庭对该事项的审理。

3. 有关撤销前科的问题在开始审理时，首先，应听取递交申请者的解释。其次，对递交的材料进行审查并听取被传唤者的意见。

4. 有关撤销前科的申请，自下达有关前科不可撤销的裁定之日起，在不少于 1 年的期限届满时，可以再次提出申请。

第 483 条　对有关将矫正性劳动刑的刑罚履行时间计入基本工龄的申请进行审理

1. 有关依据土库曼斯坦刑事执行立法规定将矫正性劳动刑的刑罚履行时间计入基本工龄的问题，应当由下达相应刑事案判决的法院，根据社会团伙或者劳动集体的申请，在遵循本法典第 481 条规定原则的基础上审理。

2. 有关将矫正性劳动刑的刑罚履行时间计入基本工龄的申请，可以在矫正性劳动刑履行完毕后在 1 年期限内提出。

（本条规定依据土库曼斯坦法令 2011 年 8 月 4 日法律撤销——《土库曼斯坦议会公报》，2011 年第 3 期第 56 条）

第 484 条　对法院裁定进行申诉与提起抗诉

法官或者法院，在处理同刑事案执行有关的问题时作出的裁决或者裁定，可以根据本法典第四十四章规定的规则向上诉审审级法院递交申诉或者提起抗诉。

新 加 坡

新加坡刑事诉讼法典*

第十六章　量　刑

第一节　量刑的一般规定

第 305 条　改造训练

（1）如果某人被一所法院判决犯有应受监禁刑罚之罪，而且该人在判决

---

* 本法典于 2010 年 5 月 19 日由新加坡国会批准，2011 年 1 月 2 日实施。最近一次修正时间是 2015 年 4 月 1 日。本译本根据新加坡法规在线网提供的英语文本翻译。

之日——

（a）年满 16 周岁，或 16 周岁以上 21 周岁以下；或者

（b）年满 14 周岁，或 14 周岁以上 16 周岁以下，且在该项定罪之前，因涉嫌另一项犯罪而被一所法院处理，并且因该另一项犯罪而被移送至依据《儿童和未成年人法》（第三十八章）第 64 条建立的未成年人改造中心，

那么，如果该法院在综合考虑他的性格、先前行为、犯罪情节之后，认为他应当在改造训练中心接受一段时期的改造以改造他或预防犯罪，该法院可以对其判处改造训练以代替任何其他刑罚。

[自 2011 年 3 月生效]

（2）当一名青年人被一所少年法院依据《儿童和未成年人法》命令带至一所地区法院时，该地区法院必须调查案件的情节，并且——

（a）如果该法院认为必须让他在改造训练中心接受一段时间的改造训练，可以对其判处改造训练以代替任何其他刑罚；或者

（b）在任何情况下，采用少年法院可能会处理他的方式对他进行处理。

[2014 年第 1 号法律（自 2014 年 1 月 7 日生效）]

（3）在实施任何改造训练之前，该法院必须要求且考虑由监狱长或监狱长授权他人代表其提交的报告，该报告应具有有关罪犯的身体和精神状况是否适合实施上述刑罚的说明；而且，如果该法院没有收到如上报告，它必须将罪犯还押候审一个时期或几个时期以确保报告被提交，每个单独的还押时期不得超过 1 个月。

[2014 年第 1 号法律（自 2014 年 1 月 7 日生效）]

（4）该法院须向罪犯或他的辩护律师以及检察官交付监狱长提交的任何报告的副本。

[2014 年第 1 号法律（自 2014 年 1 月 7 日生效）]

（5）被判处改造训练刑罚的人须按照依据第 428 条规定制作的规则而被羁押。

第 309 条　警察监管

（1）曾在新加坡或其他地方被判犯有一项应受 2 年或 2 年以上监禁的犯罪的某人，被判犯有另一项应受 2 年或 2 年以上监禁的犯罪的，法院除了判处他相应刑罚之外，可以命令在一段时间将该人置于警察的监管之下，该期间自最后一项刑罚执行完毕之后立即开始。

（2）高等法庭、地区法院、治安法院依据第 1 款规定施加的监管期间分别不得超过 7 年、5 年和 3 年。

第 310 条　对被监管人的要求

（1）每个被命令置于警察监管之下并且在新加坡未被羁押的人必须——

（a）亲自到场并向其居住地所在辖区的公安局警官报告其居住地；

（b）变更居住地时，亲自到场并向其新居住地所在辖区的公安局警官报告其居住地变更；

（c）变更居所地至新加坡以外地方时，亲自到场并向境内最后居住地所在辖区的公安局警官报告其居住地变更以及将要变更的新居住地；

（d）已经将居住地变更至新加坡以外地区的，如果在变更之后返回新加坡，必须亲自到场并向其位于新加坡的居住地所在辖区的公安局警官报告其回国及在新加坡的居住地；

（e）意图离开其最后报告的居住地 48 小时以上但不变更居住地的，必须亲自到场并向其居住地所在辖区的公安局警官报告其意图、欲往何地以及将离开多久。

（2）被判处警察监管的人必须至少在 30 日内在指定时间、地点向警察总监任命的警官亲自报告，并且该警官可以在每个场合采集该人的指纹。

第 311 条　对违反第 310 条的处罚

（1）如果任何一个在新加坡被判处警察监管并且未被羁押的人——

（a）在任何一地停留超过 48 小时以上而没有亲自到场并向其居住地所在辖区的公安局的警官报告该地地址；

（b）没有遵守第 310 条关于变更居住地的规定；

（c）没有遵守第 310 条第 1 款第（e）项的规定，离开其报告的居住地超过 48 小时未报告；

（d）没有遵守第 310 条第 2 款的规定，

在任何情形下，除非该人能向其受审法院证明已经尽力遵守法律的规定，否则其行为将构成犯罪，并且将被判处不超过 12 个月的监禁。

（2）法院依据本条规定对行为人定罪的，该法院除对该人判处其他处罚之外，可以命令其继续接受不超过 1 年的警察监管，监管期间自法院判处的刑罚执行完毕之后或因该罪而被警察监管完毕的期间终结后立即开始，以时间较后者为准。

（3）被判处警察监管的人在监管期间又因为任何犯罪被判处监禁刑的，监禁刑期不能折抵接受警察监管的时间。

第 312 条　适用于在马来西亚所作警察监管命令的法律

某人于新加坡境内在逃的，或者如果依据马来西亚或其各州的生效法律而制作的命令，某人将会被判处警察监管，而该人在马来西亚或该州境内在逃的，适用第 310 条和第 311 条的规定。

第 313 条　死刑执行条款

以下条款适用于死刑：

（a）量刑宣告后，必须以规定的格式，就被判移交监狱长羁押监管的人制作一份盖有法院印章的令状；

［2014 年第 1 号法律（自 2014 年 1 月 7 日生效）］

（b）该令状将全权授权监狱长或他为该目的任命的官员，接收被移交羁押的人并羁押该人直到接到法院新的令状或命令；

［2014 年第 1 号法律（自 2014 年 1 月 7 日生效）］

（c）审判被指控人的主审法官必须在判决宣告后的合理时间内，制作法庭出示的证据的记录副本，以及由他签名并阐述其认为是否有任何理由执行死刑的报告；

［2014 年第 1 号法律（自 2014 年 1 月 7 日生效）］

（d）最高法院的司法常务官将接到上诉或复核申诉通知主审法官的，该主审法官在接到通知后的合理时间内，必须将第（c）项中涉及的该证据记录和报告移交上诉法庭；

［2014 年第 1 号法律（自 2014 年 1 月 7 日生效）］

（e）上诉法庭驳回上诉或认定死刑判决的，首席大法官或者其他大法官应当在合理时间内将第（c）项所涉证据记录以及报告移交部长，陈述他是否同意主审法官的判决，并且随附由首席大法官或者其他大法官签字的上诉法庭决定的公告以及上诉法庭认为应当制作的其他报告；

［2014 年第 1 号法律（自 2014 年 1 月 7 日生效）］

（f）依据宪法，总统必须——

（i）将他作出的签名并盖章的任何命令的副本移交上诉法庭；

（ii）将执行该刑罚的，在命令中载明刑罚执行的时间与地点；

（iii）赦免或降低某人的刑罚的，必须在命令中述明该赦免或减刑；

［2014 年第 1 号法律（自 2014 年 1 月 7 日生效）］

（g）收到总统的命令副本后将执行刑罚的，上诉法庭应当制作由最高法院签章并由首席大法官或其他大法官签名的令状，或者当首席大法官或其他大法官不在场时，由上诉法庭或高等法庭法官签名，并依据总统命令，安排执行刑罚的时间和地点；

［2014 年第 1 号法律（自 2014 年 1 月 7 日生效）］

（h）总统可以在令状被执行前的任意时间，命令暂缓执行该令状，并在此之后指定执行该令状的其他时间和地点；

（i）必须将该令状移交依法执行该刑罚的监狱长；

［2014 年第 1 号法律（自 2014 年 1 月 7 日生效）］

（j）刑罚执行时，监狱主管人员、监狱的医务人员以及监狱长要求的任何其他监狱工作人员必须在场；

［2014 年第 1 号法律（自 2014 年 1 月 7 日生效）］

（k）牧师或监狱长认为合适并允许的其他人也可以在场；

［2014 年第 1 号法律（自 2014 年 1 月 7 日生效）］

（l）死刑执行结束后，监狱的医务人员必须立即检查被执行人的身体，确认死刑执行结果，签署并向监狱长移交死亡确认书；

［2014 年第 1 号法律（自 2014 年 1 月 7 日生效）］

（m）执行后的 24 小时内，验尸官应当依据《2010 年验尸官法》（2010 年第 14 号法律）的规定确认尸体身份以及死刑是否如期执行；

（n）必须分别向最高法院立案处和部长办公室移交验尸官报告副本并归档；

（o）死刑因被执行人逃跑而未能执行的，必须在重新抓捕该人之后，依据高等法庭命令的其他时间执行该死刑；

（p）依据本条规定作出的命令或令状，其中任何有关时间和地点的遗漏或错误和任何格式缺陷，以及在遵守第（j）项至第（n）项时的任何遗漏，都可能导致依据该命令或令状已经或本应进行的刑罚执行违法。

第 314 条　未满 18 周岁的人不适用死刑

法院有理由相信被定罪的被指控人在犯罪时未满 18 周岁的，不能对其判处死刑或记录该死刑判决，同时必须判处其终身监禁。

第 315 条　孕妇不适用死刑

（1）一个妇女被法院以可以判处死刑之罪定罪的，如果她宣称怀孕或者法院认为合适的，法院在量刑之前必须确定该妇女是否怀孕。

（2）法院认为该妇女怀孕的，必须对其实施终身监禁。

（3）法院认为该妇女没有怀孕的，她可以依据本法规定的方式针对该意见向上诉法庭提起上诉。

（4）上诉法庭审理第 3 款涉及的上诉的，如果有任何理由确信应当驳回法院意见的，必须撤销该刑罚并对该妇女判处终身监禁。

第 316 条　死刑判决

某人被判处死刑的，该判决必须指示该人被实施绞刑直至死亡，但不应当说明死刑将要执行的时间和地点。

第 317 条　死刑以外的刑罚

（1）被指控人被判处监禁刑或鞭刑的，除被指控人已经在监狱羁押之外，法院必须立即将载有该人姓名和刑罚的令状移交必须接收并羁押令状相对人的监狱长或其为该目的而由监狱长任命的官员。

［2014 年第 1 号法律（自 2014 年 1 月 7 日生效）］

（2）该令状将全权授权监狱长或为该目的由他任命的官员，接收被移交的人，羁押该人，并执行刑罚。

［2014 年第 1 号法律（自 2014 年 1 月 7 日生效）］

第 318 条　刑罚开始的日期

依据本法和其他任何成文法的规定，监禁刑应当自判决作出之日起生效，但作出判决的法院或上诉程序中的上诉法院作出其他指令的除外。

第 319 条　罚金刑条款

（1）判处罚金刑的，如果与该罚金刑有关的法律没有明确规定，则适用以下条款：

（a）如果该法中没有规定罚金刑的上限，则对罪犯科处的罚金数额没有限制，但该数额不能过度；

（b）在罚金全部缴清之前，判处罚金刑的法院可以在任何时间选择作出以下任何或全部事项：

（i）允许并延长支付时间；

（ii）允许罚金以分期付款的方式支付；

（iii）命令以下方式扣押属于罪犯的财产，无论该财产是动产或不动产——

（A）扣押可以变卖的财产并以所得价款抵扣罚金；或者

（B）任命某人接手并自由占有并变卖该财产，并以变卖所得价款抵扣罚金；

（iv）指示罪犯的金钱债务人向法院清偿到期债务、利息或者足够支付该罚金的金额；

（v）指示当罪犯未能支付罚金时对其执行一段时间的监禁，该监禁必须与任何其他监禁连续执行，后者包括依据本条规定该罪犯因未能支付罚金而被施加的任何其他监禁刑，或是依据减刑所应执行的监禁刑；

（vi）指示搜查该罪犯，搜查时在他身上发现的任何金钱，或当他被移交监狱时在他身上发现的任何金钱，应当用以抵扣罚金，并在此之后向其返还余额（如果有的话）；法院认为在他身上发现的金钱不属于该人的，不应当以这些金钱抵扣罚金；

［2012 年第 33 号法律（自 2013 年 1 月 1 日生效）］

（c）在依据第（b）项第（i）目许可变动支付时间或者依据第（b）项

第（ii）目允许分期付款之前，法院可以要求罪犯签订附担保或不附担保的保证，规定他于指定的一个或几个日期偿付该罚金或分期偿付，并且规定如果未依照命令支付罚金或任何一笔分期付款，则尚未支付的全部罚金转变为已到期应支付的罚金，并且法院可以签发逮捕该罪犯的令状；

（d）法院因罪犯未能支付罚金指示将其监禁的，依照以下规定决定监禁的期间：

（i）罪犯被判处 24 个月或以上监禁刑的，不得超过该犯罪所规定的最长监禁刑期的一半；

（ii）罪犯被判除少于 24 个月的监禁刑的，不得超过该犯罪所规定的最长监禁刑期的三分之一；

（iii）罪犯没有被判处监禁刑的，监禁期间必须等于或低于 6 个月；

（e）因未支付罚金被执行监禁的期间可以与该法院依据第 303 条判处的最长监禁刑期相加，但总监禁期限不得超过第 306 条关于一次审判中对罪犯判处监禁刑期的限制；

（f）因未支付罚金被执行的监禁在欠款清偿或依法定程序征收时结束；

（g）在因未支付罚金被执行监禁的期间届满之前，未支付罚金的部分被清偿或征收，并且已经执行的监禁期间可以与未支付部分的罚金金额至少相当的，必须停止监禁；

（h）在判处刑罚后 6 年内的任何时间，或当对罪犯应当判处 6 年以上监禁刑时，在刑期届满之前的任何时间，可以征收该罪犯未支付的罚金的全部或部分；罪犯的死亡并不使其死后可以依法用于清偿罚金的任何财产免于抵扣罚金。

（2）某人未能向法院支付其依据本条第 1 款第（b）项第（iv）目的规定所应支付的金额的，该金额可被视为因判决向法院所欠债务而被追索。

［2012 年第 33 号法律（自 2013 年 1 月 1 日生效）］

（3）依据本条第 1 款第（b）项第（iii）目（A）的规定扣押任何财产，或依据本条第 1 款第（b）项第（iii）目（B）的规定由接手人占有该财产的，自扣押或占有之日起 7 日内，任何人都可以向法院提出申请，声明应当将该财产排除在第 1 款第（b）项第（iii）目规定的应被扣押的范围之外，法院认为合适的，应当作出相关命令。

［2012 年第 33 号法律（自 2013 年 1 月 1 日生效）］

第 320 条　特定案件的中止执行

（1）罪犯被单处罚金，并且因未能支付罚金而被监禁，法院依据第 319 条第 1 款第（b）项第（iii）目的规定作出扣押命令的，如果法院认为合适，可以因罪犯作出附担保或不附担保的保证中止执行监禁并释放该罪犯，条件是该罪犯在法院指定的扣押命令的回复日期到庭。

（2）依据第1款确定的日期不得超过执行保证之日起15日。

（3）罚金未能支付的，法院可以立即要求执行监禁刑罚。

第 321 条　可以签发令状的人

包括扣押财产命令在内的执行任何刑罚的令状可以由判处刑罚的法官、地区法官、治安法官或其继任者或其他代替他的法官、地区法官，或治安法官作出。

第 322 条　在押犯的监禁刑的起始

（1）逃犯或在押犯又被判处监禁刑的，依据作出刑罚判决的法院的指示，之后的监禁刑应当立即开始执行，或者在前一个监禁刑执行完毕后开始执行。

（2）无论是否有待执行的监禁刑罚，死刑必须被执行。

（3）第1款的任何规定不得使一个人免除他因先前或随后的有罪判决而应当承担的刑罚的任何部分。

第 323 条　未成年人可依据《儿童和未成年人法》处理

未成年人以可判处罚金、监禁刑或二者并处的犯罪被定罪，并且无论对该未成年人定罪所依据的法律是否规定应当单处罚金、监禁或并处的，法院可以不对其判处罚金或监禁刑，而是依据《儿童和未成年人法》（第三十八章）规定的方式处理。

第 324 条　执行令状的返回

死刑已经依据第313条第（i）项规定签发的执行令状执行完毕的，负责执行的监狱长必须在令状背书签名以证明刑罚已经执行完毕，并将该令状返回其签发法院。

第二节　鞭　刑

第 325 条　特定情形下禁止执行鞭刑

（1）以下几种人不得适用鞭刑：

（a）女性；

（b）鞭刑实施时已经超过50周岁的男性；

（c）刑罚未被减轻但被判处死刑的男性。

（2）依据任何其他成文法规定，某人因一项或多项应被判处鞭刑的犯罪（在本条中称为相关犯罪）而被定罪，但依据第1款第（a）项或第（b）项的规定不能对该人实施鞭刑的，该法院可以在该人已经被判处的任何其他刑罚之外，判处一项不超过12个月的监禁刑，以代替在没有本条规定时可能已经对该相关犯罪判处的鞭刑。

（3）法院可以依据第2款之规定判处一定刑期的监禁，即使该刑期与其他相关犯罪被判处监禁的刑期的总和超过其所犯任何之罪所规定的最长刑期。

（4）治安法院或地区法院可以依据第2款之规定判处一定刑期的监禁刑，即使监禁刑的刑期总和（包括依据第2款规定判处的监禁的刑期和法院对相关犯罪判处监禁刑的合并刑期）超过第306条规定的限制。

（5）法院针对在本节生效前所实施的任何犯罪，不得行使第2款规定的判处额外监禁刑的权力。

第326条　鞭刑实施地点

某人被单处鞭刑，或者在被执行任何监禁刑的人被释放前，无法合理地执行鞭刑的，法院依据检察官的申请，必须授权为在该法院指定的地点和时间执行鞭刑所必需的合理期间内羁押该人。

第327条　执行鞭刑的时间

（1）被指控人在监禁刑之外还被判处鞭刑的，在以下情形中不能执行鞭刑——

（a）上诉期尚未届满或者有本法规定的其他允许延长期间的情形；

（b）被指控人提出上诉的，需要直到上诉结果确定之时。

（2）第1款中规定的期间届满后，应当尽快执行鞭刑。

第328条　鞭数的限制

（1）无论本法如何规定或其他法律有相反规定，被指控人同时因为2项或2项以上应被判处鞭刑（在本条中称为相关犯罪）的犯罪而被定罪的，法院就相关犯罪判处的鞭刑总数不得超过特定限额。

（2）依据任何其他成文法，如果没有第1款的规定，被指控人应当被判处的鞭刑总数超过特定限额的，法院可以对其判处不超过12个月的监禁刑，以代替超过特定限额的所有鞭数。

（3）法院可以依据第2款的规定判处一段刑期的监禁刑，即使该刑期与被指控人因其他相关犯罪被判处之刑期的总和超过其所犯任何相关犯罪所能判处的最长刑期。

（4）治安法院或地区法院可以依据第2款的规定判处一定刑期的监禁刑，即使监禁刑的刑期总和（包括依据第2款判处的监禁的刑期和法院对相关罪行判处监禁刑罚的合并刑期）超过第306条规定的限制。

（5）法院依据第2款规定施加额外监禁刑的权力，不得适用于与本节规定实施日期之前所实施的任何犯罪。

（6）在本条中，对成年人的鞭数的特定限额是24鞭，对未成年人的鞭数的特定限额是10鞭。

第 329 条　执行鞭刑的方式

（1）部长可以制定有关鞭刑执行方式的规则。

（2）鞭刑应当依照部长当时做出的一般指示击打特定的人体部位。

（3）藤条的直径不得超过 1.27 厘米。

（4）对于未成年人，应使用较轻的藤条。

第 330 条　鞭刑不可分期执行

（1）鞭刑不可分期执行。

（2）每次可对罪犯执行的最大鞭数，成年人不超过 24 鞭、未成年人不超过 10 鞭。

第 331 条　需要医务官员的证明

（1）只有当一名医务官员在场并确认罪犯的健康状况适宜执行鞭刑时，才可以执行鞭刑。

（2）在执行鞭刑的过程中，医务官员确认罪犯的健康状况不适宜再继续执行剩余刑罚的，该鞭刑必须立即停止。

第 332 条　依据第 331 条不能施加鞭刑时的程序

（1）依据第 331 条的规定，鞭刑的全部或者部分没有执行的，必须羁押罪犯直至作出刑罚判决的法院调整此项刑罚。

（2）法院可以——

（a）免除此项刑罚；

（b）在罪犯因与该法院已经判处鞭刑的犯罪（在本条中称为相关犯罪）而被判处的任何其他刑罚之外，对罪犯判处不超过 12 个月的监禁刑，以代替鞭刑或代替尚未执行的鞭刑。

（3）法院可以依据第 2 款第（b）项的规定判处监禁刑，即使该刑期与罪犯因相关犯罪被判处的其他刑期的总和超过任何相关犯罪所能够被判处的最长刑期。

（4）治安法院或者地区法院可以依据第 2 款第（b）项的规定判处一定刑期的监禁刑，即使监禁刑的刑期总和［包括依据第 2 款第（b）项判处的监禁的刑期和法院对相关罪行判处监禁刑罚的合并刑期］超过第 306 条规定的限制。

（5）法院依据第 2 款的规定施加额外监禁刑的权力，不得适用于与本节规定实施日期之前所实施的任何犯罪。

第三节　刑罚的中止、免除和减轻

第 333 条　赦免、中止与免除刑罚等的权力

（1）某人因犯罪被判处刑罚的，总统依据《宪法》规定，可以在其认为合适的情况下,批准赦免刑罚、暂缓执行刑罚,或者部分或全部免除依法作出的刑罚、处罚或没收财产的处罚。

(2)向总统提出第 1 款中涉及的任意一种减免刑罚的申请的,总统——

(a)罪犯被判处死刑的,依据《宪法》第 22P 条第 2 款的规定处理;

(b)在其他情形下,要求对罪犯定罪的法院的主审法官就是否应当批准该申请陈述意见,该法官应当做出相应的陈述。

(3)总统认为某项已经被中止或免除的刑罚不符合条件的,可以取消该中止或免除;中止或免除处罚被取消的,如果被中止或免除刑罚的罪犯未被羁押,可以由警察对其实施无证逮捕,并将其还押继续执行未执行完毕的刑罚。

(4)第 3 款的规定不适用于死刑。

第 334 条 减刑的权力

总统可以——

(a)将死刑减为监禁刑、罚金刑或者二者并处;

(b)将监禁刑减为罚金刑。

印 度

印度1973年刑事诉讼法典^{*}

第三十二章 判决的执行、缓刑、免刑与减刑

第一节 死 刑

第 413 条 依据本法第 368 条所作出判决的执行

庭区法院向高等法院提交死刑判决确认,将收到高等法院的死刑确认决定或其他决定。庭区法院应发布授权令或采取其他必要的方式来执行该高等法院的决定。

---

* 本法典于1973年由印度国会批准,1974年4月1日实施。该法典先后经过多次修订,最后一次修正为2010年《刑事程序法(修正)案》。本译本根据印度议会官网提供的英语文本翻译。

第 414 条　高等法院作出的死刑判决执行

庭区法院接到了高等法院对上诉案件审理或行使修正权时作出死刑判决后,应发布授权令,执行死刑判决。

第 415 条　向最高法院提起上诉的情形下暂缓执行死刑

(1) 高等法院作出死刑判决,而依据《宪法》第 134 条第 1 款第(a)项、第(b)项可向最高法院提起上诉的情况下,高等法院应暂缓执行死刑判决直至上诉期满或上诉申请得到处理。

(2) 高等法院通过或确认死刑判决后,被判刑人若依据《宪法》第 132 条或第 134 条第 1 款第(c)项的规定向高等法院申请准予证明的,高等法院应命令暂缓执行判决,直至高等法院对相关申请进行了处理,准予证明的,则延至向最高法院提起上诉的期限届满。

(3) 高等法院通过或确认死刑判决后,若有充分理由认为被判刑人有意依据《宪法》第 136 条的规定为上诉而向最高法院申请准许特别释放的,则可命令暂缓执行死刑判决,给予被判刑人充分的时间向最高法院提出相应申请。

第 416 条　怀孕的妇女暂缓执行死刑

若发现被判处死刑的妇女怀孕后,高等法院应命令延缓其死刑判决,并在适当的情况下将死刑判决减刑为终身监禁。

第二节　监　禁

第 417 条　指令监禁地点的权力

(1) 除非现形有效的法律另有规定,邦政府有权指令依据本法典需关押之人的监禁或拘留地点。

(2) 若依据本法典而被监禁或拘留之人被关押于民事监狱,作出相应监禁或拘留决定的法院或治安法官有权指令将其移送刑事监狱。

(3) 若依据本条第 2 款的规定而被移送刑事监狱的人,从刑事法院释放后,仍需回到民事法院,以下两种情况除外:

(a) 被移送刑事监狱的人已服刑满 3 年,依据 1908 年《民事诉讼法》第 58 条或 1920 年《破产法》第 23 条的规定,该案中被判刑人可被视为已满足民事监狱释放条件;

(b) 作出民事监狱监禁命令的法庭已向负责刑事监狱的长官确认,依据 1908 年《民事诉讼法》第 58 条或 1920 年《破产法》第 23 条的规定,该案中被判刑之人有权获得释放。

第 418 条　监禁判决的执行

（1）被告人被判处终身监禁或其他不属第 413 条规定刑期监禁的，作出该判决的法院应立即向被告人服刑、将要服刑的监狱与其他地点发出授权令，将要前往相关监狱或其他地点服刑的被告人应由作出该判决的法院进行护送，并附上授权令。

若被告人仅是被收监以待另行组成法庭，则不需要准备或者向监狱送达执行令，并且法院有权指令被告人的监禁地点。

（2）若法院对被告人作出缺席判决，且该判决符合本条第 1 款的规定，则法院应发出逮捕被告人的授权令以将其送至服刑的监狱或其他地点，服刑日期自逮捕被告人之日起计算。

第 419 条　执行令的送达

每一份执行监禁判决的授权令应送达至收监监狱或其他地点的负责人。

第 420 条　执行令的保管

当犯人将被监狱收监时，由监狱管理员保管相应的授权令。

第三节　罚金的征收

第 421 条　征收罚金的授权令

（1）违法者已被判处罚金后，作出判决的法院有权通过以下方式征收罚金：

（a）发出授权令列明征收金额及违法者可用于销售的动产；

（b）针对拖欠罚金的情况，向地区征收官发出授权令，授权其以征收土地收益拖欠金的形式从违法者的动产及不动产中征收相应拖欠罚金。

若判决规定，违法者拖欠罚金将被收监，且该违法者已服刑完毕，法院不得作出上述征收罚金的授权令，除非另有书面记录的特殊理由或事先法院已依据第 357 条的规定作出因征收罚金所产生费用的补偿命令。

（2）邦政府有权对依据本条第 1 款第（a）项作出的授权令执行方式作出规范，若有除违法者以外的其他任何人对执行授权令所涉财产提出请求的，邦法院有权作出简易裁决。

（3）法院依据本条第 1 款第（b）项的规定向地区征收官发出授权令时，征收官应依照征收土地收益拖欠金的相关法律进行征收，违法者被逮捕或收监不需执行此类授权令的情况除外。

第 422 条　征收罚金授权令的效力

法院依据第 421 条第 1 款第（a）项作出授权令后，可由法院在管辖权范围内进行。对于其管辖权范围以外的财产，法院可在获得财产所在地有管辖权的地区治安法官授权后，对相关财产进行扣押和销售。

第 423 条　针对本法无管辖权的领土所作的征收罚金授权令

针对本法无管辖权的领域内所作的征收罚金授权令，依据本法及现行有效的任何法律，若在本法典无管辖权的刑事法院判处违法者罚金，且该法院随判决向本法典有管辖权的地区征收官发出征收罚金授权令，授权该征收官依照征收土地收益拖延金的形式进行征收的，应将该征收罚金授权令视为本法典管辖范围内的依据第 421 条第 1 款第（b）项所作的授权令，同时，执行该征收罚金授权令需相应适用本法典第 421 条第 3 款的规定。

第 424 条　暂缓执行监禁判决

（1）违法者若仅被判处罚金，拖欠罚金后才被收监且仍未支付罚金的，法院有权：

（a）作出命令，要求违法者在命令发布之后的 30 日内全额支付罚金，或进行两次至三次的分期支付，首期支付应在命令发布的 30 日内作出，剩余分期支付间隔应同样不超过 30 日；

（b）违法者提出担保后（有无担保人皆可），并同意应法院要求在支付罚金或分期支付罚金日期内随时出庭的，法院可暂缓执行监禁判决。若违法者在应支付罚金的最后期限内仍未进行支付的，法院有权决定立即将违法者收监，执行相关监禁判决。

（2）若案件判决违法者不立即支付罚金即被收监而违法者仍未及时给付的，仍适用本条第 1 款的规定。若依据本条第 1 款的规定违法者需提供担保却未能提供的，法院有权立即作出监禁判决。

第四节　关于执行的一般规定

第 425 条　有权发出授权令的主体

作出判决的法官或治安法官或接任其工作的法官皆有权发出执行判决的授权令。

第 426 条　逃犯判决生效时间

（1）依据本法典对逃犯作出死刑、无期徒刑或罚金判决的，此类判决应依照上文规定，立即生效。

（2）依据本法典对逃犯作出有期徒刑判决的：

（a）若新作出的判决严重程度超出逃犯潜逃时所服刑罚，则新判决立即生效；

（b）若新作出的判决严重程度不及逃犯潜逃时所服刑罚，则新判决将在逃犯被收监执行未执行完毕的刑罚后生效。

（3）针对本条第2款，轻罪拘禁的严重程度超过单纯的监禁。

第 427 条　针对违法者服刑期间再度犯罪的判决

（1）服刑期间再度犯罪被判处有期徒刑或无期徒刑的，相关判决在前一刑罚执行完毕后生效，法院指令新判决与原判决同时执行的情况除外。

违反本法第 122 条的规定违反保障供应被判处相应刑罚的，在其服刑期间，因上述判决作出之前所犯违法事项而被判处刑罚的，应立即开始执行新判决，

（2）正在执行无期徒刑的犯罪人再次被判决无期徒刑的，再次判决的刑罚应当立即与前次判决共同执行。

第 428 条　被告人被羁押期间的刑期折抵

被告人被定罪判处有期徒刑的（拖欠罚金被判刑的除外），定罪前进行相关调查，审讯的羁押期间将折抵被告人的刑期，被告人只需服折抵后的剩余刑期。

第 429 条　保留条款

（1）本法第 426 条、第 427 条的规定不得用于解除被告人的原判决。

（2）拖欠罚金导致判决监禁的，若该服刑被告人另有其他连续判决的，直至该被告人已将其他连续判决刑期执行完毕后，方可对拖欠罚金的行为判决监禁。

第 430 条　刑期执行完毕后授权令的返还

刑期执行完毕后，负责执行刑期的长官需将授权令返还至原来的签发部门，并需备注刑期执行的方式。

第 431 条　收缴的款项视为充当罚金

收缴的款项视为充当罚金。通过本法发出的命令而支付的任何款项（罚金除外），若无其他明确规定，将被视为充当罚金，在此依据本法第 359 条提出发布命令申请的，可将本法第 421 条理解为"依据本法第 357 条"之后加上"或依据本法第 359 条作出的给付决定"。

第 432 条　判决的暂缓执行、免刑与减刑

（1）违法者被判处刑罚后，适格的政府有权暂缓执行其判决、全部或部分免除其刑期，附加被告人的限制条件在所不论。

（2）适格政府收到暂缓执行判决或免刑的申请时，有权要求作出相关判决的主审法官陈述意见，确定是否同意或驳回此类申请，并附上其理由及庭审记录的确认副本或现存的庭审记录。

（3）适格政府若认为暂缓执行判决或免刑的被告人未能满足其设立的限

制条件的,有权取消相关暂缓执行判决或免刑决定,警察无须任何授权令即可将未被逮捕的被告人逮捕,将其收监以执行剩余刑期。

(4) 暂缓执行判决或免刑所设的限制条件可由被告人亲自实现,也可由独立于被告人的其他人实现。

(5) 适格政府有权作出一般规定或特殊命令,对暂缓执行判决或免刑申请的提交和处理方式进行指示:

若被判决人是 18 岁以上的男性,则仅在如下情况下对被判决人或其代理人提出的暂缓执行判决或免刑申请进行处理:被判决人在监狱服刑的:

(a) 被判决人提出申请的,应向其服刑监狱的负责人提出;

(b) 其他人提出申请的,应附带被判决人确在监狱服刑的声明。

(6) 对于刑事法院依据本法或其他可对公民自由与财产进行限制的法律而作出的命令,同样适用本条第 1 款至第 5 款的规定。

(7) 本条及第 433 条中的"适格政府"指:

(a) 对违法事项所作判决或依据本条第 6 款所作命令涉及国家行政权相关事宜的,为中央政府;

(b) 其他情况下,犯罪人被判决的所在地或者该命令被通过所在地的邦政府。

第 433 条 减刑的权力

减刑的权力。适格政府不需征得被判决人的同意即可减刑:

(a) 将死刑减为《印度刑法典》规定的其他任何刑罚;

(b) 将无期徒刑减为刑期不超过 14 年的有期徒刑或仅处罚金;

(c) 将轻罪拘禁减为单纯监禁或仅处罚金;

(d) 将单纯监禁减为仅处罚金。

第 433 条之一 对特定案件中免刑或减刑的限制

在第 432 条规定的情况下,若被告人所犯罪行可被判处无期徒刑或死刑,而其被判处无期徒刑的,或者被告人被判处死刑后依据本法第 433 条减为无期徒刑的,被告人服刑期满 14 年后方可获得释放。

第 434 条 中央政府对死刑判决所享有的同样权力

对邦政府依据本法第 432 条与第 433 条所享有的权力中涉及死刑判决的相关权力,中央政府同样享有。

第 435 条 特定案件中邦政府与中央政府协商后进行处理

(1) 邦政府可依据本法第 432 条和第 433 条所赋予的权力对下列犯罪判决作出减刑或免刑决定:

(a) 依据 1946 年《德里特别警察部队法》而由德里特别警察部队展开调

查的案件或者是其他机构依据除本法外的其他中央法令而展开调查的案件；

(b) 涉及挪用、破坏或损害中央政府财产的案件；

(c) 在中央政府履职或声称履职人员的犯罪案件；

对于上述三类案件，邦政府经与中央政府协商后方可进行处理。

(2) 若一人犯数罪且并罚，其中某些犯罪涉及邦联盟的行政管辖权的，此时只有在中央政府对邦联盟享有行政管辖权的案件判决同样作出缓刑、免刑、减刑决定的情况下，邦政府作出的缓刑、免刑、减刑决定方能生效。

欧 洲

奥 地 利

奥地利共和国刑事诉讼法典[*]

第一编 诉讼程序概述及基本原则

第五章 总 则

第六节 罚金刑和自由刑的执行

罚金刑和自由刑的执行

第90条 （1）所有的罚金收入归联邦所有。

（2）依据本法判处的罚金全部或部分无法缴付的，法院应在值得考虑的情形中重新计算罚金的数额，除此之外，应当将罚金刑转化为最长8日的替代自由刑。

（3）针对第2款所规定的替代自由刑的执行以及本法所规定的自由刑和强制羁押的执行，应当适用《刑事执行法》关于3个月以下自由刑执行的规定。

第五编 特别程序

第十九章 判决的执行

第396条 （1）如果被羁押，则任何经由判决被宣判无罪之被告应当在判决宣告后立即予以释放；但提出具有延期效力的法律救济或者基于其他法定

---

[*] 本法典于1873年5月23日由奥地利帝国议会批准，1873年11月23日实施。最近一次修正时间是2015年8月13日。本译本根据奥地利联邦总理办公室官网提供的德语文本翻译。

事由有必要继续羁押的除外。

（2）如果上诉人撤回了所提出的法律救济，则应当将判决已发生法律效力告知未被羁押的被告人。

（3）终止诉讼和无罪判决应当由一审法院告知警察。

第397条 刑事判决的执行不存在法定障碍，特别是不存在由有权人及时提出的、法律规定具有延期效力的法律救济（第284条第3款、第294条第1款与第344条），则任何判决均应当立即执行。如果违背受羁押之被告人的意志因而不具有权利之人提出了对其有利的法律救济，则应当就此通知被告人并告知其由此可推迟判决的执行。在受羁押的被告人是否同意其辩护人提出法律救济存有疑问时，也适用前句规定。主审法院负责决定刑事判决的执行。（《联邦法律公报》1969年第145号第2条第5项）

第398条 如果没有其他规定，一项刑事判决的任何法律效果均始自其既判力的发生。（《联邦法律公报》1974年第423号第1条第112项）

第399条 任何对1名公务员（《刑法典》第74条第1款第4项）的判决均应当在其发生法律效力后立即通知其部门领导。

第400条 （1）在一审判决发生效力后，关于对被告人先期羁押时间（《刑法典》第38条）的折算，由一审法院的主审法官以裁定的方式进行决定。

（2）如果在判决中没有对一项先期羁押或者在国外已执行的刑罚（第66条）进行折算，则主审法官也应当依申请或者依职权依据前款作出裁定。如果折算存在错误，则主审法官应随时修正（第270条第3款），但只有当判决尚未发生法律效力时方能作出不利于被告人的修正。对就此所提出之申请的驳回或作出之修正可依据第270条第3款的标准以抗诉撤销之。

第401条 （注：被《联邦法律公报》1969年第145号第2条第6项废除）

第401a条 （注：被《联邦法律公报》1969年第145号第2条第6项废除）

第402条 如果刑事判决中剥夺被告人权利的，或者法律规定，有罪判决将导致或可能导致权利被剥夺的，则法院应当将发生法律效力的判决通知相关机构。如果其他法律没有规定必须向该机构送达一份判决文本，则应当依请求向其寄送一份判决文本。（《联邦法律公报》1969年第145号第2条第7项）

第403条 （注：被《联邦法律公报》1968年第74号第4条第2项废除）

第404条 （注：被《联邦法律公报》1968年第74号第4条第2项废除）

第405条 判处自由刑之判决应当如何执行由特别法律规定。（《联邦法律公报》1969年第145号第2条第8项）

第406条 （注：《联邦法律公报》1969年第145号第2条第9项废除）

第407条 对于被判刑者不具有奥地利国籍者，应当及时地通知负责行使

相应权力的他国警察机关。(《联邦法律公报》1974 年第 423 号第 1 条第 114 项)

第 408 条 （1）如果被判处追缴、扩大的追缴、查抄或扣押财产或物品，则法院应当书面要求受判处人或责任分担人（第 64 条）在 14 日之内将其进行处理或者将处分权转交于法院，否者将强制执行。如果处分权人不遵守要求，则法院应当向收缴机构申请执行。

（2）如果被追缴或被扣押之物件存在学术或历史价值或对于教学、试验、研究或其他专业活动存在价值的，则应当将其提供给位于奥地利的国家机关或博物馆使用。在其他情况下，可直接用于抵偿司法之实际费用的物件，应加以利用，而其他物件应依据第 377 条所规定的方式予以变卖。既不能照此适用，也不能予以价值化的物件，应当予以销毁。

第 409 条 （1）如果受判处人在既判力发生后未毫不迟疑地缴纳对其所判之罚金刑，则应当书面要求其在 14 日之内支付该刑罚，否则将以强制的方式收缴。这同样适用于《刑法典》第 20 条第 3 款所规定的扣押。

（2）罚金如何收缴，依据 1962 年现行有效的《法庭征缴法》予以确定。

（3）替代性自由刑应当如其他自由刑一样，依据《刑罚执行法》进行安排与执行。

第 409a 条 （1）如果对缴付义务人而言，依据《刑法典》第 20 条及时地缴付罚金刑或一定的款项过于苛刻，则主审法官应依据申请通过裁定给其以适当的宽限。

（2）但该宽限：

1. 在分期缴付依据《刑法典》第 20 条一次性缴付的全部罚金或全部款项或者缴纳不超过 180 日的日额罚金的罚金时，不得超过 1 年；

2. 在分期缴付 180 日以上日额罚金的罚金时，不得超过 2 年；

3. 在分期缴付依据《刑法典》第 20 条不以日额罚金计算的罚金或款项时，不得超过 5 年。

（3）在所保障的宽限期内，缴付义务人遵守了官方规定的期限将不予计算。如果缴付义务人对其犯罪行为的被害人支付了损害赔偿或补偿，则法院在对延迟缴纳的申请作出决定时，应当予以适当的考量。在考量所保障的依据《刑法典》第 20 条支付的罚金和款项的期限内所作出的损害赔偿给付时，宽限的最长适当期限不得超过继续延长 1 年。

（4）如果缴付义务人至少有 2 次分期支付限于迟延，则只有当所有尚未缴付的部分款项即将到期时，依据《刑法典》第 20 条应缴付的罚金与款项才能以分期付款的方式缴付。

（5）（注：被《联邦法律公报》2007 年第 93 号废除）

第 409b 条 （1）罚金、收缴的款项以及出售所得（第 115e 条、第 377 条）归联邦。

（2）依据《刑法典》第 20 条、第 20b 条而追缴的财产的 20% 归联邦内政部。

第 410 条 （1）关于事后的减刑、日额罚金的重新确定以及对追缴、扩大的追缴（《刑法典》第 31a 条）或职业禁止（《刑法典》第 220b 条第 3 款与第 4 款）裁判的更改，由第一审主审法院在就裁判出现了重要的情形时，依申请或者依职权以裁定的方式作出。

（2）（注：被《联邦法律公报》2007 年第 93 号废除）

（3）如果依据第 1 款之裁判目的全部或部分有可能不能实现，则法院应当在其裁判发生法律效力前暂时停止或中止刑罚、追缴或扩大的追缴，但向其递交的申请明显没有希望时除外。

第 411 条 如果罚金刑尚未执行，则其约束力随着受判处人之死亡而消除。本条类推适用于追缴增值和价值增值。

保加利亚

保加利亚刑事诉讼法典*

第七编　特殊程序

第三十五章　与刑罚执行有关的程序和特殊程序

第一节　假　释

第 437 条　假释的提议

（1）下列主体可以提出刑法典第 70 条和第 71 条规定的假释的提议：

1. 刑罚执行地的地方检察官和相应军事检察官；

＊ 本法典于 2005 年 10 月 14 日由保加利亚议会批准，2005 年 10 月 28 日公布。本译本根据 2011 年 2 月 11 日第 13 号《国家公报》修正后的版本翻译，该文本语言为英语。

2.《刑罚执行法》第 17 条规定的委员会；

3.（2008 年第 109 号《国家公报》废除）

（2）提议应包含提请提前释放人的个人档案，对案件准确决定有重要作用的其他材料以及被传唤人员名单。

（3）（2008 年第 109 号《国家公报》废除）

第 438 条　审查提议的法庭

第 437 条第 1 款的提议应由刑罚执行地地区法院或相应军事法院审查。

第 439 条　提议的审查程序

（1）应由一名法官独任审查提议。

（2）（2008 年第 109 号《国家公报》修正）检察官和《刑罚执行法》第 17 条规定的委员会的主席应当出席法庭。

（3）被定罪人应当出席法庭。

（4）证据收集和核实完毕后，法庭应将发言权交给提议提出主体。

（5）若检察官未提出提议的，应作总结。

（6）被定罪人应作最后陈述。

第 440 条　法庭决定

（1）法庭应以合理的决定作出裁决。

（2）检察官有权对法庭决定提出抗诉，并应根据第二十二章的程序审查。

第 441 条　新提议

若法院不核准第 437 条规定的提议的，可以在决定宣告之日起 3 个月后提出新提议。

第 442 条　应对执行剩余刑罚作出裁决的法院

附条件被释放人在假释考验期实施新的犯罪的，对新的犯罪案件有管辖权的法院应决定刑法典第 70 条第 7 款和第 8 款有关的问题。

第二节　撤销审查工作日

第 443 条　撤销提议

下列人员可以根据刑法典第 41 条第 4 款和第 5 款提出撤销监禁刑中审查工作日的提议：

1. 刑罚执行地的地区检察官；

2. 狱警。

第 444 条　提议的审查

（1）应由服刑地地区法院一名法官和两名陪审员审理提议。

（2）可以根据第二十二章的程序，在法庭的决定宣告后 7 日内对决定提出上诉。

（3）若上诉法院撤销决定，它应解决案件。

（4）本节没有专门规定的，应适用本章第一节的规定。

第三节　以更严厉规章替代监禁刑
执行规章

第 445 条　变更提议

下列主体可以提出将监禁刑执行规章变更为比法庭决定的规章更严厉的规章的提议：

1. 刑罚执行地的地区检察官；
2. 监狱或管教机构狱警；
3. 刑罚执行地的监管委员会。

第 446 条　审查提议的程序

（1）应由刑罚执行地的地方法院的一名法官和两名陪审员组成法庭审查提议。

（2）（1998 年第 21 号《国家公报》修正）法庭裁决宣告后 7 日内可以对该裁决提出上诉。若上诉法院撤销裁决的，它应解决案件。

第四节　监禁或缓刑判决执行的中断

（2010 年第 32 号《国家公报》修改标题，2010 年 5 月 28 日生效）

第 447 条　中断的理由（2010 年第 32 号《国家公报》增补，2010 年 5 月 28 日生效）

下列情况，可以中断监禁或缓刑判决的执行：

1. （2010 年第 32 号《国家公报》修正，2010 年 5 月 28 日生效）刑罚执行期间被判刑妇女生育的，中断执行直到孩子 1 岁；
2. 有家庭或社会性质的特殊原因的，中断执行不超过 3 个月；
3. 被定罪人患疾病的，中断执行直至他/她康复；
4. 在学校参加考试的，中断执行不超过 10 日；
5. （2010 年第 32 号《国家公报》新增，2010 年 5 月 28 日生效）临时将被定罪人引渡给其他国家，临时将欧洲逮捕令逮捕的人员交还给发出令状的欧盟成员国，中断执行直到两国书面协议规定的期间结束。

第 448 条　中断执行的主体
（1）应由刑罚执行地地区检察官提出刑罚中断执行的提议。
（2）中断提议也可以由监狱或管教机构的狱警提出。

第五节　将终身监禁变更为惩罚性监禁

第 449 条　变更提议
终身监禁变更为惩罚性监禁的提议可以由刑罚执行地的地区检察官提交。

第 450 条　提议的审查程序
（1）判决执行地地区法院的一名法官和三名法庭陪审员组成审判组织审查提议。
（2）检察官，狱警和被定罪人应当出庭。
（3）法庭应以合理的决定作出裁决。可以根据第二十二章的程序对拒绝变更刑罚的决定提出上诉。
（4）第 449 条规定的提议被否定的，可以在否定决定宣告 2 年后提出新提议。

第六节　缓刑替代监禁刑

第 451 条　替代提议
下列主体可以向法庭提出以缓刑替代监禁刑的提议：
1. 刑罚执行地的地区检察官；
2. 刑罚执行地缓刑委员会主席。

第 452 条　提议的审查程序
（1）（2010 年第 32 号《国家公报》增补，2010 年 5 月 28 日生效）缓刑执行地的地区法院应由一名法官和两名陪审员组成审判组织审查提议。法庭应作出决定，决定作出后 7 日内可以对该决定根据第二十一章程序提出上诉和抗诉。
（2）（2010 年第 32 号《国家公报》增补，2010 年 5 月 28 日生效）检察官，缓刑委员会主席和被定罪人应当参加案件审理，第 269 条第 3 款规定的案件除外。
（3）（2010 年第 32 号《国家公报》修正，2010 年 5 月 28 日生效）第 1 款和第 2 款条文也应适用于缓刑措施的实施和以其他措施替代缓刑措施。法庭应宣告其决定，决定作出后 7 日内可以对该决定根据第二十一章程序提出上诉和抗诉。

（4）本节没有专门规定的，适用本章第一节的规定。

比 利 时

比利时重罪审理法典[*]

第二卷　法　院

第二编　重罪法庭

第八章　执　行

第360条　如果相关人员未向最高司法法院提出上诉，应当在第359条规定的期限后24小时内执行判决，如果提出上诉，则在收到最高司法法院驳回申请的决定后24小时内执行判决。

第361条　按照检察长的指令执行判决；为此目的，检察长有权要求直接获得公共力量的协助。

如果判决涉及位于王国以外或需要去王国外收回的物品或钱款，检察院将诉讼卷宗中相关的材料复印件转交司法部长。寄送复印件应当通知扣押与没收中心机构。

第362条　在判决之前的法庭审理中，有证据或证人证言控告被告人实施了其被指控犯罪以外的犯罪，如果这些新发现的犯罪将导致比之前的犯罪更重的刑罚，或者被告人的共犯处于被拘捕状态的，则法院得命令按照本法规定的方式根据其新的犯罪事实予以追诉。

在这两种情况下，检察长暂缓执行首次宣告的判决，直至对第二次诉讼作出决定。

---

[*] 本法典的序编于1878年4月25日公布，同年5月5日生效。1808年11月至12月先后公布第一卷至第二卷，并相继生效。至今为止多次修改。本译本根据比利时司法信息网站2014年5月14日提供的法语文本翻译。

第 363 条 重罪法庭作出判决的所有原稿应当集中存放在省会所在地的初审法院书记室。

作为例外，上诉法院所在地的省重罪法庭或首都布鲁塞尔行政区重罪法庭作出的判决的所有原稿，应当存放于该法庭。

第七编 公共利益及一般性安全的一些事项

第一章 犯罪记录中心

第 589 条 中央犯罪记录系统，以下简称"犯罪记录系统"，是由司法部长领导的自动化处理系统，根据本章的规定，负责记录、保存及变更与刑事及社会防卫领域作出的裁判相关的数据。

犯罪记录系统的目的在于将记录的信息告知：

（1）负责执行刑事领域的司法任务的机构；

（2）行政机构，以使其通过行政手段采取必要的预防措施，了解相关人员司法记录；

（3）告知个人，如果其须制作司法记录摘录；

（4）在国际公约或与比利时有联系的欧盟法律法规规定的情况下，告知外国机构。

法庭或法院书记室或者司法部犯罪记录处负责记录这些信息。

适用 1992 年 12 月 8 日《关于在处理个人信息时保护私生活的法律》第 8 条 §1 的规定，这些信息可以用于司法部提议建立及发布的基本数据统计。

第 590 条 犯罪记录记载个人的下列信息：

（1）被判处重罪、轻罪或违警罪的刑罚。

（2）适用 1964 年 6 月 29 日《关于中止审理、暂缓刑罚执行与考验期的法律》第 3 条至第 6 条、第 13 条的规定，作出命令中止宣告刑罚或附考验期的暂缓宣告刑罚的决定，确认撤销中止决定或宣告撤销附考验期的暂缓宣告刑罚的决定，或者以附考验期的暂缓宣告刑罚代替一般缓刑的决定。

（3）适用同一法律第 14 条的规定，作出撤销暂缓刑罚执行的决定。

（4）适用 2007 年 4 月 21 日《关于精神障碍人员关入精神病院的法律》第 8 条、第 46 条、第 66 条及第 72 条的规定，作出关入精神病院的决定、授权或撤销附考验期释放、最终释放的决定。

（5）适用《刑法典》第 34（2）条至第 34（4）条以及 2006 年 5 月 17 日《关于被判处剥夺自由刑的人员的外部法律身份及刑罚执行中被害人权利的法

律》第95（7）条的规定，作出提交刑罚执行法庭及剥夺自由刑的决定。

（6）适用《关于精神障碍人员关入精神病院的法律》第82条、第113条的规定，作出将被判刑人关入精神病院的决定以及命令将其移送回监狱的决定。

（7）1965年4月8日《关于保护青少年、实施犯罪的未成年人及赔偿犯罪造成的损害的法律》第63条规定的丧失亲权及复权，对未成年人宣告的措施；以及少年法院适用同一法律第60条作出的撤销或变更措施的决定。

（8）适用本法典第416条至第442条或第443条至第447（2）条的规定，作出撤销的裁定。

（9）适用1989年1月6日《关于宪法法院的特别法律》第10条至第14条的规定，作出的撤回裁定。

（10）解释或更改的决定。

（11）适用本法典第621条至第634条的规定，作出的复权裁定。

（12）适用1943年12月9日《关于水手复权以及刑事追诉时效及一些海事犯罪相关的刑罚时效消灭的法令》，作出的复权裁定。

（13）适用1918年4月22日《关于军人复权的法令》，作出的复权裁定。

（14）特赦决议。

（15）授权决定或撤销假释的决定。

（16）外国司法机构根据国际公约或与比利时有关的欧盟法律法规通告比利时政府的，对比利时人作出的刑事领域的裁判，以及外国机构作出并通告比利时政府的可能影响上述裁判的大赦、废除有罪判决或复权的决定。

（17）适用1878年4月17日包含《刑事诉讼法典》序编的法律第21（3）条，通过简单声明宣告的有罪判决。

（18）1990年7月20日《关于审前羁押的法律》第35条§1第2款规定的禁止权利，如果涉及在比利时没有居住地或法定住所的人。

犯罪记录还记载从刑、辅刑及保安措施，以及有罪判决的一般缓刑或附加考验期的缓刑。

如果有罪判决已经被记载，在提出异议的特别期限内提出救济或撤销发回重审后作出无罪判决的，应当将有罪判决从犯罪记录中删除。

第591条 司法部犯罪记录处一级职员以书面方式指名任命，书记官长、书记室主任书记官、司法系统法庭及法院处室主任书记官，只有在犯罪记录管理范围内，可以获得1983年8月8日《关于自然人国家登记的法律》第3条第1款（1）至（8）及第2款规定的信息。

只有在辨认登记在犯罪记录中的人时，上述人员才得使用自然人国家登记的鉴定号码。

上述人员可以将前款规定的职权授权给被书面指名任命的负责输入犯罪记录数据的一名或数名人员。授权应当说明理由并证明有必要执行公务的合理性。

在查询犯罪记录的范围内，第 593 条规定的人员可以获取 1983 年 8 月 8 日《关于自然人国家登记的法律》第 3 条第 1 款（1）至（9）及第 2 款规定的信息。

国王确定给予授权的条件。

第 592 条 书记官在第 590 条规定的裁判产生既判力后 3 日内，将裁判移送犯罪记录系统。

书记官对移送给法院作出裁判的信息的一致性负责。

第 593 条 包括欧盟司法机构的比利时成员在内的检察院司法官、预审法官、刑罚执行法庭的法官及陪审官、负责执行刑事裁判及社会防卫措施的行政机构中被书面指名任命的 A 级职员、1992 年 8 月 5 日《关于警察职责的法律》第 3 条规定的具有司法警察警官资格的警察官员、1991 年 7 月 18 日《治安与情报机构监督组织法》规定的情报机构中被书面指名任命的一级职员、金融信息处理部门成员及部门中被书面指名任命的具有与国家一级职员同等级别的人员，只有在法律规定其执行任务过程中需要了解犯罪记录时，才可以获取犯罪记录系统中记载的个人信息，除非出现下列情况：

（1）经大赦免除刑罚；

（2）适用本法典第 416 条至第 442 条的规定，或第 443 条至第 447（2）条的规定，作出撤销的决定；

（3）适用 1989 年 1 月 6 日《关于宪法法院的特别法律》第 10 条至第 14 条的规定，作出撤回决定；

（4）根据被废止的法律条款宣告的刑罚及裁判，只要已取消对犯罪事实的刑事指控。

检察院司法官、预审法官、刑罚执行法庭的法官及陪审官及第 1 款规定的 A 级职员，可以将此职权授予其机构内被书面指名任命的一名或数名人员行使。

第 594 条 国王通过部长会议合议作出的决议，在咨询私生活保护委员会意见后，可以授权一些公共管理机构在基于法律限定之目的或根据法律的规定，获取犯罪记录系统中记载的信息，但下列情况例外：

（1）第 593 条（1）至（4）列举的有罪判决及决定；

（2）复权裁定及该复权涉及之有罪判决；

（3）命令中止或推迟宣告有罪判决的决定。

（4）（废除）

这些公共管理机构不得获取判处最多6个月监禁刑的刑罚记录，通过简单声明宣告的有罪判决记录，不超过500欧元的罚金刑记录，以及根据1968年3月16日《关于公路交通治安的国王法令》协调的法律判处的罚金刑，在自最终司法裁判宣告之日起3年后不得获取记录，无论其金额大小，除非这些判决含有丧失权利或禁止权利的效力超过3年，在判决中予以宣告或为了适用法律、法规条款而必须了解丧失或禁止权利的内容。

按照本条规定的条件，公共管理机构可以获取1965年4月8日《关于保护青少年、实施犯罪的未成年人及赔偿犯罪造成的损害的法律》第63条规定的丧失权利及措施的记录。

第595条 任何能证明其身份的人，均可以取得犯罪记录中涉及其本人的登记信息的摘录，下述内容除外：

（1）第594条（1）至（4）列举的有罪判决、决定或措施；

（2）适用1964年7月1日法律对精神病人采取的措施；

（3）1965年4月8日《关于保护青少年、实施犯罪的未成年人及赔偿犯罪造成的损害的法律》第63条规定的丧失权利及措施。

在自最终司法裁判宣告之日起3年后，在摘录中不得提及被判处最多6个月监禁刑的刑罚，通过简单声明宣告的有罪判决，不超过500欧元的罚金刑，以及根据1968年3月16日《关于公路交通治安的国王法令》协调的法律判处的罚金刑，除非判决中刑罚涉及的丧失权利或禁止权利的效力超过3年。

根据国王确定的方式，通过该人法定住所或居住地所在市镇的政府送交摘录。如果其在比利时无法定住所或居住地，摘录由司法部犯罪记录处送交。

根据1992年12月8日《关于在处理个人信息时保护私生活的法律》第10条的规定，任何能证明其身份的人，均有权得知直接与其相关的犯罪记录信息。

第596条 如果申请获得摘录是为了完成一项活动，法律、法规条款已规定了完成或实施活动的条件，在判决作出丧失权利或禁止权利的效力超过3年的情况下，摘录应当提及第595条第2款涉及的判决，由此产生禁止相关人员实施此活动的效果。

如果申请获得摘录是为了完成一项教育活动、精神医疗社会引导活动、少年救助活动、幼儿保护活动、未成年人集体组织活动或监督管理活动，除第1款规定的判决外，摘录还应当提及针对未成年人实施的犯罪作出的第590条第1款（1）和（17）涉及的有罪判决，以及第590条第1款（2）、（4）、（5）和（16）涉及的裁判，如果这一因素为犯罪构成要件或加重刑罚的要素。如果法官或预审法庭适用1990年7月20日《关于审前羁押的法律》第35条§1第2款，禁止当事人进行可以接触到未成年人的活动，市镇政府也应当说明。摘录中应当说明禁止权利，直至后续判决产生既判力。为了获得这种信息，市镇政府应当向地方警察机构提出申请。

根据国王确定的方式，通过该人法定住所或居住地所在市镇的政府送交摘录。如果其在比利时无法定住所或居住地，摘录由司法部犯罪记录处送交。

第2款涉及的摘录不得送交被审前羁押的人。

第597条 在国际公约或与比利时有联系的欧盟法律法规规定的情况下，将犯罪记录摘要送交外国机构。

第598条 对于死亡人员，记载在犯罪记录中的信息每年向王国档案总库移送一次。

第599条 查询犯罪记录及交付摘录需支付的报酬由国王确定。

第600条 犯罪记录通告的信息不得作为与之相关的刑事或行政判决中的证据。

第601条 在履行职务过程中，参与收集、处理或移送第590条规定的信息的人应当保守职业秘密。《刑法典》第458条的规定适用于此。

上述人员可以采取一切必要措施保障登记信息的安全性，尤其要避免信息被篡改、损坏或被告知给无权知晓的人。

上述人员核实自动处理信息的程序的适当性以及操作的合法性。

上述人员负责移送信息的合法性。

应当将提出任何查询犯罪记录的申请的人的身份记入监督系统。这些信息保存6个月。

第602条 国王可以规定适当措施以保障与犯罪记录相关的信息的安全性。

第二章 监 狱

第603条 除了用于执行刑罚的监狱机构外，在每个初审法院地区均设一所看守所收押被告人。同样，在每个重罪法庭地区设一所看守所收押被签发人身逮捕令状的人员。

第604条 看守所与为了执行刑罚建立的监狱机构应当完全分开。

第605条 省长不仅应当负责不同关押场所的安全，还应当保障其清洁卫生以及被关押人员的健康状况不得受到损害。

第606条 根据1965年4月8日《关于保护青少年、实施犯罪的未成年人及赔偿犯罪造成的损害的法律》第 57（2）条被宣告剥夺权利后，被签发逮捕证的人应当被安置于收押实施犯罪的未成年人的社团中心。

如果对同一批人判处了主刑或从刑的监禁刑，应当在收押实施犯罪的未成年人的社团中心的惩戒所执行。

但是，如果这些人员已满 18 岁，在安置之时或日后，社团中心空间不足时，应当将其安置于关押成年人的监狱机构。如果这些人员已满 23 岁，也可以将其安置或移送至关押成年人的监狱机构。

如果已满 18 岁少年在中心引发严重冲突，或者使其他少年或中心人员全体处于危险之中，中心机构应当向司法部长提交详尽的报告。司法部长可以将该少年移送至关押成年人的监狱机构。

第 607 条 看守所及监狱的狱警应当建立登记簿。

预审法官在初审法院看守所的登记簿每页上签字，初审法院庭长在重罪法庭看守所的登记簿每页上签字，省长在执行刑罚的监狱的登记簿每页上签字。

第 608 条 逮捕证、人身逮捕令或刑罚判决的执行人员，在将被执行人交付狱警之前，应当令其在登记簿上记录持有的文书；交付文书应当对执行人员当面制作。

执行人员及狱警均应当签字。

狱警将执行人员签字的副本交给执行人员，作为其已履行职责的证明。

第 609 条 未按照法律规定的形式签发押票、逮捕证，或者向重罪法庭移送审判的裁定、重罪刑罚判决或监禁刑判决，以及未在登记簿上登记的，狱警均不得接收或扣留任何人，否则以专断拘禁罪对其提起追诉并进行惩处。

第 610 条 前述条款提到的登记簿还应当在交付文书的备注栏内写明被关押人员的释放日期以及依据之裁定或判决。

第 611 条 预审法官每个月应当至少探访一次辖区初审法院的看守所中的被关押人。

省长每年至少应当对所有重罪法庭看守所及监狱进行一次巡视，探访本省内的被关押人员。

第 612 条 除前条规定的巡视之外，如果其管辖范围内有监狱，每个市镇的行政长官每个月应当至少进行一次巡视。

第 613 条 市镇行政长官负责保障犯人的饮食充足、卫生，负责监所的治安。

重罪法庭庭长可以下达任何必要的指令以保障重罪法庭看守所执行裁判。

第 614 条 如果某些被关押人员对监狱人员或其他犯人实施威胁、侮辱或暴力行为，应当按照对其有管理权的人员的命令，将其更加严密监禁或单独关押，不影响在有必要时对其提起追诉。

第三章 保障个人自由不受非法监禁或其他专断行为的侵害

第 615 条 任何人得知个人被关押于非看守所或监狱机构的场所，均应当向违警罪法院法官、国王检察官或预审法官或者驻上诉法院检察长报告。

第 616 条 任何违警罪法院法官、负责检察院职责的官员及预审法官，依职权或根据其收到的报告，应当立即前往现场并令人释放被关押人，或者如果存在合法的拘留事由，应当立刻将被关押人移送至有管辖权的法官处，否则以专断拘禁罪共犯对其提起追诉。

应当对上述行为制作笔录。

第 617 条 根据需要，上述人员可以按照本法典第 95 条规定的形式作出裁定。

在上述人员拒绝履行职责的情况下，可以采取必要的强力手段，任何被征调的人均应当给予协助。

第 618 条 任何狱警拒绝向具有看守所或监狱警察身份的民事官员出示被关押人，或者拒绝提供其依据之指令，或者拒绝向违警罪法院法官出示登记簿，或者拒绝向违警罪法院法官提供其认为必要的登记簿部分复制件的，按照专断拘禁罪或以专断拘禁罪的共犯对其提起追诉。

第四章 有罪判决的消灭及刑事复权

第一节 有罪判决的消灭

第 619 条 自最终裁判宣告起 3 年期限届满后，违警罪刑罚判决消灭。但是消灭并不影响征收裁判宣告的罚金。

前款不适用于判决效力已超过 3 年期限的涉及丧失权利或禁止权利的刑罚，除非根据 1968 年 3 月 16 日《关于公路交通治安的国王法令》协调的法律规定，因驾驶员身体机能不全而宣告的丧失驾驶权。

第 620 条 有罪判决的消灭产生复权的效力。

第二节 刑事复权

第 621 条 任何被判处不得按照第 619 条的规定消灭刑罚的人，如果其至少已 10 年未复权，应当予以复权。

但是，如果 10 年之内批准的复权只涉及第 627 条规定的刑罚，法庭可以在期限届满前不对新的复权设置障碍。

第 622 条　被判刑人应当被判处剥夺自由的刑罚并已缴清罚款的，除非根据特赦权免除这些刑罚，或者被认定为无效，如果宣告附条件的刑罚或通过特赦途径附条件地宣告刑罚。如果刑罚已过时效，只有在执行不可归咎于被判刑人的情况下，被判刑人才得复权。

第 623 条　被判刑人应当已返还财产，支付其被判处的损害赔偿及诉讼费用，如果其因《刑法典》第489（3）条规定的犯罪被判处刑罚，应当已支付破产负债的本金、利息以及费用。

但是，如果被判刑人因生活贫困，或者其他任何非可归咎于其的理由，证明无法清偿债务，则对复权申请作出裁判的法庭可以免除上述条件。在这种情况下，不影响债权人的权利，法庭也可以在被判刑人被恢复权利之前，确定其应当返还部分财产、支付损害赔偿及诉讼费用、破产负债。

第 624 条　恢复权利附加考验期，在此期间申请人应当在比利时或外国有确定的住所，表明已改正行为并表现良好。

法庭尤其应当考虑申请人在修复犯罪造成的尚未经过司法确认的损害方面所作的努力。

第 625 条　延续至宣告复权的裁定作出之日的考验期的起算时间如下：

（1）附条件的有罪判决作出之日；

（2）特赦国王法令作出附条件刑罚之日；

（3）提出申请时获得最终释放的情况下，自附条件释放之日；

（3）-2 提出申请时已终止交付刑罚执行法庭，自附监督条件释放之日；

（4）在第 622 条规定的其他情况下，如果未能执行刑罚不可归咎于申请人，自刑罚消灭之日或取得时效之日起计算。

第 626 条　被判处违警罪刑罚或不超过 5 年监禁刑的轻罪刑罚，其考验期最短为 3 年。但是，如果按照《刑法典》第 54 条至第 57（2）条的规定，申请人被认定为法定累犯，或者根据《刑法典》第 34（2）条、第 34（3）条或第 34（4）条，申请人已被交付刑罚执行法庭的，此期限最短为 6 年。

被判处重罪刑罚或超过 5 年监禁刑的轻罪刑罚，其考验期最短为 5 年。但是，如果按照《刑法典》第 54 条至第 57（2）条的规定，申请人被认定为法定累犯，或者根据《刑法典》第 34（2）条、第 34（3）条或第 34（4）条，申请人已被交付刑罚执行法庭的，此期限最短为 10 年。

如果涉及附条件的有罪判决，考验期不得短于缓刑期限，除非缓刑期限因特赦而缩短。

第 627 条 在上述条文规定的考验期间，如果申请人被判处违警罪刑罚或轻罪的罚金刑，或者因下列犯罪被判处主刑为不超过一个月的轻罪监禁刑的——

《刑法典》第 242 条、第 263 条、第 283 条、第 285 条、第 294 条、第 295 条第 2 款、第 361 条、第 362 条、第 419 条、第 420 条、第 421 条、第 422 条及第 519 条规定的犯罪；

《刑法典》第 333 条、第 334 条规定的犯罪，如果涉及玩忽职守；

特别法律及法规规定的犯罪——

法庭可以决定这些判决不影响复权。

第 628 条 申请人向其居住地所在地区的国王检察官提出复权申请的，应当告知其申请涉及的判决、考验期内申请人的住所，以及必要时告知其第 627 条规定的有罪判决。

如果申请人居住在国外，应当向布鲁塞尔地区的国王检察官提交申请。

在第 626 条规定的期限届满之前一年以上不得提出申请。

第 629 条 国王检察官可以令人送交：

（1）申请人的犯罪记录摘录。

（2）与申请人有关的所有刑事裁判的相应证明材料摘录。

除了事实及宣告的刑罚或处分的明确性质外，这些摘录应当说明判处返还财产、向民事当事人支付损害赔偿及诉讼费用的判决。

（3）申请人在被执行剥夺自由的刑罚或处分时的持有的精神手册记录摘要。

（4）申请人在考验期间居住地的市镇行政长官出具的证明书，包括其在每个市镇居住的时期及期限、职业活动、生计方式及考验期间的品行。

如果申请人居住或曾经居住在国外，国王检察官确定制作证明书以代替上述规定的材料，或者取得必要材料。

国王检察官依职权或根据检察长的要求获取其认为必要的所有信息。国王检察官将诉讼卷宗及其意见移送检察长。如果被判刑人由于《刑法典》第 372 条至第 378 条规定的事实被判处刑罚，或者因对未成年人实施了《刑法典》第 379 条至第 386 条规定的犯罪或参与犯罪而被判处刑罚，卷宗中应当包含引导或治疗性犯罪行为人的特别机构出具的意见。

第 630 条 在接受申请的两个月内，检察长将诉讼卷宗提交重罪起诉法庭，由其在一个月内非公开的进行程序并作出决定。

如果检察长认为申请人无须出庭，并且有必要支持其申请，法庭可以批准恢复权利，而无须其他程序。

在其他情况下，检察长、申请人及其律师可以陈述意见。

申请人及其律师在至少 5 日内可以查询卷宗。

在确定的日期之前 8 日，申请人按照检察长发出的传票出庭。

如果在出庭后，法庭认为有必要进行调查，应当指出调查涉及的事实，指定证人，并确定听证日期。

在对证人进行听证后，应当立即再次听取检察长、申请人及其律师的陈述。

根据检察长的要求可以传唤证人。其出庭、听证、补贴适用与轻罪审判中证人出庭、听证、补贴相同的规定。

在每次听证中，申请人应当本人出庭，宣告裁定的庭审除外。

如果申请人无正当理由缺席庭审，法庭驳回申请。

如果申请人提出相同的理由，在听取其律师的陈述后，法庭不予采纳或延期审理。

第 631 条　如果法庭驳回申请，可以在自裁定作出之日起两年期限届满前重新提出申请。除非由于未改正行为或表现不良而被拒绝复权，否则法庭可以在驳回裁定中确定一个更短的期限。

如果法庭宣告复权，应当根据检察长的要求执行裁定。

第 632 条　在最终判决的备注中应当注明复权，向司法部长、制作报告的国王检察官、申请人居住地所在市镇的行政长官提交一份裁定的摘录，如果申请人尚在服兵役，应当向审查长提交摘录。

复权人可以获得复权裁定的一份副本。

第 633 条　复权诉讼的费用由申请人承担。同样适用轻罪案件关于诉讼费用的规定。

法庭书记官通过邮政挂号信告知申请人诉讼费用的金额，并要求其在宣告后两个月内向书记室交纳。

收据的复制件应当附在卷宗中，并按照第 631 条第 2 款的规定执行裁定。

第 634 条　复权即在今后终止有罪判决对被判刑人产生的一切效力，但不影响第三人取得之权利。

尤其是：

复权即终止被判刑人因有罪判决而丧失的权利；

复权后，原判决不得作为构成累犯之依据，不得对作出附条件的有罪判决产生不利影响，原判决不得在犯罪记录摘录及军队登记名册中提及；

复权不恢复被判刑人被免除之头衔、军衔、职务、职位及公职；

复权不解除被判刑人的无遗产继承资格；

复权不妨碍离婚或分居诉讼，也不影响依司法裁判提起的损害赔偿之诉。

德 国

德国刑事诉讼法*

第七编 刑罚执行和诉讼费用

第一章 刑罚执行

第 449 条 ［可执行性］

刑事判决在生效前，不得予以执行。

第 450 条 ［待审羁押、没收驾驶执照期间的折抵］

1. 自放弃或者撤回已提起的法律救济，或者提起法律救济的期限届满而其未作提起法律救济声明起，被告人被待审羁押的期间，应当全部折抵要执行的自由刑刑期。

2. 判决后继续依照第 111a 条第 5 款第 2 句的规定对驾驶执照予以保管、保存或者扣押的期间，要全部折抵禁止驾驶（《刑法典》第 44 条）的刑期。

第 450a 条 ［在国外被剥夺自由的折抵］

1. 为刑罚执行而进行的引渡程序，对受有罪判决人在国外被剥夺自由的期间，应当全部折抵待执行的自由刑刑期。为了追诉而引渡受有罪判决人的，此规定同样予以适用。

2. 为了执行数个刑罚而引渡的，受有罪判决人在国外被剥夺自由的期间应折抵最高的刑罚刑期，刑期相同时应折抵引渡回国后要首先执行的刑罚刑期。

3. 对判决所依据的事实认定作最后审查而作出判决后，鉴于受有罪判决人的表现认为无理由折抵的，依检察院申请法院可以决定全部或者部分地不予折抵。法院做出此命令的，在国外被剥夺自由的期间未超过刑期的前提下，此段期间在其他程序中也不折抵刑期。

---

* 本法于 1877 年 2 月 1 日由德意志帝国皇帝（威廉二世）批准，1879 年 10 月 1 日实施，2015 年 12 月 10 日最新修正。本译本根据 1987 年 4 月 7 日公布的版本（联邦法律公报 I，第 1074～1319 页）翻译，该法语言为德语。

第 451 条　　[执行机关]

1. 刑罚的执行,应由作为执行机关的检察院依据法院书记员办公室书记官发放的、附有可执行的、经过认证的判决主文副本执行。

2. 地方检察人员只有权执行州司法行政部门移交执行的刑罚。

3. 作为执行机关的检察院,可以接受其他州法院的刑罚执行庭所交付的检察院任务。检察院也可以将自己的任务移交给该其他州法院对应的检察院,以符合受有罪判决人的利益,经刑罚执行庭所在地检察院同意为限。

第 452 条　　[赦免权]

就联邦行使第一审审判权的案件,联邦有赦免权。就其他案件,州有赦免权。

第 453 条　　[缓刑交付考验、保留处刑警告的后续裁决]

1. 缓刑交付考验、保留处刑警告(《刑法典》第 56a—56g 条、第 58 条、第 59a 条、第 59b 条)的后续裁决,法院不经言词审理通过裁定进行裁决。应当听取检察院和被告人的意见。第 246a 条第 2 款和第 454 条第 2 款第 4 句的规定相应地予以适用。受有罪判决人违反缓刑附加的负担、指示从而裁决是否撤销缓刑的,法院要给予受有罪判决人口头陈述的机会。指定了缓刑考验帮助人的,裁决是否撤销缓刑或者考虑免于刑罚时,法院应当告知该缓刑考验帮助人;法院从其他刑事程序中获知的信息,如该信息的告知和缓刑监督的目的相宜的,也应当告知该缓刑考验帮助人。

2. 不服依据第 1 款作出的裁决的,准许提起(程序问题的)上诉。(程序问题的)上诉只能依据法院决定不合法或者缓刑考验时间事后延长而提起。对撤销缓刑、免于刑罚、撤销免于刑罚、判处保留的刑罚以及以警告了结程序的确认裁决(《刑法典》第 56f 条、第 56g 条、第 59b 条),不服时可以提起立即(程序问题的)上诉。

第 453a 条　　[判处缓刑、保留处刑警告时予以告知]

1. 未曾依照第 268a 条第 3 款的规定对被告人予以告知的,则由第 453 条所规定的负责裁决的法院作出告知。审判长可以委托受命法官或者受托法官进行告知。

2. 应当以口头形式进行告知,不重要的案件情形除外。

3. 后续裁决也应当告知被告人。第 1 款的规定相应地予以适用。

第 453b 条　　[监督受有罪判决人]

1. 在缓刑考验期间法院要监督受有罪判决人的生活方式,尤其是负担、指示以及给付与承诺是否得到履行。

2. 由第 453 条规定的负责裁决的法院进行监督。

第 453c 条　　［撤销前的临时措施］

1. 有足够的理由可以预计将撤销缓刑的，在撤销缓刑的裁定发生法律效力之前，法院都可以采取临时措施控制被判决人，必要情形下，在第 112 条第 2 款第 1 项或者第 2 项的前提条件下，或者一定的事实证明受有罪判决人将有实施重大犯罪行为之虞的，法院可以签发逮捕令。

2. 依据第 1 款签发的逮捕令而经受的羁押，折抵待执行的自由刑期。第 33 条第 4 款第 1 句、第 114—115a 条、第 119 条和第 119a 条的规定相应地予以适用。

第 454 条　　［假释］

1. 是否中止执行自由刑余刑而交付考验（《刑法典》第 57—58 条）的裁决，以及在特定的期限届满之前不准许此类申请的裁决，法院不经言词审理通过裁定作出裁决。应当听取检察院、受有罪判决人和监狱的意见。应当听取受有罪判决人的口头陈述意见。符合下列情形之一的，可以免于听取受有罪判决人的口头陈述：

（1）检察院和监狱赞同中止执行有期徒刑，且法院也有中止执行的意图；

（2）受有罪判决人提出了中止执行申请，提申请时

a）对有期徒刑尚未执行一半或者执行尚不到 2 个月，

b）对无期徒刑执行不到 13 年，

且法院认为申请过早不予受理；或者

（3）受有罪判决人的申请为不准许（《刑法典》第 57 条第 7 款、第 57a 条第 4 款）。

法院同时裁决是否依据《刑事执行法》第 43 条第 10 款第 3 项不予折抵刑期。

2. 法院在裁量下述自由刑余刑的执行时，应当请鉴定人对受有罪判决人作出鉴定：

（1）对无期徒刑予以中止执行的，或者

（2）因实施《刑法典》第 66 条第 3 款第 1 句规定的行为种类而被处以高于 2 年的有期徒刑，且不排除公共安全的理由不与受有罪判决人的提前释放相抵触的。

鉴定应当特别就受有罪判决人以行为所表现出来的危险性是否还存在问题作出说明。应当听取鉴定人的口头陈述，并应当给予检察院、受有罪判决人及其辩护人、监狱参与的机会。如果受有罪判决人、辩护人和检察院放弃的，法院可以免于听取鉴定辩护人的口头陈述。

3. 不服依据第 1 款作出的裁决的，准许提起立即（程序问题的）上诉。检察院不服假释的裁定而提起的（程序问题的）上诉，具有推迟效力。

4. 除此之外，第 246a 条第 2 款、第 268a 条第 3 款、第 268d 条、第 453 条、第 453a 条第 1 款和第 3 款以及第 453b 条和第 453c 条的规定相应地予以适用。对假释应当口头进行告知；也可以委托监狱进行告知。应当在释放之前进行告知。

第 454a 条　　［考验期的开始；撤销假释］

1. 释放前至少 3 个月时，法院决定中止执行自由刑余刑的，则假释考验期延长为自假释裁决生效时至释放时。

2. 如果根据新发生或者新发现的事实，考虑公共安全利益，假释将难承其责的，在受有罪判决人被释放之前法院可以撤销假释裁定；第 454 条第 1 款第 1 句和第 2 句以及第 3 款第 1 句的规定相应地予以适用。《刑法典》第 57 条第 5 款的规定不受影响。

第 454b 条　　［自由刑、替代自由刑的执行］

1. 对自由刑、替代自由刑①应当不间断地相继执行。

2. 要先后执行数个自由刑或者自由刑和替代自由刑的，存在下列情形之一的，执行机关中止应当首先被执行的自由刑：

（1）在《刑法典》第 57 条第 2 款第 1 项的前提条件下，有期徒刑的刑期已执行一半且至少为 6 个月的；

（2）除此之外，有期徒刑的刑期已执行 2/3 且至少为 2 个月的；或者

（3）无期徒刑已执行 15 年。

此规定不对撤销假释裁定后被执行的余刑适用。中止应当首先被执行的自由刑的前提条件已经满足，但其后应当执行的自由刑尚未可执行的，该中断效力溯及至其后应当执行的自由刑可执行时。

3. 执行机关依照第 2 款中止执行后，只有在可以同时裁决是否中止执行所有刑罚的余刑时，法院才能依据《刑法典》第 57 条、第 57a 条作出裁决。

第 455 条　　［暂缓自由刑的执行］

1. 受有罪判决人如果患精神病的，应当予以暂缓执行自由刑。

2. 受有罪判决人患有其他疾病，执行将危及其生命危险的，前款的规定同样予以适用。

3. 根据受有罪判决人的身体状况，立即执行与监狱的设施不相宜的，也可以暂缓刑罚的执行。

4. 如果存在下列情形，并且可以预计病情将要持续相当一段时间的，执行机关可以中断自由刑的执行：

---

① 未执行罚金刑而替代予以执行的自由刑。——译者注

（1）受有罪判决人患精神病；

（2）受有罪判决人患有疾病，执行则将危及其生命的；或者

（3）受有罪判决人身患重病，在监狱或者监狱医院里不能查明或者治疗，

如果有更重要的理由，特别是公共安全方面的理由与此相抵触的，则不得中止执行。

第 455a 条　［由于执行机构方面的原因暂缓或者中止执行］

1. 由于执行机构方面的原因需要暂缓或者中止执行，而同时又无重要的公共安全方面原因与此相抵触的，执行机关可以暂缓或者不经被监禁人的同意中止自由刑、剥夺自由的矫正及保安处分的执行。

2. 不能及时取得执行机关的裁决的，监狱长可以在第 1 款的前提条件下不经被监禁人的同意暂时中止执行。

第 456 条　［暂予推迟］

1. 如果立即执行将会给受有罪判决人或者其家庭带来严重的、超出刑罚目的之外的不利后果的，依受有罪判决人的申请可以暂缓执行。

2. 刑罚暂予推迟不允许超过 4 个月。

3. 批准暂予推迟的，可以要求提供担保或者附以其他条件。

第 456a 条　［引渡、驱逐出境时免于执行］

1. 因为其他行为受有罪判决人引渡给他国政府、移送国际刑事法院或者驱逐出本联邦法规适用范围的，执行机关可以免于自由刑、替代自由刑或者矫正及保安处分的执行。

2. 被引渡人、被移送人或者被驱逐人如果又返回的，可以补充执行。对矫正及保安处分的补充执行，相应地适用《刑法典》第 67c 条第 2 款的规定。免于执行的，执行机关可以同时对被引渡人、被移送人、被驱逐人宣布如果返回则将补充执行，在此情形下签发逮捕令、安置令以及必要的侦缉措施，特别是签发通缉令；第 131 条第 4 款以及第 131a 条第 3 款的规定相应地予以适用。对此应当告知受有罪判决人。

第 456b 条　（废除）

第 456c 条　［禁止执业令的暂缓和中止］

1. 如果禁止执业令立即生效对受有罪判决人或者其亲属意味着是其严厉性超出禁止执业令的目的，但通过命令的暂缓执行可以避免的，依受有罪判决人的申请或者同意，法院在作出判决时可以裁定禁止执业令暂缓发生效力。受有罪判决人有法定代理人的，应当经该法定代理人同意。第 462 条第 3 款的规定相应地予以适用。

2. 执行机关可以在同样的前提条件下中止禁止执业令的执行。

3. 决定暂缓、中止执行的,可以要求提供担保或者附予其他条件。暂缓、中止执行的时间不允许越过 6 个月。

4. 暂缓、中止执行的时间,不折抵判处的禁止执业期间。

第 457 条　　[拘传令;逮捕令]

1. 对于本章所称的目的,参照适用第 161 条的规定。

2. 受有罪判决人不依照对他送达的传票,自动到案服刑或者有逃跑嫌疑的,执行机关有权签发拘传令或者逮捕令。对潜逃或者以其他方式逃避执行的服刑人,执行机关也可以签发拘传令或者逮捕令。

3. 除此之外,在第 2 款情形下执行机关拥有与追诉机关同样的权力,以措施明确、适合逮捕受有罪判决人为限。审查措施的合比例性时,应当特别考虑尚待执行的自由刑刑期。由第一审法院作出必要的法院裁判。

第 458 条　　[刑罚执行时法院的裁决]

1. 对刑事判决的解释或者对所判决刑罚的计算产生疑问的,或者对刑罚执行的准许性提起异议的,应当提请法院裁决。

2. 此外,如果在 454b 条第 1 款、第 2 款以及在第 455 条、第 456 条、第 456c 条第 2 款规定的情形下,对执行机关的决定提起异议,或者执行机关命令对被引渡人、被驱逐人补充执行刑罚或者矫正及保安处分,对此命令提起异议的,也由法院裁决。

3. 执行不由此受到影响;但是法院可以命令暂缓或者中止执行。第 456c 条第 2 款规定的情况下,法院可以发出临时命令。

第 459 条　　[罚金的执行]

对于罚金的执行适用《司法款项征收法》的规定,本法另有规定的除外。

第 459a 条　　[宽限缴纳]

1. 判决发生法律效力后,由执行机关裁决是否批准罚金的宽限缴纳(《刑法典》第 42 条)。

2. 执行机关可以事后变更、撤销依照第 1 款或者《刑法典》第 42 条作出的宽限缴纳罚金的裁决。执行机关只有依据新的事实、证据才得以对受有罪判决人不利地偏离先行的裁决。

3. 依照《刑法典》第 42 条第 2 句取消特定分期交付罚金的优待的,在案卷中要对此注明。执行机关可以重新批准宽限缴纳。

4. 宽限缴纳的裁决也延伸到诉讼费用。也可以仅就诉讼费用作出此裁决。

第 459b 条　　[分期额折算]

交付时受有罪判决人未作说明的,则所交的分期额首先折抵罚金,然后折抵可能的以给付金钱为义务的附加法律后果,最后折抵诉讼费用。

第 459c 条　　［追索罚金］

1. 根据一定事实可以得知受有罪判决人欲逃避缴纳的，才能在到期后的 2 周届满前对罚金或者罚金分期额进行追索。

2. 如果可以预计在近期内不会取得成效的，可以停止追索。

3. 不允许对受有罪判决人的遗产执行罚金缴纳。

第 459d 条　　［免于执行罚金刑］

1. 符合下列情形之一的，并且罚金的执行将使得受有罪判决人重返社会造成困难的，法院可以命令全部或者部分地停止罚金的执行：

（1）在同一程序中已经执行了自由刑或者已经交付假释考验的；或者

（2）在另一程序中判处了自由刑，且《刑法典》第 55 条规定的前提条件不成立。

2. 法院也可以就诉讼费用依据第 1 款作出裁决。

第 459e 条　　［替代自由刑的执行］

1. 根据执行机关的命令执行替代自由刑。

2. 该命令发布的前提为不能追索罚金或者依照第 459c 条第 2 款的规定停止追索。

3. 罚金分期额尚不足以替代执行一整日的自由刑的，不得因此而命令执行替代自由刑。

4. 已缴纳罚金、对罚金进行追索或者依照第 459d 条停止执行的，在此范围内不执行替代自由刑。第 3 款的规定相应地予以适用。

第 459f 条　　［免于执行替代自由刑］

如果执行对于受有罪判决人为不适宜的过于严厉的，则法院命令免于替代自由刑的执行。

第 459g 条　　［执行附加处分］

1. 命令对标的物予以追缴、没收或者废弃的，从受有罪判决人或者追缴、没收参与人处取走标的物而执行此命令。对此执行，适用《司法款项征收法》的规定。

2. 以给付金钱为义务的附加法律后果的执行，相应地适用第 459 条、第 459a 条、第 459c 条第 1 款和第 2 款以及第 459d 条的规定。

第 459h 条　　［异议的管辖法院］

对执行机关依据第 459a 条、第 459c 条、第 459e 条和第 459g 条作出的裁决不服的，所提起的异议由法院裁决。

第 459i 条　　［财产刑的执行］

1. 对于财产刑（《刑法典》第 43a 条）的执行，参照适用第 459 条、第

459a 条、第 459b 条、第 459c 条、第 459e 条、第 459f 条和第 459h 条的规定。

2. 第 111o 条、第 111p 条规定的情形下，应当在执行结束后才撤销措施。

第 460 条　［事后合并刑］

某人被发生法律效力的不同判决判处刑罚，而判决时未曾对合并刑（《刑法典》第 55 条）的规定予以注意，法院则应当事后作出裁决，就已经判处的刑罚作出合并刑裁决。将数个财产刑并罚为一个财产合并刑的，即使数个财产刑中最高刑的额度已经超过法院事后裁判时受有罪判决人财产的价值的，财产合并刑的刑度也不允许低于该最高刑的刑度。

第 461 条　［住院期的折抵］

1. 开始执行刑罚后受有罪判决的人因病被送进与监狱隔离的医疗机构的，该就医期间应当折抵刑期，如果受有罪判决人为了中断刑罚的执行而有意患病的除外。

2. 在后者情形下，检察院应当送交法院裁决。

第 462 条　［法院裁决程序；立即（程序问题的）上诉］

1. 法院不经口头审理，以裁定作出依照第 450a 条第 3 款第 1 句和第 458—461 条规定产生的必要的法院裁决。此规定也适用于丧失的资格、权利（《刑法典》第 45b 条）的恢复、保留没收令的撤销、事后命令没收标的物（《刑法典》第 74b 条第 2 款第 3 句）、事后命令追缴或者没收价值补偿（《刑法典》第 76 条）以及时效期间的延长（《刑法典》第 79b 条）的情况。

2. 裁判前应当听取检察院、受有罪判决人的意见。如果根据一定的事实估计是不可能实施时，依据《刑法典》第 79b 条作出的裁决，法院可以免于听取受有罪判决人的陈述。

3. 对裁定不服的，可以提起立即的（程序问题的）上诉。检察院不服中止执行的命令而提起立即（程序问题的）上诉的，具有推迟效力。

第 462a 条　［刑罚执行庭和第一审法院的管辖权］

1. 对受有罪判决人执行自由刑的，依据第 453 条、第 454 条、第 454a 条和第 462 条的裁决，由法院受理案件时受有罪判决人被羁押的监狱所在地的刑罚执行庭负责。该刑罚执行庭也负责中断自由刑之后或者中止执行自由刑余刑交付考验之后的裁决。刑罚执行庭可以将依据第 462 条结合第 458 条的裁决移交由第一审法院作出；该移交具有约束力。

2. 除第 1 款规定的情形外，其他裁决由第一审法院负责。法院可以将依据第 453 条的裁决全部或者部分地移交给受有罪判决人的住所地或者无住所地时其经常居住地所在的初级法院作出；该移交具有约束力。在第 1 款规定的情形下，如果第一审法院保留保安监督之收容处分的命令，且依据《刑法典》

第 66a 条第 3 款第 1 句的规定对此作出裁决尚有可能的，可以不遵守第 1 款的规定，由第一审法院作出裁决。

3. 第 460 条规定的情形下，由第一审法院负责裁决。不同的判决由不同的法院作出时，由判处了最重的刑种或者在刑罚种类相同时判处了最高刑罚的法院负责作出裁决，假如按此规定有数个法院有管辖权的，由最后作出判决的法院负责作出裁决。如果前述为准的判决由较高审级的法院作出的，由第一审法院确定合并刑；数个判决中的一个判决如果是由州高等法院第一审所作出的，由州高等法院确定合并刑。应当由初级法院确定合并刑，但其处罚权却不足以确定合并刑的，则由该初级法院的上级州法院的刑事庭作出裁决。

4. 第 460 条规定的情形之外，不同的法院对受有罪判决之人确定判处了刑罚或者保留处刑的警告的，则只由其中一个法院负责作出第 453 条、第 454 条、第 454a 条和第 462 条规定的裁决。第 3 款第 2 句和第 3 句的规定相应地予以适用。第 1 款规定的情况下，由刑罚执行庭负责裁决；第 1 款第 3 句的规定不受影响。

5. 如果是由州高等法院作出第一审判决的，由第一审法院代替刑罚执行庭作出裁决。州高等法院可以依据第 1 款和第 3 款的裁决全部或者部分地移交刑罚执行庭作出。移交具有约束力；但可以由州高等法院撤回。

6. 第 354 条第 2 款和第 355 条规定的情形下，第一审法院是接收发回案件的法院，在再审理程序中如果依据第 373 条作出了裁决，则由第一审法院负责作出该裁决。

第 463 条 ［矫正及保安处分的执行］

1. 矫正及保安处分的执行参照适用刑罚执行的规定，另有规定的除外。

2. 依据《刑法典》第 68a—68d 条作出的裁决，也适用第 453 条的规定。

3. 依据《刑法典》第 67c 条第 1 款、第 67d 条第 2 款和第 3 款、第 67e 条第 3 款、第 68e 条、第 68f 条第 2 款和第 72 条第 3 款作出的裁决，也适用第 454 条第 1 款、第 3 款和第 4 款的规定。《刑法典》第 68e 条规定的情形下，无须听取受有罪判决人的口头陈述。如果法院应当对保安处分的执行作出裁决的，《刑法典》第 67d 条第 2 款和第 3 款以及《刑法典》第 72 条第 3 款规定的情形下，不论其所规定的犯罪行为，且在考察《刑法典》第 67c 条第 1 款第 1 句第 1 项规定的前提条件时也不论法院是否考虑暂缓执行，第 454 条第 2 款的规定相应地予以适用；除此之外就其规定的犯罪行为适用第 454 条第 2 款的规定。准备依据《刑法典》第 67d 条第 3 款作出裁决的以及后续准备依据《刑法典》第 67d 条第 2 款作出裁决的，法院必须取得鉴定人的鉴定意见，特别就受有罪判决人是否会继续从事严重的违法行为这一问题取得鉴定意见。予以命令保安监督之收容处分的，对没有辩护人的受有罪判决人，法院应当在依据《刑法典》第67c条第1款作出裁决前及时为其指定辩护人。

4. 依据《刑法典》第67e条进行核查的范围内，被执行安置于精神病院（第63条）后每5年法院应当取得鉴定人的鉴定意见。在执行收容中，曾参与治疗该收容人员的人员以及在收容人员所在精神病院工作的人员不得为该鉴定人。该鉴定人应当被确保得以查阅该收容人员的医院病人信息。第454条第2款的规定相应地予以适用。被收容人员没有辩护人的，就第1句规定的程序法院为其指定辩护人。

5. 命令安置于精神病院的，第455条第1款的规定不予适用。对于命令安置于戒瘾所或者予以保安监督的，如果受有罪判决人发生精神病的，则可以推迟处分的执行。命令受有罪判决人予以保安监督之收容处分的，第456条的规定不予适用。

6. 依据《刑法典》第67条第3款和第5款第2句、第67a条和第67c条第2款、第67d条第5款和第6款、第67g条、第67h条和第69a条第7款以及第70a条和第70b条的裁决，第462条的规定也同样予以适用。如果受有罪判决人有从事严重违法行为之虞的，法院可以对依据《刑法典》第67h条第1款第1句和第2句做出的命令予以立即执行。

7. 《刑法典》第67c条第1款、第67d条第2—6款以及第68f条规定的情形下，行为监督等同于假释，适用第462a条第1款的规定。

8. 予以保安监督之收容处分的，就该执行程序所涉及的法院裁决，法院为没有辩护人的受有罪判决人指定一名辩护人。该指定在第一次法院裁决之前作出，并在该指定撤销前对后续的程序继续有效。

第463a条　　［监督部门的管辖权和权限］

1. 为了监督受有罪判决人的行为及指示履行的情况，监督部门（《刑法典》第68a条）可以要求所有的公共机构提供信息，可以自己或者让其他机构在管辖权范围内进行除宣誓讯（询）问之外的任何种类调查。如果受有罪判决人的居住地不明的，监管部门的负责人可以发布公告命令寻找其居住地（第131a条第1款）。

2. 监督部门可以命令在整个行为监督期间或者在较短的期间内对受有罪判决人作警察查缉通告。第163e条第2款的规定相应地予以适用。命令由行为监督部门的负责人发出。对措施持续的必要性至少每年都应当予以审查。

3. 受有罪判决人无正当理由不遵守依据《刑法典》第68b条第1款第1句第7项或者第11项做出的指示，且已在传票中指明不遵守将予以拘传的，经监督部门的申请，法院可以签发拘传令。如果第一审法院有管辖权的，由审判长裁决。

4. 为执行依据《刑法典》第 68b 条第 1 款第 1 句第 12 项做出的指示，监督部门借助受有罪判决人携带的技术设备，自动收集、保存其所在地数据以及可能阻碍数据收集的信息数据；在技术允许范围内，应当确保在受有罪判决人的住所内，不收集其在此处的信息之外的其他信息数据。只有为如下目的所需的，数据才能在不经所涉及人员同意的情形下进行使用：

（1）旨在确定是否违背了依据《刑法典》第 68b 条第 1 款第 1 句第 1 项、第 2 项或者第 12 项做出的指示的；

（2）旨在采取监督措施，该措施针对已经违反了依据《刑法典》第 68b 条第 1 款第 1 句第 1 项、第 2 项或者第 12 项做出的指示的行为而采取；

（3）旨在惩罚违反了依据《刑法典》第 68b 条第 1 款第 1 句第 1 项、第 2 项或者第 12 项做出的指示的；

（4）旨在预防对第三人的生命、身体不受侵害、人身自由或者性自主权的重大现实危险；或者

（5）旨在追诉《刑法典》第 66 条第 3 款第 1 句所述种类的犯罪行为。

为遵守第 2 句规定的目的，数据用以确定是否违背第 2 句第 1 项结合《刑法典》第 68b 条第 1 款第 1 句第 1 项或者第 2 项的规定的，对该数据应当自动处理，并且应当特别确保该数据不被无权知悉方知晓。监督部门可以通过警务机关或者警务人员进行数据的收集和处理；警务机关和警务人员有义务遵守监督部门的要求。第 1 句所述的数据，如果其不为第 2 句所述的目的而使用，最迟应当在收集后的 2 个月内予以删除。每次对数据进行检索，至少应当记录检索时间、检索的数据以及操作人员；第 488 条第 3 款第 5 句的规定相应地予以适用。如果收集到受有罪判决人在其住所内的其位于此之外的数据，该数据不得予以使用，且应当在知悉后立即予以删除。知悉该数据以及删除的事实应当存档记录。

5. 受有罪判决人所在地的监督部门有地域管辖权。受有罪判决人在本法适用范围内无住所的，其经常居住地所在地的监督部门有地域管辖权。不知悉其经常居住地的，受有罪判决人的最后住所或者最后经常居住地所在地的监督部门有地域管辖权。

第 463b 条　　[扣押驾驶执照]

1. 根据《刑法典》第 44 条第 2 款第 2 句和第 3 句的规定应当对驾驶执照予以官方保管，但不自愿交付出来的，则对驾驶执照要实施扣押。

2. 为了签注禁驾、剥夺驾驶权或者禁止通行（《刑法典》第 44 条第 2 款第 4 句、第 69b 条第 2 款）的处分，可以扣押外国驾驶执照。

3. 在受有罪判决人处未找到驾驶执照的，依执行机构的申请，初级法院命令受有罪判决人作宣誓的保证，说明驾驶执照的去向。《民事诉讼法》第883条第2款和第3款的规定相应地予以适用。

第463c条　　［公示通告有罪判决］

1. 作出有罪判决予以公示通告的命令的，要对权利人送达该裁决。

2. 对第1款的命令，只有当申请人或者有权申请人在发生法律效力的裁决送达后的1个月之内对此要求的，才予以执行。

3. 周期性印刷品的出版人、责任编辑如果不履行在他们印刷品中刊登公示通告的义务的，依执行机构申请法院可以科处不超过25000欧元的强制性罚款或者科处不超过6周的强制性拘留。对强制性罚款可以重复科处。第462条的规定相应地予以适用。

4. 如果广播节目编辑负责人不履行在广播中通告义务的，第3款的规定相应地适用于广播通告。

第463d条　　［法院援助］

为了准备第453—461条规定的裁决，法院或者执行机构可以纳入法院援助；特别是在考虑裁决撤销缓刑或者假释前可以纳入法院援助，已委派考验帮助人的除外。

俄 罗 斯

俄罗斯联邦刑事诉讼法典[*]

第三卷　法庭诉讼程序

第十四编　刑事案判决的执行

（第 390 条至第 401 条）

第四十六章　刑事案判决、裁定与裁决的交付执行

（第 390 条至第 395 条）

第 390 条　刑事案判决产生法律效力及交付执行

1. 第一审审级法院下达的刑事案判决，如果控辩双方没有对其提起申诉，在依据第一上诉审程序提起申诉的期限届满后产生法律效力。

2. 第一上诉审审级法院下达的刑事案判决，自其宣读之时起产生法律效力，仅可以依据本法典第四十七章之一、第四十八章之一与第四十九章规定程序重新审理。

3. 如果该刑事案判决未被第一上诉审审级法院撤销并将刑事案件移交进行新的法庭审理，抑或将刑事案件退回检察官的，在依据第一上诉审程序递交上诉或者抗诉的情况下，刑事案判决在第一上诉审审级法院下达判决之日起产生法律效力。

4. 第一审审级法院下达的刑事案判决，自产生法律效力之日起，抑或从第一上诉审审级法院退回之日起 3 日内交付执行。

（注：本条规定依据俄罗斯联邦联邦法 2010 年 12 月 29 日第 433 号联邦法

---

[*] 本法典于 2001 年 11 月 22 日由俄罗斯联邦国家杜马议会审议通过，2001 年 12 月 5 日俄罗斯联邦联邦委员会审议核准并颁布。截至 2015 年 6 月 8 日，其已历经 181 次修订，修订内容详见正文。本译本根据俄罗斯联邦联邦委员会颁布实行的有效文本翻译，文本语言为俄罗斯官方语言——俄语。

令于 2013 年 1 月 1 日颁布适用。）

第 391 条　法院裁定或者裁决产生法律效力及交付执行

1. 第一审审级法院的裁定或者裁决，在依据第一上诉审程序提起申诉的期限届满后，抑或在第一上诉审审级法院下达裁定或者裁决之日起产生法律效力并交付执行。

2. 法院下达的裁定或者裁决，不应当依据第一上诉审程序提起申诉的，该裁定或者裁决产生法律效力且交付执行。

3. 在刑事案件的法庭审理阶段，法院有关终止刑事案件的裁定或者裁决，涉及释放被拘留的刑事被告人或者刑事受审人的部分，应当立即执行。

4. 第一上诉审审级法院的裁定与裁决，自宣布之时起产生法律效力，仅可以依据本法典第四十七章之一、第四十八章之一与第四十九章规定程序重新审理。

5. 第一上诉审审级法院的裁定或者裁决，依据本法典第 389－33 条第 3 款与第 4 款规定的程序交付执行。

（注：本条规定依据俄罗斯联邦联邦法 2010 年 12 月 29 日第 433 号联邦法令于 2013 年 1 月 1 日颁布适用。）

第 392 条　法院刑事案判决、裁定与裁决的强制性

1. 已经产生法律效力的法庭刑事案判决、裁定或者裁决，对所有国家权力机关、地方自治机关、社会团体、公职人员、其他自然人与法人具有强制效力，并应在俄罗斯联邦全部领域内得以绝对执行。

2. 不执行法院下达的刑事案判决、裁定或者裁决的，应当依据《俄罗斯联邦刑事法典》第 315 条规定承担刑事责任。

第 393 条　法院下达的刑事案判决、裁定与裁决交付执行的程序

1. 法院下达的刑事案判决、裁定、裁决，应当由审理刑事案件的第一审审级法院付诸执行。

2. 有罪刑事案判决的副本，应当由法院的法官或者审判长递交刑罚执行机构或者机关。为执行刑事案判决中财产赔偿的部分，应当将执行令附带刑事案判决副本递交司法执行警察以便执行。附带刑事案判决副本的执行令，可以依据俄罗斯联邦立法规定的程序，以电子文件的形式递交司法警察以便执行，电子文件应当由法官进行特定的电子签字确认。

（注：本款规定依据俄罗斯联邦联邦法 2007 年 10 月 2 日第 225 号联邦法令于 2007 年 10 月 6 日补充适用；依据俄罗斯联邦联邦法 2015 年 3 月 8 日第 41 号联邦法令于 2015 年 3 月 9 日颁布适用。）

2－1. 在刑事案判决中具有依据本法典第 308 条第 1 款第 11 项规定决定被

处刑人自行前往刑罚履行地的判决时，刑事案判决的副本应当由法官或者法院院长递交刑事执行系统的地方机构。

（注：本款规定依据俄罗斯联邦联邦法 2008 年 12 月 22 日第 271 号联邦法令于 2009 年 3 月 27 日增补适用。）

2-2. 在联邦性法律作出规定的情况下，有罪的刑事案判决副本应当递交到在联邦安全保障领域内履行职责的权力执行机关。

（注：本款规定依据俄罗斯联邦联邦法 2014 年 12 月 31 日第 505 号联邦法令于 2015 年 1 月 11 日增补适用。）

3. 第一上诉审审级法院，必须通知刑罚执行机构或者机关有关对被拘留人员作出的判决。

4. 依据第二上诉审程序审理刑事案件时，在变更第一审审级法院或者第一上诉审审级法院刑事案判决的情况下，应当在刑事案判决副本中随附第二上诉审审级法院下达的裁决。

5. 刑罚执行机关或者机构，应当立即通知下达有罪刑事案判决的法院有关该判决的执行情况。

6. 刑罚执行机关或者机构，应当通知下达刑事案判决的法院有关被处刑人服刑的场所。

第 394 条　有关刑事案判决交付执行的通知

1. 在刑事案判决产生法律效力之后，依据该判决被拘留的被处刑人，被判处拘役刑或者剥夺自由刑的，拘留地行政管理机构，依据《俄罗斯联邦刑事执行法典》第 75 条规定，应当将被处刑人押往何处履行刑罚的事宜通知被处刑人员的 1 名近亲属或者亲属。

2. 在刑事案件中的附带民事诉讼请求被受理的情况下，有关刑事案件交付执行的事宜应当通知刑事附带民事诉讼请求原告人与刑事附带民事诉讼请求被告人。

第 395 条　允许被处刑人与亲属会面

在刑事案判决交付执行之前，负责刑事案件审理的审判长或者法院院长可以根据被拘留的被处刑人近亲属、亲属的请求，向其提供会见的机会。

第四十七章　与审查及审理同刑事案判决执行问题有关的诉讼程序
（第 396 条至第 401 条）

第 396 条　审理与刑事案判决执行问题有关的法院

1. 本法典第 397 条第 1 项、第 2 项、第 9 项、第 10 项、第 11 项、第 14

项、第 15 项、第 16 项与第 20 项及第 398 条所列问题,应当由下达刑事案判决的法院处理。但是,本法典第 135 条第 2 款规定的情况除外。

(注:本款规定依据俄罗斯联邦联邦法 2003 年 7 月 4 日第 92 号联邦法令于 2003 年 7 月 11 日颁布适用;依据俄罗斯联邦联邦法 2003 年 12 月 8 日第 161 号联邦法令于 2003 年 12 月 11 日颁布适用;依据俄罗斯联邦联邦法 2010 年 7 月 1 日第 144 号联邦法令于 2010 年 7 月 18 日补充适用。)

2. 如果刑事案判决在下达该判决的法院所辖区域之外的地点执行,本条第 1 款所列问题,由刑事案判决执行地的同级别法院处理。在刑事案判决执行地没有同级别法院的情况下,由上级法院处理。这种情况下,刑事案判决执行地法院下达的裁决副本应当递交到下达刑事案判决的法院。

3. 本法典第 397 条第 3 项、第 4 项、第 4-2 项、第 5 项、第 6 项、第 12 项、第 13 项与第 19 项所列问题,由被处刑人刑罚执行机构所在地的法院依据《俄罗斯联邦刑事执行法典》第 81 条规定处理,抑或适用强制性医疗措施地的法院处理。

(注:本款规定依据俄罗斯联邦联邦法 2003 年 7 月 4 日第 92 号联邦法令于 2003 年 7 月 11 日颁布适用;依据俄罗斯联邦联邦法 2012 年 2 月 29 日第 14 号联邦法令于 2012 年 3 月 1 日颁布适用;依据俄罗斯联邦联邦法 2014 年 5 月 5 日第 104 号联邦法令于 2014 年 5 月 16 日颁布适用。)

4. 本法典第 397 条第 4-1 项、第 7 项、第 8 项、第 8-1 项、第 17 项、第 17-1 项与第 17-2 项所列问题,应当由被处刑人住所地的法院处理。

(注:本款规定依据俄罗斯联邦联邦法 2011 年 12 月 7 日第 420 号联邦法令于 2011 年 12 月 8 日颁布适用。)

4-1. 本法典第 397 条第 18 项与第 18-1 项所列问题,由被处刑人羁押地的法院处理。

(注:本款规定依据俄罗斯联邦联邦法 2003 年 12 月 8 日第 161 号联邦法令于 2003 年 12 月 11 日增补适用;依据俄罗斯联邦联邦法 2008 年 12 月 22 日第 271 号联邦法令于 2009 年 3 月 27 日颁布适用。)

5. 本法典第 397 条第 21 项所列问题,由对被处刑人所施犯罪具有管辖权的法院负责处理,在参考《俄罗斯联邦刑事法典》规定对该犯罪所作认定的条件下,抑或由被处刑人在俄罗斯联邦最后居住地的法院负责处理。

(注:本款规定依据俄罗斯联邦联邦法 2003 年 7 月 4 日第 92 号联邦法令于 2003 年 7 月 11 日增补适用。)

(注:原文本第 5 款规定自 2003 年 7 月 11 日起相应顺延为本文本第 6 款规定——俄罗斯联邦联邦法 2003 年 7 月 4 日第 92 号联邦法令。)

6. 与刑事案判决执行有关的问题，由法官在审判庭独任审理。

第 397 条　在刑事案判决执行时法院应予审理的问题

法院应当审理下述与刑事案判决执行相关的问题：

（1）有关依据本法典第 135 条第 5 款与第 138 条第 1 款规定，向被恢复荣誉的人员赔偿损失、恢复其劳动权、发放养老金、提供住房以及其他权利的问题；

（2）有关在恶意逃避履行刑罚的情况下，变更相应刑罚的问题：

＜1＞逃避履行罚金刑——依据《俄罗斯联邦刑事法典》第 46 条变更刑罚；

（注：本分项规定依据俄罗斯联邦联邦法 2003 年 12 月 8 日第 161 号联邦法令于 2003 年 12 月 11 日颁布适用。）

＜2＞逃避履行强制性劳动刑——依据《俄罗斯联邦刑事法典》第 49 条变更刑罚；

（注：本分项规定依据俄罗斯联邦联邦法 2003 年 12 月 8 日第 161 号联邦法令于 2003 年 12 月 11 日颁布适用。）

＜3＞逃避履行矫正性劳动刑——依据《俄罗斯联邦刑事法典》第 50 条变更刑罚；

（注：本分项规定依据俄罗斯联邦联邦法 2003 年 12 月 8 日第 161 号联邦法令于 2003 年 12 月 11 日颁布适用。）

＜4＞逃避履行限制自由刑——依据《俄罗斯联邦刑事法典》第 53 条变更刑罚；

（注：本分项规定依据俄罗斯联邦联邦法 2003 年 12 月 8 日第 161 号联邦法令于 2003 年 12 月 11 日颁布适用。）

（3）有关依据《俄罗斯联邦刑事执行法典》第 78 条与第 140 条规定，变更法院刑事案判决对被判处剥夺自由刑的被处刑人所指定的矫正机构类别的问题；

（4）有关依据《俄罗斯联邦刑事法典》第 79 条规定，裁量附条件提前免除刑罚的问题；①

（注：本项规定依据俄罗斯联邦联邦法 2003 年 12 月 8 日第 161 号联邦法令于 2003 年 12 月 11 日颁布适用。）

（4－1）有关依据《俄罗斯联邦刑事法典》第 79 条规定，撤销附条件提前免除刑罚的问题；

---

① 假释。——译者注

（注：本项规定依据俄罗斯联邦联邦法 2003 年 12 月 8 日第 161 号联邦法令于 2003 年 12 月 11 日增补适用。）

（4－2）有关依据《俄罗斯联邦刑事法典》第 102 条第 2－1 款规定，指定精神障碍司法医学鉴定的问题；

（注：本项规定依据俄罗斯联邦联邦法 2012 年 2 月 29 日第 14 号联邦法令于 2012 年 3 月 1 日增补适用。）

（5）有关依据《俄罗斯联邦刑事法典》第 80 条规定，将未履行完毕的部分刑罚变更为较轻刑罚类别的问题；

（6）有关依据《俄罗斯联邦刑事法典》第 81 条规定，鉴于被处刑人罹患疾病而免除刑罚的问题；

（7）有关依据《俄罗斯联邦刑事法典》第 74 条规定，撤销附条件执刑或者延长考验期的问题；

（8）有关依据《俄罗斯联邦刑事法典》第 73 条规定，撤销或者补充责令被处刑人应当履行的义务；

（8－1）有关依据《俄罗斯联邦刑事法典》第 53 条规定，部分撤销或者补充对被处刑人裁定限制自由类别刑罚的限制；

（注：本项规定依据俄罗斯联邦联邦法 2009 年 12 月 27 日第 377 号联邦法令于 2010 年 1 月 1 日增补适用。）

（9）有关依据《俄罗斯联邦刑事法典》第 83 条规定，鉴于有罪的刑事案判决时效期限届满而免予履行刑罚的问题；

（10）有关在具有其他几个刑事案判决未予执行的情况时，相关刑事案判决执行的问题，如果依据《俄罗斯联邦刑事法典》第 70 条规定，最后的一个刑事案判决对此未予处理；

（11）有关依据《俄罗斯联邦刑事法典》第 72 条、第 103 条与第 104 条规定，处理有关拘留时间以及医疗机构治疗时间折抵的问题；

（12）有关依据《俄罗斯联邦刑事法典》第 102 条与第 104 条规定，指定、延长、变更或者终止强制性医疗措施适用的问题；

（注：本项规定依据俄罗斯联邦联邦法 2012 年 2 月 29 日第 14 号联邦法令于 2012 年 3 月 1 日颁布适用。）

（13）有关依据《俄罗斯联邦刑事法典》第 10 条规定，鉴于具有溯及力的刑事法律颁布而免除刑罚或者减轻刑罚的问题；

（14）有关依据《俄罗斯联邦刑事执行法典》第 44 条规定，在被处刑人物质处遇恶化情况下，降低从被判处矫正性劳动刑的被处刑人工资收入中被缴付的款项数额；

（15）有关对刑事案判决执行时产生的怀疑与模糊进行说明的问题；

（16）有关免除未成年人刑罚，适用《俄罗斯联邦刑事法典》第92条规定的教育感化性强制措施的问题；

（17）有关依据《俄罗斯联邦刑事法典》第82条规定，对怀有身孕的女性被处刑人、尚有未满14岁年幼子女需要抚养的女性被处刑人、单亲尚有未满14岁年幼子女需要抚养的男性被处刑人撤销延期履行刑罚的问题；

（注：本项规定依据俄罗斯联邦联邦法2010年2月21日第16号联邦法令于2010年2月24日颁布适用。）

（17-1）有关依据《俄罗斯联邦刑事法典》第82条规定，对怀有身孕的女性被处刑人、尚有未满14岁年幼子女需要抚养的女性被处刑人、单亲尚有未满14岁年幼子女需要抚养的男性被处刑人缩短延期履行刑罚的期限，免除被处刑人履行刑罚或者缩短剩余刑期撤销犯罪记录的问题；

（注：本项规定依据俄罗斯联邦联邦法2010年2月21日第16号联邦法令于2010年2月24日增补适用。）

（17-2）有关依据《俄罗斯联邦刑事法典》第82-1条规定，撤销被处刑人延期履行刑罚的问题；

（注：本项规定依据俄罗斯联邦联邦法2010年12月7日第420号联邦法令于2011年12月8日增补适用。）

（18）有关对为逃避履行罚金刑、强制性劳动刑、矫正性劳动刑抑或限制自由刑而藏匿的被处刑人，在审理本条第2项所列的问题之前进行监禁的问题。但是，监禁的期限不得超过30日；

（注：本项规定依据俄罗斯联邦联邦法2003年12月8日第161号联邦法令于2003年12月11日颁布适用。）

（18-1）有关对被判处在流刑移住区履行剥夺自由刑，但逃避《俄罗斯联邦刑事执行法典》第75-1条第1款规定指令的，抑或未在指令规定期限内到达刑罚执行地，尚未超过30日的被处刑人进行监禁的问题，以及依据《俄罗斯联邦刑事执行法典》第75条与第76条规定程序将其押解到流刑移住区的问题，抑或审理有关本条第3项规定的问题的；

（注：本项规定依据俄罗斯联邦联邦法2008年12月22日第271号联邦法令于2009年3月27日增补适用。）

（19）有关依据《俄罗斯联邦刑事执行法典》第148条规定程序，对解除军役的军职人员，将其未执行的刑罚部分变更为较轻刑罚种类，抑或免除限制军职刑的问题；

（注：本项规定依据俄罗斯联邦联邦法2003年7月4日第92号联邦法令

于 2003 年 7 月 11 日颁布适用。）

（20）有关移交被俄罗斯联邦法院判处剥夺自由刑的外籍公民到其国籍国履行刑罚的问题；

（注：本项规定依据俄罗斯联邦联邦法 2003 年 7 月 4 日第 92 号联邦法令于 2003 年 7 月 11 日增补适用。）

（21）其他国家法院下达的刑事案判决，针对被判处刑罚并应当移交俄罗斯联邦履行刑罚的俄罗斯联邦公民作出的，与该刑事案判决确认、执行程序以及条件有关的问题。

（注：本项规定依据俄罗斯联邦联邦法 2003 年 7 月 4 日第 92 号联邦法令于 2003 年 7 月 11 日增补适用。）

第 398 条 刑事案判决的延期执行

1. 对被判处强制性劳动刑、矫正性劳动刑、限制自由刑、拘役或者剥夺自由刑的人员下达的刑事案判决，在具有下述根据之一的情况下，可以由法院推迟到一定期限：

（1）被处刑人罹患阻碍其履行刑罚的疾病——延期到其康复。

（2）女性被处刑人怀有身孕的抑或有年幼子女，抑或有年幼子女的单亲被处刑人——延期到年幼子女年满 14 岁。但是，因对未满 14 岁的未成年人实施性侵害的犯罪而被判处限制自由刑、剥夺自由刑，或者因侵害人身的重度犯罪与极其重度犯罪被判处剥夺自由刑超过 5 年的情况除外。

（注：本项规定依据俄罗斯联邦联邦法 2010 年 2 月 21 日第 16 号联邦法令于 2010 年 2 月 24 日颁布适用；依据俄罗斯联邦联邦法 2012 年 2 月 29 日第 14 号联邦法令于 2012 年 3 月 1 日颁布适用。）

（3）因火灾或者其他自然灾害引发被处刑人或者其近亲属遭受严重侵害或者危险的、家庭中惟一具有劳动能力的成员罹患疾病或者死亡的以及其他的特殊情况——由法庭确定推迟的期限。但是不得超过 6 个月。

（4）出于被处刑人的自愿，初次实施《俄罗斯联邦刑事法典》第 228 条第 1 款、第 231 条第 1 款与第 233 条规定犯罪被判处剥夺自由刑，且被认定为罹患麻醉剂瘾癖应当接受麻醉剂瘾癖疗程治疗的，以及社会康复治疗的——在麻醉剂瘾癖治疗或者社会康复医疗结束后。但是不得超过 5 年。

（注：本项规定依据俄罗斯联邦联邦法 2011 年 12 月 7 日第 420 号联邦法令于 2011 年 12 月 8 日增补适用。）

2. 罚金可以在 5 年以内延期或者分期缴付，如果被处刑人难于立即缴付罚金的。

（注：本款规定依据俄罗斯联邦联邦法 2003 年 12 月 8 日第 161 号联邦法

令于 2003 年 12 月 11 日颁布适用；依据俄罗斯联邦联邦法 2011 年 12 月 7 日第 1420 号联邦法令于 2011 年 12 月 8 日颁布适用。）

3. 有关刑事案判决延期执行的问题，应当由法院根据被处刑人、其法定代理人、近亲属、辩护人的申请，抑或检察官的报告处理。

第 399 条　与刑事案判决执行有关问题的处理程序

1. 对于下述问题，法院在审理与刑事案判决有关的问题时应当处理：

（1）被恢复荣誉人的申请——在本法典第 397 条第 1 项规定条件下；

（2）被处刑人的申请——在本法典第 397 条第 3 项（依据《俄罗斯联邦刑事执行法典》第 78 条第 2 款规定）、第 4 项、第 5 项、第 6 项、第 9 项、第 11 项至第 15 项以及第 398 条第 1 款与第 2 款规定条件下；

（注：本项规定依据俄罗斯联邦联邦法 2012 年 12 月 1 日第 208 号联邦法令于 2012 年 12 月 14 日颁布适用。）

（3）被处刑人羁押地内务机关或者刑事执行系统所属机构（机关）的报告——在本法典第 397 条第 18 项与第 18－1 项规定条件下；

（注：本项规定依据俄罗斯联邦联邦法 2008 年 12 月 22 日第 271 号联邦法令于 2009 年 3 月 27 日颁布适用；依据俄罗斯联邦联邦法 2011 年 12 月 7 日第 420 号联邦法令于 2011 年 12 月 8 日颁布适用。）

（4）审查本法典第 469 条至第 472 条规定要求——在本法典第 397 条第 20 项与第 21 项规定条件下；

（4－1）刑罚执行机构或者机关的报告——在本法典第 397 条第 12 项规定情况下，已满 18 岁的行为人对未满 14 岁的未成年人实施性侵害的犯罪，被认定罹患性取向障碍（恋童癖）的，不排除刑事责任能力的；

（注：本项规定依据俄罗斯联邦联邦法 2012 年 2 月 29 日第 14 号联邦法令于 2012 年 3 月 1 日增补适用。）

（5）刑罚执行机构的报告——在本法典第 397 条第 2 项、第 4－1 项、第 4－2 项、第 7 项至第 8－1 项、第 10 项、第 12 项、第 13 项、第 15 项、第 17 项至第 17－2 项与第 19 项规定条件下；

（注：本项规定依据俄罗斯联邦联邦法 2014 年 5 月 5 日第 104 号联邦法令于 2014 年 5 月 16 日颁布适用。）

（注：本款规定依据俄罗斯联邦联邦法 2003 年 12 月 8 日第 161 号联邦法令于 2003 年 12 月 11 日颁布适用。）

（5－1）被处刑人依据《俄罗斯联邦刑事执行法典》第 81 条规定在其中履行刑罚的刑罚执行机关或者机构的报告——在本法典第 397 条第 3 项、第 4 项与第 5 项规定情况下；

（注：本项规定依据俄罗斯联邦联邦法 2014 年 5 月 5 日第 104 号联邦法令于 2014 年 5 月 16 日增补适用。）

（6）本法典第 432 条第 2 款规定问题——在本法典第 397 条第 16 项规定条件下。

（注：本项规定依据俄罗斯联邦联邦法 2012 年 12 月 1 日第 208 号联邦法令于 2012 年 12 月 14 日增补适用。）

2. 在审判庭开庭之日前不晚于 14 日内，应当向本条第 1 款规定的行为人、机构与机关通知有关审判庭开庭的日期、时间与地点。刑罚执行机构或者管辖机关代表应当传唤到审判庭，根据以上人员的报告审理与刑罚执行有关的问题。如果问题涉及刑事案判决执行中的刑事附带民事诉讼请求部分，可以传唤刑事附带民事诉讼请求原告人与刑事附带民事诉讼请求被告人到审判庭。在被处刑人递交申请要求参与审判庭的情况下，法庭应当保障其直接参与审判庭，抑或对其提供通过视频通讯系统阐述自己立场的机会。有关被处刑人参与审判庭案件审理的形式问题，应当由法官处理。被处刑人要求参与审判庭案件审理的申请，可以与涉及刑事案判决执行问题相关的申请同时递交，抑或在通知被处刑人员有关审判庭开庭日期、时间与地点之日起 10 日内递交。

（注：本款规定依据俄罗斯联邦联邦法 2011 年 3 月 20 日第 40 号联邦法令于 2011 年 4 月 5 日颁布适用。）

2-1. 在审理本法典第 397 条第 4 项、第 5 项与第 19 项规定问题，以及延期执行刑事案判决的问题时，刑事被害人、其法定代理人、代理人同样有权参与审判庭，如果在案件材料中随附法院依据本法典第 313 条第 5 款规定作出的有关通知刑事被害人或者其法定代理人的裁决或者裁定。刑事被害人、其法定代理人、代理人可以直接抑或通过视频通讯系统参与审判庭案件审理。应当向刑事被害人、其法定代理人、代理人通知有关审判庭开庭的日期、时间与地点，以及在审判庭开庭前 14 日之内是否可以通过视频通讯系统参与审判庭案件审理。有关刑事被害人、其法定代理人、代理人参与审判庭的形式问题，在刑事被害人、其法定代理人、代理人收取审判庭开庭通知之日起 10 日内递交申请的情况下，由法院负责处理。刑事被害人、其法定代理人、代理人及时获悉审判庭开庭的日期、时间与地点后不出席审判庭的，不妨碍审判庭的案件审理。

（注：本款规定依据俄罗斯联邦联邦法 2013 年 7 月 23 日第 221 号联邦法令于 2013 年 8 月 3 日增补适用；依据俄罗斯联邦联邦法 2015 年 3 月 30 日第 62 号联邦法令于 2015 年 4 月 11 日颁布适用。）

3. 当被处刑人、刑事被害人、刑事被害人法定代理人与（或者）代理人参与审判庭案件审理时，有权了解递交到法院的材料，参与对该材料的审查，提出申请与回避申请，作出解释，提供文件。

（注：本款规定依据俄罗斯联邦联邦法 2011 年 3 月 20 日第 40 号联邦法令于 2011 年 4 月 5 日颁布适用；依据俄罗斯联邦联邦法 2013 年 7 月 23 日第 221 号联邦法令于 2013 年 8 月 3 日颁布适用。）

4. 被处刑人可以通过律师的帮助实现自己权利。

5. 本款规定于 2003 年 12 月 11 日丧失效力——俄罗斯联邦联邦法 2003 年 12 月 8 日第 161 号联邦法令。

6. 检察长有权出席审判庭。

7. 审判庭自递交报告的机关或者机构代表进行报告时开始庭审。此后，对递交的材料进行审查，听取审判庭出庭人员的解释、检察官的意见，其后法官下达裁决。

第 400 条　对撤销前科申请的审查

1. 有关依据《俄罗斯联邦刑事法典》第 86 条撤销前科的问题，根据刑罚履行完毕人员递交的申请，由该人住所地管辖刑事案件的法院或者调解法官审理。

2. 申请撤销前科的人员，在对其申请进行审理时必须出席审判庭。

3. 在通知申请受理后，检察长有权出席审判庭。

4. 对有关撤销前科的申请进行的审理，首先从听取申请人的解释开始。之后，对递交的材料进行审查，听取检察官与其他出席审判庭人员所作的发言。

5. 在有关撤销前科的申请被驳回的情况下，可以在有关驳回前科撤销申请的裁决下达之日起 1 年后向法庭就此事项再次提起申请。

第 401 条　对法院裁决的申诉

1. 法院在处理与刑事案判决执行有关的问题时作出的裁决，可以依据本法典第四十五章之一规定程序提起第一上诉审上诉或者抗诉。

2. 法院下达的裁决，据此被处刑人应当免除刑罚履行的，在对其提起抗诉的情况下，在依据第一上诉审程序对该裁决提起申诉的期限届满之前，检察官应当以书面形式将相关事宜通知刑罚执行地的行政管理部门。

（注：本条规定依据俄罗斯联邦联邦法 2010 年 12 月 29 日第 433 号联邦法令于 2013 年 1 月 1 日颁布适用，依据俄罗斯联邦联邦法 2011 年 11 月 6 日第 294 号联邦法令修订适用。）

法　国

法国刑事诉讼法典[*]

第五卷　执行程序
（1958年12月23日第58-1296号法令颁布）

第一编　刑事裁决[①]的执行
（2002年2月26日第2002-268号法律）

第一章　一般规定
（2004年3月9日第2004-204号法律）

第707条　（2004年3月9日第2004-204号法律第159-2条，2014年8月5日第2014-896号法律第24条）一、刑事法院宣告的刑罚，按照司法机关的决定或者在司法机关监督下，尽快实际付诸执行，有不可克服的情况除外。

二、剥夺与限制自由的刑罚的执行制度，旨为被判刑人回归社会或再回归社会做准备，使之往后能够以一个负责任的、遵守社会规则与利益的人从事活动，避免重新犯罪。

随着刑罚的执行，根据被判刑人的人格、家庭、社会与实际状况的变化，经过符合规定的评估，可以对剥夺与限制自由的刑罚执行制度作适应调整

---

[*]　本法典于1957年12月31日由法国国民议会颁布第一卷，1958年12月23日对第一卷进行了修改，同时颁布了法典的第二至五卷，1959年3月2日实施，后历经多次修改。法典包括立法与实施法令两部分。本译本仅翻译立法部分的条文。本译本根据法国法律公共服务网站 legifrance 2014年12月29日提供的法语文本翻译。

①　此处为"sentence"。由于法国《刑法典》规定的刑罚的多样性，不仅带来了有关刑罚裁决名称的多样性，而且必然引起各种刑罚的执行方式的多样性。对此，在本法典中作了细致的区分规定。——译者注

(adapté)。

三、因执行自由刑被收监关押的任何被判刑人,考虑到羁押的实际条件和监狱机构位置的占用率,在采取某种半释放措施、监外执行、实行电子监控、假释或者在监督下释放的框架内,只要有可能,均享有逐步回归自由之利益,以避免在没有任何形式的司法后续措施的情况下将其释放。

四、在刑罚执行过程中,被害人有权:

1. 就其利益受到的任何侵害,向司法机关提出请求;

2. 获得对其受到损失的赔偿;该种赔偿通过给予赔偿金或者其他任何适于赔偿的方法进行,其中包括在必要时,向其提议实行恢复性司法措施;

3. 如果被害人有此意愿,在本法典规定的情况下并按照法典规定的条件,有权得到关于被判刑人自由刑执行完毕的通知;

4. 有必要时,有权请司法机关考虑保证其安宁和安全的必要性。

在刑罚执行的整个过程中,不论执行刑罚的方式如何,司法机关均有义务保障这些权利的完整性。①

第 707 – 1 条 (2012 年 3 月 27 日第 2012 – 409 号法律第 18 条) 检察院及各当事人持续关注法院判决及与之相关事项的执行。

但是,追收罚金以及按照价值没收财产的执行,由有权限的公共财会人员以共和国检察官的名义具体实施,或者,在对事先已经受到扣押的财产按照价值实行没收时,由扣没财产追缴管理处以共和国检察官的名义具体实施。

在以其他形式对第 706 – 160 条第 1 点与第 2 点所指动产或不动产实行没收时,即使这些财产事先并未交给扣没财产追缴管理处,亦由该管理处以共和国检察官的名义具体实施;有必要时,由扣没财产追缴管理处办理公示手续。

(2004 年 3 月 9 日第 2004 – 204 号法律第 159 – 2 条) 罚金款项的支付,应当始终受到追偿,但是,不支付罚金款额之全部或部分,可以引起按照法律

---

① 第 707 条原条文:刑事法院宣告的刑罚,按照司法机关的决定,或者在司法机关的监督下,尽快实际付诸执行,有不可克服的情况除外。

自由刑的执行,在尊重社会利益与被害人权利的同时,应当有利于被判刑人回归社会或再回归社会,有利于预防重新犯罪。

为此目的,考虑到被判刑人的状况及其人格发生的变化,在执行过程中,可以对刑罚进行调整;只要有可能,刑罚个别化应当使被判刑人逐步地回返自由,以及避免让被判刑人在没有任何形式的连贯的司法后续措施的情况下将其释放。

在签发押票或逮捕证的情况下,可以按照本法典规定的条件对剥夺自由的刑罚立即进行调整,无须等待按照本条规定的有罪判决产生执行力,但保留第 712 – 14 条规定的检察院提起具有中止效力的上诉的权利。——译者注

规定的条件对被判刑人实行关押（l'incarcération）。

刑罚时效期间，因检察院、刑罚执行法庭实施的行为或作出的决定而中断，以及对于罚金刑或者属于其管辖权的没收财产之刑罚（财产刑），国库或扣没财产追缴管理处旨在执行此种刑罚的行为或作出的决定，亦中断刑罚时效期间。

欧盟成员国有管辖权的机关按照欧洲理事会2005年2月24日第2005/214号框架决议的规定宣告的金钱性质的制裁，涉及适用相互承认金钱制裁原则时，由共和国检察官按照法令确定的方式，追究其执行；该法令具体规定本法典第707-2条与第749条至第762条规定的制裁的执行方式，同时规定由法国机关宣告的金钱性质的制裁转至欧盟其他成员国内付诸执行时的规则。

第707-2条 （2004年3月9日第2004-204号法律第196条，2008年7月1日第2008-644号法律第11条）轻罪或违警罪案件，任何被判刑人均可以在判决宣告之日起1个月期限内全额缴纳按照《税收总法典》第1018A条之规定应当缴纳的确定数额的诉讼程序税金（droit fixe de procédure）① 以及在相应情况下缴纳其被判处的罚金。

被判刑人按照第1款规定的条件全额缴纳确定数额的程序税金或罚金的，其缴纳款项的数额可以减免20%，但减免的数额不得超过1500欧元。

在对判决所作的刑事处分提起上诉的情况下，应当事人的请求，将其缴纳的款项予以返还。

最高行政法院提出资政意见后颁布的法令确定本条的适用条件。

第707-3条 （2004年3月9日第2004-204号法律第196条，2007年3月5日第2007-297号法律第22条）对于轻罪案件或违警罪案件，法院在宣告判处罚金时，由审判长通知被判刑人如其在判决宣告之日起1个月内全额清偿罚金，罚金数额减免20%，但减免的数额不得超过1500欧元。

审判长向被判刑人告知，其缴纳罚金，并不妨碍对判决提出不服申请。

也可以由法院书记员或者刑法执行办公室的书记员向被判刑人送交本条所指的通知。

第707-4条 （2004年3月9日第2004-204号法律第196条新增条文）

---

① 刑事法院的判决，除有关民事利益的之外，由每一个被判刑人缴纳数额确定的程序税金（或译为"诉讼税"）：违警罪与轻罪案件的刑事裁定书，税额为31欧元；违警罪法院、社区法院的其他判决与裁定以及法院不裁判实体的裁决，税额为31欧元；轻罪法院的判决，税额为127欧元或者254欧元；上诉法院就轻罪法院与违警罪法院判决上诉案件作出的判决，税额为169欧元；重罪法院的判决，固定税额为527欧元。——译者注

已经获得准许按照有管辖权的国库部门规定的方式、期限与时间，分数次缴纳罚金的被判刑人，亦适用第707-2条与第707-3条之规定。

第707-5条 （2014年8月5日第2014-896号法律第24条新增条文）在签发押票或逮捕证的情况下，可以立即按照本法典规定的条件对自由刑（剥夺自由的刑罚）进行调整，无须等待按照第707条之规定有罪判决产生执行力，但保留第712-14条规定的检察院享有的具有中止执行效力的上诉权。

第708条 （2004年3月9日第2004-204号法律第163条，2011年12月13日第2011-1862号法律第2条）依检察院的申请宣告的刑罚，在判决最终确定时付诸执行。

但是，不论何种性质的刑罚，第505条及第548条给予检察长提起抗诉（上诉）的期间，均不阻止刑罚的执行。

（1992年12月16日第92-1336号法律）违警罪刑罚或者不剥夺自由的轻罪刑罚，可以因（被判刑人）医疗、家庭、职业或社会性质的重大理由，暂时中止执行或者分期执行。（1975年7月11日第75-624号法律）根据刑罚中止执行的期间为3个月以下还是3个月以上之不同情形，刑罚中止执行的决定分别由检察院作出，或者依检察院提出的建议，由轻罪法院或违警罪法院或者社区法院在评议室作出。

（2003年6月12日第2003-495号法律第5条）但是，在按照法律或条例的规定因轻罪或违警罪被判处暂时吊销驾驶执照的刑罚不能限于从事职业活动之外驾驶的车辆时，对该种轻罪或违警罪判处的暂时吊销驾驶执照的刑罚始终不得中止执行，也不得分期执行。

（1992年12月16日第92-1336号法律）审判法院按照《刑法典》第132-28条的规定决定分期执行罚金刑、日罚金刑或暂时吊销驾驶执照之刑罚时，可以按前款规定的条件变更该种决定。

第708-1条 （2014年8月5日第2014-896号法律第24条新增条文）怀孕已经超过12周的妇女被判处的监禁刑应当付诸执行时，共和国检察官或者刑罚执行法官采取任何方法尽量推迟执行刑罚，或者作出安排，对被判刑人在开放的环境条件下执行刑罚。

第709条 共和国检察官与检察长为确保刑罚的执行，有权直接要求公共力量协助。

第709-1条 （由2004年3月9日第2004-204号法律第162-14条废止）

第709-1-1条 （2014年8月5日第2014-896号法律第34条新增条文）对于适用《刑法典》第131-9条第2款与第131-11条之规定的任何被

判刑人，或者规定其接受刑罚执行法官的监督，但有一项或数项可以说得通的理由怀疑其不遵守有罪判决对其规定的义务的任何被判刑人，警察部门或者宪兵队可以依职权，或者按照共和国检察官或刑罚执行法官的指令，将其抓捕归案。在此情形下，依司法警察警官的决定，可以最长在 24 小时内将当事人留置在警察部门或宪兵部门的场所内，以便对其情况进行审查，并就其违反义务的情况进行盘问、听取其辩解说明。

自留置措施一开始，司法警察警官即向共和国检察官或者刑罚执行法官报告。

司法警察警官，或者司法警察警员在警官的监督下，用被留置人懂得的语言告知其将受留置的最长时间，怀疑其已经违反的义务的性质，并告知其享有以下权利：

1. 有权让人告知其亲属和雇主，如果其有外国国籍，按照第 63 - 2 条的规定，让人通知其作为国民（属民）的国家的领事机关；

2. 有权按照第 63 - 3 条的规定接受医生的检查；

3. 有权按照第 63 - 3 - 1 条至第 63 - 4 - 3 条的规定得到 1 名律师的协助；

4. 如有必要，有权得到 1 名翻译的协助；

5. 在听取其辩解陈述时，有权在报明自己的身份之后，作出声明、回答问题或者保持沉默。

留置应当在保障个人尊严的条件下进行；惟一可以采取的措施只能是有严格必要的安全措施。

司法警察部门与宪兵部门在留置期间不得对被留置人进行体内检查。

如果将被留置人交由刑罚执行法官监督，由该法官行使第 63 - 2 条与第 63 - 3 条赋予共和国检察官的各项权力，或者在该法官不能行使这些权力的情况下，由共和国检察官行使这些权力。

第 64 条之规定适用于本条规定的留置措施。

留置措施结束后，共和国检察官或者刑罚执行法官可以命令按照第 803 - 2 条与第 803 - 3 条规定的条件，将当事人解送至刑罚执行法官前，相应情况下，命令对该人实行临时关押（incarcération provisoire）。

共和国检察官或者刑罚执行法官也可以就其各自负责的措施，要求司法警察警官或者警员通知当事人将改日对其进行传唤，然后终止对当事人的留置。

第 709 - 1 - 2 条 （2014 年 8 月 5 日第 2014 - 896 号法律第 34 条新增条文）在存在相互吻合的重大线索或迹象表明被判刑人家中藏有武器的情况下，警察部门与宪兵队可以按照第 56 条至第 58 条规定的方式以及在第 59 条规定的时间内，征得共和国检察官或刑罚执行法官的同意，或者按照这些司法官之一发出的指令，到被判处禁止持有武器的被判刑人家里进行搜查。

如果发现武器，将其扣押并予封存。

第 709 – 1 – 3 条　（2014 年 8 月 5 日第 2014 – 896 号法律第 34 条新增条文）如果存在一项或数项可以说得通的理由可以怀疑被判刑人经过关押之后仍然不遵守有罪判决对其规定的义务，继续与特定的人或特定类型的人进行接触，与特定的被判刑人来往，出现在特别指明受到禁止的地点或场所或者某一类场所或区域，如果以下措施对于收集被判刑人违反有罪判决规定的禁止事项的证据必不可少，警察部门或者宪兵部门可以根据刑罚执行法官的指令，或者适用《刑法典》第 131 – 9 条第 2 款或者第 131 – 11 条第 2 款的规定，可以依据受到共和国检察官为此提出之申请的刑罚执行法官的指令，在全国范围内采取以下行动：

1. 对于本法典第 100 条第 1 款所指的重罪或轻罪，按照第一卷第三编第一章第三节第二目规定的方式，下载、截收、录制与转录经电讯途径进行的通信联络的内容；

2. 对于本法典第 230 – 32 条第 1 点与第 2 点所指的重罪或轻罪被判刑人，在其不知情的情况下，按照第一卷第四编第五章规定的方式，对其所在地点进行实时定位，以及不经某一车辆或者其他物品的所有权人或持有人同意，对车辆或物品进行实时定位。

第 709 – 2 条　（2004 年 3 月 9 日第 2004 – 204 号法律第 160 条，2010 年 4 月 27 日第 2010 – 420 号法令第 15 条）共和国检察官制定一份有关刑罚执行情况与期限的年度报告。在这项报告中，尤其包括省公共财政司长制定的关于在法院辖区内收取罚金的情况的汇报。省公共财政司长最迟于每年 3 月第 1 个工作日向共和国检察官报送其作出的汇报。共和国检察官的报告在每年 6 月的最后一个工作日，按照司法部长发布的行政决定确定的方式予以公布。

第 710 条　（2014 年 8 月 5 日第 2014 – 896 号法律第 28 条）与执行刑罚有关的任何有争议的附带事件，均提交宣告裁决（la sentence）的法院。宣告裁决的法院可以更正其判决中存在的纯属事实方面的错误。（1992 年 12 月 16 日第 92 – 1336 号法律）对于依据《刑法典》第 132 – 4 条的规定提出的刑罚混同请求，由法院作出裁判。法院在审查提出的该种请求时，考虑被判刑人自判刑之后的行为表现、其本人的人格及物质、家庭与社会状况。

重罪法庭就重罪案件作出的判决的更正，以及该种判决在执行方面可能发生的附带事件，由上诉法院预审庭管辖。

(2004年3月9日第2004-204号法律第188-1条)被判刑人关押在其辖区的法院或上诉法院预审庭,按照上述两款所作的区分,对本条所指的请求亦有管辖权。在押人员如果提出刑罚混同请求,接收这项请求的法院的检察院可以将此请求移送该人关押地所在辖区的法院。

为了适用本条之规定,轻罪法庭由行使庭长权力的独任司法官组成,但与刑罚混同有关的事由除外;轻罪上诉庭或上诉法院预审庭由一名庭长作为独任法官组成,如果因案情复杂证明有此必要时,该司法官得依职权,或者应被判刑人或检察院的请求,将案卷移送本法庭合议庭审理;在此情形下,命令移送案卷的司法官仍为该合议庭的成员。该项移送决定属于司法行政措施,不准对其提出不服申请。

第711条 (2004年3月9日第2004-204号法律第188条)法院依检察院的申请,或者由利益关系当事人提出申请,在听取检察院的意见后,在评议室作出审理决定;当事人的辅佐人如果提出请求,或者在相应场合,如果当事人本人提出要求,应当听取其意见陈述,但保留适用第712条之规定。(2004年3月9日第2004-204号法律第188-2条)如果请求人已在押,只有其在申请中明确提出请求时,才可以要求其到庭。

如果法院有此命令,有争议的决定中止执行。

有关附带事件的判决,依检察院的申请,送达有利害关系的各当事人。

第712条 (2004年3月9日第2004-204号法律第190条)凡是有必要听取在押的被判刑人的陈述时,受理申请的法院可以向距离关押场所最近的大审法院院长发出委托。

大审法院院长可以授权本法院的一名法官听取在押的被判刑人的陈述并制作笔录。

(2004年3月9日第2004-204号法律第190条)法院亦可以决定适用第706-71条之规定。

第二章 刑罚执行法庭

第一节 机构与组成

(2004年3月9日第2004-204号法律第161条)

第712-1条 (2014年8月5日第2014-896号法律第32条)刑罚执行

法官与刑罚执行法庭①构成第一级刑罚执行法庭，负责按照法律规定的条件，确定剥夺自由之刑罚或特定的限制自由之刑罚的主要执行方式（les principales modalités de l'exécution des peines），并对这些刑罚的执行条件实行引导和监督。回归社会与帮教考验监管服务处应当向刑罚执行法官与刑罚执行法庭报告其对被判刑人确定与实施的管教考验方式和条件；刑罚执行法官与刑罚执行法庭可以进行其认为对强化刑罚执行监督有必要的变更。

对刑罚执行法官与刑罚执行法庭作出的决定，可以通过向上诉法院提起上诉之途径，提出上诉（attaquer）；向上诉法院提起上诉，按照本章所作的区分，向上诉法院刑罚执行法庭或者该法庭庭长提出。上诉法院刑罚执行法庭由庭长1人、审判官2人组成。

第712-2条 （2005年12月12日第2005-1549号法律第40条）每一个大审法院内，由一名或数名坐席司法官承担刑罚执行法官的职责。

这些司法官经听取最高司法委员会的意见后发布行政令予以指定；得按照相同形式终止承担刑罚执行法官的职责。

如果某一刑罚执行法官暂时因故不能履职，由大审法院院长指定另一司法官替代之。

刑罚执行法官办公室的运作，由1名书记员协助，并设置一个书记室。

第712-3条 （2011年12月14日第2011-1877号法律第1条）在每一上诉法院的辖区内，均设立一个至数个刑罚执行法庭（le tribunal de l'application des peines）。每一个刑罚执行法庭的地域管辖权与该辖区内一个或数个大审法院的管辖权相重叠，并由法令作出规定。刑罚执行法庭由庭长一人与陪审官2名组成。2名陪审官由上诉法院院长从属于本上诉法院辖区的刑罚执行法官中指定。

---

① 原文为"le tribunal de l'application des peines"，而不是"chambre de l'application des peines"。"le tribunal"一词通常译为"法院"，但第712-2条规定"每一个大审法院内，由一名或数名坐席司法官承担刑罚执行法官的职责"。法国法律中，民事方面的"执行"使用的术语为"exécution"，（民事）执行法官称为"juge d'execution"（主要职权是处理执行争议），而"刑罚执行法官"与"刑罚执行法庭"中的"执行"原文均为"application"，实际意思为"适用"、"运用"。译者认为，术语上的差别体现了（民事）"执行官"与"刑事执行法官"职权上的差别。刑罚执行法官有权确定刑罚的执行方式，尤其是有权对刑罚进行调整，而民事执行法官没有类似的调整民事判决的权限。刑罚执行法官与刑罚执行法庭构成第一级刑罚执行法庭，每一大审法院内，由一名或数名坐席司法官承担刑罚执行法官的职责，但并非每一个大审法院都设刑罚执行法庭。上诉法院刑罚执行法庭为二级执行庭。这种机构的设置与组成同预审法庭的设置相类似。——译者注

在海外省，刑罚执行法庭至少应有一名成员为刑罚执行法官。在圭亚那卡岩大审法院内，亦设立一个刑罚执行法庭，至少由一名刑罚执行法官组成；在新喀里多尼亚、法属波利尼西亚以及马约特与圣－皮埃尔－米格隆海外领地，刑罚执行法庭可以仅由一名刑罚执行法官组成。

刑罚执行法庭进行对席辩论时，在同一上诉法院辖区内不同大审法院的所在地开庭，或者在该辖区内的监狱机构内进行。

检察院的职能由对席辩论进行地或监狱机构所在辖区的大审法院的共和国检察官行使。

第二节 第一级刑罚执行法庭的管辖权与适用程序

第712－4条 （2014年8月5日第2014－896号法律第46条）属于刑罚执行法官管辖权限的各项措施，由该司法官依职权，或者应被判刑人或共和国检察官提出的请求，按照以下条文所作的区分，以裁定（ordonnance）或者说明理由的判决（jugement），给予同意、进行变更、推迟执行、拒绝执行、予以收回或者撤销。

如果宣告的刑罚的刑期或者尚待执行的刑罚的刑期准许，也可以按照第723－14条至第723－27条规定的简易程序同意采取这些措施。

第712－5条 （2014年8月5日第2014－896号法律第40条）除紧急情况外，凡是涉及减刑的裁定、批准服刑人在有人看管下外出，以及准许被判刑人外出的决定，均在听取刑罚执行委员会（la commission de l'application des peines）的意见之后作出。

如果刑罚执行委员会在受理申请后1个月内没有提出意见，视其已经提出意见。

刑罚执行委员会由刑罚执行法官主持，共和国检察官或者监狱机构的首长为该委员会的当然成员；回归社会与帮教考验监管服务处在刑罚执行委员会内也有其代表。

第712－6条 （2009年11月24日第2009－1436号法律第74条）涉及监外执行措施、半释放（半自由）、刑罚分期执行与刑罚中止执行、实行电子监控以及假释的判决（Les jugements），在听取监狱管理部门代表的意见之后，在评议室经过对席辩论之后作出。在对席辩论中，刑罚执行法官听取检察院的意见以及被判刑人的陈述，相应情况下，听取被判刑人的律师的陈述。如果被判刑人在押，可以在监狱机构内进行对席辩论。对席辩论可以适用第706－71条之规定。

刑罚执行法官，经共和国检察官及被判刑人或其律师同意，可以不经对席辩论，同意采取这些措施中的某一项措施。

刑罚执行法官只要认为有必要，也可以依职权或者应被判刑人或检察院的请求，决定将案卷移送刑罚执行法庭审理。命令移送案卷的司法官为刑罚执行法庭的成员。刑罚执行法庭按照第712－7条的规定进行审理、作出裁判。刑罚执行法官作出的将案卷移送执行庭审理的决定是一项司法行政措施，不准对其提出不服申请。

除法律另有规定外，本条之规定也适用于刑罚执行法官作出的涉及社会－司法跟踪监督措施、禁止居留（interdiction de séjour）、公共利益劳动（travail d'intérêt public）之刑罚的决定，以及涉及附考验之缓期监禁刑（emprisonnement avec sursis assorti de la mise à l'épreuve）、附公共利益劳动义务之缓期监禁刑（l'obligation d'accomplir un travail d'intérêt général）或者附考验期的推迟刑罚宣告（les mesures d'ajournement du prononcé de la peine avec mis à l'épreuve）之措施的决定。

第712－7条 （2009年11月24日第2009－1436号法律第83条）不属于刑罚执行法官管辖权限的与增加保安处分期间、假释或刑罚中止执行有关的措施，由刑罚执行法庭依据被判刑人提出的请求、检察院提出的意见，或者依据第712－10条的规定由对被判刑人有管辖权的刑罚执行法官的主动提议，作出说明理由的判决，予以同意、推迟或拒绝同意、将其收回或者撤销。

刑罚执行法庭的此项判决，在听取监狱管理部门代表的意见之后，在评议室经过对席辩论之后作出。在对席辩论中，刑罚执行法庭听取检察院的意见和被判刑人的辩解陈述，相应情况下，听取被判刑人的律师的陈述。如果被判刑人在押，对席辩论可以在监狱机构内进行。对席辩论可以适用第706－71条之规定。

第712－8条 （2009年11月24日第2009－1436号法律第75条）变更或者拒绝变更第712－6条第1款与第3款所指的措施的决定，变更或拒绝变更由这些措施或者刑罚执行法庭按照第712－7条的规定命令采取的措施所产生的义务的决定，由刑罚执行法官以说明理由的裁定作出，但如果共和国检察官要求按照第712－6条的规定经过对席辩论之后以判决的形式作出这些决定时，不在此限。

但是，就执行半释放措施、监外执行加电子监控，或者准许被判刑人外出的措施而言，如果变更被判刑人出入监狱机构的时间比较有利，或者变更被判刑人出现在确定地点的时间不会打乱此种措施的平衡时，刑罚执行法官在作出的决定中可以批准监狱机构主要负责人或者回归社会与帮教考验监管服务处的领导人对这些时间作出变更；如果被判刑人是未成年人，由"地区青年人司法保护机构"的领导人对上述时间安排进行变更。对时间安排进行变更,应当立即报告刑罚执行法官;刑罚执行法官可以作出不准提出不服申请的裁定,撤销所进行的变更。

第 712－9 条 (2004 年 3 月 9 日第 2004－204 号法律第 161 条新增条文)没有受到关押的被判刑人,如果按照其向接受监督的刑罚执行法官申报的地址符合规定地对其进行传唤,在无任何正当理由的情况下,不出席第 712－6 条或第 712－7 条所指的对席辩论,刑罚执行法官或者刑罚执行法庭可以在其缺席的情况下作出审理裁判;在此情形下,上诉期间仅自向相同地址通知判决之日开始计算,但保留执行下一款的规定。

如果不能确认被判刑人知道对其进行的通知,以及在所作的判决是命令撤销或者收回被判刑人此前享有利益的措施时,直至刑罚时效期间届满,该人向上诉法院提起上诉仍可以得到受理;上诉期间自被判刑人知道判决之日计算。在其提起上诉的情况下,刑罚执行法庭当然应听取被判刑人的陈述,相应情况下,按照第 706－71 条规定的方式听取其陈述。

第 712－10 条 (2004 年 3 月 9 日第 2004－204 号法律第 161 条新增条文)有地域管辖权的刑罚执行法官是被判刑人受关押的监狱机构在其辖区内的法院的刑罚执行法官;或者如果被判刑人没有受到关押,其惯常居所地在其辖区内的法院的刑罚执行法官,或者如果其在法国没有居所,在其辖区作出一审判决的法院的刑罚执行法官有地域管辖权。

如果监外执行措施或半释放措施应当在命令此种措施的刑罚执行法官的辖区之外实施,被判刑人应当在距离该种措施执行地最近的监狱机构的在押人员登记簿上进行登记;相应情况下,对于规定或者变更监外执行措施或半释放措施的执行方式,以及对于宣告收回或者提议收回这些措施,监狱机构在其辖区内的法院的刑罚执行法官有管辖权。

如果已同意采取电子监控措施或者实行假释,有地域管辖权的刑罚执行法官是被判刑人受传唤地在其辖区内的法院的刑罚执行法官,或者是同意采取该种措施的决定确定的被判刑人的惯常居所在其辖区内的法院的刑罚执行法官。

本条规定的地域管辖权,按照刑罚执行法官受理案卷之日的情况评判;在第一次受理案卷时,刑罚执行法官可以应被判刑人的请求,或者应检察院的要求,放弃管辖,转由被判刑人新的在押地的刑罚执行法官管辖,或者被判刑人在另一法院辖区时,由其新的居所地的刑罚执行法官管辖。被判刑人惯常在其辖区内居住的上诉法院刑罚执行法庭,或者按照本条规定的区分,被判刑人在其辖区内执行刑罚的上诉法院刑罚执行法庭有地域管辖权。

第三节 向上诉法院提起上诉适用的程序

第712-11条 （2014年8月15日第2014-896号法律第39条）对于刑罚执行法官与刑罚执行法庭的决定，被判刑人、共和国检察官以及驻上诉法院检察长，均可以自决定通知之日起，按照以下期间，向上诉法院提起上诉（或抗诉）：

1. 涉及第712-5条与第712-8条所指的裁定（ordonnance），在24小时内；
2. 涉及第712-6条与第712-7条所指的判决（jugement），在10日内。

第712-12条 （2014年8月15日第2014-896号法律第39条）对第712-5条与第712-8条所指裁定的上诉，向上诉法院刑罚执行法庭庭长提出；上诉法院刑罚执行法庭庭长在听取检察院的书面意见以及被判刑人的律师的书面陈述之后，以说明理由的裁定作出审理裁判。

第712-13条 （2009年11月24日第2009-1436号法律第83条）对第712-6条与第712-7条所指判决的上诉，向上诉法院刑罚执行法庭提出。上诉法院刑罚执行法庭经过对席辩论之后，以说明理由的判决作出审理裁判。在对席辩论中，听取检察院的意见以及被判刑人的律师的辩解意见，除刑罚执行法庭另有决定外，法庭不听取被判刑人的陈述。在此情况下，在被判刑人的律师在场时或者按照规定对其律师进行传唤，或者按照第706-71条规定的（视频传输）方式，听取被判刑人的陈述，或者由法庭的一名成员在关押被判刑人的监狱机构内听取其陈述。

为了对第712-7条第1款所指的判决提起的上诉进行审查，上诉法院刑罚执行法庭，除庭长和两名陪审官之外，还由被判刑人回归社会协会（association de réinsertion des condamnés）的一名负责人以及援助被害人协会（association d'aide aux victimes）的一名负责人组成。为适用前款之规定，上诉法院的管辖权可以由法令规定扩张至数个上诉法院的辖区；这些法院的名单与辖区范围由该项法令确定。

如果上诉法院刑罚执行法庭对拒绝采取第712-6条或第712-7条所指的某项措施的判决予以确认，可以确定一个期限，此期限尚未届满之前，提出任何新的旨在采取相同措施的请求均不予受理。这一期限不得超过被判刑人待服刑期的三分之一，也不得超过3年。

第712-14条 （2004年3月9日第2004-204号法律第161条新增条文）刑罚执行法官与刑罚执行法庭的裁决具有先予执行力；但是，如果检察院在该种裁决通知起24小时内提出抗诉，暂时中止执行该裁决，直至上诉法院刑罚执行法庭或其庭长作出审理裁判。案件最迟应当在检察院提出抗诉起 2 个月内作出审理裁判，否则，抗诉视为不曾提出。

第 712－15 条 （2004 年 3 月 9 日第 2004－204 号法律第 161 条新增条文）对第 712－12 条与第 712－13 条所指的裁定与判决，可以自其通知起 5 日内向最高法院提出上诉。提起上诉不具有中止执行之效力。

第四节 共同规定

第 712－16 条 （2010 年 3 月 10 日第 2010－242 号法律第 11 条）刑罚执行法庭在履行其职权时，可以在全国领域进行或者派人进行任何审查、听证、调查、鉴定、搜查，其中包括《刑法典》第 132－22 条所指的搜查，或者采取可据以作出刑罚个别化决定的任何其他措施，或者采取确保被判刑人遵守在刑罚个别化（individualisation de la peine）决定作出之后对其规定的各项义务的任何其他措施。①

第 712－16－1 条 （2011 年 8 月 10 日第 2011－939 号法律第 15 条）在作出可以引起被判处自由刑的人在刑期未满之前暂时或最终停止关押的任何决定时，刑罚执行法庭事先均应当根据其所作决定可能产生的后果，考虑被害人或者民事当事人的利益。

为了从被害人或民事当事人的角度来考虑刑罚个别化的决定（可能）产生的后果，尤其是考虑到被判刑人在面对被害人或民事当事人时可能面临的危险，可以采取第 712－16 条所指的审查、听证、调查、鉴定、搜查措施。

如果刑罚执行法庭认为适当，在作出任何决定之前，可以直接或者通过当事人的律师，告知被害人或民事当事人可以在接到通知后 15 日内提出书面意见。

被害人或民事当事人提出的书面意见，可以采用其认为适当的任何方式发送给刑罚执行法庭。

第 712－16－2 条 （2011 年 8 月 10 日第 2011－939 号法律第 21 条）如果被判刑人有可能因面对被害人或民事当事人而遇到危险，以及从犯罪的性质或者当事人的人格来看，需要避免出现这种局面，刑罚执行法庭在对其作出引起暂时或最终停止关押的任何决定时，可以附加禁止被判刑人与被害人或民事

---

① 本条以下规定被废止：相应情况下，可以视被害人的状况，就刑罚个别化措施的后果进行调查，特别是在第 720 条所指情况下进行调查。如果刑罚执行法庭认为适当，也可以在作出任何决定之前，直接或者通过被害人的律师间接告知被害人可以提出自己的意见。被害人的意见应当在其接收该通知之后 15 日内以书面形式提出。——译者注

当事人进行联系的规定，相应情况下，禁止被判刑人出现在被害人或民事当事人的住所或工作地点的周边或附近。

在当事人是因第706－47条所指的犯罪之一被判刑时，必须宣告这种禁止事项。

刑罚执行法庭向被害人发出一项通知，告知对被判刑人作出的这项禁止性规定。如果被害人是民事当事人，也向其律师发送这项通知；通知中具体说明如果被判刑人不遵守这些禁止事项可能产生的后果。

但是，如果被害人或者民事当事人表示不希望得到有关被判刑人刑罚执行方式的通知，或者如果仅仅是暂时停止对被判刑人的关押，且停止关押的时间不得超过准许其外出的最长时间，在被害人或者民事当事人的人格证明可以这样做的情况下，刑罚执行法庭也可以不进行上述通知。

为了适用本条之规定，被害人或者民事当事人已改变居所或工作地点的，可以将此告知刑罚执行法庭。

如果被判刑人是因为第706－47条所指的犯罪之一被判刑，并且被害人或者民事当事人提出要求，刑罚执行法官或者回归社会与帮教考验监管服务处可以直接或者通过律师告知被害人或民事当事人被判刑人在刑期未满之前已获得释放。

第712－16－3条 （废止）

第712－17条 （2014年8月15日第2014－896号法律第47条）接受刑罚执行法官监督的被判刑人如果不遵守对其规定的义务，刑罚执行法官可以对被判刑人签发拘传通知书。

如果被判刑人逃跑或者居住在国外，刑罚执行法官可以签发逮捕令。逮捕令一经签发，直至其得到执行，刑罚的执行期间或者刑罚调整措施的执行期间均中止。

紧急情况下，并且刑罚执行法官与替代刑罚执行法官的坐席司法官因故不能签发拘传通知书时，拘传通知书由共和国检察官签发。只要有可能，共和国检察官即应当向刑罚执行法官进行告知。在（共和国检察官签发的）拘传通知书没有付诸执行的情况下，如果刑罚执行法官在该通知书签发后的第1个工作日未接管该通知书，共和国检察官签发的拘传通知书即告失效。

如果已经找到当事人，按照以下规定处理：

自警察部门或宪兵部门留置当事人之时，即通知该人被抓捕地的共和国检察官。该人被留置的时间不得超过24小时，在此期间，适用第63－2条与第63－3条之规定。

尽快并且最迟在该人被抓捕后24小时内，将其解送至有管辖权的刑罚执行法官所在辖区的大审法院的共和国检察官。该司法官在审核当事人的身份并向其通知逮捕令之后，将其移送刑罚执行法官，由刑罚执行法官按照第712-6条的规定处理。

如果不可能立即将被抓捕的人解送刑罚执行法官，那么将其送交自由与羁押法官；自由与羁押法官可以根据共和国检察官的意见，视具体情况，直至该人向刑罚执行法官或者刑罚执行法庭到案，命令关押被判刑人。前一种情况下，该人应当在8日内到案；后一种情况下，该人应当在1个月内到案。

如果当事人是在距离刑罚执行法官所在地200公里以外的地方被逮捕，并且不可能按照本条第5款的规定在24小时内将其解送有管辖权的共和国检察官时，将该人解送其逮捕地的共和国检察官；共和国检察官审查被逮捕人的身份并向其通知逮捕令，以及在事先告知该人有不做任何声明的自由之后，听取其可能作出的声明；在此情形下，该司法官可以执行逮捕令，派人将被逮捕人解送看守所，并通知发出逮捕令的刑罚执行法官。签发逮捕令的刑罚执行法官命令解送被捕的当事人。当事人应当在向其通知逮捕令后4日内前往该法官处到案。如果是在海外省与法国本土或另一海外省之间解送被逮捕人，解送期限得增加至6日。

第712-18条 （2010年3月10日第2010-242号法律第21条）获得半释放（半自由）、监外执行或者对其实行电子监控措施的被判刑人如果不遵守对其规定的义务，刑罚执行法官可以在听取检察院的意见之后，中止这些措施。

在中止上述措施之后被判刑人受到关押的，如果自其被关押起15日内没有进行第712-6条所指的对席辩论，只要其没有因为其他原因受到关押，应当将其释放。对席辩论应按照第712-7条的规定在刑罚执行法庭进行的情况下，上述期限增加至1个月。

第712-19条 （2009年11月24日第2009-1436号法律第76条）附考验期的缓期执行刑罚的被判刑人，或者附完成公共利益劳动义务的缓期执行以及附社会-司法跟踪监督义务的缓期执行、刑罚中止执行或者刑罚分期执行的被判刑人，或者获得假释的被判刑人，如果不遵守对其规定的义务，刑罚执行法官可以在听取共和国检察官的意见之后命令对被判刑人实行临时关押（l'incarcération provisoire）。

被判刑人所在地的刑罚执行法官可以作出命令临时关押的裁定。

在被判刑人受到关押之后15日内，如果未进行第712-6条所指的对席辩论，只要其非因其他原因受到关押，应当将其释放。如果进行对席辩论应当按照第712-7条之规定在刑罚执行法官前进行，该期限得增加至1个月。

第 712 – 20 条 （2004 年 3 月 9 日第 2004 – 204 号法律第 161 条新增条文）如果被判刑人在执行第 712 – 6 条与第 712 – 7 条所指的某项措施期间不遵守对其强制规定的义务，其中包括在附考验的缓期执行期间或者在附完成公共利益劳动义务的缓期执行期间不遵守对其强制规定的义务，在该期限届满之后，如果刑罚执行法官或刑罚执行法庭在 1 个月内已经为此目的受理案卷或自行受理案卷，可以撤销或撤回这些（缓刑）措施。

第 712 – 21 条 （2014 年 8 月 15 日第 2014 – 896 号法律第 48 条）对于被判处接受社会 – 司法跟踪监督的人，事先没有进行精神疾病鉴定的，不得同意实行第 712 – 5 条、第 712 – 6 条与第 712 – 7 条所指的措施，但不会导致立即释放当事人的减刑以及准许其在有人看管下外出的措施除外。对于因故意杀人、谋杀或强奸未满 15 岁的未成年人而被判刑的人，由两名鉴定人对其进行精神疾病鉴定。

该项鉴定应当确定被判刑人是否可以进行治疗；所做鉴定涉及第 706 – 47 条所指的暴力犯罪或者性（侵害）性质犯罪时，在按照本条规定采取刑罚调整措施之前命令进行的精神病鉴定应当对被判刑人重新犯罪的危险性专门作出宣告。

如果被判刑人拒绝接受或者拒绝继续进行由治疗医生在治疗指令范围内提议与规定的治疗，构成违反其应当履行的义务，根据具体情况，可以引起签发第 712 – 17 条所指的执法凭证，中止第 712 – 18 条所指的刑罚调整措施，实行第 712 – 19 条所指的临时关押，或者撤销第 712 – 20 条所指的措施。

第 712 – 22 条 （2009 年 11 月 24 日第 2009 – 1436 号法律第 78 条）刑罚执行法庭在宣告同意采取第 712 – 6 条与第 712 – 7 条所指的一种措施时，应被判刑人的请求，可以在同一判决中宣告取消因刑事有罪判决当然引起的或者作为附加刑宣告的禁止担任公职、禁止从事职业活动或社会活动、禁止从事商业或工业职业、禁止以任何名义为其本人或他人的利益直接或间接领导、管理或监督工商企业或商事公司等全部或部分禁止事项，其中包括取消禁止事项的期间。

按照第 712 – 6 条的规定进行审理裁判的刑罚执行法官，在同意采取刑罚调整措施之前，也可以作出这项决定，以待随后再作出宣告。这项决定得以裁定作出，但检察院提出反对意见时除外。

按照相同条件，刑罚执行法庭在第 1 款与第 2 款所指情况下也可以在犯罪记录二号登记表上排除记载妨碍刑罚调整的有罪判决。

第 712 – 22 – 1 条 （2012 年 3 月 27 日第 2012 – 409 号法律第 6 条新增条文）如果接受刑罚执行法官监督的人是因重罪或者第 706 – 47 条所指的一种犯罪被判刑，为了防止其重新犯罪，在有必要向被判刑人的居所在其家中的人转送判刑判决的副本或刑罚调整决定、假释决定、司法监控决定或保安监控决定的副本时,刑罚执行法官可以依职权或者依检察院的意见,命令进行转送。

如果因本条第 1 款所指的犯罪之一被判刑的人是正在学校上学的人,或者应当在公立或私立学校机构内继续完成其学业,刑罚执行法官向教育主管机关或者有关的教学机构的首长转达上述决定的副本。如果变更对被判刑人强制规定义务的决定有可能对其接受学业教育的地点与方式产生影响,刑罚执行法官也应当告知这些机关或机构的首长。

按照第 2 款的规定接收并了解向其转送的上述决定的人,只能向其机构内负责安全与秩序的人提及其了解的情况,相应情况下,只能向在负责安排学生住宿的机构内负责安全与秩序的人和负责社会卫生跟踪责任的人提及其了解的这些情况。将所了解的相关情况告知他人,严格限制为履行任务之必要。

不影响《刑法典》第 226-13 条关于制裁侵害职业秘密的规定,按照本条的规定接收并了解向其转达上述决定的人,或者按照最后第 2 款的规定知道这些决定内容的人,向未经准许的第三人散布这些决定或其内容的,处 3750 欧元罚金。

第 712-23 条 (2009 年 11 月 24 日第 2009-1436 号法律第 79 条) 颁布一项法令具体规定本章之适用条件。

在何种条件下,鉴于在被判刑人的案卷内已有此前所作的鉴定,或者对于因法令确定的名单所指的犯罪而被判刑的人,在准许其外出的情况下,或者考虑到当事人的人格,或者在签发第 720-1-1 条第 2 款第 1 句所指的医疗证明的情况下,经共和国检察官同意,可以不命令进行第 712-21 条所指的鉴定,也由第 1 款所指的法令作出具体规定。

第三章 为执行没收判决之目的的国际合作[①]

第一节 按照欧盟理事会 2006 年 10 月 6 日的框架决定移送与执行没收判决

第一目 一般规定

第 713 条 (2010 年 7 月 9 日第 2010-768 号法律第 14 条新增条文) 没

[①] 近年来,欧盟理事会制定了一系列条例,作出了在刑事方面实现"一体化"进程的相关决定。法国立法也积极跟进。本章第 713 条至第 713-48 条为 2006 年以后增加的新规定。——译者注

收判决（décision de confiscation），是指由欧盟一成员国的法院在对一项或数项刑事犯罪实施诉讼程序之后，命令采取的导致永久性剥夺一项或数项财产的最终确定的刑罚或措施。命令该种刑罚或措施的成员国称为没收判决发出国。

按照本节所定的规则与条件，向其他欧盟成员国有管辖权的机关移送没收财产的判决，或者应其他成员国的请求执行没收财产的判决，司法机关有管辖权。受移送并执行判决的成员国称为没收判决执行国。

第713－1条 （2010年7月9日第2010－768号法律第14条新增条文）可以引起向另一成员国移送并在其国内执行的没收判决，是指依据以下理由没收财产的判决，以及能够证明对此种财产享有某种名义或权利的任何法律文书或文件，不论被没收的财产是动产还是不动产，也不论是有形财产还是无形财产。据以没收财产的理由包括：

1. 这些财产构成犯罪工具或犯罪标的；
2. 这些财产是某种犯罪所得，或者全部或部分与犯罪所得的价值相对应；
3. 即使财产不是犯罪工具、犯罪标的或犯罪所得，但按照没收财产判决发出国的立法的任何其他规定属于可以被判处没收的财产。

第713－2条 （2010年7月9日第2010－768号法律第14条新增条文）在发出任何没收财产判决的同时应当附有发出国的有管辖权的机关制作的一份证明书，该证明书应当包括以下应载事项：

1. 用以鉴别发出国的识别事项；
2. 用以鉴别发出国作出该判决的法院的识别事项；
3. 用以鉴别针对其作出没收财产判决的自然人或法人的识别事项；
4. 可以用于识别在执行国作为没收对象的财产的信息资料，特别是对这些财产的详细描述、其所在地点、看管人的指定或者待没收的款项的数额；
5. 作出没收判决的理由，对构成犯罪的事实的描述以及法律对此种犯罪认定的罪名（定性），其中包括相应情况下，根据发出国的法律，指明该犯罪属于第695－23条第3段至第34段所指的犯罪类型之一，以及该犯罪当处3年或者3年以上剥夺自由之监禁刑；
6. 在犯罪不属于上述第5点所指的某一类犯罪时，对该犯罪的完整描述；
7. 写明判决为最终确定的判决（已生效判决），且（刑罚）时效期间没有经过；
8. 写明已经按照规定向没收财产判决所针对的人通知对其实行的程序，并且向其通知了提出救济申请的方式与期间；
9. 指明没收判决可能已经部分执行，包括指明已经没收的数额和尚待追缴的款项数额；

10. 在没收判决发出国适用替代刑的可能性，以及相应情况下，没收判决发出国对适用这种替代刑罚可能表示的同意，这种替代刑的性质以及每一项替代刑所规定的最高制裁；

11. 没收判决发出国的司法机关的签字或者其代表的签字，确认证明书中所包括的全部信息准确真实。

第713-3条 （2010年7月9日第2010-768号法律第14条新增条文）证明书应当翻译成执行国的官方语言或其官方使用的一种语言，或者翻译成执行国接受的欧洲共同体机构的官方语言之一。

第713-4条 （2010年7月9日第2010-768号法律第14条新增条文）没收判决或者经认证与正本相符的该判决的副本以及证明书，由判决发出国有管辖权的机关，以任何可以保存文字痕迹的方法以及能够使识别其真实性的条件，直接转送执行国有管辖权的机关。

某一欧盟成员国在这方面已作出声明的情况下，没收判决或者经认证与正本相符的判决副本以及证书，通过该国指定的一个或数个中心机关寄送。

应发出国的有管辖权的机关的请求，没收判决的经认证与正本相符的副本以及证明书的原本，均在最短期限内寄送。

所有的通信联络均在有管辖权的机关之间直接进行。

第二目 与法国法院宣告的没收财产判决有关的规定

第713-5条 （2010年7月9日第2010-768号法律第14条新增条文）驻命令没收（财产）的法院的检察院制作与没收判决相关的证明书（certificat），并按照第713-4条规定的方式，将判决和证书传送给按照第713-6条至第713-10条的规定有权限的国家或数国的有管辖权的机关。

向一国或数国有管辖权的机关传送没收判决与证明书，并不阻止在法国领域内继续对相关财产全部或部分执行没收。

第713-6条 （2010年7月9日第2010-768号法律第14条新增条文）原则上仅向一国转送没收财产判决，以实施执行。

如果没收判决涉及多项确定的财产，有理由认为确定的财产在某国领域之内时，检察院将没收判决连同证明书一并转送该执行国有管辖权的机关。

第713-7条 （2010年7月9日第2010-768号法律第14条新增条文）但是，检察院如果有理由认为没收某项特定财产涉及需要在多国开展行动，或者没收判决所指的一项或多项财产分别在不同国家，将没收判决连同证明书转送相关国家有管辖权的机关。

第713-8条 （2010年7月9日第2010-768号法律第14条新增条文）

如果没收判决涉及的是钱款，检察院有理由认为涉案的自然人或法人在该国领域内有财产或者有收入时，将该判决连同证明书一起转送该执行国有管辖权的机关。

但是，如果检察院认为基于特殊理由有必要这样做，可以向多个国家发送没收财产的判决。

因执行没收财产判决，在多个国家收取的款项的总额不得超过没收判决特别指明的数额。

第 713 – 9 条 （2010 年 7 月 9 日第 2010 – 768 号法律第 14 条新增条文）如果无任何方法可以确定被判没收财产的人的财产或收入在哪一个或哪些国家，检察院将没收财产的判决与证明书转送该人有惯常居所或注册住所的国家的有管辖权的机关。

第 713 – 10 条 （2010 年 7 月 9 日第 2010 – 768 号法律第 14 条新增条文）如果没收判决涉及的是没收一笔金钱，而执行国有管辖权的机关用没收财产替代没收金钱时，由司法部作出决定，同意转让被没收的这项财产。

第 713 – 11 条 （2010 年 7 月 9 日第 2010 – 768 号法律第 14 条新增条文）凡是产生取消没收判决执行力之效果的事由，或者排除在执行国内执行该判决的事由，或者变更判决执行的事由，驻命令没收财产的法院的检察院应当立即以任何可以保存文字痕迹的方法通知执行国有管辖权的机关。

如果此时该判决已经部分执行，检察院应当具体说明尚待没收的款项的数额或者尚待追缴的财产。

第三目 关于执行欧盟另一成员国宣告的没收财产判决的规定

第 713 – 12 条 （2010 年 7 月 9 日第 2010 – 768 号法律第 14 条新增条文）轻罪法院依共和国检察官的申请，对欧盟另一成员国发出的没收财产的判决的执行的审理裁判有管辖权。

第 713 – 13 条 （2010 年 7 月 9 日第 2010 – 768 号法律第 14 条新增条文）没收财产的判决与证明书，按照第 713 – 4 条规定的方式，直接传送或者通过驻上诉法院检察长发送给有管辖权的轻罪法院的共和国检察官。

有地域管辖权的轻罪法院是被没收的任何财产所在地的轻罪法院，否则，巴黎法院有管辖权。

如果接到向其传送的申请的共和国检察官对后续处理此项申请无地域管辖权，应当立即将此申请转送有地域管辖权的共和国检察官并通知发出没收判决的国家的有管辖权的机关。

第 713 – 14 条 （2010 年 7 月 9 日第 2010 – 768 号法律第 14 条新增条文）

共和国检察官向轻罪法院提出承认与执行没收裁判判决的请求,并提出其意见。

第 713-15 条 (2010 年 7 月 9 日第 2010-768 号法律第 14 条新增条文) 轻罪法院在认定所提请求符合规定之后,立即就执行没收判决作出裁决。

第 713-16 条 (2010 年 7 月 9 日第 2010-768 号法律第 14 条新增条文) 如果轻罪法院认为有必要,可以听取被判刑人以及对没收判决所针对的财产享有权利的任何人的陈述,相应情况下,通过发出查案委托书,委托听取这些人的陈述。这些人可以由律师代理。

第 713-17 条 (2010 年 7 月 9 日第 2010-768 号法律第 14 条新增条文) 轻罪法院认为有必要将判决翻译成法语时,或者涉案财产已经受到扣押或者已经被冻结,或者已经在另一程序中受到的没收判决已经生效,可以推迟审理。

轻罪法院决定推迟审理时,可以命令按照第 484-1 条的规定采取扣押措施。

在轻罪法院决定推迟审理的情况下,共和国检察官立即以任何可以保存文字痕迹的方法将此情况通知没收判决发出国有管辖权的机关,并且在可能条件下,告知推迟审理的时间。

第 713-18 条 (2010 年 7 月 9 日第 2010-768 号法律第 14 条新增条文) 只要推迟审理的理由不再存在,轻罪法院即应当就执行没收财产的判决作出裁判,共和国检察官立即以任何可以保存文字痕迹的方法将此情况通知没收判决发出国有管辖权的机关。

第 713-19 条 (2010 年 7 月 9 日第 2010-768 号法律第 14 条新增条文) 轻罪法院考虑依据第 713-20 条(第 1 款)第 1 点、第 3 点、第 7 点或者第 713-22 条所指的理由之一拒绝执行没收财产的判决时,在作出此项裁决之前,应当通知没收判决发出国有管辖权的机关,并让其有可能提出意见。

第 713-20 条 (2010 年 7 月 9 日第 2010-768 号法律第 14 条新增条文) 不影响执行第 694-4 条之规定,属于下列情形的,拒绝执行没收财产判决:

1. 未提交证明书,证明书的制作不完整,或者制作的证明书与没收判决明显不一致;

2. 因(被执行人)享有豁免权、阻止没收财产,或者如按照法国法律,从性质或规则来看,判决所针对的财产不能作为没收标的;

3. 据以作出没收财产判决的犯罪行为人已经受到法国司法机关或者没收判决发出国以外的另一国家的司法机关的判决,并且该判决已经取得既判力,但以在当事人受到有罪判决的情况下,刑罚已经执行完毕或者正在执行,或者按照作出该有罪判决的国家的法律,该判决不能付诸执行为保留条件;

4. 经认定，发出没收财产判决是以性别、种族、宗教、出生人种、国籍、语言、政治意见或者性取向或性身份之原因对某人实行追诉或者判处其有罪，或者如果执行没收财产判决可能因这些原因之一而对某人造成损害；

5. 按照法国法律没收财产所依据的事实不构成可以命令采取此种措施的犯罪；

6. 按照法国法律因善意第三人享有的权利，没收判决不可能付诸执行；

7. 按照证明书中写明的事项可以认定涉案当事人在宣告没收财产判决的诉讼中未亲自出庭，但如果按照证明书中的这些说明事项，可以认定当事人属于第695－22－1条第1点至第3点所指的情形之一时，不在此限；

8. 据以作出没收财产判决的犯罪属于法国法院管辖，而按照法国法律没收判决的执行时效已经经过。

但是，根据没收判决发出国的法律，该判决所针对的犯罪属于第695－23条第3款至第34款所指类型的犯罪之一并且当处3年或3年以上剥夺自由之监禁刑时，本条第5点所指的拒绝理由不具有对抗力。

如果没收判决依据的是第713－1条第3点所指的理由，也可以拒绝执行，相应情况下，可以部分拒绝执行。在此情况下，适用第713－24条之规定。

第713－21条 （2010年7月9日第2010－768号法律第14条新增条文）尽管有第713－20条第5点之规定，在涉及税收、海关与外汇交易的案件中，不得以法国法律没有规定与没收判决发出国相同的税种，或者无相同类型的税收、海关与外汇交易规章为理由而拒绝执行没收判决。

第713－22条 （2010年7月9日第2010－768号法律第14条新增条文）属于下列情形的，可以拒绝执行没收财产判决：

1. 如果作出没收财产的判决依据的程序是与全部或部分在共和国（法国）领域实施的犯罪有关的刑事诉讼程序；

2. 如果作出没收判决所依据的程序是与在该判决发出国以外实施的犯罪有关的刑事诉讼程序，而法国法律不准许对在共和国之外实施的该种犯罪实行追诉时。

第713－23条 （2010年7月9日第2010－768号法律第14条新增条文）当没收判决涉及的是用外国货币表示的一笔钱款时，轻罪法院按照没收判决宣告之日的汇价将待没收的外汇转换为欧元。

第713－24条 （2010年7月9日第2010－768号法律第14条新增条文）轻罪法院不得采取替代没收财产的判决的措施，也不得变更被没收的财产的性质或者变更作为没收判决之标的的数额，但保留执行以下4款的规定。

如果有利益的关系人能够提出已经在另一外国实行全部或部分没收的证

据，轻罪法院在征求没收判决发出国有管辖权的机关的意见之后，可以从应当没收的财产数额中扣除在该另一国按照没收判决已经追缴的数额部分。

如果没收判决发出国有管辖权的机关同意，轻罪法院可以命令支付与应当没收的财产的价值相对应的金钱款项，以替代没收该项财产。

在没收判决涉及的钱款已不可能追缴时，轻罪法院可以命令，在该笔钱款的数额限度内，没收可以处分的任何其他财产。

在没收判决涉及的是一项相对于所实施的犯罪行为而言不能在法国没收的财产时，轻罪法院命令按照法国法律对类似犯罪规定的可以没收的财产的限额，执行没收判决。

第 713–25 条 （2010 年 7 月 9 日第 2010–768 号法律第 14 条新增条文）拒绝执行没收财产的判决应当说明理由，并立即采取任何可以保存文字痕迹的方法通知没收判决发出国有管辖权的机关。

第 713–26 条 （2010 年 7 月 9 日第 2010–768 号法律第 14 条新增条文）如果在证明书中没有相当具体地指明待没收的财产所在的地点，共和国检察官向没收判决发出国有管辖权的机关进行查询。

在没收判决针对的财产已经被没收，或者已经灭失、被毁，或者在证明书所指的地点无法找到该财产，或者不可能如数追缴没收的财产时，以及当事人在共和国（法国）领域内无任何财产的情况下，共和国检察官采取任何可以保存文字痕迹的方法向没收判决发出国有管辖权的机关告知不可能执行没收判决。

第 713–27 条 （2010 年 7 月 9 日第 2010–768 号法律第 14 条新增条文）在（有人）对批准执行没收判决的裁决提起救济申请，或者在共和国检察官决定推迟执行没收判决的情况下，轻罪法院可以依共和国检察官的申请，按照第 484–1 条的规定命令对财产实行扣押。

第 713–28 条 （2010 年 7 月 9 日第 2010–768 号法律第 14 条新增条文）如果针对同一人就一笔钱款作出了多项没收判决，而该人在法国无足够的财产可用于执行所有的判决时，或者在针对同一人就同一财产作出了多项没收判决的情况下，轻罪法院在考虑各种情节的基础上，确定执行的一项判决或多项判决；可以纳入考虑范围的情节包括：对这些涉案财产是否有可能采取了冻结措施、实施犯罪的地点以及各项判决作出的日期或转送的日期。

共和国检察官采取任何可以保存文字痕迹的方法向没收判决发出国或数个判决发出国有管辖权的机关通知上述决定。

第 713–29 条 （2010 年 7 月 9 日第 2010–768 号法律第 14 条新增条文）被判刑人对（轻罪法院作出的）批准在法国执行没收判决的决定，可以向上诉法院提起上诉。

作为没收判决标的的财产的持有人，或者主张对该财产享有某种权利的任何人，可以自相应判决付诸执行起 10 日内，通过向有地域管辖权的轻罪上诉法庭提交诉状，针对该判决提起上诉。

在对没收判决提起上诉（recours contre la décision de confiscation）① 的情况下，共和国检察官采取任何可以保存文字痕迹的方法向没收判决发出国有管辖权的机关通知对判决提起的上诉。

提起上诉，具有中止执行判决之效力，但不能准许对导致宣告没收财产的判决的实质性理由提出异议。

上诉法院得以不准提出不服申请的判决，批准没收判决发出国通过其为此授权的人参加法庭审理，或者，在相应情况下，直接通过第 706－71 条所指的电讯途径参加法庭审理。批准没收判决发出国通过其为此授权的人参加法庭审理，并不因此使该国成为诉讼的当事人。

第 713－30 条　（2010 年 7 月 9 日第 2010－768 号法律第 14 条新增条文）在批准（执行）没收财产的裁定最终确定时，驻作出该项裁决的法院的检察院，按照第 707 条规定的方式，继续过问该项批准裁定的执行，并采取任何可以保存文字痕迹的方法向没收判决发出国有管辖权的机关通知该没收判决已付诸执行。

第 713－31 条　（2010 年 7 月 9 日第 2010－768 号法律第 14 条新增条文）具有下列情形的，检察院可以推迟执行没收财产判决：

1. 没收判决涉及的是一笔钱款，由于其在多个国家内执行，由此追缴的款项数额有可能超过该判决特别写明的数额时；

2. 执行没收判决有可能妨碍正在进行中的调查或者刑事诉讼程序时。

检察院决定推迟执行没收财产的判决时，立即采取任何可以保存文字痕迹的方法，向没收判决发出国有管辖权的机关进行通知，并具体说明推迟执行判决的理由，在可能的情况下，明确告知预计推迟执行的时间。

只要不再存在推迟执行判决的原因，检察院即将该判决付诸执行，并采取任何可以保存文字痕迹的方法通知没收判决发出国有管辖权的机关。

第 713－32 条　（2010 年 7 月 9 日第 2010－768 号法律第 14 条新增条文）除钱款之外，可以按照《国家公产法典》的规定出卖依据没收判决实行没收

---

①　在法国的财产的持有人，或者主张对该财产享有某种权利的任何人，在法国对没收判决发出国所作的判决本身提起上诉，而不是对法国法院批准执行判决裁定提起上诉。——译者注

的其他财产。

通过执行判决收取的款项,以及出卖被没收的财产所得的款项,如果数额不足10000欧元,全额转归法国国家;其他情况下,所得款项数额的一半转归法国,另一半转归没收判决发出国。

没收判决的执行费用,不计入转归没收判决发出国的数额,但是,如果需要承担很高的或者特殊的执行费用,可以向没收判决发出国报送这些费用的细目,以便由双方分担。①

被没收的财产没有卖出的,转归法国国家,但与没收判决发出国另有协议的除外。

第713-33条 (2010年7月9日第2010-768号法律第14条新增条文) 受到没收财产判决的人有可能证明已经在另一国已经全部或部分执行没收时,检察院通过任何适当的方式向没收判决发出国有管辖权的机关进行查询。

在另一国已经按照没收判决收取的款项之任何部分,从(在法国)应予收取的数额中全额减除。

第713-34条 (2010年7月9日第2010-768号法律第14条新增条文) 检察院一经得到告知有任何决定或任何措施的效力使没收判决不再具备可执行性质时,或者得知该没收判决不再由法国司法机关执行时,立即终止执行没收判决。

第713-35条 (2010年7月9日第2010-768号法律第14条新增条文) 没收判决由法国法律大赦免除执行,或者在法国获得特赦免除执行的,检察院终止执行没收判决,并采取任何可以保存文字痕迹的方法尽快通知没收判决发出国有管辖权的机关。

第二节 外国司法机关宣告的没收判决的执行

第713-36条 (2010年7月9日第2010-768号法律第14条新增条文) 在国际公约没有相反规定的情况下,外国司法机关②作出的没收财产的判决宣告没收用于或旨在用于实行犯罪或者看来属于犯罪直接或间接所得的动产或不动产以及价值与该犯罪所得对应的任何财产时,不论这些动产或不动产的性质如何,此种有罪判决的执行适用本法典第713-37条至第713-40条之规定。

第713-37条 (2012年8月6日第2012-954号法律第4条修改) 具有

---

① 第713-40条规定没收判决的执行费用从已收取的款项总额中扣取,本条没有这样的明确规定,但规定如果发生数额过高的特殊的执行费用,需由双方分担。——译者注

② 第二节是指在按照欧盟理事会2006年10月6日的框架决定之外移送与执行没收判决。这里使用的"外国司法机关"不等于"非欧盟国家的司法机关"。——译者注

下列情形的，拒绝执行没收判决，但不影响适用第694-4条之规定：

1. 按照法国法律作为引起没收财产之请求依据的事实并不构成犯罪；

2. 按照法国法律没收财产之请求所针对的财产属于不能作为没收标的的财产；

3. 没收财产的外国判决是在不能提供充分保护个人自由或者辩护权的条件下作出的宣告；

4. 经确认，发出没收财产判决是因当事人的性别、种族、宗教、出生人种、国籍、语言、政治意见或者性取向或性身份而对其实行追诉或者判其有罪；

5. 法国检察院决定外国法院作为宣告没收财产之原因的事实不实行追诉，或者这些事实已经由法国司法机关或没收判决发出国以外的另一国的司法机关作出最终确定的判决（已经生效的判决），且在当事人受到有罪判决的情况下刑罚已经执行完毕或者正在执行当中，或者按照作出判决的国家的法律，其判决不能再付诸执行；

6. 没收财产的判决涉及的是政治性犯罪。①

第713-38条 （2010年7月9日第2010-768号法律第14条新增条文）外国法院按照第713-36条的规定命令的没收财产的执行，由（法国）轻罪法院依据共和国检察官的申请予以批准。

批准执行外国法院命令没收财产的判决，以按照请求国的法律该外国法院作出的判决已经最终确定并且产生执行力为条件。

批准执行外国法院作出的没收财产的判决，不得损害按照法国法律在外国法院判决宣告没收的财产上合法设置的、利益于第三人的各项权利；但如果外国法院的判决包含有关于第三人权利的规定，该项判决对法国法院有约束力，

---

① 废止：按照法国法律，因善意第三人享有的权利，致使不可能执行没收判决。

7. 如果按照证明书中写明的事项表明涉案当事人在宣告没收财产的判决的诉讼中并未亲自出庭，但如果从证明书说明的事项来看当事人属于第695-22-1条第1点至第3点所指的情况之一时，不在此限。

8. 如果作为没收判决之依据的犯罪事实属于法国法院管辖，而按照法国法律已过没收判决的执行时效。

但是，根据判决发出国的法律，没收判决针对的犯罪属于第695-23条第3款至第34款所指类型的犯罪之一并且处3年或3年以上剥夺自由之监禁刑时，本条第5点所指的拒绝理由不具有对抗效力。

如果没收判决依据的第713-1条第3点所指的原因，也可以拒绝执行该判决，相应情况下，部分拒绝执行。在此情况下，适用第713-24条之规定。——译者注

但第三人未能按照与法国法律规定的相类似的条件在外国法院主张其权利的情形除外。

拒绝批准执行外国法院宣告的没收财产的判决，当然意味着撤销（已经实行的）对财产的扣押；在外国提起的追诉已经终结，或者该种追诉没有产生对被扣押的财产实行没收的结果时，亦同。

第 713-39 条 （2010 年 7 月 9 日第 2010-768 号法律第 14 条新增条文）轻罪法院如果认为有必要，在相应情况下，通过委托查案方式，听取受到扣押的财产的所有权人、被判刑人以及对作为外国没收财产之判决标的的财产享有权利的任何人的陈述。

前款所指的人得由律师代理。

轻罪法庭受外国法院判决对犯罪事实所作的认定的约束。如果这种认定不充分，轻罪法院可以通过委托查案方式请求作出判决的外国机关在确定的期间提供必要的补充情况。

第 713-40 条 （2012 年 3 月 27 日第 2012-409 号法律第 19 条）在（法兰西）共和国领域执行外国法院发出的没收财产的判决，引起将被没收的财产的所有权转移给法国国家，法国与请求国之间另有约定的除外。

照此没收的财产，可以按照（法国）《公产法典》的规定予以出卖。

没收判决的执行费用从已收取的款项总额中扣取。

收取的金钱款项以及被没收的财产买卖所得的款项，扣除执行费用之后，如果剩余部分不足 10000 欧元，全额转归法国国家；其他情况下，收取的金钱款项以及被没收的财产买卖所得，一半归法国国家，另一半归没收请求国。

如果外国判决规定按照财产的价值实行没收，（轻罪法院作出的）批准执行该判决的裁定使法国国家成为相应款项的清偿债务的债权人；在款项未得到支付的情况下，法国国家就可以处分的任何财产实行追缴、收取债权。追缴收取的款项数额在扣除所有的费用之后，按照本条所定规则，在法国国家与请求国之间对半分配。

第 713-41 条 （2010 年 7 月 9 日第 2010-768 号法律第 14 条新增条文）为执行本条之规定，有管辖权的轻罪法院是作为请求没收之标的的财产所在地的轻罪法院，若非如此，巴黎轻罪法院有管辖权。

第一编（二） 刑事管制①

第 713-42 条 （2014 年 8 月 15 日第 2014-896 号法律第 22 条新增条文）社会回归与帮教考验部门对被判处刑事管制的人的人格、物质、家庭与社会状况进行评估。

在进行前款所指的评估之后，社会回归与帮教考验部门向刑罚执行法官提

---

① 这是由 2014 年 8 月 15 日第 2014-896 号法律第 19 条规定的一种新刑罚，现归入《刑法典》第 131-4-1 条。这一刑罚的法文名称为"contrainte pénale"，其中"contrainte"一词的本意为"强制"。它与我国法律中的"管制"有某些类似之处，但期间、执行机关、被判刑人应当遵守的义务均有所不同。当事人不遵守规定的义务与禁止性措施，可以宣告与执行监禁刑。

《刑法典》第 131-4-1 条的全文如下："当处 5 年或 5 年以下监禁刑之轻罪的犯罪行为人的人格、物质、家庭与社会状况以及涉案事实证明有理由对其实行持续的个别化的社会-教育性措施的，法庭可以宣告刑事管制。对于被判刑人，刑事管制是指在 6 个月至 5 年期间内，在刑罚执行法官的监督下，遵守各项监督与救助措施之义务，遵守旨在预防重新犯罪、有利于被判刑人回归或再回归社会的特别义务与特别禁止事项：自有罪判决宣告起，被判刑人在执行刑罚的整个期间，受强制接受（《刑法典》）第 132-44 条规定的各项监督措施。可以对被判刑人强制规定遵守的特别义务与禁止事项是：（1）第 132-45 条就附考验的缓刑执行所规定的义务与禁止事项；（2）按照第 131-8 条规定的条件从事公共利益性质的劳动义务；（3）如果当事人是因为法律规定当处社会-司法跟踪监督之轻罪被判刑，责令其按照《公共卫生法典》第 3711-1 条至第 3711-5 条规定的条件接受治疗指令。此外，被判刑人可以享有《刑法典》第 132-46 条所指的援助措施之利益。如果宣告刑事管制的法院充分掌握有关被判刑人的人格、物质、家庭与社会状况的情况材料，可以具体规定该人受强制遵守本条第 1 点至第 3 点所指义务与禁止事项中的特别义务与特别禁止事项。在被判刑人不遵守对其规定的义务与禁止事项的情况下，法庭也可以确定当处的监禁刑的最高刑期。此种监禁刑刑期不得超过 2 年，也不得超过法律规定的监禁刑的最长刑期。命令执行监禁刑的条件全部或者部分由《刑事诉讼法典》作出具体规定。在宣告判决之后，如果被判刑人在场，法院院长向其通知对其规定的各项义务与禁止事项，以及违反这些义务与禁止事项产生的后果。在由社会回归与帮教考验部门按照《刑事诉讼法典》规定的条件与方式对被判刑人的人格、物质、家庭与社会状况进行评估之后，刑罚执行法官如果不适用本条第 9 款之规定，可以确定该人受强制遵守本条第 1 点至第 3 点所指义务与禁止事项中的特别义务与特别禁止事项及其享有的救助措施。如果刑罚执行法官适用第 9 款的规定，可以变更、取消或者补充法庭判决所规定的义务与禁止事项，并决定被判刑人享有的救助措施。在刑事管制执行过程中，刑罚执行法官根据被判刑人发生的变化，可以变更、取消或者表补充其需要遵守的义务与禁止事项以及救助措施。判处刑事管制具有先予执行力。"——译者注

交一份报告。在该份报告中就有关监督措施与救助措施以及《刑法典》第131－4－1条所指的各项义务与禁止性规定的实施方式提出建议。

第 713－43 条 （2014 年 8 月 15 日第 2014－896 号法律第 22 条新增条文）刑罚执行法官，根据社会回归与帮教考验部门提出的报告，在不适用《刑法典》第 131－4－1 条第 9 款之规定时，决定被判刑人受强制遵守该条第 1 点至第 3 点所指的义务与禁止事项，并且决定其享有的援助措施。

如果适用《刑法典》第 131－4－1 条第 9 款的规定，刑罚执行法官可以变更、取消或者补充由法院判决规定的义务与禁止事项，并决定被判刑人享有的援助措施。

刑罚执行法官，在共和国检察官提出书面意见、被判刑人提出辩解意见，以及相应情况下听取其律师的陈述之后，进行审理，以说明理由的裁定作出裁判。

如果刑罚执行法官考虑对被判刑人强制规定履行《刑法典》第 131－4－1 条第 2 点所指的完成公共利益性质的劳动义务，在向被判刑人告知其有权利拒绝履行该种义务并接到其答复之后，作出审理裁判。刑罚执行法官向被判刑人通知该项裁定并向其告知本法典第 713－44 条、第 713－47 条与第 713－48 条之规定。

刑罚执行法官的决定最迟在（审判法院宣告）判刑判决之后 4 个月内作出。

第 713－44 条 （2014 年 8 月 15 日第 2014－896 号法律第 22 条新增条文）在刑罚执行过程中，社会回归与帮教考验部门与刑罚执行法官，只要认为有必要并且至少每年一次，对被判刑人的物质、家庭与社会情况进行重新评估。

根据每次重新评估的结果，刑罚执行法官在听取被判刑人本人的辩解意见之后，相应情况下，听取其律师的意见陈述之后，可以按照第 712－8 条规定的方式：

1. 变更或者补充被判刑人受强制遵守的义务和禁止事项；
2. 取消其中某些义务或禁止事项。

第 713－45 条 （2014 年 8 月 15 日第 2014－896 号法律第 22 条新增条文）如果被判刑人至少在 1 年期间遵守了对其强制规定的各项义务与禁止性规定，看来已经回归社会并且没有必要采取任何后续措施时，刑罚执行法官可以按照第 712－8 条规定的方式，依据共和国检察官提出的同意意见，决定提前终止刑事管制之刑罚。

在检察院不同意终止刑事管制的情况下，刑罚执行法官可以为此目的，以说明理由的申请，向法院院长或者院长指定的法官提出请求；院长或其指定的法官按照第 712-6 条的规定进行公开对席辩论之后作出裁判。在法庭拒绝刑罚执行法官第一次提出的建议之后，只有在作出这项拒绝决定之后经过 1 年，才能重新提出终止刑事管制请求；此后可能提出的请求，均适用这项规定。

第 713-46 条 （2014 年 8 月 15 日第 2014-896 号法律第 22 条新增条文）在被判刑人被收监关押的情况下，刑罚执行法官可以中止刑事管制的执行期间，但如果适用第 713-47 条最后一款以及第 713-48 条的规定，则不在此限。

第 713-47 条 （2014 年 8 月 15 日第 2014-896 号法律第 22 条新增条文）在被判刑人不遵守对其强制规定的《刑法典》第 131-4-1 条所指的监督措施、救助措施、各项义务或各项禁止事项的情况下，刑罚执行法官可以依职权，或者依据共和国检察官提出的意见要求，按照本法典第 712-8 条规定的方式，变更或者补充被判刑人受强制履行的义务或禁止性规定。刑罚执行法官也可以对被判刑人重申其受强制遵守的各项措施、义务或禁止事项。

如果按照本条第 1 款的规定作出处理仍然不足以保障刑罚的实际性，刑罚执行法官依职权，或者应共和国检察官的意见，以说明理由的申请，向大审法院院长或院长指定的法官提出受案请求，以便执行（审判）法院按照《刑法典》第 131-4-1 条第 10 款对被判刑人确定的监禁刑之全部或部分。大审法院院长或其指定的法官，按照本法典第 712-6 条的规定经公开对席辩论之后确定将要执行的监禁刑的期间，但该期间不得超过（审判）法院确定的期间。待执行的监禁刑的期间，根据被判刑人的物质、家庭与社会状况、不遵守对其强制规定的措施、义务与禁止事项的严重程度，以及已经执行刑事管制的时间、当事人履行或遵守的义务的具体情况确定。在具备第 723-15 条规定的条件时，法院院长或院长指定的法官可以决定在半释放、监外执行或者电子监控制度下执行所宣告的监禁刑。

在执行本条第 2 款规定的情况下，刑罚执行法官，如果认为有此必要，可以命令按照第 712-19 条最后两款的规定对被判刑人实行临时关押；在被判刑人受到临时关押之后 15 日内，如果没有在大审法院院长或院长指定的法官前进行公开的对席审理辩论，应当释放该人，但如果其还因其他原因受到羁押，则不在此限。

在执行刑事管制期间，只要监禁刑的总刑期不超过（审判）法院按照《刑法典》第 131-4-1 条第 2 款的规定确定的刑期，刑罚执行法官可以多次适用本条第 2 款的规定。如果刑罚执行法官命令执行的监禁刑的总刑期达到（审判）法院宣告的刑期，或者考虑到相应情况下此前命令的监禁刑已经达到该刑期，法院院长或院长指定的法官作出的决定终止刑事管制。

第713-48条 （2014年8月15日第2014-896号法律第22条新增条文）如果被判刑人在执行刑事管制期间实行了普通法之重罪或轻罪并被判处无缓期自由刑，审判法院可以在听取刑罚执行法官的意见之后，命令执行由法庭按照《刑法典》第131-4-1条第2款的规定确定的监禁刑之全部或部分。

第二编　羁　押①

第一章　先行羁押的执行

第714条 （1993年1月4日第93-2号法律）被先行羁押的受审查人、轻罪被告人、重罪被告人在看守所内实行羁押。

每一大审法院、每一上诉法院、每一重罪法院均设置一处看守所，但法令具体指定的法院除外；对于后一种情况，由法令决定这些法院用于羁押各自管辖的轻罪被告人、上诉人②或重罪被告人的一处或多处看守所。

第715条 （2000年6月15日第2000-516号法律第83条）预审法官、上诉法院预审庭庭长、重罪法庭庭长以及共和国检察官和驻上诉法院检察长，可以对应当在看守所内进行的预审或执行的判决，发出各项必要的命令。

第715-1条 （2009年11月24日第2009-1436号法律第87条新增条文）对受审查人、轻罪被告人、重罪被告人行使辩护权给予其符合监狱安全要求的任何通信与方便。

第716条 （1993年1月4日第93-2号法律，2009年11月24日第2009-1436号法律第87条新增条文）被先行羁押的受审查人、轻罪被告人及重罪被告人，在单人看守室内实行羁押，（2004年6月15日第2005-516号法律第68条）只有具备下列情形，才能对此原则有所例外：

1. 当事人提出请求；
2. 当事人的人格证明不让其一人独处对其有利；
3. 当事人被准许参加劳动或者接受职业培训或学业培训，有必要另行安排。

受审查人、轻罪被告人及重罪被告人被安置在集体看守室时，监室应当适合在其内羁押的人数。集体监室应当适合多人共同居住，这些人的安全与尊严

---

① 本编是对诉讼程序进行的各阶段可能采取的羁押措施的执行规定。——译者注
② 对一审判决提起上诉但被羁押的被告人。——译者注

应当得到保障。

第二章 自由刑的执行

第一节 一般规定

第716-1条 （1992年12月16日第92-1336号法律，1997年12月19日第97-1159号法律第1条）监禁刑一日刑期为24小时，一个月刑期为30日；一个月以上的监禁刑刑期从本月的第几日至下月的第几日计算。

第716-2条 （1992年12月16日第92-1336号法律）任何自由刑的刑期，均自（2004年3月9日第2004-204号法律第164条）被判刑人依据最终确定的有罪判决受到关押的当日开始计算。

第716-3条 （1992年12月16日第92-1336号法律，1997年12月19日第97-1159号法律第1条）被判刑人受监禁的期间在法定节日或星期日终止的，可以在此前一个工作日获得释放。

第716-4条 （1992年12月16日第92-1336号法律，2013年8月5日第2013-711号法律第24条）在诉讼程序的任何阶段受到先行羁押的时间，全部折抵法院宣告的刑罚刑期，或者如有必要，折抵刑罚混同①后待服刑的全部刑期。（2000年6月15日第2000-516号法律第69条）在因引起有罪判决相同的犯罪事实而实行的程序范围内命令的先行羁押，如果该程序后来被撤销，亦折抵刑期。

当事人因执行押票或逮捕令被剥夺自由，（2004年3月9日第2004-204号法律第18-3条）因执行欧洲逮捕令或者引渡请求在国外受到关押，以及（2004年3月9日第2004-204号法律第183-13条）依第712-17条第7款、第712-19条、第728-67条与第747-3条之规定受到关押的，亦适用前款之规定。

第716-5条 （2011年4月14日第2011-392号法律第18条）为了保障监禁刑（emprisonnement）或徒刑（réclusion）的执行，共和国检察官与检察长可以批准公共力量的人员进入被判刑人的住所，抓捕被判刑人，但是，公共力量的人员不得在6时以前、21时之后进入被判刑人的住所。

---

① 犯数个重罪或轻罪，经最终确定的之有罪判决，仅执行最重的刑罚，此为刑罚的吸收原则。刑罚混同仅适用于对不属于累犯的犯罪所处的刑罚，并且不适用于违警罪的刑罚。——译者注

(2004 年 3 月 9 日第 2004 - 204 号法律第 189 条) 持判处监禁刑或徒刑的判决的节本作为执法凭证逮捕任何人,该人可以在警察部门或宪兵部门所在的场所内留置 24 小时,以核实其身份及其刑事状态 (situation pénale) 或个人状况 (situation personnelle)。

在开始采取上述措施时,即应当向共和国检察官或者检察长报告。

司法警察警官立即告知被逮捕人可以行使第 63 - 2 条、第 63 - 3 条与第 63 - 4 条规定的各项权利。

共和国检察官或者检察长在采取上述措施之后,考虑将刑罚付诸执行时,得命令向其解送被逮捕人,在听取该人可能作出的说明之后,共和国检察官向该人通知是否有必要对其签发收监凭证 (le titre d'écrou)。

在应当由刑罚执行法官受理案卷,以决定执行刑罚的方式时,共和国检察官或者检察长也可以要求司法警察警官或警员告知被逮捕人将受传唤至刑罚执行法官面前,或者命令将其解送刑罚执行法官。

第 717 条 (2002 年 9 月 9 日第 2002 - 1138 号法律第 50 条,2009 年 1 月 24 日第 2009 - 1436 号法律第 38 条) 被判刑人在某一服刑机构 (un établissement pour peines) 内服完其被判处的刑罚。

被判处 1 年或 1 年以下监禁刑的人,作为例外,可以继续留在看守所 (maison d'arrêt) 实行关押;在此情况下,如果从准备释放被判刑人的条件来看,或者从被判刑人的家庭状况或其人格条件来看,有理由作出这样的安排时,可以将被判刑人关押在分开的监管区;被判刑人待服刑期不足 1 年的,作为例外,也可以依同样条件转移至看守所内服刑。在看守所内关押的任何被判刑人,待服刑期超过 2 年的,可以提出请求,在其有罪判决最终确定之日起 9 个月内转移至某个刑罚执行机构内服刑。但是,如果被判刑人获得刑罚调整之利益,或者可能很快获得该种利益的,可以继续留在看守所内服刑。①

第 717 - 1A 条 (2008 年 2 月 25 日第 2008 - 174 号法律第 1 条新增条文) 因第 706 - 53 - 13 条所指的犯罪之一被判处刑期为 15 年或 15 年以上重罪徒刑的人,在有罪判决最终确定的当年内至少 6 个星期,可以安排在专门部门,并确定被判刑人在执行刑罚期间履行社会与卫生方面的义务的方式。刑罚执行法官根据专门部门作出的评估,确定刑罚个别化的执行进程。如果被判刑

---

① 原条文:被判刑人应当在服刑机构内服完其刑罚;但是,被判处 5 年或 5 年以下监禁刑的人,可以在专门设置的机构内服刑。

被判处 7 年以下刑罚的人,如果其在有罪判决之后,待服刑期不到 5 年,可以在前款所指机构内服刑。——译者注

人患有精神障碍,根据医嘱,对其实行适应其具体状况的管理,相应情况下,让其住院治疗。

第717-1条 (2012年3月27日第2012-409号法律第7条)自收监关押的人进入监狱机构开始,并且在经过多学科的观察之后,对其人格进行一次分析总结,被判刑人判处的刑罚一经最终确定,由监狱机构的主要负责人与被判刑人回归社会与帮教考验监管服务处的领导人,与被判刑人进行协调,制定服刑进程安排。该项服刑计划安排及今后可能进行的更改,均应当向刑罚执行法官报告。

在为执行刑罚设置的监狱(les prison)内监舍的分配,应当考虑被判刑人的刑罚类型、年龄、健康状况以及各自的人格;被判刑人适用的拘押制度,应当考虑到他们各自的人格、健康状况、危险性以及为回归社会所做的努力。对被关押的人实行更为严格的拘押制度时,不得损害2009年12月24日第2009-1436号监狱法第22条所指的各项权利。

(1994年2月1日第94-89号法律)如果实施的犯罪是法律规定实行社会-司法跟踪监督措施的犯罪,因该种犯罪被判刑的人按照最高行政法院提出资政意见以后颁布的法令规定的条件,在能够保障适应其状况的医学治疗与心理治疗的监狱机构内执行刑罚。

如果医生认为适用前款之规定的任何被判刑人可以接受治疗,刑罚执行法官可以向该人建议接受这种治疗,但不影响适用第763-7条之规定。被判刑人接受的治疗,是指《公共卫生法典》第3711-3条最后一款所规定的治疗。

负责为被判刑人进行治疗的医生,至少每一个季度为被判刑人出具一份证明,指出被判刑患者是否正规地接受了刑罚执行法官提议的治疗。被判刑人将此证明交给刑罚执行法官,以便法官按照本法典第721条、第721-1条与第729条的规定就(是否)撤销减刑、同意增加减刑时间或者同意假释之事由作出宣告。

刑罚执行法官向被判刑人的治疗医生提交一份有罪判决书的复印本。由治疗医生提出请求,或者由刑罚执行法官主动将在诉讼程序过程中进行鉴定的报告,一并提交给治疗医生。此外,刑罚执行法官还可以向治疗医生提交其他有益的案卷材料。对负责为被判刑人进行治疗的心理医生,也适用本条第5款与第6款的规定。

属于第706-53-13条规定范围的被判刑人预计获释之日前2年,刑罚执行法官对其进行传唤,由被判刑人向刑罚执行法官证明其按照本条第3款与第4款的规定接受向其提议的医学治疗或心理治疗的结果。刑罚执行法官根据这项总结,在相应情况下,向被判刑人建议在专业化的监狱机构内继续接受治疗。

监狱公共部门的工作人员与合作人员，向负责为在押人员安排治疗的人员传达为保护这些人而采取的各项措施。

第 717-1-1 条 （2004 年 3 月 9 日第 2004-204 号法律第 162 条新增条文）将服刑人员转移到另一机构时，刑罚执行法官应当就此提出意见，紧急情况除外。

第 717-2 条 （2009 年 11 月 24 日第 2009-1436 号法律第 90 条）被判刑人在看守所内（1987 年 6 月 22 日第 87-432 号法律）日夜单独监禁，以及在（1987 年 6 月 22 日第 87-432 号法律）刑罚执行机构内，经过可能的监室观察期之后，也可以仅在夜间实行隔离监禁。

只有在当事人提出请求，或者如果其人格证明为其利益不能对其实行单独关押，或者出于组织劳动之需要，才能违反此项原则。①

第 717-3 条 （1987 年 6 月 22 日第 87-432 号法律，2009 年 11 月 24 日第 2009-1436 号法律第 90 条）在对被判刑人重返社会之保障及其表现是否良好进行评价时，应当考虑被判刑人参加的劳动活动、职业培训或一般培训活动。

在监狱机构内部作出各种安排，以保证有此愿望的在押人员能够从事职业活动、接受职业培训或一般培训。

不得就在押人员的劳动关系订立劳动合同；但是，（1990 年 1 月 2 日第 90-9 号法律）对于在监狱机构外从事的活动，可以不执行该项原则。

（1975 年 7 月 11 日第 75-624 号法律）有关在押人员的劳动所得的分配规则，由行政令确定。（2002 年 9 月 9 日第 2003-1138 号法律第 51 条）任何情况下，均不得从在押人员的劳动所得中提取款项作为监狱机构的维护费用。

在押人员的劳动报酬不得低于法令确定的小时工资额，并且根据《劳动法典》第 3231-2 条所确定的最低增长性工资的指数计算。小时工资额根据在押人员所实行的用工制度浮动。

第 718 条 （2002 年 9 月 9 日第 2002-1138 号法律第 52 条，2004 年 3 月 9 日第 2004-204 号法律第 168 条）经监狱机构首长批准，在押人员可以为其本人的利益从事劳动。

第 719 条 （2009 年 11 月 24 日第 2009-1436 号法律第 95 条）国民议会的议员或者参议院的议员，可以在任何时候察看所有的拘留场所、羁押中心、等候区及监狱机构。

---

① 原规定：因关押场所的分配原因，或者在监狱牢房暂时拥挤的情况下，或者出于组织劳动之需要，才能违反此项原则。——译者注

第 719-1 条 （2010 年 3 月 10 日第 2010-242 号法律第 13 条新增条文）被判处 3 年或 3 年以上监禁刑的被判刑人，在其受关押的期间终止时，由监狱管理部门按照最高行政法院提出资政意见后颁布的法律具体规定的方式，将其地址报送给当事人居所所在地的警察部门或宪兵部门。

第 720 条 （废止）①

第二节　自由刑的中止执行与分期执行

（1997 年 12 月 19 日第 97-1159 号法律）

第 720-1 条 （1992 年 12 月 16 日第 92-1336 号法律，2014 年 8 月 15 日第 2014-896 号法律第 25 条）轻罪案件中，被判刑人待服的监禁刑在 2 年或 2 年②以下的，可以基于医疗、家庭、职业或社会性质的③理由，在不超过 4 年④内，暂时中止执行刑罚，或者分期执行刑罚，但每一段分期执行刑罚的时间不得少于 2 日。（2000 年 6 月 15 日第 2000-516 号法律第 125-1 条）该项决定由刑罚执行法官按照（2004 年 3 月 9 日第 2004-204 号法律第 168-4 条与第 162-6 条）第 712-6 条规定的条件作出。刑罚执行法官可以强制被判刑人遵守《刑法典》第 132-44 条与第 132-45 条规定的一项或数项义务或禁止事项。

审判法院按照《刑法典》第 132-27 条的规定决定分期执行监禁刑的，该项决定可以依前款规定的条件进行变更。

对平时与其一起生活的未满 10 周岁的儿童行使亲权的人，或者怀孕已超过 12 周的妇女，因家庭原因中止执行刑罚的情况下，第 1 款规定的 2 年期间

---

① 原条文：在确定的刑期届满之前，刑罚执行法官或刑罚执行法庭作出任何决定引起暂时或最终停止关押被判处自由刑的被判刑人时，均应当事先根据该项决定对被害人或民事当事人产生的后果未考虑到这些人的利益。

在适用第 720-1 条第 1 款与第 721-2 条、第 723-4 条、第 723-10 条与第 731 条的情况下，如果存在被判刑人可能面对被害人或民事当事人的危险，而且应当避免该种见面时，法院应当禁止被判刑人与被害人或民事当事人见面、相遇或者有任何的联系。

为此目的，法院向被害人发出通知，告知就此采取的措施。如果被害人是民事当事人，该通知亦发给其律师。该通知具体说明被判刑人不遵守该禁止事项将对其产生的后果。

但是，当被害人或民事当事人的人格可以证明或者被害人或民事当事人告知他们不希望知道该种刑罚执行方式时，或者对准许在不超过一定时间外出的被判刑人临时停止关押的情况下，法院也可以不发出前述通知。——译者注

② 原规定为"1 年"。——译者注
③ 废止"重大"二字。——译者注
④ 原规定为"3 年"。——译者注

增加至 4 年。

第 720-1-1 条 （2002 年 3 月 4 日第 2002-303 号法律，2014 年 8 月 15 日第 2014-896 号法律第 51 条）除存在重新犯罪的严重危险之外，对于患有预计不可能治愈的疾病的被判刑人，或者已有很长时间身体状况或精神状况不适于继续关押的人，可以命令中止执行刑罚，不论其被判处的刑罚性质或待服刑期如何，并且无须事先确定中止执行的时间，但被准许接受精神疾病治疗的在押人员非经其同意，不得按照本条之规定命令中止执行刑罚。

只有经医疗证明确认被判刑人属于前款所指的一种情况时，才能命令中止执行刑罚；但是，在紧急情况下，根据负责对在押人员进行医疗的卫生机构的负责医生或其替代医生出具的医疗证明，也可以命令中止执行刑罚。宣告的自由刑刑期为 10 年或者 10 年以下的，或者，不论原来宣告的刑期如何，尚待关押的时间不满 3 年或者仅剩 3 年的，由刑罚执行法官按照（2004 年 3 月 9 日第 2004-204 号法律第 92 条）第 712-6 条规定的方式，命令中止执行刑罚。

（2004 年 3 月 9 日第 2004-204 号法律第 192 条）其他情况下，由刑罚执行法庭按照第 712-7 条规定的方式命令中止执行刑罚。

在本条第 3 款与第 4 款规定的情况下，如果被判刑人的身体状况使其无法陈述意见，可以按规定由律师代理。在此情况下，对席审理在大审法院开庭进行。

按照本条之规定同意中止执行刑罚的法院，可以决定被判刑人应当遵守《刑法典》第 132-44 条与第 132-45 条规定的一项或数项义务或禁止事项。

刑罚执行法官得于任何时候命令对按照本条之规定中止执行刑罚的被判刑人进行医疗鉴定；如果不再具备中止执行刑罚的条件，命令停止刑罚的中止执行；（2004 年 3 月 9 日第 2004-204 号法律第 192 条）如果被判刑人不遵守依据前款规定其应当遵守的义务，或者如果存在重新犯罪的严重危险，命令停止刑罚的中止执行。刑罚执行法官按照第 712-6 条规定的方式作出决定。

如果命令中止执行对重罪宣告的有罪判决，应当每 6 个月进行一次医疗鉴定，以审查是否仍然具备中止执行刑罚的条件。

在适用本条规定时，不适用第 720-2 条之规定。

第三节 关押期
（1997 年 12 月 19 日第 97-1159 号法律）

第 720-2 条 （1992 年 12 月 16 日第 92-1336 号法律，1997 年 12 月 19 日第 97-1159 号法律第 1 条）在《刑法典》第 132-23 条所指的（最低）关

押期①内，不适用有关刑罚中止执行、分期执行、监外执行、允许外出、半释放与假释之规定。

除特赦令另有决定外，规定有（最低）关押期的自由刑获得减刑时，自然引起在减刑之后所产生的刑期的一半时间内继续保持（最低）关押期，但不得超过与宣告刑罚相联的关押期的期间。

第 720-3 条　（由 1992 年第 92-1336 号法律废止）

第 720-4 条　（2004 年 3 月 9 日第 2004-204 号法律第 191 条）如果被判刑人表明具备社会再适应的严肃保证，刑罚执行法庭得作为例外，并按照第 712-7 条规定的条件，决定终止或者减少《刑法典》第 132-23 条规定的（最低）关押期间。

但是，如果重罪法院依据《刑法典》第 221-3 条最后一款以及第 221-4 条的规定，决定将关押期增加至 30 年，②只有在被判刑人实际受关押的时间至少已有 20 年时，刑罚执行法庭才能减少或者终止关押期间。

（1994 年 2 月 1 日第 94-89 号法律）如果重罪法庭决定不得对被判处（重罪）无期徒刑的人给予《刑法典》第 132-23 条所列举的任何一种措施，只有在被判刑人已受关押的时间至少 30 年时，刑罚执行法庭才能同意实行这些措施中的某种措施。

只有在提请最高法院认可的专家名册上指定的 3 名医疗专家组成的鉴定小组进行鉴定之后，才能作出前款所指的决定。

尽管有第 732 条第 3 款之规定，但刑罚执行法庭得宣告援助与监督措施，且无时间上的限制。

---

①　关押期原文为"période de sureté"，也译为"保安处分期"或"安全保障期"，是刑罚的最低执行期。《刑法典》第 132-32 条规定：在因法律有专门规定的犯罪被宣判无缓期之自由刑，刑期为 10 年或 10 年以上的被判刑人在关押期内不得享有有关刑罚中止、刑罚分期执行、允许外出、半释放或假释之规定所给予的利益。（最低）关押期的期间为刑期的二分之一；或者，被判无期徒刑的，（最低）关押期为 18 年；重罪法院或法院可以作出特别决定，将（最低）关押期加至刑期的三分之二；或者，被判处无期徒刑的，（最低）关押期得加至 22 年；或者决定减少关押期。其他情况下，法院在宣判 5 年以上无缓期的自由刑时，也可以规定关押期，在此期间，被判刑人不得享有第 1 款所指的任何一种执行刑罚之方式。（最低）关押期的期间不得超过宣告之刑期的三分之二；在判处无期徒刑之场合，（最低）关押期不得超过 22 年。在（最低）关押期内给予的减刑，只能扣减超过该期间的刑期。——译者注

②　谋杀未满 15 岁的未成年人且在对其实施谋杀之前或同时对其施以强奸、酷刑或野蛮行为的，重罪法院可以以特别决定将关押期增加至 30 年。——译者注

第四节 减 刑

(1997年12月19日第97-1159号法律)

第721条 (2004年3月9日第2004-204号法律第193-1条,2014年8月15日第2014-896号法律第17条) 每一个被判刑人均享有按照法院宣告的有罪判决所判的刑期计算的、可期待的减刑待遇①。被判刑人可以获得的期待减刑待遇的时间,第一年最多为3个月,以后每一年最多为2个月;对于1年以下刑期的刑罚或者不到1个整年的刑罚之部分,每一个月最多可减刑7日;对于刑期超过1年的刑罚,每个月7日减刑加起来的总时间不得超过2个月。

对于法律认定属于累犯情形的被判刑人,可期待的减刑待遇的计算,第一年最多为2个月,以后每一年最多可减刑1个月,并且,对于1年以下刑期的刑罚或者不到1个整年的刑罚之部分,每一个月最多可以减刑5日;对于刑期超过1年的刑罚,每个月5日减刑加起来的总时间不得超过1个月。但是,在确定可以给予被判刑人假释的日期时,不考虑本款之规定。被判刑人假释日期的确定,参照依据第1款的规定计算的减刑待遇。

在押的服刑人表现不好的情况下,刑罚执行法官可以应监狱机构提出的请求,或者根据共和国检察官提出的意见,受理案卷,撤销原已给予的减刑;被撤销的最长时间每年不得超过3个月,每个月不得超过7日。因对未成年人实施故意杀人罪或谋杀罪、酷刑或野蛮行为、强奸、性侵犯或性侵害之重罪或轻罪而被判刑的人,在其受关押期间,拒绝按照第717-1条或者第763-7条的规定接受刑罚执行法官根据医生的意见向其提议的治疗的,刑罚执行法官也可以命令撤销减刑;刑罚执行法官得知服刑人不按照第717-1条的规定正常接受向其提议的治疗时,也可以撤销减刑;在《刑法典》第122-1条第2款第一句所表述的情节下服刑人拒绝向其提议的治疗的,也可以在听取医疗方面的意见之后,撤销减刑。刑罚执行法官的决定按照第712-5条的规定作出。

被判刑人属于法定的累犯情形的,本条第3款所指的撤销减刑的时间每年最多为2个月,每个月最多5日。

被判刑人获得释放之后,在相等于按照本条第1款与第2款的规定,以及

---

① 此处的"可期待的减刑待遇"原文为"crédit de réduction","crédit"一词有"信贷"、"信用"之意,直接翻译为"减刑信用",因此是一种"可能"享有的待遇,虽然它是每一个被判刑人都可以期待享有的待遇,但法律仅对表现好的被判刑人实际给予此种可以期待的"信用"。——译者注

相应情况下,在按照第 3 款的规定获得减刑的期间,又因实施重罪或轻罪再次被判处自由刑时,审判法院得命令全部或部分撤销原已给予的减刑,并命令执行与之相对应刑期的监禁刑,且不得与新的有罪判决判处的刑罚混同。

被判刑人在收监关押时,由书记员告知其在考虑第 1 款规定的减刑基础上可以预计的获释期日,并且告知其如果表现不好或者在获释之后又犯新罪,可能全部或部分撤销减刑。被判刑人获释时,再次向其传达这一通知。①

第 721 - 1 条 (1986 年 9 月 9 日第 86 - 1021 号法律,2014 年 8 月 15 日第 2014 - 896 号法律第 17 条) 对于在社会再适应方面作出了严肃努力,尤其是成功地通过学校、大学或职业考试,表明其已经取得新知识的被判刑人(2000 年 6 月 15 日第 2000 - 516 号法律第 119 条),或者证明自己在接受教育或培训方面已取得实际进步,在初步学习读、写、算方面作出了努力,或者参加文化活动,尤其是阅读活动,接受旨在防止与限制重新犯罪之治疗,或者努力赔偿被害人的被判刑人,可以同意给予补充减刑时间(réduction supplémentaire de la peine)。但是,(1998 年 6 月 17 日第 98 - 468 号法律) 除刑罚执行法官作出相反决定之外,法律规定因重罪或轻罪被判刑的人应当接受社会 - 司法跟踪监督的,如果其在受关押期间拒绝接受刑罚执行法官按照第 717 - 1 条与第 763 - 7 条的规定向其提议的治疗,不得同意给予任何补充减刑时间;刑罚执行法官得知被判刑人不按照第 717 - 1 条的规定接受向其提议的治疗的情况下,亦同。在《刑法典》第 122 - 1 条第 2 款第一句所表述的情节下被判刑人拒绝向其提议的治疗的,在听取医疗方面的意见之后,也不得同意给予任何补充减刑时间,刑罚执行法官另有决定的除外。

刑罚执行法官在听取刑罚执行委员会的意见后同意给予的补充减刑,如果

---

① 原条文:(1972 年 12 月 29 日第 72 - 1226 号法律) 正在执行一项或多项自由刑而受到关押的被判刑人,(1985 年 12 月 30 日第 85 - 1407 号法律) 如果充分表明其行为端正,得对其给予减刑。

此种减刑,由刑罚执行法官在听取刑罚执行委员会的意见后决定作出,但对每一年关押时间给予的减刑时间不得超过 3 个月;关押时间不足 1 年的,对每一个月的刑期给予的减刑时间不得超过 7 日。

如果关押时间不超过 1 年,一次性宣告减刑时间;相反场合,按年分次宣告。但是,对按照先行羁押制度受到关押的人,减刑时间依相应情况,自有罪判决最终确定之日起 2 个月内宣告。

在给予减刑宣告后的当年内,如果受关押的被判刑人表现不好,刑罚执行法官听取执行委员会的意见后,得恢复原刑期之全部或部分。

为适用本条之规定,每年至少应当对被判刑人的状况进行一次审查。——译者注

被判刑人属于依法认定的累犯，尚待关押的时间不满1年的，（2004年3月9日第2004-204号法律第193-2条）该年内减刑期间不得超过2个月，每月不得超过4日；如果被判刑人不属于依法认定的累犯情形，该种减刑时间分别限制（2004年3月9日第2004-204号法律第193-2条）为3个月和7日；被判刑人是因为针对未成年人实行的故意杀人罪或谋杀罪、酷刑或野蛮行为、强奸、性侵犯或性侵害之重罪或轻罪而被判刑的，或者如果被判刑人属于依法认定的累犯情形，只要其在关押期间拒绝向其提议的治疗，减刑期间每年不得超过1个月或者每月不得超过2日。

（2004年3月9日第2004-204号法律第193-2条）如果关押时间不足1年，一次性宣告减刑，相反情况下，按年分次宣告减刑。

（1998年7月17日第98-468号法律）除刑罚执行法官在听取刑罚执行委员会的意见之后作出决定外，因第706-47条所指之犯罪之一被判刑的人，如果在对其作出的有罪判决最终生效确定时在犯罪记录上登录该判决，不适用本条之规定。

在共和国领土上执行外国法院宣告的刑罚的情况下，只要是基于被判刑人已经在国外受到关押的时间之原因同意给予的减刑，其在法国开始服刑之前已经获得的减刑仍然为该人所既得。对于被判刑人自来到法国领土时在法国的待服刑期，该人可以按照本条之规定享有期待获得减刑的待遇，此种减刑待遇按照其在法国的待服刑期计算，并扣减其在国外已经获得的减刑时间。

第721-2条 （2004年3月9日第2004-204号法律第168-5条，2014年8月15日第2014-896号法律第44条）一、在执行一项或数项自由刑的被判刑人没有能够按照第720条与第730-3条规定的条件获得某种受限制的释放措施或者假释的情况下，惟一为了有利于被判刑人回归或再回归社会之目的以及为了防止新的犯罪，刑罚执行法官可以命令对按照第721条与第721-1条规定获得一次或数次减刑利益的被判刑人在其获释后采取以下一项或数项措施，但实行此种措施的时间不得超过被判刑人获得的减刑的总时间：

1. 《刑法典》第132-44条规定的监督措施；

2. 《刑法典》第132-45条第2点、第7点至第14点所规定的禁止事项。

被判刑人在此期间也可以获得《刑法典》第132-46条规定的援助措施。

刑罚执行法官的该项决定，在被判刑人获释之前按照本法典第712-6条规定的限制性条件作出，相应情况下，在对被判刑人给予最后一次减刑的同时作出。

在被判刑人不遵守对其强制规定的监督措施和禁止事项的情况下，刑罚执行法官可以按照第712-6条规定的限制性条件，全部或部分撤回该人原已获得的全部或部分减刑时间并命令将其关押。对此情形，适用第712-17条之规定。

以上规定适用于第723-29条所指的被判刑人。

二、在所有情况下，刑罚执行法官可以按照第712-6条规定的限制性条件，命令已经获得第721条与第721-1条规定的一次或数次减刑的人在获释之后禁止接待民事当事人，与民事当事人见面，或者与其进行任何联系；受此禁止的时间不得超过其获得的减刑的总时间。该项决定在被判刑人获释前，相应情况下，在同意给予其最后一次减刑的同时作出。

在规定前款所指的禁止事项的同时，还可以规定被判刑人向民事当事人履行赔偿的义务。

被判刑人不遵守对其强制规定的义务或禁止事项的，刑罚执行法官得按照第712-6条规定的限制性条件，撤销该人原已获得的减刑的全部或部分，并命令将其关押。对此情形，适用第712-17条之规定。

第721-3条　（2004年3月9日第2004-204号法律第187条，2009年11月24日第2009-1436号法律第94条修改）被判刑人在受到有罪判决之前或者之后，向行政部门或司法部门作出声明，据此得以制止或避免第706-73条与第706-74条所指的某一种犯罪的，可以给予特别减刑，减刑幅度可以为法院宣告的刑罚刑期的三分之一；如果是被判处无期徒刑的被判刑人作出该种声明，可以同意特别减少第729条最后一款规定的考验时间，减少的考验时间可以为5年。

这种特别减刑，由刑罚执行法庭按照第712-7条规定的方式作出决定。

第五节　监外执行、半释放、准许外出以及准许在有人看护下外出

第723条①　（1970年7月17日第70-643号法律，2009年11月24日第2009-1436号法律第81条）获准监外执行刑罚的被判刑人，在监狱机构之外，强制在行政部门监督下从事活动。

（1992年12月16日第92-1336号法律）半释放制度由《刑法典》第132-26条具体规定。②

---

① 原文本序号即如此。——译者注
② 《刑法典》第132-25条规定：如果法院宣告的刑罚为1年或1年以下监禁刑，对能够证明从事职业活动或积极参与职业教育或职业培训，或者为重返社会而参加实习或临时工作，或者有必要接受治疗的被判刑人，法院得决定在半释放制度下执行监禁刑。第132-26条规定：对允许半释放的被判刑人，执行法官根据半释放制度下从事职业活动、教育、培训、实习、参与家庭生活或者治疗的必要时间，对强制其收监执行的方式作出明确规定。——译者注

给予并执行上述各项措施的条件,由法令确定。

第 723 - 1 条 (1992 年 12 月 16 日第 92 - 1336 号法律,2014 年 8 月 15 日第 2014 - 896 号法律第 25 条) 被判刑人被判处的一项或多项自由刑的刑期加起来不超过 2 年的,或者被判刑人被判的一项或多项自由刑的尚待服刑的时间加起来不超过 2 年的,刑罚执行法官可以规定在半释放制度下执行刑罚,或者监外执行。如果被判刑人属于依法认定的累犯情形,本款规定的 2 年时间减为 1 年。

刑罚执行法官得以监督考验的名义对被判刑人的假释附加规定执行某项(有关)半释放的措施或监外执行的措施。在第 729 条规定的考验时间结束之前或者在第 729 - 3 条规定的可能的假释之日前 1 年,即可执行半释放措施或者监外执行措施。

第 723 - 2 条 (2004 年 3 月 9 日第 2004 - 204 号法律第 185 - 1 条,2011 年 5 月 17 日第 2011 - 525 号法律第 156 条) 在适用《刑法典》第 132 - 25 条之规定的情况下,刑罚执行法官可以自有罪判决产生执行力起最长 4 个月期限内,以及在审判法院命令对被判刑人实行或者继续实行羁押并宣告其判决具有先予执行力的情况下,在 5 个工作日内,以不准提出不服申请的裁定,确定半释放或监外执行的实施方式;如果不再具备法院原来据以决定被判刑人按照半释放制度服刑或监外执行的条件,如果被判刑人不履行对其强制规定的义务,或者行为表现不好,刑罚执行法官可以按照第 712 - 6 条的规定作出决定,撤回被判刑人获得的半释放措施之待遇。如果被判刑人的人格或者可以掌握的手段证明有此必要,刑罚执行法官也可以用半释放措施替代监外执行措施,或者,用监外执行措施代替半释放措施,或者用电子监控措施替代上述之一种措施。①

第 723 - 3 条 (1978 年 11 月 22 日第 78 - 1097 号法律,2004 年 3 月 9 日第 2004 - 204 号法律第 162 条) 允许被判刑人外出,即允许其在确定的时间内离开监狱机构。外出的时间计入正在执行中的刑罚的刑期。

---

① 原条文:(1972 年 12 月 29 日第 72 - 1226 号法律) 在已适用《刑法典》第 132 - 25 条之规定的情况下,(1992 年 12 月 16 日第 92 - 1336 号法律) 如果被判刑人不履行强制其履行的义务,或者被判刑人行为表现不好,因而不再具备允许法院决定其按半释放制度服刑的条件时,根据刑罚执行法官的报告,已经同意的半释放得由大审法院得撤销之。该大审法院为执行地法院,或者如果被判刑人在押,该法院为关押地法院。

紧急情况下,刑罚执行法官 (1970 年 7 月 17 日第 70 - 643 号法律) 得中止执行半释放措施。

对此情形,法院应当在 5 日内就继续实行或撤销半释放制度作出审理决定。——译者注允许外出旨在使被判刑人为重新就业或重返社会做准备，使之能够维持家庭关系，或者能够履行其必须亲自到场的义务。

第 723-4 条 （2004 年 3 月 9 日第 2004-204 号法律第 168-6 条，2014 年 8 月 15 日第 2014-896 号法律第 41 条）刑罚执行法官也可以在同意对被判刑人实行监外执行、半释放或准许外出措施的同时附加规定其遵守《刑法典》第 132-44 条与第 132-45 条所指的一项或数项义务或禁止事项。被判刑人也可以获得《刑法典》第 132-46 条规定的援助措施。

第 723-5 条 （1978 年 11 月 22 日第 78-1097 号法律，2004 年 3 月 9 日第 2004-204 号法律第 162 条）被判刑人在允许外出的时间内实施重罪或故意轻罪被判刑的情况下，法院可以决定其丧失此前已经享有的减刑利益，且不影响执行《刑法典》第 434-29 条之规定。

第 723-6 条 （1978 年 11 月 22 日第 78-1097 号法律）任何被判刑人均可以在（2004 年 3 月 9 日第 2004-204 号法律第 162-23 条）第 712-5 条规定的条件下，作为特殊情况，准许在有人看护下外出。

第六节 实行电子监控

（1997 年 12 月 19 日第 97-1159 号法律，
2004 年 3 月 9 日第 2004-204 号法律第 162-15 条）

第 723-7 条 （2004 年 3 月 9 日第 2004-204 号法律第 185-7 条，2014 年 8 月 15 日第 2014-896 号法律第 25 条）被判刑人被判处一项或数项自由刑但总刑期不超过 2 年①时，或者被判刑人被判处的一项或数项自由刑的待服刑期不超过 2 年②时，刑罚执行法官可以规定刑罚在《刑法典》第 132-26-1 条规定的电子监控制度下执行。如果被判刑人属于依法认定的累犯情形，本款规定的 2 年时间减为 1 年。

刑罚执行法官也可以以考验的名义，对被判刑人的假释附加规定在不超过 1 年的时间里实行电子监控制度；在第 729 条规定的考验时间结束之前或者在第 729-3 条规定的可能的假释之日前 1 年，即可实行电子监控制度。

如果刑罚执行法官指定的地点不是被判刑人的住所，只有经该场所的主人同意，才能作出实行电子监控措施的决定，公共场所除外。

第 723-7-1 条 （2004 年 3 月 9 日第 2004-204 号法律第 185-7 条，2011 年 5 月 17 日第 2011-525 号法律第 156 条）在适用《刑法典》第 132-

---

① 原规定为"1 年"。——译者注
② 原规定为"1 年"。——译者注

26-1 条之规定的情况下，自对被判刑人作出的有罪判决具有执行力起最长 4 个月期限内，以及如果审判法院已经命令对被判刑人实行或继续实行羁押并宣告其判决具有先予执行力，在 5 个工作日内，刑罚执行法官以不准提出不服申请的裁定确定实行电子监控的方式；如果不再具备法院此前据以决定对被判刑人实行电子监控的条件，如果被判刑人不履行对其强制规定的义务或者行为表现不好，如果被判刑人拒绝对执行条件进行必要的变更，或者如果其提出请求，刑罚执行法官可以按照第 712-6 条的规定作出决定，撤销对被判刑人实行的电子监控措施。如果被判刑人的人格或者可以掌握的手段证明有此必要，刑罚执行法官也可以按照相同的方式，用半释放措施或者监外执行措施替代电子监控措施。

第 723-8 条 （2004 年 3 月 9 日第 2004-204 号法律第 162 条）通过电子监控措施（对被判刑人）实行监督，是指采用远距离监测手段，监测被判刑人在确定的每一个时段是否在刑罚执行法官指定的惟一场所。在运用该监测手段时，可以强制接受该项措施监督的人在整个电子监控期间均携带可以发射信号的装置。

所使用的方法，应当得到司法部长为此目的给予的认可。在运用该手段时，必须确保尊重被判刑人的人格尊严、身体完整和私生活。

第 723-9 条 （2004 年 3 月 9 日第 2004-204 号法律第 168 条）受到电子监控的人被指定留在刑罚执行法官的管辖辖区内并接受监督。

采用电子监控手段进行远距离监督，由监狱管理部门的公务员负责；该公务员为履行其任务，受准许对记名数据资料进行处理。

（2002 年 9 月 9 日第 2002-1138 号法律第 49 条）可以由按照最高行政法院提出资政意见后颁布的法令规定的条件授予资格的私法法人或人员安装可以实现远距离监测的技术装置。

在实行电子监控的决定规定的时间内，负责进行监督的监狱管理部门的工作人员可以前往传唤地点会见被判刑人，但是，未经受到监控的场所的主人许可，这些工作人员不得进入该人的住所。这些工作人员应当立即就其所做的工作制作报告，报送刑罚执行法官。

警察或宪兵部门始终可以确认被判刑人不遵守规定离开现场的情况，并向刑罚执行法官报告。

第 723-10 条 刑罚执行法官也可以对接受电子监控的人采取《刑法典》第 132-43 条至第 132-46 条规定的措施。

（2004 年 3 月 9 日第 2004-204 号法律第 168-7 条）刑罚执行法官尤其可以对被判刑人规定《刑法典》第 132-44 条与第 132-45 条所指的一项或数

项措施或义务。

第 723 – 11 条 （2009 年 11 月 24 日第 2009 – 1436 号法律第 81 条）刑罚执行法官得依职权，或者应被判刑人的请求并且在听取检察院的意见之后，变更电子监控措施的执行条件与第 723 – 10 条规定的措施。

第 723 – 12 条 （2004 年 3 月 9 日第 2004 – 204 号法律第 162 条）刑罚执行法官得于任何时候指定一名医生就采取第 723 – 8 条第 1 款所指的方法对被判刑人的健康是否产生不利影响进行审查。被判刑人提出请求时，当然为其指定医生进行检查。医疗检查证明归入案卷。

第 723 – 13 条 （2004 年 3 月 9 日第 2004 – 204 号法律第 185 – 8 条）被判刑人不遵守《刑法典》第 132 – 26 – 2 条与第 132 – 26 – 3 条规定的禁止事项或义务，明显表现不好，不遵守依据本法典第 723 – 10 条宣告的各项措施，受到新的有罪判决或者拒绝对执行条件进行必要的变更，或者提出请求，刑罚执行法官可以撤回对被判刑人实行电子监控措施的决定。撤回决定按照第 712 – 6 条的规定作出。

在撤回实行电子监控的决定的情况下，被判刑人应当按照撤回决定的规定，服完自实行电子监控措施开始计算的待服刑罚的全部或部分，但是，被判刑人接受电子监控的时间计入其已经服刑的时间。

第 723 – 13 – 1 条 最高行政法院提出资政意见后颁布的法令确定本节的适用条件。

第七节 刑罚调整的简易程序

第 723 – 14 条 （2014 年 8 月 15 日第 2014 – 896 号法律第 12 条）被判处短期监禁刑人，不论是否受到关押，均可以按照第 723 – 15 条至第 723 – 27 条规定的条件与方式享有刑罚调整简易程序之利益。

实行刑罚调整简易程序，并不排斥适用第 712 – 4 条与第 712 – 6 条之规定。

根据需要，制定一项法令对本节各项规定的实施方式作出具体规定。

第一目 未被关押的被判刑人适用的规定

第 723 – 15 条 （2014 年 8 月 15 日第 2014 – 896 号法律第 12 条）对于被判处 2 年或 2 年以下监禁刑但未被关押或者在半释放制度下或者电子监控制度下执行刑罚的人，或者尚待关押的时间为 2 年或不到 2 年的人，或者同一人受到数项有罪判决但宣告的刑罚加起来总刑期或待服刑罚的总刑期为 2 年或不到 2 年的人，如果其人格与状况准许，在可能的限度内，按照本目规定的程序，享有半释放、监外执行、实行电子监控、刑罚分期执行或中止执行、假释或者《刑法典》第 132 – 57 条规定的刑罚转换之利益。如果被判刑人属于依法认定的累犯情形，本款所指的 2 年刑期减为 1 年。

在刑罚付诸执行之前，检察院向刑罚执行法官通知所作的该项决定或这些决定，并送交全部必要的材料；送交的材料中包括所作决定的副本以及当事人的犯罪记录一号登记表。

被判刑人如果在按照本法典第 474 条的规定进行的判决开庭之后未得到传唤通知，除刑罚执行法官另有决定之外，分别在检察院进行的通知之后 30 日与 45 日内，首先被传唤至刑罚执行法官面前，然后被传唤至回归社会与帮教考验监管服务处，以确定适应其人格与物质、家庭、社会状况的执行刑罚的方式。

第 723 – 15 – 1 条 （2009 年 11 月 24 日第 2009 – 1436 号法律第 84 条新增条文）在传唤被判刑人之后，如果刑罚执行法官认为可以采取某项刑罚调整（aménagement）措施或者进行刑罚转换（conversion）①，并且当事人本人表示同意，命令按照第 712 – 6 条第 1 款或第 2 款规定的方式对刑罚进行调整或者转换。如果刑罚执行法官不掌握立即命令进行刑罚调整或转换的足够材料，可以责成回归社会与帮教考验监管服务处审查其打算作出的决定的执行方式，相应情况下，责成该部门向刑罚执行法官提出刑罚调整或转换的其他建议。刑罚执行法官根据回归社会与帮教考验监管服务处提出的报告，可以命令按照第 712 – 6 条第 1 款或第 2 款规定的方式进行刑罚调整或转换。

第 723 – 15 – 2 条 （2009 年 11 月 24 日第 2009 – 1436 号法律第 84 条新增条文）如果被判刑人不希望调整刑罚或者不希望转换刑罚，或者，如果根据回归社会与帮教考验监管服务处提出的报告看来不可能进行刑罚调整或转换，刑罚执行法官可以确定（对被判刑人）实行关押的日期。

如果刑罚执行法官自收到向其报送的上述（第 723 – 15 条所指的检察院的）决定的副本起 4 个月内未作出决定，或者在第 723 – 16 条所指情况下未作出决定，检察院可以将刑罚付诸执行。

除当事人有正当理由或者提出救济申请之外，在其不服从传唤的情况下，

---

① 例如，用半释放措施替代监外执行措施，或者用监外执行措施代替半释放措施，或者用电子监控措施替代其中一种措施（第 723 – 2 条）；用半释放措施或者监外执行措施替代电子监控措施（第 723 – 7 – 1 条）；用日罚金刑替代附完成公共利益劳动义务之缓刑（第 747 – 1 – 1 条）；用服完公共利益劳动义务之缓刑替代日罚金刑（第 747 – 1 – 2 条），等等。——译者注

刑罚执行法官将该情况报告检察院，检察院将刑罚付诸执行。

第 723 – 16 条 （2009 年 11 月 24 日第 2009 – 1436 号法律第 84 条）尽管有第 723 – 15 条的规定，但由于发生某种新的事实，确认对（他）人或财产存在危险因而情况紧急时，或者当事人在另一程序的范围内应当受到关押，或者被判刑人有逃跑的现实危险时，检察院可以将刑罚交由监狱机构执行。

如果刑罚执行法官按照第 723 – 15 条第 2 款的规定已经受理案卷，检察院应当立即向该法官通知上述事由。

第 723 – 17 条 如果第 723 – 15 条所指的有罪判决自其最终确定之日起经过 1 年期限仍然没有付诸执行，被判刑人可以向刑罚执行法官请求采取第 712 – 6 条第 1 款所指的某一项措施，即使被判刑人此前提出的该项请求遭到拒绝，其仍可以提出请求；被判刑人提出的该项请求，暂时中止检察院将刑罚付诸执行的可能性，但保留执行第 723 – 16 条的规定。在此情况下，按照第 712 – 6 条的规定对该请求进行审理裁判。

第 723 – 17 – 1 条 （2014 年 8 月 15 日第 2014 – 896 号法律第 16 条新增条文）如果第 723 – 15 条所指的有罪判决自其最终确定之日起经过 3 年期限仍然没有付诸执行，在将该判决付诸执行之前，被判刑人受传唤至刑罚执行法官面前，以确定最适合具体情况以及被判刑人人格、物质、家庭与社会状况的刑罚执行方式。

对被判刑人进行传唤，暂时中止使检察院将刑罚付诸执行的可能性；在第 723 – 16 条所指情况下，可以不遵照本条之规定。

第 723 – 18 条 如果被判刑人的待服刑期不到或者等于可以给予的减刑时间，刑罚执行法官可以给予减刑，而无须再对该人实行关押。

第二目　在押的被判刑人适用的规定

第 723 – 19 条 被判处一项或数项监禁刑、刑期加起来不到 2 年或者 2 年的人，如果被关押，或者被判处一项或数项监禁刑、刑期加起来不到 5 年或者 5 年，待服刑期不到 2 年或者 2 年的人，如果其人格与状况准许，可以按照本目规定的程序，实行半释放、监外执行、电子监控、刑罚分期执行与中止执行、假释，但实际上无法这样做的情况除外。如果被判刑人属于法定的累犯情形，本款所指的 2 年刑期减为 1 年。

第 723 – 20 条 被判刑人回归社会与帮教考验监管服务处的领导人对属于第 723 – 19 条适用范围的每一个被判刑人的案卷，应当及时进行审查，以便在听取监狱机构的主要负责人的意见之后确定最适合被判刑人人格、家庭、物质与社会状况的刑罚调整措施。

除尚无严肃的社会回归计划,或者实际上不可能对刑罚采取调整措施之外,负责回归社会与帮教考验监管服务处的领导人在听取被判刑人对向其提议的措施表示的意见之后,向共和国检察官报送一项刑罚调整建议,相应情况下,在提出的这项建议中包括《刑法典》第132-45条规定的一项或数项义务与禁止事项,共和国检察官将这份建议送交刑罚执行法官。被判刑人社会回归与管教考验的监狱部门的领导人在未提出上述建议的情况下,向共和国检察官提交一份说明理由的报告,对不能提出调整刑罚建议的原因作出解释,并且告知被判刑人。

如果共和国检察官认为提出的上述建议有正确理由,将该建议转送刑罚执行法官认可。刑罚执行法官可以自向其提出的认可申请起3个星期内,以裁定作出决定,认可或者拒绝认可所提的建议。

如果共和国检察官不认为提出的建议有正确理由,在告知刑罚执行法官的同时,向该法官转送该建议,同时将其所持立场告知被判刑人。刑罚执行法官在此情况下可以依职权或者应被判刑人的请求,并且在按照第712-6条之规定进行对席辩论之后,命令进行刑罚调整;刑罚执行法官也可以根据本条第2款所指的报告命令进行刑罚调整。

第723-21条 （废止）

第723-22条 如果刑罚执行法官拒绝认可回归社会与帮教考验监管服务处提出的建议,应当作出说明理由的裁定;对该裁定,被判刑人以及共和国检察官均可以按照第712-11条第1点规定的方式,向上诉法院刑罚执行法庭庭长提出上诉（或抗诉）。

第723-23条 （废止）①

第723-24条 如果刑罚执行法官在3个星期内未作出答复,被判刑人回归社会与帮教考验监管服务处的领导人可以按照共和国检察官的指令,决定将刑罚调整措施付诸执行。该项决定是一项司法行政措施,不准对其提出不服申请。这项决定事先通知刑罚执行法官。

第723-25条 按照第723-20条与第723-22条之规定受理案卷的刑罚执行法官或者上诉法院执行庭庭长,可以用第723-19条规定的另一种措施替代建议的刑罚调整措施。

---

① 原条文:如果刑罚执行法官决定认可监狱机构领导人提出的建议,共和国检察官得按照第712-11条第1点规定的方式,对该法官作出的裁定向上诉法院刑罚执行庭庭长提出抗诉;如果在3个星期内对案件仍未进行审查,共和国检察官的抗诉视为不曾提出。——译者注

刑罚执行法官或者上诉庭院执行庭庭长甚至可以在规定这种措施的同时变更或者补充《刑法典》第132－45条列举的各项义务和禁止事项。在此情况下，无须经过对席辩论，即可以说明理由的裁定命令采取上述措施。

该项裁定是由刑罚执行法官作出时，被判刑人或共和国检察官均可以按照第712－11条第1项规定的方式提出上诉（或抗诉）。

第723－26条 在刑罚调整建议得到认可时，或者在适用第723－24条之规定时，由回归社会与帮教考验监管服务处尽快直接将调整措施付诸执行。在被判刑人不遵守对其规定的义务的情况下，回归社会与帮教考验监管服务处的领导人向刑罚执行法官提出申请，以便按照第712－6条的规定撤销刑罚调整措施。刑罚执行法官也可以依职权或者由共和国检察官提出申请为此目的的受理案卷、撤销调整刑罚的措施。

第723－27条 对于第723－19条所指的被判刑人以及为了按照本目规定的方式准备半释放、监外执行加电子监控或者准备假释，回归社会与帮教考验监管服务处的领导人可以按照第723－19条至第723－24条的规定，向共和国检察官提出准许被判刑人外出的建议，以便检察官向刑罚执行法官提出申请。

第八节 在对刑罚未作任何调整的情况下执行监禁刑的方式

第723－28条 对刑期在5年或者5年以下的监禁刑，在刑期届满之前6个月内未命令作出任何刑罚调整措施的情况下，待服刑期还剩4个月的被判刑人，或者对刑期在6个月或者6个月以下的监禁刑，待服刑期还剩三分之二（4个月）的被判刑人，在剩余的刑期内，按照实行电子监控的方式执行刑罚，但如果实际上不可能这样做，或者被判刑人拒绝该种措施，或者被判刑人的人格不适宜采取该种措施，或者被判刑人有重新犯罪的危险时，不实行该种刑罚执行方式。

电子监控，由回归社会与帮教考验监管服务处的领导人在共和国检察官的监管下具体实施，共和国检察官可以确定《刑法典》第132－44条与第132－45条对被判刑人规定的各项监督措施及其应当遵守的义务。

在未作出实行电子监控的决定的情况下，被判刑人可以向刑罚执行法官提出申请，由刑罚执行法官按照第712－6条的规定经过对席辩论之后作出判决、进行裁判。

本条之适用方式由法律具体规定。

第九节 对因重罪或轻罪被判刑的具有危险性的被判刑人实行司法监控①的有关规定

第723-29条 （2011年3月14日第2011-267号法律第40条）因重罪或轻罪被判处7年或7年以上自由刑的被判刑人，法律对该种重罪或轻罪规定实行社会－司法跟踪监督措施的，或者，重新实行的重罪或轻罪属于依法认定的累犯情形并且被判处5年或5年以上自由刑的被判刑人，刑罚执行法庭可以依据共和国检察官的意见，惟一为了防止完全有可能重新犯罪的目的，作为保安处分措施，命令在该被判刑人获释出狱之后对其实行司法监控；实行司法监控措施的期间不得超过与该人可以享有的减刑待遇及补充减刑期间相对应的时间。

第723-30条 （2011年9月13日第2011-1862号法律第61条）司法监控可以包含以下各项义务：

1. 《刑法典》第132-44条与第132-45条规定的义务；

2. 在审查采取的措施的技术可行性之后，《刑法典》第131-36-12条规定的（移动电子监控）义务；

3. 如果被判刑人是因本法典第706-53-13条所指的重罪之一被判处15年或15年以上的重罪徒刑，对其规定遵守指定住所之义务（限制居住义务）。该种义务意味着当事人在法官确定的时间之外不得离开自己的住所，或者不得离开法官指定的其他任何场所或地点。当事人可以离开住所的时间以及可以前往哪些地点，根据以下具体情况确定：被判刑人从事某种职业活动，正在接受教学或培训、进行实习，或者为回归社会从事临时工作、参与家庭生活，接受医疗。

除刑罚执行法官另有规定之外，如果经第723-31条所指的医疗鉴定之后认定被判刑人可以进行治疗时，接受司法监控的被判刑人按照《公共卫生法典》第3711-1条规定的条件，遵守对其规定的治疗指令。

第723-31条 （2007年8月10日第2007-1198号法律第9条）（是否存在）第723-29条所指的重新犯罪的危险，必须经刑罚执行法官按照第712-16条的规定命令进行的医疗鉴定认定；该医疗鉴定所作的结论应当表明

---

① 司法监控（surveillance judiciaire）是法律对特定重罪或轻罪规定实行社会－司法跟踪监督措施的情况下，在被判刑人获释出狱之后对其采取的措施，并作为保安处分措施替代社会－司法跟踪监督。司法监控的惟一目的是防止完全有可能的重新犯罪；在已经实行社会－司法跟踪监督措施的情况下，不再适用有关司法监控措施的规定。——译者注

被判刑人具有的危险性，并确定对被判刑人是否可以进行治疗。共和国检察官也可以命令进行该种鉴定。

第 723 – 31 – 1 条　（2010 年 3 月 10 日第 2010 – 242 号法律第 10 条新增条文）对于按照第 723 – 29 条的规定可以实行司法监控的任何被判刑人，在其预定的释放日期之前，应当对其状况进行检查。

刑罚执行法官或者共和国检察官可以为此目的请求将被判刑人安置进负责对在押人员进行观察的专门部门，以便对被判刑人的危险性进行多学科的评估，并为此向保安处分措施的多学科委员会提出请求。

刑罚执行法官或者共和国检察官也可以命令由两名鉴定人进行第 723 – 31 条所指的鉴定。

第 723 – 32 条　（2010 年 3 月 10 日第 2010 – 242 号法律第 10 条）在被判刑人获释出狱之前，按照第 712 – 6 条的规定作出一项判决，在这项判决中作出第 723 – 29 条所指的决定。在进行第 712 – 6 条所指的对席辩论时，被判刑人受强制由其选任的律师协助，或者应其请求由律师公会会长指定的律师协助。

这项判决具体规定被判刑人应当遵守的各项义务以及这些义务的持续时间。

第 723 – 33 条　（2005 年 12 月 12 日第 2005 – 1549 号法律第 13 条新增条文）对接受司法监控的人采取援助与监督措施，以便于对其回归社会的情况进行审查。

被判刑人受强制遵守的措施与义务，由刑罚执行法官在监狱回归社会与帮教考验监管服务处的协助下实施，相应情况下，由得到相应授权的（社会）组织协助实施。

第 723 – 34 条　（2005 年 12 月 12 日第 2005 – 1549 号法律第 13 条新增条文）刑罚执行法官可以按照第 712 – 8 条的规定作出裁定，变更被判刑人受强制遵守的各项义务。

如果被判刑人已经（成功）回归社会，刑罚执行法官可以按照第 712 – 6 条规定的方式作出判决，终止被判刑人履行此前对其规定的义务。

如果被判刑人的人格与表现证明有此需要，刑罚执行法官按照第 723 – 32 条第 1 款最后一句规定的指定律师协助的方式作出判决，决定延长被判刑人履行这些义务的期间，但履行义务的总时间不得超过第 723 – 29 条规定的时间。

第 723 – 35 条　（2010 年 3 月 10 日第 2010 – 242 号法律第 10 条）在被判刑人不遵守对其强制规定的义务与禁止事项的情况下，刑罚执行法官可以按照第 712 – 6 条规定的方式，全部或部分取消其已经获得的减刑时间，并命令对其重新收监关押。对此情形，适用第 712 – 17 条之规定。

刑罚执行法官通知并警告被判刑人，不经其同意也可以实行《刑法典》第131-36-4条与第131-36-12条所规定的措施，但是，如果不采取这些措施，仍然可以按照本条第1款的规定全部或部分取消被判刑人已经获得的减刑时间。

审判法庭在对法律规定实行社会-司法跟踪监督的重罪或轻罪被判刑的人判处实行司法监控的情况下，也可以在听取刑罚执行法官的意见之后，作出本条第1款所指的决定。

被判刑人拒绝接受或者拒绝继续进行治疗医生在治疗指令框架内对其规定的治疗，构成违反对其强制规定之义务的事实。

第723-36条 （2005年12月12日第2005-1549号法律第13条新增条文）如果被判刑人已经被判处接受社会-司法跟踪监督，或者如果其获得假释，不适用本节之规定。

第723-37条 （2010年3月10日第2010-242号法律第7条）因本法典第706-53-13条所指的犯罪被判处15年或15年以上重罪徒刑的被判刑人被宣告实行司法监控时，第706-53-15条所指的地区保安留置处分法庭（la juridiction régionale de la rétention de sûreté）可以按照该条规定的方式，决定在第723-29条规定的界限之内，延长强制当事人遵守的各项义务的时间，对当事人实行为期2年的保安监控。

为此目的，刑罚执行法官或者共和国检察官提前6个月向地区保安留置处分法庭提出申请。

只在下列情形下，经医疗鉴定认定被判刑人仍具有危险性之后，才能命令实行保安监控：

1. 从在全国信息化处理的性犯罪或暴力犯罪人犯罪记录上进行登记所产生的各项义务看来仍然不足以防止第706-53-13条所指的重罪时；

2. 为了防止具有极高可能性的这类犯罪，实行保安监控措施是惟一的办法时。

如果仍然具备本条所指的各项条件，可以按照相同方式与相同期间延展保安监控措施。

第706-53-19条之规定适用于该种情形。

对于不遵守对其规定的义务，有重新实施第706-53-13条所指的一种犯罪的危险并且因此按照第723-35条的规定被撤销所有的减刑而受到司法监控的人，地区保安留置处分法庭也可以按照第706-53-15条规定的方式命令采取保安监控措施。自被判刑人获释之日，即可开始采取该种监控措施。

第723-38条 （2008年2月25日第2008-174号法律第1条新增条文）

对因第 706-53-13 条所指的犯罪之一被判处 15 年或 15 年以上重罪刑罚的人宣告在司法监控范围内实行移动电子监控时,只要该人仍然受到司法监控或保安监控,即可以延长移动电子监控的期间。

第 723-38-1 条 (2010 年 3 月 10 日第 2010-242 号法律第 10 条新增条文)被判刑人在司法监控过程中非因按照第 723-35 条的规定被全部或部分撤销减刑而受到任何羁押,司法监控由此被中止的,中止期间届满之后,对剩余时间恢复实行司法监控。

第 723-39 条 (2008 年 2 月 25 日第 2008-174 号法律第 1 条新增条文)在需要时,本节之规定的实施方式与条件由法令具体规定。

第三章 各种监狱机构的共同规定

第 724 条 (1970 年 7 月 17 日第 70-643 号法律)监狱机构收押受到先行羁押或者被判处自由刑的人。

对于被解送至监狱机构(établissement pénitentiaire)的任何人或自行前往投监的任何人,均应当制作一份收监文书(acte d'écrou)。

本条的适用条件由法令确定。

第 724-1 条 (1998 年 5 月 11 日第 98-349 号法律)各监狱部门(les services pénitentiaires)对每一个被关押的人均建立个人案卷(档案)并对登记事项实时增补。个人案卷包含刑事性质与监狱管理性质的信息资料。

只要有管辖权的行政机关为行使职权而有必要,各监狱机构即应当报送有关在押人员的身份、关押地点、刑事地位与释放日期的情况资料。

监狱机构尤其向内政部的中央部门和地方部门报送有关受到关押、已经受到或将要对其采取驱逐措施的外国人的这类性质的材料。

第 725 条 (1970 年 7 月 17 日第 70-643 号法律)无有罪判决书、押票或逮捕令作为依据,或者在发出拘传通知书以后必须对当事人实行先行羁押时,无该拘传通知书作为依据,或者非依据法律制作的逮捕命令,并且在未签发第 724 条所指的收监文书时,任何监狱管理人员不得接收或扣留任何人,否则以专断拘禁罪(détention arbitraire)进行追诉并予惩处。

第 726 条 (2014 年 5 月 27 日第 2014-535 号法律第 11 条)被先行羁押的人或者被执行自由刑而被关押的人的纪律制度,由最高行政法院提出资政意见后颁布的法令确定。

该项法令尤应具体规定:

1. 违纪过错的内容,违纪过错按照其性质与严重程度进行分级。

2. 按照过错的性质与严重程度规定当处的各种纪律制裁；将受到纪律处分的人关进纪律惩戒室或普通个人禁闭室的时间不得超过 20 日，但如果有任何针对人身的暴力行为，该期限可以增至 30 日。

3. 监狱纪律委员会的组成，委员会成员中应当至少有 1 名监狱管理部门之外的成员。

4. 适用的纪律惩戒程序。在该程序过程中，受到纪律处分的人可以由其选任或者依职权指定的律师协助，相应情况下，为得到律师的协助，可以获得国家援助。法令具体规定向当事人的律师提交案卷的条件，以及律师或者没有律师协助的当事人本人可以了解有利于行使辩护权的任何材料，但如果有可能危害公共安全或者危害他人的人身安全，则不在此限。

5. 被关入纪律惩戒室或个人禁闭室的人按照何种条件行使每星期一次在谈话室见面谈话的权利。

6. 在何种条件下在押人员的健康状况不适于关入纪律惩戒室或个人禁闭室。

年满 16 岁的未成年人在特殊情况下被关入纪律惩戒室的时间不得超过 7 日。

紧急情况下，可以以预防的名义将在押成年人与年满 16 岁的未成年人关押在纪律惩戒室或普通个人禁闭室，但采取这一措施的时间不得超过 2 日。

在押人员被关进纪律惩戒室或普通个人禁闭室的，可以按照《行政司法法典》第 521-2 条之规定向紧急审理法官提出紧急审理申请。

第 726-1 条 （2009 年 11 月 24 日第 2009-1436 号法律第 92 条新增条文）除未成年人之外，对任何在押人员，均可以应其请求，或由行政管理机关依职权通过采取某种保护措施或安全措施，实行隔离；实行隔离的期间最长为 3 个月①。只有在经过对席辩论之后，才能将这项措施延长相同的期限。在对席辩论中，所涉及的人可以由其律师协助，口头或者书面提出辩解意见。只有在经过司法机关提出意见之后，才能将隔离时间延展至超过 1 年。

除出于安全考虑必须作出调整安排之外，对在押人员实行隔离，并不影响行使 2009 年 12 月 24 日第 2009-1436 号关于监狱的法律第 22 条所指的权利。

被隔离的在押人员，可以按照《行政诉讼法典》第 521-2 条的规定向紧急审理法官提出请求。

本条之适用条件由最高行政法院提出资政意见后颁布的法令作出具体规定。

---

① 原规定为"将他们单独关押在为此安排的牢房内"。——译者注

第 727 条　（废止）

第 727 - 1 条　（2009 年 11 月 24 日第 2009 - 1436 号法律第 97 条）为了防止（在押人员）越狱逃跑，以及为了保障监狱机构或授权接收在押人员的医疗卫生机构的良好秩序，监狱管理机构在有地域管辖权的共和国检察官的监督下，可以按照法令规定的条件与方式，对在押人员的电话通信进行监听、录音或者使其中断所进行的电话录音。

电话通信联络可以受到监听、录音并且可以被中断之事实，告知在押人员以及与其进行通信联络的人。

没有按照第 40 条的规定向司法机关转送的录制件，保存时间不得超过 3 个月。

第 728 条　（2009 年 11 月 24 日第 2009 - 1436 号法律第 86 条）最高行政法院提出资政意见后颁布的法令规定的监狱机构内部规章的范本具体确定每一类监狱机关的运作方式。

第四章　在押人员的钱款、票券

（1990 年 7 月 6 日第 90 - 589 号法律）

第 728 - 1 条　（1990 年 7 月 6 日第 90 - 589 号法律，2014 年 8 月 5 日第 2014 - 896 号法律第 27 条）一、在押人员在监狱机构内开立的记名账户上登记入账的钱款、票券（Les valeurs pécuniaires），划分成三部分：第一部分，仅有民事当事人、扶养费债权人才能对其主张权利；第二部分，用于被判刑人刑满释放后的生活费用，对这部分价值不得对其实施任何强制执行措施；第三部分，留给被关押人自行处分。

依共和国检察官提出的请求，用于赔偿民事当事人的款项，由监狱机构直接支付给民事当事人，但保留扶养费债权人的权利。（2004 年 3 月 9 日第 2004 - 204 号法律第 171 条）如果恐怖活动与其他犯罪被害人保证基金按照第 706 - 11 条的规定参加诉讼，该基金视同民事当事人，并享有为民事当事人的利益提取资金时相同的权利。

在押人员的钱款、票券的组成以及各部分的数额和记名账户的管理方式，由法令确定。

二、在犯罪行为人被判处支付损害赔偿的情况下，按照第 1 款的规定用于赔偿民事当事人的金钱、票券无人要求领取的，如果该部分票券的数额超过法令确定的数额，并且保留了扶养费债权人的权利，在被判刑人获释出狱时，支付给恐怖活动与其他犯罪被害人保证基金。

第五章 被判刑人的移送

(2004年3月9日第2004-204号法律第162-1条)

第728-2条 （2013年8月5日第2013-711号法律第24条）在按照国际公约或协定的规定将执行外国法院作出的判决而被关押的人移送到法国领域执行尚待服刑的刑罚时，该种刑罚按照本法典特别是本章之规定继续执行。

第728-3条 （1984年12月21日第84-1150号法律，2004年3月9日第2004-204号法律第162-1条）被关押的被判刑人一到达法国领土，即解送至其到达地的共和国检察官。共和国检察官讯问被判刑人的身份并制作笔录；但是，如果不能立即进行讯问，将被判刑人解送至看守所。该人在看守所受羁押的时间不得超过24小时。此期限届满之后，（1987年6月22日第87-432号法律）由看守机构的负责人负责，依职权将该人解送至共和国检察官。

共和国检察官，依据确认国家之间就移送在押人员所订协议的文件，以及被判刑人表示同意的意见和外国法院作出的有罪判决的正本或经认证与正本相符的副本，相应情况下，连同正式的翻译文本，要求立即对被判刑人实行关押。

第728-4条 （1984年12月21日第84-1150号法律，2004年3月9日第2004-204号法律第162-1条）外国宣告的刑罚在国外尚未执行的部分，依据国际公约或国际协定的效力，在法国直接并立即具有执行力。

但是，如果从外国宣告的刑罚的性质或刑期来看，相较法国法律就相同犯罪规定的刑罚更重时，经共和国检察官或被判刑人本人提出申请，受理案卷的被判刑人（在法国）被关押地的轻罪法院，得以法国法律中更为适应的刑罚替代原刑罚，或者将原宣告的刑罚减至（法国）法定适用的最高刑。为此，轻罪法院按照具体情况，视刑罚的性质，在被判刑人在国外待服刑罚部分的限度之内，确定其（在法国）应当服刑的期间。

第728-5条 （1984年12月21日第84-1150号法律，2004年3月9日第2004-204号法律第162-1条）法庭公开开庭审理，在听取检察院、被判刑人的陈述后，以及相应情况下（1993年1月4日第93-2条）在听取被判刑人选任的律师或者应其请求依职权指定的律师的意见陈述之后，作出裁判。即使对所作判决提起上诉，该项判决仍然立即产生执行力。

第728-6条 （1984年12月21日第84-1150号法律，2004年3月9日第2004-204号法律第162-1条）被判刑人在移送过程中经过的时间，全部折抵其在法国待服刑罚的刑期。

第 728 – 7 条 （1984 年 12 月 21 日第 84 – 1150 号法律，2004 年 3 月 9 日第 2004 – 204 号法律第 162 – 1 条） 与在法国待执行的自由刑有关的附带争议，向被判刑人被关押地的轻罪法院提出。

本法典第 711 条的规定适用之。

第 728 – 8 条 （1984 年 12 月 21 日第 84 – 1150 号法律，2004 年 3 月 9 日第 2004 – 204 号法律第 162 – 1 条） 刑罚的执行，适用本法典的规定。

第 728 – 9 条 （1984 年 12 月 21 日第 84 – 1150 号法律，2004 年 3 月 9 日第 2004 – 204 号法律第 162 – 1 条） 依据国际条约或协定在法国执行外国法院宣告的自由刑的被判刑人，不得因相同事实受到任何追诉，或者继续对其进行任何追诉以及执行任何有罪判决。

第六章 按照欧洲委员会 2008 年 11 月 27 日关于在欧盟内部执行宣告剥夺自由的刑罚与措施时适用相互承认原则的第 2008 – 909 号框架决定，执行宣告自由刑的有罪判决

第一节 一般规定

第 728 – 10 条 （2013 年 8 月 5 日第 2013 – 711 号法律第 11 条新增条文） 为了方便被判刑人回归社会，在欧盟某一成员国内承认与执行由法国法院宣告的判处自由刑或剥夺自由之保安处分措施的最终确定的有罪判决，以及在法国承认与执行由欧盟另一成员国的法院宣告的该种有罪判决，适用本章确定的各项规则。

在其领域内宣告该种判决的国家称为判刑国（Etat de condamnation）①，受到请求在其领域内执行判决的国家称为执行国（Etat d'exécution）。

第 728 – 11 条 （2013 年 8 月 5 日第 2013 – 711 号法律第 11 条新增条文） 如果被判刑人身处法国或欧盟某一成员国领域，在下列情况下，由法国法院或欧盟另一成员国的法院宣告的有罪判决，由法国有管辖权的机关转送执行国，以便在执行国内得到承认与执行，或者由成员国有管辖权的机关转送法国有管辖权的机关，以便在法国得到承认与执行。

1. 被判刑人是执行国的国民并且在该国领域有惯常居所，或者法国是执

---

① 也译为有罪判决作出国，与此相对应，另一方译为有罪判决执行国。——译者注

行国，被判刑人是法国国民并且在法国有惯常居所；

2. 被判刑人是执行国的国民，或者法国是执行国，被判刑人是法国国民，并且根据有罪判决或者其他任何司法决定或行政决定，在其释放时采取遣送措施，被遣送回其作为国民的国家；

3. 被判刑人，不论国籍如何，以及执行国的有管辖权的机关，或者如果法国是执行国，法国的有管辖权的机关，同意执行转送的有罪判决。

在第 3 点所指的情况下，如果被判刑人是逃亡到执行国领域，或者如果法国是执行国，其逃亡到法国领域，或者是由于受到有罪判决或受到导致有罪判决的调查与追诉之原因而回到执行国领域，承认与执行有罪判决不要求得到被判刑人的同意。

在第 3 点所指的情况下，以及法国是执行国时，只有在被判刑人符合规定在法国领域不间断地居住至少已有 5 年时，法国有管辖权的机关才能同意在法国领域执行刑罚。

第 728 – 12 条　（2013 年 8 月 5 日第 2013 – 711 号法律第 11 条新增条文）按照本章之规定转送的任何判决，或者为此提出的任何过境申请，为了在法国领域或另一成员国领域得到承认与执行，均应当附有一份证明书（un certificat），证明书尤其要具体写明以下事项：

1. 指明判刑国以及作出有罪判决的法院；

2. 受到有罪判决的人的身份、其住所地址或者已知的最后住所地址，并指明该人当前在判刑国还是在执行国；

3. 有罪判决作出的日期以及该判决终局确定的日期；

4. 根据第 728 – 11 条的规定说明转送有罪判决的理由；

5. 犯罪或多项犯罪的实施日期、地点及犯罪情节，犯罪的性质、其在法律上的罪名以及对犯罪事实的完整表述；

6. 待执行的自由刑或剥夺自由的保安处分措施的性质、总刑期、已经服刑的部分，以及刑罚执行终结的预定日期；

7. 指明被判刑人在相应情况下同意转送有罪判决；

8. 被判刑人就转送有罪判决可能提出的意见说明。

证明书由判刑国有管辖权的机关签字，并确认证明书上所载事项准确属实。

第 728 – 13 条　（2013 年 8 月 5 日第 2013 – 711 号法律第 11 条新增条文）撤回证明书，即等于撤回请求承认与执行判决的请求，并由此阻止按照本章之规定将刑罚与剥夺自由的保安处分措施付诸执行。

第 728 – 14 条　（2013 年 8 月 5 日第 2013 – 711 号法律第 11 条新增条文）

转送有罪判决、过境申请、证明书以及与执行有罪判决有关的所有材料，进行与此有关的任何文书交换，根据具体情况，由判刑国或者执行国有管辖权的机关通过任何可以留下文字痕迹的方法，按照能够让收件人核实所转送的材料之真实性的条件直接进行。

第二节 关于在欧盟其他成员国领域内执行法国法院宣告的有罪判决的规定

第一目 由检察院转送执行申请

第 728 - 15 条 （2013 年 8 月 5 日第 2013 - 711 号法律第 11 条新增条文）为了让欧盟另一成员国有管辖权的机关承认和执行法国法院作出的有罪判决，驻该法院的检察院的代表有权在制作判决的副本并签字之后，向该另一成员国有权限的机关转送（Transmission）该判决的副本以及第 728 - 12 条所指的证明书。

驻作出有罪判决的法院的检察院的代表，可以依职权或者应执行国有管辖权的机关或被判刑人的请求，转送判决副本与证明书。

在具备第 728 - 11 条规定的条件并且可以肯定在另一成员国的领域内执行有罪判决有利于被判刑人回归社会时，检察院的代表可以决定转送有罪判决和证明书。

第 728 - 16 条 （2013 年 8 月 5 日第 2013 - 711 号法律第 11 条新增条文）为了转送有罪判决和证明书，驻作出有罪判决的法院的检察院的代表可以向执行国有管辖权的机关进行咨询，以确定在该国领域执行有罪判决是否更加有利于被判刑人回归社会。在第 728 - 11 条第 1 点与第 2 点所指情况以外的其他情况下，该项咨询具有强制性。

第 728 - 17 条 （2013 年 8 月 5 日第 2013 - 711 号法律第 11 条新增条文）被判刑人身在法国领域时，检察院的代表听取或者派人听取该人对考虑中的转送有罪判决事由提出的书面的或口头的辩解意见；在根据第 728 - 11 条第 3 点的规定（转送判决）要求得到被判刑人同意时，检察院的代表征求被判刑人的同意意见。如果被判刑人是未成年人或受保护的成年人，检察院的代表还应当听取或者派人听取负责协助或代理该未成年人或受保护的成年人的人的意见，并制作笔录。相应情况下，负责协助或代理未成年人或受保护的成年人的人可以向检察院的代表告知该人的口头或书面意见。该意见附于案卷。

被判刑人，或者因被判刑人是未成年人或受保护的成年人，负责协助或代表该人的人身在执行国领域时，检察院请求执行国的有管辖权的机关进行本条第 1 款所指的听取意见。

第 728－18 条 （2013 年 8 月 5 日第 2013－711 号法律第 11 条新增条文）如果检察院的代表决定向执行国有管辖权的机关转送有罪判决和证明书，应当用被判刑人懂得的语言向其通知该项决定，同时告知被判刑人：

1. 在该成员国领域执行有罪判决的情况下，刑罚的执行受该国的立法调整，尤其是有关提前释放或者假释的条件；

2. 在法国以执行有罪判决的名义已经经过的剥夺自由的时间，将折抵（在执行国）尚待执行的刑罚的刑期；

3. 如果从法国法院宣告的自由刑或剥夺自由的保安处分措施的期间或性质来看，该种刑罚或措施不符合执行国的立法，执行国有管辖权的机关可以决定对剥夺自由的刑罚与相应的保安处分措施进行（适应性）调整；

4. 执行国有管辖权的机关剥夺自由的刑罚与相应的保安处分措施进行的（适应性）调整不得产生加重刑罚或相应措施的效果。

履行本条规定的各项手续应当制作笔录。

如果被判刑人身在执行国领域，由检察院的代表请求执行国有管辖权的机关履行上述告知手续。

第 728－19 条 （2013 年 8 月 5 日第 2013－711 号法律第 11 条新增条文）检察院的代表向执行国有管辖权的机关转送经认证与正本相符的有罪判决的副本以及第 728－12 条所指的证明书的正本或副本，相应情况下，转送听取被判刑人意见的笔录，以及听取或派人听取负责协助或代表被判刑人的人所作的解释的笔录。

除此之外，检察院的代表向执行国有管辖权的机关转送使用该国官方语言或其官方语言之一或其承认的欧盟机构所使用的正式语言翻译的证明书的译本。如果执行国有管辖权的机关提出要求，检察院的代表按照相同条件制作并向其转送有罪判决的译本或者该判决主要部分的译本。

应执行国有管辖权的机关提出的要求，应当尽快向其寄送经认证与正本相符的有罪判决的副本以及第728－12条所指的证明书的正本。

第 728－20 条 （2013 年 8 月 5 日第 2013－711 号法律第 11 条新增条文）如果被判刑人身在执行国领域，检察院可以在转送有罪判决和证明书时请求该国有管辖权的机关对被判刑人实行先行逮捕，或者请求其采取任何措施让该人继续留在该国领域，以等待作出承认和执行判决的决定。

紧急情况下，如果检察院不能向执行国有管辖权的机关发送证明书的，应当向该机关转送第 728－12 条第 1 点至第 6 点所指的各项情况。

第 728－21 条 （2013 年 8 月 5 日第 2013－711 号法律第 11 条新增条文）

如果执行国有管辖权的机关（仅）部分承认有罪判决询问检察院代表的意见，检察院的代表在与该机关进行联系并在考虑这样处理的可能条件之后，审查是否可以达成一项协议。

部分执行有罪判决不得产生延长刑罚期间或者延长剥夺自由的保安处分措施期间之后果。

如果检察院的代表赞成执行国有管辖权的机关所考虑的（仅）部分执行有罪判决的方式与条件，对此予以同意；相反情况下，撤回其发出的证明书。

第 728 - 22 条　（2013 年 8 月 5 日第 2013 - 711 号法律第 11 条新增条文）只要刑罚尚未开始执行，检察院的代表得随时决定撤回证明书，并向执行国的有管辖权的机关指明撤回证明书的理由。

特别在具有下列情形时，证明书予以撤回：

1. 执行国有管辖权的机关在接到向其转送的有罪判决之后，发出说明理由的通知意见，从该意见来看，在该国执行有罪判决无助于被判刑人回归社会，且检察院的代表认为执行国有管辖权的机关提出的意见有依据；

2. 执行国有管辖权的机关通知检察院的代表对宣告的有罪判决将作出（适应性）调整，而检察院的代表根据该项通知认为，不应当继续保留为承认与执行有罪判决而提出的请求；

3. 执行国有管辖权的机关已经依职权或者应检察院的代表的请求，向其传达了该国在提前释放或假释方面所适用的规定，检察院的代表根据该项通知认为，不应当继续保留为承认与执行有罪判决而提出的请求。

第二目　移送与过境

第 728 - 23 条　（2013 年 8 月 5 日第 2013 - 711 号法律第 11 条新增条文）执行国有管辖权的机关告知其同意承认有罪判决并同意在其领域内执行该判决时，如果被判刑人身在法国领域，检察院的代表采取必要措施，将被判刑人移送至执行国领域。

移送被判刑人的日期，由司法部与执行国的有管辖权的机关共同确定；最迟应当自执行国作出同意决定起 30 日内进行移送。如果由于未能预见的原因，在该期限内不能移送被判刑人，只要情况不再构成障碍，由双方共同确定新的移送日期，并且最迟应当自该日期起 10 日内进行移送。

第 728 - 24 条　（2013 年 8 月 5 日第 2013 - 711 号法律第 11 条新增条文）司法部长向移送被判刑人需要经过的每一个欧盟成员国的有管辖权的机关转送一份附有证明书副本的过境申请（une demande de transit）；应这些国家有管辖权的机关的要求，还需提交用有关国家官方语言或其官方语言之一或者其承认的欧盟机构所使用的正式语言翻译的证明书的译本。

第728-25条 (2013年8月5日第2013-711号法律第11条新增条文)如果受请求从其领域过境的国家不能保证被判刑人在该国领域内不会因其在此次从法国领域向国外移送之前所实施的犯罪或受到的有罪判决而受到追诉或者被采取剥夺或限制其自由的措施,司法部长得撤回过境申请。

第728-26条 (2013年8月5日第2013-711号法律第11条新增条文)在使用中途不停留的空中交通工具移送被判刑人时,不要求提出任何过境申请。但是,在飞机偶然降落在某一欧盟成员国领土的情况下,司法部长在72小时内向该国有管辖权的机关提交第728-12条所指的证明书。

第三目 同意因其他犯罪提起追诉或者执行有罪判决①

第728-27条 (2013年8月5日第2013-711号法律第11条新增条文)在被判刑人移送之前或者其后,执行国有管辖权的机关向(法国)检察院的代表提出申请,请求(法国)同意该国就被判刑人在此次移送之前实施的、引起对其提出承认与执行判刑判决之申请以外的某一犯罪提起追诉、判处或剥夺其自由时,由上诉法院预审庭受理该项请求。

如果该项申请是在被判刑人被移送之后提出,有管辖权的上诉法院预审庭是宣告已经移送执行的有罪判决的法院在其辖区内的上诉法院的预审庭。

上诉法院预审庭在接到上述申请之后30日内作出审理裁判。在作出裁判之前,预审庭应当查证(执行国)在其提出的申请中提供了第695-13条规定的全部情况,并且确认从第695-32条的规定来看已得到相应的保证。

在(执行国)申请对其实行追诉的行为构成第695-23条所指的犯罪之一,并且属于第695-12条的适用范围时,对(执行国提出的)该项申请给予同意。

第四目 刑罚的执行

第728-28条 (2013年8月5日第2013-711号法律第11条新增条文)刑罚的执行,受执行国的法律调整。

第728-29条 (2013年8月5日第2013-711号法律第11条新增条文)如果因大赦、特赦、再审判决或者其他任何裁决或措施,立即或者随后引起原有罪判决失去执行力,检察院的代表立即通知执行国有管辖权的机关。

第728-30条 (2013年8月5日第2013-711号法律第11条新增条文)

---

① 本目规定表明,法国法律承认特定性规则不具有绝对性。——译者注

由于被判刑人已逃跑或者在该国不可能找到被判刑人，有罪判决部分未履行时，执行国有管辖权的机关告知法国的检察院，检察院由此恢复要求在法国领域执行该有罪判决的权力。

第三节　有关在法国领域执行欧盟其他成员国宣告的有罪判决的规定

第一目　拒绝承认与拒绝执行的理由

第 728－31 条　（2013 年 8 月 5 日第 2013－711 号法律第 11 条新增条文）只有在第 728－32 条与第 728－33 条所指的情况下，才能拒绝在法国领域执行欧盟另一成员国宣告的有罪判决。

拒绝执行判决的决定，应当按照前款所指的条文的规定说明理由。

第 728－32 条　（2013 年 8 月 5 日第 2013－711 号法律第 11 条新增条文）下列情形得拒绝在法国领域执行（欧盟其他成员国宣告的）有罪判决：

1. 未提交证明书，提交的证明书不完整或者明显与请求执行的有罪判决不一致，并且在确定期限内未对证明书作出补充或更正；

2. 被判刑人既不在法国，也不在判刑国；

3. 不具备第 728－11 条规定的条件；

4. 针对其作出有罪判决的犯罪已经受到法国法院或者判决国以外的另一国的法院最终确定的判决，但以所判刑罚已经执行完毕或者正在执行当中，或者按照判刑国的法律不能将其付诸执行为保留条件；

5. 按照法国法律的规定，有罪判决所依据的事实并不构成犯罪；

6. 被判刑人在法国享有阻止执行该判决的豁免权；

7. 在导致作出有罪判决的刑事诉讼案件中被判刑人本人并未亲自到案，但第 695－22－1 条第 1 点与第 3 点所指情况除外；

8. 按照法国法律，在收到证明书之日，刑罚时效期间已经经过；

9. 对实施犯罪之日尚不满 13 岁的未成年人作出的有罪判决；

10. 宣告的刑罚中包含有按照法国法律制度或卫生制度不能得到执行的精神病治疗措施或医学治疗措施或者其他剥夺自由的保安处分措施；

11. 经确认被判刑人被判刑是基于其性别、种族、宗教、出生人种、国籍、语言、政治意见或者性取向或性身份之原因，或者有可能因这些原因之一而损害该人的地位。

在有罪判决涉及的犯罪是税收、海关与外汇方面的犯罪案件，而法国法律并未规定相同的税种或者没有相同的税收、海关与外汇方面的规章时，上述第

5 点所指的拒绝执行判刑的理由不具有对抗效力。

第 728-33 条 （2013 年 8 月 5 日第 2013-711 号法律第 11 条新增条文）在下列情形下，可以拒绝执行有罪判决：

1. 作为有罪判决之依据的犯罪全部或绝大部分是在法国领域或视为法国领域的地点实施；

2. 自接收证明书之日计算，尚待执行的刑罚的刑期不足 6 个月；

3. 判刑国拒绝同意被判刑人在法国就其在此次移送之前实行的、引起对其提出承认与执行判决的申请之外的某一犯罪受到追诉、判处或剥夺其自由时。

第二目 共和国检察官接收与审查为承认与执行判决而提出的申请

第 728-34 条 （2013 年 8 月 5 日第 2013-711 号法律第 11 条新增条文）欧盟其他成员国提出的旨在法国领域承认与执行其法院宣告的有罪判决的申请，由共和国检察官接收。共和国检察官也可以请求欧盟另一成员国有管辖权的机关向其转送旨在法国领域承认与执行由该成员国的法院宣告的有罪判决。

共和国检察官可以进行或者派人进行其认为有益的任何补充调查。

第 728-35 条 （2013 年 8 月 5 日第 2013-711 号法律第 11 条新增条文）有管辖权的共和国检察官是被判刑人已知的最后居所地、被羁押地的共和国检察官，或者如果部分犯罪是在法国领域内实施的，犯罪地在其辖区的共和国检察官有管辖权；若非如此，巴黎大审法院共和国检察官有管辖权。

如果判刑国为（在法国）承认与执行其作出的该判决而向法国某一共和国检察官发出请求，在该共和国检察官无管辖权的情况下，由其立即将此请求转送有管辖权的共和国检察官，并通知判刑国有管辖权的机关已进行转送。

第 728-36 条 （2013 年 8 月 5 日第 2013-711 号法律第 11 条新增条文）当判刑国的有管辖权的机关在转送有罪判决与证明书之前向共和国检察官询问意见时，在按照第 728-11 条第 3 点的规定，承认判决以征得执行国（法国）同意为前提条件的情况下，共和国检察官立即向判刑国有管辖权的机关通知其是否同意转送判决和证明书。

当判刑国有管辖权的机关在转送有罪判决与证明书之前向共和国检察官询问意见时，共和国检察官可以在说明理由的书面通知中向判刑国有管辖权的机关指出在法国执行该判决是否有利于被判刑人回归社会。

共和国检察官在未接到询问但已接到有罪判决与证明书时，如果其认为在法国执行有罪判决并不有利于被判刑人回归社会，依职权向判刑国的有管辖权的机关转送一份书面的意见，说明这方面的理由。

第 728 – 37 条 （2013 年 8 月 5 日第 2013 – 711 号法律第 11 条新增条文）如果被判刑人身在法国领域，在判刑国有管辖权的机关提出请求时，由共和国检察官听取被判刑人的陈述，或者，如果被判刑人是未成年人或者受到保护的人，由共和国检察官听取负责协助或者代表该人的人所作的陈述，以收集其提出的书面或口头的意见。这些意见附于案卷。相应情况下，共和国检察官征求被判刑人（对在法国执行有罪判决所表示的）同意。

第 728 – 38 条 （2013 年 8 月 5 日第 2013 – 711 号法律第 11 条新增条文）共和国检察官在收到欧盟某一成员国提出的申请，请求承认与执行该成员国的法院宣告的判处自由刑或者剥夺自由的保安处分措施的有罪判决时，应当核实确认判刑国的有管辖权的机关已经转送有罪判决或者经认证与正本相符的判决副本以及第728 – 12 条所指的证明书和这些文件的法文译本。

共和国检察官如果认为证明书的内容不充分，无法就承认与执行判决的请求作出决定，可以与判刑国有管辖权的机关协调，要求将该判决或者其指定的判决的主要部分翻译成法文。共和国检察官认为证明书不完整或者不准确时，也可以要求判刑国有管辖权的机关对其进行补充或更正。

第 728 – 39 条 （2013 年 8 月 5 日第 2013 – 711 号法律第 11 条新增条文）共和国检察官可以要求判刑国有管辖权的机关同意被判刑人在法国就其被移送之前实施的犯罪受到追诉、判刑或者剥夺自由。该项请求必须包含第 695 – 13 条所指的全部情况并按照第 695 – 14 条的规定进行翻译。

第 728 – 40 条 （2013 年 8 月 5 日第 2013 – 711 号法律第 11 条新增条文）共和国检察官考虑提出第728 – 32 条（第 1 款）第 1 点至第 4 点、第 7 点、第 10 点与第 11 点或者第 728 – 33 条第 1 点所指的某一种拒绝理由时，应当向判刑国有管辖权的机关进行通知，以便该机关能够在相应情况下提供任何补充情况。

第 728 – 41 条 （2013 年 8 月 5 日第 2013 – 711 号法律第 11 条新增条文）应判刑国的有管辖权的机关提出的请求，共和国检察官向该机关告知（法国法）在假释或者提前释放被判刑人方面所适用的规定。

第三目 就承认与执行判决作出的决定以及该决定的救济途径

第 728 – 42 条 （2013 年 8 月 5 日第 2013 – 711 号法律第 11 条新增条文）共和国检察官已经掌握必要情况时，最迟在 8 日内决定是否有必要承认（判刑国法院）判处自由刑或剥夺自由的保安处分措施的有罪判决在法国领域具有执行力（exécutoire）。

第 728-43 条 （2013 年 8 月 5 日第 2013-711 号法律第 11 条新增条文）如果不存在第 728-32 条与第 728-33 条所指的某种拒绝理由，共和国检察官承认判处自由刑或剥夺自由的保安处分措施的有罪判决在法国领域具有执行力。

在按照第 728-11 条第 3 点的规定要求得到执行国有管辖权的机关同意的情况下，共和国检察官在考虑其作出的决定是否有利于被判刑人回归社会的基础上评判是否有必要给予同意。

在按照第 728-11 条第 3 点的规定需要得到被判刑人同意的情况下，共和国检察官在其承认有罪判决在法国具有执行力的决定中需明文确认被判刑人已经同意。

共和国检察官拒绝承认有罪判决在法国具有执行力的决定应当说明理由。

第 728-44 条 （2013 年 8 月 5 日第 2013-711 号法律第 11 条新增条文）如果可以承认有罪判决在法国具有执行力，共和国检察官评判是否有必要就自由刑或剥夺自由的保安处分措施进行适应性调整。

有罪判决宣告的自由刑或剥夺自由的保安处分措施的期间超过法国法院对相同犯罪可能依法宣告的刑期时，共和国检察官提议将刑期减至法国法律对相应犯罪所规定的法定最高刑期。有罪判决涉及数个犯罪时，共和国检察官参照其中受到最严厉制裁的犯罪所规定的法定最高刑，作出决定。

有罪判决宣告的自由刑或者剥夺自由的保安处分措施，因其性质，与法国法律不能相互对应时，共和国检察官用法国法律规定当处的自由刑或者剥夺自由的保安处分措施进行替代，但如果该种替代产生加重刑罚之后果的除外。

第 728-45 条 （2013 年 8 月 5 日第 2013-711 号法律第 11 条新增条文）针对数个犯罪作出的有罪判决，并且由于第 728-32 条或者第 728-33 条所指的理由之一，涉及这些犯罪之一或者其中某些犯罪的判决部分（在法国）不能得到承认和执行时，共和国检察官征求判刑国有管辖权的机关的意见，以便决定是否可能仅执行该判决对涉案犯罪判处的刑罚中可以得到承认与执行之部分。

只有得到判刑国的同意，才能决定部分执行判决。部分执行有罪判决，不得产生增加自由刑刑期或者增加剥夺自由之保安处分措施期间的效果。

如果（原判决）对涉案的所有犯罪仅宣告了一个刑罚，在本条第 1 款所指情况下，（在法国）付诸执行的刑罚的刑期，在该判决宣告的刑期界限之内，不得超过按照判刑国的法律的规定、准许在法国执行对其作出的判决的犯罪当处的最高刑期，也不得超过按照法国法律对相对应的犯罪规定的法定最高刑期。受到有罪判决的所有犯罪中有多个犯罪可以作为在法国承认与执行判决的理由时,在确定付诸执行的刑罚的最高刑期时,考虑按照判刑国的法律受到最严厉制裁的犯罪。

第 728-46 条 (2013 年 8 月 5 日第 2013-711 号法律第 11 条新增条文) 共和国检察官按照第 728-44 条的规定对刑罚进行(适应性)调整时,立即向大审法院院长或者院长指定的法官提出请求,以便其对"刑罚(适应性)调整建议"进行认可。

共和国检察官向大审法院院长或者院长指定的法官报送全部案卷材料。

第 728-47 条 (2013 年 8 月 5 日第 2013-711 号法律第 11 条新增条文) 大审法院院长或者院长指定的法官在受理请求之后,根据向其报送的全部案卷材料作出裁决,决定是否认可共和国检察官提出的刑罚调整建议。

拒绝认可刑罚调整建议的裁定,应当说明理由。

第 728-48 条 (2013 年 8 月 5 日第 2013-711 号法律第 11 条新增条文) 第 728-43 条所指的共和国检察官的决定,以及相应情况下,认可或者拒绝认可对自由刑或剥夺自由的保安处分措施进行(适应性)调整建议的裁定,立即通知被判刑人。在通知书中写明并以此告知被判刑人,如果其不接受该项裁定,可以在 10 日内提出诉状,向轻罪上诉法庭提出上诉;上诉状应当具体说明其提出异议的法律和事实上的理由,否则不予受理;通知书还应当告知被判刑人在轻罪上诉庭可以由其选任的律师协助,或者由律师公会会长依职权指定的律师协助。

但是,在第 728-11 条第 3 点所指情况下作出的拒绝执行判决的裁定时,被判刑人不得向轻罪上诉法庭提出上诉。

第 728-49 条 (2013 年 8 月 5 日第 2013-711 号法律第 11 条新增条文) 共和国检察官提出的刑罚调整建议未得到认可的情况下,可以向大审法院院长或者院长指定的法官再次提出申请,并提出另一项(适用性)调整决定,或者对原先提出的调整决定另行说明理由,或者依据新的材料提出申请,或者在拒绝认可裁定作出后 10 日内向轻罪上诉法庭提出申请,请求上诉法庭就承认与执行有罪判决事由作出审理裁判。

向轻罪上诉法庭提出申请以及提出该项申请的目的,立即告知被判刑人。被判刑人受要求立即告知其是否打算在该上诉法庭由其选任的律师代理或者由律师公会会长依职权指定的律师为其代理。

只有在进行这些告知之后再经过 10 日,轻罪上诉法庭才能开庭审理。

第 728-50 条 (2013 年 8 月 5 日第 2013-711 号法律第 11 条新增条文) 在共和国检察官向轻罪上诉法庭提出申请的情况下,由其此前作出的决定以及大审法院院长或者院长的裁定,均视为不曾作出。

第 728－51 条 （2013 年 8 月 5 日第 2013－711 号法律第 11 条新增条文）轻罪上诉法庭公开开庭审理，但如果当事人是未成年人，或者如果公开进行审理有可能妨碍正在进行中的程序的正常进展、有损于第三人的利益或当事人的尊严，则不公开进行庭审。在此情形下，轻罪上诉法庭，应检察院、被判刑人的律师的请求，或者依职权，以在评议室作出的裁定进行裁判；对该项裁定，只能在对承认与执行有罪判决的裁定提起上诉的同时才能向最高法院提起上诉。

应当听取检察院的意见，以及如果被判刑人指定了律师，应当听取律师的陈述，或者让判刑国有管辖权的机关听取被判刑人的陈述。

轻罪上诉法庭可以作出一项不准提出不服申请的裁定，批准判刑国通过其为此授权的人参加庭审。判刑国获准参加庭审，并不因此成为诉讼程序的当事人。

第 728－52 条 （2013 年 8 月 5 日第 2013－711 号法律第 11 条新增条文）轻罪上诉法庭掌握必要的情况之后，最迟在 15 日内作出裁决，决定是否承认宣告自由刑或剥夺自由之保安处分措施的有罪判决在法国领域具有执行力。对此情形，适用第 728－37 条至第 728－39 条、第 728－42 条至第 728－44 条的规定。就适用这些条文的规定而言，由轻罪上诉法庭行使共和国检察官的职权。

如果由判刑国有管辖权的机关提出的承认与执行判决的请求属于第 728－11 条第 3 点规定的范围，并且共和国检察官宣告不同意其（在法国）付诸执行，轻罪上诉法庭对共和国检察官的决定给予认可，并确认（判刑国法院）宣告自由刑或者剥夺自由之保安处分措施的有罪判决在法国不得付诸执行。

轻罪上诉法庭考虑提出第 728－32 条（第 1 款）第 1 点至第 4 点、第 7 点、第 10 点与第 11 点或者第 728－33 条第 1 点所指的某一拒绝理由时，如果共和国检察官按照第 728－40 条的规定已经进行该项通知，法庭没有必要再向判刑国有管辖权的机关进行通知。

第 728－53 条 （2013 年 8 月 5 日第 2013－711 号法律第 11 条新增条文）对轻罪上诉法庭的裁定，可以向最高法院提起上诉；对此情形，适用第 568－1 条以及第 567－2 条第 1 款的规定。

第 728－54 条 （2013 年 8 月 5 日第 2013－711 号法律第 11 条新增条文）如果在特殊情况下，在收到有罪判决与证明书之后 90 日内不能就承认与执行该有罪判决作出相关的最终决定，共和国检察官立即通知判刑国有管辖权的机关，并向其指出延迟作出决定的原因以及估计作出决定可能需要的补充期限。

在共和国检察官或者轻罪上诉法庭要求判刑国有管辖权的机关补充或者更

正证明书的有关内容，或者要求寄送有罪判决的完整的或部分的译本时，自提出这项请求至判刑国转送要求其提供的材料之日，第 1 款规定的期间中止计算。

第 728－55 条 （2013 年 8 月 5 日第 2013－711 号法律第 11 条新增条文）共和国检察官立即向判刑国有管辖权的机关通知与承认和执行有罪判决有关的最终决定，相应情况下，向其通知就自由刑或者剥夺自由的保安处分措施进行适应性调整的决定。如果最终确定的决定是拒绝承认与执行有罪判决，或者是对自由刑或剥夺自由之保安处分措施进行调整的决定，共和国检察官还应当向判刑国有管辖权的机关通知作出该项决定的原因。

如果在对自由刑或者剥夺自由的保安处分措施进行调整并且折抵当事人已经服刑的时间之后，有罪判决应当被视为已经执行完毕时，共和国检察官向判刑国有管辖权的机关通知不能在法国为执行该判决而关押被判刑人，并且，在被判刑人已经被移送的情况下，自该人到达法国领域时，立即将其释放。

第四目　刑罚的执行

第 728－56 条 （2013 年 8 月 5 日第 2013－711 号法律第 11 条新增条文）承认有罪判决在法国具有执行力的决定一经最终确定，被判处的自由刑或者剥夺自由的保安处分措施，就其在判刑国尚未执行的部分，可以按照该决定规定的条件付诸执行。

刑罚的执行依本法典之规定。

第 728－57 条 （2013 年 8 月 5 日第 2013－711 号法律第 11 条新增条文）被判刑人在法国或者在判刑国获得大赦、特赦，或者因在判刑国提起再审程序之后有罪判决被撤销，或者因其他任何裁决或措施产生取消该判决执行力的效果时，检察院终止执行该判决。

在外国宣告的有罪判决，不得在法国提起再审程序（une procédure de révision）。

第 728－58 条 （2013 年 8 月 5 日第 2013－711 号法律第 11 条新增条文）如果在法国领域内不可能找到被判刑人，共和国检察官向判刑国有管辖权的机关通知该有罪判决因此理由而无法执行。

第 728－59 条 （2013 年 8 月 5 日第 2013－711 号法律第 11 条新增条文）如果在以执行刑罚的名义对被判刑人实行关押之前，判刑国不论何种原因撤回证明书的，均阻止执行其转送的有罪判决。

第 728－60 条 （2013 年 8 月 5 日第 2013－711 号法律第 11 条新增条文）检察院立即向判刑国有管辖权的机关进行以下通知：

1. 已经取消有罪判决执行力的第 728－57 条所指的决定或措施，但判刑国有管辖权的机关向法国检察院通知的决定或措施除外；
2. 被判刑人逃跑；
3. 被判刑人获得假释以及假释措施到期日期；
4. 自由刑或者剥夺自由的保安处分措施已经得到执行。

第五目　被判刑人的移送

第 728－61 条　（2013 年 8 月 5 日第 2013－711 号法律第 11 条新增条文）如果被判刑人身在判刑国的领域，最迟在（法国）承认与执行自由刑或者剥夺自由之保安处分措施的决定最终确定之日起 30 日内，被移送①至法国领域。移送日期由司法部长与该国有管辖权的机关协商确定。

由于不能预见的情形在该期限内无法移送被判刑人时，只要该种情形已经停止，司法部长与判刑国有管辖权的机关商议确定新的移送日期。最迟在该日期之后 10 日内完成移送。

第 728－62 条　（2013 年 8 月 5 日第 2013－711 号法律第 11 条新增条文）为执行欧盟某一成员国的法院宣告的自由刑或剥夺自由之保安处分措施而移送到法国领域的人，除引起此次移送执行判决的犯罪以外，不得再因其在被移送之前的任何其他犯罪事实而受到追查、追诉、被判有罪或者受到羁押，但属于下列情形的，不在此限：

1. 在刑满释放后 45 日内本可以离开法国领域但在此期间并未离开法国，或者在离开之后又自愿返回法国的；
2. 实施的犯罪没有受到自由刑或剥夺自由之保安处分措施惩处的；
3. 在因受到指控的犯罪实行的程序期间，没有适用任何剥夺自由或者限制自由之措施的；
4. 被判刑人不会因（其被移送之前的）此种犯罪被科处自由刑或者剥夺自由之保安处分措施的；
5. 被判刑人同意移送的；
6. 被判刑人在被移送之后，在第 695－19 条最后一款规定的条件下，向刑罚执行地的轻罪法院明确表示放弃享有该条第 1 款所指的特定性规则，而其作出的这项放弃表示不可撤销的；
7. 判刑国有管辖权的机关明确同意排除适用特定性规则的。

---

① 有学者认为"transfert"这一术语译为"移管"比较恰当，但在法律条文中并不适宜。——译者注

第 728 – 63 条 （2013 年 8 月 5 日第 2013 – 711 号法律第 11 条新增条文）（向判刑国有管辖权的机关提出的）请求按照第 728 – 62 条第 7 点的规定同意不适用特定性规则的申请，由司法部长向判刑国有管辖权的机关发出；发出的该项申请应当包含第 695 – 13 条规定的全部情况，并按照第 695 – 14 条规定的方式进行翻译。

第六目　先行逮捕

第 728 – 64 条 （2013 年 8 月 5 日第 2013 – 711 号法律第 11 条新增条文）如果被判刑人身在法国领域并且判刑国有管辖权的机关为了保障该人留在法国领域，请求在等待（法国作出）承认与执行有罪判决的决定期间先行逮捕被判刑人，或者对其采取其他任何措施时，共和国检察官如果认为不能充分保障被判刑人随传随到，可以要求对该人实行抓捕并在 24 小时内解送。在此期间，适用第 63 – 2 条与第 63 – 3 条之规定。

在判刑国有管辖权的机关在转送有罪判决和证明书之前就已经提出本条第 1 款所指请求的情况下，只有在该机关向共和国检察官提供第 728 – 12 条第 1 点至第 6 点所指的情况时，才能按照第 1 款的规定抓捕被判刑人。

第 728 – 65 条 （2013 年 8 月 5 日第 2013 – 711 号法律第 11 条新增条文）在将被判刑人送交共和国检察官时，共和国检察官查证该人的身份，并用其懂得的语言告知其受到的有罪判决以及作出该判决的国家提出的请求。共和国检察官向被判刑人告知打算申请对其实行关押、指定居住加电子监控或者将其交给刑罚执行法官对其实行司法监督，并且向被判刑人告知可以由其选任的一名律师协助或者由律师公会会长依职权指定的律师协助。可以采取任何方法立即通知律师公会会长。共和国检察官通知被判刑人可以立即与指定的律师谈话。

第 728 – 66 条 （2013 年 8 月 5 日第 2013 – 711 号法律第 11 条新增条文）只有在被判刑人的待服刑期超过 2 年或者 2 年时，才能按照第 142 – 5 条的规定对该人实行羁押或者指定居住加电子监控，但第 723 – 16 条所指的某一种情况除外。

第 728 – 67 条 （2013 年 8 月 5 日第 2013 – 711 号法律第 11 条新增条文）被判刑人在刑罚执行法官前出庭，相应情况下，由其律师协助。审理公开开庭进行，但如果公开开庭妨碍正在进行中的程序的正常进展、有损于第三人的利益或者被判刑人的尊严，则不公开进行审理。在此情形下，自由与羁押法官应检察院的请求，或者应被判刑人的律师的请求，或者依职权，在评议室作出裁定、进行裁判。

自由与羁押法官在作出裁定之前，听取检察院的意见以及被判刑人及其律师的陈述。如果自由与羁押法官不支持向其提出的对被判刑人实行关押或指定居住加电子监控的请求，可以对被判刑人规定第 138 条所指的一项或数项义务。

第 728–68 条　（2013 年 8 月 5 日第 2013–711 号法律第 11 条新增条文）被判刑人可以随时向自由与羁押法官请求按照第 148–6 条与第 148–7 条规定的方式将其释放，或者取消对其实行的司法监督或指定居住加电子监控措施。

自由与羁押法官在向共和国检察官传达（当事人提出的）本条第 1 款所指的请求之后 8 个工作日内，在考虑（能否）保证被判刑人随传随到的基础上，以说明理由的裁定作出裁判；自由与羁押法官如果认为有必要，可以命令被判刑人出庭，相应情况下，由律师协助其出庭。对此情形，适用第 148 条最后两款的规定。轻罪上诉法庭有权适用第 148 条最后一款的规定。

在第 728–64 条第 2 款所指情况下，如果判刑国有管辖权的机关自被判刑人被关押起 8 日内未转送有罪判决与证书，得依职权将其释放。

第 728–69 条　（2013 年 8 月 5 日第 2013–711 号法律第 11 条新增条文）对自由与羁押法官按照第728–67条与第 728–68 条的规定作出的裁定，可以向轻罪上诉法庭提起上诉；轻罪上诉法庭适用第 194 条第 3 款与第 199 条最后 2 款的规定。

第 728–70 条　（2013 年 8 月 5 日第 2013–711 号法律第 11 条新增条文）如果有罪判决被拒绝执行，或者判刑国撤回证明书，应当立即释放被判刑人，并终止对其实行的指定居住加电子监控或司法监督。

第四节　有关从法国领域过境的规定

第 728–71 条　（2013 年 8 月 5 日第 2013–711 号法律第 11 条新增条文）从判刑国向执行国移送被判刑人时，需要从法国过境的，由司法部长批准。

第 728–72 条　（2013 年 8 月 5 日第 2013–711 号法律第 11 条新增条文）提交过境申请的同时应当附有判刑国有管辖权的机关制作的第 728–12 条所指的证明书；司法部长可以要求将证明书翻译成法文。

第 728–73 条　（2013 年 8 月 5 日第 2013–711 号法律第 11 条新增条文）司法部长既不能保证被判刑人不会因为其在离开判刑国之前实施的犯罪或受到的判决在法国领域受到追诉、羁押，也不能保证该人的个人自由不会受到任何其他限制时，将此情况通知请求从法国过境的有管辖权的机关。

第 728–74 条　（2013 年 8 月 5 日第 2013–711 号法律第 11 条新增条文）司法部长尽快并且最迟在收到过境申请之后 1 个星期内作出决定。在要求将证明书翻译成法文的情况下，该期限仅自提交翻译文本起开始计算。

第 728 - 75 条 （2013 年 8 月 5 日第 2013 - 711 号法律第 11 条新增条文）被判刑人受到羁押的时间，严格以其从法国领域过境所需的时间为限。

第 728 - 76 条 （2013 年 8 月 5 日第 2013 - 711 号法律第 11 条新增条文）在移送过程中航空器在法国领土上偶然降落的情况，适用本节之规定。

第三编　假　释

第 729 条　（2000 年 6 月 15 日第 2000 - 516 号法律，2014 年 8 月 15 日第 2014 - 896 号法律第 51 条）假释的目的是让被判刑人回归社会，预防重新犯罪。

待服一项或多项自由刑的被判刑人，如果在社会再适应方面明显作出了严肃努力，并且证明属于以下情况的，可以获得假释：

1. 从事职业活动，进行实习，或者从事临时性工作，或者努力接受教育或职业培训；
2. 或者对家庭生活有实质性参与；
3. 或者因接受医疗之必要性；
4. 或者为赔偿被害人赔偿作出了努力；
5. 或者参与任何回归社会或再回归社会的严肃计划。

（1992 年 12 月 16 日第 92 - 1336 号法律）除保留执行《刑法典》第 132 - 23 条之规定外，被判刑人已经服刑的时间至少等于其尚需服刑的时间的，可以同意假释；但是，属于《刑法典》第 132 - 8 条、第 132 - 9 条或第 132 - 10 条意义上的累犯的被判刑人，只有其已服刑时间至少 2 倍于尚待服刑的时间时，才可以享有假释措施之利益。在本款所指情况下，考验时间不得超过 15 年（1992 年 12 月 16 日第 92 - 1336 号法律规定），或者，如果被判刑人属于依法认定的累犯情形，考验时间不得超过 20 年。

对于被判无期徒刑的人，考验时间为 18 年；如果被判刑人属于依法认定的累犯情形，考验时间为 20 年。

当事人是依法律规定应当实行社会 - 司法跟踪监督措施的重罪或轻罪被判刑的，如果其在在押期间拒绝接受刑罚执行法官按照第 717 - 1 条与第 763 - 7 条的规定向其提议的治疗，不得对其实行假释；刑罚执行法官按照第 717 - 1 条的规定得到告知被判刑人未按照规定正常接受治疗的情况下，亦同。对不肯作出承诺在获释之后继续进行按照第 731 - 1 条之规定向其提议的治疗的被判刑人，也不得同意实行假释。

被判刑人年龄超过 70 岁的，不适用本条有关已服刑时间的规定；只要能够确保被判刑人回归社会或再回归社会，特别是如果其在出狱之后有人对其承担适合其状况的责任的,或者如果其证明有人收容的,可以同意假释,但如果其存在重新犯罪的严重危险,或者将其假释有可能对公共秩序造成严重扰乱的,不予假释。

被判刑人依据第720-1-1条的规定获准实行某项中止刑罚之措施的,如果在实行此种措施之后经过3年,通过进行一次新的鉴定,确认其身体状况或精神状况仍然而且持久地不适于继续羁押,并且被判刑人证明有人承担与其状况相适应的责任时,可以不考虑其已经服刑的时间,同意对该人实行假释。

第729-1条 (1986年9月9日第86-1021号法律)对被判无期徒刑的人,可以同意按照(2004年3月9日第2004-204号法律第193-3条)第721-1条规定的形式与条件缩短对获得假释规定的必要的考验时间;缩短考验期的总时间为:视被判刑人是否属于依法认定的累犯情形,按每一年关押时间计算,不超过20日或一个月;相应场合下,缩短考验期的时间仅能从超过《刑法典》第132-23条所规定的(1992年12月16日第92-1336号法律)关押期的刑期中扣减。

第729-2条 (1995年2月8日第95-125号法律,2014年11月13日第2014-1353号法律第2条)被判处自由刑的外国人,被判禁止进入法国领域、行政性禁止在法国领域居留、有义务离开法国领域、禁止返回法国领域、押送至边境、驱逐出境、根据欧洲逮捕令引渡或者移交的,对其给予假释需以该种措施已经得到执行为条件;作出该项假释决定可以不经其本人同意。

(2003年11月26日第2003-1119号法律第83条)作为前款规定之例外,对于被判处禁止进入法国领域之附加刑的外国人,刑罚执行法官或者(2004年3月9日第2004-204号法律第162-3条)刑罚执行法庭可以命令在实行第732条所指的援助与监督措施期间中止执行这一刑罚,并同意对该人实行假释。援助与监督期间届满,如果假释决定未被撤销,当然取消禁止该外国人进入法国领域的措施,相反情况下(如撤销假释决定),禁止进入法国领域之附加刑恢复其执行力。

第729-3条 (2000年6月15日第2000-516号法律第122条,2014年8月15日第2014-896号法律第25条)对于被判处4年或4年以下自由刑的任何人,或者待服刑期在4年或4年以下的任何被判刑人,如果该人对与其日常居住在一起的年龄未满10岁的子女行使亲权的,可以同意假释。

本条之规定不适用于因对未成年人实行重罪或轻罪或者认定属于法定的累犯情况下实行犯罪的被判刑人。

第730条 (2000年6月15日第2000-516号法律第125-6条,2014年8月15日第2014-896号法律第45条)对被判刑人宣告的自由刑刑期为10

年或 10 年以下的，或者，不论法院宣告的刑罚如何，被判刑人尚待服刑、应受拘押的期间为 3 年或 3 年以下的，刑罚执行法官可以按照（2004 年 3 月 9 日第 2004－204 号法律第 162－9 条）第 712－6 条的规定同意假释。

其他情况下，（2004 年 3 月 9 日第 2004－204 号法律第 162－9 条）由刑罚执行法庭按照第 712－7 条规定的方式同意假释。

（1972 年 12 月 29 日第 72－1226 号法律）为适用本条之规定，在具备第 729 条规定的期限条件时，每年对每一被判刑人的情况至少进行一次检查。

对于被判处 5 年或 5 年以上监禁刑的被判刑人的假释申请，民事当事人的律师如果提出请求，可以参加在刑罚执行法官、刑罚执行法庭或者作为上诉审的上诉法院刑罚执行法庭进行的对席辩论，并在检察院提出意见之前陈述意见。

本条之实施方式由法令规定。①

第 730－1 条 （废止）

第 730－2 条 （2014 年 8 月 15 日第 2014－896 号法律第 43 条）被判处重罪无期徒刑，或者因法律规定应当实行社会－司法跟踪监督的犯罪被判处 15 年或 15 年以上监禁刑或重罪徒刑，或者因第 706－53－13 条所指的犯罪被判 10 年或 10 年以上监禁刑或重罪徒刑的被判刑人：

1. 不论其尚待关押的时间长短，只能由刑罚执行法庭同意假释；

2. 只有在听取保安处分措施综合审查委员会的意见之后，才能同意假释。委员会在提出意见之前，由负责对在押人员的情况进行观察的专门部门对该人的危险性进行多方面综合评估并附有医疗鉴定意见。如果被判刑人实施的犯罪是第 706－53－13 条所指的重罪，需由 2 名精神病医学专家进行该项鉴定，或者由 1 名心理医学专家与 1 名精神医学专家进行鉴定。精神病医学专家需持有确认其具有大学基础教育与精神病科专业实用教育的毕业证书、证书或职称。所作的鉴定应当按照治疗指令的框架，就《公共卫生法典》第 3711－3 条所

---

① 原条文：（1972 年 12 月 29 日第 72－1226 号法律）同意假释的权利，按照以下区分，或者属于刑罚执行法官，或者属于司法部长：

被判刑人因执行一项或数项自由刑而受到关押的总时间，自入狱之日起计算不超过（1993 年 1 月 4 日第 93－2 号法律）5 年的，由刑罚执行法官听取执行委员会的意见后同意假释。

被判刑人因服一项或数项自由刑而受到关押的总时间自其入狱之日起计算超过（1993 年 1 月 4 日第 93－2 号法律）5 年的，由司法部长同意给予假释。给予假释的建议，由执行法官征求执行委员会的意见之后提出。司法部长得将此建议提交假释咨询委员会。所有情况下，均应当征求被判刑人拟确定的居所所在省省长的意见。——译者注

指的对当事人运用抑制性欲的药物进行治疗的适当性提出结论性意见。

在对被判刑人实行假释不附加移动电子监控措施的情况下,只能在1年到3年内实行半释放、监外执行或者电子监控措施,经过该种考验之后,才能同意假释。在本法典第729条所指的考验时间结束之前,不得实行假释。

本条之实施方式由法令具体规定。

第730-3条 ①(2014年8月15日第2014-896号法律第43条新增条文)执行一项或数项剥夺自由之刑罚的总刑期在5年以上的被判刑人已经服刑的时间至少等于尚待服刑时间的2倍时,由刑罚执行法官或者刑罚执行法庭按照第712-6条或者第712-7条规定的方式,经过对席辩论对被判刑人的状况进行审查之后,就是否同意假释作出审理裁判。如果被判刑人被判处的是重罪无期徒刑,在考验时间尚未经过之前以及在保安处分期间尚未经过之前,不得进行前述对席辩论和审理裁判。

被判刑人事先已经告知其拒绝任何假释措施时,刑罚执行法官或者刑罚执行法庭没有义务进行前述对席辩论和审理裁判。第1款的适用条件由法令作出具体规定。

如果未进行第1款所指的对席辩论、审理裁判,上诉法院刑罚执行庭可以依职权或者由被判刑人或共和国检察官提出的请求,主持对席辩论并进行审理裁判。

第731条 在实行假释的同时,可以附加规定某些特别条件和援助与监督措施,目的是便于被判刑人回归社会,并对其回归社会的情况进行审查;(2004年3月9日第2004-204号法律)在实行假释的同时,尤其可以附加规定《刑法典》第132-44条与第132-45条所指的一项或数项监督措施或义务。

(1972年12月29日第72-1226号法律)这些措施由刑罚执行法官(2000年6月15日第2000-516号法律第123-2条)在回归社会与帮教考验监管服务处的协助下实施,相应情况下,刑罚执行法官由为此得到授权的组织给予协助。

本条所指措施的执行方式、前款所指的组织的授权条件与规章,由法令规定。法令确定为执行这些措施以及委员会的运作所需经费的筹措条件。

第731-1条 (2011年8月10日第2011-939号法律第17条)如果被判刑人是因重罪或轻罪被判刑,法律对该种犯罪规定实行社会-司法跟踪监督

---

① 按照2014年8月15日第2014-896号法律第54条的规定,第730-3条的规定在1年之后才开始适用于已经执行的刑罚刑期至少等于尚待服刑时间的2倍的被判刑人。——法典原注

措施的，在对该人实行假释时，可以规定其履行社会－司法跟踪监督义务。除刑罚执行法官或者刑罚执行法庭另有决定之外，如果在经过本法典第712－21条规定的鉴定之后，认定该人可以进行治疗，按照《公共卫生法典》第3711－1条及其后条款规定的条件，对其作出接受治疗的指令。

对于因法律规定实行社会－司法跟踪监督措施的重罪或轻罪被判处至少7年监禁刑的人，可以按照第763－12条与第763－13条规定的方式实行移动电子监控。刑罚执行法庭或者刑罚执行法官按照第730条与第730－2条所作的区分规定，确定对被判刑人实际接受移动电子监控的时间。该时间不得超过2年；对于轻罪犯罪人，移动电子监控的时间可以延展1次；对于重罪犯罪人，可以延展2次。

第732条 （1972年12月29日第72－1226号法律，2011年5月17日第2011－525号法律第156条）实行假释的决定具体确定假释的执行方式，同意假释或继续假释应当遵守的条件以及实行援助与监督措施的性质与期间。如果假释决定是由刑罚执行法庭作出，法庭可以规定在确定的期间内由刑罚执行法官扩大救助措施或监督措施的范围。

如果（被判刑人）被判处的是有期刑罚，（其获得假释后）实行援助与监督的期间不得少于其在获得假释时的待服刑期；援助与监督的期间也可以超过待服刑期，但超过的时间以1年为限。（1992年12月16日第92－1336号法律）援助与监督措施的总时间不得超过10年。

（1970年7月17日第70－643号法律）如果（被判刑人）正在执行的刑罚是无期刑罚，（其获得假释后）实行援助与监督措施的期间不得少于5年，也不得超过10年（1992年12月16日第92－1336号法律规定）。

（1972年12月29日第72－1226号法律）在整个假释期间，可以按照第712－8条的规定变更假释决定的各项规定。

第732－1条 （2010年3月10日第2010－242号法律第10条新增条文）因第706－53－13条所指的重罪之一被判重罪徒刑的被判刑人，在获得假释时，地区保安留置处分法庭（la juridiction régionale de la rétention de sûreté）可以按照第706－53－15条规定的方式，决定将该人受强制履行的全部或部分义务延长至超过假释的期间，并对其实行保安监控附加规定接受治疗的指令，时间为2年。

只有经过医疗鉴定确认，为了防止重新犯罪，继续对当事人规定治疗指令实属必不可少时，才能命令实行保安监控。

对此情形，适用第723－37条与第723－38条之规定。

第733条 （1972年12月29日第72－1226号法律，2010年3月10日

第 2010 - 242 号法律第 10 条）获得假释的人，如果再次被判刑或者明显行为不轨，不遵守假释决定规定的条件，或者不遵守假释决定宣告的措施，根据第 730 条区分的不同情况，（2004 年 3 月 9 日第 2004 - 204 号法律第 162 - 12 条）刑罚执行法官或刑罚执行法庭可以按照第 712 - 6 条或第 712 - 7 条规定的方式撤销假释决定；在假释决定尚未得到执行以及被判刑人不再具备假释的法定条件时，也可以撤销假释决定。

被判刑人拒绝接受或者拒绝继续进行治疗医生按照第 731 - 1 条的规定在治疗指令的范围向其提议的治疗，构成对其强制规定的义务的违反。

假释被撤销之后，被判刑人应当按照撤销决定的规定，执行其获得假释时尚待服刑的全部或部分刑罚；与此同时，如有必要，还应当执行对其可能科处的所有新的刑罚。被判刑人在先行逮捕状态下经过的时间，按已经执行刑罚的时间计算。

如果前条规定的期限届满后未作出撤销假释的决定，获得假释的人即获得最终释放；在此情况下，刑罚视为自其获得假释之日起已经执行终了。

第三编（二） 公共利益劳动[①]

（2004 年 3 月 9 日第 2004 - 204 号法律第 181 条）

第 733 - 1 条 （2009 年 11 月 24 日第 2009 - 1436 号法律第 94 条）刑罚执行法官得依职权，或者应当事人的请求，或者应检察院的要求，以说明理由的决定命令用日罚金刑替代公共利益劳动。该项决定在按照第 712 - 6 条的规定进行对席辩论之后作出。

这项决定也可以在公共利益劳动已经部分执行之后作出。

第 733 - 2 条 （2005 年 12 月 12 日第 2005 - 1549 号法律第 39 条）在未完成公共利益劳动的情况下，刑罚执行法官得依职权，或者应检察官的要求，以说明理由的决定，将审判法院按照《刑法典》第 131 - 9 条第 2 款与第 131

---

① 原文称为"travail d'intérêt général"，直接翻译为整体利益劳动或总体利益劳动。公共利益劳动是《刑法典》第 131 - 8 条规定的监禁刑的替代刑：处监禁刑的轻罪，法院可以宣告被判刑人为公法人或有资格实施公共利益劳动的协会从事 40 小时至 240 小时的不给报酬的公共利益劳动，以替代宣告监禁刑。监禁刑不得与从事公共利益劳动并科宣告。《刑法典》第 132 - 54 条规定，在附考验的缓期执行条件下，也可以采取公共利益劳动措施。被告人如果拒绝从事公共利益劳动或者其未出庭，不得命令附完成公共利益劳动义务，也不得宣告此种形式的缓刑。全数完成公共利益劳动，刑罚判决视同不曾发生。在完成公共利益劳动期间，被判刑人应当遵守相应的监督措施。——译者注

-11 条的规定宣告的监禁刑与罚金刑付诸执行；可以执行刑罚之全部，或者仅执行其中之部分。

该项决定，应当按照第 712 - 6 条的规定经对席辩论之后作出。

在未完成公共利益劳动的情况下，适用第 712 - 17 条之规定。

第四编　缓期执行与推迟刑罚宣告
（1992 年 12 月 16 日第 92 - 1336 号法律）

第 734 条　（1992 年 12 月 16 日第 92 - 1336 号法律）宣告刑罚的法院（le tribunal ou la cour），在《刑法典》第 132 - 29 条至第 132 - 57 条所指情况下并依其规定的条件，可以命令刑罚缓期执行。

法院也可在《刑法典》第 132 - 60 条至第 132 - 70 条所指情况下并依其规定的条件推迟刑罚宣告。

刑罚缓期执行与推迟宣告的实施方式按照本编之规定确定。

第一章　普通缓期执行
（1970 年 7 月 17 日第 70 - 643 号法律）

第 735 条　（1992 年 12 月 16 日第 92 - 1336 号法律，2014 年 8 月 15 日第 2014 - 896 号法律第 8 条）在审判法院未按《刑法典》第 132 - 38 条①的规定就免予撤销缓期作出明确审理裁判时，被判刑人得在此后请求享有免予撤销缓刑之利益；对被判刑人所提申请进行的审理与裁判，依本法典第 702 - 1 条及第 703 条规定的管辖规则与程序规则。

第 735 - 1 条　（2014 年 8 月 15 日第 2014 - 896 号法律第 8 条）在由欧盟某一成员国宣告判处监禁刑的情况下，只能由轻罪法院依据共和国检察官的申请按照第 711 条规定的方式宣告撤销普通缓刑。

第 736 条　（1993 年 1 月 4 日第 93 - 2 号法律，2012 年 3 月 27 日第 2012 - 409 号法律第 13 条）刑罚的中止执行，不扩大适用于损害赔偿的支付。

（1970 年 7 月 17 日第 70 - 643 号法律）刑罚的中止执行，也不扩大适用

---

①　《刑法典》第 132 - 38 条：在撤销缓刑之场合，前刑不得与第二次判处的刑罚混同执行。但是，法院得以说明理由之特别决定，指出其宣告的判决不引起撤销原给予的缓刑，或者在其确定的时间内仅部分撤销原给予的缓刑。法院亦可仅限制免予撤销原给予的一项或几项缓刑之效力。——译者注

于（1992年12月16日第92-1336号法律）经有罪判决引起的无能力处分、禁止权利与丧失权利。

但是，自按照《刑法典》第132-35条的规定有罪判决视为不曾作出之日，即停止此种无能力、禁止权利、丧失权利处分的效力；（1998年6月17日第98-468号法律）但是，该规定不适用于《刑法典》第136-1条所指的社会-司法跟踪监督措施或禁止从事经常与未成年人接触的职业活动或义务性质的活动。

第737条 （由1992年12月16日第92-1336号法律废止）

第二章　附考验的缓期执行
（1970年7月17日第70-643号法律）

第738条 （由1992年12月17日第92-1337号法律废止）

第739条 （2004年3月9日第2004-204号法律第162-18条，2011年8月10日第2011-939号法律第20条）有罪判决规定所判刑罚附考验的缓期执行时，由按照第712-10条的规定有地域管辖权的刑罚执行法官对被判刑人实行监督。

（1992年12月16日第92-1336号法律）在考验期间，被判刑人应当遵守《刑法典》第132-44条规定的各项监督措施，履行该法典第132-45条专门对其规定的各项特别义务以及经有罪判决决定或者由刑罚执行法官（2004年3月9日第2004-204号法律第162-17条）按照第712-8条的规定随时可能对其规定的各项特别义务。①

---

① 原条文：(1970年7月17日第70-643号法律) 有罪判决规定刑罚缓期执行但附加实行考验的，被判刑人接受其惯常居所所在管辖区的刑罚执行法官监督；或者如被判刑人在法国没有惯常居所，接受宣告有罪判决的法院辖区的刑罚执行法官监督。

(1992年12月16日第92-1336号法律) 在考验期间，被判刑人应当遵守《刑法典》第132-44条规定的各项监督措施，履行该法典第132-45条专门对其规定的特别义务以及经有罪判决决定或刑罚执行法官随时可能作出的决定对其规定的特别义务。

在刑罚执行法官命令履行某项特别义务时，其决定具先予执行力；但是，对此决定，被判刑人可以自接到通知起1个月内，请求轻罪法庭进行审查。轻罪法庭可以认可决定的效力，或者撤销决定或变更决定。如果法庭规定履行一项与刑罚执行法官规定的义务不同的义务，该项决定自通知当事人之日起，取代刑罚执行法官所规定的义务。

与此同时，刑罚执行法官还可在任何时候作出立即具有执行力的决定，调整或取消被判刑人原应履行的特别义务。——译者注

第 740 条 （1970 年 7 月 17 日第 70 - 643 号法律） 在考验期间，由负责监督被判刑人的刑罚执行法官本人或通过任何有资格的人确保监督与援助措施得到执行，（1992 年 12 月 16 日第 92 - 1336 号法律）并确保被判刑人履行其应当履行的义务。

第 741 条 （1970 年 7 月 17 日第 70 - 643 号法律） 被判刑人只要接到要求，均应当前往其接受监督的刑罚执行法官前报到。

（2004 年 3 月 9 日第 2004 - 204 号法律第 183 - 2 条） 被判刑人不遵守上述义务的，适用第 712 - 17 条的规定。

第 741 - 1 条 （2011 年 8 月 10 日第 2011 - 939 号法律第 20 条） 因被判处部分缓期执行并附加考验期的监禁刑而受到关押的被判刑人，在获释之前，向其送交一份传唤通知书（un avis de convocation）；如果该人是因法律规定实行社会 - 司法跟踪监督之犯罪被判刑，该通知书传唤其自获释之日起 8 日内到回归社会与帮教考验监管服务处报到，其他情况下，自其获释之日起 1 个月内到该服务处报到。自此时起，对被判刑人规定的附考验的缓期执行措施由回归社会与帮教考验监管服务处管辖。

第 742 条 （2004 年 3 月 9 日第 2004 - 204 号法律第 183 - 4 条，2005 年 12 月 12 日第 2005 - 1549 号法律第 39 条） 如果被判刑人不遵守按照第 739 条对其规定的监督措施，或者不遵守强制其遵守的特别义务，在其尚未被宣告撤销缓刑时又犯新罪并被判刑的，刑罚执行法官得依职权，或者应检察院的要求，以说明理由的判决命令延长考验期间。刑罚执行法官也可以按照《刑法典》第 132 - 49 条至第 132 - 51 条规定的条件全部或部分地撤销原来给予的缓刑期。

该项决定按照第 712 - 6 条之规定作出。

即使法庭确定的考验期间已经期满，如果是在此期间已经发生延长或撤销考验期的原因，亦适用上述规定。

第 743 条 （2004 年 3 月 9 日第 2004 - 204 号法律第 183 - 5 条） 如果刑罚执行法官延长考验期间，考验期间总计不得超过 3 年。

第 744 条 （2004 年 3 月 9 日第 2004 - 204 号法律第 183 - 5 条） 如果被判刑人完全遵守了监督措施与救助措施，履行了按照第 739 条的规定强制其履行的各项特别义务，并且看来其已经回归社会，刑罚执行法官可以宣告对该被判刑人宣告的刑罚不曾发生。刑罚执行法官不得在有罪判决最终确定起 1 年期限届满之前受理为此目的提出的申请，也不得依职权作出前述宣告。

刑罚执行法官的判决（la décision）按照第 712 - 6 条的规定作出。

第 745 条 （2011 年 8 月 10 日第 2011 - 939 号法律第 22 条） 被判处附考

验的缓期执行之监禁刑的被判刑人，为了避免与被害人或民事当事人接触，必须遵守不出现在特别指定的地点、场所或区域之义务的，或者必须遵守《刑法典》第132－45条第9点与第13点规定的不与被害人或民事当事人进行联络之义务的，刑罚执行法官或者回归社会与帮教考验监管服务处直接或者通过律师，向被害人或民事当事人通知被判刑人考验期的终止日期。

如果被害人或者民事当事人告知他们不希望了解刑罚执行方式，则不向他们进行这些通知。

本条之实施条件由法令作出具体规定。

第746条 （1993年1月4日第93－2号法律，2012年3月27日第2012－409号法律第13条）刑罚的中止执行，不扩大适用于损害赔偿的支付。

（1970年7月17日第70－643号法律）刑罚的中止执行，亦不扩大适用于（1992年12月16日第92－1336号法律）因有罪判决引起的无能力、禁止权利和丧失权利处分。

但是，自按照《刑法典》第132－52条或本法典第743条的规定宣告有罪判决不曾发生或被视为不曾发生之日起，上述无能力处分、禁止权利与丧失权利处分不再具有效力；禁止从事经常接触未成年人的职业活动或义务活动不适用这些规定。

第747条 （1992年12月16日第92－1336号法律）有关附考验期之缓刑效力的规定，由《刑法典》第132－52条及第132－53条确定。

第三章 附完成公共利益性质之劳动义务的缓期执行

（1983年6月10日第83－466号法律）

第747－1条 （1992年12月16日第92－1336号法律，2004年3月9日第2004－204号法律第183条）附完成公共利益劳动义务的缓期执行，按照与附考验的缓刑相同的规则实施，但保留执行下列适应性规定：

1. 完成公共利益性质的劳动义务视同一种特别义务；
2. 监督措施为《刑法典》第132－55条所列举的措施；
3. （2004年3月9日第2004－204号法律第183－7条）第743条规定的期限减为18个月；
4. （2004年3月9日第2004－204号法律第183－8条）不适用第744条之规定。

第747－1－1条 （2004年3月9日第2004－204号法律第184条）刑罚执行法官得依职权，或者应当事人的请求，或者应共和国检察官的要求，以说明理由的判决（décision motivée），命令用日罚金刑替代附完成公共利益劳动义务之缓刑。这一判决按照第 712-6 条的规定作出。

第 747-1-2 条 （2004 年 3 月 9 日第 2004-204 号法律第 179-2 条，2009 年 11 月 24 日第 2009-1436 号法律第 94 条）刑罚执行法官得依职权，或者应当事人的请求，或者应共和国检察官的要求，以说明理由的判决，命令用附完成公共利益劳动义务之缓刑替代日罚金刑。这一判决按照本法典第 712-6 条的规定经过对席辩论之后作出。如果被判刑人拒绝同意该种替代，或者不出庭，不得进行刑罚的替代。在本款规定的情况下，监禁刑的刑期不得超过按照《刑法典》第 131-25 条第 2 款第 1 句话的规定确定的、因没有执行的日罚金刑之部分所引起的刑期。

尽管有《刑法典》第 131-25 条的规定，但在与宣告的日罚金天数相对应的期间届满之后，如果仍未支付全部或部分日罚金，还可以作出用附完成公共利益劳动义务之缓刑替代日罚金刑的判决。

第 747-2 条 （2004 年 3 月 9 日第 2004-204 号法律第 183 条）在《刑法典》第 132-57 条所指的情况下，刑罚执行法官按照第 712-6 条或者第 723-15 条的规定受理申请、进行审理、作出裁判。

刑罚执行法官一经受理申请，可命令暂时中止执行刑罚，直至作出实体裁判。

刑罚执行法官，只有在告知被判刑人有权拒绝完成公共利益劳动之后并且被判刑人明确放弃主张该项权利时，才能命令缓期执行（日罚金刑）。

第四章　刑罚的推迟宣告

（1992 年 12 月 16 日第 92-1336 号法律）

第 747-3 条　审判法院按照《刑法典》第 132-63 条的规定推迟刑罚宣告时，让被告人接受其居所所在管辖区的刑罚执行法官的监督；刑罚执行法官，或者由其本人，或者由有资格的任何人，确保此种监督措施得到执行。对被告人实行的监督，适用第 741 条的规定。

（2004 年 3 月 9 日第 2004-204 号法律第 183-11 条）刑罚执行法官可以调整、变更或者取消对被告人强制规定的特别义务，或者按照第 712-8 条的规定，对被告人规定新的特别义务。

如果被告人不服从对其规定的监督和救助措施，或者不履行特别义务，刑罚执行法官可以在考验期结束之前向法院提出申请，由法院就刑罚作出审理裁判。

(2004年3月9日第2004-204号法律第183-11条) 刑罚执行法官在适用第712-17条的规定时,可以依据共和国检察官的意见,以说明理由的裁定决定在距离最近的监狱机构内对被判刑人实行临时关押。轻罪法院应当尽快受理案卷,以便对刑罚作出裁判。法庭最迟应当在被判刑人受到关押起5日内开庭,否则,依职权释放当事人。

第747-4条 (2004年3月9日第2004-204号法律第183条) 在审判法院按照《刑法典》第132-66条的规定推迟刑罚宣告时,被告人居所所在管辖区的刑罚执行法官,或者由其本人,或者由有资格的任何人,确保在法庭的指令中所列举的各项规定得到执行。

第747-5条 (由1992年12月16日第92-1336号法律废止)①

第747-6条 (由1992年12月16日第92-1336号法律废止)②

第747-7条 (由1992年12月16日第92-1336号法律废止)③

---

① 原条文:被判刑人在因执行包含有完成公共利益性质之劳动义务的决定时,直接给他人造成的损失或损害之部分,由国家承担责任。国家当然对被害人的权利取得代位权。有关追究责任的诉讼及上诉,向司法系统的法院提出。——译者注

② 原条文:上述第747-1条至第747-5条之规定适用于16岁至18岁的未成年人;但从事公共利益性质的劳动时间不得少于20个小时,也不得超过120个小时,必须完成此种劳动的期间不得超过1年。

第747-1条及第747-7条规定的刑罚执行法官的职权由少年法官行使。为适用第747-1条第1款的规定,拟从事的公共利益劳动应当适应未成年人的情况,并且应当具有培训教育性质,或者有利于被判刑的青年人参与社会。——译者注

③ 原条文:本章之实施方式由法令作出具体规定。该法令同时确定被判刑人从事活动的条件以及向其提议完成的劳动的性质。

此外,该法令还规定在何种条件下——

1. 刑罚执行法官在听取检察院的意见并听取预防犯罪的任何主管公共组织的咨询意见后,制定在其管辖区内可供实施的公共利益性质之劳动的一览表;

2. 对于被判刑的受薪雇员,公共利益性质之劳动可以与法定劳动时间合并;

3. 第747-1条第1款所列举的协会可以得到授权。——译者注

第 747 – 8 条 （由 1992 年 12 月 16 日第 92 – 1336 号法律废止）①

第五编　被判刑人身份的认定

第 748 条　在被判刑人逃跑后被抓捕的情况下，或者其他任何情况下，对被判刑人的身份有争议时，该种争议应当依照有关执行的附带事件的规则进行裁判；所有场合，庭审均公开进行。

如果是在提起新的追诉过程中以及在实行追诉时发生该种争议，由受理新的追诉的法院进行审理、作出裁决。

---

①　原条文：任何法院，在被告人未到场的情况下，对普通法上的轻罪宣告最长 6 个月监禁刑时，如果对该项有罪判决不允许被判刑人提起任何途径之上诉，得命令缓期执行该刑罚，并且可以令被判刑人为某一公共行政部门、公共机构或某一协会之利益，完成不给报酬的公共利益性质的劳动，劳动时间不得少于 40 个小时，也不得超过 240 个小时。公共利益性质之劳动义务的执行，受第 747 – 1 条第 3 款及第 4 款与第 747 – 2 条至第 747 – 5 条之规定约束。

刑罚执行法官提交一份报告，写明被判刑人在知悉其有权拒绝完成公共利益性质的劳动之后，明确表示其放弃援用此项权利，法院依此报告受理申请。如果监禁刑正在执行过程中，不得提出该报告。提交报告，至受理报告的法院作出审理决定，具有中止执刑罚之效力。

受理报告的法院在听取被判刑人或其律师的意见之后，或者传唤当事人或律师之后，依检察院提出的意见，在评议室作出审理决定。

如果请求给予缓期执行的人在押，依第 712 条之规定办理。

审理决定应当立即通知刑罚执行法官；如果在作出此项决定时，被判刑人不在场，由刑罚执行法官通知被判刑人。对此决定仅能向最高法院提起上诉。上诉不具有中止效力。——译者注

第六编　司法拘禁①

第749条　（2004年3月9日第2004-204号法律第198-2条）被判刑人故意不履行在重罪或判处监禁刑的轻罪案件中宣告罚金刑的一项或多项有罪判决，其中包括不履行税收或海关方面判处罚金的有罪判决时，刑罚执行法官可以按照本编规定的条件，命令对被判刑人实行司法拘禁（contrainte judiciaire）。司法拘禁是一种监禁（emprisonnement），由刑罚执行法官在法令规定的最长期间内，按照罚金数额的多少确定拘禁的期间，或者按照加起来计算的罚金总额确定拘禁的期间。

第750条　（2004年3月9日第2004-204号法律第198-2条）司法拘禁的最长期间按以下规定确定：

1. 罚金数额至少为2000欧元但不超过4000欧元时，司法拘禁期间为20日；
2. 罚金数额超过4000欧元但不超过8000欧元时，司法拘禁期间为1个月；
3. 罚金数额超过8000欧元但不超过15000欧元时，司法拘禁期间为2个月；
4. 罚金数额超过15000欧元，司法拘禁期间为3个月。

第751条　（1985年12月30日第85-1407号法律，2004年3月9日第2004-204号法律第198-5条）对实行犯罪时尚未成年的人，以及被判刑时至少已经65岁的人，不得宣告司法拘禁。

---

①　法国法律对民商事案件原有关于"民事拘禁"的规定，称为"contrainte par corps"，它是对不履行已生效的民事判决的人实行的强制措施，与我国民事执行程序中对不履行生效民事判决的所谓"老赖"采取的拘留措施相近似，是一种人身强制。早在1867年7月2日，法律就已经废除这一制度，现行的法国民事强制执行程序中没有规定对人身的强制执行。《刑事诉讼法典》原来也规定了同样的人身拘禁措施，同样称为"la contrainte par corps"，现行法典第749条将这一程序改称为"contrainte judiciaire"，本书译为"司法拘禁"或"司法强制"。按照第749条的规定，"司法拘禁"是一种监禁，是在被判刑人不履行判决规定的特定义务的情况下，主要是对不缴纳罚金、税金的被判刑人采取的强制措施。由于法国《刑事诉讼法典》的许多概念划分较细，其所称"拘留"（garde a vue）制度或概念有着特定的含义和限制范围，不能适用于此种执行程序。此外，刑罚执行阶段的"司法拘禁"（la contrainte judiciaire）不同于侦查阶段可能实行的"司法监督"（contrôle judiciaire）。——译者注

第 752 条 （2004 年 3 月 9 日第 2004 - 204 号法律第 198 - 5 条）对于能够以任何方式证明自己无支付能力的被判刑人，不得宣告司法拘禁。

第 753 条 （2004 年 3 月 9 日第 2004 - 204 号法律第 198 条）即使是为了追缴与不同的有罪判决相关的款项，亦不得对夫妻二人同时实行司法拘禁。

第 754 条 （2004 年 3 月 9 日第 2004 - 204 号法律第 198 条）只有依据追缴罚金的当事人提出的申请，并在向被判刑人发出支付摧告令 5 日后，才能实施司法拘禁。

有罪判决在此之前没有送达债务人的情况下，支付催告令的开头应当写明该判决的节录。节录包含各方当事人的姓名及法院判决的主义。

（2004 年 3 月 9 日第 2004 - 204 号法律第 198 - 4 条）如果从送达支付催告令的文书日期来看，自催告令发出之后尚未经过 1 年，并且应国库的申请，共和国检察官可以要求刑罚执行法官按照第 712 - 6 条规定的条件宣告司法拘禁。该司法官得为此目的签发第 712 - 17 条所指的执法凭证。刑罚执行法官的决定得先予执行，但可以按照第 712 - 11 条规定的条件对其提起上诉。如果被判刑人本人的状况得到证实，刑罚执行法官可以决定给予被判刑人一个支付宽限期，并推迟执行其决定，但推迟执行的期间不得超过 6 个月。

第 755 条 （由 2004 年 3 月 9 日第 2004 - 204 号法律第 198 - 6 条废止）①

第 756 条 （由 2004 年 3 月 9 日第 2004 - 204 号法律第 198 - 6 条废止）②

第 757 条 （由 2004 年 3 月 9 日第 2004 - 204 号法律第 198 - 6 条废止）

第 758 条 司法拘禁在（2004 年 3 月 9 日第 2004 - 204 号法律第 199 - 1 条）监狱机构为此专设的监区执行。

第 759 条 （2010 年 4 月 27 日第 2010 - 420 号法令第 115 条）经宣告受到司法拘禁的人可以通过支付或者提存足够的款项，偿清债务，或者提供经认定可靠的担保人，以避免受到司法拘禁或者停止司法拘禁。

担保人应当得到财政收款人的认可；在有争议的情况下，如有必要，由大

---

① 原条文：（1960 年 6 月 4 日第 60 - 529 号法令）第 124 条、第 132 条有关执行根据的规定，除涉与第 133 条与第 134 条第 1 款及第 2 款之规定外，均适用于拘禁。——译者注

② 原条文：如果已经被关押的债务人有此请求，应当立即将其解送至逮捕地的大审法院院长。院长依紧急审理程序作出审理决定，但在相应场合下，需要按第 710 条与第 311 条规定的形式与条件作出移送裁定时，不在此限。

（1985 年 12 月 30 日第 85 - 1407 号法律）被逮捕的债务人，当场被解送至其被关押地的大审法院院长的，享有相同的权利。——译者注

审法院院长以紧急审理程序就担保人（是否）信誉可靠作出宣告。

担保人应在一个月内清偿债务，否则，将受到追偿。

在债务未得到全额清偿的情况下以及除第760条之规定外，可以就仍然拖欠的款额再行要求实行（2004年3月9日第2004-204号法律第198-5条）司法拘禁。

第760条 在（2004年3月9日第2004-204号法律第198-5条）司法拘禁不论以何种原因结束之后，不得再因同一债务，也不得因执行司法拘禁之前的有罪判决，再次实行拘禁；但如果已受拘禁的时间没有达到此前的有罪判决引起的司法拘禁的期间，则不在此限；在此情况下，再次受到司法拘禁的时间应当扣减第一次已经受到关押的时间。

第761条 受到拘禁的债务人，与被判刑人相同，受相同制度约束，但不受强制劳动。

第761-1条 （2005年12月12日第2005-1549号法律第39条）受到拘禁的债务人并不因此免予缴纳其被判处的并因之受到拘禁的罚金款项。

第762条 （2005年12月12日第2005-1549号法律第39条）为了将因没有支付被判处的日罚金而应当执行的监禁刑付诸执行，刑罚执行法官在按照第754条的规定进行审理裁判时，适用第750条之规定。

在此情况下，适用第752条与第753条之规定。就适用第754条之规定而言，用挂号信并要求回执的方式发出的支付催告通知书（une mise en demeure de payer）具有与支付催告令（un commandement de payer）相同的效力。

第七编　限制居住①
（1992年12月16日第92-1336号法律）

第762-1条 （1992年12月16日第92-1336号法律第113条新增条文）对于依据《刑法典》第131-31条的规定被判处限制居住之刑罚的人，有罪判决可以规定其接受以下一项或多项监督措施约束：

---

① 原文为"interdiction de séjour"，直接翻译为"禁止居留"，其实际意义仍然是"限制居住"或"指定居住"。"禁止居留"是《刑法典》第131-31条与第131-32条规定的刑罚内容，其中包含禁止当事人出现在特定场所，它与侦查阶段可以实行的指定居所加电子监控是两个不同的法文概念，此外，还应当与《刑法典》第131-30条对犯罪的外国人规定的禁止进入法国领域（interdiction du territoire）相区别。本法典原第七编"刑罚时效"被废止。——译者注

1. 定期向有罪判决指定的部门或主管机关报到;
2. 凡是到有罪判决确定的范围以外,均向刑罚执行法官报告;
3. 服从有罪判决指定的任何机关或有资格的任何人的传唤。

第 762 - 2 条 被判处限制居住之刑罚的人,在居所有任何变更时,均应当向其接受监督的刑罚执行法官报告。

被判限制居住的人适用(2004 年 3 月 9 日第 2004 - 204 号法律第 183 - 14 条)第 712 - 17 条之规定。

第 762 - 3 条 (1992 年 12 月 16 日第 92 - 1336 号法律第 113 条新增条文)《刑法典》第 131 - 31 条规定的援助措施,目的是有利于被判刑人回归社会。

第 762 - 4 条 (2005 年 12 月 12 日第 2005 - 1549 号法律第 39 条)由被判刑人申报的确定居所在其辖区内的刑罚执行法官确保援助措施得到实施,并且监督被判刑人遵守有罪判决规定的各项监控措施(mesures de surveillance)。

(2004 年 3 月 9 日第 2004 - 204 号法律第 183 - 14 条)在被判刑人受限制居住期间的任何时候,刑罚执行法官均可以在听取该人的意见以及共和国检察官的意见之后,按照第 712 - 8 条规定的条件,变更该人受禁止前往的场所的一览表以及监控与援助措施。

第 762 - 5 条 刑罚执行法官亦可以按照(2004 年 3 月 9 日第 2004 - 204 号法律第 183 - 16 条)第 712 - 6 条规定的方式决定暂行中止执行禁止居住措施。①

紧急情况下,禁止当事人前往的场所所在地的共和国检察官可以给予临时批准,准许该人在受到禁止的场所居住,但临时批准居住的时间不得超过 8 日。共和国检察官立即将其决定通知有地域管辖权的刑罚执行法官。

除中止执行禁止居住措施的决定另有规定之外,被判刑人获准中止执行此种措施的时间计入其受禁止居住的期间。

第 763 条 在重罪案件宣告的刑罚完成时效的情况下,被判刑人在重罪被害人或被害人直系继承人居住的省内当然并且永久受到禁止居住的约束。

---

① 2004 年 3 月 9 日第 2004 - 204 号法律第 183 - 16 条废止;但是,中止执行禁止居住措施的时间超过 3 个月时,中止决定应由轻罪法庭依刑罚执行法官的提议在评议室作出。——译者注

第七编（二） 社会-司法跟踪监督①

第 763-1 条 按照《刑法典》第 131-36-1 条至第 131-36-8 条之规定被判处接受社会-司法跟踪监督的人，接受其惯常居所所在辖区的刑罚执行法官的监督，或者如被判刑人在法国没有惯常居所，接受对其案件作出一审判决的法院所在辖区的刑罚执行法官监督。刑罚执行法官可以指定（2000 年 6 月 15 日第 2000-516 号法律第 123-6 条）被判刑人社会回归与考验事务的监狱机构确保被判刑人遵守受到强制规定的义务。第 740 条的规定适用之。

第 763-2 条 （1998 年 6 月 17 日第 98-468 号法律第 8 条新增条文）被判处接受社会-司法跟踪监督的人，有义务向刑罚执行法官证明其履行了对其强制规定的各项义务。

第 763-3 条 （2011 年 8 月 10 日第 2011-939 号法律第 20 条）被判刑人在接受社会-司法跟踪监督期间，或者在其受到关押期间，刑罚执行法官可以在听取被判刑人的陈述以及共和国检察官的意见之后，变更或补充按照《刑法典》第 131-36-2 条与第 131-36-3 条的规定采取的措施。

（2004 年 3 月 9 日第 2004-204 号法律第 162-18 条）刑罚执行法官的决定具有先予执行效力。对此决定，被判刑人或者共和国检察官以及检察长均可以自决定通知之日起，按照第 712-11 条第 1 点规定的方式，向上诉法院提起上诉。

如果对被判处接受社会-司法跟踪监督的被判刑人没有规定接受治疗的指令，刑罚执行法官命令进行医疗鉴定，以确定该人在获释之后是否可以接受治疗。如果通过医疗鉴定确认接受社会-司法跟踪监督的被判刑人可以接受治疗，则命令其接受治疗，刑罚执行法官另有决定的除外。刑罚执行法官告知被判刑人，如果其不同意，不对其进行任何治疗，但同时告知该人，如果其拒绝向其建议的治疗，可以执行按照《刑法典》第 131-36-1 条的规定宣告的监禁刑。对此情形，适用本条第 1 款、第 2 款之规定。

---

① 原文为"suivi socio-jjudiciaire"。社会-司法跟踪监督措施是由《刑法典》第 131-36-1 条至第 131-36-8 条规定的刑罚内容，只能与全部或部分附考验期的缓期执行的监禁刑一起判处这种刑罚。实行社会-司法跟踪监督措施，就是规定被判刑人接受刑罚执行法官的监督，在确定的期间内服从旨在防止重新犯罪的监控措施与救助措施。例如，不出现在特别指明的所有场所，不与特定的人往来或保持关系，接受治疗等。对于轻罪案件，社会-司法跟踪监督可以作为主刑宣告。也有人将此译为"社会内司法追迹"。——译者注

刑罚执行法官也可以在进行第763－10条所指的检查之后，以及在对有关措施的技术可行性进行审查之后，命令对被判刑人实行移动电子监控。刑罚执行法官告知被判刑人，非经其同意，不得对其实行电子监控，但如果其不履行或者违反对其规定的义务，按照《刑法典》第131－36－1条之规定宣告的监禁刑将付诸执行。对此情形，适用本条第1款、第2款之规定。

如果当事人是因第706－53－13条所指的重罪之一被判处15年或15年以上的重罪徒刑，刑罚执行法官也可以对该人规定遵守第723－30条第3点所指的指定住所（assignation à domicile）之义务，在此情况下，适用本条第1款、第2款之规定。

第763－4条 （1998年6月17日第98－468号法律第8条新增条文）被判处接受社会－司法跟踪监督的被判刑人同时接受治疗指令的，必须在自由刑之后执行该项措施；刑罚执行法官得在被判刑人获释之前命令进行医疗鉴定。如果是2年之前宣告的有罪判决，必须进行该项鉴定。

此外，刑罚执行法官可以在实行社会－司法跟踪监督的任何时候，依职权或者应共和国检察官的要求，命令进行必要的鉴定，以了解被判刑人的治疗状况或精神状况，且不影响适用第763－6条之规定。

本条规定的鉴定由1名鉴定人进行，刑罚执行法官作出说明理由的另行决定的，不在此限。

第763－5条 （2010年3月10日第2010－242号法律第10条）被判刑人不遵守《刑法典》第131－36－2条与第131－36－3条规定的各项义务，或者不遵守治疗指令，刑罚执行法官可以依职权，或者应共和国检察官的要求，以说明理由的决定命令将审判法院按照第131－36－1条第3款之规定宣告的刑罚付诸执行。这些决定按照第712－6条之规定作出。

被判刑人不遵守对其规定的各项义务或者不遵守治疗指令，适用第712－17条之规定。

被判刑人拒绝接受或拒绝继续进行医生在治疗指令范围内向其建议的治疗，即属违反对其强制规定的义务。

因不遵守社会－司法跟踪监督义务而被判处的监禁刑执行完毕，并不免除此前对被判刑人实行的社会－司法跟踪监督。被判刑人再次违反对其规定的义务的，刑罚执行法官可以再次命令对其实行监禁，但其受监禁的期间，加上已经执行的监禁期间，不得超过判刑法院宣告的监禁刑的刑期。

第763－6条 （2010年3月10日第2010－242号法律第10条）凡是被判处接受社会－司法跟踪监督的人，均可以向宣告有罪判决的法庭提出请求，或者在受到多项有罪判决的情况下，向最后作出审理裁判的法庭提出请求，以取消对其实行的社会－司法跟踪监督措施。如果是由重罪法庭宣告的有罪判决，对该请求作出审理裁判有管辖权的法庭是（2000年6月15日第2000－516号法律第83条）该重罪法庭在其辖区内的上诉法院的预审庭。

只有在有罪判决作出后经过1年，才能向有管辖权的法庭提出上述申请。在第一次提出的申请被驳回的情况下，只有在法庭作出拒绝申请的决定之后经过1年，才能提出新的申请。此后可能再次提出的申请，亦同。

取消社会－司法跟踪监督的申请送交刑罚执行法官，该法官命令进行医疗鉴定，并将提出的申请连同鉴定人的结论及其本人提出的说明理由的意见一并移送（以上两款所指的相应情况下）有管辖权的法庭。

被判刑人是因对未成年人实行故意杀人罪或谋杀罪并且在实行犯罪之前或当时实行强奸、酷刑拷打或野蛮行为而被判刑的，前项鉴定应当由2名鉴定人进行。

法庭按照第703条第3款、第4款与第5款规定的条件进行审理、作出裁判。

法庭可以决定仅取消被判刑人应当履行的部分义务。

只要被判刑人已经回归社会且无必要继续接受治疗，刑罚执行法官可以在听取检察院的意见之后，并且听取被判刑人的陈述以及处方医生的意见，按照第712－8条规定的方式，提前终止包含有治疗指令的社会－司法跟踪监督措施，无须将此事由提交审判法庭审理裁判。刑罚执行法官也可以决定仅取消被判刑人应当履行的部分义务，相应情况下，包括取消治疗指令。

第763－7条 （2010年3月10日第2010－242号法律第10条）被判处接受社会－司法跟踪监督并包含治疗指令的人应当被执行自由刑的，该自由刑在（2004年3月9日第2004－204号法律第168－2条）第717－1条所指的可以保障与其状况相适应的医学和精神病治疗的监狱机构内执行。

刑罚执行法官立即告知被判刑人对其进行治疗的可能性。如果被判刑人不同意接受治疗，应当至少每6个月重复进行该项告知。

在刑罚中止执行或者分期执行的情况下，以及在监外执行不加监视或者实行半释放措施的情况下，适用由社会－司法跟踪监督所产生的各项义务。

第763－7－1条 （2011年8月10日第2011－939号法律第20条新增条文）被判处接受社会－司法跟踪监督的人应当在服自由刑之后再执行该监督措施的，在其获释之前，向其送交一份传唤通知书，传唤其在不超过8日期限内，按照第763－9条所指的法令规定的方式，向刑罚执行法官或者回归社会与帮教考验监管部门报到。在当事人被传唤到回归社会与帮教考验监管部门的情况下，由该部门负责实施社会－司法跟踪监督。

第 763 - 8 条 （2010 年 3 月 10 日第 2010 - 242 号法律第 10 条）在对因第 706 - 53 - 13 条所指的犯罪之一被判处 15 年或 15 年以上重罪徒刑的人宣告社会 - 司法跟踪监督时，地区保安留置处分法庭可以按照第 706 - 53 - 15 条规定的方式决定对被判刑人实行 2 年期限的保安监控，并将其受强制履行的义务全部或部分地在《刑法典》第 131 - 36 - 1 条规定的界限内延长至超过审判法院宣告的期间。

本法典第 723 - 37 条第 2 款至第 7 款以及第 723 - 38 条的规定适用之。本条之规定得予适用，其中包括接受社会 - 司法跟踪监督的人获得假释的情况。

第 763 - 9 条 最高行政法院提出资政意见后颁布的法令确定本编之规定的适用方式。

第七编（三） 作为保安处分措施实行移动电子监控

第 763 - 10 条 （2011 年 12 月 13 日第 2011 - 1862 号法律第 61 条）按照《刑法典》第 131 - 36 - 9 条至第 131 - 36 - 12 条的规定被判处实行移动电子监视①的被判刑人在获释之前至少 1 年，应当接受一次检查，以便对其危险性以及重新犯罪的可能性作出评估。

这次检查由刑罚执行法官实施。刑罚执行法官征求按照第 763 - 14 条所指的法令确定的方式组成的保安处分措施纪律惩戒委员会的意见。对此情形，适用第 712 - 16 条与第 712 - 16 - 1 条之规定。

根据这次检查的结果，并且在对将要采取的措施的技术可行性进行审核之后，刑罚执行法官按照第 712 - 6 条规定的方式，确定对被判刑人实际实行移动电子监控的期间。这一期间不得超过 2 年，轻罪案件可以延展 1 次，重罪案件可以延展 2 次。

刑罚执行法官向被判刑人重申，如果其不同意，不得对其实行移动电子监控，但是在不实行移动电子监控的情况下，如果其不履行规定的义务，按照《刑法典》第 131 - 36 - 1 条第 3 款之规定宣告的监禁刑将付诸执行。

在确定的期间终止之前，刑罚执行法官按照相同的形式，在第 3 款规定的限度之内，就是否延展移动电子监控作出审理裁判。

在未决定延展此种监控措施的情况下，移动电子监控即予终止。

第 763 - 11 条 （2011 年 12 月 13 日第 2011 - 1862 号法律第 61 条）在实行移动电子监控期间，刑罚执行法官可以依职权、依据共和国检察官的意见或

---

① 移动电子监控是给被判刑人加上"监控手环"，通过 GPS 定位。——译者注

者应被判刑人的请求,在相应情况下,由其通过律师提出请求,变更、补充或者取消因实行移动电子监控所产生的各项义务。

第 763-12 条 (2011年12月13日第2011-1862号法律第61条)接受移动电子监控的被判刑人,在受此种监控的整个期间,受强制佩戴带有发射器的装置,可以随时在全国范围内远距离确定其所在的地理位置。

该定位装置最迟在被判刑人获释之前1个星期内安装。

采取该种监控手段所使用的装置由司法部长就此给予认可。该种手段的实施应当保证尊重人格、当事人私生活的完整性以及有利于其回归社会。

第 763-13 条 (2011年12月13日第2011-1862号法律第61条)远距离对被判刑人实行定位监督,采用个人性质的信息化处理方式,并遵守1978年1月6日关于信息化、档案记录与自由的第78-17号法律的规定。

在对与重罪或轻罪有关的程序进行相应研究的范围内,得到这方面特别授权资格的司法警察警官准许查阅在此处理系统中登录的信息资料。

第 763-14 条 最高行政法院提出资政意见后颁布的法令具体规定本编的实施条件。该法令尤其具体规定进行第763-10条所指的评估的条件,具体规定对私法人员①的授权条件,以便将涉及实行移动电子监控的、可以与主权职能分开的技术性服务活动交给这些私法人员完成,尤其是有关第763-13条所指的信息化处理系统和第763-12条所指的装置的设计与维护方面的技术性服务活动。

关于第763-13条所指的信息处理系统的法令的各项规定,在听取信息化与自由全国委员会的意见之后作出,尤其是有关保存已登录的信息资料的规定。

第 764 条至第 767 条 (由1992年12月16日第92-1336号法律废止)

第八编 犯罪记录

第 768 条 (1980年1月4日第80-2号法律,2010年3月10日第2010-242号法律第16条)全国信息化处理犯罪记录,可分设一个或多个信息处

---

① 与公法人员相对应。——译者注

理中心，由司法部长主管。犯罪记录①，对于出生在法国的自然人，通过国家自然人身份登记查询系统核实其身份之后，分派一个识别号码并登录以下内容，但该号码在任何情况下都不得用作身份查询与身份审核：

1. （1992年12月16日第92-1336号法律）因犯重罪、轻罪或第五级违警罪宣告的对席有罪判决，未受到缺席判决异议的缺席有罪判决，以及宣告免予刑罚或推迟刑罚宣告的有罪判决，但依据《刑法典》第132-59条之规定，明确排除在"犯罪记录一号登记表"上登记的判决除外；

2. 只要作为主刑或附加刑宣告某项禁止权利（interdiction），丧失权利（déchéance）或无能力②措施，对第一级、第二级、第三级、第四级违警罪宣告的对席有罪判决或者未受到缺席判决异议的缺席有罪判决；

3. 依据修改后的1945年2月2日关于少年犯罪的第45-174号法令（2002年9月9日第2002-1138号法律第15条）第8条、第15条、第15-1条、第16条、第16条B以及第28条之规定宣告的判决；

4. 司法机关或行政机关宣告的纪律惩戒决定，在其（对受处罚人）引起或规定无能力处分时；

5. 对自然人宣告实行司法清算的判决，宣告《商法典》第653-8条规定的个人破产③或禁止权利的判决；

6. 宣告丧失亲权或者宣告撤销与亲权相关的全部或部分权利的所有判决；

7. 对外国人作出的驱逐出境的判决；

8. （1984年12月21日第84-1150号法律）由外国法院宣告的并且依据国际协定或协议通知法国主管机关或者在被判刑人移送至法国之后在法国付诸执行的有罪判决；

9. （2002年9月9日第2002-1138号法律第136条）经共和国检察官确认得到执行的刑事和解（Les compositions pénales）；

---

① 法国犯罪记录的正式全称原文为"le casier judiciaire national automatisé"，既指犯罪记录本身，也指建立、管理该登记系统的机构，因此本条规定全国犯罪记录可以设一个或多个（信息）处理中心。一个人的"犯罪记录"实际上是由几个独立的登录页面组成，主页面登录第768条规定的内容，一号、二号、三登记表（登记页面）也是独立页面或独立登记表，合起来的登记内容与主登记页面的内容一致，但3个登记页面各自的内容不同。——译者注

② 法国法律中的"无能力"（incapacité）处分是指依法剥夺特定的权利能力或行为能力，此处应当指剥夺特定的权利能力。——译者注

③ 参见第256条第6点的脚注。如果将此译为"人格破产"，也仅仅是指在特定期间对特定资格的禁止。——译者注

10. 在按照本法典第 706－135 条之规定对当事人命令强制收容或者宣告第 706－136 条规定的一项或数项保安处分措施时，因精神障碍宣告其不负刑事责任的判决。

第 768－1 条 （1992 年 12 月 16 日第 92－1336 号法律）对于法人，通过全国企业与机构登记查询系统审核其身份之后，全国信息化处理犯罪记录登记以下内容：

1. 由任何刑事法庭就重罪、轻罪或第五级违警罪宣告的对席有罪判决以及未受到缺席判决异议的缺席判决；

2. 作为主刑或附加刑宣告的禁止权利，丧失权利、无能力或限制权利的处分措施，对第一级、第二级、第三级、第四级违警罪宣告的对席有罪判决或者无受到缺席判决异议的缺席判决；

3. 宣告有罪但免除刑罚或者推迟刑罚宣告并附加或者不附加指令；

4. 由外国法院宣告的并且依据国际协定或协议通知法国主管机关的有罪判决。

本条之实施方式由最高行政法院提出资政意见后颁布的法令规定作出。

第 769 条 （1984 年 12 月 21 日第 84－1150 号法律，2012 年 3 月 27 日第 2012－409 号法律第 14 条）在犯罪记录的登记页面上记载：推迟刑宣告之后作出宣告的刑罚或免除刑罚、特赦、刑罚合并或减刑、中止刑罚执行或命令执行有罪判决的判决，（2004 年 3 月 9 日第 2004－204 号法律第 162－3 条）适用第 728－4 条或者（2004 年 3 月 9 日第 2004－204 号法律第 162－3 条）第 728－7 条第 1 款的规定作出的判决、假释决定以及撤销假释的决定、实行司法监控的决定、按照第 723－35 条的规定作出重新收监关押的决定、保安监控决定、保安留置处分决定、刑罚中止决定、复权决定、撤回或者中止驱逐令的决定，以及刑罚终止的日期和罚金支付的日期。

在涉及保安留置或保安监控的决定的犯罪记录的登记页面上，还记载延展这些措施的决定。

与经过大赦而消失的有罪判决有关的登记，或者与按照更正犯罪记录的决定改判的有罪判决有关的登记，从犯罪记录中删除；同样，与宣告时间已经经过 40 年，自其宣告之后（当事人）未再受到重罪或轻罪刑罚的有罪判决，亦从犯罪记录中删除，但涉及因不受时效约束之犯罪行为而宣告的有罪判决或者由外国法院宣告的有罪判决除外。

下列判决，亦从犯罪记录中删除：

1. 由于（当事人）已经清偿负债或者获得复权，法院作出终结程序的判决，随之取消《商法典》第653－8条规定的个人破产或禁止权利，或者自此种有罪判决最终确定之日起经过5年，宣告个人破产或禁止权利的原判决，从犯罪记录中删除；宣告自然人实行司法清算的判决，自其最终确定之日起5年期限届满，或者在复权判决宣告之后，对自然人宣告的司法清算判决从犯罪记录中删除。

但是，如果法院宣告的个人破产或禁止权利的期间超过5年，有关此种处分措施的判决应在相同期间内在犯罪记录保留记载。

2. 因复权而消灭的纪律惩戒决定。

3. （废止）①

4. 免予刑罚，自有罪判决最终确定之日起3年期限届满时。

5. 违警罪有罪判决，自判决最终确定之日起3年期限届满时，但如果是对构成累犯的违警罪作出的有罪判决，期限增加至5年。

6. （2002年9月9日第2002-1138号法律第36条新增）有关刑事和解的记载，在确认和解措施已经得到执行之日起3年期限届满时，如果当事人在此期间未受到判处重罪或轻罪刑罚的有罪判决，或者未执行新的刑事和解。

7. （2004年3月9日第2004-204号法律第201-1条）按照上述1945年2月2日关于少年犯罪的第45-174号法令第8条、第15条、第15-1条、第16条、第16条B以及第28条之规定宣告的措施的有关登记页面，自该项措施宣告之日起3年期限届满，如果当事人在此期间未受到判处重罪或轻罪刑罚的有罪判决，或者未执行新的刑事和解，或者未按照前述同一法令的规定被宣告实行某种新的措施。

8. （1992年12月16日第92-1336号法律）在法庭明确命令按照第798条第2点的规定从犯罪记录上取消有罪判决登记时，已经获得司法复权的有罪判决。

9. 在按照本法典第706-135条的规定对当事人命令的强制收容措施已经终止，或者第706-136条规定的保安处分措施已经停止效力时，与因精神障碍宣告不负刑事责任的判决有关的登记页面。

10. 由外国法院宣告的有罪判决，只要收到判刑国发来的删除该判决登记的通知，或者由法国法院作出命令删除登记的决定；但是，对于欧盟成员国的法院作出的有罪判决，法国法院命令在犯罪记录上删除该判决的登记，并不妨碍将该有罪判决再转送另一欧盟成员国。

---

① 原规定：不论是否附考验期，自犯罪行为应当视为不曾发生之日起计算，在《刑法典》第133-13条及第133-14条所规定的期限届满之后，全部或部分得到缓刑的有罪判决。——译者注

第 769 - 1 条 （2010 年 3 月 10 日第 2010 - 242 号法律第 16 条）第 769 条第 1 款所指的变更判决，登录于法人犯罪记录登记页面。

第 769 条第 3 款之规定适用于对法人宣告的有罪判决。

第 769 - 2 条 （由 2004 年 3 月 9 日第 2004 - 204 号法律第 201 - 2 条废止）

第 770 条 （1970 年 7 月 17 日第 70 - 643 号法律）在对未满 18 岁的未成年人作出判决之后 3 年期限届满，如果该未成年人看来已经得到再教育，即使其已经达到成年年龄，少年法庭可以应其本人或者检察院提出的申请，或者依职权，决定从犯罪记录中取消与该项判决相关的页面登记。

少年法庭的判决为终审判决。如果宣告删除页面登记，与原判决有关的记述不得出现在少年犯罪记录当中；与该判决相关的登记页面予以销毁。

原受诉法院、未成年人现在住所地的法院及其出生地的法院，对受理上述申请有管辖权。

与 18 岁至 21 岁的人实施的犯罪宣告的有罪判决相关的登记，在被判刑人已经重返社会的情况下，自判刑起 3 年期限届满可以宣告取消该项登记；但是，只有自由刑已经服刑完毕、罚金已经支付，如果宣告的附加刑规定有确定的期间，只有该期间届满之后，才能取消原先进行的登记。

在前款所指情况下，从确认有罪判决的犯罪记录登记页面上取消（相应的）登记，按照第 778 条第 2 款及第 3 款所定的管辖规则及程序规则，以申请的形式提出请求。

第 770 - 1 条 （2012 年 3 月 27 日第 2012 - 409 号法律第 14 条新增条文）如果法国国民被外国法院判刑，并且有罪判决在犯罪记录一号登记表上已经进行登记的，可以向其住所地的轻罪法院申请取消此项登记；如果其居住在国外，向巴黎轻罪法院提出取消登记的申请。

只有在《刑法典》第 133 - 16 - 1 条规定的期间经过之后，才能向有管辖权的法院提出申请，否则申请不予受理。

按照本法典第 703 条的规定对提出的申请进行审理与判决。

如果有罪判决是由欧盟成员国的法院作出，从（法国）犯罪记录一号登记表上取消该判决的登记，不妨碍将该有罪判决再转送其他欧盟成员国。

第 771 条 （1980 年 1 月 4 日第 80 - 2 号法律）全国信息化处理犯罪记录亦接收登记本法典第 768 条所指的各级法院作出的涉及出生在国外的人、出生证找不到的人或者身份有疑问的人的有罪判决、裁决。

第 772 条 足以改变应当服兵役的人的入伍条件的有罪判决或决定，应当通过寄送犯罪记录登记记录的副本，告知军事主管机关。

依据第 769 条与第 770 条的规定对登记页面或犯罪记录进行的任何变更，亦应当通知军事主管机关。

第 773 条 （1985 年 7 月 11 日第 85-699 号法律第 10 条）全国信息化犯罪记录向国家统计及经济研究院（法国国家统计局）通报受到剥夺选举权之判决的人的身份。

第 773-1 条 （1980 年 1 月 4 日第 80-2 号法律）确认对重罪或轻罪判处自由刑的有罪判决的每一登记页面的副本，均发送内政部长掌管的技术警察犯罪记录查询档案系统。查询此种登记页面的权利，专属于司法机关、警察与宪兵部门。

由大赦或自然复权或者法院裁判复权而消失的有罪判决，不再记入技术警察犯罪记录查询档案系统。

第 774 条 （2011 年 8 月 10 日第 2011-939 号法律第 20 条）对同一人使用的犯罪记录登记页面的完整列表，应当登记在被称为一号登记表的简表（bulletin n° 1）上。

一号登记表只能提供给司法机关。

（1975 年 7 月 11 日第 75-624 号法律）犯罪记录中没有登记页面时，一号登记表上应当写明"无"或"空白"。

一号登记表也可以提供给监狱机构的书记员，以便回归社会与帮教考验监管服务处的领导人提出调整刑罚的建议，或者作为监禁刑后期的执行方式，提议对当事人实行电子监控，或者便于在释放获得附考验期之缓刑的人之前，评判对其采取何种后续的跟踪监管方式。

第 774-1 条 （1992 年 12 月 16 日第 92-1336 号法律）对同一法人使用的犯罪记录页面的完整列表，记入一号登记表，该登记表仅提交给（法国）国家司法机关，（如国家之间）有互惠协议的除外。

当犯罪记录中没有登记页面时，一号登记表上应当写明"无"或"空白"。

第 775 条 （1970 年 7 月 17 日第 70-643 号法律，2012 年 3 月 27 日第 2012-409 号法律第 14 条）（犯罪记录）二号登记表（bulletin n° 2）上登记的是对同一人使用的犯罪记录登记页面的完整列表，但与以下判决有关的登记排除在二号登记表之外：

1. 按照修改后的 1945 年 2 月 2 日关于少年犯罪的第 45-174 条法令（2002 年 9 月 9 日第 2002-1138 号法律第 15 条）第 2 条、第 8 条、第 15 条、第 15-1 条、第 16 条、第 18 条及第 28 条宣告的判决。

2. （1975 年 7 月 11 日第 75-624 号法律）依第 775-1 条的规定明确排除在二号登记表上登录的有罪判决。

3. 因违警罪宣告的有罪判决。

4. 附缓期执行的有罪判决,无论其是否附考验期,在该判决应当视为不曾作出时,二号登记表上不予登记;但是,如果法院宣告对当事人实行《刑法典》第131-36-1条所指的社会-司法跟踪监督,或者宣告禁止其从事日常接触未成年人的职业活动或义务活动,该判决仍然在实行社会-司法跟踪监督措施的时间内登记于二号登记表,作为附加刑宣告的禁止权利、无能力处分或丧失权利,在其最终确定时,亦应进行登录。

5. 已经获得当然复权或者经法院裁判复权而消失的有罪判决。

6. 适用《军事法典》第255-22条之规定的有罪判决。

7. (由1992年12月16日第92-1336号法律废止)

8. (由1992年12月16日第92-1336号法律废止)①

9. 宣告丧失亲权的判决事项。

10. 已经废止或者已经撤回的驱逐出境的决定。

11. (1975年7月11日第75-624号法律,1992年12月16日第92-1336号法律)依《刑法典》第131-5条至第131-11条的规定宣告无缓期执行的有罪判决,自此种判决最终确定之日起5年期限届满;如果涉及的是判处日罚金刑的有罪判决,该期限为3年。

(1975年7月11日第75-624号法律)但是,如果适用《刑法典》第131-10条及第131-11条的规定宣告的禁止权利、丧失权利或无资格的期间超过5年,在此期间内,有罪判决在二号登记表上保留登录记载。

12. 宣告有罪但免予刑罚(1989年7月6日第89-461号法律)或者推迟宣告刑罚的判决。

13. 由外国法院宣告的涉及未成年人的有罪判决;或者作出判决的外国法院明确排除将其用于刑事诉讼程序之外的其他目的的有罪判决。

14. (2002年9月9日第2002-1138号法律第36条)第768条所指的刑事和解。

15. 因《商法典》第四卷第四编规定的轻罪宣告的有罪判决,但如果法官作出特别说明理由的相反决定,则不在此限。

在有关选举名册上登记事宜存在争议的情况下,提供犯罪记录二号登记表时,只能涉及引起无行使选举权资格的判决。

在犯罪记录中二号登记表上没有关于判决的登记页面时,该登记表应当写明"无"。

---

① 原规定为:因复权消失的纪律惩戒性决定。——译者注

第 775 – 1A 条 （1992 年 7 月 16 日第 92 – 1336 号法律，2000 年 9 月 19 日第 2000 – 916 号法令第 3 条）法人的犯罪记录二号登记表是对法人使用的各登记页面的完整列表，但排除有关下列判决的记载：

1. 按照第 775 – 1 条的规定明确排除在犯罪记录的节录中作出记载的有罪判决；

2. 因违警罪宣告的有罪判决，以及科处 30000 欧元以下罚金的有罪判决；

3. 获准缓期执行的有罪判决，在该判决应当视为不曾作出时；

4. 宣告有罪但免予刑罚或推迟宣告刑罚的判决，不论其是否附加相应的指令；

5. 由外国法院宣告的有罪判决。

当犯罪记录二号登记表上没有有关的应载事项时，登记表页面应当写明"无"。

第 775 – 1 条 （1975 年 7 月 11 日第 75 – 624 号法律，2012 年 3 月 27 日第 2012 – 409 号法律第 14 条）宣告有罪判决的法院，可以在其作出的有罪判决中明确排除在二号登记表上登记该判决，或者依被判刑人提出的申请，按照第 702 – 1 条及第 703 条（1992 年 12 月 16 日第 92 – 1336 号法律）确定的管辖规则与程序规则进行审理、作出判决，明确排除将此前作出的有罪判决登记于二号登记表。

有罪判决被排除在二号登记表进行登录记载的，与该判决引起的各种性质的禁止权利，丧失权利或无能力处分相关的登录一并取消。

本条之规定不适用于因第 706 – 47 条所指的犯罪受到有罪判决的人。

本条之规定也适用于对当事人宣告的因精神障碍不负刑事责任的判决。

法国国民受到外国法院作出有罪判决的，也可以按照相同程序向其住所地的轻罪法院提出请求，或者如果其居住在国外，向巴黎法院提出请求，在其犯罪记录二号登记表上排除相应判决的登记。

第 775 – 2 条 （1988 年 7 月 20 日第 88 – 828 号法律）被判处的刑罚不能获得当然复权的被判刑人，其自最终获释之日，或者获得假释且没有被撤销，自假释之日起，至 20 年期限届满，没有再被判处重罪或轻罪刑罚的，可以依其提出的简单申请，按照前条确定的管辖规则，排除在二号登记表上记载有罪判决。

第 775 – 3 条 （2012 年 3 月 27 日第 2012 – 409 号法律第 14 条新增条文）犯罪记录二号登记表上登录、记载的信息，在其与外国法院宣告的有罪判决有关时，在《刑法典》第 133 – 16 – 1 条规定的期限届满，从该登记表中删除。

第 776 条 （2010 年 7 月 23 日第 2010 – 853 号法律第 33 条）犯罪记录二

号登记表提供给：

1. 省长及国家公共行政部门——在省长及国家公共行政部门受理公职申请（申请担任公职），或者在受理有关荣誉称号的提名，接受公共工程招投标，决定给以纪律惩戒性追究，受理开办私立学校的申请，以及受理以笔录查证违反刑法的犯罪而提出的认可申请时。

2. （1985年1月25日第85-98号法律第219条）负责年度征兵、海军军籍登记以及负责与申请入伍的青年有关事务的军事机关；在对行使选举权有争议或者对是否有资格担任上述1985年1月25日第85-98号法律第194条所指的经选举担任公共职务存在争议的情况下，提供给有管辖权的公共行政机关。

3. 由第779条所指的最高行政法院提出资政意见后颁布的法令确定名单的行政部门与法人（2004年3月9日第2004-204号法律第203条）；以及由于依据存在刑事有罪判决或者违纪惩戒处罚，对从事职业或社会活动有所限制时，提供给按照法令或条例规定负责履行监督任务的行政部门或组织。

4. 商事法院的院长，在其将此项登记表附于破产程序与司法清理债务程序案卷时；以及受委派负责监督商事及公司注册登记簿①登记申请的法官。

5. 省议会议长，在其受理、审查按照《社会与家庭行动法典》第225-2条的规定提交的收养子女的认可申请时。

6. （法国）司法部长发布的行政决定指定的有权限的主管机关——在这些主管机关依据某一国际协议（公约）或者依据在有关欧盟运作的条约的基础上作出的决定，收到该国际协议参加国、欧盟某一成员国或者欧洲经济区协议某一签字国的负责执行限制从事特定活动之措施的主管机关发出的请求，要求向其通报对某个职业人员宣告的刑事制裁或纪律惩戒处分的情况时。

（2004年3月9日第2004-204号法律第204条）可以向从事《社会与家庭行动法典》第312-1条所指的与未成年人有关的文化、教育或社会活动的公法法人或私法法人的领导人提供犯罪记录二号登记表，但惟一基于招聘人员之必要，而且该登记表上不具体写明任何有罪判决。这些法人的名单由司法部长或有关的部长发布行政法规具体确定。

犯罪记录二号登记表，根据国际协议，或者依据在欧盟运作的条约的基础

---

① 法国没有类似于我国的工商管理局，公司与商事注册登记由商法院书记室负责，商事及公司注册登记簿设在商事法院。商事法院书记员属于"司法助理人员"，而且是自由职业人员。这类自由职业称为"有特别规范、名称受到保护的自由职业"。这方面，中法两国的国情完全不同。——译者注

上作出的决定，可以传送给上述第 6 点所指的另一国家的有权限的主管机关。

第 776 - 1 条 （1992 年 12 月 16 日第 92 - 1336 号法律，2010 年 7 月 23 日第 2010 - 853 号法律第 34 条）法人的犯罪记录二号登记表提供给：

1. 省长、国家行政部门及地方行政部门，在其受理公共工程招标投标的提议或投标时；

2. 负责农业、商业、工业与手工业职业清理工作的行政部门；

3. 在司法重整或者司法清算案件中，商事法院院长以及受委派负责监督商事登记簿登记申请的法官；

4. 涉及申请其金融证券进入规范市场交易的法人时，金融市场主管机关；

5. 某一国际协议（公约）的另一签字国、欧盟的某一成员国或者欧洲经济区协议的某一签字国的有权限的主管机关，根据该国国内对某个法人宣告的刑事制裁或纪律惩戒性处罚，负责执行对法人从事特定活动所规定的限制措施时，由其发出请求，要求向其通报对某个法人宣告的刑事制裁或纪律惩戒决定，在（法国）司法部长发布的行政决定指定的有权限的主管机关根据国际协议或者在有关欧盟运作的条约的基础上作出的决定接收此种请求时，法人的犯罪记录二号登记表提供给司法部长的行政决定所指定的该国的有权限的主管机关。

法人的犯罪记录二号登记表，根据国际协议或者在欧盟运作的条约的基础上作出的决定，转送（传送）给本条第 5 点所指的另一国家的有权限的主管机关。

第 777 条 （1975 年 7 月 11 日第 75 - 624 号法律，2012 年 3 月 27 日第 2012 - 409 号法律第 14 条）犯罪记录三号登记表（bulletin n° 3）上记载的是未被排除在二号登记表进行登录的、因重罪或轻罪宣告的以下有罪判决的完整列表：

1. 判处 2 年以上刑期的自由刑的有罪判决，未得到任何缓期执行或者因撤销缓期执行、所判刑罚应当全部执行的；

2. 判处上述第 1 点所指性质的自由刑的有罪判决，刑期在 2 年或 2 年以下，判决法院命令在三号登记表上进行登录记载的；

3. 按照（1992 年 12 月 16 日第 92 - 1336 号法律）《刑法典》第 131 - 6 条至第 131 - 11 条的规定宣告的无缓期的禁止权利、丧失权利或无能力的有罪判决，在禁止权利、丧失权利或无能力处分的整个期间，登记于三号登记表；

4. （1998 年 6 月 17 日第 98 - 468 号法律）宣告《刑法典》第 131 - 36 - 1 条所规定的社会 - 司法跟踪监督的判决，或者宣告在实行社会 - 司法跟踪监督期间禁止从事与未成年人有接触的职业活动或志愿者活动的判决。

外国法院宣告的、判处 2 年以上刑期并未得到任何缓刑的自由刑的有罪判决，登记于犯罪记录三号登记表。

（1970 年 7 月 17 日第 70-643 号法律）犯罪记录三号登记表涉及的人可以索取与其有关的该登记表，但是，在任何情况下，该登记表均不得提供给第三人，由欧盟成员国的中央机关接受有关当事人的申请时，不在此限。

如果申请人是欧盟成员国的外国国民，有关三号登记表的任何申请均发给该国的中心机关，由该中心机关传达在其收到的登记表上显示的登记事项。

第 777-1 条 （1975 年 7 月 11 日第 75-624 号法律，2012 年 3 月 27 日第 2012-409 号法律第 14 条）在第 775-1 条第 1 款所指条件下，可以排除在三号登记表登录记载某项有罪判决。

第 777-2 条 （1980 年 1 月 4 日第 80-2 号法律）能够证明自己身份的任何人，向其居住地所在辖区的驻大审法院的共和国检察官提出申请，可以取得与其本人有关的犯罪记录上登记事项的完整列表。

（1992 年 12 月 16 日第 92-1336 号法律）如果是法人提出该项申请，由能够证明自己身份与授权资格的法定代表人，向法人注册住所地所在辖区内的大审法院共和国检察官提交申请。

如果申请人居住在国外，或者法人的注册住所在国外，通过外交人员或有管辖权的领事馆进行上述犯罪记录登记内容的传达。

传达犯罪记录的完整列表，不等于通知尚未最终确定的判决，上诉期限也不由此而开始计算。

不得提供犯罪记录登记列表的任何全文复印件。

本条之规定亦适用于技术警察的档案记录。

第 777-3 条 （1986 年 1 月 4 日第 80-2 号法律，2004 年 8 月 6 日第 2004-801 号法律第 17 条）在全国信息化犯罪记录与其他任何人持有人或者由不隶属于司法部的国家部门所持有的个人性质的计算机数据资料登记系统或处理系统之间，不得进行 1978 年 1 月 6 日第 78-17 号关于计算机数据资料、网页与自由的法令第 30 条第 1 项第 3 点意义上的任何联网与链接。

由任何人持有的或者不隶属于司法部的国家部门持有的任何个人性质的数据资料登记或处理系统的登记页面或资料汇编，均不得登载有罪判决，但在法律规定的情况与条件下除外。

但是，犯罪被害人始终可以在法院提及（受指控人此前受到过的）刑事有罪判决。

任何违反以上规定的行为，处《刑法典》第 226-21 条规定的轻罪当处之刑罚。

第778条 （2010年3月10日第2010-242号法律第16条）在任何诉讼程序中，共和国检察官或预审法官查实确认某人是以假身份受到有罪判决，或者是以盗用的户籍身份受到有罪判决时，在共和国检察官负责下，依职权在诉讼终结之前立即进行必要的更正。

请求进行更正，向作出判决的法院院长或重罪法庭庭长提出申请。如果判决是由重罪法庭作出的，向上诉法院预审庭提出申请。

法院院长向检察院传达（收到的）申请，并委任一名法官提出报告。审理与判决均在评议室进行；法院或重罪法庭得命令传唤受到有罪判决的人。

如果申请被接受，登记错误得到认定，造成该种错误登记的人如果受传唤到案，费用由该人负担；相反情况下，或者在该人无支付能力的情况下，费用由国库负担。

任何人，希望对其犯罪记录上所做的某项登录事项作出变更的人，均可以按照相同形式提出申请；在申请被驳回的情况下，申请人负担费用。

作出的更正决定，记载于更正申请所针对的判决记载的备注栏内。

依第769条第3款的规定对复权有争议或因解释大赦法律发生争议的情况下，适用相同程序。

第779条 最高行政法院提出资政意见后颁布的法令具体规定执行第768条至第778条的必要措施，尤其是对申请、制作与提供犯罪记录一号登记表、二号登记表、三号登记表必须遵守的条件作出具体规定。

（1980年1月4日第80-2号法律）该项法令规定在何种条件下为执行刑事裁决可以使用在全国信息化犯罪记录上登录的情况信息。

（1992年12月16日第92-1336号法律）此外，法令还规定在全国犯罪记录管理处与接触档案的人或部门之间进行信息传送的方式。

（1980年1月4日第80-2号法律）在听取全国信息与自由委员会的意见之后，制定上述法令。

第780条 （由1992年12月16日第92-1336号法律废止）①

第781条 任何人，以假名或假身份获得向其提供有关第三人的犯罪记录

---

① 原条文：任何人盗用第三人的姓名，其情节已经或者可能使该姓名被登记于犯罪记录并在其下登记了有罪判决的，处6个月以上5年以下监禁并处500法郎至20000法郎罚金，且不影响以伪造罪对其提起追诉。

由此宣告的刑罚，在盗用他人姓名时实施的犯罪当处的刑罚执行以后，立即执行。

任何人通过谎报某一受到追诉的人的户籍身份，故意造成另一人在犯罪记录上被登记了有罪判决的，处第1款规定之刑罚。——译者注

之摘录的，处（1992 年 12 月 16 日第 92 - 1336 号法律）7500 欧元罚金。

提供伪造的身份资料，已经造成或可能造成犯罪记录上的记载事项发生错误的，处相同之刑罚。

（1980 年 1 月 4 日第 80 - 2 号法律）指使有关的当事人向其提交本法典第 777 - 2 条所指的完整列表上的记载事项之全部或部分的，处相同之刑罚。

第九编　被判刑人的复权

第 782 条　（1970 年 7 月 17 日第 70 - 643 号法律）受法国法院判处重罪刑罚、轻罪刑罚或违警罪刑罚的任何人，均可以恢复权利。

第 783 条　（1992 年 12 月 16 日第 92 - 1336 号法律，2012 年 3 月 27 日第 2012 - 409 号法律第 13 条修改）恢复权利，或者按照《刑法典》第 133 - 13 条及随后条款规定的条件当然取得，或者由上诉法院预审庭依本编规定的条件给予同意。

所有情况下，恢复权利均产生《刑法典》第 133 - 16 条①所指之效力。

第一章　适用于自然人的规定
（1992 年 12 月 16 日第 92 - 1336 号法律）

第 785 条②　（1992 年 12 月 16 日第 92 - 1336 号法律第 133 条）恢复权利，在被判刑人生前，只能由其本人向法院提出请求，如果被判刑人受到禁止，由其法定代理人提出请求；在被判刑人死亡情况且如果具备法定条件，其配偶或者直系尊、卑亲属可以继续主张恢复权利的请求，甚至可以由其配偶或直系尊、卑亲属提出该项请求，但以在被判刑人死亡之日起 1 年内提出为限。

（1975 年 7 月 11 日第 75 - 624 号法律）复权请求，应当针对此前未经复权而消失的全部有罪判决一并提出。

第 786 条　（1975 年 7 月 11 日第 75 - 624 号法律，2011 年 5 月 17 日第

---

① 《刑法典》第 133 - 16 条规定：复权，产生与第 133 - 10 条及第 133 - 11 条规定的相同效力；复权，意味着因被判刑所引起的丧失权利或无能力随之消灭。但是，被判处本法典第 131 - 36 - 1 所规定的社会 - 司法跟踪监督的人，或者被判处禁止从事必然与未成年经常接触之职业活动或义务性活动的人，只有在此种监督措施终了时，复权才能产生效力。复权，并不禁止司法机关考虑当事人在受到新的追诉的情况下适用累犯之规则被判刑的情况。——译者注

② 原文本序号即如此。——译者注

2011-525 号法律第 186 条）被判处重罪刑罚的人，只能在 5 年期限届满后提出复权申请；被判处轻罪刑罚的人，只能在 3 年期限之后提出复权申请；被判处违警罪刑罚的人，只能在 1 年期限届满后提出该项申请。

（1970 年 7 月 17 日第 60-643 号法律）前述期限，对被判处罚金的人，自有罪判决不可撤销之日起开始计算；对被判处自由刑的人，自被判刑人最终确定获释之日起计算，或者按照第 733 条最后一款的规定，如果其获得假释且假释措施没有被撤销，自获得假释之日起开始计算。

（1975 年 7 月 11 日第 75-624 号法律）被判刑人受到监禁刑或罚金刑以外的刑事制裁并且此种制裁是以主刑名义作出宣告时，上述期限自被判刑人服刑期满开始计算。

第 787 条 （1992 年 12 月 16 日第 92-1336 号法律）依法认定属于累犯情形的被判刑人，获得恢复权利之后又受到新的有罪判决的被判刑人，经对审判决或者按照抗传程序被科处重罪刑罚已经完成刑罚执行时效的被判刑人，只有自其获得释放之后或者自时效期间届满后，经过 10 年，才准许请求恢复权利。

但是，未受到任何重罪刑罚的累犯，以及仅仅被判处轻罪刑罚、原已恢复权利的人，自其获释后经过 6 年期限，准许请求复权。

经对审判决或缺席判决被判处轻罪刑罚、已经完成刑罚执行时效的被判刑人，自时效完成之后经过 6 年期限，亦允许请求恢复权利。

经对审判决被判刑的人、依抗传程序或缺席判决被判刑的人，除以下规定的各项条件之外，应当证明其在时效期间内没有因被认定为重罪或轻罪的犯罪而受到任何判刑，并且证明自己的行为无可责备。

第 788 条 除时效期间已经届满的情况之外，被判刑人应当证明其已经支付了①罚金和损害赔偿，或者证明其已获准减免支付数额。

被判刑人不能提供上述证明的，应当证明其此前已受到法律规定的（2004 年 3 月 9 日第 2004-204 号法律第 198-5 条）司法拘禁，或者证明国库已放弃采取执行措施。

如果被判刑人是因欺诈破产罪被判刑，应当证明其已经支付了破产负债的本金与利息及相关费用，或者证明其已获得费用减免。

（1975 年 7 月 11 日第 75-624 号法律）在法院判决连带负担债务的情况下，应由申请人支付的损害赔偿的份额或负债的份额，由法院确定。

如果不能找到受到损害的当事人，或者如果其拒绝收取应当支付给他的款

---

① 1993 年 1 月 4 日第 93-2 号法律废除"诉讼费用"。——译者注

项，该款项作为清偿提议与寄存款，支付至信托寄存处（信托银行）予以提存。如果当事人在 5 年期限内不要求提取寄存的款项，该款项依简单申请归还寄托人。

第 789 条 （1993 年 1 月 4 日第 93－2 号法律第 137 条）如果被判刑人自犯罪以来为国家作出了杰出贡献，对其提出的复权申请不附加任何时间条件与执行刑罚条件；在此情况下，即使罚金与损害赔偿未予支付，法院仍可同意被判刑人恢复权利。

第 790 条 （1975 年 7 月 11 日第 75－624 号法律，1992 年 12 月 16 日第 92－1336 号法律第 133 条）被判刑人向其居所地的共和国检察官送交复权申请；如果被判刑人居住在国外，向其在法国的最后居所地所在辖区的共和国检察官送交复权申请；或者如果其在法国没有居所，向其被判刑地的共和国检察官提交申请。

复权申请书具体写明：

1. 被判刑的日期；
2. 被判刑人获释后的居住地点。

第 791 条 （1992 年 12 月 16 日第 92－1336 号法律第 133 条）共和国检察官可以在被判刑人曾经居留的各个地点了解所有的有益情况。

共和国检察官还可听取刑罚执行法官的意见。

第 792 条 （1992 年 12 月 16 日第 92－1336 号法律第 133 条）共和国检察官可以调取：

1. 有罪判决的副本；
2. 被判刑人服刑时关押场所的登记簿的节录，以确认被判刑人的表现情况；
3. 犯罪记录一号登记表。

共和国检察官将这些材料及其意见报送驻上诉法院检察长。

第 793 条 （1992 年 12 月 16 日第 92－1336 号法律第 133 条）由检察长提请法院受理申请。

申请人可以直接向法院提交任何有益的材料。

第 794 条 （1992 年 12 月 16 日第 92－1336 号法律第 133 条）法院根据检察长提出的意见，在 2 个月内作出审理决定，被判刑人（1993 年 1 月 4 日第 93－2 号法律）或其律师得提出意见，或者按程序受到传唤。

第 795 条 （2000 年 6 月 15 日第 2000－516 号法律第 83 条）对上诉法院预审庭的裁定，得按照本法典规定的形式向最高法院提出申诉。

第 796 条 （1992 年 12 月 16 日第 92－1336 号法律第 133 条）在第 789

条所指情况下，针对驳回复权申请的裁定向最高法院提出的上诉以及进行的调查与判决，不缴纳罚金，也不收费。案卷的各项文件均予免收印花税与登记税。

第 797 条 （1992 年 12 月 16 日第 92-1336 号法律第 133 条）在申请被驳回的情况下，只有再经过 2 年期限，才能提出新的申请，但如果第一次申请被驳回是由于考验期限不够，则不受前项限制；在此情况下，该期限足够时，即可再行提出申请。

第 798 条 （1992 年 12 月 16 日第 92-1336 号法律，2007 年 3 月 5 日第 2007-297 号法律第 43 条）宣告恢复权利的裁决，应当在原有罪判决的备注栏内作出记载。

在此情况下，犯罪记录的二号与三号登记表上不得记载有罪判决，但是宣告被判刑人恢复权利的裁定可以命令从犯罪记录中取消有罪判决的登记并且不再在一号登记表上记载该种判决。

获得复权的人可以免费取得复权裁定书的副本与（原）犯罪记录的摘录。

第 798-1 条 （2007 年 3 月 5 日第 2007-297 号法律第 43 条）任何人受到的有罪判决按照《刑法典》的规定依法获得恢复权利的，可以按照本章之规定请求上诉法院预审庭命令从犯罪记录中取消该有罪判决的登记以及不再将其登记于一号登记表。

荷　兰

荷兰刑事诉讼法典[*]

第六编　执行与费用

第一章　执　行

第一节　一般规定

第 553 条　司法决定由检察机关负责执行，或者由荷兰部长依据检察机关的建议执行。

第 554 条　1. 书记员应当依职权免费地向参加刑事诉讼的受损害人提供第一审判决或者上诉审判决的副本。受损害人有权要求以民事案件判决书中规定的方式执行第一审判决或者上诉审判决中与其请求权有关的内容。如果判决是口头作出的，应当依据书记员的通知书执行，通知书应当包括判决记录的副本，写明受损害人、被定罪人和作出判决的法官，而且在页眉应当载有"以国王之名义"之语。

2. 法官判处《刑法典》第 36f 条规定的损害赔偿措施，并且由于没有缴纳应付金额而适用监禁的，第 1 款准用。

第 555 条　除另有规定外，本法规定的送达、传唤、出庭通知、告知、司法通知或者其他通知，都应当依据对案件进行侦查、追诉或者最后追诉的检察官的命令执行。

第 556 条　1. 为了执行司法决定或者自己所作的决定，检察机关可以向

---

[*]　本法典于 1921 年 1 月 15 日由荷兰议会批准，1926 年 1 月 1 日生效。截至交稿前，最后一次修正时间是 2015 年 3 月 28 日。本译本来源于 http：//www.ejtn.eu/PageFiles/6533/2014% 20seminars/Omsenie/WetboekvanStrafvordering_ ENG_ PV. pdf（2015 年 5 月 15 日访问）提供的英文文本，以及参考 2003 年法律出版社郎胜、熊选国主编的《荷兰刑事诉讼法（节译）》一书翻译，该书语言为汉语。

法院执行员、警察执行机构的警察官员、皇家宪兵队的军事人员或者荷兰公共安全与司法部长为此目的指定的其他官员或者公务员，发出必要的特殊命令或者一般命令，在国际法或者跨区域法允许的情形下，为了在荷兰籍船舶、捕鱼船或者第 136a 条第 2 款规定的设施上执行司法决定或者自己所作的决定，检察官可以向船长发出必要的特殊命令或一般命令。为了执行扣押证券和记名股票以及扣押和退还已登记不动产的命令，特殊命令应当发给法院执行员。

2. 在必要时，为了执行目的，检察机关应当请求其他司法区域内的检察机关予以协助，后者可以发出与前款规定相同的命令。

3. 第 146 条第 2 款和第 3 款适用于所有执行官员或者依据其命令履行执行任务的官员。

第二节　决定的执行力

第 557 条　1. 除另有规定外，不得执行尚可提起普通法律救济的决定，对决定已经提起普通法律救济的，在撤销法律救济或者对法律救济作出决定之前，决定不予执行。

2. 如果必须作出第 366 条规定的通知的，可以在送达该通知后执行第一审判决或者上诉审判决。如果第一审判决或者上诉审判决是缺席作出并且无须作出这种通知的，可以在宣判后执行判决。如果提出上诉或者撤销之诉的，应当中止或者推迟执行。

3. 下列情形不适用第 2 款最后一句：

1° 第一审判决或者上诉审判决中批准的应予立即执行的命令；

2° 检察机关认为法律救济是在法定期限届满后才提出的，除非经提出法律救济人员的请求，上诉法院或者地区法院的紧急措施法官对其进行讯问后作出相反决定。

4. 基于《刑法典》第 36e 条规定的检察机关要求所作出的判决，只有在《刑法典》第 36e 条第 1 款或第 3 款规定的有罪判决生效以后，才可执行。

第 558 条　1. 除 340 欧元以下的无条件罚金刑外，对于荷兰刑事法官作出的所有其他已经生效的主刑和附加刑，都可以经请求给予赦免。

2. 对以下刑罚也可以经请求给予赦免：

a. 应当在荷兰境内依据《刑事判决执行移送法》（Wet overdracht tenuitvoerlegging strafvonnissen）第 43 条执行的或者在依据该法第 35 条提出的异议被认定缺乏充分理由而被驳回后应予执行的外国法官判处的刑罚；

b. 国际刑事法院对妨害刑事法院司法的严重罪行所判处的、依据《国际刑事法院执行法》（Uitvoeringswet Internationaal Strafhof）第 64 条或者第 65 条在荷兰境内执行的监禁刑；

c. 欧盟其他成员国判处的、依据《相互承认和执行经济刑罚和没收命令法》（Wet wederzijdse erkenning en tenuitvoerlegging geldelijke sancties en beslissingen tot confiscatie）和《相互承认和执行剥夺认识自由刑罚和有条件刑罚法》（Wet Wederzijdse Erkenning en Tenuitvoerlegging Vrijheidsbenemende en Voorwaardelijke Sancties）应当在荷兰境内执行的刑罚或者措施。

3. 对于荷兰法官判处的依据托管令进行强制治疗、安置在累犯机构内、限制自由的措施、没收驾照和没收非法所得等已经生效的措施，可以经请求给予赦免。

第 558a 条 1. 如果赦免请求涉及判处以下刑罚的已生效的第一审判决或者上诉审判决的，赦免请求具有中止执行被请求赦免的刑罚或者推迟刑罚执行的效力：

a. 6 个月以下的监禁刑；

b. 附条件的 6 个月监禁刑，并且已依据《刑法典》第 14g 条或第 77dd 条命令执行的；

c. 罚金；

d. 社区服务。

2. 在被请求赦免的判决生效 1 年后，在非经被定罪人请求而尚未开始执行的情形下，赦免请求也具有中止执行刑罚或者措施的效力。

3. 关于第 a 项和第 b 项规定的开始执行的日期，可以由一般行政命令予以规定。

第 559 条 在下列情形下，第 558a 条不予适用：

a. 被定罪人未经允许缺席的；

b. 依据判处被请求赦免的监禁刑的司法决定或者基于荷兰或者外国所作司法决定中的其他事由，被定罪人被依法剥夺自由的；

c. 对于赦免请求所涉及的刑罚或者措施先前已经提出过赦免请求的；

d. 赦免请求是在被判处监禁刑或者被剥夺自由的措施的被定罪人在外国境内时提出的，而且该国正在处理荷兰提出的对该罪犯的引渡请求并且为此命令临时逮捕该被定罪人的；

e. 赦免请求涉及的判决或者措施被移送至其他国家执行。

第 559a 条 1. 荷兰公共安全与司法部长应当将推迟执行的通知书，连同赦免请求书，一并送交检察机关和被定罪人。

2. 如果请求书是请求对监禁刑、依据托管令予以强制治疗的措施、安置在累犯机构内的措施予以赦免，而且法律并没有规定任何推迟执行的可能，荷兰公共安全与司法部长仍然可以决定在请求待决期间推迟或者暂缓执行。他应当将其决定通知检察机关。

3. 负责执行司法判决的检察机关收到第 1 款规定的通知书后，应当立即推迟或者暂缓执行。在请求待决期间，应当推迟或者暂缓执行。

4. 在收到第 1 款或者第 2 款规定的通知后，检察机关应当依据可适用的法律条款，中止或者推迟执行被请求赦免的刑罚或措施。

第 560 条　对于第三人提出的赦免请求，如果被判处刑罚或措施的人员对请求持反对意见，请求不予受理。

第 560a 条　减轻、变更或者免除第 558 条第 3 款规定以外的荷兰刑事法官判处的措施的请求，应当转交给有权依法终止执行这些措施或者变更或撤销所施加的义务的机构，以便其对请求作出决定。

第 560b 条　如果涉及 1 项已经开始执行或者已执行完毕的刑罚或措施的赦免请求被批准，应当退还已缴纳的罚金或者法官确定的非法所得金额中已经缴纳的部分。

在赦免该刑罚或者措施的请求得到批准以后，保管人应当退还被没收或者被禁止流通的物品。第 119 条第 2 款准用。

第 561 条　1. 如果执行情况允许，应当尽快执行刑事处罚令、第一审判决或者上诉审判决。

2. 判处《刑法典》第 36f 条规定的罚金刑或者措施的，负责执行的检察机关应当规定一个缴纳的截止日期，在适用《刑法典》第 24a 条的情形下，应当规定数个缴纳的截止日期。相应日期应当及时通知被定罪人。刑罚处罚令中载有缴纳的截止日期的，无须通知犯罪嫌疑人。

3. 检察机关可以批准延期缴纳或者分期缴纳。适用《刑法典》第 24a 条的，经被定罪人请求，检察官可以书面批准有利于被定罪人的缴纳安排。

第 561a 条　（1964 年 10 月 16 日废止）

第 562 条　1. 在执行生效的、判处监禁刑的第一审判决或者上诉审判决之前，被定罪人患上精神疾病的，作出第一审判决或者上诉审判决的法院可以命令推迟判决的执行。

2. 只有经检察机关要求，或者经被定罪人的辩护人的书面请求，才能作出推迟执行的命令。对于辩护人应当适用第一编第三章的规定。

3. 被定罪人病愈以后，经检察机关要求，推迟执行的命令应当由同一法院撤销。

第 563 条　1. 如果被定罪人虽然患有精神疾病，但是可以执行前条规定以外的其他刑罚的，应当邀请监护人以通常方式履行第一审判决或者上诉审判决。如果被定罪人没有抚养权人，如有必要，经命令执行判决的检察机关的要求，应当为此目的委任监护人。

2. 对于替代刑罚，前一条应予适用。

第三节　刑事处罚令、剥夺自由的命令和第一审或者上诉审有罪判决的执行

第 564 条　1. 执行剥夺自由的命令或者第一审或者上诉审有罪判决的命令书中，应当载有对被执行人的尽可能准确地描述、对逮捕所依据的决定或者命令的说明、被逮捕人应予移送的场所以及应予移送的法官或者官员。

2. 如果命令书有明确规定的，在国际法和跨区域法允许的情形下，可以在地区法院管辖区域之外逮捕被执行人。

3. 命令书内容是拘传犯罪嫌疑人、证人、鉴定人或口译人员到庭的，前款规定不予适用。

4. 依据命令书执行逮捕的人员，应当立即将被逮捕人员移送到命令书中规定的场所或者法官或官员前。

5. 在地区法院管辖区域以外执行逮捕的，第 539b 条第 2 款、第 3 款和第 4 款、第 539n 条和第 539o 条准用。

6. 关于签发第 1 款规定的命令书的规则，可以通过或者依据一般行政命令予以规定。

第 564a 条　在地区法院管辖区域以外执行逮捕的，而且被逮捕人声明其并非被签发命令书的人员的，执行逮捕的人员应当将被逮捕人员的声明以最快的方式及时通知签发命令书的检察机关。

第 565 条　1. 为了逮捕被执行人，执行官员可以进入和搜查任何场所。

2. 为了查明应予逮捕人员的下落，检察官可以行使第 96—102a 条、第 125i—125m 条、第 126g 条、第 126k—126ni 条以及第 126ui 条规定的权力，如果这些条款有明确规定，检察辅助官员或者侦查官员也有权行使这些条款规定的权力，并且预审法官可以经检察官要求行使第 110 条规定的权力，但前提条件是：

a. 由于与依据相关条款可以行使权力的重罪同等严重的罪行，应予逮捕人员正在被起诉或者已被判处监禁刑或被剥夺自由的措施的，才能为了查明应予逮捕人员的下落而行使权力；

b. 只有经预审法官授权才可以行使的相关条款规定的权力，也只有在预审法官经检察官要求作出书面授权的情形下，才能为了查明应予逮捕人员下落而行使；

c. 经要求或者请求才能行使相关条款规定的权力的，在为了查明应予逮捕人员下落而行使上述权力的情形下，要求或者请求应当载有依据相关的法律条款必须写明的相关信息。

第 566 条 1. 被执行剥夺自由命令或者第一审或者上诉审有罪判决的人员，应当关押在为此目的而设立的监狱或者其他机构内，为此目的，应当向上述监狱或机构送交审前羁押令、警方拘留命令、第一审或者上诉审有罪判决或者判决摘录，或者检察机关签发的执行命令。

2. 在最后一种情形下，签发命令的官员应当将审前羁押令、警方拘留命令、在执行监禁刑的情形下第一审或者上诉审有罪判决或者有罪判决的节录，尽快送交关押机构的负责人。

3. 执行口头判决判处的监禁刑的，为了进行本条第 1 款规定的关押，应送交以下文件：

a. 法庭笔录、法庭笔录的副本或者法庭笔录的摘录；

b. 附在传票或者出庭通知书后的文书，或者载有口头判决记录的文书的复印件；

c. 或者检察机关签发的执行命令或者命令的副本。

4. 第 146 条第 2 款适用于所有执行官员或者依据其命令执行的官员。

5. 在第 3 款第 c 项规定的情形下，签发命令的官员应将法庭笔录、法庭笔录的副本、法庭笔录的节录、附在传票或者出庭通知书后的文书或者载有口头判决记录的文书的复印件，尽快送交关押机构的负责人。

第 567 条 监狱、未成年犯管教所或者其他执行监禁刑的机构的负责人，有义务按照荷兰公共安全与司法部长规定的格式制作登记簿。

第 568 条 1. 在接收被执行剥夺自由命令或者第一审或者上诉审有罪判决的人员时，应当在登记簿中登记该人员的姓名、职业、出生地点、住所或者居所。上述信息有不明的，应当在登记簿中注明。

2. 应予登记的事项还应包括：

作出被执行的决定的法官或官员；

决定作出的日期；

机构接收日期和时间，如有可能，开始剥夺自由的时刻；

有罪判决判处的刑期。

3. 登记应当由负责执行命令、第一审判决或者上诉审判决的官员共同签署。机构负责人应当向他们提交确认接收的书面声明；他们应当将该声明转交给签发执行命令的官员。

第 569 条 1. 在上述登记簿中，应当记录被监禁人员或者被治疗人员结束关押的日期和时间，以及结束关押所依据的决定或者其他事由。

2. 机构负责人应当对登记以及本条规定的记录签名。

第 570 条 1. 释放被关押人员应当由关押机构负责人在下列时间执行：

a. 如果刑期不超过 3 日，在刑期的最后 1 日；

b. 如果刑期在 3 日以上 2 个月以下，在不是周日或者一般节假日的刑期的最后 1 日；

c. 在执行监禁刑的其他情形下，在不是周六、周日或者一般节假日的刑期的最后 1 日；

d. 在剥夺自由的命令失效以后；

e. 在有管辖权的机构向关押机构负责人签发释放令以后。

2. 刑期届满以后，在任何情形下都应当释放被关押人员。

3. 在刑期尚未完全届满之前，依据第 1 款启头和第 a 项、第 b 项或者第 c 项释放被关押人员的，丧失执行剩余刑期的权力。

4. 为了适用本条前面各款的目的，如果对部分刑罚作出《刑法典》第 14a 条规定的命令的，只有在法官已经命令执行上述部分刑罚的情形下，才能考虑上述部分刑罚。

第 570a 条 如果被定罪人必须连续执行 1 项以上的刑罚，为了适用第 570 条第 1 款启头和第 a 项、第 b 项或第 c 项的目的，这些刑罚应当被视为一个刑罚。

第 570b 条 1. 荷兰部长可以经利害关系人请求或者依职权，中断监禁刑的执行。

2. 荷兰部长可以就第 1 款规定的中断执行制定进一步的规则。在任何情形下，规则都应当规定利害关系人为了中断刑罚执行必须履行的标准、批准中断执行的权限、批准的方式以及相关条件。

3. 对于第 1 款规定的中断执行的命令，《监禁机构原则法》（Penitentiaire beginselenwet）第十三章应予适用。

第 571 条 1. 地区法院监督第 566—570 条的规定是否得到遵守，并为此目的，由从其成员中指定的监督法官每年至少 2 次、不定期地视察其管辖区域内的监狱、未成年人犯管教所和其他执行关押的机构。

2. 就每次视察结果应当向荷兰公共安全与司法部长提交书面报告。

3. 检察官有义务依据前面各款的规定进行视察和提交报告。

第 572 条 1. 判处罚金或者《刑法典》第 36f 条规定的措施的刑事处罚令、第一审或者上诉审判决，由签发刑事处罚令或者提起起诉的检察机关执行或者代表其执行。

2. 执行规则应当通过或者依据一般行政命令予以规定。在任何情形下，这些规则都应当规定缴纳罚金的地点和方式、《刑法典》第36f条规定的措施、缴纳期限、对所收金额的责任、追缴费用包括托收费用。

3. 第2款规定的规则也应当规定关于执行刑事处罚令和判处罚金刑的第一审或者上诉审判决的行政收费。

4. 被追缴人员必须缴纳追缴费用，即便刑事处罚令或者第一审或者上诉审判决在提出异议、上诉或者撤销之诉后被撤销。

第572a条　对于判处罚金刑或者《刑法典》第36e条和36f条的措施的第一审或者上诉审判决或者刑事处罚令的执行，检察官可以请求任何人提供其有合理理由认为必要的信息。第96a条第3款准用。

第573条　1. 在依据第561条规定的期限内没有完全缴纳的，在事先书面警告后，应当从被定罪人物品中追缴所欠金额以及《刑法典》第24b条规定的增加金额。为了追缴目的，可以在负责执行的检察机关的办公场所选择住所。

2. 负责执行的检察机关可以决定免于追缴。

3. 不可能完全追缴或者依据前款规定免于追缴的，应当在事先书面警告后，执行替代自由刑。

4. 除被定罪人在本国境内没有已知的住所或者居所外，应当自前款规定的警告送交被定罪人起14日以后，执行替代自由刑。

第574条　1. 应当依据已经生效的、判处罚金刑、施加为了没收《刑法典》第36e条规定的非法所得目的而向国家缴纳一定金额的义务以及为《刑法典》第36f条规定的被害人利益而向国家缴纳一定金额的义务的第一审判决、上诉审判决或者刑事处罚令，以《民事诉讼法典》规定的方式，针对依据第94a条被扣押的物品进行追缴。

2. 该第一审判决、上诉审判决或者刑事处罚令应当视为《民事诉讼法典》第704条第1款规定的执行令。该执行令应当送达被定罪人，如果扣押是针对第三人的，也应当送达第三人，送达可以通过送达通知书方式进行，通知书中应当写明第一审判决、上诉审判决或者刑事处罚所判处的与追缴有关的刑罚。

3. 对于认为自己对被扣押物品具有全部或者部分权利的第三人，适用《民事诉讼法典》的规定。

第575条　1. 对于并非依据第94a条扣押的被定罪人的物品，应当依据载有无须判决即可扣押该物品之权利的支付令进行追缴。针对在第一审判决或者上诉审判决生效之前未被扣押的第94a条第3款和第4款规定的物品，也可以进行追缴。

2. 支付令由负责执行第一审判决、上诉审判决或者刑事处罚令的检察机关以国王名义签发。应当以执行民事法官判决的方式执行支付令。

3. 只有异议可以中止支付令的执行，但在任何情形下都不能对判处罚金刑的第一审判决、上诉审判决或者刑事处罚令提出异议。异议应当以写明理由的异议方式提出，异议应当在物品出售之前，至迟自扣押之日起7日以内，向判处刑罚的法官所属的法院提出。对于刑事处罚令的异议应当提交给有管辖权的法院，或者本应有管辖权的法院。内庭应当公开审理异议。裁定应当及时送达被定罪人。签发支付令的官员可以自裁定作出之日起14日以内提出撤销之诉，被定罪人可以自裁定送达之日起14日以内提出撤销之诉。被定罪人只有在向作出裁定的法院或者作出裁定的法官所属的法院的书记处缴纳应付金额和所有费用以后，才允许提起法律救济。最高法院应当尽快作出决定。

4. 对认为自己对被扣押物品具有全部或部分权利的第三人，应当适用《民事诉讼法典》的规定。

5. 依据本款进行追缴的费用，与罚金以及《刑法典》第36f条规定的措施一样，由被定罪人承担。追缴费用应当包括托收费用。

第576条 1. 对于下列财产，没有支付令也可追缴：

a. 被定罪人的工作酬劳；

b. 被定罪人有权获得的退休金、解雇费和其他定期性给付；

c. 被定罪人可以为其本人利益提取的《金融监管法》（Wet op het financieel toezicht）第1:1款规定的银行账户余额。

2. 前款规定的追缴应当依据负责执行第一审判决、上诉审判决或者刑事处罚令的检察机关签发的书面通知进行。为了追缴目的，通知书应当载有对被定罪人的充分描述、被定罪人应付的金额、判处罚金刑的司法判决或者刑事处罚令以及缴纳地点。通知书应当签发给被追缴人，并送达被定罪人。

3. 通过送达通知书，如果被定罪人持有或者获得被追缴人的到期债权的，被追缴人有义务向国家缴纳通知书中写明的金额。检察机关应当确定必须缴纳金额的期限。在已经缴纳或者追缴应付金额以后，至迟在通知书送达之日起2年以后，缴纳义务消失。

4. 被追缴人不能通过缴纳金额或者提出反诉求，要求国家消除或者减轻其债务，除非通知书送达时，在依据《民事诉讼法典》扣押第三人持有的债务人财产的情形下，被追缴人也有权这么做。如果其他债权人已经扣押被追缴的可支付金额的，《民事诉讼法典》第478条准用。为了适用《破产法》第33条和第301条的目的，应视追缴与扣押第三人持有的债务人财产具有同等效力。

5. 如果被追缴的是被定罪人对第 1 款第 a 项和第 b 项规定的定期性给付的债权,《民事诉讼法典》第 475a—475g 条准用。

6. 任何利害关系人都可以自本条第 2 款规定的通知书送达之日起 7 日以内,提交写明理由的异议,对追缴提出异议。对此异议,第 575 条第 3 款应予适用。

7. 对本条规定的追缴费用,应当按照追缴罚金或者《刑法典》第 36f 条规定的措施的相同方式,向被定罪人追缴。追缴费用应当包括托收费用。

第 576a 条　一般行政命令可以规定,国家可以依据一般行政命令规定的原则和规则,获得对公法所规定的法人执行罚金刑而收缴的金额。

第 577 条　1. 命令没收未被扣押的物品的,或者命令公布判决并且费用由被定罪人承担的,第 561 条第 2 款和第 3 款以及第 572 条第 1 款、第 2 款和第 4 款准用。

2. 未在规定的期限内上交物品、缴纳估算金额或者缴纳公布判决费用的,第 573 条、第 575 条和第 576 条准用。

第 577a 条　债权的没收应当在向债务人送达判决后执行。

第 577b 条　1. 判处《刑法典》第 36e 条规定的措施的,第 561 条第 2 款,第 572 条第 1 款、第 2 款和第 4 款,第 573 条第 1 款、第 2 款和第 3 款,第 574—576 条准用。

2. 经负责执行的检察机关要求,或者经被定罪人或者第三方受损害人书面请求,而且书面请求应写明理由,判处第 1 款规定措施的法官可以减少或者免除其确定的金额。如果金额已经缴纳或者已被追缴,法官可以命令全部或者部分退还,或者支付给其指定的第三人。命令不得影响任何人对已退还或者已缴纳的金额的权利。

3. 如果发现所确定的金额高于实际所得金额的,法官应当决定减少或者退还至少相当于差额的金额。

4. 应当听取检察机关、犯罪嫌疑人或第三方受损害人的意见,或者至少为此目传唤他们,除非在犯罪嫌疑人或者第三方受损害人提出第二次请求或者随后又提出请求的情形下,该请求明显缺乏充分理由。

5. 除第 4 款规定的例外情形外,内庭应当公开审理要求或者请求。

6. 自缴纳或者追缴金额之日起 3 年以后,不得再提出第 2 款规定的要求和请求。

7. 法官可以依职权命令,在其作出决定之前措施不予执行。命令应当及时通知负责执行的检察机关。

8. 减少或者免除金额具有依法取消依据《刑法典》第 24b 条已经生效的

增加金额的效力。

第 577ba 条 1. 对于未在第 561 条第 2 款规定的期限内全额缴纳的，经检察官要求，预审法官可以授权对被定罪人的财产进行调查，授权应当写明理由。

2. 调查目的应当是执行《刑法典》第 36e 条规定的措施的目的，确定被定罪人的财产金额，以进行追缴。

3. 要求应当写明理由，并写明必须缴纳的金额、被定罪人已经缴纳的金额以及是否已经提出第 577b 条第 2 款规定的要求。

4. 在下列情形下，预审法官应当作出第 1 款规定的授权：

a. 尚未缴纳的金额数目较大；以及

b. 有证据表明可依据第 577b 条予以追缴的物品属于被定罪人。

5. 授权的有效期最长为 6 个月，经检察官要求，可以延长，每次可以延长相同期限，但累计不得超过 2 年。

6. 预审法官监督调查不受不当拖延。检察官应当依职权或者经预审法官请求，提供其所需要的信息。

7. 如果检察官认为调查已完成或者没有正当理由继续调查，应当作出终止调查的裁定，裁定应写明日期。裁定副本应当送达被调查的被定罪人。检察官应当通知预审法官终止调查。

8. 在下列情形下，也应当终止对被定罪人财产的调查：

a. 第 1 款所作的授权的有效期届满；

b. 被定罪人已经履行缴纳义务。

第 577bb 条 1. 为了调查被定罪人的财产，依据检察官为此目的签发的命令，为了调查的需要，侦查官员应当具有以下权力：

a. 要求任何人说明其持有或者曾经持有的财产是否属于或者曾经属于被调查人，如果是的话，哪些财产属于或者曾经属于被调查人；

b. 要求有理由认为是适当的，并持有非为个人使用目的的信息的人员，提供有关第 126nc 条第 2 款规定的人员的特定的储存或者录制的识别信息；

c. 要求通讯服务提供商提供第 126la 条规定的通信服务用户的姓名、地址、邮政编码、城市、服务号码和类型；

d. 系统追踪某人或者系统观察其动向或行为；

e. 进入非住所的封闭性场所，且无须获得有权使用该场所的人员的同意，或者使用技术辅助器材勘验该场所，以固定痕迹或者在该场所内安装技术辅助器材以确定财产是否存在或已被转移。

2. 对于第 1 款第 a 项规定的要求，第 126a 条第 3 款和第 5 款应准用。

3. 对第 1 款第 b 项规定的要求，第 126nc 条第 3—5 款和第 7 款准用。

4. 检察官可以决定，为了调查的需要，在行使第 1 款第 d 项规定的权力时，使用技术辅助器材，但不得用该装置录制私密通信。非经本人同意，技术辅助器材不能安装在人体上。

5. 为了调查的需要，检察官可以决定，为了行使第 1 款第 d 项规定的权力，无须经有权使用非住所的封闭场所的人员的同意，而进入该场所。

6. 对于第 1 款第 d 项规定的命令，第 126g 条第 4 款准用。

7. 侦查官员在等待执行员到来期间，可以采取合理必要的措施，以固定可予扣押的物品。这些措施可以限制在场人员的自由。

第 577bc 条 1. 检察官依据第 577bb 条签发的命令以及对命令的变更、补充、延长或者撤销，应当以书面形式作出。口头签发并嗣后及时写成书面形式的命令，与书面签发的命令具有同等法律效力。

2. 命令可予变更、补充、延长或者撤销。

3. 命令应当写明：

a. 被定罪人的姓名；

b. 命令的有效期；

c. 在必要的情形下，命令的执行方式。

4. 进入封闭性场所的，命令还应当写明：

a. 命令涉及的场所；

b. 适用第 577bb 条第 1 款第 e 项的，执行命令的时间或者期限。

5. 侦查官员应当对命令的执行制作笔录。笔录中应写明：

a. 第 3 款和第 4 款规定的信息；

b. 命令的执行方式；

c. 命令或者要求规定应予提供的信息；

d. 表明第 577bb 条规定的条件得到满足的事实和情形。

6. 如果命令是口头作出的，而且第 2 款规定的对命令的变更、补充、延长或者撤销并未写成书面形式，应当在笔录中注明。

第 577bd 条 1. 为了调查的需要，检察官可以要求可合理推定有权访问特定的储存或者录制的信息的人员，提供该信息。

2. 第 126nd 条第 2—4 款和第 7 款准用。

3. 对于信息的提供，检察官应当制作笔录，笔录中应写明：

a. 第 126nd 条第 3 款规定的信息；

b. 依据要求所提供的信息；

c. 要求为了调查的需要提供信息的理由。

4. 检察官为了调查需要，可以规定第 1 款规定的要求只涉及在要求作出后所处理的信息。要求所涉及的期限最长为4周,期限可以多次延长,但每次最多延长4周。检察官应当在要求中写明该期限。第2款和第3款准用。

5. 如果要求涉及的是在要求作出后所处理的信息,一旦处理不再是为了调查需要,应当终止要求。对于要求的变更、补充、延长或者撤销,检察官应当制作笔录。

6. 如果有紧急的调查需要,检察官可以规定被发出要求的人员在处理信息后立即提供信息,或者在每次处理后的特定期限内提供信息。为此目的,检察官应当要求预审法官事先作出书面授权。

7. 为了调查需要,在适用第1款或者第4款时,或者在适用第1款或者第4款之后不久,检察官可以命令可合理推定其知悉如何对第1款和第4款规定的信息进行加密的人员,通过撤销加密或者提供这种加密知识的方式,协助解密信息。命令不得发给被定罪人。第96a条第3款准用。

第577bc条 1. 为了调查的需要,检察官可以要求提供第126la条意义上的通信服务用户的信息以及与该用户有关的通信交往数据。

2. 第126n条第1款第2句、第2款和第3款准用。

3. 对于第1款规定的要求,检察官应当制作笔录,笔录中应当写明:

a. 被定罪人的姓名;

b. 要求提供有关其信息的人员的姓名,身份未知的,对该人员尽可能准确地描述;

c. 要求提供的信息;

d. 如果要求涉及的是要求作出后所处理的信息,要求涉及的期限。

4. 第126n条第6款准用。

第577bf条 1. 为了调查的需要,检察官可以命令侦查官员使用技术辅助器材录制第126la条意义上的通信服务商的用户的非公开的通信。

2. 只有经预审法官事先书面授权,才能签发第1款规定的命令。第126m条第3款和第4款以及第126ma条准用。

3. 命令的有效期最长为4周。除第577bc条第3款规定的信息外,命令还应当写明:

a. 如有可能,能够识别通信服务具体用户的号码或其他识别信息;以及

b. 用户已知的姓名和地址;以及

c. 用来录制通信的1个或者多个技术辅助器材的性质。

4. 为了调查的需要,在已录制第1款规定的通信的情形下,检察官可以要求可合理推定知悉通信加密方式的人员,通过提供该知识或者撤销加密的方式,协助解密信息。要求不得发给被定罪人。第96a条第3款准用。

5. 只有经预审法官事先书面授权,才能作出第 4 款规定的要求。

6. 第 577bc 条第 5 款准用。

第 577bg 条 1. 结束对被定罪人的财产调查的,第 126bb 条和第 126dd 条应准用。

2. 一旦调查已经结束 12 个月以及已经通知第 126bb 条规定的人员的,检察官应当确保笔录以及能从中获取信息的、通过行使第 577ba—577bf 条规定的权力所获得的物品,予以销毁。对销毁应当制作笔录。

第 577c 条 1. 被定罪人没有履行为了没收非法所得目的而判处向国家缴纳一定金额义务的第一审判决或者上诉审判决,而且也不可能依据第 574—576 条全部追缴其财产的,法院可以基于检察官的要求,批准执行最长 3 年的司法拘留。

2. 检察官的要求应当提交给最后审理案件的法院,并由内庭审理。

3. 检察官应当向被定罪人送交对要求的听审通知书。审理应当公开进行。

4. 如果被定罪人能证明其没有履行缴纳义务的能力,不得批准检察官的要求。

5. 在对要求进行评估时,内庭应当考虑被定罪人已缴纳的金额以及检察机关依据第 574—576 条已作的追缴。

6. 如果批准检察官要求,内庭应当确定司法拘留期限。内庭可以经检察官要求、经犯罪嫌疑人请求或者依职权,确定应付金额。适用司法拘留并不消除债务。裁定应当送达被定罪人。第 564 条准用。

7. 检察官可以随时终止司法拘留。被定罪人履行缴纳拖欠金额的义务的,应当终止司法拘留。被定罪人可以请求法官解除司法拘留。第 577b 条第 4 款和第 5 款准用。

第 577d 条 1. 刑事处罚令或者《刑法典》第 14a 条规定的命令将缴纳押金作为指令或者特殊条件的,第 561 条第 2 款和第 3 款第 1 句以及第 572 条第 1 款、第 2 款和第 4 款准用。

2. 在任何情形下缴纳期限都不得超过 3 个月,期限应当自第一审判决、上诉审判决或者刑事处罚令执行之日起开始计算。

3. 押金应当依据负责执行第一审判决、上诉审判决或者刑事处罚令的检察机关的命令予以退还。

第 578 条 1. 检察机关依据第 257a 条作出指令的,应当规定履行这些指令的期限,必要时还应当规定履行地点。期限可以延长。

2. 自依据第 257a 条第 2 款第 c 项或者第 511c 条缴纳金额或者上交物品起 3 年以内,发现缴纳金额或者上述物品的价值比通过实施犯罪行为或者相似行为或者源于犯罪行为或者相似罪行而所得的实际非法所得要高的，检察机关应当依职权，或者经前犯罪嫌疑人或被定罪人请求，命令退还相当于差额的金额。

3. 前犯罪嫌疑人或者被定罪人自知悉对依据前款所作的请求所作的决定起14日以内，可以向其缴纳金额或者上交物品的书记处所属的法院提交书面抗告。

4. 自请求提交之日起30日以内未对请求作出决定的，也可以提出抗告。

5. 内庭应当公开审理抗告。如果法院认为抗告理由充分，应当命令退还第2款规定的差额。第577b条第9款准用。对裁定不得提起任何法律救济。

第578a条　1. 检察官依据第511c条与犯罪嫌疑人或被定罪人达成庭外协议的，检察官应当确定必须履行该协议的期限。在期限届满之前，第511b条第1款规定的向法院提出要求的期限中止。如果协议得到履行，则提出要求的权利消灭，如果已经提出要求的，则案件依法终结。

2. 履行协议以后，发现可排除适用《刑法典》第36e条规定的措施的情形的，前犯罪嫌疑人或者被定罪人可以向检察官请求退还已缴纳金额或者已上交的物品。

3. 前犯罪嫌疑人或者被定罪人自知悉对依据前款规定的请求所作的决定起14日以内，可以向检察官所属的地区法院提出书面抗告。

4. 自提交请求之日起30日以内未对请求作出决定的，也可以提出抗告。

5. 如果地区法院认为抗告理由充分，应当依据合理与公平原则，命令退还已缴纳金额或者已上交物品。

6. 内庭应当公开审理书面抗告。

7. 自缴纳金额或者缴纳最后一部分金额起3年以后，不得再提出第2款规定的请求。

第三节之一　司法拘留

第578b条　1. 尚未追缴或者尚未全部追缴的，检察官可以依据第574条、第575条和第576条规定，针对被判处刑事处罚令并被追缴罚金的人员，向其地址所在地的地区法院的副区法官，提交授权适用司法拘留强制措施的要求。在市政人口登记信息库里登记的地址和犯罪嫌疑人在提出异议时所提供的地址应当视为被判处罚金人的地址。被判处罚金人没有在市政人员登记信息库里登记的，可以由北荷兰区（Noord‐Nederland）检察官向北荷兰区的地区法院的副区法官提出要求。

2. 副区法官应当确定司法拘留期限，对于每项犯罪行为，拘留期限最短为1日，最长为1周。每25欧元被追缴的款额，最多折算拘留1日。

3. 副区法官在对检察官的要求作出决定之前，应当听取被判处罚金人的意见，或者至少应当依法传唤。如果被判处罚金人对于起诉并不知情，应当向其送达出庭通知书。对于副区法官的决定，不得提起法律救济。第273条第1款准用。

4. 负责执行司法拘留的检察官或官员，有权为了拘留被判处罚金人进入任何场所。

5. 一旦应付金额得到缴纳，应当马上解除司法拘留。适用司法拘留并不消除债务。

第四节 确定被定罪人或者其他被判决人身份的程序

第579条 因执行判决而被逮捕的人员否认其是被定罪人的，或者虽然其承认是被定罪人，但对此仍存疑问的，审理犯罪行为的第一审法院应当核实其是否是被定罪人。

第580条 1. 经检察机关要求，应当在法院规定的庭审中，尽快进行听审。

2. 检察机关应当传唤被逮捕人、检察机关希望讯问的证人和鉴定人以及被逮捕人希望讯问的证人和鉴定人，或者通知他们到庭。对于这些证人，第260条第2款准用。

3. 检察机关拒绝通知证人或者鉴定人到庭的，经被逮捕人请求，法院可以命令通知该证人或者鉴定人到庭。第263条和第264条准用。

4. 案件提交法庭审理的，法院院长应当命令法律援助局指定1名辩护人。第一编第三章的规定准用于辩护人。

第581条 1. 根据案件是由地区法院还是最高法院审理，应当依据第二编第六章或者第四编第一章的条款进行听审和作出决定。第394条准用。

2. 如果第1款规定的条款涉及没有开示或者只部分开示身份的证人的，这些条款不予适用。

第582条 如果法院认为身份无法确定，应当命令释放被逮捕人。在其他情形下，剥夺自由之时应当视为执行开始之时。

第583条 1. 适用于有关犯罪行为的第一审判决或者上诉审判决的上诉或者撤销之诉，也适用于包含身份决定的第一审判决或者上诉审判决。

2. 上诉或者撤销之诉应当按照通常的规则提出和处理。根据是提出上诉还是撤销之诉，应当依据第三编第二章或者第三章进行审理和作出判决。

第584条 本节准用于为执行措施目的而被逮捕的人员，身份得到确认的，应当执行措施。

第五节　向自然人送交司法通知的程序

第 585 条　1. 依据本法与《刑法典》的规定，应当通过以下方式，向自然人送交司法通知：

a. 送达；

b. 寄送；

c. 口头通知。

2. 送达是以法定方式交付司法函件。

3. 寄送是以平信或者挂号信方式，或者以通过或者依据一般行政命令规定的方式，邮寄司法函件。

4. 口头通知应当尽快记录在笔录中或者以其他方式写成书面形式。

第 586 条　1. 只有法律明确规定的，才应当以送达方式交付司法通知。除法律另有规定或者允许外，检察机关或者最高法院检察官签发的传票和司法通知书，必须送达。

2. 在其他情形下，除法律规定或者允许作出口头通知外，应当通过寄送方式交付司法通知。

第 587 条　1. 第 585 条第 2 款规定的交付司法函件，应当以邮寄方式进行。

2. 在紧急情形下，或者出于其他任何必要的原因，检察机关可以要求警察执行机构的警察官员或者荷兰公共安全与司法部长为此目的指定的其他官员或者公务员，负责交付。

第 588 条　1. 交付应当按如下规定进行：

a. 对于在荷兰境内因应交付的司法通知涉及的犯罪案件而被剥夺自由的人员，以及在荷兰境内因通过或者依据一般行政命令规定的案件之外的案件而被剥夺自由的人员：交付本人；

b. 对于其他所有人员：交付本人，如果没有规定必须送达本人，并且必须在荷兰境内交付通知的，应当交付到以下地址：

1° 收件人在市政人口登记信息库中作为居民登记的地址；

2° 收件人没有在市政人口登记信息库中作居民登记的，应交付到其住所或者居所地址；

3° 收件人没有在市政人口登记信息库中作居民登记的，而且也没有已知的实际住所或者居所的，应当交付给将审理案件或者最后审理案件的区域的地区法院的书记处。

2. 对于已知其国外住所或者居所的收件人，应当由检察机关直接邮寄通知，或者在有条约可适用的情形下，依据条约，通过外国主管机构邮寄。传票应当翻译成收件人居住国的官方语言或者一种官方语言，如果收件人只会流利地说另一种语言，则应翻译成这种语言。对于其他司法通知，只须翻译通知中的实质内容。如果外国主管机构或者司法机构确认通知已交付收件人，该交付应视为送达本人，如果没有上述确认，则必须单独记录，以作证明。

3. 在第 1 款第 b 项第 1°目或者第 2°目规定的情形下：

a. 收件人不在场的，应交付给在场并且声明会将文件及时转交给收件人的人员；

b. 无人在场的，应将文件交付到收件人或者其所授权的人员的地址，并在通知中所登记的地址处留下书面回函。交付收件人书面授权的人员的，应当视为送达本人；

c. 无法交付的，应当将通知寄还签发机构。如果在交付之日或者至少自此日起 5 日以后，收件人在市政人口登记信息库中作为居民进行登记，而且登记地址是通知中所载地址的，应当将通知交付到将审理案件或者最后审理案件的区域的地区法院的书记处。在此情形下，检察机关应当及时地将通知副本寄送到上述地址，并在第 589 条规定的交付记录中注明。

4. 为了本条规定得到适当执行，可以通过或者依据一般行政命令规定进一步规则。

第 588a 条 1. 在下列情形下，应当将出现法庭审理或者出席恢复后的法庭审理的传票或者出庭通知书的副本寄送到犯罪嫌疑人最后指定的地址：

a. 犯罪嫌疑人就刑事案件被第一次被讯问时，向讯问官员提供的其在荷兰境内可以寄送刑事案件通知的地址的；

b. 在第一审法院开庭时，犯罪嫌疑人提供的其在荷兰境内可以寄送刑事案件通知的地址；

c. 犯罪嫌疑人自己或者代表犯罪嫌疑人提起法律救济时，提供的其在荷兰境内可以寄送刑事案件通知的地址。

2. 犯罪嫌疑人可以变更第 1 款规定的地址，但必须本人向负责案件的检察机关作出说明。

3. 在下列情形下，可以不寄送第 1 款规定的副本：

a. 指定的地址与依据第 588 条必须交付传票或者到庭通知书的地址一致；

b. 犯罪嫌疑人在第 1 款规定的先前场合已经提供了可以交付关于刑事案件通知的地址，但是在嗣后场合明确表示希望变更此地址；

c. 传票或者出庭通知书已经交付犯罪嫌疑人本人或者第 588 条第 3 款第 b

项规定的其他人。

4. 第1款规定的寄送，应当遵守适用于传票或者出庭通知书的期限。

5. 关于本条适用的进一步规定，可以通过或者依据一般行政命令予以规定。

第589条 1. 对于第585条第2款规定的每次交付，应当制作记录，记录中应写明：

1° 签发司法函件的机关；

2° 函件编号；

3° 函件的被签发人员；

4° 函件的被交付人员；

5° 交付地点；

6° 交付日期和时间。

2. 按照第588条第3款第1句和第c项规定的方式处理司法函件的，记录中应当写明函件交付至被签发人员地址的日期。

3. 负责交付的人员对于其发现和采取的措施，应当在发现地和采取措施地如实记录，并立即签名。

4. 记录应当按照荷兰公共安全与司法部长规定的格式制作。为了适当执行本条规定，他可以规定进一步规则。这些规则应当在《政府公报》上予以公布。

第590条 1. 没有依据第588条第1款和第3款以及第589条的规定进行交付的，法官可以宣布送达无效。

2. 收件人虽然在市政人口信息库中作为居民作了登记，但在法庭审理过程中发现他其实居住在其他地址的，法官可以命令通知未到庭的犯罪嫌疑人到庭。

3. 没有履行或没有及时履行第588a条规定的寄送义务的，法官应当命令推迟法庭审理，除非：

a. 有情形表明犯罪嫌疑人事先已知悉开庭日期或者继续审理的日期；或者

b. 有情形表明犯罪嫌疑人显然认为到庭审理并不重要。

克罗地亚

克罗地亚刑事诉讼法典[*]

第一编 总 则

第十二章 裁决，文件和案卷的送达、查阅，犯罪记录、个人信息，发现并没收

第三节 裁决的执行

第 178 条 在判决和裁定不再被提起上诉或者不能再受上诉审查时，判决和裁定应最终生效。

第 179 条 （1）在合法送达后以及对其执行不存在法律障碍时，最终判决应予执行。如果没有提起上诉或者当事人放弃了上诉权或者撤回了上诉，判决在上诉期限届满或者从当事人放弃上诉权或者撤回上诉之日起具有执行力。

（2）法院秘书应当将经核实的判决书副本以及有关执行力的证明，送达给有执行管辖权的机构，并应注意采取必要的执行行动的开始时间。

（3）如果刑罚的适用对象是克罗地亚共和国武装部队的现职军官、文职人员或雇员，法院秘书应当将经核实的终审判决副本送达至国防部，而如果刑罚的适用对象是一位后备军官或士官，经核实的终审判决副本应当送达至保存军方被定罪者登记信息的国防事务主管机关。

（4）除了本法另有规定，生效的裁定应予执行。如果签发机关没有另外裁决的，令状和命令应当立即予以执行。

（5）除非另有规定，裁定、令状及命令应当由作出的机关执行。

---

[*] 本法典于 2009 年 1 月 1 日开始实施。本译本根据法律在线网站（http://www.legislationline.org）提供的英语文本翻译。

第 180 条 （1）对刑罚、安全和教育措施的执行，应当由特别法予以规定。

（2）如果对于执行法院裁决或适用刑罚的容许性存在疑问的，或者如果终审判决没有折抵审前羁押、侦查羁押的时间或是按之前判决计算的，或者如果这些时间计算错误的，第一审的合议庭主席应当通过一项特别裁定对这些事项作出裁决。假如法院没有另外裁决，上诉不影响该裁定的执行。

（3）如果在法院裁决的解释方面存在疑问的，作出最终裁决的法院应当按照本条第 2 款规定的方式对此作出裁决。

第 181 条 （1）当判决可执行时，法院秘书应当要求判决命令其支付刑事诉讼费用的人或者被没收金钱收益的人，提供已经在判决确定的期限内履行该义务的证据。

（2）如果法院通过一项裁定确定了刑事诉讼费用或物品的扣押，该裁定应当依照本条第 5 款的规定执行。

（3）在有关请求赔偿的裁决终审生效且可执行以后，受损人可以请求第一审法院向其签发经核实的裁决书副本，并说明该裁决可执行。

（4）如果判决没有具体规定自愿履行义务的期限，应当从判决最终生效之日起 15 日内履行该义务。如果该期限届满，对另一方当事人而言该判决具有执行力。

（5）如果本条第 1 款规定的人没有在规定的时间内履行义务，法院秘书应当将该判决以及执行力的证明送达给主管的国家检察官。国家检察官应当依据职权启动扣押程序向预算基金偿付诉讼费用以及没收金钱收益。扣押程序的费用应当提前从法院执行扣押程序的预算基金中扣除。

（6）如果法官保管的金钱或者其他贵重物品是从本条第 1 款所规定的人员那里临时扣押的，法院秘书应当依照适用扣押程序的条款，命令从这些金钱或其他贵重物品中偿还所欠的金额。首先应当从该金额中偿还申请赔偿的数额，其次是没收金钱收益和诉讼程序的费用。如果没收的金钱和其他贵重物品，不能赔偿所有诉求的，未偿还的数额适用本条第 1 款、第 2 款的规定。

（7）如果判决中命令扣押某些物品的保护措施，作出第一审判决的法院应当根据执行程序的规定决定是出售这些物品、提供给刑事犯罪博物馆或其他机构还是予以销毁。对这些物品的出售应当指定公共基金进行。

第 182 条 依据本法规定科处的罚金刑不能在规定期限内全部或者部分支付时，法院应当以正确适用刑法条款所确定的监禁刑予以代替。

拉脱维亚

拉脱维亚刑事诉讼法[*]

第十二编 裁判生效以及审查与裁判有关的事项

第六十一章 对于在执行判决和裁定期间产生的事项的裁判

第 640 条 与疾病有关的免除服刑

1. 在罪犯被剥夺自由的服刑期间,如果其患上精神障碍疾病,导致其无法于监狱中服刑而必须接受治疗,则法官可以基于专家的检验结果免除其服刑,并决定对其进行治疗。

2. 本条第 1 款提到的罪犯,如果基于其刑事犯罪的性质和其精神状况对社会无危害,则法院可以将其交由其近亲属或其他看护病人的人员照料,并由罪犯居住地的医疗机构进行监督。

3. 在罪犯受非剥夺自由刑罚的服刑期间,如果其患上精神障碍疾病,则法官可以裁定免除其继续服刑。

4. 如果罪犯患上非精神障碍的严重疾病,考虑其刑事犯罪的性质、罪犯的人格和其他条件,则法官可以裁定免除其继续服刑。

5. 在因疾病而免除罪犯继续服刑时,法院不仅可以免除其主刑,也可以免除其附加刑,并在裁定中载明该项免除。

第 641 条 撤销对被判缓刑的罪犯所施加的义务或撤销缓刑

1. 被判处缓刑的罪犯,若其模范行为证明其已被改造,或基于正当理由无法继续履行法院施加的义务,则地区法院的法官可以根据被判处缓刑罪犯居住地的指定监督机构的意见,完全或部分撤销其缓刑期间的义务。

---

[*] 本法于 2005 年 4 月 21 日由拉脱维亚共和国议会批准,2005 年 10 月 1 日实施。最近一次修正时间是 2012 年 1 月 10 日。本译本根据拉脱维亚共和国议会官网提供的英语文本翻译。

2. 如果被判缓刑的罪犯没有正当理由未履行法院施加的义务或未执行刑事处罚规制法中规定的义务，或因多次实施行政违法行为而被行政处罚，则该罪犯居住地的地区法院的法官可以根据罪犯的指定监督机构的意见，裁定对其执行判决中确定的刑罚，或将其缓刑期限延长至 1 年。

3. 法官应当在庭审中对该意见进行裁判，无须要求刑事案件材料。

4. 如果法官驳回了对撤销被判缓刑罪犯的缓刑期间义务的意见，该意见可在 6 个月后重新提交。

第 642 条 特殊案件中的减刑

如果罪犯协助揭发与其所犯罪行相比同等、更严重或更危险的犯罪，对其作出有罪判决的法院的法官可以根据检察长的意见，按照刑法第 60 条的规定对该罪犯减刑。法官应当在非公开庭审中审查该意见。

第 643 条 刑满前的有条件释放

1. 依照刑法第 61 条或第 65 条第 3 款的规定，如果收到监狱管理委员会的意见，罪犯服刑地的法院法官应当对在罪犯自由刑满或逮捕羁押期满之前有条件地释放罪犯的事项作出决定。

2. 法官应当在庭审中对该意见进行裁判，无须要求刑事案件材料。

3. 如果法院驳回该意见，则该意见可在 6 个月后重新提交。

4. 在刑满之前有条件释放罪犯时，法官可以根据刑法第 55 条规定向该罪犯强加未服罪责。

5. 如果被提前有条件释放的罪犯无正当理由未履行法院施加的义务或未执行刑事处罚规制法中规定的义务，或因多次实施行政违法行为而被行政处罚，则该罪犯居住地的地区法院的法官可以根据罪犯的指定监督机构的意见，对未服刑部分作出裁判。

第 644 条 替代或撤销警察监管

1. 如果已被采取警察监管措施的人恶意违反规定，罪犯居住地的地区法院可以根据警察机构的意见以及刑法第 45 条的规定，依照刑法规定的条款，剥夺其自由以替代其未服刑部分。

2. 依照刑法第 45 条规定，如果收到监狱或警署行政委员会提交的合理意见，则罪犯居住地的地区法院法官可以决定减少警察监管或撤销此监管。

3. ［2009 年 3 月 12 日已废止］

第 644 -1 条 替代或撤销缓刑监管

1. 如果已被施加附加刑缓刑监管的罪犯在无正当理由的情况下，在缓刑监管期间违反缓刑监管的规定，地区法院法官可以根据国家缓刑服务委员会的意见，依照刑法规定，运用剥夺自由的刑罚替代尚未执行的附加刑。

2. 如果国家缓刑服务委员会的意见已被接受，罪犯居住地的地区法院法官可以减少缓刑监管期限或撤销缓刑监管。

第 645 条　罚金执行的相关问题

1. 如果在判决生效后的 30 日内未缴纳罚金，或罚金未在分期或延迟期限内缴纳，法官应当确定开庭审理，且依照刑法规定的刑罚替代罚金。

2. 如果已缴纳罚金，但罪犯仍被剥夺自由或拘留逮捕的，应当及时释放。

3. 如果罪犯在服剥夺自由的刑罚或拘留逮捕替代罚金期间，已缴纳部分罚金，法官应当按照已缴纳罚金的比例，减少剥夺自由或拘留逮捕的期限。

4. ［2009 年 6 月 16 日已废止］

第 646 条　羁押逮捕替代强制劳动

如果被判强制劳动人恶意逃避服刑的，法院应当依照刑法第 40 条第 3 款的规定，以羁押逮捕替代此刑罚。

第 647 条　矫正性强制措施实施后的刑罚执行

1. 如果已被释放且被实施矫正性强制措施的未成年人未履行法院施加的义务，应当对其执行刑罚。

2. 关于刑罚执行事项，应当由未成年人居住地的地区法院法官作出决定。

第 648 条　刑罚期限包括医疗期间

被剥夺自由或拘留逮捕的罪犯服刑期间去医疗机构进行治疗的，则其医疗期间应当包含在刑罚的期限内。

第 649 条　多个判决或检察官禁令存在时对判决或检察官禁令的执行

如果针对罪犯有多个判决或检察官禁令，执行一审最终判决的法院的法官或判决执行地的同级法院的法官，或检察官禁令执行地的地区法院的法官，可以根据执行判决的机构或检察官的意见，综合考虑这些判决或检察官禁令，依照刑法规定作出最终的刑罚决定。

第 650 条　法院决定执行判决和决定的相关事宜

1. 对于与执行判决中确定的刑罚有关的事项以及执行法院判决中出现的疑问和不确定性事项，除了本法第 638 条、第 642 条和第 647 条规定的情形外，都应该由作出一审判决的法官根据执行判决的机构或检察官的意见作出决定。

2. 裁判执行地不在作出裁判的法院的管辖区域内的，则本条第 1 款涉及的事项应当由罪犯服刑地的同级法院法官裁判。

第 651 条　裁定判决和决定执行相关事宜的程序

1. 对于与判决执行相关的事项，应当在检察官和本法第 74－2 条规定的享有相关权利的罪犯的参与下，由法官尽快通过庭审进行裁定。如果罪犯无正当理由未出庭，则可在其不在场的情况下作出裁定。

2. 法官裁判释放服刑中患疾病或残疾的罪犯以及将被释放人置于医疗机构托管下的事项时，提供检验结果的医师委员会的代表应当参加庭审。

3. 法官裁判刑罚执行的相关事宜时，监督刑罚执行或控制被附条件定罪罪犯行为的机构代表应当被传唤出庭。在决定中止执行判决的事项时，只有罪犯应当被传唤出庭。

4. 提交人或请求人无正当理由未出席，案件应当延期审判。

5. 法官应当开庭审理，并宣布案由，然后审查被传唤人是否到庭，并决定法官和检察官是否应当回避以及在被传唤人未出庭的情况下是否应当对案件进行裁判。

6. 案件的裁判应当首先由申请人宣读申请书或请求。然后法院应当听取检察官和其他人员的意见。被告人及其辩护律师作最后陈述。法官应当通过合议庭作出决定。

7. 所有依照本条规定的程序所作出的决定，除本法第 633 条第 5 款的规定外，均可在 10 日内上诉。本法第 641 条第 1 款、第 643 条、第 654 条涉及的决定只有在不遵守本条规定的诉讼程序时才能提起上诉。提起上诉不中止判决的执行。上级法院的法官应当根据案件材料，以书面审理的方式对该上诉作出裁判，且该裁判不得上诉。

第 652 条　检察官禁令中确定刑罚执行的相关事项的决定程序

1. 检察官禁令中确定刑罚执行的相关事项，以及在执行该刑罚中出现的疑问及不确定性，应当由发布该禁令的检察官所属监察机构之首席检察官依照本章规定的程序决定，但是对于刑罚的变更、缓刑监督期限的减少、缓刑监督的撤销或本法规定的假释，由罪犯居住地的地区法院法官决定。

2. 对首席检察官的决定不得上诉。

第 653 条　撤销定罪的程序

1. 如果已受理当事人或其辩护律师或其法定代理人的请求，则撤销定罪的事宜应当由服刑罪犯居住地的地区法院法官进行裁判。

2. 法院应当将受理上述申请的事实告知检察官。检察官未出庭不影响撤销定罪事宜的裁判。

3. 与裁判撤销定罪的请求相关人应当被强制参与庭审，且有权获得律师帮助。

4. 法官审议撤销定罪事宜的请求应当听取被传唤人的意见，并通过合议庭作出决定。

5. 如果撤销定罪的请求被驳回，在该驳回请求决定作出之日起 6 个月内不得重新提起此项请求。

6. 如果法院违反本条规定的程序，则可对撤销定罪的法院判决提起上诉。

第 654 条　对监狱管理委员会的决定提出上诉

1. 监狱管理委员会应当决定放松或加强对罪犯的监管，以及决定支持或驳回关于提前有条件地释放罪犯的建议书。

2. 罪犯及其法定代理人或辩护律师可以对本条第 1 款中的决定提起上诉，检察官也可对该决定提起抗诉。

3. 该类上诉和抗诉应当由监狱所在地的地区法院法官进行裁判。

第三部分　刑事司法领域的国际协助

第十四编　引　渡

第六十五章　引渡罪犯至拉脱维亚

第 689 条　刑事责任和被引渡人刑罚的执行

1. 一个人只能以他被引渡的罪名负刑事责任、接受刑事审判和刑罚。

2. 上述规定不适用于以下案件：

（1）引渡前已在引渡国提起刑事诉讼或受到刑事审判；

（2）当事人被引渡至拉脱维亚后再犯罪；

（3）当事人在被释放后 45 日内能够离开拉脱维亚但未离开；

（4）当事人被引渡至拉脱维亚后逃离拉脱维亚，之后又返回。

3. 未经引渡国同意，不得将当事人引渡至第三国。

4. 本条第 2 款第（1）项应当采取同样的引渡方式。

5. 基于全部犯罪事实或若干判决而对被告人作出最终处罚，但是该处罚只针对部分犯罪事实或者判决，则作出最终处罚的法院应当依照本法第十六编的规定确定可执行的刑罚部分。

第 694 条　欧洲逮捕令的执行

1. 如果知道被请求人下落，检察总署应当向相关欧盟成员国的主管部门作出送达逮捕令的决定，并在决定之后附加成员国规定的译文。

2. 如果对刑事诉讼当事人的逮捕令已经签发，根据诉讼程序负责人的请求或者欧盟其他成员国作出的引渡或者不引渡的决定，检察总署有权要求欧盟成员国司法主管部门实施以下行为：

（1）在诉讼程序负责人的参与下讯问当事人；

（2）在就返回时间达成一致的情况下移送当事人。

3. 如果被请求人下落不明，为保证国际搜查的顺利进行，检察总署应当向国家警察局送达逮捕令的副本。

3-1. 依照欧盟成员国的要求，应当由检察总署作出保证，担保罪犯被引渡至拉脱维亚被定罪后移交该成员国接受刑罚。

4. 内政部的主管部门应当在引渡当事人的决定作出后的 10 日内接管当事人，或与成员国的主管司法部门就引渡人接管的其他时间达成协议。在被引渡人被引渡至拉脱维亚 24 小时内通知检察总署，当事人的接管工作应当依照本法第 687 条第 2 款、第 3 款、第 4 款规定的程序进行。

第十六编 承认外国判决及刑罚执行

第七十章 在拉脱维亚执行外国确定的有关剥夺自由的刑罚

第 764 条 在拉脱维亚执行外国确定的有关剥夺自由刑罚的根据

1. 在拉脱维亚执行外国确定的有关剥夺自由刑罚的根据应当如下：

（1）司法部请求将剥夺自由刑罚的执行移送至拉脱维亚且外国同意该移送；

（2）外国请求移交外国确定的剥夺自由的刑罚且司法部同意该移送。

2. 无论被定罪人在外国或在拉脱维亚，本章的规定均应当适用。

第 765 条 在拉脱维亚执行外国确定的剥夺自由刑罚的可行性评估

1. 按照本法第 754 条规定，如果已收到外国的信息或请求，司法部应当实施本章规定的活动或主动实施。

2. 如果司法部已收到在外国被定罪人或其代理人的请求，司法部应当在 20 日内审查该请求，如有必要可以要求获得更多材料，以评估向相关外国政府提交关于在拉脱维亚执行外国确定的剥夺自由刑罚请求的可能性。

第 766 条 在拉脱维亚执行外国确定的剥夺自由的刑罚的条件

除了本法第 750 条规定的条件外，如果收到请求时在外国被定罪人距离剥夺自由的刑罚执行结束时间至少还有 6 个月，则可以在拉脱维亚执行外国确定的剥夺自由的刑罚。作为例外，如果执行刑罚时间不足 6 个月，当事人也可以被移送执行刑罚。

第 767 条 在外国被定罪的人同意被移送至拉脱维亚执行剥夺自由的刑罚

1. 在外国被定罪人正在外国执行剥夺自由的刑罚，如果当事人同意，则可以被移送至拉脱维亚继续执行。

2. 存在以下情形的，在外国被定罪人可以在不经其同意的情况下被移送至拉脱维亚执行刑罚：

（1）当事人在拉脱维亚；

（2）当事人在外国未被执行刑罚且已进入拉脱维亚且相关外国政府已要求确保在拉脱维亚执行刑罚；

（3）判决或行政决定包含从监狱释放当事人后将当事人从外国移送或驱逐出境的命令；

（4）如果在外国被定罪人的代理人同意，考虑到当事人的年龄、身体或精神状态，有理由相信确有必要将其移送执行刑罚。

3. 如果外国在请求中附加了移送当事人或将其驱逐出境的副本和当事人的移送意见，根据本法第766条规定的条件，移送或驱逐出境在外国被定罪人无须经过其本人同意。

第768条　接管在外国被判决的当事人

1. 如果法庭已作出本法第759条第1款第（1）项规定的裁定且已收到外国移送在外国被判决的当事人至拉脱维亚执行剥夺自由刑罚的同意书，法庭应当指定警察接管当事人以及与外国协商。在外国被判决的当事人被送至拉脱维亚后，应当及时告知该法庭。当事人应当被关押在侦查监狱，直到在拉脱维亚执行刑罚的裁定被作出为止。

2. 如果外国请求对在外国被判决的当事人适用强制医疗措施，根据本法第769条第5款作出裁定确定采用强制医疗措施后，当事人应当被移送。

第769条　确定在拉脱维亚待执行的剥夺自由的刑罚

1. 在拉脱维亚待执行的剥夺自由的刑罚应当根据本法第760条的规定确定。

2. 针对同一罪行，如果外国法院规定的刑罚种类和幅度与拉脱维亚刑法规定不符，法庭应当根据刑法中对同一罪行规定的刑罚进行变更并使其符合以下条件：

（1）针对同一罪行，刑罚的种类和幅度不得超过拉脱维亚刑法规定的最高刑罚；

（2）刑罚种类和幅度应当尽可能与判决的规定相符；

（3）刑法规定的最低刑并不重要。

3. 法庭作出的在拉脱维亚执行剥夺自由刑的裁定中，应当确定下列事项：

（1）继续执行的刑罚和待执行的刑罚；

（2）包含在外国判决中未考虑到的逮捕和监狱里经过的时间；

（3）待执行的附加刑（如果拉脱维亚刑法未规定附加刑）。

4. 外国判决的剥夺自由的刑罚不应当用罚金来代替。

5. 如果当事人由于精神错乱或精神疾病在外国未被判处刑罚，但其已被适用其他剥夺自由的措施，法庭应当按照本法第603条第1款的规定，决定对其采用强制医疗措施。

第770条　拘留在外国被判决的当事人

1. 司法部可以指定警察拘留在外国被判决的当事人，拘留时间最长为72小时。当事人如果已被定罪，符合下列条件的，可以允许在拉脱维亚实施逮捕：

（1）外国请求执行剥夺自由刑罚的判决，且因为当事人逃避刑罚要对其实施逮捕；

（2）外国已提交剥夺自由刑罚判决的执行请求，司法部认为在外国被判决的当事人将逃避在拉脱维亚执行刑罚决定的庭审；

（3）司法部认为在对当事人作出缺席判决后任其自由行动会妨碍刑事诉讼的进行；

（4）外国请求执行其判决的剥夺自由的刑罚，但当事人逃避刑罚执行。

2. 如果在本条第1款规定的期间内未对其适用临时逮捕，被拘留的当事人应当被释放。

3. 如果在本条第1款第（1）项规定的情况下，当事人被拘留，司法部应当立即告知外国并要求其在当事人被拘留后的18日之内送达有关执行其剥夺自由刑罚判决的请求。

第771条　对在外国被判决的当事人的临时逮捕

1. 如果在本法第770条规定的情况下，当事人被拘留，司法部应当向侦查法官提议适用临时逮捕。

2. 法官应当根据本法第735条的规定审查有关适用临时逮捕的提议。临时逮捕自拘留时间起不得超过1年。

3. 法官审查关于执行外国剥夺自由刑罚判决的请求时，如果有理由相信当事人将逃避庭审，也可以适用临时逮捕。

4. 符合以下条件的，应当对当事人解除临时逮捕：

（1）从拘留日起的18日之内，外国还未提交有关执行剥夺自由刑判决的请求以及必要的附件；

（2）法庭已确定不在拉脱维亚执行刑罚；

（3）决定在拉脱维亚执行刑罚时，法庭还未适用逮捕；

（4）逮捕当事人的条件可消除。

第 772 条　强制措施的适用

决定在拉脱维亚执行刑罚时，法庭可以根据拉脱维亚刑事诉讼的相同程序适用任何强制措施，直到决定生效且有关执行刑罚的命令送达为止。

第 773 条　接管被移送的当事人的法律后果

1. 如果在未征得当事人同意的情况下已将其移送至拉脱维亚服刑，则当事人对移送前实施的其他犯罪不应当负刑事责任、被审判或被移送执行刑罚，除非该罪行的判决已被作出。

2. 如果存在以下情况，不适用本条第 1 款：

（1）确定刑罚的外国对刑事起诉、审判或执行刑罚的许可已被收到；

（2）当事人在释放后的 45 日内还未离开拉脱维亚；

（3）当事人已离开拉脱维亚并再次返回。

第七十一章　在拉脱维亚执行欧盟成员国确定的剥夺自由的刑罚

第 774 条　执行欧盟成员国判决的剥夺自由刑的根据

承认和执行欧盟成员国确定的剥夺自由刑罚的根据是欧盟成员国主管部门已生效的判决，包含剥夺自由的刑罚和以特殊形式完成的认证，以及拉脱维亚法庭作出的关于承认和执行有关剥夺自由刑判决的裁定。

第 775 条　执行欧盟成员国确定的有关剥夺自由刑的条件

1. 如果拉脱维亚同意，可以在拉脱维亚对任何当事人执行欧盟成员国有关剥夺自由刑的判决，而不用考虑其在拉脱维亚的法律地位。

2. 如果出现以下情形，则不需要拉脱维亚的同意：

（1）在欧盟成员国被判刑的人是拉脱维亚公民并居住在拉脱维亚；

（2）在欧盟成员国被判刑的人是拉脱维亚公民，且判决或行政决定包含关于将其移送或驱逐至拉脱维亚的命令。

3. 除下列情形外，只有征得当事人同意才可以执行欧盟成员国对其确定的剥夺自由的刑罚：

（1）当事人是拉脱维亚公民且居住在拉脱维亚；

（2）判决或行政决定包含关于将当事人移送或驱逐至拉脱维亚的命令；

（3）因为针对当事人已启动了刑事诉讼或已作出了有罪判决，当事人已逃往拉脱维亚或回到拉脱维亚。

第 776 条　拒绝承认和执行欧盟成员国确定的剥夺自由刑的理由

1. 存在以下情形之一的，可以拒绝承认和执行有关剥夺自由刑的判决：

（1）以特殊形式完成的认证尚未送达或不完整，或不符合其所附属的判决内容；

（2）尚不符合本法第775条规定的条件；

（3）执行刑罚将违反禁止双重危险原则；

（4）根据刑法规定，不能因为同一罪行对在欧盟成员国被判刑的人执行刑罚；

（5）刑罚执行的时效期已过；

（6）存在本法第八章规定的刑事诉讼豁免的情况；

（7）在欧盟成员国被判刑的人未达到刑事责任年龄；

（8）收到请求时，在欧盟成员国被判刑的人距离执行刑罚结束时少于6个月；

（9）拉脱维亚在作出承认和执行剥夺自由刑的判决前，已根据本法第782条第3款规定的程序请求欧盟成员国提交同意书，以同意在拉脱维亚对该人被移送前的犯罪进行刑事起诉、审判或执行成员国确定的刑罚，该刑事犯罪并不是该人将被移送的相关罪行，且欧盟成员国尚未提交该同意书；

（10）刑罚所包含的有关强制医疗措施或其他剥夺自由的措施不能在拉脱维亚执行；

（11）因为在欧盟成员国被判刑的人不在拉脱维亚，刑罚不可能执行。

2. 除以下情形外，在当事人缺席的情况下作出承认和执行剥夺自由刑的判决可以被拒绝：

（1）已收到传票或已被另外告知，判决可在其缺席的情况下作出；

（2）已被告知相关诉讼且其辩护律师已参与开庭；

（3）已收到判决书且告知其对判决没有争议。

第777条 在收到判决和以特殊形式完成的认证前的规定

1. 司法部已收到欧盟成员国关于希望请求拉脱维亚同意在拉脱维亚执行剥夺自由刑的判决信息后，应当对在欧盟成员国被判刑的人在拉脱维亚是否有永久居住地、家庭、社会关系、职业关系或能促进该人重返社会的其他关系进行调查。如有必要，司法部可以指定警察进行调查。

2. 司法部应当作出意见送达欧盟成员国。

3. 如果不属于本法第775条第2款规定的情形，司法部应当决定同意或拒绝向拉脱维亚送达判决和以特殊形式完成的认证。

第778条 欧盟成员国的判决和以特殊形式完成的认证的审查程序

司法部收到有关剥夺自由刑的判决和以特殊形式完成的认证后，应当根据本法第754条规定的程序对其进行审查，且送达至法庭并告知欧盟成员国。

第 779 条　承认和执行欧盟成员国作出的有关剥夺自由刑的判决

1. 地区法院的法官应当根据本法第 759 条规定的程序决定承认和执行有关剥夺自由刑的判决,并根据本法第 760 条规定的程序决定在拉脱维亚执行的刑罚。

2. 法庭可决定中止承认和执行有关剥夺自由刑的判决。如果以特殊形式完成的认证不完整或与判决不相符,也可以规定欧盟成员国应当重新开始认证的期间。法庭也可以对本法第 742 条规定的情形决定中止承认和执行有关剥夺自由刑的判决,如有必要则请求欧盟成员国同意。

3. 接管在欧盟成员国被判刑的人应当根据本法第 768 条规定的程序来进行。

第 780 条　拘留在欧盟成员国被判刑的人以及实施临时逮捕和强制措施

如果在欧盟成员国被判刑的人在拉脱维亚,应当根据本法第 770 条、第 771 条和第 772 条规定的程序和期间对该人实施拘留,并实施临时逮捕和强制措施。

第 781 条　在拉脱维亚执行欧盟成员国确定的剥夺自由刑引起的法律后果

根据本法第 762 条的规定执行欧盟成员国确定的剥夺自由的刑罚。

第 782 条　从欧盟成员国接管当事人且执行刑罚的刑事责任

1. 如果在欧盟成员国被判刑的人已被移送至拉脱维亚执行剥夺自由的刑罚,该人对移送前所犯的刑事罪行不应当负刑事责任、被审判或被判刑,只能对其执行被移送的罪行。

2. 如果存在以下情形,不适用本条第 1 款:

(1) 当事人在被释放后的 45 日内尽管其有机会但并未离开拉脱维亚,或离开后已回到拉脱维亚;

(2) 该罪没有剥夺自由的刑罚;

(3) 刑事诉讼并未规定限制当事人自由的措施;

(4) 可对当事人给予与剥夺自由无关的刑罚或措施;

(5) 已征得当事人对移送的同意;

(6) 移送后当事人已拒绝行使本条第 1 款规定的权利;

(7) 已征得判决剥夺自由刑的欧盟成员国对刑事起诉、审判或执行刑罚的同意。

3. 应当根据向欧盟成员国引渡的相同规定,征得本条第 2 款第 (7) 项规定的同意。

第七十二章　在拉脱维亚执行外国判决的罚金

第 783 条　评估外国关于执行罚金请求的原则

如果本章没有另外规定，本法第六十九章规定的程序应当适用于在拉脱维亚执行外国判决的罚金的评价、承认和执行。

第 784 条　确定在拉脱维亚执行罚金

1. 如果外国判决已确定罚金，且刑法也对相同罪行规定将罚金或更严重的刑罚作为基本刑或附加刑，法庭应当确定在拉脱维亚执行罚金。

2. 外国确定的罚金数额应当按照判决送达当日拉脱维亚银行规定的有效的货币汇率计算。

3. 在拉脱维亚执行的罚金不得超过刑法关于该罪规定的最高罚金数额，除非拉脱维亚对该罪规定了更严重的刑罚种类。在拉脱维亚执行的罚金不得超过作出决定时刑法规定的最高罚金数额。

4. 法庭可允许分期缴纳在拉脱维亚执行的罚金或延期缴纳，其期限至裁定生效之日起 1 年内。分期缴纳或延期缴纳外国规定的罚金应当由拉脱维亚法庭决定。但是，在不超过本条规定的金额内，法庭可以予以豁免执行。

5. 如果在拉脱维亚执行的罚金在 30 日内未付清，该罚金则可替换为剥夺自由刑（经作出判决的外国法院允许）。刑罚的替换应当根据拉脱维亚法律规定的程序来执行。

6. 如果提交执行刑罚请求的外国已特别说明了不进行替换的理由，则不应当允许罚金的替换方式。法庭应当在司法部的协调下，告知外国无法执行刑罚的请求且请求其撤回该请求。

第七十三章　执行欧盟成员国作出的在拉脱维亚赔偿金钱的判决

第 785 条　关于赔偿金钱的判决的执行根据

欧盟成员国作出的关于罚金、在判决中规定的对被害人的赔偿、诉讼费用的报销，以及支持被害人基金会或组织的费用（以下称为赔偿金钱的判决）应当是：

（1）欧盟成员国的主管部门关于赔偿金钱的判决，或其已认证的副本，以及以特殊形式完成的认证；

（2）适用赔偿金钱的当事人在拉脱维亚拥有居住地（对法人为已注册的合法地址）或其拥有财产或其他收入的事实；

（3）拉脱维亚法庭关于决定在拉脱维亚执行赔偿金钱的判决；

（4）拉脱维亚法庭签发的关于移送有关在拉脱维亚执行赔偿金钱的判决的执行文书。

第786条 拒绝执行关于赔偿金钱的判决的理由

1. 符合以下条件的，可以拒绝执行赔偿金钱的判决：

（1）以特殊形式完成的认证尚未送达或不完整或不符合判决内容；

（2）执行关于赔偿金钱的判决违反禁止双重危险（一事不再理）原则；

（3）有理由相信该刑罚由民族、宗教信仰、国籍、性别或政治观点决定的；

（4）关于赔偿金钱的判决适用于拉脱维亚法律未规定为犯罪的行为；

（5）存在本法第八章规定的刑事诉讼豁免的情况；

（6）不可能在拉脱维亚执行刑罚；

（7）已规定的刑罚执行期间，且赔偿金钱的判决与拉脱维亚管辖的某种犯罪相关；

（8）在欧盟成员国被判刑的人还未达到刑事责任年龄；

（9）有关赔偿金钱的判决已以书面程序作出，且尚未告知在欧盟成员国被判刑的人本人或其代理人根据签发国法律规定的程序进行上诉的权利；

（10）已确定的金钱赔偿不超过与70欧元等值的拉特（以判决送达当日拉脱维亚银行规定的有效货币汇率计算）。

2. 除非符合以下条件，欧盟成员国在当事人缺席或未参与的情况下作出的有关赔偿金钱判决的执行可以被拒绝：

（1）已收到传票或已另外收到告知可在其缺席的情况下作出判决；

（2）已了解诉讼且其代理人已参加开庭；

（3）已收到关于赔偿金钱的判决且表示其不反对判决或不上诉；

（4）已被告知审理案件和可能参与审理案件，拒绝行使听证的权利以及明确表态不反对判决。

3. 如果已对本法附件3规定的罪行作出关于赔偿金钱的判决，不得根据拉脱维亚法律审查该罪行是否被视为刑事犯罪。

第787条 赔偿金钱的判决的审查程序

1. 收到关于赔偿金钱的判决后，司法部应当根据本法第754条规定的程序对其审查并将其送达法庭，同时告知欧盟成员国。

2. 收到关于赔偿金钱的判决及其附件的评估材料后，法庭应当查明是否存在本法第786条规定的拒绝理由，且应当决定是否在拉脱维亚执行赔偿金钱的判决。

第788条　承认和决定在拉脱维亚执行金钱赔偿的判决

1. 在拉脱维亚，判决确定的金钱赔偿的执行应当由地区法院的首席法官根据当事人居住地或其财产所在地，以及本法第759条、第760条和第784条规定来决定。

2. 案件事实情况和金钱赔偿判决确定的犯罪应当对拉脱维亚法庭有约束力。

3. 如果欧盟成员国法律不允许代替执行赔偿金钱的判决所涉及的罚金，且当事人也并未自愿执行罚金，法庭应当在司法部的协调下告知相关欧盟成员国，要求其撤回执行金钱赔偿的判决的请求。

4. 如果欧盟成员国已在以特殊形式完成的认证中载明法律允许替换执行金钱赔偿判决中的罚金，罚金的替换执行应当根据本法第645条规定的程序进行。

5. 如果欧盟成员国金钱赔偿判决的当事人提交了完全或部分执行金钱赔偿的判决的证据，法庭应当直接或在司法部的协调下，与送达判决的欧盟成员国进行沟通，获得其同意。

第789条　金钱赔偿的终止执行

1. 如果有关金钱赔偿的判决已被欧盟成员国撤回，则应当终止执行金钱赔偿。

2. 相关欧盟成员国的认罪免刑及特赦的决定应当适用于拉脱维亚。

3. 司法部应当将欧盟成员国发出的本条第1款和第2款规定的情况告知书送达先前对执行赔偿金钱判决的法庭。

第七十四章　在拉脱维亚执行外国实施的没收财产

第790条　对外国实施的没收财产的评估原则

如果本章未另行规定，本法第六十九章的规定应当适用于评估外国关于执行没收财产的请求。

第791条　在拉脱维亚执行没收财产的裁定

1. 如果外国判决没收财产，且刑法规定将没收作为同一罪行的基本刑或附加刑，或者财产将在拉脱维亚的刑事诉讼中按照另一法律规定被没收，则应当在拉脱维亚执行没收财产。

2. 如果外国判决没收财产，但刑法未将没收财产作为基本刑或附加刑，则只应当没收外国判决规定的数额，不得没收犯罪工具或通过犯罪手段获得的物品。

3. 如果外国已作出涉及金钱的判决，所判决的没收财产的数额应当按照判决送达当日拉脱维亚银行规定的有效的货币汇率计算。

4. 如果同时收到针对同一当事人的关于没收财产的多个判决，但当事人在拉脱维亚没有足够财产执行所有判决，或同时收到关于没收当事人一部分财产的多个判决，法庭应当考虑以下因素来确定执行的判决：

（1）刑事犯罪的严重性；

（2）对财产的限制；

（3）关于没收财产的多个判决送达拉脱维亚的顺序。

第 792 条　与外国分割已没收的金钱或财产的条件

1. 作为没收财产结果的金钱或财产的分割请求应由司法部在具体个案中决定。

2. 在审查关于分割已没收的金钱请求时，应当考虑所没收的金额、刑事犯罪引起的伤害和被害人所在地。

3. 如果已没收的金钱不超过相当于 10000 欧元的拉特（应当以有关没收财产的判决送达当日拉脱维亚银行规定的有效的货币汇率计算），司法部应当拒绝将金钱汇至外国。如果已没收的金钱超过相当于 10000 欧元的拉特（应当以有关没收财产的判决送达当日拉脱维亚银行规定的有效的货币汇率计算），在司法部与外国协商后，应当将不超过一半的金钱或外国请求中规定的金额汇至外国。

4. 如果该分割未在本条第 3 款中规定且未损害拉脱维亚的经济利益，司法部应当与外国协商后决定对金钱进行另外分割。商议时应当考虑本条第 2 款规定的因素。

5. 司法部在外国请求下，可以决定将已没收的财产返还外国。

6. 如果在送达执行没收财产判决的告知日起 1 年后才收到该请求，司法部应当拒绝分割已没收的金钱或财产的有关请求。

7. 内阁应当决定与外国分割已没收的金钱或财产的程序、汇款的程序及分割金钱或财产的标准。

第七十五章　欧盟成员国实施的没收财产的执行

第793条　欧盟成员国判决的关于没收财产的执行根据

在拉脱维亚执行欧盟成员国关于没收财产、犯罪工具和犯罪所得的判决（以下称为没收财产的判决）的根据应当如下：

（1）关于没收财产的判决或其副本和以特殊形式完成的认证；

（2）适用没收财产判决的当事人在拉脱维亚拥有居住地（对法人则是已注册的合法地址）或其享有财产或其他收入的事实；

（3）拉脱维亚法庭在拉脱维亚执行没收财产的决定及关于移送执行决定的文书。

第794条　拒绝执行关于没收财产的判决的理由

1. 存在以下情形之一的，可以拒绝没收财产判决的执行：

（1）以特殊形式完成的认证尚未送达或不完整或不符合其所附属的判决内容；

（2）判决所适用的罪行不包含在本法附件2中且根据拉脱维亚法律并非犯罪；

（3）执行该判决时，将违反禁止双重危险（一事不再理）的原则；

（4）存在本法第八章规定的刑事诉讼豁免的情况；

（5）不可能在拉脱维亚执行判决；

（6）已设置执行刑罚的期限且判决与拉脱维亚管辖的某个犯罪相关；

（7）在欧盟成员国被判刑的人还未达到刑事责任年龄；

（8）有理由相信该刑罚取决于当事人的性别、民族、宗教信仰、种族、国籍、语言或政治观点；

（9）刑罚的执行将与拉脱维亚法律体系的基本原则相矛盾。

2. 除非当事人有以下情况，欧盟成员国在当事人缺席的情况下判决没收财产，其执行请求可被拒绝：

（1）已收到传票或已另外收到告知可在其缺席的情况下作出判决；

（2）已了解诉讼且其代表已参加庭审；

（3）已收到关于没收财产的判决且表示其不反对判决或已不上诉。

3. 如果已对本法附件2规定的罪行作出关于没收财产的判决，不得进行根据拉脱维亚法律对该罪行是否被视为刑事犯罪的审查。

第795条　延期执行关于没收财产的判决

1. 如果有以下情形发生，法庭可延期执行关于没收财产的判决：

（1）该判决在几个欧盟成员国同时执行，执行判决所得的总价值将超过判决规定的金额；

（2）执行可对拉脱维亚的刑事诉讼造成损害；

（3）在欧盟成员国被判刑的人已向拉脱维亚法庭对执行程序提出了异议；

（4）已开始在拉脱维亚执行没收财产。

2. 宣誓法警已找出本条第 1 款规定的理由，应当延期没收财产决定的执行并采取措施确保没收财产的执行。宣誓法警应当将暂缓执行决定告知法庭和司法部。

3. 司法部应当将有关没收财产判决的延期执行决定告知作出判决的成员国。

第 796 条　关于没收财产的判决的审查程序

司法部在收到关于没收财产的判决后，应当根据本法第 754 条规定的程序对其审查并将其送达法庭同时告知欧盟成员国。

第 797 条　承认和执行关于没收财产的判决

1. 地区法院的法官应当根据当事人的居住地（对法人来说——根据注册的合法地址）或其财产所在地，并遵循本法第 759 条和第 760 条规定的条款和程序决定是否承认和执行有关没收财产的判决。

2. 地区法院的法官应当将执行文书送达法警，在文书中其载明已基于外国主管部门关于没收财产的请求作出了决定。地区法院的法官应当将决定书副本及执行决定的法警的相关信息送达司法部。

3. 如果关于没收财产的判决确定了一定金额，地区法院的法官应当以判决送达当日拉脱维亚银行规定的有效的货币汇率计算并在决定中确定待没收的以拉特为单位的金额。

4. 如果承认没收财产的判决的裁定中的相关当事人提交了完全或部分执行没收财产的判决的证据，地区法院的法官应当在司法部的协调下与作出判决的欧盟成员国沟通，以获得其核准。如果已收到关于完全执行没收财产的确认，地区法院的法官应当撤回在拉脱维亚执行没收财产的决定。如果已收到关于部分执行没收财产的确认，地区法院的法官应当根据已收到的确认修改决定。

第 798 条　关于没收财产的判决的执行程序

1. 如果同时收到针对同一当事人的没收财产的多个判决，但相关当事人在拉脱维亚没有足够财产执行所有判决，或同时收到有关没收某个财产的多个判决，法庭应当就决定执行哪个或哪些判决考虑以下因素：

（1）刑事犯罪的严重性；

（2）对财产的限制；

（3）作出关于没收财产的判决的日期及拉脱维亚收到判决的日期。

2. 相关欧盟成员国的减刑及送达大赦令的决定应当适用于拉脱维亚。

3. 如果欧盟成员国已撤回有关没收财产的判决，没收财产的决定应当终止执行。

4. 司法部应当把从欧盟成员国收到的关于本条第 2 款和第 3 款规定的移送执行决定的法律事实的告知发给法庭，并应当告知其宣誓法警。

第 799 条　提交对执行关于没收财产的判决的上诉

1. 如果直接针对当事人或其财产作出了在拉脱维亚执行没收财产的决定，当事人可以根据民事诉讼法规定的程序对宣誓法警的行为进行上诉。

2. 对作出关于没收财产的判决的理由的上诉应当提交至欧盟成员国法庭。

3. 如果司法部收到针对关于没收财产的判决的理由的上诉，法庭在收到信息后应当告知其欧盟成员国。

第 800 条　与欧盟成员国分割已没收的金钱或财产的条件

1. 在欧盟成员国提出请求的情况下，司法部应当决定是否与该成员国分割已没收的金钱或财产。

2. 如果已没收的金钱不超过相当于 10000 欧元的拉特（应当以有关没收财产的判决送达当日拉脱维亚银行规定的有效的货币汇率计算该金额），司法部应当拒绝将金钱电汇至欧盟成员国。如果已没收的金钱超过相当于 10000 欧元的拉特（应当以有关没收财产的判决送达当日拉脱维亚银行规定的有效的货币汇率计算该金额），司法部应当将一半的金额电汇至相关欧盟成员国。

3. 如果该金钱分割未在本条第 2 款中规定且未损害拉脱维亚的经济利益，司法部应与相关欧盟成员国商议并决定对金钱进行另外分割。在商议时，应当考虑刑事犯罪造成的伤害和被害人所在地。

4. 在欧盟成员国请求的情况下，司法部可以决定将已没收的财产返还该成员国。

5. 如果在送达有关执行没收财产的判决的告知之日起 1 年后才收到该请求，司法部应当拒绝欧盟成员国有关分割已没收的金钱或财产的请求。

6. 内阁应当决定与欧盟成员国分割已没收的金钱或财产的程序、电汇金钱的程序及分割金钱和财产的标准。

第七十六章　在拉脱维亚执行外国判决的限制权利的刑罚以及欧盟成员国作出的可替代刑罚的判决

第 801 条　决定在拉脱维亚执行的权利限制

1. 法庭应当审查外国关于承认和执行外国判决的刑罚的请求，并根据本法第 759 条和第 760 条规定的程序确定刑罚。

2. 对于所有外国确定并且符合刑法规定的判决，该附加刑的权利限制或剥夺权利的刑罚应当在拉脱维亚执行。

3. 如果外国的判决没有确定更短的期间，则应当确定权利限制的期间为 1 年至 5 年。

4. 如果决定在拉脱维亚执行刑罚的法庭认为在其国家适用该刑罚没有效果，则该法庭不可以适用权利限制。

5. 如果该刑罚同时也在外国执行，则拉脱维亚也可以规定适用于所有国家执行的权利限制。

第 802 条　可替代刑罚的判决的执行根据

1. 如果其规定的刑罚不是剥夺自由、赔偿金钱或没收财产，而是暂缓该判决，则欧盟成员国法庭判决的执行根据（以下称为关于可替代刑罚的判决）应当如下：

（1）欧盟成员国主管部门作出关于可替代刑罚的判决或其已核准的副本及以特殊形式完成的认证；

（2）适用可替代刑罚的当事人在拉脱维亚拥有永久居住地且当事人在拉脱维亚；

（3）拉脱维亚法庭作出在拉脱维亚执行可替代刑罚的裁定。

2. 存在以下情形的，在拉脱维亚没有永久居住地但在拉脱维亚的某个居住地居住的当事人，对其可替代刑罚的判决应当在拉脱维亚被承认和执行：

（1）当事人在拉脱维亚有雇佣法律关系；

（2）当事人在拉脱维亚有家庭关系；

（3）当事人在拉脱维亚接受教育。

3. 缓刑措施是适用于被缓刑人的义务，使其有条件延期适用刑罚或提前有条件豁免刑罚的措施。

4. 有条件延期适用刑罚的决定是有条件延期适用刑罚的法庭判决，可适用一个或多个缓刑措施，或以一个或多个缓刑措施替换剥夺自由刑。

第 803 条　拒绝执行可替代刑罚判决的理由

1. 存在以下情形的，可以拒绝执行可替代刑罚判决：

（1）以特殊形式完成的认证尚未送达或不完整或不符合判决内容；

（2）该判决适用的罪行不包含在本法附件 2 中，且根据拉脱维亚法律并非犯罪；

（3）当事人在拉脱维亚没有永久居住地或临时居住地；

（4）执行关于可替代刑罚的判决将违反禁止双重危险（一事不再理）原则；

（5）可替代刑罚的判决适用于拉脱维亚法律未规定为犯罪的行为；

（6）存在本法第八章规定的刑事诉讼豁免的情形；

（7）执行判决的期间已规定，且有关可替代刑罚的判决与拉脱维亚管辖的某种犯罪相关；

（8）当事人尚未达到刑事责任年龄；

（9）所判的可替代刑罚不超过 6 个月；

（10）可替代刑罚判决规定的医学治疗不可能在拉脱维亚完成。

2. 除非有以下情形，在当事人缺席的情况下，可以拒绝执行可替代刑罚判决：

（1）已收到传票或已另外收到告知可以在其缺席的情况下作出判决；

（2）已了解诉讼且其代理人已参加庭审；

（3）已收到关于可替代刑罚的判决且表示同意判决或不上诉。

3. 如果已对本法附件 2 规定的犯罪作出可替代刑罚的判决，则根据拉脱维亚法律不得审查该罪行是否为刑事犯罪。

第 804 条　可替代刑罚判决的审查程序

1. 司法部在收到关于可替代刑罚的判决后，应当根据本法第 754 条规定的程序进行审查并及时将其送达法庭，同时告知其欧盟成员国。

2. 如果以特殊形式完成的认证尚未送达或不完整或不符合判决内容，司法部应当延期将有关可替代刑罚的判决送达法庭，同时延期告知相关欧盟成员国。

第 805 条　在拉脱维亚执行可替代刑罚

1. 地区法院的法官应当决定承认和执行可替代刑罚，且按照本法第 759 条和第 760 条规定执行。

2. 可替代刑罚判决确定的案情和犯罪应当对拉脱维亚法庭具有约束力。

3. 欧盟成员国判决的可替代刑罚应当符合刑法规定，该刑罚的确定不应当改变刑罚或缓刑的种类和数量。

4. 如果欧盟成员国判决的可替代刑罚的类型和数量与刑法规定的可替代刑罚不符，法庭应当根据刑法变更对同一犯罪规定的刑罚或缓刑措施，使其符合以下条件：

（1）可替代刑罚应当尽可能与判决确定的可替代刑罚相符；

（2）可替代刑罚及权利限制的期间不得超过刑法对同一罪行规定的最高刑或缓刑措施，也不应当比判决规定的可替代刑罚更严厉；

（3）刑法规定的最低刑不应当有任何重要性。

5. 法庭应当在司法部的协调下告知欧盟成员国关于本条第 4 款的裁定。

第 806 条　终止执行可替代刑罚的裁定

1. 欧盟成员国对减少可替代刑罚的裁定以及对认罪免刑法令的送达应当约束拉脱维亚。

2. 存在以下情形的，可以终止执行可替代刑罚：

（1）当事人在拉脱维亚没有永久居住地或临时居住地；

（2）当事人逃避执行可替代刑罚且有理由相信其已不在拉脱维亚；

（3）已在欧盟成员国对当事人提起了新的刑事诉讼，且成员国将可替代刑罚的执行请求撤回。

3. 在本条第 2 款规定的情形下，法庭应当决定终止执行可替代刑罚，并应当将决定书副本送达执行可替代刑罚的机构。法庭应当将终止执行可替代刑罚的决定书及材料送达司法部，以便送达至相关欧盟成员国。

4. 司法部在收到法庭终止执行可替代刑罚的决定后，应当告知相关欧盟成员国，并向其送达决定和材料。

第 807 条　在与可替代刑罚裁定不符的情况下确定在拉脱维亚执行刑罚

1. 如果当事人在无正当理由的情况下逃避执行与剥夺自由无关的刑罚或不履行法庭所判的缓刑措施，法庭应当在管理可替代刑罚执行的机构提交请求的基础上，裁定执行或变更可替代刑罚判决确定的刑罚。

2. 执行可替代刑罚的监督过程中产生的问题应当根据本法第六十一章规定的程序进行审查。

3. 在本条第 1 款规定的情形下，如果可替代刑罚的判决与有条件延期决定刑罚有关，或可替代刑罚的判决并未规定在与可替代刑罚不符的情况下适用剥夺自由刑，则法庭不应当裁定执行刑罚。法庭应当将材料送达司法部，以便送达给相关欧盟成员国作出裁定。

4. 司法部在收到本条第 3 款规定的材料后，应当告知相关欧盟成员国并向其送达材料。

第十七编　在外国执行拉脱维亚确定的刑罚

第七十七章　在外国执行拉脱维亚确定的刑罚的一般规定

第 808 条　提交请求执行刑罚的条件

1. 如果法庭判决已生效且在外国执行刑罚将促进罪犯可以重返社会，则可以向外国提交请求以执行拉脱维亚判决的刑罚。

2. 除了本条第 1 款规定的情况外，如果还存在以下一个或多个情形，拉脱维亚可以请求外国执行拉脱维亚判决的刑罚：

（1）罪犯在该国享有公民身份或永久居住地位于该国；

（2）罪犯的财产位于该国或其在该国有收入；

（3）罪犯在该国享有公民身份，且该国表示愿意帮助该人回归社会；

（4）即使通过请求引渡，拉脱维亚也不能执行该刑罚。

3. 司法部在发出请求前，可要求外国对所判刑的犯罪根据外国法是否被认为犯罪发表意见。

第 809 条　送达执行刑罚请求的程序

1. 如果存在本法第 808 条规定的情形，负责裁判完全执行的法庭应当向司法部提交书面建议以请求外国执行刑罚。

2. 本法第 678 条规定的信息应当在建议中载明且附上以下文书：

（1）已认证的有效法庭判决的副本；

（2）已认证的判决执行命令的副本或已认证的执行文书副本；

（3）当事人被定罪所根据的法律文书；

（4）规定时效的法律文书。

3. 司法部应当在 10 日内审查建议并将结果告知提出建议的法院。如果存在在外国执行拉脱维亚判决的刑罚的根据，司法部应当将执行请求以及翻译文本送达外国。

4. 应外国请求，司法部应当向其送达有关刑事案件或已认证的刑事案件的相关文书副本。

5. 如果刑罚是由多个犯罪或在多个判决的基础上确定的，但并非所有的犯罪都允许在外国执行，司法部应当建议法庭确定一个可以外国执行的适用于所有犯罪的刑罚。法庭应当根据本法第十三编规定的程序确定刑罚。

第 810 条　在当事人缺席的情况下审查在外国执行的拉脱维亚判决的上诉

1. 如果罪犯在本法第 465 条规定的期限内上诉，法庭应当在上诉审查日前 21 日以内发出传票。

2. 如果上诉被认定为不可接受或当事人未参与庭审，法庭应当在司法部的协调下告知外国。

3. 如果上诉已被接受，法庭应当在司法部的协调下撤回执行拉脱维亚判决的刑罚的请求。

第 811 条　提交执行刑罚的请求的后果

1. 向外国提交执行刑罚的请求后，拉脱维亚的相关机构不得进行任何与执行刑罚相关的活动。

2. 如果在提交请求前，当事人正在拉脱维亚被执行剥夺自由刑或其已被判决执行强制措施（逮捕），则不适用本条第 1 款的规定。

3. 无论是否向外国提交有关执行刑罚的请求，都可以执行没收财产或权利限制（在拉脱维亚被规定为附加刑）。

第 812 条　司法部提供的信息

1. 如果司法部已送达了在外国执行刑罚的请求且已收到外国的同意函，则应当告知请求的提交人、负责判决执行的法庭、罪犯及其代理人（当代理人提交请求时）。

2. 司法部在收到外国关于完成执行刑罚的信息后，应当告知法庭及执行刑罚的机构。

第 813 条　外国执行刑罚期间拉脱维亚的权利

1. 已在外国执行刑罚的判决只可以由拉脱维亚法庭重新审查。

2. 如果判决被撤销，司法部应当及时告知外国，且应当取消先前提交的有关执行刑罚的请求。

3. 如果重新审查判决的结果是变更刑罚种类、数量或执行条件，司法部应当对执行刑罚提交补充请求。

4. 拉脱维亚通过的认罪免刑法令也应当适用于已在拉脱维亚被判刑罚但该刑罚在外国执行的当事人。司法部应当及时将认罪免刑法令送达提出刑罚执行请求但尚未完成刑罚执行的外国。

5. 在外国执行刑罚的罪犯根据本法规定的程序可以予以特赦。司法部应当及时将通过的特赦法令告知外国。

第 814 条　收回执行刑罚的权利

1. 存在以下情形的，拉脱维亚应当收回刑罚执行的权利：

（1）在外国告知是否愿意执行刑罚前，刑罚执行的请求已经被撤回；

（2）外国政府已经告知拒绝请求；

（3）外国明显不行使执行刑罚的权利，且已告知该意图；

（4）由于外国拒绝，已经不可能在该外国执行刑罚。

2. 如果是因为撤销判决而取消执行刑罚的请求，则应当根据拉脱维亚刑事诉讼的一般程序进行。

3. 无论刑罚执行地在哪里，已执行的刑罚应当包括已在拉脱维亚和在外国执行的所有刑罚。

4. 如果外国已告知完成执行刑罚，或当事人因为同一罪行在外国已被判无罪、刑罚已执行、被定罪但无刑罚、已认罪免刑或被特赦，且拉脱维亚与该国已达成相互承认判决的协议，则刑罚不能在拉脱维亚执行。

第815条 时效期间

1. 司法部应当告知外国刑法规定的时效期间和所有对时效期间产生影响的因素。

2. 外国法规定的时效期间不应当在拉脱维亚收回执行权后成为刑罚执行的阻碍。

第七十八章 在外国执行拉脱维亚确定的剥夺自由的刑罚

第816条 在外国执行拉脱维亚确定的剥夺自由刑罚的根据

1. 在外国执行拉脱维亚确定的剥夺自由刑的根据如下：

（1）司法部请求在外国执行拉脱维亚确定的剥夺自由的刑罚且外国同意；

（2）外国请求向其移送执行拉脱维亚确定的剥夺自由的刑罚且司法部同意。

2. 如果已收到法庭建议、罪犯或其代理人的请求、外国的请求，司法部应当按照本章的规定进行审查（或出于自愿进行）。

3. 无论拉脱维亚作出判决的当事人在外国或在拉脱维亚，本章条文均可以对其适用。

第817条 向外国送达在外国执行拉脱维亚确定的剥夺自由刑请求的条件

1. 除了本法第808条规定的情形，如果收到请求或建议时罪犯至少还有6个月的刑罚未执行，则可以送达在外国执行拉脱维亚确定的剥夺自由刑的请求。特殊情形下，刑罚执行期较短也可以提交请求。

2. 司法部可以请求外国接管执行在拉脱维亚确定的剥夺自由刑，当事人由于精神错乱或精神疾病在精神病医院接受医疗或在合适的限制自由地接受治疗，外国应当继续适用同等的医疗措施。

第818条 罪犯同意在外国执行剥夺自由的刑罚

1. 如果罪犯在拉脱维亚被执行剥夺自由刑，在罪犯同意的情况下，可以请求外国执行剥夺自由刑。

2. 如果司法部已收到罪犯代理人的请求，或将有关剥夺自由刑的执行移送至外国的请求，当罪犯尚未通过书面形式表明其是否愿意在外国执行刑罚时，司法部应当在 10 日内让罪犯了解请求，并向其说明移送的法律后果且让其对请求表明态度。罪犯应当以书面形式表示同意或拒绝，且通过签名确认。

3. 如果外国已表示同意，司法部应当保证双方一致认可的外国相关代表有机会审查罪犯同意的真实性。

4. 如果有理由相信基于当事人的年龄、身体或精神状况，有必要将罪犯移送执行且经罪犯的代理人同意，则拉脱维亚和外国可以不经在拉脱维亚执行剥夺自由刑的罪犯的同意，对移送执行刑罚达成一致意见。

5. 如果其逃避刑罚执行并逃至其具有公民身份的国家，则移送不需要征得被判剥夺自由刑的当事人同意。

6. 如果从拉脱维亚遣送出境为判决的附加刑，或对于罪犯而言另有一决定，该判决不允许其在刑罚执行完毕后继续在拉脱维亚停留，则不需要征得被判剥夺自由刑的当事人同意，即可将其移送。遣送罪犯的判决或另一决定的副本，以及本人对移送的意见应当附于请求中。

第 819 条　告知罪犯

1. 剥夺自由机构的负责人应当在收到执行刑罚的判决后 10 日内告知在拉脱维亚被判决的外国公民或永久居住地不在拉脱维亚的当事人，其享有表达在公民身份或永久居住地国家执行刑罚意愿的权利，同时应当向罪犯说明引渡执行刑罚的法律后果。

2. 罪犯应当向司法部提交其关于在外国执行拉脱维亚所判的剥夺自由刑的请求。司法部应当及时以书面形式告知罪犯向外国送达告知和请求的审查结果。

3. 向外国送达的告知应当载明以下事项：

（1）罪犯的姓名、地点和出生日期；

（2）罪犯在外国的住址，如果该住址存在；

（3）被判刑的犯罪；

（4）刑罚的种类和数量，以及开始执行刑罚的时间。

第 820 条　审查在外国执行剥夺自由刑的请求

1. 如果当事人在拉脱维亚被判剥夺自由刑且位于外国，应当根据本法第 809 条规定的程序准备和送达请求。

2. 如果当事人在拉脱维亚执行剥夺自由刑，且司法部已经收到当事人或在外国执行剥夺自由刑的请求，司法部应当在 10 日内或在收到请求的附加信息后审查是否存在本法第 817 条和第 818 条规定的情形。如果收到的材料信息不足，司法部可以向外国要求补充以下材料：

（1）罪犯是外国公民或其在外国有永久居住地的文书或告知；

（2）外国认为当事人被判行为是犯罪所依据的法律文本；

（3）外国将适用何种程序（继续或变更）刑罚的相关信息。

3. 在本条第 2 款规定的情形下，司法部应当在审查请求后作出以下之一决定：

（1）提交一份关于在外国执行剥夺自由刑的请求；

（2）同意在外国执行剥夺自由的刑罚；

（3）拒绝有关在外国执行剥夺自由刑的请求。

4. 除本法第 809 条规定的告知外，如果先前提供的材料中没有阻碍的情况，司法部还可以向外国送达有关接管在外国执行剥夺自由刑的请求。如果外国也不存在该事实，则应当在请求中载明其有效。

5. 除了本法第 809 条规定的文书，司法部应当把以下材料作为请求的附件：

（1）关于已执行的刑罚期间、审前逮捕的期间、减刑或任何其他对执行刑罚至关重要的条件；

（2）罪犯对在外国执行刑罚的同意书；

（3）罪犯的医学或社会性数据、在拉脱维亚实施医疗的信息。如有必要，在外国对其做再治疗的建议。

第 821 条　移送罪犯及法律后果

1. 如果拉脱维亚已同意在外国执行剥夺自由刑或外国已同意执行，司法部应当指令警察协调外国移送罪犯，将其移送至外国。

2. 根据本法第 813 条的规定，如果罪犯已被移送出拉脱维亚共和国，在拉脱维亚的刑罚执行应当中止。如果外国已告知刑罚执行终止，则不应当重新开始执行刑罚。

3. 除本法第 814 条规定的情形外，如果外国发出如下告知，则刑罚应当被重新开始执行：

（1）当事人已从剥夺自由的机构逃脱；

（2）刑罚执行尚未完成且当事人已回到拉脱维亚。

第 822 条　逮捕拉脱维亚判决的罪犯

1. 如果罪犯逃避在拉脱维亚执行刑罚，且有理由怀疑其也可能会逃避在外国执行剥夺自由的刑罚，法院应当根据本法第 808 条的规定建议司法部请求外国逮捕罪犯，直到提交执行在拉脱维亚判决的刑罚的请求并作出决定。

2. 如果根据本条第 1 款规定的请求外国逮捕当事人，应当在尽可能短的时间内提交有关执行刑罚的请求，但不得迟于当事人被逮捕后的第 15 日。

3. 在拉脱维亚被逮捕的罪犯应当被移送到外国以便参与确定待执行刑罚的诉讼。如果外国法院确定不能在该国执行拉脱维亚判决的刑罚，拉脱维亚应当根据一般程序接管被逮捕的罪犯，并决定将其逮捕或释放。

4. 如果外国法允许，在拉脱维亚被逮捕的罪犯可以通过技术手段参与有关确定刑罚的诉讼。

5. 如果外国执行剥夺自由刑所根据的判决在拉脱维亚被撤销，且案件已被移送以重新审判，法院在司法部的协调下应当及时告知外国，且可以向其提交在本条规定的情形下适用临时逮捕的请求。

第七十九章　在欧盟成员国执行拉脱维亚确定的剥夺自由的刑罚

第 823 条　向欧盟成员国送达在欧盟成员国执行拉脱维亚确定的剥夺自由刑的请求的条件

1. 如果存在本法第 808 条第 1 款规定的情形，且经过罪犯和欧盟成员国同意，可以向欧盟成员国提交在其国家执行拉脱维亚确定的剥夺自由刑罚的请求。

2. 存在以下情形的，不需要罪犯的同意：
（1）当事人是欧盟成员国公民且居住在欧盟成员国；
（2）从拉脱维亚遣送出境已被判附加刑或有另一决定适用于当事人，该决定不允许当事人在执行刑罚后在拉脱维亚停留；
（3）因为刑事诉讼已被提起或拉脱维亚已对其作出判决，但罪犯已逃脱或返回欧盟成员国。

3. 存在以下情形的，不需要欧盟成员国的同意：
（1）罪犯是欧盟成员国的公民且居住在欧盟成员国；
（2）罪犯是欧盟成员国的公民且从拉脱维亚遣送出境已在判决中被定为附加刑或有另一决定适用于当事人，该决定不允许当事人在执行刑罚后在拉脱维亚停留。

第 824 条　罪犯的意见

1. 如果罪犯在拉脱维亚执行剥夺自由刑，且已收到在欧盟成员国执行刑罚的请求，但请求中尚未添付罪犯在欧盟成员国执行刑罚的书面意愿，司法部应当根据本法第 818 条规定的期间，让罪犯了解请求且向其说明移送的法律后果。罪犯应当以书面形式表示同意或拒绝且签名确认。

2. 考虑到罪犯的年龄、身体或精神状态，应当由罪犯的代理人提供本条第 1 款规定的意见。

第 825 条　执行拉脱维亚确定的刑罚的请求以及将其送达欧盟成员国的审查程序

1. 如果已收到法庭建议、罪犯或其代理人的请求、欧盟成员国的信息或在实施剥夺自由刑的机构主动提出请求的情形下，司法部应当审查请求欧盟成员国执行拉脱维亚确定的剥夺自由刑的可能性。

2. 如果存在本法第 823 条规定的情形，负责判决或决定完全执行的法院应当向司法部提交书面建议以请求欧盟成员国执行刑罚。本法第 678 条和第 808 条规定的信息应当在建议中载明。司法部应当根据本法第 809 条规定的程序审查建议。如果存在请求在欧盟成员国执行拉脱维亚确定的刑罚的条件，司法部应当填写以特殊形式完成的认证。

3. 如果已收到剥夺自由的机构或欧盟成员国的信息、罪犯或其代理人的请求且司法部认为存在本法第 823 条规定的情形，则司法部应当根据本法第 809 条第 3 款规定的程序和期间准备以特殊形式完成的认证。

4. 如果司法部认为所提供的信息不足，应当要求更多的信息或文书并决定提交这些材料的期限。本法第 809 条规定的期间应当从收到所需材料之日起计算。

5. 司法部应当保证将判决和以特殊形式完成的认证翻译成相关欧盟成员国的官方语言，或成员国已收到的给欧盟理事会秘书长的判决和认证所载明的语言。

6. 司法部应当告知提交人或有关将判决和认证送达欧盟成员国的请求的提交人，以特殊形式完成的认证应当和判决及罪犯的意见一起送达欧盟成员国。如果当事人在拉脱维亚执行剥夺自由的刑罚，应当被签发一份以特殊形式完成的告知罪犯已将判决的认证送达相关欧盟成员国的文书。如果当事人在欧盟成员国内，以特殊形式完成的告知罪犯已将判决的认证送达相关欧盟成员国的文书应当作为认证的附件添付。

7. 司法部在收到欧盟成员国作出的将以特殊形式完成的认证和判决送达本国的决定的信息后，应当告知请求的提交人、负责判决完全执行的法院、罪犯及其代理人（当其提交请求时）。

第 826 条　请求必要信息以决定送达判决和以特殊形式完成的认证

1. 如果司法部认为在欧盟成员国执行刑罚有利于罪犯重返社会，在送达判决和以特殊形式完成的认证前，司法部可以请求欧盟成员国对在该国执行判决是否有利于罪犯重返社会提出意见并提供其他必要的信息。欧盟成员国的意见不中止向成员国送达认证。

2. 在本法第 823 条第 3 款未规定的情形下,司法部应当请求欧盟成员国告知同意或不同意送达判决,以及以特殊形式完成的认证的决定。

第 827 条　撤回以特殊形式完成的认证

在欧盟成员国刑罚执行尚未开始前,司法部可以提出理由并撤回以特殊形式完成的认证。

第 828 条　在欧盟成员国逮捕罪犯

司法部可以根据本法第 822 条规定的程序和情形,请求欧盟成员国逮捕罪犯。

第 829 条　移送罪犯

1. 如果欧盟成员国已同意执行刑罚,司法部应当在与相关欧盟成员国达成协议的情况下,指令警察在成员国作出承认判决和执行刑罚的最后决定之日起 30 日内将当事人移送至该欧盟成员国。

2. 如果出现阻碍或妨碍当事人移送的意外情形,警察应当与欧盟成员国联系。罪犯的移送应当在无该意外情形下进行,但应当在达成新协议之日起 10 日内实施。

第 830 条　在欧盟成员国执行刑罚期间拉脱维亚的权利

在欧盟成员国执行刑罚期间,应当由本法第 813 条决定拉脱维亚的权利。

第 831 条　移送罪犯的法律后果

当罪犯被移送出拉脱维亚,应当中止在拉脱维亚执行的刑罚。如果欧盟成员国告知拉脱维亚罪犯已从执行剥夺自由的机构逃脱,拉脱维亚不能重新开始执行刑罚。

第八十章　在外国执行拉脱维亚没收的财产

第 832 条　送达在外国执行没收财产的判决

1. 根据本法第七十六章规定的情形和程序,司法部可以请求在拉脱维亚确定的没收财产(基本刑或附加刑),或根据本法的另外规定没收财产(以下称为没收财产的判决)的执行。

2. 如果财产位于不同的外国或没收财产与多个外国活动相关,在拉脱维亚作出的关于没收财产的判决可以同时送达多个外国。当送达没收财产的多个判决时,司法部应当告知所有参与执行判决的外国。

第 833 条　执行没收财产的后果

1. 司法部收到外国的有关执行没收财产的判决时,可以请求外国决定分割已没收的金钱或财产。

2. 根据犯罪造成的伤害、被害人人数和拉脱维亚刑事诉讼的成本，司法部可以请求全部或部分返还已没收的金钱。

3. 如果司法部已收到外国有关已没收具有历史、艺术或科学价值的财产或不能销售的信息，则应当与外国达成接管该财产的协议。

第八十一章 在拉脱维亚执行欧盟成员国作出的有关赔偿金钱的判决、没收财产的判决以及可替代刑罚的判决

第 834 条 向欧盟成员国送达执行赔偿金钱的判决

1. 如果由于罪犯的居住地（对法人而言为已注册的合法地址）、附属财产或收入在另一欧盟成员国，不可能执行拉脱维亚作出的赔偿金钱的判决，法院或检察院应当向司法部送达赔偿金钱的判决及以特殊形式完成的认证。

2. 司法部应当确保以特殊形式完成认证的翻译，准备有关刑法规定的时效期间的信息以及向相关欧盟成员国送达规定的文书。

3. 司法部应当同时将所有材料送达欧盟成员国。

第 835 条 执行金钱赔偿判决的后果

拉脱维亚作出的金钱赔偿判决已被送达欧盟成员国执行且相关成员国已决定接受执行后，拉脱维亚相关部门不得进行任何与执行赔偿金钱相关的活动。

第 836 条 收回权利以执行有关赔偿金钱的判决

存在以下情形的，拉脱维亚应当收回权利以执行赔偿金钱的判决：

（1）撤销在欧盟成员国执行有关赔偿金钱的判决；

（2）欧盟成员国已告知全部或部分不执行金钱判决。

第 837 条 向欧盟成员国送达待执行的没收财产的判决

1. 如果由于罪犯的居住地（对法人而言是已登记的合法地址）、附属财产或其收入在另一欧盟成员国，不可能执行拉脱维亚作出的有关没收财产的判决，法院应当向司法部送达没收财产的判决及以特殊形式完成的认证。

2. 司法部应当保证将以特殊形式完成的认证翻译成相关欧盟成员国的官方语言，或成员国已收到的给欧盟理事会秘书长的证明所载明的语言，并准备有关刑法规定的时效期间的信息以及向相关欧盟成员国送达规定的文书。

3. 如果财产位于不同的成员国或没收财产与多个成员国的活动相关，拉脱维亚作出的关于没收财产的判决可以同时送达多个欧盟成员国。

4. 如果有关没收财产的判决所适用的财产具有历史、艺术或科学价值或

不能销售，应当在以特殊形式完成的认证中作出记载。

第 838 条　送达没收财产的判决的后果

当同时向多个欧盟成员国送达拉脱维亚作出的没收财产的判决时，不应当限制拉脱维亚执行判决。

第 839 条　终止执行拉脱维亚作出的没收财产的判决

1. 如果法院撤回拉脱维亚作出的没收财产的判决，应当告知司法部。司法部应当及时告知欧盟成员国撤回拉脱维亚法院作出的没收财产的判决。

2. 司法部应当及时告知相关欧盟成员国拉脱维亚通过的大赦和赦免法案。

第 840 条　分割已没收的金钱或财产的请求

1. 司法部收到欧盟成员国关于执行没收财产的判决的信息后，应当在 30 日内请求该成员国决定分割已没收的金钱或财产。

2. 如果司法部已收到欧盟成员国关于执行没收财产的判决的信息且已没收的金钱超过相当于 10000 欧元的拉特（以收到信息当日拉脱维亚银行规定的有效的货币汇率计算），司法部应当请求该成员国电汇一半金钱至拉脱维亚的国家预算账户。

3. 考虑到刑事犯罪造成的损害、被害人人数和拉脱维亚刑事诉讼的成本，司法部可以请求相关欧盟成员国将已没收的超过一半的金钱返还。

4. 如果司法部已收到欧盟成员国的有关已没收具有历史、艺术或科学价值的财产或不能销售的信息，应当与该成员国达成接管财产的协议。

第 841 条　向罪犯永久居住地所在的欧盟成员国送达执行拉脱维亚作出的可替代刑罚的判决

1. 如果由于罪犯已返回或已提交申请返回至另一欧盟成员国的永久居住地，不可能执行拉脱维亚作出的关于可替代刑罚的判决，作出判决的一审法院应当向司法部送达判决和以特殊形式完成的认证。

2. 向欧盟成员国送达可替代刑罚的判决的相关问题应当在剥夺自由刑作出之后进行，或在执行剥夺自由刑的过程中基于剥夺自由刑罚机构的请求作出，审查请求应当根据本法第 651 条规定的程序进行。判决及以特殊形式完成的认证应当被送至司法部。

3. 在执行刑罚的过程中，如果负责可替代刑罚执行的机构向欧盟成员国送达可替代刑罚的判决并提出请求，则应当根据本法第 651 条规定的程序对其进行审查。判决及以特殊形式完成的认证应当被送至司法部。

4. 如果所适用的缓刑措施尚未执行的剩余期限不超过 6 个月，在本条第 3 款规定的情况下，拉脱维亚作出的可替代刑罚的判决可以被送达至相关欧盟成员国执行。

5. 司法部在收到本条第 1 款、第 2 款或第 3 款规定的判决及以特殊形式完成的认证后，应当确保翻译认证、准备刑法规定的判决执行时效的相关信息并将之送达相关欧盟成员国。司法部应当同时将所有材料向某一欧盟成员国送达。

第 842 条　向非罪犯永久居住地的欧盟成员国送达执行拉脱维亚作出的可替代刑罚的判决

1. 如果未执行的刑罚或未执行的缓刑措施还有不超过 6 个月的适用期，罪犯有权向非罪犯永久居住地的欧盟成员国提交送达拉脱维亚作出的可替代刑罚的判决以便执行的请求。

2. 在未开始执行拉脱维亚作出的可替代刑罚的判决前，罪犯应当向作出判决一审法院提交本条第 1 款规定的请求。但在判决执行过程中，应当向负责判决或决定执行的一审法院提交。向法庭提交请求并不终止在拉脱维亚执行可替代刑罚。

3. 在司法部的协调下，一审法院法官应当在收到请求后确定相关欧盟成员国规定的标准以执行可替代刑罚。

4. 根据本条第 3 款的规定，一审法院的法官应当根据本法第 651 条规定的程序决定向欧盟成员国送达可替代刑罚的判决以便执行。根据本法第 841 条第 1 款和第 4 款的规定，法官应当向司法部送达判决以及以特殊形式完成的认证。

5. 司法部从法庭收到判决和以特殊形式完成的认证后，应当确保翻译证明、准备刑法规定的判决执行期限的相关信息并根据本法第 841 条规定的程序将之送达给相关欧盟成员国。

第 843 条　送达执行拉脱维亚作出的可替代刑罚的判决的后果

在向欧盟成员国送达执行拉脱维亚作出的可替代刑罚的判决，且执行相关成员国对其接受的决定后，拉脱维亚相关部门不应当实施与执行和监督可替代刑罚的相关活动。

第 844 条　收回权利以执行拉脱维亚作出的可替代刑罚的判决

1. 存在以下情形的，拉脱维亚应当收回权利以执行可替代刑罚的判决：

（1）撤销在欧盟成员国执行可替代刑罚的判决及其以特殊形式完成的认证的附件；

（2）相关欧盟成员国已将可替代刑罚的执行返还拉脱维亚以作出进一步决定；

（3）如果罪犯在欧盟成员国不再拥有永久居住地，有关欧盟成员国已将可替代刑罚的执行返还拉脱维亚；

（4）如果罪犯逃避执行可替代刑罚且不在欧盟成员国，且相关欧盟成员国已将可替代刑罚的执行返还拉脱维亚。

2. 如果向欧盟成员国送达执行可替代刑罚的判决后，罪犯在拉脱维亚又被提起了新的刑事诉讼，送达判决的法院可以请求欧盟成员国归还可替代刑罚的监督权。

第十八编　协助执行诉讼行为

第八十二章　协助外国执行诉讼行为

第 845 条　协助外国执行诉讼行为的根据

诉讼协助的根据如下：

（1）外国根据互助条款提出协助执行诉讼行为的请求（本章以下简称外国的请求）；

（2）拉脱维亚主管部门对诉讼行为的可采性作出决定。

第 846 条　主管部门对外国请求进行审查

1. 在审前程序中，检察总署应当审查外国请求并作出决定。刑事起诉开始前，警察还应再次审查该请求并作出决定。

2. 在案件移送法庭后，司法部应当审查外国请求并作出决定。

3. 如果国家或其主管部门之间已达成直接执行的协议，则相关机构应当对该请求进行审查并作出决定。

第 847 条　外国请求的履行程序

1. 外国有关协助执行诉讼行为的请求应当根据本法规定的程序履行。

2. 如果外国要求按其他程序协助执行诉讼行为，且该协助执行与拉脱维亚刑事诉讼法的基本原则不相矛盾，则应当根据其要求履行协助。

3. 基于外国的请求，主管部门可以允许外国代表参与执行诉讼行为，或允许其在履行请求的机构代表在场的情况下亲自执行该行为。

第 848 条　外国请求的决定

1. 对于外国提供协助执行诉讼行为的请求，应当及时作出决定，不应当超过收到请求后的 10 日内。如果存在对决定请求十分必要的其他信息，则应当要求提出请求的国家提交该信息。

2. 在处理外国请求时，主管部门应当作出以下一种决定：

（1）执行请求的可能性，确定履行请求的机构、期限及其他条件；

（2）拒绝履行全部或部分请求，并说明拒绝理由。

3. 如果全部或部分请求被拒绝执行，或如果外国请求拒绝执行，则受到请求的国家应当及时告知其作出的决定。

第 849 条　外国请求的执行

1. 侦查机关、检察机关或法院应当在主管部门的安排下执行外国的请求。

2. 执行机构应当按照主管部门的指示及时将执行诉讼行为的时间和地点告知外国。主管部门应当向外国送达执行结果的材料。

3. 如果诉讼行为尚未被执行或已部分执行，则应当告知外国不执行请求的理由。

4. 在执行外国请求时，如果执行机关得到必须执行其他紧急诉讼行为的信息，则执行人有权根据本法规定的程序实施该行为，并应当告知请求人。

5. 执行人在执行请求的物品和文书时，认为其流通为法律所禁止且其请求中未要求扣押，则应当扣押该物品和文书，并对于该扣押行为单独制作一份协议。

第 850 条　拒绝执行外国请求的理由

在以下情况下，可以拒绝外国的执行请求：

（1）请求与政治罪行相关，但恐怖主义或资助恐怖主义的请求除外；

（2）请求的执行可能损害拉脱维亚的国家主权、安全、社会秩序或其他实质利益；

（3）未提交充分的信息且不可能获得其他信息。

第 851 条　采用技术手段执行诉讼行为

1. 可基于外国的请求或根据执行机构的建议及外国的同意，采用技术手段执行诉讼行为。

2. 受到请求的国家主管部门，应当按照该国程序采用技术手段执行诉讼行为。必要时，翻译人员应当在拉脱维亚或其他国家参与执行该诉讼行为。

3. 执行机构的代表应当查证所涉及人员的身份，确保在拉脱维亚进行诉讼行为的进展，并确保其符合拉脱维亚刑事诉讼的基本原则。

4. 在进行诉讼行为时，如果该行为违反拉脱维亚刑事诉讼法的基本原则，则执行机构代表应当及时采取措施以使该活动依法律原则继续进行。

5. 如果请求国法律允许证人不提供证言，则被传唤作证的被告人有权不提供证言。

第 852 条　强制措施的适用

在以下情况下，对于在拉脱维亚不适用刑罚的罪行，拉脱维亚可以拒绝采取强制措施：

（1）拉脱维亚与请求国没有刑事案件互助条约；

（2）存在互助条约，但外国已承诺只在罪行在相应国家构成犯罪时采取强制措施。

第853条 进行特殊侦查活动

基于外国的请求,只在拉脱维亚的刑事诉讼对相同的罪行允许特殊侦查时,进行特殊侦查活动。

第854条 被告人的暂时移送

1. 基于外国的请求,在拉脱维亚被拘留、被逮捕或被执行自由刑的当事人可在特定的时期被移送至外国以提供或对质证言。被告人应当在完成诉讼活动后及时被送回拉脱维亚,且不迟于移交期限的最后1日。

2. 在以下情况下,可以拒绝移送:

(1) 被拘留、被逮捕或被判决的被告人不同意移送;

(2) 该被告人必须在拉脱维亚的刑事诉讼中出庭;

(3) 被告人的移送使拉脱维亚不能在合理限期内完成刑事诉讼;

(4) 存在其他实质性理由。

3. 基于外国的请求,被告人在外国被拘留的时间应当折抵强制措施或刑罚期间。

第855条 被告人的临时接收

1. 如果外国请求,在该国被逮捕或执行自由刑的被告人在诉讼活动时应当出现在拉脱维亚境内,则主管部门可以在进行诉讼活动时接收该被告人。

2. 对于依外国请求被送至拉脱维亚的被告人应当按照本法第702条第1款第(1)项规定进行逮捕。在请求执行完毕后,该被告人应当及时被送回该国,且不应迟于移交期限的最后1日。

第856条 被告人临时移送或接收的执行

主管部门应当指定内政部与外国协作执行短期移送或接收被告人。

第857条 豁免

1. 如果拉脱维亚同意执行外国请求,则在被告人到达前不得开始或继续刑事诉讼。

2. 本条第1款规定的豁免应当在被告人离开拉脱维亚领土之日起15日后终止,同时也在被告人已离开拉脱维亚领土后又自愿返回拉脱维亚的情况下终止。

第858条 物品的移送

基于该国要求,作为物证的物品可以移送国外。必要时,拉脱维亚主管部门可以要求保证该物品被归还。

第859条 外国诉讼文书的送达程序

基于外国的要求,主管部门应当向拉脱维亚的被告人送达诉讼文书。送达的书面协议应当符合本法第 326 条规定。

第 860 条　欧盟成员国在拉脱维亚的财产没收和取证裁判的执行

1. 对于欧盟成员国在拉脱维亚的财产没收与取证，应当按照欧盟主管部门作出的财产没收与取证的裁判，并在有认证的情况下进行。

2. 检察总署在收到涉及财产没收或取证规定的诉讼判决书后，应当及时且不迟于收到判决书的 24 小时内进行：

（1）评估涉及财产没收或取证规定判决书的可行性，如果可行，则检察院应指定执行机关，并采取必要行动；

（2）告知欧盟成员国权力部门接收关于履行财产没收、取证的裁判，或不执行裁判及其理由。

3. 对于在拉脱维亚的财产没收裁判应当依本法第二十八章相关规定执行，取证裁判应当依第十章相关规定执行。对财产的查封以及向侦查法官申请批准的搜查不具强制性。

4. 欧盟成员国对财产没收或取证的规定不应当与本法基本原则相冲突。

5. 在执行依财产没收或取证条例作出的裁判时，如果必须进行裁判中规定的其他程序，则所有执行程序都应当依本法规定进行。

6. 如果依财产没收或取证条例作出的裁判是本法附件 2 中规定的犯罪，同时该犯罪在裁判国被判处 3 年以下有期徒刑，那么不应根据拉脱维亚法律对该类犯罪进行裁判。

第 861 条　拒绝执行欧盟成员国财产没收或取证裁判的理由

1. 有关财产没收或取证的裁判在以下情况下应当被拒绝执行：

（1）未发放认证、认证不完整或与财产没收或取证的裁判不相关；

（2）存在本法第八章规定的豁免情况；

（3）执行有关财产没收或取证的裁判会违反禁止双重危险（一事不再理）；

（4）财产没收或取证裁判中的犯罪不属于本法附件 2 中规定的犯罪，同时在拉脱维亚法律中不构成犯罪。除非该裁判涉及逃税行为，而相应税费未被规定在拉脱维亚监管法令中，或属于其规定但拉脱维亚监管法令的相关规定与裁判国监管法令中的相关规定不同。

2. 本条第 1 款第（1）项规定的情形出现时，检察总署应当：

（1）规定提交或说明认证的期限；

（2）在相应文书中的信息应当出现在认证文书中的特殊情况下，审查相应文书；

（3）如果提交信息完整，则免除主管部门提交或说明认证的义务。

3. 检察总署应当及时告知送达裁判的主管部门,其财产没收或取证的裁判因为文书、物品、财产未在裁判所指示的位置或是所指位置不够准确,且在与发放裁判的主管部门书面交流后仍无法确定的原因,而无法执行。

第 862 条　对欧盟成员国财产没收或取证裁判延期执行的理由

1. 有关财产没收或取证裁判在以下情况下会延期执行:

(1) 执行会对拉脱维亚的刑事诉讼程序产生损害;

(2) 裁判中涉及的财产被扣押,或涉及的物品或文书被其他刑事诉讼程序查封,直至扣押撤销或在最终裁判生效后才能获取;及

(3) 裁判中涉及的财产依其他诉讼被扣押,直至扣押撤销或最终裁判生效后才能获得。

2. 有关财产没收或取证裁判执行延期和其延期的理由应当及时告知裁判国。可能时,还应当告知其延期执行的期间。

3. 有关财产没收或取证的裁判应当在延期理由消失后及时执行,并应当及时告知裁判国的主管部门。

4. 检察总署应当告知裁判国主管部门裁判中涉及的财产扣留的义务或限制。

第 863 条　拉脱维亚对查获的文书、物品以及扣押财产的保存

1. 对查获的文书、物品或扣押财产进行保存。保存在收到裁判国主管部门关于文书、物品移送或财产没收方面的法律援助请求后结束。

2. 在考虑裁判国的书面意见后,设定查获文书、物品和扣押财产的保存期限。

3. 如果裁判国的主管部门告知拉脱维亚撤销有关财产没收或取证裁判,则查获的文书、物品或扣押的财产应当归还所有人、占有人、使用人或持有人,且应当撤销对财产的扣押。

第 864 条　拉脱维亚关于撤销查获文书、物品以及扣押财产的其他措施

1. 如果财产没收或取证裁判未附有刑事法律援助请求,但在认证中对文书、物品或财产的保存期限进行了规定,则检察总署应当要求相关欧盟成员国的主管部门对该类条款进行更改,并通知拉脱维亚对文书、物品或财产保存延期的期间。

2. 财产没收或取证裁判附属的文书、物品的法律援助请求应当依本法第八十二章规定进行,有关财产没收的法律援助请求应当依本法第七十四章或第七十五章规定进行。

3. 如果有关文书、物品的法律援助请求应依本法附件 2 作出的裁判进行,同时请求国规定为 3 年以下有期徒刑,则不应依拉脱维亚法律判断裁判中的行

为是否为犯罪的。

第 865 条　欧盟成员国财产没收或取证裁判执行上诉的提交

1. 财产没收或取证裁判执行的相关行为应当依本法规定进行。

2. 上诉的提交不应影响财产没收或取证裁判的执行。

3. 有关财产没收或取证裁判的上诉只能向裁判国法庭提出。

4. 如果受到有关财产没收或取证裁判执行的上诉，则检察总署应当告知裁判国主管部门有关上诉的提交和其理由以及对上诉的审议结果。

第 866 条　决定采取非剥夺自由强制措施的依据

对欧盟成员国非剥夺自由强制措施裁判的执行依据应当为：

（1）欧盟成员国主管部门决定采取非剥夺自由强制措施的决定，或是采取特殊形式的认证副本和认证；

（2）检察总署决定在拉脱维亚认可并执行欧盟成员国实施非剥夺自由强制措施的决定。

第 867 条　执行非剥夺自由强制措施裁判的条件

1. 如果被告人在拉脱维亚有永久居住地且被告人同意返回拉脱维亚执行，或有特殊形式认证表明以下禁令和义务时，才能执行非剥夺自由强制措施的裁判：

（1）告知拉脱维亚主管部门居住地的变更；

（2）在执行非剥夺自由强制措施的欧盟成员国或在拉脱维亚有参观地区或领域的禁令；

（3）在特定时间出现在特定地点的义务；

（4）禁止离开拉脱维亚；

（5）定期向指定机构报告的义务；

（6）禁止与犯罪相关的特定人员联系；

（7）禁止开展与犯罪有关的特定活动或从事相关职业和领域的特定活动；

（8）禁止驾驶车辆。

2. 如果在拉脱维亚没有永久居住地的被告人请求在拉脱维亚执行非剥夺自由的强制措施，且其满足以下条件，则可以在拉脱维亚执行该强制措施：

（1）在拉脱维亚享有法定雇佣关系；

（2）在拉脱维亚享有亲属关系；

（3）在拉脱维亚求学。

第 868 条　拒绝执行非剥夺自由的强制措施决定的理由

在以下情况下，可以拒绝执行非剥夺自由强制措施的裁判：

（1）特殊形式的认证不完整或不符合非剥夺自由强制措施裁判，并未在特定时期内进行更正；

(2) 非剥夺自由强制措施的裁判针对的犯罪不属于本法附件 2 的规定，并且其根据拉脱维亚法律不构成犯罪，除非此决定涉及逃避税费的情况，或根据关税和货币兑换条例不在拉脱维亚监管范围之内，或即使在监管范围之内但是拉脱维亚监管法律相关条例与作出此裁判的欧盟成员国的相关条例不一致；

(3) 特殊形式认证中的禁令或义务未规定在本法第 867 条第 1 款中；

(4) 本法第 867 条规定执行非剥夺自由强制措施的具体条件不存在；

(5) 执行非剥夺自由强制措施的裁判会违反禁止双重危险（一事不再理）原则；

(6) 存在本法第八章规定的豁免情形；

(7) 已过追诉时效且非剥夺自由强制措施裁判针对的犯罪在拉脱维亚管辖范围之内；

(8) 被告人还未达到刑事责任年龄；

(9) 按照本法第 66 条规定，如果被告人违反强制措施，则拉脱维亚不能将该人引渡到欧盟成员国。

第 869 条　延期通过非剥夺自由强制措施的裁判

1. 如果特殊形式的认证不完整或不符合非剥夺自由强制措施的裁判内容，检察总署可以延迟审议，并将更正、补充认证的期限告知相关欧盟成员国。

2. 如果本法第 868 条第 (1)、(3)、(4) 或 (5) 项规定的拒绝理由存在，则检察总署可以延期通过欧盟成员国的裁判，并将补充材料信息的特定期限告知相关欧盟成员国。

第 870 条　对非剥夺自由强制措施的通过与裁判

1. 检察总署应当在收到非剥夺自由强制措施的裁判和特殊形式的认证后的 20 个工作日内审查文书并作出以下一种决定：

(1) 同意通过并执行该裁判；

(2) 拒绝通过并执行该裁判。

2. 如果被告人对欧盟成员国非剥夺自由强制措施的裁判进行上诉，应当在收到该裁判和特殊形式认证之日起的 40 个工作日内作出本条第 1 款规定的决定。

3. 如果存在本法第 869 条规定的拒绝理由，则检察总署应当在收到欧盟成员国的补充信息之日起的 20 个工作日内或检察总署的条约规定期限或信息补充期限到期后作出本条第 1 款规定的决定。

4. 如果检察总署不能遵守本条第 1 款和第 2 款规定的时间，则其应当告知相关欧盟成员国延期的理由及在拉脱维亚通过和执行该裁判所必需的时间。

5. 作出本条第 1 款第 (1) 项的决定时，检察总署应当同时决定在拉脱维亚执行非剥夺自由的强制措施，以及在强制措施范围内规定的特别禁令或义务。

6. 在拉脱维亚决定的非剥夺自由的强制措施不应当使在欧盟成员国已实施过相应强制措施的被告人处罚加重。该强制措施应当尽量与相关欧盟成员国实施的强制措施一致。

7. 对检察总署的决定不得上诉。

第 871 条　非剥夺自由强制措施裁判的执行

1. 检察总署应当向欧盟成员国发出同意认可并执行非剥夺自由强制措施的裁判，同时要求告知被告人向拉脱维亚国家警察报告的具体时间。收到相关信息后，检察总署应当将相关欧盟成员国的决定和信息送达被告人居住地的警察部门。

2. 在拉脱维亚执行的强制措施始于被告人向其居住地的警察部门进行报告。

3. 实施非剥夺自由强制措施裁判中规定的强制措施应当符合本法的规定，但对于本法第 389 条规定的被告人权利的限制期限不适用。

4. 执行非剥夺自由强制措施的裁判不应当限制给予相关被告人刑事判决的权利或在拉脱维亚内执行刑罚的权利。

第 872 条　对非剥夺自由强制措施裁判的上诉

只能向欧盟成员国进行决策的主管部门对非剥夺自由强制措施裁判进行上诉。

第 873 条　对非剥夺自由强制措施裁定的终止执行

1. 对非剥夺自由强制措施裁定的终止执行理由如下：

（1）被告人在拉脱维亚无永久居住地；

（2）欧盟成员国已经撤回了非剥夺自由强制措施的裁判及特殊形式的认证；

（3）欧盟成员国已经变更强制措施裁判，而拉脱维亚根据本法第 868 条第（3）项拒绝执行该变更后的裁判；

（4）已超过特殊形式认证规定的执行强制措施的最长期限；

（5）因为检察总署已经数次告知欧盟成员国有关强制措施的违反或提供变更强制措施的理由，但是相关欧盟成员国未在检察总署规定期限内作出该类决定的情况下，拉脱维亚可以决定终止实行非剥夺自由强制措施的裁判。

2. 根据欧盟成员国的请求，检察总署可决定延长强制措施的执行期限。

3. 如果欧盟成员国已决定变更并适用与剥夺自由相关的强制措施，则拉脱维亚应当终止执行非剥夺自由的强制措施。应当根据本法第六十六章规定将被告人引渡至欧盟成员国。

第 874 条　欧盟成员国对拉脱维亚非剥夺自由强制措施的裁判具有约束力

1. 欧盟成员国对非剥夺自由强制措施的变更或撤回应当对拉脱维亚具有

约束力。

2. 如果欧盟成员国决定变更非剥夺自由的强制措施，则检察总署应当认可此决定并根据本法第870条采取强制措施。如果欧盟成员国的决定未得到认可或者其决定中的禁令或义务未遵守本法第867条第1款规定，则检察总署应当拒绝执行变更的强制措施。

3. 在决定是否通过被变更的强制措施裁判时，检察总署应当根据本法第868条第3种情形的规定，仅对拒绝的理由进行评估。

第875条 告知欧盟成员国

1. 执行强制措施时，警察部门应当告知检察总署以下情况：
（1）被告人居住地的变更；
（2）强制措施的违反以及其他可能成为变更强制措施的理由；
（3）由于无法找到被告人而不能执行非剥夺自由的强制措施；
（4）被告人可能报复被害人或威胁社会。

2. 检察总署应当告知欧盟成员国以下内容：
（1）拒绝认可和执行非剥夺自由强制措施的裁判；
（2）存在本条第1款规定的情形，以及可能成为变更强制措施理由的因素，并规定欧盟成员国应当作出决定的期限。检察总署应当准备有关禁令或义务违反的报告，以及其他可以成为改变决定依据的因素，并填写与之相关的欧盟成员国刑事司法互助中规定的特定文书。

3. 检察总署应当告知欧盟成员国和被告人住处的警察部门，由于存在本法第873条第1款第（5）项规定的情况而终止执行强制措施，以及欧盟成员国接管强制措施的期限。

第八十三章 请求外国执行诉讼行为

第876条 提交请求的程序

1. 如果确有必要请求外国执行刑事诉讼行为，则诉讼程序负责人应当向主管部门提交一份书面请求外国执行诉讼行为的申请。申请中应当附函本法第827条规定的申请书及其他文书。

2. 对于该申请应当在10日内进行裁判并且应当将结果告知提交人。

3. 如果申请符合法律规定，则主管部门应当向外国送达申请。

第877条 请求在外国执行诉讼行为

1. 在外国执行诉讼行为的请求应当依本法第678条规定进行书写，并且请求中应当附上根据本法在拉脱维亚进行诉讼行为时的必要文书。

2. 可以向外国提出以下申请：

（1）请求允许拉脱维亚官员参与诉讼行为的执行；

（2）告知诉讼行为执行的时间和地点；

（3）通过技术手段执行诉讼行为。

3. 如果外国要求提交其他信息，在必要时，应当由主管部门与请求提交人协商后提供。

第878条 请求临时移送

1. 根据诉讼程序负责人的书面申请，主管部门可以请求将被告人拘留、逮捕或是正判处剥夺自由刑的外国在特定时间移送被告人，以执行诉讼行为。

2. 主管部门可以根据诉讼程序负责人的提议，在被告人确有必要出现在外国的诉讼中时，请求外国接受被拉脱维亚拘留或被判处剥夺自由刑的被告人。

第879条 对被传唤至拉脱维亚的被告人的豁免

1. 如果被告人是因被拉脱维亚有关机构传唤执行有关诉讼行为而到达拉脱维亚的，对于其在到达拉脱维亚之前实施的犯罪，不应予以追究。

2. 本条第1款规定的豁免权应当在被告人可以离开拉脱维亚之日起15日后终止，包括其离开拉脱维亚之后又自愿返回拉脱维亚的情形。

第880条 扣押财产或向欧盟成员国侦查、移送的决定

1. 在其他欧盟成员国扣押财产的行为应当由预审程序负责人决定，并由预审法官通过后才能执行。在其他欧盟成员国的侦查行为应基于预审法官作出的侦查决定。

2. 侦查决定应依本法第180条第2款作出。扣押财产决定应依本法第361条第5款作出。

3. 预审法官如果通过诉讼程序负责人作出的扣押财产决定或是侦查决定后，应当在3个工作日内及时完成特殊形式的认证，并告知诉讼程序负责人其决定。诉讼程序负责人应当提供相关欧盟成员国官方语言的认证译本或相关欧盟成员国接收欧盟总秘书处认证语言的译本。

4. 在审判阶段，扣押财产的决定或侦查的决定、认证书的完成及译本的提供都应由保存刑事案件记录的法庭进行。

5. 诉讼程序负责人应当将扣押财产或侦查的决定、认证和译本提交检察总署。检察总署应当在收到材料后3日内及时将此文书送至相关欧盟成员国的主管机构。

第881条 提交文书、物品和没收财产的请求

1. 请求提交查获的文书、物品，或请求没收被扣押的财产时，侦查或财产扣押决定应当附函相关刑事司法互助的请求。

2. 如果从诉讼程序负责人或法庭处收到本条第 1 款规定的刑事司法互助的请求，检察总署或涉及财产没收时的司法部，应当将申请连同本法第 880 条第 1 款规定的决定和认证一起送达。

3. 如果无法将本条第 1 款提到的刑事法律援助请求连同财产扣押或侦查决定一起送达，则在认证书中表明被查获的文书、物品或扣押财产应当被保存，直至刑事法律诉讼送达的期限截止。

第 882 条　对拉脱维亚作出的财产扣押或侦查决定的上诉

1. 如果已经收到执行国主管部门关于在拉脱维亚作出的有关扣押财产或侦查决定的上诉，检察总署可以向主管部门送达进行上诉审查必要的资料。

2. 对于拉脱维亚扣押财产或侦查决定的上诉不影响执行国的执行。

第 883 条　向欧盟成员国送达拉脱维亚非剥夺自由强制措施裁定的条件

1. 如果被告人在欧盟成员国有永久居住地并且其已经同意返回该国，则在拉脱维亚作出的非剥夺自由的强制措施可以在欧盟成员国执行。

2. 如果被告人在欧盟成员国没有永久居住地，但其表明了在该国有可以居住的住处并且该国发表过相关规定，则也可以在欧盟成员国执行拉脱维亚作出的非剥夺自由强制措施的裁定。

第 884 条　向欧盟成员国送达拉脱维亚非剥夺自由强制措施的裁定

1. 如果本法第 883 条规定的条件成立，则诉讼程序负责人应当向检察总署书面申请要求欧盟成员国执行非剥夺自由强制措施的裁定。

2. 申请应当包括本法第 678 条规定的信息：

（1）非剥夺自由强制措施裁定的认证副本；

（2）指认被告人为犯罪嫌疑人或判决被告人犯罪裁定的认证副本；

（3）认定被告人有犯罪嫌疑或给予刑事犯罪判决所依据的法条文本，及规定刑事刑罚期限和种类的法条文本；

（4）被告人在欧盟成员国执行强制措施的书面同意书，或允许其返回相关欧盟成员国的书面请求；

（5）以特殊形式的完成认证所需的其他信息。

3. 应当在检察总署收到申请后的 10 日内对其进行审查并且应当将审查结果告知诉讼程序负责人。

4. 如果有理由执行非剥夺自由强制措施的裁定，则检察总署应当完成特殊形式的认证并且应当将其连同非剥夺自由强制措施的裁定一起送达给欧盟成员国。检察总署应当确保用相关欧盟成员国要求的语言进行认证和翻译。特殊形式的认证应当一同送达给欧盟成员国。

5. 如果非剥夺自由强制措施的裁定被上诉，诉讼程序负责人应当将之告知欧盟成员国，并由检察总署作为调解。

第 885 条　拉脱维亚重获非剥夺自由强制措施裁定的权力

1. 欧盟成员国认可裁判之前，拉脱维亚应当只执行非剥夺自由强制措施的裁定。检察总署应当将相关欧盟成员国的通知送达诉讼程序负责人。诉讼程序负责人应当告知已被执行非剥夺自由强制措施的被告人，并向其解释其应到达欧盟成员国接受执行强制措施的义务。

2. 如果在相关欧盟成员国执行的强制措施与拉脱维亚的不符或认为未达到执行强制措施的最长期限，则检察总署应当根据诉讼程序负责人的要求撤回特殊形式完成的认证和非剥夺自由强制措施的执行裁定。

3. 在以下情况下，拉脱维亚重获非剥夺自由强制措施的执行权：

（1）根据诉讼程序负责人发出的要求，检察总署撤回特殊形式的认证和在相关欧盟成员国执行非剥夺自由强制措施的裁定；

（2）由于被告人不在相关欧盟成员国享有永久居住地或无法到达该国而导致欧盟成员国交还非剥夺自由强制措施的执行权；

（3）拉脱维亚决定变更强制措施而欧盟成员国拒绝审查变更后的强制措施；

（4）欧盟成员国规定的强制措施最长执行期限已过；

（5）欧盟成员国裁定终止执行强制措施。

4. 如果根据本条第 3 款第（4）项的规定，欧盟成员国执行强制措施的最长期限已过，则检察总署应当根据诉讼程序负责人的申请，对强制措施的执行进行延期，并说明延长的期限。

第 886 条　变更和撤销决定的权力

在欧盟成员国执行非剥夺自由的强制措施期间，诉讼程序负责人有权根据本法规定对强制措施进行变更和撤销。

第 887 条　在欧盟成员国执行非剥夺自由的强制措施期间以及拉脱维亚应采取的措施

1. 收到来自欧盟成员国的请求，要求提供确有必要继续执行非剥夺自由的强制措施的信息，检察总署应当将之送达诉讼程序负责人。

2. 诉讼程序负责人应当评估收到的申请，以及

（1）如果在强制措施执行的期间，执行的理由依然存在或并未发生改变，则及时告知有检察总署调解的欧盟成员国，说明强制措施执行的期限；

（2）如果在强制措施执行的期间，执行的理由不存在或已发生改变，则应当作出变更或撤销强制措施的决定，及时告知有检察总署调解的欧盟成员国，并送达决定的副本，撤回特殊形式的认证。

3. 在检察总署调解下，诉讼程序负责人应当及时告知欧盟成员国所有采取措施的决定，包括变更或执行强制措施，以及有关被告人对决定进行上诉的事实以及保证强制措施继续执行的必要信息。

4. 如果被告人对非剥夺自由强制措施的执行裁判进行上诉，同时诉讼程序负责人已决定变更强制措施和其他非剥夺自由强制措施，则向欧盟成员国送达的执行裁判应当依本法第884条进行。在此情况下，变更强制措施的决定应当在欧盟成员国告知认可后生效。

5. 如有必要，在检察总署的调解下，诉讼程序负责人应当与欧盟成员国的主管部门进行协商，同时，变更或撤销强制措施的决定应当考虑到相关欧盟成员国提供的该人可能会对被害人或社会造成的威胁。

挪　　威

挪威刑事诉讼法[*]

第九编　执　行

第三十二章　执　行

第 452 条　判决一旦具有可执行性就应当执行，除非存在特殊规定。涉及

---

[*] 本法于1981年5月22日由挪威议会以第52号法令通过，1986年1月1日实施。最近一次修正时间是2015年9月4日。本译本根据法律在线网站（http://www.legislationline.org）提供的英语文本翻译。

特别说明：这部挪威《刑事诉讼法》（1981年）的非官方译本主要是在罗纳德·沃尔福德和与其密切合作的艾纳·霍格威特的译本（1991年）的基础上完成的。帕特里克·查菲和桑德拉·汉密尔顿也对翻译工作提供了非常有价值的帮助。

其后对于该法历次的修正也是由罗纳德·沃尔福德和与其密切合作的桑德拉·汉密尔顿、简·文森博格共同翻译的。对于该法最新的修正已经由罗纳德·沃尔福德和梅迪·克洛斯特进行了翻译，并且取得了挪威司法部的认可。

要找到与挪威法律术语和概念完全对应、准确的英语词汇并非易事。在很多情况下，由于没有直接的对应语，所采用的解决方法只能是近似法，为此在必要的场合借助于注释加以解释。

"特别说明"内容原位于文本之前，属说明性文字。——编者注

处以刑罚、费用或者向国家赔偿的法庭裁定亦是如此。

如果具有执行性的判决被提出上诉或者再审申请被批准,即将审判该案的法院可以通过裁定的方式决定部分或全部延缓执行。

第 453 条　在判决具有可执行性之前,如果被定罪人提出要求,并且追诉机关根据案件的具体情况认为适当并且毫无争议,可以启动执行。

针对没收决定或者某项陈述无效的声明提出的司法救济并不妨碍判决其他部分的执行。

第 454 条　一旦接受选择性处罚令状①,该令状确定的赔偿付款即到期。同一日起,令状即可被执行。如果在上诉期限届满之前对接受令状的决定提起了上诉,在结案之前不得执行令状。

第 455 条　执行重罪案件的判决时,由检察官对此作出行政决定。但是,在根据第 67 条第 2 款第 2 项至第 4 项的规定由警察启动公诉的案件中,执行判决的行政决定由警察作出。在已接受选择性处罚令状②终结的案件中,或者在轻罪案件中,执行判决的行政决定亦由警察作出。

处罚措施或其他制裁措施的执行由警察负责。

为国库利益而作出的罚款或者其他财产性给付由国家专门机构收取,参见第 456 条。在公诉案件中,在有权人员提出要求下,裁定应向受害人或者其他受到损害的人给予赔偿也适用上述规定。

第 456 条　在公诉案件中,被要求支付的罚款或者其他财产性给付由国家专门机构收取。该机构同样可以收取根据法律规定或者部长颁布的规则要求其收取的赔偿给付。

该机构和警察可以允许分期给付。在公诉案件中,在相关有权人员的同意之下,被要求向受害人或者其他受到损害的人给予赔偿或者其他财产性给付适用上述规定。

对于第 1 款第 1 句所规定的赔偿或给付,该机构可以决定扣减工资或者按照《债权人利益保护法》第 2-7 条的规定实施其他类似给付,也可以为此设立强制执行优先权,但条件是经登记的或者通知第三人的留置权受到法律保护,参见《抵押法》第五章,并且执行程序应当根据《执行法》第 7-9 条第 1 款的规定在该机构办公室进行。在其他需要该机构收取给付的案件中,如果法律作出了明确规定,该机构也可以作出前述决定。当该机构收取给付时,《执行法》中涉及实施执行程序的有关条款相应适用,包括关于行政申诉、执

---

① 参见本法第 255 条。——译者注
② 参见本法第 255 条。——译者注

行中止和终止的规定。

如果赔偿未获得给付，该机构可以申请执行部门启动强制执行。如果罚款不能获得给付，或者不能通过扣减工资或其他执行措施而得以收取时，应当以监禁刑折抵未缴的款项。此类折抵决定由警察作出。

根据司法部长制定的具体规则，可以要求被判处罚款的人偿付因未缴罚款产生的利息与费用，以及执行收款所发生的费用。在没收令的案件中，同样可以制定相应规则。处以罚款或没收的判决或者选择罚款或没收的令状同样可以列明根据本条执行其他额外给付的理由。

国家专门机构不受任何保密义务的限制，可以获取和传递涉及债务人收入和资产的信息，以及供其他执法机构在执行程序中使用的涉及强制执行程序的信息。任何人都可以要求在国家专门机构查阅该机构所储存的涉及该人的以供其他执行部门使用的电子化信息。

第 457 条　国王可以就收取罚款和其他财产性支付制定更进一步的规则。

第 458 条　如果管辖法院或追诉机关建议处罚应当通过赦免而被免除或暂停，在国王处理完赦免问题前，不得执行该处罚。

如果被定罪人申请赦免，部长可以决定暂缓执行，直到部长或国王对申请作出决定。

如果部长认为目前不提出豁免建议，但当有重要理由支持并且申请人同意时，可以决定在一定考验期内推迟对申请最终作出决定。考验期不得超过一年。当有特殊理由时，可以延长考验期。在申请被最终裁决之前不得执行。

第 459 条　当被定罪人患有严重的精神疾病或者身体状况不适宜执行时，应当暂缓执行监禁刑或社区刑。

此外，当有重要理由时，可以暂缓执行监禁刑或社区刑。

根据第 2 款决定的暂缓执行可以附有保密条件。除此之外，还可以附加其他条件。

第 460 条　在执行监禁刑时，作出判决前被定罪人被羁押的所有时间都应当计算在内。执行罚款时根据第 457 条规定的规则进行相应扣减。

第 461 条　如果对未被羁押的被定罪人执行监禁刑或社区刑，警察应当通知他，命令其在指定的时间到达指定的地点，以便开始执行刑罚。

如果在收到通知后，被定罪人涉嫌有意逃匿或不会出现，可以对其实施逮捕。

如果在执行监禁刑或社区刑的过程中被定罪人没有出现，可以对其实施逮捕。

第 462 条　如果追诉机关与被定罪人就判决的解释、刑期的计算或涉及执行的任何相关问题发生分歧,被定罪人可以要求当地法院或者管辖法院通过裁定解决存在分歧的问题。当拟被执行的人是否为被定罪之人存在争议时,以及当追诉机关与被定罪人以外的人就没收决定是否适用于该人存在争议时适用前述规定。

葡 萄 牙

葡萄牙刑事诉讼法典[*]

第十卷 执 行

第一编 一般规定

第 467 条 具有执行力的判决

1. 已确定的刑事有罪判决在整个葡萄牙具有执行力,并且在葡萄牙之外,根据国际条约、国际公约与国际法律规定,具有执行力。

2. 刑事无罪判决一经宣布,即可执行,但是不影响本法典第 214 条第 3 款规定的适用。

第 468 条 不可执行的判决

下列刑事判决不可执行:

(1) 未确定所判处的刑罚或者保安处分措施的判决,或者判处在葡萄牙法律中不存在的惩罚措施的判决;

(2) 未以书面作出的判决;或者

(3) 法律要求进行审查和承认,但未经审查和承认的外国刑事判决。

第 469 条 督促执行

检察院具有督促执行刑罚和保安处分措施的权力;此外,督促缴纳司法诉

---

* 本法典于 1987 年 1 月 15 日由部长会议审查并核准,于 1987 年 6 月 1 日实施,但部分文本自 1988 年 1 月 1 日起实施。截至 2015 年底,本法典经历了 28 次修订,此译本为第 29 版,自 2015 年 9 月 4 日生效。本译本根据里斯本总检察长网站(http://www.pgdlisboa.pt)提供的葡萄牙语文本翻译。

讼费用、损害赔偿、其他应当缴付给国家的款项，以及督促缴纳支付给检察院在司法上负责代理的人的权力，也属于检察院。

第 470 条　具有执行权的法院

1. 执行应当通过移交案件卷宗，由进行一审诉讼程序法院的院长执行。但是不妨碍《执行剥夺自由的刑罚和措施法典》第 138 条规定的适用。

2. 案件的第一审由上诉法院或者最高法院进行审判的，或者判决经过审查和确认程序的，则在被执行人居住地执行。被执行人是当地在职的法官或者检察官的，由该地最近的法院负责执行。

第 471 条　事后知晓的犯罪竞合

1. 为着《刑法典》第 72 条第 1 款和第 2 款之规定的效力，根据案件具体情况，合议庭或独任庭具有管辖权。第 14 条第 2 款第 2 项的规定，相应适用之。

2. 在不影响前款规定的情况下，最后作出判决的法院对判决的执行享有属地管辖权。

第 472 条　程序

1. 根据《刑法典》第 78 条第 2 款的规定，法院应当指定执行相关判决的日期，并且依其职权或者应当事人申请，命令采取其认为对作出裁判必需的措施。

2. 辩护人和检察院应当到场，两者均可有 15 分钟作最后陈述。由法院决定被执行人是否应当到场。

第 473 条　中止执行

1. 对法官、陪审团成员、证人、鉴定人或者司法工作人员作出的可能导致被告人被判有罪的行为，只要法院作出了对前述行为的起诉批示或者对前述行为进行审判的指定审判日期的批示的，共和国检察总长可以立即申请最高法院在对该行为作出裁判前，中止执行对原审被告人的判决，并且在申请中附明有关证明文件。

2. 最高法院应当通过刑事庭法官以全体会议的形式作出应否中止执行的裁判；决定中止执行的，对是否应当采取法律允许的强制措施或者财产担保措施进行裁判。

3. 本法典第 455 条的规定相应地予以适用于此审判。

第 474 条　就附带事项作出判决的权限

1. 对刑罚和保安处分措施的执行，以及刑事责任的消灭的附带事项，以及延迟缴纳罚金、对罚金的分期缴纳、以劳动代替刑罚或者执行补充性监禁的问题，由负责判决执行的法院作出判决。

2. 对实施法律规定的大赦以及其他赦免措施，由前款所规定的法院或正在审理上诉的法院或正在执行的法院享有管辖权。

第 475 条　执行的消灭

刑罚或者保安处分措施的消灭，由负责执行判决的法院作出宣告。该法院应当将有关裁判的副本交与相关被执行人，以作为通知。在这种情况下，也应当将副本送交执行刑罚的监狱部门、重返社会部门以及其他指定的机构。

第 476 条　（已废除）

第二编　徒刑的执行

第一章　徒　刑

第 477 条　将判决告知各单位

1. 在判处剥夺自由刑的判决确定后 5 日内，检察院应当将该判决的副本送交刑罚执行法院、监狱部门和重返社会部门。

2. 检察院须指出为刑罚执行的期间计算出的日期，及在允许假释的情况下，检察院根据《刑法典》第 61 条、第 62 条和第 90 条第 1 款的规定，计算得出的日期。

3. 对于相对不确定的刑罚，检察院还应当根据《刑法典》第 90 条第 3 款的规定指明计算得出的日期。

4. 本条第 2 款、第 3 款中所作的计算，应当经法官进行批准并且告知被判罪人及其律师。

5. 对判处徒刑的判决提出上诉，而被告人正被执行徒刑的，检察院应当将该判决的副本送交执行刑罚的监狱部门，并且指出对该判决提出上诉的事项。

第 478 条　收监

根据对判决的执行具有管辖权的法官作出的命令书，被判处徒刑的被执行人进入监禁场所。

第 479 条　徒刑时间的计算

1. 在计算徒刑的时间时，年、月、日依照下列规则进行计算：

（1）徒刑期以年定出的，其刑满日为最后 1 年中与起算日相应的日期；无相应日期的，则为该月最后 1 日；

（2）在以月作为刑期的徒刑计算中，刑期起算日至次月中相应日期之间视为 1 个月；无相应日期的，则为该月最后 1 日；

（3）在以日作为刑期的徒刑计算中，每 24 小时视为 1 日，但是不影响本法典第 481 条关于释放时间的规定的适用。

2. 在非连续服徒刑的刑罚执行中，依照前款规定计算出的日期，应当另外附加出中断期间的时间。

第 480 条　（已废除）

第 481 条　（已废除）

第 482 条　（已废除）

第 483 条　（已废除）

第二章　假　释

第 484 条　（已废除）

第 485 条　（已废除）

第 486 条　（已废除）

第三章　周末监禁、半监禁、监视居住

第 487 条　判决内容和开始执行

1. 确定或者执行周末监禁、半监禁、监视居住，由远程控制手段进行监督的裁判中应当详细说明执行需要的资料，并且规定开始执行的时间。

2. 法院立即将前款所规定的判决书副本移送监狱部门和重返社会部门，并且：

（1）监狱部门在收到判决书副本之日起 10 日内，向法院告知执行监禁的场所，并且指出便于被执行人往来的方式；

（2）重返社会部门在收到判决书副本之日起 48 小时内，向法院告知执行远程控制手段的装置。

3. 法院向被执行人交付判决书副本，及向服刑处的监狱场所报到的指引书。

4. 周末监禁、半监禁的执行，可以因为被执行人的健康、职业或者家庭原因，在经法院许可后，可以延迟一段合理的时间，但是最长不得延迟超过 3 个月。

第 488 条　（已废除）

第三编　非剥夺自由的刑罚执行

第一章　罚金刑的执行

第 489 条　缴纳期间

1. 罚金刑确定后，依据判决所确定的数额缴纳罚金，不得在应缴数额外

附加任何额外款项。

2. 罚金刑的执行期限为判决生效的通知之日起 15 日。

3. 属于可以延迟缴纳或者分期缴纳的，不适用前款规定。

第 490 条　以日计劳动代替罚金刑

1. 以日计劳动代替罚金刑的申请，应当于前条第 2 款和第 3 款所规定的期限内提出。在申请中，被执行人应当指明其专业资格和学历，以及职业、家庭状况和可以工作的时间，并且如果可能的，应当指明其准备提供劳动的机构。

2. 法院可以要求重返社会部门提供补充资料，尤其是补充关于劳动地点、时间和报酬的资料。

3. 以时计劳动代替罚金刑的判决，应当指明劳动时数，并且应当将该判决告知被执行人、重返社会部门和被执行人应当提供劳动的部门。

4. 在不属于以日计劳动代替罚金刑的情况中，罚金的缴纳期间为 15 日。自对有关判决作出通知之日起计算。

第 491 条　未缴纳罚金

1. 罚金于缴纳期限内未缴纳的，或者应当分期缴纳的罚金在某一应当缴纳期限届满时未缴纳的，则执行被执行人的财产。

2. 被执行人拥有足够并且未被设立其他权利负担的财产的，只要法院知晓该财产存在，或者是被执行人在应当缴纳罚金期间指出该财产的，检察院应当立即督促对该财产的执行，并且依照执行诉讼费用的程序对其进行执行。

3. 将未缴纳的罚金转换为辅助监禁的，在作出中止执行的裁判前，应当先听取检察院的意见。由检察院申请执行缓刑的除外。

第 491－A 条　对其他单位缴付罚金

1. 对被执行人进行拘捕以便执行补充性监禁时，被执行人提出缴纳罚金但是无法在法院完成缴付的，只要并非因为严重困难无法实现，可以向警察机关交付罚金，领取收据并在 3 份命令状的副本上签字。

2. 如非前款所述情况，或者法院非工作时间时，罚金的缴付还可以通过向被执行人所在的监禁场所进行，并领取收据。

3. 为实现本条前两款的规定，罚金命令应该包含罚金的金额以及每一日扣除的金额，或者被告人被拘留期间应当扣除的部分。

4. 在随后 10 日内，警察机关或者监禁场所向法院寄发或者呈交所收缴的罚金。

第二章 缓 刑

第 492 条　责任、行为规则和其他义务的变更

1. 宣布暂缓执行徒刑的判决中，对被执行人设立其应当履行的义务、行为规则和其他强制性义务，应该以批示的形式对缓刑予以变更。但是，在作出批示前，应当收集证据，以证明法院作出缓刑决定后出现的某些重要情况，或者法院在作出缓刑决定后才知晓出现某些重要情况。

2. 法官在作出该批示前，应当先听取检察院、辅助人和被执行人的意见；暂缓执行刑罚并附随考验制度的，还应当听取重返社会部门的意见。

第 493 条　定期报到和接受医学治疗或者康复治疗

1. 规定被执行人应当定期到法院报到的，应当将每次报到记录于有关卷宗。

2. 规定被执行人应当向其他单位报到的，则应当通知有关单位，由该单位向法院作出被执行人是否按期报到的通知。被执行人不按期报到的，则该单位还应当向法院告知其所知晓的理由。

3. 规定被执行人在刑罚暂缓执行期间应当在适当机构接受医学治疗或者康复治疗的，则由法院发出执行该措施的命令书。

4. 有关机构的负责人应当向法院通知医学治疗或者康复治疗的进度和应当执行的期限，同时也可以向法官建议采取有助于医治的适当措施。

第 494 条　重返社会计划

1. 作出缓刑并且附随考验制度的裁判时应当在裁判中载明法官向重返社会机构要求作出的重返社会计划。

2. 该裁判一旦生效，法官应当将该裁判通知重返社会部门。

3. 裁判中未载明被执行人重新适应社会的个人计划的，或者该计划应当加以完备的，则由重返社会部门经听取被执行人意见，在 30 日内制定或重新制定该计划，并且提交法院供其认可。

第 495 条　对缓刑所设立条件的不遵守

1. 任何被要求在被执行人履行义务、行为规则或者其他义务方面提供帮助的单位或者部门，应当将被执行人不履行义务或者不遵守义务、行为规则或其他义务的情况告知法院，以实现《刑法典》第 51 条第 3 款、第 52 条第 3 款、第 55 条和第 56 条规定的效力。

2. 法院在收集证据，在对被执行人具有帮助义务，以及对设立的缓刑条件实施监督的技术人员在场下，听取检察院的意见和听取被执行人的陈述后，通过批示作出决定。

3. 因在缓刑期间实施任何构成犯罪的行为而被判处有罪的，法院应当立即将该判决告知对原刑罚具有执行管辖权的法院，并向其送交后一项有罪裁判的副本。

4. 为本条第 1 款的相关规定得以实施，施加义务、行为规则或者其他义务的裁判应当通知裁判中所述单位和部门。

第三章 社区劳动的执行与教化的执行

第 496 条 社区劳动

1. 法院决定对被执行人适用社区劳动的，应当要求重返社会部门制定实施计划。

2. 重返社会部门应当在 30 日内出具实施计划。

3. 该有罪判决一旦生效，须将有罪判决通知重返社会部门和承担劳动的单位。该部门和单位应当将被执行人安置在工作岗位上，进行为期不超过 3 个月的劳动。

第 497 条 教化

1. 教化应当在适用教化的裁判作出后宣读。

2. 检察院、被告人和辅助人对判决放弃提出上诉的，则应当立即宣读教化内容。

3. 由法院实施该教化。教化的形式不得与本法典第 375 条第 2 款所述训示混淆。

第 498 条 执行的临时中止、撤销、消灭、替换和变更

1. 法院可以为实现《刑法典》第 59 条第 1 款规定的效力，要求重返社会部门提供相关信息。

2. 相关劳动履行完毕，或者在劳动过程中出现严重的异常情况的，重返社会部门应当向法院作出相关报告。

3. 对执行进行临时中止、撤销、消灭和替换的，本法典第 495 条第 2 款、第 3 款的规定相应地予以适用。

4. 如果发生某些情况或者异常情况，为变更劳动的具体形式提供政党依据的，重返社会部门应当将该事实向法院作出报告，并尽可能报告劳动的具体形式。

5. 在前款规定的情况下，法院可以免除收集证据；对被执行人明显同意重返社会部门指明的劳动形式的，可免除听取其陈述。法官在听取检察院的意见后，即刻以批示作出裁判。

第四章 附加刑的执行

第 499 条 裁判和程序

1. 宣布禁止或者中止执行公共职务的裁判,应当告知被执行人所属部门或者机构的领导。

2. 应当具备公共机构授予的资格,或者应当获得公共机构许可,或者经公共机构认可才可以从事的职业或者业务的资格的,应当按照实际情况,将宣布禁止或者中止从事职业或者业务的裁判告知被执行人所注册的专业机构,或者告知有权限作出许可或者认可的单位。

3. 法院可以宣布在前述禁止的生效期限内,扣押被执行人从事有关职业或者业务的证件。

4. 应当将被执行人无选举资格的情况告知其已作出登记或者应当作出登记的选民登记委员会。

5. 应当将停止被执行人行使亲权、监护权、保育权、财产管理权或成为陪审团成员的情况,告知作出其出生登记的民事登记局。

6. 除前列诸款的规定外,法院还应当命令实施执行附加刑所需的措施。

第 500 条 禁止驾驶

1. 命令禁止被执行人驾驶机动车辆的判决应当通知交通总局。

2. 如果被执行人的驾驶执照在程序中未曾被扣押的,自判决确定之日起 10 日内,应当责令被执行人将其驾驶执照上交给法院书记员办公室,或者任一警察机关。

3. 被判命令禁止驾驶机动车辆的被执行人不依照前款的规定执行的,则法院下令扣押其驾驶执照。

4. 驾驶执照在禁止驾驶期间一直被扣留于法院书记员办公室。禁止期结束后,将驾驶执照归还其持有者。

5. 本条第 2 款、第 3 款的规定适用于国外机关颁发的驾驶执照。

6. 在前款的情况中,法院书记员办公室将驾驶执照移送交通总局,以便对其禁止作记录。如果不可扣押,法院书记员办公室通过与交通总局代表的联系,向发出该执照的国家相关机构对禁止驾驶的判决进行通知。

第四编 保安处分措施的执行

第一章 剥夺自由的保安处分措施的执行

第 501 条 关于剥夺自由的判决

1. 宣布收容的判决应当指明进行收容的机构的种类,并且在需要时规定执行收容的最长和最短时间。

2. 收容的开始和终结时间，通过法院的命令书作出。

第502条　将判决通知各单位

1. 在判处剥夺自由的保安处分措施的判决确定后5日内，检察院应当将该判决的副本送交刑罚执行法院、监狱部门、重返社会部门和执行收容的机构。

2. 检察院应当明确指出为实现《刑法典》第93条第2款、第3款规定的效力计算出的日期，并且告知各单位在保安处分措施执行中可能出现的改变。

3. 对判处剥夺自由的保安处分措施的判决提出上诉，而被告人正在被剥夺自由的，检察院应当将该判决的副本送交监狱部门，并且说明该判决已被提出上诉的事实。

第503条　（已废除）

第504条　收容的重新审查

1. 根据《刑法典》第96条的规定对收容进行重新审查的，法院须作出以下命令：

（1）进行精神病学鉴定或者关于人格的鉴定。鉴定报告应当在30日内提交上述法院；

（2）法官依其职权或者应检察院、被收容人和辩护人的申请，命令采取对作出判决有利的措施。

2. 如果在进行精神病学鉴定后得出有利结论的，法官可以要求提交社会报告。社会报告中应当包含对被收容者的家庭、社会和职业背景的分析。

3. 重新审查时，应当听取检察院、辩护人和被执行人的意见。只有被执行人的健康状况导致意见不产生效力，或则健康状况不允许其在场时，被执行人才可以不在场。

第505条　（已废除）

第506条　可适用的规定

本法典第479条的规定相应地予以适用于收容。

第二章　剥夺自由的刑罚和保安处分措施的执行

第507条　（已废除）

第三章　非剥夺自由保安处分措施的执行

第508条　非剥夺自由的保安措施

1. 本法典第499条第2款和第3款的规定相应地予以适用于禁止业务的

保安措施的停止。

2. 下令吊销驾驶执照和禁止授予执照的裁判，应当通知交通总局。交通总局将该裁判告知其他依法颁发驾驶执照的部门。

3. 前款所述裁判相应地予以适用于本法典第 500 条第 2 款、第 3 款。

4. 第 500 条第 2 款、第 3 款、第 5 款、第 6 款相应地予以适用于外国机关颁发的驾驶执照。

5. 禁止期限的延长，以及对判处有关处分所依据情况的重新审查，由法院作出裁判。在作出前述裁判前，应当先听取检察院、辩护人和被执行人的意见。但是，被执行人的情况不允许其在场，或者导致其意见不产生效力时，才可以不听取被执行人的意见。

6. 前款和本法典第 492 条的规定同样适用于行为规则的适用。

第五编 相对不确定刑罚的执行

第 509 条 （已废除）

第六编 财产的执行和罚金的处置

第 510 条 适用的法律

凡本法典没有特别规定的情况下，财产的执行适用《民事诉讼法典》和《诉讼费用条例》的规定。

第 511 条 支付顺序

执行财产所获得的收益，应当按以下所指顺序支付：

（1）罚金刑，以及罚金；

（2）司法费；

（3）归国家、财政管理机构和下属法律部门的清算费用；

（4）其余费用，按比例支付；

（5）损害赔偿。

第 512 条 罚金的用途

除另有规定外，法院收取的罚金和罚款的总额，按照《诉讼费用条例》的规定予以处置。

瑞 士

瑞士刑事诉讼法典*

第十一编 法律效力和刑事诉讼裁判的执行

第二章 刑事诉讼裁判的执行

第439条 刑罚和措施的执行

1. 联邦和各州应当决定负责执行刑罚和措施的机关以及相应的程序；本法典以及《瑞士刑法典》①的特殊规定予以保留。

2. 执行机关应当发出执行令。

3. 下列情况下，生效监禁刑和监禁措施必须立即执行：

a. 如果存在逃跑的危险；

b. 如果对公众存在严重威胁；或者

c. 如果不立即执行则不能确保措施的目的得到实现。

4. 为了贯彻执行令，执行机关可以逮捕被定罪人，签发逮捕令或者要求将其引渡。

第440条 预防性羁押

1. 在紧急情形下，执行机关可以对被定罪人采取预防性羁押，以确保刑罚或措施能够得到执行。

2. 执行机关应当在5日内将需要羁押的案件提交给：

a. 作出需要执行的刑罚或措施的法院；

b. 在简易处罚令案件中，检察官签发简易处罚令所在地的强制措施法院。

3. 法院应当就被定罪人应否继续羁押直到刑罚或措施开始作出最终裁决。

---

* 本法典于2007年10月5日由瑞士议会批准，2011年1月1日起实施。本译本根据瑞士议会官网提供的英语文本翻译。

① SR 311.0

第 441 条　执行期限

1. 已过期限的刑罚不得执行。
2. 执行机关应当依职权确认刑罚是否已经超出执行期限。
3. 被定罪人可以对已过期限的刑罚或措施的执行计划向执行地所在州的异议机关提出质疑。该机关还应裁决上诉是否具有暂停期限计算的效力。
4. 如果被定罪人被要求执行已经过期的监禁刑,其应当有权类推适用第 431 条获得赔偿金和抚慰金。

第 442 条　诉讼费以及其他金融支付类裁判的执行

1. 诉讼费、罚款、罚金以及其他与刑事诉讼有关的金融支付应当按照 DCBA① 的规定收取。
2. 有关诉讼费的请求必须在相关判决生效后 10 年内提出。滞纳金按照 5% 收取。
3. 联邦和各州应当决定收取金融支付的机关。
4. 刑事司法机关可以将诉讼费请求与同一刑事诉讼中产生的当事人应当支付赔偿金的请求以及返还扣押财产的请求进行抵销。

第 443 条　刑事附带民事判决的执行

只要判决涉及民事请求,就应当按照执行所在地适用的民事诉讼法以及 DCBA② 来执行。

第 444 条　官方告知

联邦和各州应当确定必须发布官方告知的机关。

---

① SR 281.1
② SR 281.1

乌 克 兰

乌克兰刑事诉讼法典*

第五编 执行法院判决、裁定与决定

第三十三章 执行法院的判决、裁定与决定

第401条 判决的法律效力与执行

第一审法院的判决在上诉期限届满后发生法律效力,上诉法院的判决在按照第二上诉程序提出上诉或抗诉的期限届满而没有提出上诉或抗诉时发生法律效力。如果提出上诉、按照第二上诉程序提出上诉或抗诉的,如判决未被撤销的,在经上诉法院或第二上诉审法院审理后发生法律效力,但本法典另有规定的除外。

如果只对判决的部分提出上诉,或数名被告人被定罪而只对其中一人的判决提出上诉的,判决的其他部分或者对其他被判刑人的判决在上诉法院或第二上诉法院作出裁定后生效。

有罪判决在发生法律效力后交付执行。

被判刑人处于羁押状态的,在判决生效前不得转移到其他羁押场所。

无罪判决与免于刑事处罚的判决在宣布后应当立即执行。如果被告人被羁押的,应当当庭予以释放。

(第401条根据1992年12月15日第2857–12号法律修正;根据2001年6月21日第2533–14号法律修改,于2001年6月29日生效;根据2010年7月7日第2453–17号法律修正。)

第402条 法院裁定与决定发生法律效力与交付执行

除本法典另有规定外,第一审法院的裁定与决定在上诉期限届满后发生法

---

* 本法典于1960年12月28日由乌克兰最高议会批准。最近一次修正时间是2010年9月9日。本译本根据法律在线网站(http://www.legislationline.org)提供的英语文本翻译。

律效力，上诉法院的裁定与决定在按照第二上诉程序提出上诉或抗诉的期限届满后发生法律效力。除被提起上诉或按照第二上诉程序提起上诉或抗诉并被撤销的，法院决定在经上诉法院或者第二上诉法院审理后发生法律效力并交付执行，但本法典另有规定的除外。

除本法典另有规定的外，上诉法院与第二上诉法院的裁定与决定在宣告后立即发生法律效力。

不得提起上诉的法院裁定与决定在作出后立即生效并交付执行。

（第402条根据1992年12月15日第2857-12号法律修正；根据2001年6月21日第2533-14号法律修改；根据2010年7月7日第2453-17号法律修正。）

第403条　法院判决、裁定与决定的强制性

已经发生法律效力的法院判决、裁定与决定对所有企业、机关、团体、公职人员与公民均具有拘束力，应当在全乌克兰境内绝对执行。

（第403条根据乌克兰议会主席团1984年4月16日第6834-10号法令修正；根据1992年12月15日第2857-12号法律修正。）

第404条　判决交付执行的程序

已经发生法律效力的判决由作出判决的法院在其发生法律效力后3日内或在被上诉与第二上诉法院发回后执行。

法院应当将执行有罪判决的命令与判决书副本一并送交刑罚执行机关。

为发挥判决的教育作用，法院应当将判决书副本送交被判刑人所在的企业、机关、社会团体。

如果根据《乌克兰刑法典》（2341-14）第75条与第104条的规定释放被判处缓刑的人的，法院应当将判决书副本送交执行机关或被判刑人居住地的监管机关，如被判刑人是未成年人的，则送交未成年人服务机关，或送交根据《乌克兰刑法典》第76条第2款规定的负责监管被判刑人行为的军队指挥部门。

如果被宣告无罪的人或诉讼被终止的人的文件、贵重物品与其他物品被没收，或者财产被扣押的，应当将已经发生法律效力的判决、上诉或第二上诉法院的裁定送交相关机关以返还被没收文件、贵重物品与其他物品，并撤销对财产的扣押。

如果相关行为根据新的刑事法律无须进行处罚的，已有判决不得交付执行。

作出判决的法官或者法院院长负责确保及时执行已经发生法律效力的判决。

负责执行判决、决定或裁定的机构应当告知作出判决、决定或裁定的法院有关判决、决定或裁定的执行情况。

（第404条根据乌克兰议会主席团1984年4月16日第6834－10号法令修正；根据1992年7月7日第2547－12号法律修正；根据2001年6月21日第2533－14号法律修改，于2001年6月29日起生效；根据2001年7月12日第2670－1号法律修正。）

（第405条根据2010年7月12日第2670－14号法律废除。）

第405－1条　免除刑罚和减轻刑罚的程序

在《乌克兰刑法典》第74条第2款与第3款规定的情形下，根据被判刑人的申请或者检察长、刑罚执行机关的建议，法院可以免除或减轻被判刑人的刑罚。

法院只能根据作出判决时所查明的案件情况与对其作出的法律评价作出免除或者减轻刑罚的裁定。

（第405－1条根据1992年7月7日第2547－12号法律增订；根据2001年7月12日第2670－14号法律修正。）

第406条　被判刑人在医疗机构治疗的时间计入服刑期间

被判处监禁刑的人，在服刑期间因精神或者其他疾病在医疗机构治疗的，其在医疗机构居留的时间计入服刑期间。

第407条　假释与减刑

在《乌克兰刑法典》第81条与第82条所规定的情形下，被判刑人服刑地的区（市）法院根据刑罚执行机关与监督委员会或未成年人服务机关的联合建议，可以决定适用假释与减刑。

（第407条第2款根据2010年7月7日第2453－17号法律废除。）

法院收到上述建议后应当在10日内进行审查，审查不需要提交案件材料，但需要由检察长、刑罚执行机关的代表参加，一般来说，被判刑人也应当参加。

如果执行刑罚的机关与未成年人事务监管委员会参与提出联合意见的，法院应当告知其进行审查的时间、地点。

法院拒绝适用假释或者减刑的，可以在作出驳回决定后1年内对犯有严重或者特别严重罪行而判处5年以上监禁刑被判刑人适用假释或减刑的新建议进行审查，如果被判刑人所犯为其他罪行或者是未成年人的，则在驳回决定作出6个月后进行审查。

检察长、被监禁人对涉及对本条规定的情形作出的决定有异议的，可以在决定宣布后7日内向上诉法院提出。

(第407条根据乌克兰议会主席团1971年8月30日第117-08号法令、1972年7月21日第862-08号法令、1984年4月16日第6834-10号法令修正；根据1992年6月17日第2464-12号法律修正；根据1994年2月24日第4018-12号法律修正；根据2001年6月21日第2533-14号法律修正，于2001年6月29日生效；根据2001年7月12日第2670-14号法律修正。)

第407-1条 对怀孕或者有不满3周岁子女的妇女免于刑罚

根据《乌克兰刑法典》第83条的规定，经刑罚执行机关与监督委员会的联合建议，服刑地区（市）法院应当决定对怀孕或者有不满3周岁子女的妇女免于刑罚。

(第407-1条根据乌克兰议会主席团1977年3月23日第1851-09号法令增订；根据乌克兰议会主席团1984年4月16日第6834-10号法令修正；根据1992年6月17日第2464-12号法律修正；根据1994年2月24日第4018-12号法律修正；根据2001年7月12日第2670-14号法律修改。)

第408条 因疾病而免予刑罚

存在《乌克兰刑法典》第84条规定的理由的，服刑地区（市）法院的法官应当审查刑罚执行机关的建议与医疗委员会的意见，决定免除被判刑人未执行的刑罚。

免除患有慢性精神疾病的被监禁人未执行的刑罚时，法院可以根据《乌克兰刑法典》第92条至第95条的规定对其采取强制医疗处分。

被判处矫正刑或者社会服务令或罚金的人患有精神疾病或其他严重疾病的，法官应当作出决定免除其未执行部分的刑罚。

检察长、被监禁人对根据本条规定所作决定有异议的，可以在决定宣布后7日内上诉法院提出。

(第408条根据乌克兰议会主席团1971年8月30日第117-08号法令、1984年4月16日第6834-10号法令修正；根据1992年6月17日第2464-12号法律修正；根据1994年2月24日第4018-12号法律修正；根据2001年6月21日第2533-14号法律修正，于2001年6月29日生效；根据2001年7月12日第2670-14号法律修正；根据2003年2月6日第487-15号法律修正。)

第408-1条 缓刑期届满后免除缓刑

符合《乌克兰刑法典》(2341-14)第78条第1款规定的情形的，被判刑人居住地区（市）法院经被判刑人申请或者检察长或刑罚执行机关建议，决定对其免除刑罚。

(第408-1条根据乌克兰议会主席团1977年3月23日第1851-09号法令增订；根据1992年6月17日第2464-12号法律修正；根据1994年2月24日

日第 4018-12 号法律修正；根据 2001 年 7 月 12 日第 2670-14 号法律修改。）

第 408-2 条　撤销缓刑

对根据《乌克兰刑法典》第 75 条与第 74 条的规定适用缓刑的，在符合《乌克兰刑法典》第 78 条第 2 款规定的情形下，由被判刑人居住地区（市）法院法官根据刑罚执行机关的建议，在被判刑人为未成年人时则根据刑罚执行机关与未成年人服务机关的建议，决定撤销缓刑。

（第 408-2 条第 2 款根据 2001 年 7 月 12 日第 2670-14 号法律废除。）

（第 408-2 条第 3 款根据 2001 年 7 月 12 日第 2670-14 号法律废除。）

对本条规定的相关问题应在庭审中进行审查，并由根据《乌克兰刑法典》第 76 条规定对被判刑人的行为进行监管的刑罚执行机关的代表参加。

检察长、被监禁人对决定有异议的，可以在决定宣布后 7 日内向上诉法院提出。

（第 408-2 条根据乌克兰议会主席团 1984 年 4 月 16 日第 6834-10 号法令增订；根据 1992 年 6 月 17 日第 2464-12 号法律修正；根据 1994 年 2 月 24 日第 4018-12 号法律修正；根据 2001 年 6 月 21 日第 2533-14 号法律修正，于 2001 年 6 月 29 日生效；根据 2001 年 7 月 12 日第 2670-14 号法律修正。）

第 408-3 条　撤销对怀孕或者有不满 3 周岁子女的妇女免于刑罚的决定

有《乌克兰刑法典》第 83 条第 4 款与第 5 款规定的情形的，区（市）法院的法官经该妇女居住地刑事执行机构的建议，对免除刑罚的相关问题进行审查，决定对其减轻刑罚或者继续执行刑罚。

（第 408-3 条第 2 款根据 2001 年 7 月 12 日第 2670-14 号法律废除。）

上述建议应当与证明存在《乌克兰刑法典》第 83 条第 4 款与第 5 款规定的理由的资料一起送交法院，法官应当在法院接收相关材料后 10 日内，在检察长、刑罚执行机关或被判刑人行为监管机关的代表，以及被判刑人的参加下，进行审理。

检察长、被监禁人对决定不服的，可以在决定宣布后 7 日内向上诉法院提出。

（第 408-3 条根据 1994 年 7 月 27 日第 137/94-BP 号法律增订；根据 2001 年 6 月 21 日第 2533-14 号法律修正，于 2001 年 6 月 29 日生效；根据 2001 年 7 月 12 日第 2670-14 号法律修正；根据 2009 年 4 月 14 日第 1254-17 号法律修正。）

第 409 条　处理判决执行问题的法院

由作出判决的法院负责处理判决执行期间产生的疑义与争议，包括根据《乌克兰刑法典》第 5 条第 2 款与第 3 款的规定适用有溯及力的刑事法律问题。

如果判决在作出判决的区法院管辖范围以外进行执行的，相关问题由执行地区、市（区）、市或者地区间法院处理。

根据《乌克兰刑法典》第 5 条第 2 款与第 3 款的规定，被判刑人应当根据新法免除或者减轻刑罚的，由执行地法院作出裁定。

根据本法典第 408 条的规定免除患有疾病的被判刑人的刑罚的相关问题由执行地区、市（区）、市或者地区间法院进行处理。

（第 409 条第 5 款根据 2001 年 7 月 12 日第 2670 – 14 号法律废除。）

（第 409 条根据乌克兰议会主席团 1977 年 3 月 23 日第 1851 – 09 号法令、1984 年 4 月 16 日第 6834 – 10 号法令修正；根据 1992 年 6 月 17 日第 2464 – 12 号法律修正；根据 1992 年 7 月 7 日第 2547 – 12 号法律修正；根据 1994 年 2 月 24 日第 4018 – 12 号法律修正；根据 2001 年 7 月 12 日第 2670 – 14 号法律修正；根据 2010 年 7 月 7 日第 2453 – 17 号法律修正。）

（第 409 – 1 条根据 2001 年 7 月 12 日第 2670 – 14 号法律废除。）

第 410 条　以社会服务替代罚金、以罚金替代矫正劳动、以官方限制替代限制或者剥夺自由、以参加训练营代替监禁

（第 410 条第 1 款根据 2001 年 7 月 12 日第 2670 – 14 号法律废除。）

区（市）法院的法官，根据刑罚执行机关的建议或者集体的申请，处理根据《乌克兰刑法典》第 53 条第 4 款的规定以社会服务代替罚金；根据第 57 条第 3 款的规定以罚金代替矫正劳动；根据第 62 条第 1 款的规定以参加训练营代替监禁；根据第 58 条第 1 款的规定以官方限制代替限制或者剥夺自由的相关问题。

本条所涉及的所有问题由执行地法院，在检察长、刑罚执行机关的代表与被判刑人的参与下进行审查。

如果法院根据监狱管理部门提出经监督委员会或未成年人服务机关批准的建议而进行审查的，法院应当通知相关的监督委员会或未成年人服务机关对建议进行审查的时间与地点。

在对案件进行报告后，法院应当听取被传唤到庭的人的说明与检察长的总结，随后在评议室中作出决定。

检察长、被监禁人对决定不服的，可以在决定宣布后 7 日内向上诉法院提出。

（第 410 条第 7 款根据 2001 年 7 月 12 日第 2670 – 14 号法律废除。）

（第 410 条根据乌克兰议会主席团 1971 年 8 月 30 日第 117 – 08 号法令、1977 年 3 月 23 日第 1851 – 09 号法令、1984 年 4 月 16 日第 6834 – 10 号法令修正；根据 1992 年 6 月 17 日第 2464 – 12 号法律修正；根据 1994 年 2 月 24 日第

4018-12 号法律修正；根据 2001 年 6 月 21 日第 2533-14 号法律修正，于 2001 年 6 月 29 日生效；根据 2001 年 7 月 12 日第 2670-14 号法律修正；根据 2005 年 1 月 20 日第 2377-15 号法律修正。）

第 410-1 条 临时将被判刑人关押于乌克兰军队军事司法部门羁押场所的隔离调查室或者将其从监狱转移至乌克兰军队军事司法部门羁押场所的隔离调查室

某人被判处监禁刑并在监狱中服刑的，必须在乌克兰军队军事司法部门羁押场所的隔离调查室参加训练营，或者临时将被判刑人从监狱转移到乌克兰军队军事司法部门羁押场所的隔离调查室，如有必要对其他人犯罪案件进行侦查时，由侦查员决定或者调查机关根据克里米亚共和国检察长、州检察长、基辅与塞瓦斯托波尔市检察长以及与之职级相当的检察长的裁定，在被判刑人需要被关押或转移 2 个月之内的，根据乌克兰副总检察长的命令——4 个月以内的，乌克兰总检察长——6 个月以内的。

为对某个案件进行庭审而临时将被判刑人关押在或者转移到乌克兰军队军事司法部门羁押场所的隔离调查室的，由进行诉讼的法院处理相关问题。

（第 410-1 条根据乌克兰议会主席团 1971 年 8 月 30 日第 117-08 号法令增订；根据乌克兰议会主席团 1984 年 4 月 16 日第 6834-10 号法令修正；根据 2003 年 5 月 15 日第 743-15 号法律修正；根据 2005 年 1 月 20 日第 2377-15 号法律修正。）

第 411 条 处理与执行判决有关问题的程序

与执行判决有关的问题由法院在检察长参加下通过庭审进行处理。

一般情况下，根据被判刑人的申请，可以传唤被判刑人、辩护律师到庭。如果与执行判决有关的问题涉及相关民事诉讼请求的，也应当传唤相关的民事原告与民事被告人到庭。相关人员不到庭的不影响法庭审理。

法院处理对患有疾病的被判刑人免于刑罚的问题时，应当有医疗委员会的代表出庭就被判刑人的健康状况发表意见。

法庭审理首先由法官作出报告，随后听取出庭人员的说明与检察长的意见。然后，法官退回评议室作出决定。

法院处理有关执行判决的问题应当制作庭审笔录。

（第 411 条根据乌克兰议会主席团 1962 年 9 月 10 日法令、1977 年 3 月 23 日第 1851-09 号法令修正；根据 1992 年 6 月 17 日第 2464-12 号法律修正；根据 2001 年 7 月 12 日第 2670-14 号法律修正；根据 2005 年 11 月 30 日第 3150-15 号法律修正。）

第 411－1 条　法官对对酒精或毒品上瘾的被判刑人采取强制医疗处分与撤销此类措施

除《乌克兰刑法典》第 96 条规定的情况外，对对酒精或毒品上瘾的被判刑人采取强制医疗处分的问题由被判刑人服刑地的区（市）法院的法官根据监狱管理部门的建议与医疗委员会的意见进行处理。

有关撤销根据《乌克兰刑法典》第 96 条的规定采取的对酒精中毒或毒品上瘾的被判刑人的强制医疗处分的问题，由相关人员服刑地或其接受治疗的医疗机构所在地的区（市）法院的法官，根据监狱管理部门或医疗机构管理部门的建议与医疗委员会的意见进行处理。

法官在检察长、提出建议的监狱管理部门或医疗机构管理部门的代表、提出意见的医疗委员会的代表以及被判刑人的参与下对本条涉及问题进行审查。检察长不出庭的不影响法官对此类问题的审查。

法官作出报告后，对庭前被传唤到庭的人作出说明与检察长发表意见，然后退入评议室作出决定。

检察长、被监禁人对决定不服的，可以在决定宣告后 7 日内向上诉法院提出。

（第 411－1 条根据乌克兰议会主席团 1971 年 8 月 30 日第 117－08 号法令增订；根据乌克兰议会主席团 1977 年 3 月 23 日第 1851－09 号法令修正；根据 1977 年 7 月 1 日第 2281－09 号法令修改；根据 1992 年 6 月 17 日第 2464－12 号法律修正；根据 1994 年 2 月 24 日第 4018－12 号法律修正；根据 2001 年 6 月 21 日第 2533－14 号法律修正，于 2001 年 6 月 29 日生效；根据 2001 年 7 月 12 日第 2670－14 号法律修正；根据 2005 年 1 月 20 日第 2377－15 号法律修正。）

（第 412 条根据乌克兰议会主席团 1971 年 8 月 30 日第 117－08 号法令废除。）

第 413 条　在有数个判决的情况下实施刑罚

如果对被判刑人的一项判决尚未执行的，且不知道作出最后一项判决的时间的，判决执行地的法院应当采取措施保障所有判决根据《乌克兰刑法典》（2341－14）得以执行。此问题应当根据本法典第 411 条的规定进行处理：全部由独任法官作出的判决由区法院、市（区）法院、市与区间法院的法官通过决定进行处理；至少有一项判决由区法院合议庭作出的，由区法院、市（区）法院、市与区间法院法官通过决定进行处理；如果至少有一项判决由克里米亚自治共和国上诉法院、州上诉法院、基辅与塞瓦斯托波尔市上诉法院作出的判决的，由克里米亚自治共和国上诉法院、州上诉法院、基辅与塞瓦斯托波尔市上诉法院的合议庭通过裁定进行处理。

（第413条根据乌克兰议会主席团1984年4月16日第6834-10号法律修正；根据1994年2月24日第4018-12号法律修改；根据2001年7月12日第2670-14号法律修正；根据2010年7月7日第2453-17号法律修改。）

第414条　法院审理撤销前科的申请

根据《乌克兰刑法典》第91条的规定，已经服过刑的人与企业、机关或团体申请撤销犯罪前科的，由服过刑的人永久居住地的区（市）法院审理。

对撤销前科的申请进行审理的，应有申请人，如由企业、机关或团体申请的，则由相关单位的代表参与。法官审理此类申请，无须要求提供案件材料。如有必要，法官可以要求提交所需文件。

检察长应当出席对此类申请的审理。检察长不出席法庭审理的不影响法官对申请的审理。

对申请进行审理后，法院应在评议室中作出说明理由的决定。法官的决定应当在法庭上宣读，并将其副本送达相关的有前科的人。

检察长、被判刑的人对涉及本条相关问题所作决定不服的，可以在决定宣布后7日内向上诉法院提出。

法官拒绝撤销前科的，再次申请应当在第一次申请被驳回之日起1年后才能提出。

（第414条根据乌克兰议会主席团1984年4月16日第6834-10号法令修正；根据1992年6月17日第2464-12号法律修正；根据1994年2月24日第4018-12号法律修正；根据2001年6月21日第2533-14号法律修正；根据2001年7月12日第2670-14号法律修正；根据2009年4月16日第1276-17号法律修正。）

（第414-1条根据2005年1月20日第2377-15号法律废除。）

第415条　监督判决与其他司法决定执行的合法性

检察长对刑事案件司法决定的执行以及其他限制个人自由的强制处分执行的合法性进行监督。检察长有关执行判决、裁定与决定的命令对所有执行判决、裁定与决定的机构与公职人员均具有约束力。

（第415条根据2001年6月21日第2533-14号法律修正，于2001年6月29日生效。）

西 班 牙

西班牙刑事诉讼法[*]

第七卷　判决的执行

第 983 条

应当立即释放所有被判决无罪的被告人。但因进行上诉导致判决执行的中断或者有其他法律规定的原因应当延迟释放的,应当通过写明充分理由的裁定书下达暂不释放的指令。

第 984 条

由审理案件的法院执行轻微犯罪的判决。该法院不能自行完成所有必需的执行的,应当将判决移交至该司法管辖区内有权执行的司法机构,由其执行判决。

受理轻微案件上诉的预审法官应当将裁定书原件及终审判决书移交至前款规定的执行判决的一审法官。

执行判决时涉及修复损害和补偿损失的,应当适用《民事诉讼法》的规定。由作出判决的法官提出该修复损害和赔偿损失事项。

第 985 条

作出终审判决的法院应当执行犯罪案件的判决。

第 986 条

尽管有前条规定,但最高法院第二庭对向最高法院提起的申诉而作出的判决,应当由原审法院根据最高法院第二庭的判决证明执行。

---

[*] 西班牙王国"法典化编撰委员会刑事诉讼法分委会"于 1878 年 10 月 16 日完成对刑事诉讼法的法典化编撰,本法于 1881 年 2 月 11 日经内阁批准,1882 年 6 月 22 日以王室御令形式颁布,陆续刊登于 1882 年 9 月 17 日至 10 月 10 日的第 260 号至第 282 号《王室公报》,1883 年 1 月 3 日实施。本译本根据 2014 年 12 月 10 日西班牙《官方公报》官网提供的本法及其各修正案的西班牙语文本翻译。

第 987 条

应当执行判决的法院不能自行完成执行的,应当将判决交由同一司法管辖区内有权执行的司法机构执行。

第 988 条

判决为终审判决的,作出判决时需根据本法第 141 条的规定作出本判决为终审判决的声明。

完成该声明后,即使被告人还涉及其他案件的审理,也应当进入判决执行的程序。被告人还涉及其他案件审理的,可以根据需要,将其由已经完成判决的地点转移至正在进行审理案件的地点。

因实施多项犯罪行为而在不同诉讼程序中被判定有罪的,作出最后一项判决的法官或者法院可依其职权或者应检察院或者被执行人的请求,根据本法第 17 条的规定对各项刑罚进行合并,并根据《刑法典》第 76 条的规定对合并的刑罚期间作出限制。为此,法院书记员应当向登记中心索要犯罪记录、缺席记录、裁定有罪的证明。刑罚的合并并非检察院请求的,还应当索要检察官的意见书。法官或者法院应当作出裁定,裁定书的内容包括所有与案件相关的刑罚以及由其确定的最高服刑期间。不服此裁定的,检察院和被执行人可以因违反法律向最高法院提起申诉。

第 989 条

1. 关于民事责任的判决可以根据《民事诉讼法》的规定临时执行。

2. 在不影响执行《民事诉讼法》相关规定的前提下,为了执行刑事犯罪或者轻微犯罪产生的民事判决,法院书记员可以委托国家税务管理局或者其他地方税务机构对财产进行必要调查,以便了解相关当事人的收入、现有的财产以及在未完成判决确定的民事责任前将可能获得的财产。

此类机构因法律规定或者涉及基本权利,不可提交上述信息也无法进行法院书记员要求的合作的,法院书记员应当将此情形告知法官或者法院以便其作出相关的决定。

第 990 条

应当根据《刑法典》或者其他条例规定的方式和时间执行刑罚。

由本法规定的法官或者法院执行判决书的内容,并且应当尽快采取必要的措施以便被执行人进入指定的服刑机构。为此,行政当局应当无理由、无条件地提供协助。

法官或者法院具有的执行判决的职权不得由行政当局行使,只有当被执行人进入服刑机构或者转移至应当服刑的地点后,行政当局才有执行判决的权力。

法院还应当执行法律和条例赋予的关于执行刑罚的监督职权。

法院书记员办理必要的事项以推动判决的执行程序，并且不影响法官或者法院执行刑罚的职权。

法院书记员应当将所有影响到案件被害人、被侵犯人、证人及鉴定人安全的关于被执行人的相关决议直接告知上述人员。

第 991 条

应当对处于痴癫状态的被执行人进行观察。监狱长应当就该疑似事实和其原因制作文书，在该文书中应当包括初步判断，或者至少包括实施检查和观察的相关人员的证明。

第 992 条

注明疑似症状的严重性后，监狱长应当立即将文书提交至判决被执行人入狱的审判长，并且不影响将该情况向刑罚机构署汇报。

第 993 条

审判长应当将前条所述的报告提交至作出判决的法院，该法院优先听取检察官和自诉人的陈述，并允许被执行人的辩护人进行陈述。无人为其辩护的，应当由官方为其指定辩护人。审判长应当同意进行最全面及正式的关于其身体和精神状况的检查，并指派被执行人所在辖区的预审法官，通过使用发生于审理期间对相似情况所采取的法定的验证方法，对此情形进行验证。

第 994 条

前列各条所述的事项办理完毕后，对被执行人的状态具有异议的，应当进行辩论性的审理；不具有异议的，进行普通形式的审理。随后听取医疗专业鉴定人或者医学及外科学会的陈述，并作出决定。由监狱长提出该情况的，该决定应当通知监狱长，并将被执行人转移至相应的机构。上述措施不得影响《刑法典》规定的对当事人处于痴癫状态的审理规定。

第 995 条

（根据 1992 年 4 月 30 日第 6 号法令废除）

第 996 条

涉及第三人所有权和其他相关权利的，可适用《民事诉讼法》的相关规定。

第 997 条

预审法官为执行判决开展相关审理的，立即将该相关审理事项和其理由告知作出判决的法院，该法院应当将上述审理并入案件。

第 998 条

前述审理应当由参与案件的法院书记员进行归档。

附加条款第一条

涉及《刑法典》第 572.1.3.°中规定的威胁和胁迫案件的，法官和法院在开始初期审理后可以采取必要措施，确保对出现在各记录中的受到威胁和胁迫影响的受害人的数据进行保密处理，以此方式避免该数据成为针对上述人员实施恐怖主义犯罪的信息。

附加条款第二条

全国范围内采取的所有临时监禁的预防性措施的最长期间和停止时间，以及刑事诉讼中采取的其他预防性措施，应当记入在司法部设立的登记中心。

政府根据司法部的建议，在听取司法权力总理事会和信息保护署的意见后，就上述登记中心的组织和职权作出适当的条理性规定，确定其开始运转的时间，以及登记、撤销和获取信息的规则，并确保其在任何情形下的保密性。

附加条款第三条

政府根据司法部和内务部的共同建议，经事先的法律报告，以王室法令的名义对"法医学调取 DNA 全国委员会"的结构、组成、组织和运营进行规定，由该委员会依法认可实验室在案件调查起诉和尸体辨认时进行的遗传图谱对比，依法制定实验室之间的协调标准，依法制定收集、保存和样品分析的官方技术协议，依法设定保管样本的安全条件，依法确定保证样本储存、分析和取得数据的严格保密措施。

附加条款第四条

1. 根据 2004 年 7 月 31 日颁布的关于修改家庭暴力受害者保护令的 27/2003 号法令，侵犯妇女案件专门法官受理案件时参照适用本法第 544 之 2 条第 1 项至第 7 项中关于预审法官和一审法官的规定。

2. 侵犯妇女案件专门法官受理案件时参照适用本法第四卷第三编和第 962 条至第 971 条关于当值法官的规定。

最后条款

所有此前法律、王室法令、法规、命令和规则中关于普通法官或者法院应当适用的刑事诉讼规则均予废除。

1852 年 6 月 20 日颁布的王室法令和现行生效的关于走私案件和欺诈案件的诉讼程序规定不适用前款规定。

意 大 利

意大利刑事诉讼法典*

第十编 执 行

第一章 已决案

第 648 条 判决和刑事处罚令的不可撤销性

1. 在审判中宣告的判决,如果对之不允许提出除再审请求以外的其他上诉要求,是不可撤销的。

2. 如果允许上诉,当在规定的期限内未提出上诉或者未就宣告上诉不可接受的裁定提出上诉时,判决成为不可撤销的。如果向最高法院提出了上诉,自宣告上诉不可接受或者驳回上诉之日起,判决成为不可撤销的。

3. 当在规定的期限内未提出异议或者未就宣告异议不可接受的裁定提出上诉时,刑事处罚令成为不可撤销的。

第 649 条 禁止第二次审判

1. 在被告人被宣告开释或者被判刑并且有关判决或刑事处罚令成为不可撤销的之后,不得因同一事实再次对该被告人提起刑事诉讼,即使对该事实在罪名、程度或情节上给予不同的认定,第 69 条第 2 款和第 345 条的规定除外。

2. 如果不顾上述规定而重新提起刑事诉讼,法官在诉讼的任何阶段和审级中均应宣告开释判决或不追诉判决,在决定部分说明原因。

第 650 条 判决和刑事处罚令的执行力

1. 除另有规定外,当判决和刑事处罚令成为不可撤销的时,具有执行力。

---

* 本法典于 1988 年 9 月 22 日由意大利总统颁布,自 1989 年 10 月 24 日起实施。最后一次修正时间是 2015 年 3 月 16 日。本译本根据意大利 CasaEditriceLaTribuna(CELT)出版社 2014 年出版的 CODICE DI PROCEDURA PENALE 和意大利 NEL DIRITTO EDITORE 出版社 2015 年出版的 CODIE DI PROCEDURA PENALE 翻译。该两本书的语言为意大利语。

2. 当不追诉判决不再接受上诉时，具有执行力。

第 651 条　刑事处罚判决在民事审判或行政审判中的效力

1. 当针对被判刑人或者针对在刑事诉讼中受到传唤或参与了刑事诉讼的民事负责人提起民事诉讼或行政诉讼，以便要求返还和赔偿损失时，经法庭审理后宣告的不可撤销的刑事处罚判决，在认定事实存在、认定行为的刑事违法性和确认被告人实施了该行为等问题上，具有已决案的效力。

2. 依照第 442 条的规定宣告的不可撤销的处罚判决具有同样的效力，除非未接受简易程序的民事当事人提出异议。

第 652 条　无罪判决在民事诉讼或行政诉讼中的效力

1. 当受到犯罪损害的人或者代表该受害人利益的人提起民事诉讼或行政诉讼，以便要求返还和赔偿损失时，经法庭审理后宣告的不可撤销的无罪判决，在认定事实不存在、被告人未实施行为或者行为是为履行义务或行使合法权利而实施的、被告人所实施的行为根据《刑法典》第 131 条－2 的规定特别轻微等问题上，具有已决案的效力，只要该受害人在刑事诉讼中被设立为民事当事人或者已具备被设立为民事当事人的条件，除非该受害人已经依照第 75 条第 2 款的规定在民事方面行使了诉权。①

2. 如果民事当事人接受了简易程序，依照第 442 条的规定宣告的不可撤销的无罪判决具有同样的效力。

第 653 条　刑事判决在纪律审判中的效力②

1. 在由公共当局为追究纪律责任而进行的审判中，经法庭审理后宣告的不可撤销的无罪判决，在认定事实不存在或被告人未实施行为等问题上，具有已决案的效力。

1－2. 在由公共当局为追究纪律责任而进行的审判中，经法庭审理后宣告的不可撤销的有罪判决，在认定事实存在、有关行为的刑事违法性以及认定被告人实施了行为等问题上，具有已决案的效力。③

第 654 条　刑事处罚判决或无罪判决在其他民事或行政审判中的效力

1. 当在民事或行政审判中围绕某一权利或合法利益发生争议，而对该权

---

① 本款经 2001 年 3 月 27 日第 97 号法律第 9 条第 1 款修改；"被告人所实施的行为根据《刑法典》第 131 条－2 的规定特别轻微"一语是由 2015 年 3 月 16 日第 28 号立法性命令第 3 条第 2 项增加的。

② 本条的标题原为"无罪判决在纪律审判中的效力"，2001 年 3 月 27 日第 97 号法律第 9 条第 1 款第 1 项和第 2 项将其修改为"刑事判决在纪律审判中的效力"。

③ 本款是由 2001 年 3 月 27 日第 97 号法律第 9 条第 1 款第 3 项增加的。

利或利益的承认依赖于对刑事审判所涉及的事实的查明时，对于被告人、民事当事人和参与了刑事诉讼的民事负责人，经法庭审理后宣告的不可撤销的刑事处罚判决或无罪判决具有已决案的效力，只要上述已查明的事实对于刑事裁决具有重要的意义并且民事法律未对证明有争议的主体地位作出限制。

第二章　执行司法决定

第 655 条　公诉人的职能

1. 除另有规定外，第 655 条指出的法官身边的公诉人负责执行有关的决定。

2. 公诉人向主管法官提出自己的请求并且参与所有的执行程序。

3. 在必要时，公诉人可以请求其他地区的公诉人办公室履行某些行为。

4. 如果对某一决定的执行需要经过批准，公诉人向主管机关提出关于批准的请求，在获得批准之前，暂缓执行有关决定。当在执行过程中需要批准时，依照相同的方式处理。

5. 本章规定应向辩护人送达的公诉人决定，应当在发布后的 30 日内向关系人指定的辩护人或者由公诉人依照第 97 条的规定指定的辩护人送达，否则无效；上述送达活动不导致执行的停缓或推迟。

第 656 条[①]　**执行监禁刑**

1. 当需要执行的是监禁刑时，公诉人发布执行令，如果被判刑人未受到关押，在执行令中决定将其监禁。执行令的副本交给关系人。

2. 如果被判刑人已经受到关押，将执行令通知司法部长，并向关系人送达。

3. 执行令包括应对其执行刑罚者的一般情况和其他有助于辨别其身份的情况、相关的控告、有关裁定的决定部分和在执行中需要遵守的规定。执行令向被判刑人的辩护人送达。

4. 决定实行监禁的执行令依照第 277 条规定的方式执行。

4-2. 除第 9 款第 2 项规定的情况外，如果在根据 1975 年 7 月 26 日第 354 号法律第 54 条的规定进行折抵计算后，需要执行的余刑不超过第 5 款列举的限度，在签发执行令之前，公诉人核实是否存在预防羁押时间和被宣告可在行刑时予以替换的刑罚，在此之后，将有关文书材料移送给监督法官，以便决定是否可实行提前释放。监督法官毫不迟延地依照 1975 年 7 月 26 日第 354

[①]　本条被 1998 年 3 月 27 日第 165 号法律第 1 条所取代。

号法律第 69 条 - 2 的规定作出有关裁定。对于因 1975 年 7 月 26 日第 354 号法律第 4 条 - 2 列举之罪行被判刑的人,不适用本规定。①

4 - 3. 如果被判刑人在监狱中处于预防羁押状态,公诉人签发执行令,在具备第 4 款 - 2 列举的前提条件的情况下,毫不迟延地将有关文书材料移送给监督法官,以便就提前释放问题作出决定。②

4 - 4. 在第 4 款 - 2 规定的情况下,公诉人在监督法官作出决定之后签发第 1 款、第 5 款和第 10 款规定的决定。③

5. 如果监禁刑,包括余刑较长的监禁刑,不超过 3 年,或者在 1975 年 7 月 26 日第 354 号法律第 47 条 - 3 第 1 款规定的情况下不超过 4 年,在经 1990 年 10 月 9 日第 309 号共和国总统令批准的合订本第 90 条和第 94 条以及随后修正条款规定的情况下不超过 6 年,公诉人暂缓执行,第 7 款和第 9 款规定的情形除外。执行令和暂缓执行令向被判刑人和为行刑任命的辩护人送达,如果不存在上述辩护人,则向在审判阶段为被判刑人提供帮助的辩护人送达,并告知可以在 30 日内提出申请,以获得关于适用 1975 年 7 月 26 日第 354 号法律第 47 条、第 47 条 - 3 和第 50 条第 1 款和随后修正条款以及经 1990 年 10 月 9 日第 309 号共和国总统令批准的合订本第 94 条和随后修正条款规定的提到的某一替代措施的允许或者上述合订本第 90 条提到的暂缓行刑的允许。同时还应告知如果未提出上述申请,或者该申请根据上述合订本第 90 条及随后条款的规定是不可允许的,刑罚将立即付诸执行。④

6. 上述申请应当由被判刑人,第 5 款提到辩护人或者为此目的而任命的辩护人向公诉人提出,公诉人将该申请连同有关文书材料转递给对公诉人办公室所在地享有管辖权的监督法庭。监督法庭自收到申请后 45 日内作出裁决。如果申请不附有必要的文书材料,除被认为不可接受的情况外,可以被存放在监督法庭的文书室,直到依照第 666 条确定的庭审日期前 5 日。在任何情况

---

① 本款是由经 2013 年 8 月 9 日第 94 号法律转换和修改的 2013 年 7 月 1 日第 78 号法令第 1 条第 1 款第 2 项第 1 目增加的。

② 本款是由经 2013 年 8 月 9 日第 94 号法律转换和修改的 2013 年 7 月 1 日第 78 号法令第 1 条第 1 款第 2 项第 1 目增加的。

③ 本款是由经 2013 年 8 月 9 日第 94 号法律转换和修改的 2013 年 7 月 1 日第 78 号法令第 1 条第 1 款第 2 项第 1 目增加的。

④ 本款先后由经 2001 年 1 月 19 日第 4 号法律转换和修改的 2000 年 11 月 24 日第 341 号法令第 10 条第 1 款第 1 项和第 3 项、经 2006 年 2 月 21 日第 49 号法律转换和修改的 2005 年 12 月 30 日第 272 号法令第 4 条 - 11 第 1 款第 1 项和经 2013 年 8 月 9 日第 94 号法律转换和修改的 2013 年 7 月 1 日第 78 号法令第 1 条第 1 款第 2 项第 2 目修改。

下，监督法庭均有权要求提供文件、信息或者依照第666条的规定获取证据。①

7. 对同一处罚的暂缓执行只能决定适用一次，即使被判刑人再次提出申请，无论是针对不同的替代措施，还是以不同的理由针对相同的替代措施，或是针对1990年10月9日第309号共和国总统令批准的合订本第90条规定的暂缓行刑。

8. 除第8款-2的规定外，如果申请未及时提出，或者监督法庭宣告其不可接受或者将其驳回，公诉人应当立即撤销暂缓行刑令。当所提出的申请根据1990年10月9日第309号共和国总统令提到的合订本及其随后的修改条款是不可接受的时，以及当上述合订本提到的恢复计划自提出相关申请之日起5日内没有启动或者发生中断，并导致监督法庭迟延作出决定时，公诉人作出同样的处置。为此目的，在向监督法庭转递申请时，公诉人应进行适当的核查。②

8-2. 如果有证据证明或者看起来有可能被判刑人没有实际知晓第5款提到的告知，公诉人可以获取包括从辩护人处获取必要的信息，以便能够作出重新送达的决定。③

9. 在下列情况中，不得实行第5款规定的暂缓行刑：

1）针对1975年7月26日第354号法律第4条-2及随后修正条款列举的犯罪以及《刑法典》第423条-2、第572条第2款、第612条-2第3款和第624条-2规定的犯罪，根据经1990年10月9日第309号共和国总统令批准的合订本第89条被实行住所逮捕的人不在此限；④

2）针对因受到处罚的行为而在判决生效时处于预防性监禁羁押中的人员；

---

① 本款先后由经2001年1月19日第4号法律转换和修改的2000年11月24日第341号法令第10条第1款第3项和经2006年2月21日第49号法律转换和修改的2005年12月30日第272号法令第4条-11第1款第2项修改。

② 本款先后由经2001年1月19日第4号法律转换和修改的2000年11月24日第341号法令第10条第1款第5项和经2006年2月21日第49号法律转换和修改的2005年12月30日第272号法令第4条-11第1款第3项修改。

③ 本款是由经2001年1月19日第4号法律转换和修改的2000年11月24日第341号法令第10条第1款第6项增加的。

④ 本项先后由经2006年2月21日第49号法律转换和修改的2005年12月30日第272号法令第4条-11第1款第4项、经2008年7月24日第125号法律转换和修改的2008年5月23日第92号法令第2条第1款第13项、经2013年8月9日第94号法律转换和修改的2013年7月1日第78号法令第1条第1款第2项第1目修改。

3）（针对依照《刑法典》第99条的规定被认定为累犯的被判刑人。）①

10. 在第5款所调整的情况中，如果被判刑人因受到处罚的行为而处于住所逮捕状态，并且根据第4款－2确定的、应当执行的余刑没有超过第5款规定的限度，公诉人暂缓执行监禁令，并毫不迟延地将文书材料移送监督法庭，由后者就是否对其适用第5款提到的某一替代措施作出决定。在监督法庭作出决定之前，被判刑人继续处于原来的羁押状态，相应时间在所有效力上被视为已执行的刑期。在任何情况下，监督法官均可依照1975年7月26日第354号法律第47条－3及随后修正条款的规定采取行动。②

第657条　预防性羁押和已服刑的计算

1. 在确定需要执行的监禁刑时，公诉人应当计算因同一犯罪或其他犯罪而受到预防性羁押的时间，即使这种羁押仍在持续。对于临时适用的监禁性保安处分，也以同样的方式处理，只要该处分尚未最终决定适用。

2. 当对另一犯罪的处罚已被撤销时，或者当对犯罪实行了大赦或特赦时，公诉人也计算因该另一犯罪而已服监禁刑的时间。

3. 在第1款和第2款规定的情况下，被判刑人可以请求公诉人把已执行的预防性羁押和监禁刑的时间折抵为需要执行的财产刑或者替代性处罚；在第2款规定的情况下，他还可以请求将已执行的替代性处罚计入需为其他犯罪而执行的替代性处罚。

4. 在任何情况下，只计算在实施受到处罚的犯罪之后执行的预防性羁押或刑罚的时间。

5. 公诉人以命令形式作出以上决定，该命令应当向被判刑人及其辩护人送达。

第657条－2③　在撤销考验情况下对考验期的计算

1. 在撤销考验或者考验不合格情况下，公诉人在确定需执行的刑期时扣除与已接受考验期间相对应的时间。在实行上述扣除时，每3日考验期相当于1日有期徒刑或拘役，或者相当于250欧元罚金或罚款。

---

① 本项被经2013年8月9日第94号法律转换和修改的2013年7月1日第78号法令第1条第1款第2项第3目删除。

② 本款先后由经2001年1月19日第4号法律转换和修改的2000年11月24日第341号法令第10条第1款第7项和经2013年8月9日第94号法律转换和修改的2013年7月1日第78号法令第1条第1款第2项第4目修改。

③ 本条是由2014年4月28日第67号法律第4条第1款第2项增加的。

第 658 条　执行以判决宣告的保安处分

1. 当需要执行的是以判决宣告的，除没收财产以外的保安处分时，第 665 条所指出的法官身边的公诉人向负责监督执行第 679 条规定的决定的监督法官身边的公诉人移送文书。依照第 312 条的规定临时适用的保安处分由作出该决定的法官身边的公诉人执行，该公诉人依照第 659 条第 2 款的规定行事。

第 659 条　执行监督法官的决定

1. 当根据监督法官的决定应当将被判刑人监禁或者释放时，负责执行处罚判决的公诉人采用第 656 条第 4 款规定的方式发布执行令。在紧急情况下，作出上述决定的监督法官身边的公诉人可以发布临时的执行令，该执行令的效力持续到主管公诉人作出决定之时止。

2. 有关除没收财产以外的保安处分的决定由适用该处分的监督法官身边的公诉人执行。该公诉人将有关决定的副本通知公共安全机关，在必要时发布执行令，以此方式决定移交或者释放关系人。

第 660 条①　执行财产刑

1. 关于财产刑的处罚判决依照有关的法律和条例规定的方式执行。

2. 当查明不可能支付或分期支付财产刑时，公诉人将文书移送给负责实行刑罚转换的监督法官，后者在核实被判刑人确实无支付能力并且在必要时查明对财产刑承担民事责任的人也确无支付能力后，作出有关决定。如果财产刑的执行采用分期付款的方式，将尚未付款的部分加以转换。

3. 如果存在无支付能力的情况，并且该财产刑不是在处罚判决中科处的，监督法官依照《刑法典》第 133 条－3 的规定决定以分期付款的方式执行财产刑；他也可以推迟转换刑罚，期限不超过 6 个月。在规定的期限届满时，如果无支付能力的情况继续存在，可以再一次推迟转换，否则实行刑罚转换。在因时间经过而导致刑罚消灭问题上，不考虑上述推迟执行所经过的时间。

4. 在决定转换刑罚的裁定中，监督法官依照现行规定确定随后的处罚方式。

5. 针对转换刑罚的裁定提出的上诉使有关的执行活动停缓。

第 661 条　替代性处罚的执行

1. 为执行半监禁和监视自由，公诉人将判决书摘要移送给拥有地域管辖权的监督法官，后者依照现行法律处理。

2. 作为替代性处罚的财产刑，依照第 660 条的规定执行。

---

① 本条曾经被 2002 年 5 月 30 日第 115 号共和国总统令废止，但是，该总统令关于废止本条款的规定随后被宪法法院于 2003 年 6 月 18 日第 212 号判决宣告违宪。

第 662 条　附加刑的执行

1. 除《刑法典》第 32 条和第 34 条规定的情况外，为执行附加刑，公诉人将判决书摘要移送给司法警察机关和公共安全机关，必要时也移送给其他的有关机关，并指出需执行的附加刑。在《刑法典》第 32 条和第 34 条规定的情况下，公诉人将判决书摘要移送给拥有管辖权的民事法官。

2. 当处罚判决包含《刑法典》第 28 条、第 30 条、第 32 条－2 和第 34 条规定的附加刑时，在确定有关的持续期时，计算依照第 288 条、第 289 条和第 290 条决定适用的、具有相应内容的禁止性措施。

第 663 条　对竞合刑罚的执行

1. 当同一人因不同的犯罪受到数项判决或刑事处罚令的处罚时，公诉人依照有关数罪并罚的规定确定需要执行的刑罚。

2. 如果处罚是由不同的法官科处的，第 665 条第 4 款中指出的法官身边的公诉人作出有关决定。

3. 公诉人的有关决定应当向被判刑人及其辩护人送达。

第 664 条　其他财产刑的执行

1. 为执行财产性纪律处分、因没收保证金或者因宣布某项请求不可接受或予以驳回而应交纳的钱款，划归罚款基金会，即使法律未对此作明确规定。

2. 在作出有关决定的诉讼阶段结束之前，根据关系人或者公诉人的请求，法官可以撤销有关的决定，只要这种撤销不被禁止。

3. （对于不再能撤销的决定，依照为收回国家垫付的诉讼费用而规定的方式加以执行。）①

4. 为执行因在刑事诉讼中查明的行政违法行为而科处的制裁，公诉人将生效判决书摘要移送给主管的行政机关。

第三章　司法机关的职权

第一节　执行法官

第 665 条　主管法官

1. 除法律另有规定外，作出决定的法官有权了解该决定的执行情况。

2. 在提出上诉的情况下，如果有关决定得到确认或者只是所涉及的刑罚、保安处分或民事处置受到修改，拥有上述了解权的是第一审法官；在其他情况

---

① 本款被 2002 年 5 月 30 日第 115 号共和国总统令第 299 条废止。

下，是上诉审法官。

3. 在向最高法院提出上诉并且该上诉被宣告为不可接受的或者被驳回的情况下，或者当最高法院撤销了受到上诉的决定，但不发回重审时，如果该上诉是针对不可向上级法院上诉的决定提出的或者是依照第 569 条的规定提出的，拥有上述了解权的是第一审法官，在其他情况下，是第 2 款指出的法官。当宣告撤销判决、发回重审时，拥有上述了解权的是重审法官。

4. 如果执行活动涉及由不同法官作出的数项决定，其决定最后发生效力的法官拥有上述了解权。但是，如果有关决定是分别由普通法官和特别法官作出的，在任何情况下均由普通法官行使上述了解权。①

4－2. 如果有关决定是分别由独任制法庭和合议制法庭作出的，在任何情况下均由合议制法庭行使上述了解权。②

第 666 条　关于执行的诉讼

1. 执行法官根据公诉人、关系人或者辩护人的请求进行诉讼。

2. 如果有关请求因缺乏法律条件而明显地没有根据，或者只不过是重新提出已被驳回的请求并且根据的是相同的材料，法官或合议庭庭长在听取公诉人的意见后采用附理由命令形式宣告该请求不可接受，并在 5 日内将该命令向关系人送达。针对该命令，可以向最高法院提出上诉。

3. 除第 2 款规定的情况外，法官或者合议庭庭长为没有辩护人的关系人指定一名辩护人，确定在合议室进行庭审的时间并将此通知当事人和辩护人。上述通知应至少先于庭审日期 10 日通知或送达。在庭审的 5 日前可以向文书室存放备忘录。

4. 在进行庭审时，辩护人和公诉人必须参加。提出请求的关系人亲自接受询问；但是，如果他被关押或收容在法官辖区以外的地点，当地的监督法官可以在庭审日之前听取他的意见，除非法官认为应当将其解送到庭。

5. 法官可以向主管机关索要他所需要的一切文件和情况；如果需要调取证据，他在庭审中依照对抗原则进行。

6. 法官以裁定形式作出决定。该裁定应立即向当事人和辩护人通知或送达，这些人员可以向最高法院提出上诉。在可适用的范围内，遵守关于上诉和最高法院合议室审议活动的规定。

7. 向最高法院的上诉不使裁定的执行停缓，除非作出裁定的法官对此作

---

① 本款经 1998 年 2 月 19 日第 51 号立法性命令第 206 条第 4 款和第 4 款－2 修改。

② 本款是由 1998 年 2 月 19 日第 51 号立法性命令第 206 条第 4 款和第 4 款－2 增加的。

出不同的决定。

8. 如果关系人患有精神病，第 3 款规定的通知也向其监护人或保佐人送达；如果该关系人没有监护人或保佐人，法官或者合议庭庭长为其任命一位临时监护人。监护人和保佐人享有与关系人相同的权利。

9. 庭审笔录依照第 140 条第 2 款的规定仅以摘要的形式制作。

第 667 条　对被关押者的人身产生疑问

1. 如果对为执行刑罚而被逮捕者的身份有理由提出疑问，或者由于该人在服刑期间曾经脱逃而有理由对其身份提出疑问，执行法官对其进行询问，进行一切有助于辨别其身份的调查，也可借助司法警察。①

2. 当确认该人不属于应对其执行刑罚的人时，立即裁定将其释放。如果其身份仍不确定，裁定中断执行，释放被关押人，并且要求公诉人进一步进行调查。

3. 如果显然存在人身方面的错误并且不可能及时依照第 1 款和第 2 款的规定处理，被逮捕人所在地的公诉人可以采用附理由命令形式决定暂时释放该人。在主管法官作出决定之前，公诉人的上述决定具有效力；有关文书立即移送给主管法官。

4. 执行法官在任何情况下均可不经特别程式作出有关裁定，将该裁定通知公诉人并送达关系人。针对执行法官的上述裁定，公诉人、被判刑人和辩护人可以向同一法官提出异议；在此情况下，依照第 666 条的规定处理。有关异议应当自裁定通知或送达之时起 15 日内提出，逾期无效。②

5. 如果被关押者应当因其他犯罪受到审判，将上述裁定通知进行诉讼的司法机关。

第 668 条　因姓名错误而被判刑的人

1. 如果某人因姓名错误而代他人受到处罚，只有当应受追诉的人已作为被告人受到传唤或者以其他姓名受到审判时，执行法官才能依照第 130 条规定的程序加以纠正；在其他情况下，依照第 630 条第 1 款第 3 项的规定处理。在任何情况下，应当中断对被错误地判处刑罚的人实施的执行活动。

第 669 条　因同一事实对同一人存在数项判决

1. 如果针对同一人因相同的事实宣告了数项不可撤销的处罚判决，法官裁定执行较轻的处罚，并撤销其他处罚。

2. 当所科处的是不同的刑罚时，关系人可以指出应当执行哪项判决。如

---

① 本款经 1991 年 1 月 14 日第 12 号立法性命令第 28 条修改。
② 本款经 1991 年 1 月 14 日第 12 号立法性命令第 28 条修改。

果关系人在执行法官作出裁决前未行使这一权利,适用第 3 款和第 4 款的规定。

3. 如果涉及财产刑和监禁刑,则执行财产刑。如果涉及不同种类的监禁刑或财产刑,执行其程度较轻的刑罚;如果数种刑罚的程度相同,分别执行拘役或者罚款。如果同时涉及监禁刑或财产刑以及半监禁或监视自由等替代性制裁,在科处监禁刑的情况下,适用替代性制裁,在科处财产刑的情况下,适用财产刑。

4. 当主刑相同时,考虑可能适用的附加刑、保安处分或者其他刑事后果。当处罚相同时,执行最先发生效力的那项判决。

5. 如果被撤销的判决已经全部或部分地被执行,有关执行活动被视为是根据仍然有效的判决而进行的。

6. 如果涉及数项刑事处罚令或者同时涉及判决和处罚令,或者行为被认为同其他行为具有形式竞合关系或者被看作连续犯罪的情节,并且根据需要已先确定相应的刑罚,适用同样的规定。

7. 如果针对同一人因相同的行为宣告了数项不追诉判决或者数项开释判决,当关系人在第 2 款规定的期限内未指出应当执行哪项判决时,裁定执行对该人最有利的判决,并撤销其他判决。

8. 除第 69 条第 2 款和第 345 条的规定外,如果涉及一项开释判决和一项处罚判决或刑事处罚令,法官裁定执行开释判决并撤销处罚裁决。但是,如果开释是因在处罚裁决生效后出现的犯罪消灭而宣告的,执行处罚裁决。

9. 如果涉及一项不追诉判决和一项在审判中宣告的判决或一项刑事处罚令,法官裁定执行在审判中宣告的判决或处罚令。

第 670 条　执行中的问题

1. 如果执行法官查明有关决定缺乏执行力或者尚未成为可执行的,也注意到法律为在无法找到被判刑人情况下规定的保障得到切实遵守,他以裁定形式宣告缺乏执行力并停缓执行活动,在必要时,他决定释放关系人并重新进行尚未有效执行的送达。在这种情况下,为上诉规定的期限重新计算。

2. 当提出上诉或异议时,执行法官在根据关系人的请求作出决定后,将文书移送给负责审理案件的法官。执行法官的决定不妨碍审理上诉或异议的法官作出裁决,后者如果认为上诉或异议是可接受的,裁定中止已停缓的执行活动。

3. 如果关系人请求宣告有关决定不具有执行力,并认为存在依照第 175 条使期限复原的前提和条件并且有关请求未曾向上诉法官提出,在不应当宣告该决定无执行力的情况下,执行法官就期限复原问题作出裁决。在这种情况下,期限复原的请求不得重新向上诉法官提出。适用第 175 条第 7 款和第 8 款的规定。

第 671 条　适用有关形式竞合和连续犯罪的规定

1. 如果在针对同一人的不同诉讼中出现数项不可撤销的判决或刑事处罚令，被判刑人或者公诉人可以请求执行法官适用有关形式竞合或连续犯罪的规定，只要原审理法官未决定不适用这类规定。在适用连续犯罪规则问题上，数个涉及毒瘾状态犯罪的既遂构成相关要件之一。①

2. 执行法官在作出决定时按照不超过各项判决或处罚令所判处刑罚之总和的标准确定刑罚。

2–2. 适用《刑法典》第 81 条第 4 款提到的规定。②

3. 当对形式竞合或连续犯罪的承认可能导致适用缓刑和不在司法档案中提及处罚时，执行法官也可以作出相应的决定。他可以作出可能由此而产生的任何其他处置。

第 672 条　大赦和特赦的执行

1. 为实行大赦或特赦，执行法官依照第 667 条第 4 款的规定行事。③

2. 当因实行大赦或特赦而需要依照《刑法典》第 210 条的规定适用或者变更某一保安处分时，执行法官决定将文书移送给监督法官。

3. 负责执行处罚判决的公诉人，在为执行大赦或特赦而最终决定释放被关押的被判刑人或者终止执行替代刑罚和措施之前，可以临时决定实行上述释放或终止。

4. 如果被判刑人提出请求，即使刑罚的执行已经结束，大赦和特赦应予以适用。

5. 附条件的大赦和特赦具有停缓执行判决或刑事处罚令的效力，直至在有关决定中规定的期限届满，或者在未规定此期限的情况下，直至自公布有关决定之日起满 4 个月。如果期限届满时证明已具备适用大赦或特赦的条件或者有关义务已得到履行，附条件的大赦或特赦最终予以执行。

第 673 条　因排除犯罪而撤销判决

1. 在废除某一刑事规范或者宣告有关规范违宪的情况下，执行法官撤销处罚判决或刑事处罚令，宣告有关行为根据法律不构成犯罪，并作出相应的决定。

2. 当因犯罪消灭或缺乏可归责性而发布开释判决或者不追诉判决时，法

---

① 本款最后一句话是由经 2006 年 2 月 21 日第 49 号法律转换和修改的 2005 年 12 月 30 日第 272 号法令第 4 条增加的。

② 本款是由 2005 年 12 月 5 日第 251 号法律第 5 条第 2 款增加的。

③ 本款经 1991 年 1 月 14 日第 12 号立法性命令第 29 条修改。

官以同样的方式处理。

第 674 条　撤销其他决定

1. 撤销缓刑、减刑、有条件的大赦或特赦以及不在司法档案证明中提及处罚,由执行法官予以决定,如果因其他犯罪而宣告的处罚判决未就上述撤销作出安排。

1-2. 当发现存在《刑法典》第 168 条第 3 款提到的条件时,执行法官也负责决定撤销缓刑。①

第 675 条　伪造文件

1. 如果在判决的决定部分未宣告存在依照第 537 条查明的对文件或文书的伪造并且未因此而提出上诉,所有的关系人均可以请求执行法官宣告存在上述伪造情况。

2. 负责审理案件或执行的法官,在决定完全删除被伪造的文件时,在文件每页的边缘注明有关判决或裁定,并在笔录中注明上述删除工作,同时宣布该文件不得具有任何法律效力。上述文件同笔录附在一起,当曾持有或保存该文件的人基于正当利益提出请求时,向其出具取代该文件的副本。

3. 在其他情况下,文件的文本在经过部分删节、复原、更新或修改后完整地收入笔录。如果文件曾由公共机构保存,将其连同有关笔录的真实副本一并退还保存人。如果文件曾由个人持有,文书室将它同笔录保存在一起,当基于正当利益而请求获得该文件时,文书室出具该文件的副本。该副本具有同原件完全相同的法律效力。

4. 为遵守上述规定,法官或者合议庭庭长在有关笔录中作出必要的安排。

第 676 条　其他权限

1. 除以上各条规定的情况外,执行法官有权就判刑后犯罪的消灭问题作出裁决,有权在未因假释而导致刑罚消灭的情况下就刑罚消灭问题作出裁决,有权决定将被判刑人交社会服务站考验,有权就附加刑、没收财产或返还被扣押物等问题作出裁决。在上述情况下,执行法官依照第 667 条第 4 款的规定作出决定。②

2. 如果在被没收物的归属问题上发生争议,适用第 263 条第 3 款的规定。

3. 当查明犯罪或者刑罚消灭时,执行法官可以主动地宣告上述消灭,并作出必要的处置。

---

① 本款是由 2001 年 3 月 26 日第 128 号法律第 1 条第 2 款增加的。
② 本款经 1991 年 1 月 14 日第 12 号立法性命令第 30 条修改。

第二节 监督法官

第 677 条 地域管辖权

1. 在提出有关请求或建议时或者在有关诉讼程序开始时对关系人所在的预防场所或行刑场所拥有司法管辖权的监督法院或监督法官,有权审理依法应归监督法官管辖的问题。

2. 当关系人未被关押或者收容时,如果法律未另作规定,上述管辖权归对关系人的居住地或住所拥有司法管辖权的监督法院或监督法官行使。如果不可能根据上述标准确定管辖,该管辖权归处罚判决、开释判决或不追诉判决宣告地的监督法院或监督法官行使,在存在数项处罚判决或开释判决的情况下,归最后生效判决的宣告地的监督法院或监督法官行使。

2-2. 未受到关押的被判刑人,在提出关于适用监禁替代措施或者依法应由监督法官决定的其他措施的请求时,必须指定或者选择住所,否则有关请求不可接受。未受到关押的被判刑人还有义务报告所指定或者选择的住所发生的任何变化。在相容的范围内,适用第 161 条的规定。①

第 678 条 监督程序

1. 除本条第 1 款 -2 的规定外,监督法官在其管辖的问题上,监督法院在实行《刑法典》第 148 条规定的收容问题上,适用保安处分问题上、执行半监禁和监视自由以及宣告犯罪的惯常性、职业性或倾向性问题上,根据公诉人、关系人、辩护人的请求或者主动地依照第 666 条的规定进行处理。但是,当有理由怀疑某人的个人身份时,他们依照第 667 条的规定进行处理。②

1-2. 监督法官在实行分期付款和财产刑转换问题上,免除债务问题上,执行半监禁和监视自由问题上,与请求复权、评估交社会服务站考察相关的问题上,包括在特殊情况下,依照第 667 条第 4 款的规定进行处理。③

2. 当针对正在接受对其人格科学观察的人员决定上述事项时,法官调取有关的材料,在必要时听取有关技术人员的咨询意见。

3. 在监督法院中,公诉人的职权由驻上诉法院的检察长行使;相对于监

---

① 本款是由经 2001 年 12 月 15 日第 438 号法律转换和修改的 2001 年 10 月 18 日第 374 号法令第 9 条第 4 款增加的。

② 本款由经 2014 年 2 月 21 日第 10 号法律转换和修改的 2013 年 12 月 23 日第 146 号法令第 1 条第 1 款第 2 项修改。

③ 本款是由经 2014 年 2 月 21 日第 10 号法律转换和修改的 2013 年 12 月 23 日第 146 号法令第 1 条第 1 款第 3 项增加的。

督法官，该职权由监督办公室所在地法院的共和国检察官行使。

3-2. 当监督法院和监督法官根据请求就被国际刑事法院或法庭判刑者的人身自由问题作出附带决定时，在各自管辖的问题上，立即向司法部长报告庭审的日期和相关的文件材料，后者将情况及时通知外交部长，并且在国际条约规定的情况下，通知作出相关处罚判决的机构。①

第679条　保安处分

1. 除第312条规定的情况外，当除没收财产以外的保安处分是由判决确定的或者应当随后由判决确定时，监督法官根据公诉人的请求或者主动地核实关系人是否具有社会危害性，作出相应的决定，在必要时，他先宣告犯罪的惯常性或职业性。他还可以根据公诉人、关系人及其辩护人的请求或者主动地就有关问题作出决定，撤销对犯罪倾向性的宣告。

2. 监督法官负责监督人身保安处分的执行。

第680条　对有关保安处分的决定提出上诉

1. 针对监督法官就保安处分和宣告犯罪的惯常性、职业性或倾向性等问题作出的决定，公诉人、关系人和辩护人可以向监督法院提出上诉。

2. 除第579条第1款和第3款规定的情况外，监督法院也可以审理针对处罚判决或者开释判决中涉及保安处分的内容提出的上诉。②

3. 遵守关于上诉程序的一般规定，但是，上诉不具有中断执行的效力，除非法院另行作出决定。

第681条　有关恩赦的决定

1. 向共和国总统提出的恩赦请求应当由被判刑人，他的近亲属、共同生活人、监护人、保佐人、律师或者法律代理人签署，并且向司法部长提出。

2. 如果被判刑人受到关押或者收容，上述请求应当向监督法官提出，后者调取必要的材料并听取第665条所指出的法官所在地上诉法院检察长的意见，然后将该请求连同自己的意见移送给司法部长。如果被判刑人未受到关押或者收容，恩赦请求可以向上述检察长提出，后者在调查必要的情况后向司法部长移送该请求以及自己的意见。

3. 恩赦建议由纪律委员会主席签署，并向监督法院提出，后者依照第2款的规定处理。

4. 恩赦也可以在未提出请求或建议的情况下准予。在发布恩赦令后，第

---

① 本款是由经2014年8月11日第117号法律转换和修改的2014年6月26日第92号法令第3条增加的。

② 本款经1999年12月16日第479号法律第23条第2款修改。

665 条所指出的法官身边的公诉人负责予以执行,在必要时,他可以决定释放被判刑人并且作出后续的处置。

5. 在附条件恩赦的情况下,依照第 672 条第 5 款的规定处理。

第 682 条　假释

1. 监督法院就假释的准予和撤销作出裁决。

2. 如果因被判刑人无悔改表现而不准予假释,在驳回决定生效后的 6 个月内不得再次提出假释请求。

第 683 条　复权

1. 监督法院根据关系人的请求就复权问题作出裁决,包括涉及由特别法官宣告的处罚的复权问题,只要法律未另作规定。如果因其他犯罪而宣告的处罚判决未作出撤销复权的安排,监督法院也就撤销复权问题作出裁决。

2. 在复权请求中应当列举能够由此推断具备《刑法典》第 179 条规定的条件的材料。法院调取必要的上述材料。

3. 如果因缺乏良好品行的条件而将复权请求驳回,在驳回决定生效后的 2 年内不得重新提出该请求。

第 684 条　推迟执行

1. 在《刑法典》第 146 条和第 147 条规定的情况下,监督法院就推迟执行监禁刑、半监禁刑和监视自由等替代制裁措施作出决定,《刑法典》第 147 条第 1 款第 1 项规定的情况除外,在该情况下,由司法部长作出决定。在必要时,法院裁定释放在押者并作出其他的相应处置。

2. 当确有理由认为存在可使监督法院作出推迟行刑决定的前提时,监督法官可以裁定推迟执行,如果延期监禁可能对被判刑人造成严重影响,则决定释放被判刑人。上述决定的效力一直保持到监督法院作出裁决,监督法官应当立即将文书移送给监督法院。

第四章　司法档案

第 685 条①　(司法档案办公室

1. 在各法院设立司法档案办公室,该办公室在共和国检察官的监督下收集并保存涉及本辖区出生人员的各种决定的摘要和需要予以登记的说明。

2. 涉及在国外出生人员的各种决定的摘要和有关说明,以及涉及不能确定其在国内出生地点的人员的类似材料,保存在罗马法院的司法档案办公室。)

---

① 本条被 2002 年 11 月 14 日第 313 号共和国总统令第 52 条第 1 款废止。

第686条①　（在司法档案中登记

1. 除具体的法律条款规定的说明外，在司法档案中摘要记录以下内容：

1）对于《刑法典》或者由特别法调整的刑事问题：

（1）不可撤销的处罚判决和刑事处罚令，只要它们未决定适用缓刑，那些可以依照《刑法典》第162条采用行政途径或者保证金加以处理的违警罪除外，只要对这类违警罪未决定适用缓刑；

（2）负责执行的司法机关针对刑罚、保安处分、处罚的刑事效力、大赦的适用、宣告犯罪的惯常性、职业性或倾向性等问题作出的、不再接受上诉的决定；

（3）涉及附加刑适用的决定；

（4）因缺乏可归责性而宣告开释被告人或者宣告不予追诉的、不再接受上诉的决定，以及为根据被告人的请求适用替代制裁措施而采用某一保安处分或者宣告犯罪消灭的决定；

2）对于民事问题：

（1）宣告禁治产或剥夺权利的生效判决，以及撤销上述判决的决定；

（2）宣告企业主已经破产的判决；

（3）批准清算的判决，撤销破产的判决或者宣告破产者复权的判决；

（4）破产终结的命令；

3）涉及丧失或者撤销公民籍和驱逐外国人出境的行政决定；

4）涉及简单的特别监督、禁止逗留或强制性留住等防范处分适用的最终决定。

2. 在第1款第1项规定的情况下，外国司法机关宣告的判决，如果得到国内司法机关的承认，也予以登记。

3. 如果涉及刑事处罚，还应在档案中注明服刑的地点和时间，适用监禁的替代措施的情况或者注明刑罚因大赦、特赦、恩赦、假释或者其他原因而全部或部分被免除；还应当登记宣告或者撤销复权的决定。）

第687条②　（注销登记

1. 一旦正式查明有关人员已经死亡或者该人自出生之时起已度过80年，注销司法档案的登记。

2. 与下列事项有关的登记也予以注销：

1）经过再审或者依照第637条的规定被撤销的判决或处罚令；

---

① 本条被2002年11月14日第313号共和国总统令第52条第1款废止。
② 本条被2002年11月14日第313号共和国总统令第52条第1款废止。

2）因缺乏可归责性而宣告的开释判决或不追诉判决，如果自判决生效之日起，在涉及重罪情况下经过 10 年，在涉及违警罪情况下经过 3 年；如果是不追诉判决，上述期限自为上诉规定的期限届满之日算起；

3）针对被处以罚款的违警罪宣告的判决或处罚令，如果自刑罚得到执行或者以其他方式消灭之日起经过 10 年，除非已给予《刑法典》第 163 条和第 175 条规定的某一照顾。

3. 如果已适用保安处分，第 2 款规定的期限自保安处分撤销之日起计算；如果保安处分是在判决后决定适用或者更换的，有关的登记也予以撤销。）

第 688 条① （司法档案证明书

1. 一切拥有刑事司法权的机关均有权为刑事司法的原因获得某人现有司法档案登记情况的证明书。当为履行职务行为而需要有关人员的司法档案证明书时，一切公共行政机关和受委托从事公务的机构也享有同样的权利。

2. 为刑事司法的原因，公诉人可以请求获得关于被调查人、被告人或被判刑人的上述证明书。经主持诉讼的法官批准，公诉人和辩护人也可以请求获得关于犯罪被害人或证人的上述证明书，以用于第 236 条指出的目的。

3. 在为选举原因而寄发的证明书中，不提及对选举权不产生影响的处罚和其他决定。）

第 689 条② （关系人请求的证明书

1. 在司法档案中登记的人员有权请求获得有关的证明书，无需说明提出该请求的理由。

2. 在根据关系人的请求而寄发的证明书中不提及以下情况：

1）根据《刑法典》第 175 条的规定不在证明书中提及的处罚，只要该照顾未被撤销；

2）对只处罚款的违警罪的处罚，针对依照《刑法典》第 167 条第 1 款的规定已消灭的犯罪的处罚；

3）对已查明存在《刑法典》第 556 条规定的犯罪消灭原因的犯罪的处罚；

4）最终被大赦免除的刑罚和被宣告复权的有关刑罚，只要复权决定在后来未被撤销；

5）第 445 条规定的判决和宣告犯罪因依被告人请求适用替代制裁措施而消灭的判决；

---

① 本条被 2002 年 11 月 14 日第 313 号共和国总统令第 52 条第 1 款废止。
② 本条被 2002 年 11 月 14 日第 313 号共和国总统令第 52 条第 1 款废止。

6）针对法律不再认为是犯罪的行为的处罚，如果有关登记未被注销；

7）有关在宣告开释判决或者不追诉判决后适用保安处分的决定，如果这些处分被撤销；

8）第686条第1款第2项和第3项所列举的决定。

3. 当在证明书是提及一项处罚时，也应指出可能用来替代监禁的措施或者由于第686条第3款列举的原因而出现的刑罚消灭情况。）

第690条① 涉及登记和证明书的问题

1.（对于涉及司法档案登记和证明书的问题，司法档案办公室所在地的法院依照第666条规定的程序作出裁决。）

---

① 本条被2002年11月14日第313号共和国总统令第52条第1款废止。

非 洲

阿尔及利亚

阿尔及利亚刑事诉讼法典[*]

第三卷 适用于未成年犯罪嫌疑人的特殊规定

第五编 判决执行

第 489 条 有关未成年人的司法判决应当记录在由法庭书记员保管的特殊档案中。

有关保护和管教未成年人措施的判决应当记录在有罪判决记录中，该档案不可公开，只能依据 2 号证明，将其交给法官，如果有其他相关公务部门要求查阅，则可作为特殊情况处理。

第 490 条 如果有关人士提供明确担保，进行庭外和解，有关部门可以在保护教育判决结束 5 年后，根据有关人士或其代表的申请，撤销上述与措施相关的 1 号证明。

受理此案的法庭或当事人现居住地的法庭或当事人出生地的法庭应当知悉此事。

执行判决不受任何上诉的影响。

撤销指令一旦发出，与措施相关的 1 号证明随之作废。

第 491 条 在任何情况下，如果将未成年当事人暂时或最终移交除当事人父母、监护人或其他抚养人以外的人员时，当事人家庭应当承担部分的抚养费。

刑事司法过程中罚没的收入用于增加国库收入。

---

* 本法典于 1966 年 6 月 8 日由阿尔及利亚议会通过，最近一次修正时间为 2006 年 12 月 20 日。本译本根据阿尔及利亚大学（http：//www.algeria-un.org）提供的阿拉伯语文本翻译。

市政部门应当向接受当事人的人员或未成年人保护组织提供补贴或适当的帮助。

如果将未成年当事人交予儿童救助会委托的相关公务部门，则当事人家庭所承担范围以外的抚养费由国库承担。

第492条 司法机关对未成年人作出的司法判决可以免除其民事部分以外的经济处罚和案底记录。

第六卷 执行措施

第一编 缓 刑

第592条 （2004年11月10日第14-04号法律） 如果犯罪嫌疑人未曾因重罪或轻罪遭到监禁处罚，法庭和法院在对其进行罚款和监禁处罚时可依据正当理由对其全部判决或部分判决作出缓刑处理。

第593条 如果在缓刑判决宣判5年内被告人没有再因其他轻罪或重罪案件被判处监禁或更严重的刑罚，则对原缓刑判决无影响。

如果情况相反，则应当在不与第二次判罚合并的情况下，执行第一次的判罚。

第594条 法院的院长或法庭的庭长在对犯罪嫌疑人宣告缓刑判决时应当提醒犯罪嫌疑人如果对其出现了新的判决，应当对其执行第一次判决，且不与第二次判决产生关联。同时依据《刑法典》第57条和第58条的规定，对其累犯的行为追加适当的处罚。

第595条 刑罚的缓期执行不影响诉讼费用的交纳及损害赔偿的支付，刑罚的缓期执行也不影响对被缓刑人剥夺人身权利、部分限制人身自由和行为能力的适用。

但根据本法典第602条规定，如果宣告被缓刑人无罪，则应当停止原判决中有关剥夺人身权利、部分限制人身自由及行为能力判决的效力。

第二编 被判刑人身份的认定

第596条 被判刑人越狱逃跑被抓回或在其他任何情况下，对其身份发生争议的，应当按照执行过程中确定的有关规定加以解决。

第三编 拘 禁

第 597 条 如果无特殊法律规定，司法费用和交纳的罚款应当由财政部接收。

判决书中有关对被告人惩罚的条款，可通过各种法律手段执行。

第 598 条 如果被告人因为经济原因无法上交诉讼费用、归还款项、罚款或赔偿，则应当根据其现有的资金按照以下顺序进行交纳：

1. 诉讼费用；
2. 应当归还款项；
3. 赔偿；
4. 罚款。

第 599 条 可以通过拘禁的方式执行有关诉讼费用、归还款项、赔偿、罚款的判决，如果通过此方式执行，则不可以依照第 597 条规定的措施追偿债务。

如果已经执行了拘禁判决，则当事人即便要履行原判决，拘禁也不能撤销。

第 600 条 任何刑事司法机关在宣布有关诉讼费用、归还款项、罚款或赔偿的判决时应当确定拘禁的期限。

但以下情况下不可宣判也不可实施拘禁：

1. 政治犯罪；
2. 无期徒刑或死刑；
3. （1969 年 9 月 16 日第 73－69 号法令）犯罪嫌疑人犯罪时年龄未满 18 周岁；
4. 被告人已满 65 周岁；
5. 债权人是债务人的直系血亲或二代以内旁系血亲。

第 601 条 不可申请同时对夫妻二人进行拘禁，即使是涉及偿还非本判决中的款项。

第 602 条 拘禁的期限应当由第 600 条所述的司法机关规定，必要时，由作出判决的司法机关的负责人或对执行机构具有管辖权的司法机关的负责人依照胜诉方和检察院的要求作出规定。

如果罚款或其他经济处罚不超过 5000 第纳尔，拘禁 2 至 10 日；

如果罚款或其他经济处罚超过 5000 第纳尔，不足 10000 第纳尔，拘禁 10 至 20 日；

如果罚款或其他经济处罚超过 10000 第纳尔，不足 15000 第纳尔，拘禁 20 至 60 日；

如果罚款或其他经济处罚超过 15000 第纳尔，不足 20000 第纳尔，拘禁 2 至 4 个月；

如果罚款或其他经济处罚超过 20000 第纳尔，不足 100000 第纳尔，拘禁 4 至 8 个月；

如果罚款或其他经济处罚超过 100000 第纳尔，不足 500000 第纳尔，拘禁 8 个月至 1 年；

如果罚款或其他经济处罚超过 500000 第纳尔，不足 3000000 第纳尔，拘禁 1 至 2 年；

如果罚款或其他经济处罚超过 3000000 第纳尔，拘禁 2 至 5 年。

对于违警罪案件的拘禁处罚不得超过 2 个月。

拘禁的期限根据未履行的数目综合计算加以确定。

第 603 条 （1982 年 2 月 13 日第 03－82 号法律）如果拘禁是针对确实没有支付能力的被判刑人实施的，无力支付者应当提供如下证明：

1. 被判刑人住所地的市（镇）长和警察分局局长出具的贫困证明；
2. 被判刑人住所地税务局官员出具的确认其无须交税的证明。

（2004 年 10 月 10 日第 14－04 号法律）上述条款不适用于经济犯罪、恐怖主义、破坏行为、偷渡以及对未成年人实施的犯罪。

第 604 条 只有在以下情况下才可对被判刑人实施抓捕并监禁：

1. 对被判刑人发出支付催告超过 10 日仍未履行的；
2. 控诉方提出申请要求对其实施监禁的。

在送达了支付催告以后，根据对其送达情况的检查及控诉方的申请，共和国检察官应当向负责执行司法命令的警察人员和其他官员提交必要的申请书。

第 605 条 如果要对被判刑人实施监禁，控诉方应当在宣布第 604 条所述内容之后，立即反对释放被判刑人、并要求检察院向被判刑人所在监狱的再教育机构负责人发布命令。

第 606 条 如果定罪的判决未曾告知债务人，支付催告应当包括对惩罚判决的解释、诉讼各方的名字以及判决书的内容。

第 607 条 如果出现纠纷，将已被抓捕或被监禁的被判处拘禁的被判刑人交至抓捕地或监禁地的具有管辖权的法院院长。

如果纠纷与拘禁执行的正确性有关，则上述的司法人员应当立即对此进行开庭审理，该审理的判决可不受上诉限制，强制执行。

如果纠纷与细节问题有关，应当依照《刑事判决执行法》第 15 条的细则进行解释说明。

第 608 条 （被 1975 年 6 月 17 日第 46－75 号法令废除）

第 609 条 （1975 年 6 月 17 日第 46－75 号法令）被判处拘禁的被判刑人可以支付一笔足够的费用以停止拘禁。

该费用支付后，共和国检察官可以释放被关押的债务人。

第 610 条 债务人没有履行剩余的款项的，可以被再次执行拘禁判决。

第 611 条 除第 610 条所述情况，如果拘禁期限届满后，即不再支付费用，也不得就其执行前的定罪再次实施拘禁，除非定罪包含的拘禁期比已履行的拘禁期长，此种情况下，应当从新的拘禁期限中减去已履行的期限。

第四编 刑罚时效

第 612 条 如果没有在第 613 条至第 615 条规定的期限内对被判刑人行使刑罚执行权，则这些权力即归于消灭，不可再对被判刑人执行刑罚。

第 612 条之二 （2004 年 10 月 10 日第 14－04 号法律）涉及恐怖主义、破坏行为、偷渡、行贿的轻罪或重罪的判罚没有时效限制。

第 613 条 （1975 年 6 月 17 日第 46－75 号法令）刑事案件刑罚判决的时效为最终判决宣布后的 20 年。

判决时效过后，被判刑人终身不得在案件受害人或其直接继承人所居住地定居。

如果判决为终审判决，此后因某些原因，该判决具有诉讼时效，则诉讼时效过后，被判刑人 5 年内不可在此地定居。

第 614 条 轻罪的刑罚时效期为最终判决宣布后的 5 年。

如果判处超过 5 年以上有期徒刑，则时效期与该有期徒刑的年限相同。

第 615 条 （1975 年 6 月 17 日第 46－75 号法令）违警罪的刑罚时效期为最终判决宣布后的 2 年。

第 616 条 如果诉讼时效已过，不可以对被判刑人缺席再审。

第 617 条 刑事案件中的民事判决的时效期应当依照民事时效期法律的规定进行确定。

第五编 司法档案

第 618 条 每个法院的书记员室负责记录在其法院管辖范围内出生的人以及通过检查身份登记后确认的人的司法档案。

1. 在当庭判决或缺席判决有争议的情况下，对于违警罪处以超过 10 日拘留，或超过 400 第纳尔罚款的情况的延期判决，可以使用司法档案确定被告人的身份；

2. 根据特别条款对未成年犯罪作出的判决，使用司法档案；

3. 司法当局或其他行政当局确定限制某人的行为能力时，使用司法档案；

4. 关于宣布破产或司法解决时，使用司法档案；

5. 关于剥夺或收回部分或全部亲权方面的判决，使用司法档案；

6. 对外国人实施驱逐出境的判决，使用司法档案。

第 619 条 （2004 年 11 月 10 日第 14-04 号法律）每个法院均应当设有司法档案局，在总检察长的监督下由书记员管理。

该局专门掌管所有在该法院管辖范围内出生的人的司法档案。

必要时，可以在司法部长的决定下，建立与法庭级别相适应当的司法档案局。

第 620 条 司法部设立司法档案总局，由一名司法人员负责。

该局负责掌管所有非阿尔及利亚国籍人员的司法档案，并保管本法典所述商业或民营公司的相关公报。

第 620 条之二 1 （2004 年 11 月 10 日第 14-04 号法律）司法部建立国家自动化司法档案系统，配给所有司法机构，由法官进行管理。

第 620 条之二 2 （2004 年 11 月 10 日第 14-04 号法律）申请司法档案要求传达给配有自动化司法档案系统的法庭的共和国检察官。

书记员应当在配有国家自动化司法档案系统的司法机构提交的 2 号证明和 3 号证明上签名，共和国检察官应当对其进行签注。

第 621 条 司法档案局在本法典限定的条件下，负责收集所有 1 号证明，以及上交被命名为 2 号证明或 3 号证明的有关上诉司法档案的陈述或摘要。

第 622 条 1 号证明按照案件有关人士的名字及判决的日期排序。

第 623 条 第 618 条中所述的全部判决均会对 1 号证明的内容产生影响。

第 624 条 第 618 条中所述的判决、裁定均会独立地被开庭审理此案的司法机构的书记员记录在 1 号证明上。

书记员应当在 1 号证明上签字，总检察长和共和国检察官应当对 1 号证明进行签证。

建立证明的时间如下：

1. 如果当庭宣判，则可以在最终判决公布时建立；

2. 如果缺席宣判，则可以自判决宣布日起 15 日之后建立；

3. 重罪法庭的缺席判决，一经宣判即可建立。

第 625 条　应当经当事人出生地所在法院的书记员同意，或当事人未出生在阿尔及利亚境内则经保管司法档案的法院书记员同意，在判决公开后，将惩处判决或免除资格的判决记录在 1 号证明上。

应当在内政部的同意下，将驱逐或流放的判决记录在 1 号证明上，并将此证明送交中央司法档案局。如果被驱逐者出生在阿尔及利亚，则将该证明送交至其出生地的司法档案局。

第 626 条　当事人出生地法院的书记员或掌管司法档案的司法人员，在收到第 627 条规定的修改说明后，应当将以下信息记录在 1 号证明中：

——赦免、变更刑罚或减刑；

——首次惩罚缓期执行的判决；

——有条件释放的判决和缓刑判决的取消；

——有关逮捕判决和恢复名誉的判决；

——有关撤销或暂停流放判决。

除此之外，书记员还应当注明惩罚结束的时间以及上交罚款的时间。

第 627 条　以下人员应当撰写修改说明，并将其送交至法庭、法院的书记员或管理中央司法档案的司法人员：

1. 作出有关赦免裁定，变更刑罚或减刑判决的司法机关的书记员；

2. 涉及刑罚结束日期，有条件释放或取消缓刑决定的命令，由劳教机构的负责人或管理人编写；

3. 涉及上交罚款，由国库管理人员和财务及货币管理人员编写；

4. 执行拘禁处罚的惩罚机构的负责人以及劳教机构的主管；

5. 作出停止惩罚或取消停止惩罚的判决的权力机构；

6. 与取消或停止流放判决有关的内政部；

7. 作出逮捕判决或恢复名誉判决的司法机关的总检察长或共和国检察官；

8. 发出破产以及破产保护判决的司法机关的书记员。

第 628 条　在以下情况下，应当将 1 号证明从司法档案中撤回，并在出生地法院、法庭书记员或在中央司法档案局负责司法人员的同意下销毁：

1. 证明所载明的主要权利人死亡；

2. 当证明上的判决影响由于被赦免而全部消失；

3. 宣布对刑事档案进行修正，在此情况下证明应当由宣判的法庭的总检察长撤回；

4. 缺席判决的被告人出现，并对缺席的判决提出复审或最高法院依照本法典第 530 条和第 531 条规定撤销判决，在此情况下应当由作出撤销判决的司法机关的总检察长或共和国检察官撤回 1 号证明；

5. 未成年人法庭依据本法典第 490 条规定，判决撤销 1 号证明，该证明应当由作出判决的未成年人法庭的总检察长撤回。

书记员应当立即通过符合法律程序作出的判决恢复当事人名誉，并将其注明在 1 号证明中。

第 629 条 在参考 1 号证明中所有条款后，所编撰的 2 号证明中当事人被判处剥夺终身自由且缓刑执行或根据罪行的严重程度另行判处。

2 号证明被呈递到内政部以进行参考。

第 630 条 2 号证明中的所有条款是对 1 号证明中条款的全面阐述，尤其是针对个人而言。

2 号证明提交给检察院人员、侦查法官、内政部长、法院院长，以用于破产案件或司法案件使用，并同时提交给军队，当其为新参军的年轻人时；或提交给教育监管部门，当其为未成年人时；或提交给提供就业的机关；或其从事为政府进口或竞标政府工程时，提交给有关政府机关；或提交给监狱内部机构；或如果是申请开办私立学校的人，应当将 2 号证明提交给政府相关部门。

2 号证明中不应当包含其未成年时所犯之罪，除非该证明是提交给法官。

第 631 条 在执行 2 号证明中的相关条款时，执行者应当调查相关人的民事状况。如果民事状况的调查结果并不令人满意，则需根据以下参考条款视具体情况而定：不具有出生证明或其他身份证明。

如果执行 2 号证明中相关条款的机构没有掌握相关人员的民事状况文件，则需对所执行条款进行明确的说明。（未验证身份的情况下。）如果在之前的刑事判决中所参考的条款并不包括 1 号证明中的相关条款，则需对参考的 2 号证明中的相关条款加以解释。

第 632 条 3 号证明中的相关条款是司法机关对犯重罪或轻罪的公民判处剥夺人身自由的司法判决的声明，该目标注的条款仅限于处理上述案件。

第 633 条 根据 3 号证明中相关条款被判决的任何人均应当向法院要求一份判决副本，并且只有在其身份得到证实后才能上交该副本。

除此之外的任何情况均不能将副本交给任何人。

第 634 条 在执行 3 号证明中的相关条款时，执行者应当调查相关人的民事状况。如果民事状况的调查结果并不令人满意，则可以拒绝呈交相关条款并将其上交给律师或共和国检察官。

如果执行 3 号证明中相关条款的机构没有掌握相关人员的民事状况文件，则需对所执行条款进行明确的说明。（未验证身份的情况下。）

第 635 条 如果一个人的司法档案中没有 1 号证明，或者 1 号证明的信息不应当放在 3 号证明，此时画斜线表示没有犯罪记录。

第636条 2号证明和3号证明上应当有记录人的签字，以及总检察长或中央司法犯罪记录局法官的印章。

第637条 律师或共和国检察官通知法庭书记员记录其出生地或负责个人司法犯罪记录的法官执行逮捕命令以及宣布剥夺自由的判决，不论其相关人员是否出席审判，或是法令还没有执行。

上述情况均应当记录个人刑事判决案件中的相关信息，并且当相关人员要求拥有2号证明的副本或要求拥有2号证明时，一切关于执行命令或判决的相关说明均将呈交记录出生地的法庭书记员和负责个人司法犯罪记录的法官所在的司法机关。

第638条 如果任何人丢失了与其身份有关的文件或其文件被盗，则当地的律师或共和国检察官应当记录其丢失或被盗地点，并将其关于丢失或被盗的信息递交其出生地的法院和负责个人司法犯罪记录的法官。

这一信息应当被记录在个人司法犯罪记录中，并且每当出生地的司法机关的秘书处或负责中央司法犯罪记录局的法官收到2号证明和3号证明的申请，发现申请人有丢失或被盗身份文件的记录时，应当在确定申请人身份后，出具2号证明和3号证明。

第639条 只有在当事人要求下或当事人与总检察长会面后才能纠正司法犯罪记录中所记录的信息，且当事人所要求纠正的信息与1号证明中的相关条款有关。

第640条 请求将会呈交法庭庭长或宣布判决的庭审委员会，刑事法庭作出判决的，请求将会转交给刑事法庭作出决定，总检察长也可以要求提出请求的一方出庭并进行司法指证以便当庭作出判决。

法院收到请求，在进行一系列必要侦查后传讯递交请求的一方指证罪犯。

在审问进行的同时也会在庭审商讨室中商讨最后的判决。

第641条 如果提出申请者拒绝指证罪犯，则被判处支付诉讼费。

在接受申请的情况下，司法机关在休庭期间向法官指出修改后的申请内容，并将判决中的补充修订部分载入个人刑事判决书中以便修改1号证明中的相关条款。

如果递交请求的一方已经被告知出席委员会的庭审，即使在误判的情况下也要承担诉讼费；或者在破产的情况下诉讼费将从国库中支出。

第642条 当对判决有异议或难以解释大赦原因时，执行第641条中规定的措施以作为对法律判决的回应。

第643条 关于被判处剥夺终身自由或因违反外国法律而被判处轻罪、重罪时，当判决结果与第629条中的1号证明有所不同时，应当通过两国间的商讨最终达成一致。

判决书的副本将会呈交司法部长使其通过外交途径转交给对方国。

第 644 条 司法部长将外国司法机关的定罪通知转交出生地法院的司法常务官和与个人刑事判决有关联的司法机构。

外国方所提交的判决将取代 1 号证明中相关条款冲突的部分，并需在原件及副本上按标准格式写明个人刑事判决的结果。

第 645 条 所作出的判决处罚应当是 2 号证明，即第 644 条中所记载的相关内容，并应当递交法官和相关管理机构。

3 号证明无须包括上述信息。

公司资料卡

第 646 条 公司在司法行政部的民事资料卡或商贸资料卡是为了记载第 650 条中所需的相关信息，尤其是记载对管理公司的法定代表人所进行的判决和裁处。

惩罚和判决将会按照司法部长规定的标准记录在资料卡中。

第 647 条 按照如下规定编辑公司资料卡：

1. 所判决的一切税务处罚均针对公司；
2. 在公共资料卡中所记载的与投资事宜相关的刑事处罚均是针对公司；
3. 公司的所有安全措施和封锁措施，不论部分还是暂时，以及所宣布的所有判决甚至是审判的结果均是针对自然人；
4. 破产日期的判决和司法调解；
5. 当公司管理人即使是以个人身份，有以下行为时作出的刑事处罚：违反公司相关规定，监管失察，违反税务法例，违反海关税法，有情节较重或严重的偷窃、欺骗行为，有背叛行为，无金额下限或无记录地开具支票，利用伪造文件或国家信用开具支票，通过诈骗或欺骗手段开具支票。

第 648 条 如果对公司或充当公司管理人身份的自然人作出处罚，则应当有以下记录：

1. 以该管理人名字命名的资料卡；
2. 以该公司名命名的资料卡。

第 649 条 如果对公司管理人所判决的个人处罚中涉及第 647 条中所记载的任何罪行中的一条，则应当有以下记录：

1. 以该管理人名字命名的资料卡；
2. 以该公司名命名的资料卡。

第 650 条 任何对第 647 条中的罪行作出处罚和审判的司法机关均应当在 15 日内通知负责其个人刑事判决的法官。

第 651 条 针对于公司的资料卡应当提及公司名称、公司总部、公司的法律性质、犯罪时间、判决处罚、审判的时间、种类与原因。

应当着重标明公司管理人的名字和获罪日期。

第 652 条 针对于管理公司的自然人的资料卡应当提及该人的身份、犯罪时间、判决处罚、审判的时间、种类与原因。

应当用线重点标明该自然人所负责的公司名称、该自然人的管理职位和所负责的职务。

第 653 条 针对公司的资料卡和针对管理公司的自然人的资料卡均应当按公司名称或姓名的字母顺序保存,针对惟一自然人或惟一相关人的资料卡应当按建立资料卡的时间顺序保存。

第 654 条 新闻媒体能够将与任何一家公司资料卡相关的声明,或与任何一位公司管理人资料卡相关的声明呈交给检察团成员、侦查法官、内政部长、财政部门、能够揭露社会弊端与运作缺点的国家公共利益机关或涉及公共收益的国家利益机关。

制作违反交通法罪行的记录

第 655 条 违反交通法的罪行应当制作法院记录。

应当由法院的书记员或司法部的书记员制作记录。

第 656 条 对于出生在本法典院管辖范围内的当事人,书记员应当按照第 657 条中所提及的资料卡要求制作关于违反交通法罪行的记录。

对于出生在本法典院管辖范围外的当事人,其违反交通法罪行的记录则由司法部的书记员制作。

第 657 条 (1975 年 6 月 17 日第 75－46 号法律)针对以下判决情况,需按照每个人的姓名来编制违反交通法罪行的资料卡:

1. 对违反监管规定或随意罚款的交警判以处罚时;
2. 对违反现行法律或违反关于运输、保障安全行驶的现行规定的行为判以处罚时;
3. 根据交通法第 266 条吊销由交管部门签发的驾照时(包括暂时没收)。

第 658 条 如果属于第 657 条中规定的第一种或第二种情况,则应当编制资料卡并自宣布判决或公告判决的 15 日内将资料卡转交宣判处罚的司法机关的书记员。

如果司法机关判处吊销其驾照，则应当在资料卡中记录该附加处罚和处罚时效。

第 659 条 关于没收驾照的资料卡最后应当转交相关负责人。

第 660 条 （1975 年 6 月 17 日第 75－46 号法律）根据第 657 条第 1 项、第 2 项和第 658 条的规定，在当事人收到缴付罚款的通知后，法院书记员应当编制资料卡，以证实当事人缴付罚款的事实。

第 661 条 在违反交通法的资料卡中应当记录以下信息：

1. 收到来自宣布判决的司法机关的书记员的通知后所进行的赦免措施；
2. 收到来自监狱长的通知后结束监禁的日期；
3. 收到来自收款员的通知后缴付罚款的日期。

第 662 条 有下列情形的，撤销违反交通法记录的资料卡并将其销毁：

1. 罚款缴付结束后 3 年且没有编制新的资料卡的；
2. 当事人死亡的；
3. 当事人缺席审判被诬告定罪的。

第 663 条 在记录违反交通法罪行的众多内容中，需有一条款是有关当事人本身资料卡的完整说明，并在该条款中记载由法院宣布的吊销驾照的判决。

如果该人没有犯罪记录，则在记录中写：（无）。

第 664 条 违反交通法罪行的记录只移交给下列机构：

1. 司法机关；
2. 拥有被判处吊销驾照的罪行的审判记录的法官。

第 665 条 应当根据司法部长制定的标准制作有关违反交通法罪行的资料卡和记录内容。

制作酗酒罪的记录

第 666 条 有关酗酒的罪行应当制作法院记录。

该记录应当由法院的书记员、在司法部工作的人或本法典第 620 条第 2 款中规定的人制作。

第 667 条 对于出生在本法典院管辖范围内的当事人，书记员应当按照第 668 条中规定的资料卡要求制作关于酗酒罪的记录。

对于出生在法院管辖范围外的当事人，其酗酒罪的记录则由司法部的书记员制作。

第 668 条 应当按所有犯售酒罪和蓄意酗酒罪的人的姓名编制酗酒罪的记录资料卡。

第 669 条　按照第 668 条的要求编制资料卡。自宣布判决或公告判决（当事人缺席庭审）的 15 日内，通过宣布判决的司法机关的书记员将其记入到酗酒罪的记录中。

第 670 条　收到缴付罚款的通知后，法院的书记员应当在执行第 668 条和第 669 条相关规定的过程中编制资料卡以证实其缴付罚款的事实。

第 671 条　在酗酒罪的记录中应当记录以下几点：

1. 收到宣布判决的司法机关的书记员的通知后所作的赦免措施；
2. 收到来自监狱长的通知后结束监禁的日期；
3. 收到来自收款员的通知后缴付罚款的日期。

第 672 条　有下列情形的，撤销记录酗酒罪的资料卡并将其销毁：

1. 判决过后 1 年且没有新的资料卡的；
2. 当事人死亡的；
3. 当事人缺席审判被诬告定罪的。

第 673 条　在酗酒罪记录的众多内容中，应当有一条款是有关当事人本身资料卡的完整说明。

如罪该人没有犯罪记录，则在记录中写：（无）。

第 674 条　酗酒罪的记录只能移交给司法机关。

第 675 条　应当根据司法部长制定的标准制作有关酗酒罪的资料卡和记录内容。

第六编　恢复名誉

第 676 条　允许阿尔及利亚司法机关为任何无罪或犯有轻罪的罪犯恢复名誉。

恢复被判刑人的名誉，消除所判罪行对被判刑人未来的影响，恢复因所判罪行而被剥夺的权利。

通过法律力量或公诉庭的判决恢复被判刑人的名誉。

通过法律途径恢复名誉

第 677 条　对于在下列期限中尚未被判处以下刑罚的罪犯可以通过法律途径来恢复其名誉，其中包括判处监禁的最新惩罚或其他因犯轻罪或重罪而被判处更为严重的惩罚。

1. 如果被判处罚款，在缴付完罚款、结束身体胁迫或延期时效届满后的 5

年内；

2. 如果一次被判处不超过 6 个月的监禁，在服刑完毕或延期时效届满后的 10 年内；

3. 如果一次被判处不超过 2 年的监禁或被多次判处监禁但监禁总时间不超过 1 年，在服刑完毕或延期时效届满后的 15 年内；

4. 如果一次被判处超过 2 年的监禁或被多次判处监禁但监禁总时间不超过 2 年，在服刑完毕或延期时效届满后的 20 年内。

当法官宣布的修改后的判决为以上判决中的一种时，同样适用上述规定。

由于"大赦"而豁免全部或部分刑罚的，视为执行了全部或部分刑罚。

第 678 条 每一位被判处监禁或罚款的犯人均可以通过法律途径来恢复其名誉并要求中止执行判决，如果没有收到宣告判决无效、中止执行判决的通知的，可在 5 年审查期结束后通过法律途径来恢复其名誉。

通过司法手段恢复名誉

第 679 条 恢复名誉的请求中应当说明所判处刑罚的总数，即那些没有借助之前恢复名誉的方法而消除的刑罚和没有通过"大赦"而消除的刑罚。

第 680 条 只有罪犯才被允许向法官提交恢复其名誉的申请，如果由其律师申请，则驳回该申请。

如果罪犯死亡，允许其妻子、家人或亲属提交该申请，但是他们应当在罪犯死亡后的 1 年内提交该申请。

第 681 条 在 3 年期限结束后将不允许提交恢复罪犯名誉的申请。

如果该罪犯被判为重罪，则该期限可被延长至 5 年。

该期限从被判处剥夺自由的罪犯重获自由之日或罪犯缴付完罚款之日开始起算。

第 682 条 在恢复其名誉后又重新犯罪或又被判处新的刑罚的罪犯只有在其服完最新判处的刑罚后的 6 年期限结束后，才可再次提交恢复其名誉的申请。

如果该罪犯被重新判为重罪，则该期限将被延长至 10 年。

不允许再次犯罪的人通过司法手段来恢复其名誉，依据本法典第 684 条规定提起的除外。

第 683 条 除第 684 条中规定的情况外，罪犯应当提供其缴付司法费用、罚款、民事补偿的相关证明或其已服完所判处刑罚的证明。

如果无法提供上述证明，则罪犯应当证明其强迫劳动期限已经结束或证明在实施某种措施后受害方已经原谅了自己。

如果因伪造破产被判刑，则应当证明自己已经完全偿还所得利益和所需费用。

除此之外，如果罪犯确实无力支付司法费用，则允许罪犯在没有支付司法费用或仅支付部分司法费用的情况下恢复其名誉。

如果被定罪，罪犯应当向法院缴纳司法费用或民事赔偿，或用以申请恢复名誉所需费用的部分金额。

如果被判决的一方找不到受害方或受害方拒绝接受应当得的费用，则应当将这笔费用纳入国家基金。

第 684 条　如果罪犯在获罪后为国家作出了巨大的贡献，则其恢复名誉的请求不再受任何时间或相关罪行的限制。

第 685 条　罪犯向其居住地的共和国检察官提交的关于恢复名誉的申请中应当包含以下内容：

1. 获罪日期；
2. 罪犯服刑结束后所居住过的地方。

第 686 条　共和国检察官应当命令罪犯居住地的警察局或安全局等机构开展侦查工作。

共和国检察官在履行职责过程中应当听取法官的意见。

第 687 条　共和国检察官应当收到以下文件：

1. 判决书的副本；
2. 罪犯在服刑期间所在的再教育机构的委托记录和再教育机构负责人在罪犯监禁期间对其表现行为的意见；
3. 刑事案件传票中的第 1 款。

此后将记有检察官意见的文件交给律师。

第 688 条　（1969 年 9 月 16 日第 73 - 69 号法令）律师应当将申请提交给法院的公诉庭。

允许申请人将其他有用的文件直接交给公诉庭。

第 689 条　（1969 年 9 月 16 日第 73 - 69 号法令）在律师提出要求、公诉庭听取法官所任命的一方或辩护律师的说辞和司法传讯后的 2 个月内，公诉庭应当对申请作出判决。

第 690 条　允许在最高法院的公诉庭上就本法典所涉及的任何案件情况进行上诉。

第 691 条　如果申请被驳回，则需在被驳回之日起的两年期限过后才可提交新的申请，即使该案件属于第 684 条中规定的情况。

第692条 在庭审休息期间所宣布的判决书上应当提及对罪犯名誉的冻结的处罚。

（1975年6月17日第46-75号法令）在上述情况下，不需要提及在之前的司法传票中第2款和第3款所判处的刑罚。

允许想要恢复名誉的人在没有缴付相关费用的情况下提交冻结名誉判决的副本和之前司法传票的副本。

第693条 当法官向最高法院提交了完整的材料后，最高法院宣判罪犯有罪时，该司法机关是惟一能够处理其恢复名誉申请的司法机关。

司法机关在处理申请时也应当对向上述法院提交该申请的律师进行侦查。

埃　　及

埃及刑事诉讼法[*]

第四编　执　行

第一章　必须执行的判决

第459条 没有法院的判决，不得给任何罪行处以法律规定的刑罚。

第460条 刑事法院作出的判决，只有当它是最终的审判结果时才能予以执行，法律另有规定的除外。

第461条 对刑事诉讼的判决应根据法律规定，依照检察院的要求执行。

对于民事诉讼的判决应根据辩护法中有关民事和商业方面的规定，依照民事责任人的要求执行。

第462条 检察院应主动尽快执行对刑事诉讼作出的必须执行的判决，且在必要情况下，有权直接借助军事力量。

第463条 对于以下种类的判决，即使有对该判决的上诉也必须立即

---

[*] 本法由参议院与众议院一致决议通过，于1950年9月3日以第150号法律发布，1950年10月3日施行，2003年最新修订。本译本根据阿拉伯埃及共和国司法部官网提供的阿拉伯语文本翻译。

执行：

（1）判处罚金及支付审理案件费用的；

（2）对偷窃案判处监禁刑罚的；

（3）被判对象在埃及无固定居所的；

（4）被告人交纳保证金，保证如果他被上诉，则一定出席庭审且不逃避法院判决执行的。

在前款情况下，若判决结果为监禁，则必须在判决中指定被告人应缴保证金的数额。

如果被告人正被羁押候审，则法庭有权下令要求暂时执行判决。

根据本法第 467 条，在判决结果为对民事责任人予以赔款的情况下，即使有对该判决的上诉，法院也有权下令暂时执行判决。

第 464 条　根据上一条规定，如果监禁刑罚被执行，则其他附属处罚（民事权利）也应同时执行。

第 465 条　在下列情况下，应释放被羁押候审的被告人：

（1）判决无罪或判处其他不需要羁押的刑罚；

（2）判决命令停止执行刑罚。

第 466 条　上述情况以外，在第 406 条规定的上诉期限内，停止执行判决。

第 467 条　如果在第 398 条第 1 款规定的期限内，被判刑者未提起初次上诉，则可以刑罚方式执行缺席审判。

在判决判给民事责任人支付保证金时，法院有权下令在上缴保证金的同时暂时执行，即使全部或部分被判金额被提起初次或二次上诉。法庭有权免除申诉者支付保证金的义务。

第 468 条　如果被告人在埃及没有居所，则在作出判以监禁的缺席审判的期限应不低于 1 个月。

如果被告人被下令羁押候审，则法院有权按照检察院的要求下令逮捕并羁押被告人。

执行该命令时，被告人被逮捕后应立即羁押直至被告人提起的初次上诉被宣判或规定的上诉期限届满。在任何情况下，被告人被羁押的时间均不得超过法院判处的监禁时间，除非受理初次上诉的法院在对初次上诉宣判前认为应将被告人释放。

第 469 条　对于终审上诉而言，只有判处死刑，或由专门法庭基于本法第 421 条最后一款之规定作出时，才可停止执行。

第二章　执行死刑

第 470 条　法院最终作出死刑判决时，应立即将诉讼材料经由司法部长上交给共和国总统。

在 14 日内，如果没有赦免或更改刑罚的命令，判决应被执行。

第 471 条　被判死刑者应听从命令被送交监狱收押至死刑执行，该命令由检察院按司法部长批准的格式下达。

第 472 条　被判死刑者的亲属有权在被指定执行死刑的当日与被判死刑者见面，见面地点必须远离死刑执行地点。

如果被判死刑者的宗教信仰要求他在死前必须忏悔或完成其他宗教功课，则应为他提供必要的便利，以便其与一位宗教人士见面（以忏悔或完成其他宗教功课）。

第 473 条　死刑应在监狱或其他非公开场所执行。执行死刑的要求由检察长下达，该要求应注明本法第 470 条规定的程序已经全部完成。

第 474 条　执行死刑时，以下人员必须到场：总检察长的一位代表、典狱长、监狱医生或其他某位检察院委派的医生。除非检察院特别批准，否则在执行死刑时，除上述人员外其他人不得到场。被判死刑者的律师一般可被批准到场。

死刑判决书及对死刑犯的指控应在死刑执行地点被宣读，宣读时应有到场人员旁听。

死刑执行时，总检察长的代表应在场，并确认医生对于犯人已死的证言以及死亡的时间。

第 475 条　不得在与被判死刑者的宗教信仰相悖的时间执行死刑。

第 476 条　如果死刑犯为孕妇，则应在其生产 2 个月后执行死刑。

第 477 条　埋葬死刑犯尸体的费用由政府负担，除非死刑犯的亲属要求由他们亲自埋葬。

埋葬过程应以非庆祝仪式的方式进行。

第三章　限制自由的刑罚

第 478 条　执行限制自由的判决应在相关命令下达后在专门的监狱中执行，该命令由检察院按司法部长批准的格式下达。

第 479 条　根据第 520 条及其后数条的规定，被判不超过 3 个月短期监禁之人有权要求在监狱外执行该刑罚,除非判决禁止。

第 480 条　　执行期限:执行当日为第一日,释放当日的前一日为最后一日。

第 481 条　　24 小时的短期监禁,于被告人被逮捕的次日规定释放囚犯的时刻结束。

第 482 条　　依照必须执行的判决之要求,限制自由的处罚自被判刑者被逮捕之日起开始执行。判决执行以前先行羁押的,羁押 1 日折抵刑期 1 日。

第 483 条　　如果被先行羁押的被告人被判无罪,则应在其下一次羁押时抵扣相应天数。

第 484 条　　被告人被判处多项限制自由的刑罚时,若要折抵先行羁押的期限,则应代之以更轻的刑罚或免除刑罚。

第 485 条　　被判限制自由刑罚者是怀孕 6 个月的孕妇的,可以适用缓刑,直至其生产结束 2 个月之后执行。

在被判刑者的刑罚执行期间,若被发现是孕妇,则应在监狱中以对待先行羁押者的方式对待,直至前款规定的监禁期限届满。

第 486 条　　被判限制自由刑罚者的生命安全因其患病或因患病在执行过程中出现的危险而受到威胁的,可以予以缓刑。

第 487 条　　被判限制自由刑罚者患有精神病的,应予以缓刑直至刑期结束。检察院可下令将其送交至一处精神病患者专门安置点,在此情况下,其在此安置点度过 1 日折抵刑期 1 日。

第 488 条　　在埃及有居所,且正在抚养年龄不超过 15 周岁孩子的夫妻,若同时被判刑期不超过 1 年的监禁,且此前均无入狱前科的,不论两人罪名是否相同,可以对其中一人缓刑直至另外一人被释放。

第 489 条　　允许缓刑的情况下,检察院有权要求被判刑者交纳保证金,保证其在缓刑原因消失时不会逃避刑罚的执行。缓刑命令中应评估该笔保证金的数额。

检察院有权为缓刑设定预防条件以防被判刑者逃跑。

第 490 条　　本法若无明确规定,在服刑期满之前不得释放被监狱收押的被判刑者。

第四章　有条件的释放

第 491—504 条　　(根据 1956 年整顿监狱第 396 号法律中共和国总统决定的第 90 条被废除)

第五章 执行被判处的罚款

第 505 条 协调上交给政府的罚金、赔款、（诉讼）费用和应退还的款项时，这些款项在判决中如没有被评估，检察院应在协调执行前通知被判刑者这些款项的数额。

第 506 条 获得要上交政府的款项，可以通过辩护法中有关民事和商业方面规定的途径或有关获得公款的途径完成。

第 507 条 根据本法第 511 条及其后数条之规定，被告人没有交纳应上交政府的款项的，检察院应下令强制执行。

第 508 条 被判刑者同时被判以罚金、赔款、（诉讼）费用和应退还的款项，但其资金不足以支付这些费用的，应将这些款项根据以下顺序分配给相关人士：

（1）应上交政府的（诉讼）费用；

（2）应付给民事诉讼代表人的款项；

（3）罚款及应上交政府的退还款和赔款。

第 509 条 某人被先行羁押且仅被判处罚款的，羁押 1 日折抵 5 埃镑罚款。同时被判处监禁和罚款，且被先行羁押天数已超过其被判监禁的天数的，超出部分的被羁押天数 1 日折抵 5 埃镑罚款。

第 510 条 负责执行的刑事法院法官在特殊情况下可以应被告人的要求，在征求检察院的意见之后批准其缓交应上交政府的款项或批准其分期付款，该期限不得超过 9 个月，对于批准或驳回被告人之要求的命令不得提起申诉。

某次分期付款中被告人未按时支付的，则必须一次性支付剩余的款项。如有必要，法官可以重新审视其下达的命令。

第六章 体罚性强制措施

第 511 条 为替代执行被告人因某罪行被判处的应上交政府的款项，可以采取短期监禁的体罚性强制措施，监禁 1 日折抵不超过 5 埃镑的款项。

犯违警罪被判交纳罚款的，体罚性强制措施的刑期不得超过 7 日；被判交纳（诉讼）费用、应退还的款项和赔款的，该刑期不得超过 7 日。

犯轻罪和重罪被判交纳罚款的，体罚性强制措施的刑期不得超过 3 个月；被判交纳（诉讼）费用、应退还的款项和赔款的，该刑期不得超过 3 个月。

第 512 条 被判刑者犯罪时年龄未满 15 周岁的或正在被羁押的，不得对其采取体罚性强制措施。

第 513 条 有关以体罚性强制措施执行判决的，适用本法第 485—488 条规定。

第 514 条 被审理案件的犯罪事实为违警罪或轻罪或重罪罪行，有不止一份判决的，应在执行（体罚性强制措施）时将所有被判的罚款数额均予以考虑。在此情况下，犯罪事实为轻罪和重罪的，体罚性强制措施的时长不得超过最高限度的一倍；犯罪事实为违警罪的，体罚性强制措施的时长不得超过 21 日。

犯罪事实为多种不同罪行的，刑期时长分别参照每种罪行刑期的最高限度，且任何情况下，被判交纳罚款的，体罚性强制措施的时长不得超过 6 个月；被判交纳（诉讼）费用、应退还的款项和赔款的，体罚性强制措施的时长不得超过 6 个月。

第 515 条 被审理的案件有多种犯罪事实的，已支付的款项或以被判刑者的个人财产折抵的款项首先折抵因重罪被判交纳的款项，然后折抵因轻罪被判交纳的款项，最后折抵因违警罪被判交纳的款项。

第 516 条 采取体罚性强制措施，由检察院按司法部长批准的模板下达命令后方可执行。

根据第 505 条的规定，执行时间为告知被执行人后并对被执行人限制自由的处罚已结束后的任意时间。

第 517 条 根据以上条款，当被判刑者被羁押的时间折抵的款项数额与最初要求其支付的款项数额除去其已经支付的或其个人财产折抵的款项数额后相等，对被判刑者采取的体罚性强制措施结束。

第 518 条 被执行人不能缴纳相关费用和其应支付的赔偿时，执行体罚，该体罚标准为体罚 1 日折抵 5 埃镑。

第 519 条 当事人被判支付赔偿给非政府的赔偿对象且在提醒后仍未执行的，若证明该当事人有能力支付且受理该案件的轻罪法院已下令其支付但未遵令支付，则该轻罪法院可以对该当事人判处总时长不超过 3 个月的体罚性强制措施，由胜诉一方以常规方式再次提起诉讼。

第 520 条 被告人有权在体罚性强制措施执行命令下达前，随时向检察院提出申请，以其本人制作的手工或非手工作品代替体罚性强制措施。

第 521 条 被告人在中央政府或地方政府的某部门无偿从事上述工作，工作时长与本应对其执行的体罚性强制措施的时长相等。该被告人可以从事的工作种类与验收这些工作的管理部门及验收标准都须依照相关部委部长的决定。

被告人不得在其居住的城市外从事该工作。该当事人每天从事的工作必须是根据其身体状况有能力在 6 小时内完成的工作。

第 522 条 依照本法第 520 条处理的被告人，无故不前往工作地点，或怠于工作，或不完成其每天应完成之工作任务的，若管理部门认为合理，可将其送至监狱执行本应对其执行的体罚性强制措施。该当事人按规定完成其工作的天数应从体罚性强制措施的总时长中扣除。

被告人选择以工作替代体罚性强制措施时，若不存在当事人能从事的合适工作，则继续执行体罚。

第 523 条 被告人的工作可折抵应上交政府的罚款、应退还款项、赔偿及（诉讼）费用，工作 1 日折抵 5 埃镑。

第七章 执行过程中不明确的问题

第 524 条 对于所有产生于执行刑罚的过程中的不明确问题，判决由刑事法院作出的，应将该问题呈交至该刑事法院；否则，呈交至受理二次上诉的轻罪法院。

第 525 条 纠纷应尽快经由检察院提交给法院，并通知参加审理此纠纷的庭审的有关人员。法院在听取检察院和有关人员的意见后在法院评议室对该纠纷作出判决。法院有权进行其认为必要的调查，有权在任何情况下下令停止对判决的执行直至对纠纷作出判决。

将纠纷提交给法院前，检察院在需要时有权暂停对判决的执行。

第 526 条 就被告人的个人情况产生的纠纷，按照以上两条规定的处理方式解决。

第 527 条 在对被告人的资金执行经济类刑罚时，非被告人对判决必须执行的资金提出异议的，根据辩护法中的规定，此情况应被提交给民事法院。

第八章 因期限届满或被告人死亡而刑罚作废

第 528 条 对重罪判处的处罚的实施有效期为 20 年，死刑除外（实施有效期为 30 年）。

对轻罪判处的处罚的实施有效期为 5 年。

对违警罪判处的处罚的实施有效期为 2 年。

第 529 条 该有效期自案件办结之日起算，除非是刑事法院对某重罪所作的缺席判决中判处的刑罚，该处罚的实施有效期自判决宣判之日起算。

第 530 条 发生以下情况，处罚实施有效期中断：

（1）被判处自由刑的被告人被逮捕；

（2）针对被告人的处罚执行程序中的任何一项开始。

第 531 条 犯罪事实为非违警罪的，若被告人在处罚实施有效期内再次犯下相同罪行或类似罪行，则处罚实施有效期中断。

第 532 条 所有阻碍处罚执行的事由，均能使处罚实施有效期中断（停止发生效力）。被告人身处国外即阻碍事由。

第 533 条 因杀人罪或谋杀罪或伤害致死罪被判死刑或徒刑的被告人，对其的处罚因处罚实施有效期届满而自动撤销后，不得长期定居在犯罪事实发生的省内，除非省长授予许可，否则将被判处 1 年（含）以下的监禁。

省长在必要时有权下令撤销其授予的许可，有权责令被告人在 10 日内确定一处该省外的住址。若被告人不执行，则被处以如上处罚。

内政部长有权在任何上述情况下为被告人指定一处住址。此过程中，专门与警察监督相关的法条也适用。

第 534 条 民法中为处罚实施有效期规定的法条，同样适用于涉及赔款、退还款、支付诉讼费用的判决。此外，处罚实施有效期结束后，不得采取体罚性强制措施。

第 535 条 被告人在该案办结后死亡的，应以其遗产支付或折抵其被判的经济类处罚，如赔款、退还款、支付诉讼费等。

第九章　恢复权利

第 536 条 犯重罪或轻罪的被告人申请恢复权利的，可以由其住所地所在辖区的刑事法院作出恢复其权利的判决。

第 537 条 予以恢复权利应满足以下几项：

（1）处罚已经被完全执行或被免除，或处罚实施有效期结束；

（2）该处罚为重罪处罚的，恢复权利应至早在处罚执行或赦免处罚之日起 6 年之后；若为轻罪处罚，则在 3 年之后。如果再犯则翻倍。

第 538 条 被告人的刑期结束后即被置于警察监管之下的，其处罚实施有效期自监管期限结束之日起算。

被告人已被有条件释放的，其处罚实施有效期只能自规定的刑期结束之日，或其有条件释放被认定为最终结果之日起算。

第 539 条 恢复权利的判决应要求被判恢复权利的被告人执行判决中所有要求其支付的罚款、退还款、赔款及费用。被告人证明自己无力支付的，法院有权放弃强制要求其支付上述款项。

原告人没有应被支付的赔款、退还款或诉讼费用的，或放弃接受这笔款项的，被告人应根据诉讼法中民事、商事相关规定将这笔款项寄存起来。原告人5年后仍未要求这笔付款的，被告人有权将其收回。

被告人被判与他人共同支付这笔款项的，只需支付与其个人相关的部分，法院在需要时可为其指定需要支付的比例。

第540条 破产罪的案件被告人在宣判后申请恢复权利的，应证明其已经收到判处恢复其商业权利的判决。

第541条 恢复权利申请者已身负多项判决的，除非每项判决均满足前几条所述的条件，否则不得判处恢复其权利。

第542条 申请恢复权利应向检察院提交申请，其中应包含确定申请人个人信息的必要资料，并注明案件宣判日期及自宣判之日起的住处。

第543条 检察院就申请一事开展调查，以弄清申请人自宣判之日起在所有其居住过的地点居住的起止时间，并限制其行动及谋生渠道，整体上深入调查所有其认为必要的信息，申请中应加入调查结果，在随后3个月内以报告的形式提交给法院，其中应注明检察院的意见和申请原因并与申请书一起附上：

（1）申请人的判决复印件；

（2）申请人前科的证明；

（3）申请人在狱中的行为报告。

第544条 法院审理申请并在法院评议室对申请作出判定，法院可以听取检察院和申请人的发言，可以要求获得所有其认为必要的信息。

应在开庭至迟8日前通知申请人出庭。

对判决提出申诉的，只能就执行或解释法律中出现的错误以终次上诉的形式提起申诉。以终次上诉方式对判决提起申诉适用的各项规定的期限和情形对此申诉同样适用。

第545条 第537条规定的两项条件满足时，法院认为申请人自判决宣判之日起的行为表现已表明其改过自新是可信的。

第546条 检察院将恢复权利判决的复印件发送给发出判决的法庭盖章，并在无罪记录上盖章。

第547条 对被告人的恢复权利判决至多只能有一次。

第548条 被告人的恢复权利申请因其行为被驳回的，2年内不得再次提出申请。除此情况外，只要必须满足的条件均满足即可以再次提出申请。

第549条 被告人被发现同时身负其他几项法院不知情的判决的，或在恢复权利后，此人又败诉于某恢复权利前发生的刑事案件的，其恢复权利判决可被撤销。

在此情况下，撤销恢复权利判决的判决，由先前判处恢复其权利的法院依照检察院的要求作出。

第 550 条 对于犯盗窃罪、窝藏赃款赃物罪、诈骗罪、背信弃义罪、造假罪或蓄谋进行以上这些在刑法第 355 条、第 356 条、第 367 条、第 368 条中规定的罪行而被判重罪处罚或轻罪处罚的被告人，在刑罚执行完毕或被免除或因处罚实施有效期届满而自动撤销 12 年后，才得撤销处罚或赦免。

对于实施上述罪行以外的犯罪，被判轻罪处罚的被告人，在刑罚执行完毕或被免除 6 年后，才得撤销处罚或赦免，如果判决认为被告人是惯犯或处罚因实施有效期结束而自动撤销，则在 12 年后才可撤销或赦免。

第 551 条 被告人已身负多项判决的，对其依法不予恢复权利，除非每项判决均满足上条所述的条件。

第 552 条 恢复权利后即撤销有罪判决，恢复所有因该案被剥夺的资格和权利。

第 553 条 不得对某些人因被告人的有罪判决而获得的某些权利，尤其是关乎返还款和赔款的，以恢复权利（为由）对其发起抗议。

埃塞俄比亚

埃塞俄比亚刑事诉讼法典*

第五卷　上诉和申请撤销缺席判决

第一章　上　诉

第 188 条　暂停执行

（1）一旦被宣告有罪的人声明上诉，除非上诉案件审理完毕或上诉人撤回上诉，否则不得执行鞭刑。

---

* 本法典于 1961 年 11 月 2 日由总理签署发布，1962 年 2 月 2 日生效实施，由埃塞俄比亚专门负责印刷发行法律文件的法律出版署（Negarit Gozeta）1962 年发布。本译本根据埃塞俄比亚联邦民主共和国议会官网（http：//www.icrc.org）提供的英语文本翻译。

（2）被判处监禁刑的被告人如果在上诉案件审理之前被取保释放的，在上诉法院判决之前，不得收监。

（3）尽管已经提起上诉，已经作出的所有制裁措施不得停止执行。

（4）支付赔偿金或诉讼费用不得暂停。

（5）在上诉案件审理之前或审理之时的任何时间，均可以申请暂停执行。

第六卷 刑罚执行

第一章 一般规定

第 203 条 原则

（1）对刑事案件作出量刑的所有法院均应发布必要的令状或命令，要求适格的机构执行或监督刑罚依据本卷的规定得到执行。

（2）本章的规定不影响本法典第 188 条的规定。

第 204 条 死刑令状

（1）任何人被判处死刑的，主审法官应依照本法典附录规定的样式亲手签发令状，命令将此人羁押直至皇帝陛下作出决定。

（2）如果死刑判决被核准的，应根据核准令所列要求执行该判决。

（3）如果死刑判决被减刑的，应由适格的机构依照减刑令的规定执行。

第 205 条 剥夺自由令状

（1）任何人被处以逮捕、监禁、拘禁的，主审法官应依照本法典附录三规定的样式亲手签发令状并送交执行。

（2）该令状对监狱的主管和令状中载明的执行刑罚的其他所有人有充分的授权。

第 206 条 暂停执行

对被逮捕或判处不超过 1 年监禁的人，如果是：

（a）怀孕的妇女；或者

（b）家庭的惟一支柱；

而且此人不可能危及公共安全的，法院可以在有保证人监管其行为良好的情况下暂停执行监禁，不超过 6 个月。

第 207 条 鞭刑令状

任何人因刑法典第 637 条第 1 款或第 635 条第 3 款罪行被判处鞭刑的，主审法官应依照本法典附录三所列的第 16 项令状样式亲自签发鞭刑令状。鞭刑的执行应按照刑法典第 120A 条的规定由令状中列明的人在列明的地点执行。

第 208 条　不负刑事责任的令状

如果法院发现某人对其行为不负刑事责任并决定根据刑法典第 134 条或第 135 条的规定予以民事拘禁或处以一定的治疗措施，主审法官应根据本法典附录三第 15 项令状样式亲手签发令状，将被告人交付合适的机构拘禁监管或治疗。

第 209 条　罚金的执行

（1）罚金由执行官依照刑法典第 710 条、第 703 条、第 171 条第 1 项、第 91 条的规定依照法院命令执行。

（2）如果罚金全部或部分没有得到执行的，执行官可将此问题报告法院，法院可根据刑法典第 92 条、第 94 条、第 96 条、第 171 条第 2 款和第 709 条的规定作出适当的执行命令或将罚金转换成劳动、逮捕或监禁。

（3）如果某人在缺席审判中被判处罚金的，本条第 1 款的规定并不适用，法院应随即命令执行仅限于被宣告有罪的人的个人财产。

第 210 条　诉讼费用和赔偿费用的规定

如果刑事法庭的判决包含诉讼费用和赔偿费用支付的规定，该部分判决依照民事判决的相关规定执行。

第 211 条　没收财产

（1）如果法院根据刑法典第 272 条的规定作出没收财产的命令，法院应作出命令要求执行官根据刑法典第 97 条的规定扣押可扣押的财产并在命令中列明应扣押的财产。

（2）扣押财产后，执行官应保持原状直到收到适格机关的命令要求其将财产转移至命令指定的一人或数人，转移过程中，此人或此数人等应向执行官签发详细的接收清单。

（3）被宣告有罪的人的家庭成员可向法院申请返还被错误没收的财产。

第 212 条　财产暂管令

（1）如果某人因刑法典第 272 条规定的罪行被缺席判决暂管其财产，法院应作出命令：

（a）要求执行官扣押根据刑法典第 98 条的规定可被扣押的财产并在命令中列明应扣押的财产；并且

（b）任命受托人管理该财产，任命后，执行官应将该财产移交该受托人，受托人出具详细的接收清单。

（2）执行官应确保刑法典第 97 条第 3 款提及的财产未被扣押。被宣告有罪的被告人的家庭成员可向受托人申请返还被错误扣押的财产。

（3）直至适格机构向法院申请转移暂管财物，扣押令一直有效。经申请，法院可命令解除扣押，受托人在将财物提交至适格账户后解除职务。

第 213 条　涉及未成年人的命令

（1）如果根据刑法典第 162 条、第 165 条、第 166 条、第 173 条或第 703 条作出有关未成年人的判决，主审法官应签署命令并根据情况送达负责的官员、校长、主管的督导或警员，签发的命令应有足够的权限处理判决中有关未成年人的相关要求。

（2）如果根据刑法典第 163 条作出有关未成年人的判决，主审法官应签署命令并送达刑法典第 163 条提及的相关人等，签发的命令应有足够的权限处理判决中有关未成年人的相关要求。

（3）如果根据刑法典第 172 条规定未成年人被判处鞭刑的，主审法官应让未成年人接受医疗检查以确定身体是否适宜处以肉刑，如果适宜的话，主审法官应任命家庭长者或其他合适的人在私密的地方执行鞭刑，主审法官、检查未成年人身体的人和未成年人的父母、亲属或监护人应当在场。

第 214 条　强制劳动、次级刑罚和处遇措施

如果根据刑法典第 102 条、第 103 条、第 122 条、第 144 条、第 146 条、第 147 条、第 149 条至第 154 条、第 158 条至第 160 条、第 178 条、第 179 条、第 715 条、第 716 条或第 718 条至第 720 条作出相关处罚，法院应将判决中的执行部分副本送达适格的机构并要求它们执行。

第 215 条　执行记录

法院应当记录其作出的与刑罚执行有关的所有命令。刑罚得到执行的日期以及未能执行的原因，如果合适的话，均应记录在案。

第二章　刑罚变更

第 216 条　一般规定

（1）如果需要作出本条第 2 款中的相关命令，应由作出原量刑的法院进行。

（2）本条第 1 款的规定适用于如下情形：

（a）执行拘禁令（刑法典第 132 条）；以及

（b）变更部分不负刑事责任的判决（刑法典第 136 条至第 137 条）；以及

（c）延长羁押期限（刑法典第 140 条第 2 款）；以及

（d）撤销缓刑或变更行为规则（刑法典第 198 条、第 202 条第 3 款和第 204 条）；以及

（e）假释（刑法典第 131 条、第 207 条、第 209 条至第 212 条）；以及

（f）根据刑法典第 124 条第 2 款和第 156 条作出的命令。

第 217 条　程序和判决

（1）除非被宣告有罪的人及其法定代理人、检察官、负责执行或监督刑罚执行的机构或个人申请，法院不得作出本章的相关命令。

（2）在判决作出前，法院应传唤命令合适的人以及其他能够向法院提供有用信息的人。法院可以在适当的时候、认为有必要时展开相应的调查。

（3）听完传唤人的陈述并获得必需的信息后，法院应作出判决。如果相对人没有出庭，法院应在其缺席的情况下判决。

（4）所有陈述及法庭判决均应记录在案。

（5）对本章的判决不得提起上诉，且应按照本卷第一章的规定执行。

第三章　再　审

第 218 条　申请再审

（1）如果被宣告有罪的人或其法定代理人认为满足刑法典第 243 条和第 244 条的条件，可以向作出量刑的法院申请撤销原量刑。

（2）申请应以书面方式作出并说明理由，并附上让法院确认存在满足刑法典第 243 条和第 244 条所列条件必需的材料。

第 219 条　再审程序和判决

（1）法院应以开庭审理的方式处理该申请。在作出判决前，法院认为需要时可进行相应的调查或要求提供进一步的材料。

（2）申请被准许的，应适用刑法典第 245 条的规定，法院应命令删除被撤销的量刑。

（3）申请被驳回的，应适用刑法典第 246 条的规定。

（4）根据本章所作的所有判决均应以书面形式作出并说明理由。判决应在公开的法庭宣布并公布在报纸上。

（5）对本章的所有判决不得上诉。

加 纳

加纳 1960 年刑事诉讼法典*

第七章 审判后的程序

第一节 死 刑

第 304 条 死刑判决的格式

（1）每一死刑判决均应依照本条规定明确应处以死刑的人，但却不必指明处刑的地点。

（2）经司法常务官签署的、表明死刑已被判处且被判处死刑的人的证书，应是拘留该人的最权威凭证。

（3）死刑可以：

（a）绞刑；

（b）注射；

（c）电刑；

（d）毒气室；

（e）以法院确定的任何其他方式进行。

［根据第 633 部法律，即《刑事诉讼法典（修正案）》第 24 条修正］

第 305 条 被告人被告知拥有上诉权

当被告人被处以死刑时，法院应当告知其上诉期间；如果被告人愿意上诉，则其应当在此期间提出上诉。

第 306 条 被执行死刑者的尸体应被埋在何处

每一名被执行死刑的人均应埋在根据部长命令并在法院判决中明确的地方。

---

* 本法典于 1961 年 1 月 12 日由加纳总统和国民大会批准并颁布，1961 年 2 月 1 日生效。本译本根据世界知识产权组织官网（http：//www.wipo.int）提供的英语文本翻译。

第 307 条　法官向部长报告

如果死刑判决后没有上诉，或上诉后死刑判决得以维持，主审法官应当在判决宣告后或判决被维持后，在方便时尽早向部长提交本案的备忘录、其对本案证据的注解、完整的庭审笔录副本，以及一份由其手写签名的包含有其认为关于本案适合作出的任何建议和意见的报告。

第 308 条　向法院传达部长令以及法官记录

部长应当将总统或部长作出的任何命令的副本传达给法院；如果死刑判决将要执行，则该命令应载明执行的地点和时间；如果死刑判决被改判，则应载明被改判为何种刑罚；或者如果罪犯被赦免，则应当载明赦免这一事实。

第 309 条　部长令的构成

（1）部长应颁发死刑令，或死刑被改判、被赦免的命令，由部长签署且有总统的印章，该命令才生效。如果将要执行死刑，则令状应载明执行的时间和执行的地点，并应就被执行死刑者尸体埋葬的地方作出指示。如果死刑改判为其他任何一种刑罚，则命令应当明确该刑罚的种类。如果被判处死刑者被赦免，则该命令应载明其是否可获得自由，或者满足了何种条件（如果有的话）后可获得自由。

（2）令状可以指明，死刑应在某一时间、某一地点来执行；而被执行死刑者的尸体则应被埋在死刑执行令中特定官员所指明的某一地方。

（3）该特定官员应根据令状的具体条款，以亲自签名的方式，就执行死刑的地点和时间以及埋葬的地点，或者这些事件中的某件或某些事件在令状上背书。

第 310 条　由监狱长或其他官员执行的执行令

当死刑将在加纳首都阿克拉执行时，执行令应向监狱长下达；当死刑将在其他地方执行时，执行令应当向部长所指定的一个类似官员下达。监狱长或该官员应依据所下达的执行令执行死刑。

第 311 条　有足够权威的命令

从法律上言，部长签署且有总统印章的令状、命令或谅解录，对其所指向的将执行死刑、执行所处之刑罚或依据其条款而执行相应指示的所有人而言，均应具有足够的权威。

第 312 条　被认定犯有可处以死刑之罪行的孕妇

（1）除非法院有合理理由相信某女性已绝经，否则，当该女性被认定犯有可处以死刑的罪行时，法院应命令该女性接受检查以确定是否怀孕。

（2）如果该女性经检查被认定为已怀孕，则法院应判其无期徒刑。

（3）被判无期徒刑的孕妇，应被羁押在符合其健康需要的地方，且监狱服务部门应与地区社会福利综合部门协商后提供相应的安排,以确保孕妇生下孩子后,其子女不滞留在监狱里。

[已被第 633 部法律,即《刑事诉讼法典(修正案)》第 25 条替代;且根据第 633 部法律,即《刑事诉讼法典(修正案)》第 1 条修正]

第二节 非死刑刑罚

第 313 条 适用程序

下列有关量刑及其执行的规定适用于依据简易审而作出的判决和命令,以及依据起诉书而审理的案件的量刑。

第 313A 条 被认定犯有非死刑罪行的孕妇

(1) 除非法院有合理理由相信某女性已绝经,否则,当该女性被认定犯有可处以非死刑的罪行时,法院应命令该女性接受检查以确定是否怀孕。

(2) 如果该女性经检查被认定已怀孕,则法院应对其判处非羁押徒刑,或者暂缓一段时间执行所判的羁押刑罚,暂缓时间由法院根据具体情况而确定。

如果该刑罚被暂缓,则法院应用通俗的语言向罪犯解释说明,如果在此暂缓执行刑罚期间其又犯下新罪,则新罪刑罚将与原罪刑罚一并执行。

[根据第 633 部法律,即《刑事诉讼法典(修正案)》第 26 条新增]

第 314 条 15 周岁以下的人不得被判处监禁刑

[已被 2003 年第 653 部法律,即《青少年司法法》第 61 条之一废止]

第 315 条 就监禁刑而颁发的令状

(1) 当某人被判处一定期限监禁刑时,作出判决的法院应颁发一份入监令,命令该刑罚在加纳境内的任一监狱里执行,且该令状对看管、转运及监管此人的警察和监狱官们,以及受令状中所述刑罚的影响的所有其他人均构成绝对的权威。

(2) 监禁刑应从其被宣告的那日起算并包括这一日。

(3) 当根据该令状而将罪犯监禁于某所监狱时,监狱负责人应保管好该令状;而在释放该囚犯时,应将此令状返还至颁发令状的法院。

第 316 条 可以搜查被判处罚金者以获得缴纳罚金的钱

(1) 当法院判决被告人应缴纳罚金、罚款、赔偿金、诉讼费或其他费用,而此时被告人恰好在法庭上时,法院可以命令搜查他;且在逮捕或者搜查被告人时从其身上发现的钱款,或者当其因为未缴纳判决所要求缴纳的款项而被投入监狱时从其身上可能发现的钱款,除非法院另有指示,否则可用于缴纳判决认定的应缴纳款项；但如果尚有富余，则应当退还给罪犯。

（2）如果法院得以确认，经搜查获得的钱并不属于被告人，或者执行这笔钱款给其家人带来的损失比对其执行监禁更为不利，则这笔钱款不得用来缴纳罚金等。

第 317 条　以扣押财物的方式征收罚金等

（1）当某人被命令缴纳一定数额的罚金、诉讼费、赔偿金或其他款项，而该人又被命令将依扣押令以扣押并售卖其财产的方式缴纳此数额的罚金等，则作出该命令的法院，可以根据第 320 条的规定并考虑到由第 318 条规定或其他规定所赋予的其他权力，对其动产和不动产采取行动，以征收相同数额罚金等。

（2）某人及其家人穿着的衣物、床上用品以及其工作所需的工具、器具等，以及价值 100 万塞地①的物件，不得依据本条规定颁发的令状而被扣押。如果其动产足以满足执行令的要求，则不得拍卖其任何不动产。

［根据第 633 部法律，即《刑事诉讼法典（修正案）》第 27 条修正］

（3）当某人代替被执行拍卖令的被告人缴纳或偿还了拍卖令提及的那笔款项，或者出示了颁发令状的法院出具的数额相同的收条，且在缴纳或清偿期届满之前缴纳或偿还了与该扣押物的价值和费用相当的钱款，则不应执行该令状。

（4）如果被命令缴纳罚金、诉讼费、赔偿金或其他款项的人，将服完因未能缴纳罚款而被判令监禁的整个监禁刑，则不得颁发或执行拍卖令。

（5）根据本条规定颁发的令状可以在颁发此令状的法院所在辖区内执行，且当该财产被发现的辖区内主持法院工作的治安法官背书该令状后，即构成在此权限内授权扣押并售卖属于该人的任何财产。

第 318 条　暂缓执行因未缴纳罚金等而被判处的监禁刑

（1）当某罪犯被单独处以罚金刑却又因未缴纳罚金而被处以监禁刑，且法院根据第 317 条的规定颁发了令状，则可暂缓执行该监禁刑；而如果法院认为得当，可以依据其出具的、附条件的（从出具担保之日起在 15 日内的某一天出现在该法院）担保（可以有保证人，也可以没有保证人）释放他；如果未缴纳罚金，则法院可以指示立即执行相应的监禁刑，或者可将担保的期限延长至另一个 15 日内。

（2）在要求缴纳罚金的命令已经作出的案件中，所判定的监禁刑还未撤销且罚金也未立即缴纳时，法院可以要求被命令缴纳该罚金的人按照本条第 1 款的规定签订担保书，且如果其未立即签订担保书，则如同该罚金未缴纳一样，可以对其课处监禁刑。

---

① 塞地，加纳货币单位。——译者注

（3）法院可以依其裁量权指示，本条所适用的任何罚金均可按照法院认为适宜的时间及数额来分期缴纳；但是，如果没有缴纳任何一期前述的分期款项，则未偿还的全部余额均将立即成为到期应付债务；本法典、刑法典的所有可适用于刑罚或罚金的规定，以及因未能缴纳罚金而被课以的监禁刑，将相应地适用。

第319条　未能扣押财产的收监

如果执行扣押财产令的官员报告，其未能发现任何可扣押财产，或者其所到之处征收不到足够的财产以缴纳令状提及的罚金和相关的费用等，除非令状中明确规定的这笔款项及扣押、收监以及转往监狱的全部费用立即得以缴纳，否则法院可以依同一令状或随后的令状，判处被执行者监禁，并可依情况判其是否同时服劳役；监禁期限应在令状中载明。

第320条　可代替扣押财产的收监

如果法院认为，扣押和变卖财产会对罪犯及其家庭造成破坏性影响，或（根据其供述等）该罪犯没有足够的财产可供扣押缴纳，或有其他充足理由（须在备忘录中载明），则法院可视具体情况，代替扣押令的发出或在发出扣押令之后，判处该罪犯监禁（监禁期限应在令状中载明），除非令状中明确规定的款项以及收监和运送到监狱的费用立即得以缴纳。

第321条　监禁后的全额缴纳

因未缴纳罚金等而被判监禁的人，可向对其执行监禁的人缴纳令状中提及的全部款项以及相关费用（如果有的话）；只要该罪犯再无其他需要被监禁的事由，执行监禁的人应当因此而释放该名罪犯。

第322条　监禁后的部分缴纳

（1）因未缴纳罚金等而被判处监禁的人若能缴纳部分罚金，则其被监禁的刑期应尽可能按照相应的比例——此人被判监禁的总天数与此人应缴纳罚金等的总数之比——而减少。

（2）被监禁的罪犯如果适用本条第1款，则应向负责监狱工作的人员提出申请，该工作人员应立即将其带至法院；法院则应当确定，在履行了部分缴纳义务之后，原有的监禁刑期应减去多少，并根据具体情况作出相应命令。

第323条　可以颁发令状的人

执行任何刑罚的令状可以由判处刑罚的法官或治安法官颁发，也可以由他们的继任者颁发。

第十章 缓刑和对罪犯的无罪释放

第 355 条 缓刑令

(1) 缓刑令将在不少于 6 个月且不超过自命令作出之日起的 3 年内有效,具体的缓刑期因案而定;缓刑令应要求被处缓刑者在此期间服从缓刑执行官的监管——缓刑令作出后,被处缓刑者居住地所在区域的缓刑执行官将接到对其监督管理的指令;考虑到案件的具体情况,缓刑令应包括法院认为便于确保对缓刑犯予以监管所需要的条款;为确保缓刑犯有良好行为,或者防止其再犯同样的罪行,或者再犯其他罪行,缓刑令还应包含法院认为应当予以规定的关于居所及其他事项的一些附加条件。

(2) 如果缓刑令包含了有关居所的规定,则该命令应具体确定被处缓刑者将要居住的地点和居住时间;如果此类规定要求被处缓刑者居住在某一社会公共机构内,则在此居住的时间不得延长以致超过自命令作出日起的 12 个月,并且法院应当立即将缓刑令的这些期限向部长通告。

(3) 作出缓刑令的法院应当提供两份命令的副本,一份给被处缓刑者,另一份给将接受监管的区域的缓刑执行官。

第 361 条 缓刑令的修正

(1) 根据本条的规定,基于缓刑犯、负责监督缓刑执行的主要监督官或其他监督官的申请,如果作出缓刑令的法院认为缓刑令的条款应当改变,或者需要增加或删除任何条款时,则该法院可相应地作出命令以修改缓刑令。

(2) 根据本条规定作出命令,不得减少缓刑考验期,或者将缓刑考验期延长至自缓刑令作出之日起 3 年以上。

(3) 根据本条第 1 款作出的命令,可要求缓刑犯在自该命令作出之日起不超过 12 个月的期间内居留于社会公共机构,但前提是,缓刑犯按照缓刑令的规定,居留于任一或某些社会公共机构的期间总长或期间总和未超过 12 个月。

(4) 如果负责监督缓刑令执行的主要监督官或其他监督官提出申请,缓刑犯的住所已经或即将从缓刑令指定的地区或区域变更到其他地区或区域,则法院应当以命令的方式变更缓刑令,将其原先载明的居住地区或区域变更为缓刑犯现居住或即将居住的地区或区域,并且应当将与本案相关的全部案卷和证据移送给该地区或区域的管辖法院;继而根据本章的立法宗旨,该后一法院应当被认为是作出缓刑令的法院。

(5) 除了根据本条规定删除缓刑令中某一条款的修改令,或者将缓刑令中原指定地区或区域替换为新的地区或区域的修改令,可以在不传唤缓刑犯的情况下作出，任何其他根据本条规定作出的修改令，必须在申请者或者被判处缓刑者在场的情况下作出。

（6）当根据本条规定作出的变更、新增或删除缓刑令中某条款的修正令涉及的是要求缓刑犯居住于某社会公共机构时，法院应当立即将该修正令中的相关条款内容告知部长。

第362条　缓刑令的撤销

（1）作出缓刑令的法院可以根据缓刑犯、主要或其他缓刑犯监督官的申请，撤销缓刑令；当撤销申请是由这些缓刑监督官提出的时，法院可在不传唤缓刑犯的情况下直接加以处理。

（2）除非法院有其他命令，否则，缓刑令所针对的犯罪者犯下的、致使该缓刑令得以作出的犯罪行为随后若被法院宣判，则缓刑令不再有效。

喀 麦 隆

喀麦隆刑事诉讼法典[*]

第五卷　判决的执行

第一编　一般规定

第545条　（1）各法院院长均应确保查实其法院作出的裁定、判决和命令已得到执行。

（2）逮捕、羁押或者释放的司法命令与司法决定，在检察院监督下，立即具有执行力；检察院直接将这些命令与决定转送负责执行的机关。

（3）检察院和各当事人就与其各自有关的事项，继续追究已经不可撤销的裁定与判决的执行情况。

第546条　每个法院的书记室和驻该法院的检察院均设置一个"司法裁

---

[*] 本法典于2005年7月27日由国民议会审议通过，共和国总统颁布，2006年8月1日生效实施。本译本根据喀麦隆国家印社印制的文本翻译。

定与判决执行处"。①

第 547 条 以执行第 545 条第 2 款以及《刑法典》第 22 条的规定为保留条件，判决在不能再对其提出缺席判决异议、向上诉法院上诉或者向最高法院提起上诉时，即产生执行力，法律另有规定的均不在此限。

第 548 条 在判决对具体事实的表述有误但不影响其实质，仅仅是妨碍其付诸执行时，作出该判决的法院可以受理请求，对事实表述方面的错误作出更正。

第 549 条 （1）某一当事人认为判决的某项处分规定模糊不清或者发生歧义的，可以向作出该判决的法院的院长提出申请，请求对此项处分规定作出解释。

（2）法庭只能依据判决中已经阐述的理由解释该判决。

（3）对判决的解释权，并不准许变更判决。

第 550 条 不得对正在受到上诉的判决提出第 548 条和第 549 条所规定的更正申请或解释申请。

第二编 关 押

第 551 条 依照司法令状受到羁押的任何人，均送至某一监狱，实行收监关押。

第 552 条 警察、宪兵或者监狱管理部门确保向其发出的移送当事人的要求或提押令得到执行。

第 553 条 （1）受到先行羁押的被追诉人、轻罪被告人或重罪被告人，均收监关押。②

（2）受到羁押的人的个人物品仍留其支配，但如果监狱管理机构出于维护秩序、保障安全或者保持卫生方面的考虑，或者司法机关出于有利于司法侦查的考虑，另作决定的除外。

第 554 条 自判处刑罚的判决不可撤销时起，监禁刑制度当然取代（此前实施的）先行羁押制度。

第 555 条 （1）被判处自由刑的人，按照其所判刑罚的不同类型，分别关押在不同类型的监狱。

---

① 原文为"régis"，通常译为"管理处"或"管理局"。——译者注
② 本法典通常只使用了"prison"（监狱）这一术语，没有提及"看守所"、"拘留所"等概念。——译者注

（2）自由刑的执行条件，由特别法律条文作出具体规定。此种条件，应当在考虑犯罪的性质、判处的刑罚的幅度、被判刑人的性别、年龄、身体和心理或精神状况的基础上，将被判刑人回归社会之必要性与监狱纪律之强制性协调起来。

第三编　金钱性质的处罚①

第一章　金钱性质的处罚的执行

第 556 条　（1）罚金与诉讼费用，向作出判决的法庭的主任书记员缴纳。

（2）（a）在缴纳罚金与诉讼费用之前，主任书记员向被判刑人免费提交包含有罚金和第 558 条第 2 款 a 项规定的诉讼费用的分列细目的判决副本一份。

（b）在罚金与诉讼费用缴纳之后：

（i）向被判刑人出具从保留存根联的单据簿上裁取的收据一份，以及在判决已经不可撤销时，免费提供上述收据的复印件；

（ii）主任书记员向检察院转送此种缴款收据的复印件，以及在判决已经不可撤销时，向检察院转送该收据的节本。

（3）涉及民事利益部分的钱款，自判决不可撤销之日的次日起，由有利益关系的当事人收取。

第二章　（民事）拘禁

第 557 条　（民事）拘禁（contrainte par corps）是一项旨在强制被判刑人执行金钱性处罚或者强制其进行刑事法院所命令的归还物品的措施。

在不履行金钱性质的处罚或者不归还财物的情况下，在检察院监督下，无须事先催告，即可适用民事拘禁。

---

① "金钱性质的处罚"原文为"CONDAMNATIONS PECUNIAIRES"，统指罚金和民事当事人请求的损害赔偿，译者理解，还应包括被判支付的诉讼费用，乃至返还被判刑人实施犯罪所损坏、变卖的涉案物品或财产的价值。法典条文有关民事利益部分的钱款并未仅使用"损害赔偿"的概念。——译者注

（民事）拘禁是指对债务人①实行关押，在受拘禁期间，债务人受强制参加劳动。

第558条 （1）在民事拘禁涉及已经被关押或已受到羁押的人时，在监禁刑刑期届满时，再执行民事拘禁，但如果该人提供保证人，保证其在承诺担保义务起两个月内缴纳金钱性处罚款项，则不在此限。

（2）（a）按照第564条的规定，在判决中具体确定为国家或者为民事当事人受益而宣告的金钱性处罚的款项细目，以及与此种处罚相关的民事拘禁期间。

（b）在为国家受益判处金钱性处罚的情况下，在宣告判决时当即制作一项拘禁令（收监关押令），并将其转交检察院，以备在相应情况下付诸执行。

（c）在为民事当事人的利益判处金钱性质的处罚的情况下，并且在法院判决已经终局确定时，如果该民事当事人应收款项仍未得到全额支付，依该当事人提出的申请，制作拘禁令（收监关押令）。

第559条 没有受到羁押的任何被判刑人，因不执行对其宣告的金钱性质的处罚而收到对其发出的拘禁令（收监关押令）时，如果付清对其判处支付的全部款项，可以免受拘禁或者停止拘禁令的效力。

第560条 （1）依据拘禁令对被判刑人实行关押之后，该被判刑人可以提供保证人，保证自该人签署承诺担保义务起两个月内缴纳全部金钱性处罚款项，以此请求中止拘禁令的效力。

（2）如果被判刑人在受抓捕的当时提供一名保证人，由负责执行拘禁令的司法警察警官听取保证人作出的担保陈述，并将此陈述记录于笔录。

（3）抓捕案卷的副本，转送发布拘禁令的法庭庭长和检察院。

第561条 （1）（a）民事拘禁执行地的初审法院院长，在评议室听取被判刑人及其提供的保证人作出的陈述之后，以裁定的形式就提供保证人之事由作出裁判。

（b）对该项裁定，不得向上诉法院提起上诉。

（2）（a）在同意被判刑人所提供的保证人的情况下，法庭庭长向保证人说明其承诺保证义务的后果，并要求保证人签署一份担保书。保证人在保证书中承诺在第560条规定的期间经过时，或者由其替代被判刑人接受民事拘禁，或者由其缴纳判决规定数额的款项。

（b）在保证人阅读并签署担保书之后，法庭庭长作出裁定，命令立即释

---

① 这里使用的是"债务人"概念，也表明因不执行金钱性质处罚而受到的拘禁不是一种刑罚。——译者注

放债务人。①

（c）保证人不识字的，适用第 185 条第 1 款 b 项的规定。

（d）立即向监狱管理人通知该裁定书，并向签发拘禁令的法院院长及检察院转送裁定书的副本各一份。

（3）在被判刑人所提供的保证人未能得到法庭同意时，只要被判刑人有此愿意，均可提供新的保证人。

（4）保证人由于不履行义务而受到民事拘禁的，只有在所欠的款项全额缴清之后，才能提前停止拘禁。

第 562 条 在只缴纳了部分款项的情况下，根据尚欠款项的数额决定实行（民事）拘禁的期间。

第 563 条 （1）惟一被判处罚金刑的违警罪被告人、轻罪被告人或重罪被告人，已经受到先行羁押的时间扣减其待受（民事）拘禁的期间。法庭庭长在签署拘禁令时即进行此项扣减。

（2）本条第 1 款的规定仅适用于罚金和诉讼费用。

第 564 条 （1）对于罚金与诉讼费用，民事拘禁期间按照以下规定确定：

（a）罚金与诉讼费用的数额不超过 1 万法郎的，拘禁期间为 20 日；

（b）数额超过 1 万法郎但不超过 2 万法郎，拘禁期间为 40 日；

（c）数额超过 2 万法郎但不超过 4 万法郎，拘禁期间为 3 个月；

（d）数额超过 4 万法郎但不超过 10 万法郎，拘禁期间为 6 个月；

（e）数额超过 10 万法郎但不超过 20 万法郎，拘禁期间为 9 个月；

（f）数额超过 20 万法郎但不超过 40 万法郎，拘禁期间为 12 个月；

（g）数额超过 40 万法郎但不超过 100 万法郎，拘禁期间为 18 个月；

（h）数额超过 100 万法郎但不超过 500 万法郎，拘禁期间为 2 年；

（i）数额超过 500 万法郎，拘禁期间为 5 年。

（2）对于民事损害赔偿，本条第 1 款规定的拘禁期间相应减半。

第 565 条 对于在执行拘禁时未满 18 周岁或者已满 60 周岁的人或孕妇，不得实行民事拘禁。

第 566 条 不得同时对丈夫和妻子实行民事拘禁，即使是为了收取与不同的有罪判决相关的款项，亦同。

第 567 条 刑罚时效期间经过时，不得为了收取罚金与诉讼费用再行签发任何拘禁令。

---

① 即被判刑人。——译者注

第 568 条 （1）自判决不可撤销之日的次日起，经过 10 年期间，不得为了收取民事损害赔偿或者要求归还财产再签发任何民事拘禁令。

（2）10 年期间经过之前已经发出的拘禁令，直至债务的时效期间经过，均可继续执行。

第 569 条 不得对下列之人宣告实行民事拘禁：

（a）应负民事责任的人；

（b）责任保险人。

第三章 民事拘禁的效力

第 570 条 依据民事拘禁令受到拘押的人，受到与普通法被判刑人实施的相同制度的约束。

第 571 条 （1）（a）被判刑人受到民事拘禁的，并不因此免除其应当缴纳的据以实行拘禁的罚金与诉讼费用，也不免除其支付引起拘禁的损害赔偿和归还财物。

（b）检察院或民事当事人均可随时按照民事扣押程序所确定的规则，请求按照其债权的数额限度，扣押被判刑人的动产和不动产。

（2）上述第 1 款 b 项所规定的请求权的时效期间为 30 年，自民事拘禁终止之日的次日起开始计算。

第 572 条 民事拘禁结束之后，不得再因同一债权实行此种拘禁。

第四编 犯罪记录

第一章 犯罪记录档案

第 573 条 （1）在以下部门设置犯罪记录：

（a）初审法院的书记室；

（b）（负责）司法（事务的）部。

（2）设置在初审法院书记室的犯罪记录，称为"区犯罪记录档案"，该记录档案涉及的是出生在该法院辖区的人。

（3）在（负责）司法（事务的）部设置的犯罪记录，称为"中心犯罪记录档案"，主要是将以下各项登记档案集中管理：

（a）出生在国外的、有喀麦隆国籍或外国籍的人的犯罪记录档案；

（b）出生在喀麦隆但没有向喀麦隆户籍身份登记部门进行出生申报的外

国人的犯罪记录档案；

（c）出生地不明或者身份存有疑问但拥有喀麦隆国籍的人的犯罪记录档案。

第 574 条 喀麦隆某一刑事法庭宣告某项有罪判决或保安处分措施时，该法院的主任书记员将判决的主文转录于被称为"犯罪记录登记档案"内，该登记档案一式五份。

该登记档案中的两份发送给被判刑人出生地的初审法院的书记室，归入该人的犯罪记录。

该登记档案中的另外两份发送给"中心犯罪记录档案"，以便按姓名首个字母的顺序排列归档。

第五份登录档案归入相关案件的诉讼案卷。

第 575 条 （1）送交"区犯罪记录档案"和"中心犯罪记录档案"的登录档案副本，在必要时，应写明有关提起救济申请的情况。

（2）在犯罪记录的登记档案的副本已经发送之后（当事人）才提出救济申请的情况下，对案件作出审理裁判的法院的书记室，向上述各登记档案室发送当事人提出救济申请的文书，以便在副本上写明上述第 1 款所规定的情况。

第 576 条 喀麦隆法院或外国法院对同一个人分开宣告过几项有罪判决或保安处分措施，该人的犯罪记录中即包含有几个登记页面。

第 577 条 犯罪记录的每一张登记页面记载的内容包括：

（a）（被判刑人的）身份信息、照片、指纹、其外貌形态和体貌特征的表述；

（b）国内或外国刑事法庭宣告的有罪判决及保安处分措施；

（c）因违警罪受到有罪判决的情况；

（d）适用《刑法典》第 46 条、第 48 条和第 49 条的规定宣告的特别措施；

（e）此前发出的各项查找当事人的通知书；

（f）宣告破产或司法清算的判决；

（g）特赦决定；

（h）复权决定。[①]

第 578 条 （1）宣告无罪的判决已经不可撤销时，经此判决撤销的（原）有罪判决或保安处分措施有关的登记页面，从（当事人的）犯罪记录中撤出。

---

① 参见第 676 条。——译者注

（2）以下有罪判决，亦从（当事人的）犯罪记录中撤出：

（a）经再审程序被撤销的判决；

（b）因获得大赦或复权而消失的判决。

（3）按照本条第1款和第2款的规定从犯罪记录中撤出的登记页面归入犯罪记录的存档档案。非经检察院的书面批准，不得从已经归入存档的档案中调取任何信息。

第579条 （1）在提出某项救济申请并作出裁判之后，如果对原有罪判决或保安处分措施作出了变更，应当在犯罪记录的相应登记页面上作出变更记载。

（2）如果原判决经过改判之后只保留了附加刑或保安处分措施，应当制作一份专门记载该附加刑或该保安处分措施的新的登记页面。原先的登记页面从犯罪记录中撤出，并归入犯罪记录的存档档案。

（3）如果在获得大赦或复权之后原先判处的附加刑或保安处分措施仍然存在，原先的登记页面从犯罪记录中撤出并归入犯罪记录的存档档案。

第580条 （1）从犯罪记录的登记页面调取的信息、资料，称为"犯罪记录节录"，应行政机关、司法机关的请求，或者应所涉及的人提出的请求，以"犯罪记录登记表"的形式，传达给提出此种请求的人或机关。

（2）（a）由初审法院的主任书记员提交的犯罪记录登记表，需经共和国检察官签字；

（b）由犯罪记录中心部门提交的犯罪记录登记表，需经负责司法事务的部长或其代表签字。

第二章 犯罪记录登记表

第581条 （1）犯罪记录分为以下三种登记表，即一号登记表、二号登记表与三号登记表：

（a）一号登记表是关于某一特定个人的犯罪记录登记的完整列表，该登记表上逐一列出对该人宣告的所有有罪判决、保安处分措施和驱逐命令。

（b）二号登记表包含与一号登记表相同的记载事项，但由于大赦和复权已经消灭的判决不再登记于二号登记表。

（c）三号登记表只提交给犯罪记录所登记的本人。三号登记表只登记没有因大赦或复权而消灭的判处自由刑的有罪判决。此外，三号登记表上还登记与道路交通相关的各项处罚。

一号登记表与二号登记表，由行政机关和司法机关提出请求，提交给这些机关。

（2）如犯罪记录上没有任何登记事项，或者登记页面上登记的有罪判决或保安处分措施尚未成为不可撤销的裁判，提交的登记表应写明"无"或"空白"。

第 582 条 （1）任何人，想要申请更正其犯罪记录上的某一记载事项的，向作出（相应）判决的法庭的庭长提交申请，一式两份。

（2）检察院有权依职权按照相同形式提出更正犯罪记录上的登记事项的要求。

（3）法庭庭长在听取申请人、检察院以及其他可以提供有益证言的人的陈述之后，在评议室作出裁判。

（4）如果申请被驳回，判处申请人支付费用。

（5）如果申请得到接受，由国库承担费用。

（6）命令进行更正的决定，登录于犯罪记录的登录页面。

第 583 条 在对当然复权或适用大赦法律有争议的情况下，适用第 582 条的规定。

第六卷　特别程序

第十二编　假　释

第二章　相应措施的中止执行

第 692 条 如果被判刑人在判处主刑之后，被送至专设的精神病治疗收容机构、流放、在服刑之后被采取监控与救助措施，或者被禁止从事特定的职业，假释令可以中止执行这些措施。在主刑刑期届满之后，被中止执行的这些措施即属最终确定终止执行。

肯 尼 亚

肯尼亚刑事诉讼法典[*]

第十部分 刑罚及执行

死 刑

第332条 将记录和报告提交给总统

（1）在宣判死刑后的尽早的适当时间内，如果没有确认的对判决的上诉，则审判长应在宣判后尽早的适当时间内，向总统递交法庭上采集的证据笔录的副本，以及其签署的包含其认为适当的建议或意见的书面报告。

（2）总统在审议报告后，应向审判长或其下属作出批示，审判长应将批示的决定和内容记录在法庭记录中。

（3）总统应签发死刑执行令或减刑命令或赦免令，并签名和加盖肯尼亚公章使上述决定生效，并且

（a）如果须执行死刑，执行令应写明行刑的地点和时间，并应指示受刑人尸体埋葬或火化的地点。

（b）如果减为其他惩罚，减刑命令应写明具体的惩罚。

（c）如果此人被赦免，则赦免令应说明是否为无偿，或应服从的条件（如有）：

总统的执行令可以指示行刑的地点和时间，而受刑人尸体埋葬或火化的地点应由执行令中写明的特定官员指定。

（4）死刑执行令、缓刑命令或赦免令应具有充足的法律权威使接受命令的所有人员执行死刑或其他处罚判决，以及按照相应条款执行其中指示。

---

[*] 本法典于1930年8月1日由肯尼亚议会批准通过，2008年进行了修订。本译本根据肯尼亚法律网（http：//www.kenyalaw.org）提供的英语文本翻译。

其他刑罚

第 333 条　监禁刑许可

（1）由法官或治安法官签发的关于判处某人应在肯尼亚境内监狱接受监禁刑的命令，应由宣判的法官或治安法官签发，且应具有充分权力使监狱负责官员和其他全部人员执行命令中规定的处罚，死刑除外。

（2）根据刑法典第 38 条规定，每项处罚应视为开始于宣判处罚的日期并包括宣判处罚日的全天，本法典另有规定的除外。

如果按照本条第 1 款被判刑的某人在宣判前被羁押，则羁押的时间应计入刑期。

第 334 条　罚款等许可

（1）如果法院命令被告人、起诉人或原告支付罚款、罚金、赔偿金、诉讼费其他或开支，可以在有许可证的条件下以扣押和拍卖此人的动产和不动产的方式征收上述款项；但如果其出示的动产足以支付命令中的数额，则不应拍卖其不动产。

（2）此人可以向执行许可证的官员支付或偿还许可证中规定的金额以及截至付款或偿还日期扣押财产而产生的费用，随后该官员应停止执行许可证。

（3）本条款中的许可可以在签发法院辖区内执行，当得到此人财物被发现地点所在辖区的第一级或第二级下级法院的治安法官授权后，扣押和拍卖该财物应不受地域限制。

第 335 条　反对扣押

（1）对于按照第 334 条规定签发的扣押和拍卖许可的全部或部分财产，如果某人声称对其拥有合法或公平权益，则此人可以在法院收到上述财产拍卖收益前的任何时间，以书面方式通知法院其反对扣押该财产；该通知应简要列明此人（本条中以下称为反对者）对全部或部分被扣押财产认领的性质，并应证明其认领的财产的价值，该价值应在宣誓书中被宣誓列明，随上述通知一并提交。

（2）当收到根据本条第 1 款提交的有效通知后，法院应立即向持有执行许可证的官员下达书面命令，要求中止执行程序。

（3）按照本条第 2 款签发命令后，法院应立即下达书面通知，要求反对者于通知上规定的日期到庭证明其认领声明。

（4）对于按照第 334 条规定被签发财产扣押许可的某人，应向其送交通知，除非上述财产适用于支付罚款，否则也应向有资格获得财产拍卖收益的人送交通知；如果其希望在反对意见听证中被听取意见，通知应写明规定反对者出席的时间和地点，并要求被送交通知的人在同一时间和地点出庭。

（5）在规定的反对意见听证日期，法院应调查认领要求，为此可以听取反对者提供或引证的任何证据，以及本条第4款中规定的被送交通知的人提供或引证的任何证据。

（6）在认领要求的调查中，如果法院认为该财产在被扣押时不属于被命令付款者或为其托管的某人，或没有被承租人或其他向其支付租金者占用，或法院认为被命令付款者当时拥有财产的情况属于非自己所有，或为他人托管而占有，或与他人共同拥有，则法院应命令对全部或其认为适当程度的财产解除扣押。

（7）如果在规定的出席日期，反对者没有出席，或在根据本条第5款规定对认领要求进行调查时，法院认为反对者没能证明其要求，则法院应命令继续执行扣押，并应对诉讼费作出相应的规定。

（8）如果声称对被扣押财产拥有合法权益的某人没有遵守第1款的要求，本条不应视为剥夺了其依法采取本条规定以外其他任何程序的权利。

第336条　因不交纳罚款而延迟执行监禁刑

（1）如果罪犯仅被判处罚款和由于不履行付款义务被判监禁，不论是否按照第334条签发了扣押许可，法院可以推迟执行监禁，并且如果此人可以保证在执行保证起不超过30日内的某日到庭，不论有无保证人，法院如果认为适当可以在罪犯执行保证后将其释放；如果到庭当天及之前未交纳罚款，法院可以根据本条其他规定命令立即执行监禁。

（2）当法院下达了付款命令，且法院在不能收回款项时可以判处监禁的情况下，如果未能立即支付上述款项，则法院可以要求被命令付款者执行本条第1款规定的担保，如果此人未遵守上述规定，法院可以按照款项未收回的情况处理，立即对其判处监禁。

（3）法院可以命令按照其认为适当的次数和数额分期支付本条的款项；但如果发生任何一笔分期付款未完成，则应立即缴付未付清的全部款项，并且本法典和刑法典中关于罚款和不履行付款的监禁的全部规定应相应适用。

（4）如果由于法院允许某人按照第1款延期付款或按照第3款分期付款，而此人未支付某笔款项，则法院在对此人财产进行询问前不应签发收监令。

（5）在根据本条第4款规定进行询问后，法院可以不签发收监令，而是命令延长付款时间，或修改法院此前命令分期付款的数额和次数。

（6）为了使本条第 4 款中规定的询问能够进行，法院可以签发传票要求应付款者出庭，如果此人未按照传票要求出庭，法院可以签发逮捕证将其逮捕，或不签发传票而在初审时签发逮捕证将其逮捕。

第 337 条　缺少扣押财产时的监禁

如果持有扣押执行许可证的官员报告没有发现财产或没有发现足够的财产征收扣押许可令中的款项，除非命令中写明的款项和扣押、收监和押送至监狱的所有费用在此之前已被交纳，否则法院可以在同一或其后签发的命令中将应付款者收监，监禁的期限应在上述命令中写明。

第 338 条　代替扣押财产的监禁

如果法院认为扣押和拍卖财产将对应付款者或其家属产生毁灭性的影响，或（据应付款者供述或其他）此人没有可以扣押的财产，或有其他法院认为充分的原因，除非命令中写明的款项和扣押、收监和押送至监狱的所有费用在此之前已被交纳，否则法院可以不签发扣押令或在签发扣押令后，将此人收监，监禁期限应在命令中写明。

第 339 条　监禁后全额缴纳

由于不履行付款义务被监禁的人可以向羁押他的人支付上述命令中规定的款项和应支付的费用（如有），在没有其他羁押事由的情况下，羁押者应立即将其释放。

第 340 条　监禁后部分缴纳

（1）如果行使刑事司法权的法院根据本法典或其他法律判决某人支付一定数额的款项，而此人因未付款而被监禁，当此人支付了部分应付款项后，应尽可能按照已付款和应付款的比例相应减少总监禁天数。

（2）此人被监禁的监狱负责官员收到此人希望适用本条第 1 款规定的申请后，应立即将其带至法庭，法院应决定由于部分付款可减少的监禁期限，并在情况需要时下达减少监禁期限的命令。

摩 洛 哥

摩洛哥刑事诉讼法[*]

第三卷 未成年人专门法规

第五编 执行裁决

第505条 未成年人特殊机关宣布的裁决应当记录在法庭书记员掌管的专门记录中并秘密保存。

第506条 法院记录包括保护和教育措施的决议。

除下述第665条最后一款规定的任何公共机关和机构外,法官和自由监管机构只执行递交的二号文件。

第507条 如果未成年人行为表现良好,自保护或教育措施期限届满之日起3年内,自行或依检察官、上述未成年人及其法定代理人、委托人、代理人、担保人或具有监护权的个人或组织要求,未成年犯罪审判法官可命令撤销对未成年人采取措施的一号文件。

执行初步侦查的法官、临时羁押未成年犯的法官或扣留未成年犯的法官对此进行审理。

10日内可向未成年人重罪上诉法院对法官的裁决提起上诉。

如果宣布裁决取消,与上述措施有关的一号文件无效。

第508条 在暂时或长时间将未成年犯交予除其父母、委托人、代理人、担保人或保释人之外的人员或机构的情况下,宣布的裁决应当依据收入确定上述人员或机构应缴纳的费用。

如果能证明此家庭贫穷,则应当免除其费用。

---

[*] 本法于2002年10月3日由专家委员会与众议院批准通过,最近一次修正时间是2011年10月27日。本译本根据摩洛哥政府官网(http://www.mce.gov.ma)提供的阿拉伯语文本翻译。

此机构应当从刑事审判机关中挑选而来。

未成年人得到的家庭补偿和社会帮助，一般情况下在监护和委托期间，由民事机构方直接交给监护未成年人的个人或组织。

如果将未成年人交给儿童保护公共机构，国家应当承担非监护和委托机构家庭责任。

第509条 除移交民事申请人外，对未成年人司法机构宣布的裁决，视情况免除登记和记录程序。

第六卷 司法裁决、司法记录、恢复名誉的执行

第一编 司法裁决的执行

第一章 总 则

第596条 由初审法院的一个或多个审判法官执行司法裁决。

审判法官由司法部任免，任期3年，可以连任。

如果存在因素妨碍审判法官审判，使其无法履行职责，法院院长可以指定一名审判法官临时代其履行职责。

审判法官每月至少一次视察其所属初审法院机关下属的监狱机构；

跟进监狱对羁押、囚犯权利及监督惩戒程序的组织、执行进程；

查看逮捕记录、制作视察监狱的报告并将其提交给司法部，同时将其副本提交给检察官；

有权保管服刑罪犯的罪犯卡，其中载明囚犯身份、批捕号码、司法裁定、惩戒记录及法官意见。

有权提出豁免、假释的建议。

按照本法履行其职责，并履行规定的其他义务。

第597条 检察官和民事当事人应按照本节所述的要求，跟进诉讼决议的执行。

当裁决不接受普通诉讼或当事方撤诉时，应当按照检察官的要求执行。

王国检察官或王国总检察官有权弹劾公权力。

第598条 依据民事诉讼法，经民事当事人提请，可以执行裁决，一旦作出民事赔偿的，就不再接受任何普通抗诉。

不允许采取强制措施，除非上述裁决有既判力。

第599条 作出裁决的法院考虑到执行过程中出现的纠纷，可对裁决中出

现的文字性错误进行更正。

第 600 条 法院应根据检察官或当事人的请求，在商讨室处理案件时，可以听取检察院代表的意见，律师申请时，法庭认为必要时也可听取当事人的意见。对裁决有争议时，法院可以下令中止执行该裁决。

中止执行裁决除接受撤诉外，不接受任何上诉。

第二章 死刑的执行

第 601 条 一经作出死刑判决，检察官应当立即将此判决告知司法部。

第 602 条 只有豁免请求被驳回后，死刑才可执行。

如果经确认，罪犯处于怀孕期，须在其分娩两年后再执行死刑。

司法大臣以书面形式下达命令后，由判决死刑法院的检察官所指定的军事机关执行。

第 603 条 死刑执行不得公开，除非司法大臣作出公开执行死刑的决定。

死刑执行地点为羁押罪犯的监狱或司法部所指定的其他地点，执行时下列人员应到场：

1. 作出判决的刑事法庭庭长或一名由上诉法院第一庭长指定的该法院的陪审员；
2. 一名由作出判决的上诉法院的王国检察官指定的检察官；
3. 一名侦查法官或一名由上诉法院院长指定执行地所属法院的审判法官；
4. 一名死刑执行地所属法院的书记员；
5. 罪犯的辩护律师；
6. 执行地的监狱机关主任，如果执行地不在羁押罪犯的监狱则为罪犯所羁押的监狱的狱长；
7. 国家安保人员或检察官所委托的皇室宪兵；
8. 监狱医师，如果没有则由检察官指定一名医生；
9. 一名阿訇，两名公证人，如果被判处者不是穆斯林则由其所信仰的天启宗教的代表参加。

第 604 条 如果被判处者要发表声明，则可以在书记员的帮助下，由侦查法官或上述条款第 3 项所指的审判法官接受其声明。

第 605 条 当即由书记员记录在执行备案录中，并由所有刑事法庭庭长或上诉法院院长指定的陪审员、检察官代表及书记员签字。

执行完毕后，直接将执行备案录副本悬挂于执行监狱的门口处，悬挂 24 小时。

如果执行地点设于监狱外,则将执行备案录悬挂于该市政府大门。

第606条 除执行备案录以外,不得在公报上刊登任何与死刑执行相关的文件。违反者被处以缴纳10000迪拉姆到60000迪拉姆不等的罚金。

在整个刑罚期间(包括在死刑执行前或在告知罪犯豁免前),禁止以任何形式刊播任何消息、特赦委员会的任何意见或国王下达的命令。

第607条 死刑执行后如果家属要求,被行刑者的遗体可以由其家属认领并公开下葬。否则,由检察官的专门机关进行安葬。

第三章 拘留与剥夺人身自由的执行

第608条 只有司法机关下令逮捕或司法部门的裁决具有既判力,并遵照本法中与押解令相关的第66条及第80条的要求,才能对犯罪嫌疑人实施羁押、监禁、逮捕或强制措施。

只有司法部下属的公安机关才能执行逮捕任务。

第609条 根据第608条规定的司法机关出台的文件,对每次逮捕作逮捕记录,不管是公安机关执行的逮捕还是接到逮捕令执行的逮捕。

第610条 执行逮捕命令应遵照第23.98号法律第15条第2款的规定,关于监狱部门组织、运作的法律,文号为1.99.200,发布日期为伊历1420年5月13日(公历1999年8月25日)。①

第611条 监狱管理部门的公职人员②没有以上第608条所规定的逮捕证,在未记入上1条所指的第23.98号法律第13条所规定的逮捕记录之前,不得擅自接受或扣押犯罪嫌疑人,否则将触犯非法拘留罪名。

第612条 刑罚执行机关应认真制作逮捕记录。

根据刑罚执行机关纪律法所规定的途径,逮捕记录应在各司法机关的人员视察监狱时被递交给司法机关以进行监督、认证,同时也应提交给刑罚执行机关所属执行搜查的专门机关。

第613条 在需要的情况下,应当将限制人身自由的生效日期算入收监日期,同时应将逮捕日期和执行监视居住日期算入收监日期。

---

① 官方公报第4726期,伊历1420年6月5日(1999年9月16日),第2283页。
② "监狱和重返社会管理委员会"取代了"监狱管理部门"这一说法,根据第2.08.772法令,发布日期为伊历1430年5月25日(2009年5月21日),关于管辖的确定及监狱和重返社会管理委员会的组织,官方公报第5750期,伊历1430年7月16(2009年7月9日),第3842页。

第 614 条　如果司法部门主管下令释放审前被拘捕者，或者在押者、被执行强制措施者已经服刑完毕同时没有接到继续羁押的命令的，刑罚执行机关负责人应对其予以释放。

监狱委托人撤销拘留，应在罪犯档案、释放时或出狱时的羁押记录上作出保证声明，同时应在这份文件中指明其原因。罪犯档案和羁押记录中应注明出狱日期与时间。

第 615 条　只要刑罚执行机关具备足够的安全性、容纳量，被告人应被羁押在初审法院或上诉阶段立案的法院所处地的当地监狱内。

依据第 23.98 号法律的规定，关于监狱部门组织、运作的法律，文号为 1.99.200，发布日期为伊历 1420 年 5 月 13 日（公历 1999 年 8 月 25 日），允许在押者在遵守秩序的前提下进行通信以便行使抗辩权。

第 616 条　刑事法官、王国检察官或其代表每月至少对在押者进行一次检查以确保羁押执行无误，并应当完好保管羁押记录。

法官应对每次检查做好记录，并及时报请司法部。

第 617 条　检察院代表负责执行限制人身自由的刑罚，应当记录刑罚执行的情况。

应当确保每次会议后逐天整理记录的内容，并积极执行。

第 618 条　所有人在未经裁决有罪之前，应被认定无罪。

审前被拘捕者，是指被追究刑事责任但未经裁决的在押者。

被执行强制措施者，是指因不履行义务①而被拘禁者。

第 619 条　入狱的被告人或因犯罪被追究者应服从执行于其他罪犯的同一制度，但执行机关应为入狱的被告人或因犯罪被追究者维护自己的抗辩权提供便利。

根据上文提到的关于刑罚执行机构与运作的第 23.98 号法律，必要时侦查法官可以禁止被执行人与他人联系。

第 620 条　各州、省、地区的监督委员会应负责营造健康、安全的环境，丰富预防疾病的方式、制定合理的饮食制度、保障正常生活条件，同时对他们进行道德教育，帮助他们被释放后融入社会、找到合适的社会定位。

---

① 　与上述第 23.98 号法律第 1 条比较：
"这部法律中被拘留者，指被采取限制自由及被羁押在监狱内的人。
审前羁押者，指未经最终裁决的被羁押者，可以是被推定、被追究、被控告者。
被定罪者，指经最终裁决被限制人身自由的人。
被执行强制措施者指，因强制措施法规被羁押者。"

监督委员会由省长、公职人员或特派专员担任领导,初审法院院长、初审法院的王国检察官、刑事法官、健康公共部门代表、机关委员会会长、全国青年与体育及职业培训事务的社会部门代表辅助其完成工作。

此外,委员会还包括司法部任命的志愿者,他们或来自协会、组织,或为关心罪犯命运的知名人士。

第 621 条 上述条款所规定的委员会才有视察州、省或地区监狱的资格;视察后,应将视察报告提交司法部,其中必须表达委员会的意见并指出应制止的过分不当之处,从而不断改进。

监督委员会可以向特赦委员会提名可以获得免罪的罪犯名单。

监督委员会不能行使相关权力。

监督委员会有资格视察以上第 471 条和第 481 条所规定的劳教所。在这种情况下,初审法院未成年犯罪审判法官和儿童公共部门代表也应加入到视察的队伍中,同时,来自协会、组织的志愿者、关爱儿童的知名人士或由司法部指定的人员也可以介入。

在此情况下,监督委员会要向司法部提交本条第 1 款所指的视察报告。

第四章 假 释

第 622 条 如果因重罪或非重罪被限制人身自由的罪犯服刑期间表现良好,同时具备以下条件的,可以被假释:

1. 轻罪罪犯,服刑时间至少超过被判刑期的一半;
2. 重罪罪犯、重罪案件的轻罪罪犯、判处刑期超过 5 年的轻罪罪犯,服刑时间须至少超过被判刑期的 2/3。

如果罪犯被驱逐出境,自驱逐出境裁决生效之日起算,服刑刑期不得少于 3 年。

第 623 条 如果罪犯被判数种刑罚,则羁押应单独执行。

如果因为特赦减轻刑罚,则应按照减刑后的刑罚执行。

在另一刑罚下达之前应执行先前裁决的刑罚,即使另一刑罚生效日颁布了关于豁免的文件。

第 624 条 司法部由假释委员会负责表达假释意见,委员会主席为刑事与特赦事务主管或其代表，由其代替司法部掌管委员会，委员会由监狱及重返社会部①主管或其代表、最高法院首任院长代表及最高法院的王国总检察官组成。

委员会的书记员由刑事及特赦事务局的工作人员担任。

第 625 条 根据文号为 2.00.485，批准日期为伊历 1421 年 8 月 6 日（公历 2000 年 11 月 3 日）第 155 条的规定，关于执行监狱机构组织、运行的第 23.98 号法律，文号为 1.99.200，发布日期为伊历 1420 年 5 月 13 日（公历 1999 年 8 月 25 日）②，罪犯服刑的监狱负责人应主动提出假释意见，或根据相关命令、家属要求、司法部或监狱管理机构的指令、刑事法官的倡议提出主要意见、建议，并应当将其一并提交给执行以上第 156 条要求的监狱管理与重返社会部门主任，然后再提交给以上第 624 条规定的委员会。

第 626 条 每年至少应向委员会提交一次意见书。

第 627 条 根据以上第 624 条所指的委员会的意见，司法部作出假释决定的，应依法执行。

根据决定的要求，立即执行假释并采取监督措施，以便于被假释者融入社会，特别是——

1. 向国库缴纳一定金额的资金，或向被害人提供裁定的赔偿；
2. 如果被假释者为国家公民，其有义务在皇家武装部队服役；
3. 如果被假释者非本国公民，则应被驱逐出境。

在假释决定证明中，应载明将被假释者的姓名、服刑监狱、假释生效日期、（如为本国公民的）被假释者被遣送地点、被假释者到遣送地点所服役机关的证明、被假释者的临时转移或变更住址条件。

如果委员会不同意，则不能被假释。

第 628 条 监狱长应将假释决定告知受益人，并制作假释通知书同时发予其证件，其中包括被假释者的身份证明、犯罪情况、决定的副本及假释通知书副本。

假释决定的副本应提交给王国检察官及被假释者派遣地的省长或工作人员。以上机关应将其决定报请皇家宪兵和警察局，命令被假释者前往皇家宪兵和警察局。如有需要，应将其决定告知皇家宪兵和警察局，以及告知其在假释

---

① "监狱管理与重返社会部总代表"取代"监狱管理与重返社会部门主任"，根据关于监狱管理与重返社会部总代表的任命及管辖权的规定，第 1.08.49 号法律，颁布日期为伊历 1429 年 4 月 22 日（2008 年 4 月 29 日），官方公报第 5630 期，伊历 1429 年 5 月 9 日（2008 年 5 月 15 日），第 1159 页。

② 官方公报第 4848 期，伊历 1421 年 8 月 19 日（2000 年 11 月 16 日），第 3029 页。

过程中可能会发生的突发状况或违反决定中的假释条件的情况。

假释决定的副本也应提交给负责刑罚执行的法官。

第 629 条 只有刑期结束才能予以释放。如果刑期未结束，被假释者行为不端或不服从假释决定的条件，可以取消对其假释。

紧急情况下，检察官、省长或公职人员可以下令逮捕被假释者，但必须要在 48 小时内报请司法部，然后司法部决定是否要继续对其实施羁押。

第 630 条 撤销假释生效日期从罪犯继续服刑之日算起，再次收监需要执行的刑期以裁决自假释生效后还须服刑的刑期为准。但应按照以上条款决定羁押刑期以确定最终释放时间。

第 631 条 在司法记录本 1 号证明上，应载明所有的假释决定或取消假释的决定。

第 632 条 不得对作出的假释决定提出上诉。

第五章 经济制裁及强制措施的执行

第 633 条 除非有专门的法令规定，诉讼费、罚金的缴纳一律由金融部、上诉法院稽查处及法庭掌管。

依据关于罚金收缴和经济制裁的谢里夫文件，法律文号为 1.00.175，颁发日期为伊历 1421 年 1 月 28 日（公历 2000 年 5 月 3 日），上诉法院及国内法庭的书记员有权协同警察进行关于收缴公共债务的记录集的第 15.97 号法律所规定的追责。

定罪裁决通过文件的形式发布，然后按照文件的要求依法向罪犯收缴罚金。定罪裁决金一旦获得既判力，就应收缴罚金。

如果决定声明罪犯只能当场缴纳罚金，就要立即支付。检察官向其下达支付命令后，可由书记员收缴罚金及诉讼费。

第 634 条 在被告人无能力缴纳诉讼费、罚金、欠款、赔偿金的所有费用时，应按下列顺序缴纳：

1. 诉讼费；
2. 欠款；
3. 赔偿金；
4. 罚金。

如果按照法律对各种罪行作出裁决，应按照下列顺序缴纳被判处的罚金：首先是重罪罚金，其次是非重罪罚金，最后是违法者罚金。

第 635 条 如果收缴上一条所指的费用的过程没有进展或财产不足以缴纳

所有费用，无法按法律收缴罚金、欠款、赔偿金、诉讼费，可以采取强制措施。

可以对债务人进行羁押并采取强制措施，但是债务人在任何情况下都必须通过正常执行途径完成后续的程序。

但如果被告人声明其经济贫困，并持有省长、市长或市长代表所开具的困难证明及被告人居住地的税务局开具的免税证明，则不能对其执行强制措施。

第 636 条 法院在作出关于罚金、欠款、赔偿金或诉讼费的裁决时，应确定强制措施执行期。

如果对判处的强制措施及确定的服刑期不服，即使被告人上诉，也应在商讨室重新裁定并执行裁决。

以下情况除外：

1. 政治犯；

2. 被判死刑或无期徒刑；

3. 犯罪时，年龄不满 18 周岁；

4. 罪犯年龄已满 60 周岁；

5. 因其妻子、父母、子女、姐妹、兄弟、叔伯及其配偶子女、舅舅及其配偶子女、同辈姻亲而担负债务的。

第 637 条 即使因为不同的债务，也不能对夫妇两人同时执行强制措施，不能对孕妇及分娩两年以内的哺乳期妇女执行强制措施。

第 638 条 除有专门的法令另有规定外，应按以下条款确定强制措施期间。

1. 如果罚金金额或除罚金以外的经济制裁金额低于 8000 迪拉姆，刑期为 6 日到 20 日不等；

2. 如果金额达到或超过 8000 迪拉姆，少于 20000 迪拉姆，刑期为 15 日到 21 日不等；

3. 如果金额达到或超过 20000 迪拉姆，少于 50000 迪拉姆，刑期为 1 个月到 2 个月不等；

4. 如果金额达到或超过 50000 迪拉姆，少于 20 万迪拉姆，刑期为 3 个月到 5 个月不等；

5. 如果金额达到或超过 20 万迪拉姆，少于 100 万迪拉姆，刑期为 6 个月到 9 个月不等；

6. 如果金额达到或超过 100 万迪拉姆，刑期为 10 个月到 15 个月不等。

如果强制措施的目的在于收缴欠款，则应按照被判定的总金额来计算刑期。

第 639 条 应将强制措施执行申请、以下第 640 条所规定的文件、决定的副本一并提交给特定的第一审法庭王国检察官。

第 640 条 对于强制措施的执行，即使已经作出司法裁决，也只有在刑事法官收到王国检察官移交的文件，经核实符合下列条件并同意执行后，才可以执行：

1. 申请强制方向被要求执行强制措施者发出警告，在接到警告 1 个月后仍无效果；

2. 申请强制措施的一方提交了书面申请，请求对罪犯实施羁押；

3. 经证实，不得能对负债人的资金进行处置。

根据第 641 条的规定，只有在刑事法官批准后，王国检察官才能命令警察对被要求执行强制措施者实施逮捕。

第 641 条 不同于以上要求，如果裁决具有既判力、罪犯仍然处于被羁押状态，则接受强制措施申请的监狱长会向罪犯发出书面还款警告，其中应包含警告书，还应包含经济制裁定罪裁决概要、诉讼费及规定的强制措施期间。

如果罪犯还清欠款，则会收到有保存存根的收据，记录本由负责该项任务的监狱的财务处所保管，凭此收据即可证明已还清欠款，随即通知定罪法院的书记员及财务处。

如果罪犯声称其无能力偿还债务，监狱长应将这种情况写入记录册中并及时将其提交给检察官。

阅读完上述记录后，检察官应在羁押罪犯的法令上签字。根据以上第 635 条最后一款的规定，经过裁决后对罪犯执行强制措施。

第 642 条 如果未事先将定罪裁决通告债务人，则应先通知债务人再下达警告。不能在告知定罪裁决前下达警告。

第 643 条 如果存在纠纷，被逮捕的罪犯或被羁押的罪犯应被押解到逮捕、羁押地的初审法庭，由法庭庭长裁定纠纷。

如果是有关执行强制措施过程中身体健康的纠纷，法庭庭长应及时裁定纠纷并执行裁定。

根据第 599 条、第 600 条的规定，如果是偶发性纠纷，应对其作出解释。

第 644 条 对数个债务人进行裁决时，刑事法官应当考虑到每个债务人的债务份额，确定被要求执行强制措施的债务人执行的期限。

第 645 条 被执行强制措施的罪犯可以通过两种方式取消强制措施的刑期，其一是偿还本息在内的债务，其二是要求逮捕罪犯的债权人同意其先行偿还部分债务，在限定的日期偿还剩余债务。

王国检察官应当根据还款证明或债权人的要求，释放在押者。

第 646 条 如果债务人未履行自己的义务但服刑期届满,可根据剩余未缴欠款的数额延长刑期。

第 647 条 除第 646 条规定的情况外,如果债务人服刑期因某种原因中止,只能因同一债务或继续服刑前的其他判决要求债务人继续服刑;如果其他判决中规定的羁押期长于债务人已服刑期,应按照其他判决中的规定重新羁押债务人。

第六章 刑罚的时效期

第 648 条 如果没有在第 649 条至第 651 条规定的期限内执行刑罚,由于刑罚时效的原因,罪犯将被免予刑罚。

没有资格对罪犯定罪或在生效期内的合法裁决提出时效抗辩,只有缴纳过诉讼费及罚金,由准许收缴的部门完成收缴手续后,时效期才终止。

第 649 条 重罪刑罚的时效期间为自裁决的刑罚获得既判力起的 15 年。①

如果罪犯的刑罚已过时效,但其对被害人的人身、财物、居所或直接继承者造成伤害,则罪犯应当一直受制于法律力量并应当被禁止居住在被害人所定居的省、地区的辖区内。

应当在刑法要求的情况下对其执行禁止居住。

第 650 条 非重罪刑罚的时效期间为自裁决的刑罚获得既判力起的 4 年。②

但如果判处的有期徒刑超过 5 年,则时效与有期徒刑的时间相同。

第 651 条 违法行为的刑罚时效期间为自裁决的刑罚获得既判力起的 1 年。③

第 652 条 任何情况下,罪犯缺席时作出的裁决,并且在已过刑罚时效的情况下,根据缺席审判作出的裁决均不予执行。

第 653 条 民事诉讼裁决的时效,按照民法时效制度执行。

第 653-1 条④ 法律中所规定的不因时效规定失效的罪行或摩洛哥所缔结并在官方公报刊登过的国际条约不受时效限制。

---

① 根据上述第 35.11 号法律第 2 条,已对第 649 条完成修正和完善。
② 根据上述第 35.11 号法律第 2 条,已对第 650 条完成修正和完善。
③ 根据上述第 35.11 号法律第 2 条,已对第 651 条完成修正和完善。
④ 根据上述第 35.11 号法律第 2 条,已对第 653-1 条完成修正和完善。

第二编　司法记录

第一章　总　则

第 654 条　司法记录机构包括司法部下属的国家司法记录中心和司法大臣指定的初审法院的地区司法记录中心。

国家司法记录中心专门监督地区中心保存司法记录，尤其是出生地在国外的本国人或外国人的司法记录，并管理第 678 条及以后条款所指的有关人员的司法记录。

根据本条第 1 款规定，地区司法记录中心负责保存所有人的司法记录，不管其户籍是否为指定法院辖区内的户籍。

第 655 条　国家司法记录中心由一名司法部的法官掌管。

地区司法记录中心由一名检察院的法官掌管。

第 656 条　地区司法记录中心保管名为司法记录 1 号证明的证件，应按照第 665 条及其后条款规定的条件提供 2 号证明或 3 号证明，其内容为 1 号证明的摘要。

国家司法记录中心也存有同样的证件，并向一部分出生在国外的人员或相关人员提供此类证明。

第二章　1 号证明及相关证明

第 657 条　1 号证明按阿拉伯字母顺序进行排序，然后根据判决、裁定日期排列出个人的 1 号证明。

第 658 条　1 号证明须含有以下文件：

1. 由法庭对重罪或非重罪作出的裁决书；
2. 根据缺席审判法规所作出的裁决及罪犯缺席的刑罚裁决，且罪犯未对裁决进行申诉；
3. 以上第 506 条指出的对未成年罪犯权利的裁决；
4. 免除刑罚的裁决书；
5. 司法机关或负责撤销资格、记录撤销的行政管理机关提供的惩戒记录；
6. 对于合同签订者的裁决，取消贸易资格的司法清算的公开裁决书；
7. 对外国人采取驱逐出境决定书；
8. 撤销亲权监护的裁决书或撤销双方或多方的亲权监护权。

第 659 条 以上条款中所提出的每份公文均属于 1 号证明中的内容,由裁决案件的法院的书记员或作出上一条款中第 5 项、第 7 项规定的奖惩决定的奖惩委员会总部所属的法院的书记员编写。

发予 1 号证明的期限:

1. 将裁决当场发布的,自发布裁决之日起 15 日内;
2. 将通知裁决缺席者的,自通知之日起的 15 日内;
3. 依照缺席审判法规,自裁决之日起的 15 日内。

王国检察官在核实卡的内容后,对其真实性进行确认,并利用其继续执行刑罚、取消中止执行、组建各个部门,避免犯罪分子担任公职,加入皇家武装部队。

第 660 条 1 号证明是行政机关提供的奖惩决定的证明,由管辖卡主出生地的法院的司法记录中心的书记员编写,如果卡主出生地为国外则由中央司法记录局编写,编写应在作出决议 15 日内根据由行政机关递交相关部门的通知进行。

在内政部作出决议后 15 日内应将其记录在 1 号证明中,并将其递交给中央司法记录局,或摩洛哥的作出决议地点的司法记录中心。

第 661 条 与以下内容相关的变更应记录到 1 号证明中:

——免刑、减刑或变更刑罚的法令;

——根据关于军事司法纪律第 1.56.270 号法律,颁布日期为伊历 1376.6.4(公历 1956.10.11)①,其中第 121 条规定的中止执行刑罚的裁决;

——假释决定及撤销假释决定;

——中止执行裁决、恢复名誉及终止驱逐出镜;

——驱逐出境中止执行或终止执行;

——本法第 658 条第 8 项所规定的裁决的撤销;

——根据以上第 660 条第 1 款包含取消资格的奖惩决定的撤销决定;

——所有裁决的更改、免刑或第 658 条、第 660 条规定的措施。

第 662 条 应按以下规定编写证件或 1 号证明中发生变更的内容,并将其及时提交给国家司法记录中心或当地的地方司法记录中心:

1. 如果涉及赦免、重判、减刑、免除刑罚,由原审法院的书记员记录;
2. 如果涉及有期徒刑执行到期或假释,由监狱长及督察负责记录,如果涉及撤销假释的决定,由监狱所主任记录;

---

① 已完成修正和完善,官方公报第 2316 期,伊历 1376 年 8 月 13 日(1957 年 3 月 15 日),第 614 页。

3. 如果涉及收缴罚金，则由总财务部长、财政部长官及法院书记员记录；

4. 如果涉及刑罚中止执行或撤销中止执行，则由作出此裁决的机关记录；

5. 如果涉及撤销或中止对外国人驱逐出境的执行，则由内政部记录；

6. 如果涉及对复议申请的裁决，由裁决法院的检察官记录；

7. 如果涉及司法清算、债权人与债务人的和解认证，由仲裁纠纷的法院的书记员记录；

8. 如果涉及第 660 条第 1 款所指的奖惩决定的取消，则由进行通知的行政机关所属的法院的书记员记录。

第 663 条 出现以下情形，应当撤销司法记录 1 号证明：

1. 卡主死亡；

2. 特赦后，证明中记录的刑罚被免除；

3. 收到取消犯罪记录的决定；

4. 如果罪犯从缺席审判法规中脱罪，或裁决时罪犯缺席，或最高法院根据第 560 条、第 570 条和第 571 条取消了决定；

5. 按照第 507 条规定，审判委员会下令，免除未成年人的 1 号证明。

根据本法第六卷第三编第二章规定，书记员一经获得权利，就应主动在 1 号证明中提出复议。

第 664 条 1 号证明中应当记录延期或终止的因犯罪而限制人身自由的刑罚。

此 1 号证明应以报告的形式提交给国家安全总局，只有司法机关、警察局及皇家宪兵可以阅览其内容。

根据第 661 条规定，经后续更正的文件同时应递交给行政管理机关。

在第 663 条规定的情形下，国家安全总局将撤回该份文件。

第三章 2 号证明和 3 号证明

第 665 条 2 号证明是 1 号证明原件的副本。

将 2 号证明交给以下机关：

——检察官、侦查法官、审判员及国家安全总局局长；

——递交给商业法庭负责人，以期完成司法清算手续；

——军区机关，针对想要入伍或加入皇家宪兵的青年；

——看护局，针对处于其监督下的未成年人；

——国家公共管理部门，针对公职求职申请或授予荣誉称号的意见或职责、经纪人或公共交易经纪人制定纪律、开设特殊教育机构的情况；

——负责制定选举制度或裁定选举权争议的专门机关。

但是对于未成年罪犯的裁决只在 2 号证明上做记录,应当将其交给审判员及上文规定的看护局,不包括任何其他机关及公共管理部门。

第 666 条 司法记录中心应参照公民卡,核查相关人员的身份。

在不能充分验证身份的情况下,编写 2 号证明的机关应在证明中明确记载"身份未核实"。

如果 1 号证明不在司法记录中心,则提交 2 号证明并应附言"无 1 号证明"。

第 667 条 3 号证明是由国家法院对于重罪或非重罪作出的限制人身自由的裁决证明,内容含一份声明,其目的如上所述。

只将上述规定的刑罚记录在证明中,并且只适用于该刑罚未因重审而撤销、法院未下令中止执行或最终未重新裁决剥夺有关人员执行此措施而获得的基本权益。

第 668 条 只有提供身份证明的相关人员可以申请 3 号证明,并只有官方的特别委托才能将其交给他人。

如果涉及非自然人,则应由能证明非自然人属性的法定代表人提请国家司法记录中心的负责人。

如果在国外定居,在必要的情况下应将 3 号证明通过外交领事机关交给本人。

第 669 条 司法记录中心对其身份进行核实,根据第 666 条编写 3 号证明。如果 1 号证明中包含的证明不允许写在 3 号证明上,应用斜线标明。

第 670 条 2 号证明及 3 号证明经负责编写的书记员署名后,由王国检察官或全国司法记录中心的负责人进行批示、盖章。

第四章 司法记录的更正

第 671 条 1 号证明中有需要更正的内容,提请对其更正有两种途径,其一是由卡主提请,其二是由检察官主动提请。

第 672 条 向作出裁决的法院院长以口头形式提出请求。

法院院长以口头形式告知检察官上述请求,如有需要,可委任法官作出决定。

上文所述的机关可以实施所有其认为有必要的调查程序,可下令进行调查或传唤报告中提到的人。

在商讨室进行讨论后,作出决定。

第 673 条 如果拒绝申请,则判定诉讼费用由申请人承担。

如果接受申请，委员会通过更正申请所指的裁决，并根据第663条第3项的要求，将裁决概要提交给司法记录中心，以更正1号证明。

如果诬告者被传唤到法庭，则诉讼费由其承担。如果未被传唤或其无力偿付，则由国家财政负担。

第674条 如果由于法律裁定的复议产生纠纷，或关于解释特赦存在问题，应按照第672条所规定的程序执行。

第五章 关于1号证明的涉外事务

第675条 1号证明中的文件可记录来自缔结平等互惠国际协定的国家的外籍人因犯罪被判处的限制人身自由或缴纳罚金的刑罚。

如果签订的协定没有提供其他的递交方式，应当将该份文件通过外交途径发送给司法部。

第676条 司法大臣应将从外国机关获得的判决、裁定信息告知国家司法记录中心或地区司法记录中心。

这些信息具有与1号证明同样的效力，可将其原样保存在司法记录中心，也可将其内容印制为法律文件进行保存。

第677条 应确保法官和军事机关所持的含有定罪证明的2号证明含有对于上一条款载明的通知书。

3号证明中不含此通知书。

第六章 关于法人的证明的专门规定

第678条 所有法人的证明均含有第681条所规定的信息，这些信息包含关于对法人及管理法人的自然人的制裁及办法。

第679条 以下情形应记入证明：

1. 法人被法院或行政机关判决犯藏匿罪；
2. 法人被判决犯诽谤罪；
3. 裁定、决定，包括取消部分赎罪权，暂时性取消、禁止某项权利，取消资格的裁定或限制某项权利的裁定，没收财产，包括对经营法人的自然人的制裁；
4. 司法清算的裁定及取消贸易资格；
5. 对法人经营者的制裁，即使是以个人身份违反财政法、海关法、经济法、银行兑换法，或因犯下重罪或盗窃、欺诈或未履行协议或伪造空白票据或使用以及挪用公款、欺诈等一切与金钱有关的罪行。

法人和其经营者的司法记录中应载明第 661 条所规定的后续更改。

撤销法人证明的情形同本法第 663 条。

第 680 条 如果对法人或法人经营者个人进行制裁，则应当记录于：

1. 法人的 1 号证明；

2. 在犯罪当日，负责管理法人事务的人员的 1 号证明。

但对法人的判决、裁定不会被录入代经营法人者的 3 号证明中。

第 681 条 如果因为第 679 条第 5 项指出的罪行，对经营者进行裁决，应当记录于：

1. 此经营者名下的 1 号证明；

2. 法人名下的 1 号证明。

但这些对经营者的判决、裁定，不会被录入法人的 3 号证明中。

第 682 条 审判委员会或作出第 679 条所述裁决的机关，应在 15 日内通知司法部国家司法记录中心。

第 683 条 法人的证明上应当写明：法人名称、法人处所、法人的法律属性种类、犯罪日期、裁决日期或裁决执行日期及其种类、原因。

在犯罪当日，应当在证明上注明法人经营者的姓名。

第 684 条 应当在法人经营者的 1 号证明中写明：其身份、犯罪日期、裁决日期或执行裁决日期及处罚种类、原因。

应注明此人所经营的、员工所供职的法人名称。

第 685 条 根据字母顺序，按证明种类进行排序，法人的证明被保存在一个机构，其经营者的证明被保存在另一个机构，如果法人或其经营者的证明数量繁多则按时间顺序排列。

第 686 条 可以将法人或其经营者的 2 号证明交给以下规定的人员或部门：

1. 检察官、侦查法官、国家安全部部长、皇家宪兵统帅、各法院院长、审判委员会公共管理部门，特别是其中负责监督各职业的部门；

2. 商业法院院长、负责贸易记录的法官；

3. 负责监督法人的公益委员会。

可以将卡件递交国家公共管理机构或地区组织，应当根据第 668 条规定提交 3 号证明。

第三编 恢复名誉

第一章 总 则

第 687 条 每个因重罪或非重罪被法院裁决的公民均有权恢复名誉。

恢复名誉将消除刑罚和取消资格产生的影响。

恢复名誉只能通过法律手段或上诉法院作出的裁决实现。

第二章 依法裁定的恢复名誉

第 688 条 如果公民因为犯罪被判决限制人身自由,在规定的期限内没有受到对其不利的裁定,则其可以通过法律手段恢复名誉。

1. 被判处罚金的,期限自缴纳罚金之日、羁押结束之日或时效期届满之日起 1 年;

2. 只被判处拘禁且拘禁期不超过 6 个月的,期限自服刑期满之日或时效期届满之日起 5 年;

3. 只被判处拘禁且拘禁期不超过两年的,或者被判处数种刑罚刑期总时间不超过 1 年的,期限为 10 年,起始日期见上文第 2 款的规定;

4. 只被判处拘禁的轻罪罪犯且拘禁期不超过两年的,或者被判处数种刑罚的轻罪罪犯刑期总时间不超过 1 年的,期限为 15 年,起始日期如上;

5. 被判处一种刑罚或数种刑罚的,期限为自服刑完毕之日或时效期届满之日起的 20 年。

被判处罚金、拘禁双重刑罚的,期限按拘禁刑罚的生效期计算。

如果判处数罪并罚,按照本条款规定应当被视为一个刑罚。

通过特赦免刑或减刑的,按免刑或减刑后的刑罚执行。

第 689 条 罪犯被判缴纳罚款或服刑的,中止执行后同样也可以通过法律手段恢复名誉,如果中止执行未取消,则考验期限为 5 年,起始日期为刑罚获得既判力之日。

如果已缴纳罚金,拘禁被终止执行的,则恢复名誉的期限按拘禁刑罚的期限计算。

第三章 司法名誉恢复

第 690 条 名誉恢复申请应是针对所有有关未被过去的名誉恢复申请或特赦取消的惩罚。

第 691 条 只有罪犯或其法定代理人（如果罪犯无能力提请或其为非自然人）可以向法官提请恢复名誉。

罪犯死亡的，可由其妻子、同系或旁系亲属继续罪犯生前的申请，他们可以直接自罪犯死亡之日起的 3 年内提请，如果罪犯突然死亡未来得及提请，提请期限根据本法第 693 条的规定，最晚可延续到次年年末。

第 692 条 在 3 年期限内，罪犯或其法定代理人不能提请名誉恢复。

但如为非故意的轻罪罪犯，则期限减为 2 年；如仅判处罚金的，期限减为 1 年。

如为重罪罪犯，期限增加至 5 年。

判处自由刑的，期限自获释之日起算；处以罚金的，期限自缴纳罚金时起算。

既被判处自由刑，又被处以罚金的，期限只按被判处羁押期计算。

第 693 条 罪犯再次犯罪的及罪犯名誉恢复后，又被判处拘禁的，只有自获释后经过 5 年的考验期，才可接受其恢复名誉的申请。

但如果再次所犯之罪为重罪，考验期增加至 10 年。

因刑罚超过时效而免刑的罪犯不能通过司法途径提请名誉恢复，但第 695 条规定的情形除外。

第 694 条 除第 695 条规定的情形外，罪犯如未被免除偿还，均应缴纳诉讼费、罚金、赔偿。

如果受害方未放弃对其的刑罚，也不符合第 648 条规定的情形，罪犯应当被判处强制措施。

如果罪犯因欺诈被判处刑罚的，如未被免除支付则要按以下顺序偿还：本金、利息、诉讼费。

如果罪犯无能力偿还诉讼费，可撤回名誉恢复申请，也可以酌情考虑缴纳部分费用。

法院应联合提请名誉恢复的一方，确定提请一方应缴纳的诉讼费、赔偿或债务的比例。

如难以找到受害方或其拒绝接受这些赔偿，则将这些赔偿供给法律援助中心。

第 695 条 如果罪犯冒着生命危险，竭诚服务于国家，则其名誉恢复不受期限或是否服刑的限制。

第 696 条 罪犯向其所在的当地王国检察官提交名誉恢复申请，如果居住在国外，提交给摩洛哥最高法院的王国检察官，且申请中应当写明：

1. 裁决日期及作出裁决的法院；
2. 罪犯获释后的住址。

第 697 条 王国检察官应当要求提供由罪犯居住地的州长、地区公务人员或特派员开具的证明，证明中应包含下列内容：

1. 罪犯在每个处所的居住时间；
2. 居住期间罪犯的名声；
3. 在此期间罪犯的生活方式。

此外，王国检察官还可以命令宪兵或当地警察进行搜查。

第 698 条 王国检察官要求的文件有：

1. 判决书或裁定的副本；
2. 罪犯服刑监狱的逮捕记录及监狱主管和监狱长对于其被捕期间行为表现的意见；
3. 司法记录 2 号证明。

第 699 条 王国总检察官将这份附有其意见的公文提交给王国总检察官，由王国总检察官将其移交给上诉法院的轻罪法庭。

提请名誉恢复者可以直接在法庭上展示其认为有价值的其他文件。

第 700 条 法庭听取相关方、律师的意见，或依法传唤他们后，根据王国总检察官的推定，在两个月内作出裁定。

第 701 条 如果名誉恢复申请被驳回，即使符合第 695 条规定的情形，也不能再次提请，只有自驳回之日起两年期满后才可再次提请，并且驳回申请不是因为未满第 692 条规定的期限。

第 702 条 名誉恢复决定书盖上决议发出机构的印章，记入在司法记录中。

在此情况下，决定也不能记录于司法记录的 3 号证明中，只能按照第 693 条的要求记录在提交给法官的 2 号证明中。

申请名誉恢复者可以收到一份名誉恢复决定书副本及免费的简略版司法记录。

第 703 条 根据第 265 条及第 268 条第 2 款对定罪裁决的规定，只有最高法院有权裁定案件的名誉恢复申请。

收到提请后应对提请进行审查，最高法院的王国总检察官对审查过程进行监督。

南　非

南非1977年刑事诉讼法[*]

第二十八章　判　决

第297B条　同意执行暂停的判决

（1）国家总统在他认为必要的条件下，可以与任何国家签署国家协定，就协议中约定的犯罪行为在本国或他国的司法管辖权限内，在互惠的基础上针对定罪之人的暂停判决恢复执行。

（2）如果签约各方同意，国家总统可以在他认为必须的程度上修改此协议。

（3）如果一家法院提出执行一个暂停的判决，而这个暂定决定是由第1款述及的某个国家法院做出的，那么提出执行申请的法院应当按照协议精神自己处理申请事宜，就如同暂停决定是南非国内法院做出的一样。

（4）（a）无论是第1款述及的协议还是后续的任何修正，都必须由国家总统通过政府公报公布后才能生效。

（b）国家总统可以在任何时候用上述同样的方式撤销协议。

［第297B条，前第297A条，由1989年第8号法第1条增加并由1989年第77号法第6条重新编号］

第299条　对执行判决的令状

执行判决的令状既可以由作出判决的法官或审判员签发，也可以由相关法院的其他法官或审判员签发，如果是地区法院，则由治安法官签发，且此令状应把令状所指的人送到下达判决的司法管辖区域的监狱服刑。

---

[*] 本法于1997年7月22日由南非共和国总统、参议院、众议院制定生效，由2010年第6号法即刑法（司法程序）修正案最新修正。本译本根据南非政府官网（http://www.justice.gov.za）提供的英语文本翻译。

尼日利亚

尼日利亚刑事诉讼法*

第七章　关于死刑、监禁刑、笞刑和罚金刑的规定

第三十九节　概　述

第366条　依据有关具体某罪或类罪的任何成文法规定和主持审判的法院或个人被授予的司法管辖权,本章下文中的规定应当适用死刑、监禁刑、笞刑和罚金刑。

第四十节　死　刑

第367条　(1) 死刑是在罪犯脖颈上施以绞刑直至其死亡的刑罚。

(2) 死刑判决应当以下列形式宣布——"法庭对你的判决是,在脖颈上对你施以绞刑直至死亡,愿上帝宽恕你的灵魂。"

第368条　(1) 在宣判死刑的情况下,该判决应当只能依照本法本节的规定执行。

(2) 当依照本法第376条的规定,查明一个被判犯有可判处死刑之罪的女性怀孕时,不应当对其判处死刑,但是取而代之应当判处其终身监禁。

(3) 如果一个在法庭看来在实施犯罪时未满17周岁的罪犯被判犯有可判处死刑之罪时,死刑判决不应当被宣判或记录,但是取而代之,法庭应当命令对此人进行总统恩准的拘押,并且,如果作出了此拘押命令,即使任何成文法有任何相反的规定,也应当依照本法第四十四节的规定对其进行拘押。

第369条　由登记官或者法院的其他官员亲笔签署的证明,其证明内容是

---

* 本法于1945年6月1日由国民议会颁布实施,本译本根据尼日利亚法律网(http://www.nigeria-law.org)提供的英语文本翻译。

该判决已经作出并列明被定罪者的姓名，此证明对于拘押此人具有充分的效力。

第 370 条　在死刑判决被宣布之后，首席法官应当在适宜情况下送交州长一份裁判副本以及一份其在审判中记录的证据笔录的副本，连同其认为适宜作出的，由其签字的包含对案件建议和观察的书面报告一起送交。

第 371 条　（为 1961 年法令第 40 条所废除）

第 371A 条　本法第 371B 条至第 371G 条的规定应当适用于总统有权赦免的死刑犯罪案件。

第 371B 条　任何宣布死刑判决的法官应当签发其亲笔签署并加盖法院印章的证明文件，大意是已经对证明文件里列明的人宣布死刑判决，该证明文件应当具有法律上充分的效力以在安全监管的场所拘押该罪犯，直至执行对其宣布的死刑判决，同时也具有法律上充分的效力以依据本节的规定执行该死刑判决。

第 371C 条　判决死刑的法院的登记官应当在死刑判决被宣布后尽快——

（a）将法官依据本法第 371B 条的规定签发的证明文件的副本，一份送交负责安全监管被判决者的警察，由警察保存，另一份送交监禁该犯人的监狱负责人或其他官员；

（b）送交行政司法官一份该证明文件的副本；

（c）将一份该证明文件的副本与案件诉讼程序的记录归档。

第 371D 条　宣布判决的法官应当在判决宣布后尽快送交部长，即被指派在赦免权的运用上给予总统建议的人员（本节下文称为部长），一份经核证记录审判程序的副本，连同一份由其依据本法第 371B 条的规定签发的证明文件的副本，以及其认为适宜作出的，由其签字的包含任何关于被判刑人及其审判的建议或观察的书面报告。

第 371E 条　（1）当一个人——

（a）已经被判处死刑；

（b）已经运用了他对定罪和量刑提出上诉的法律权利，且定罪和量刑未被撤销或者量刑未被减少，或还未运用其上诉的法律权利，或已经提交上诉许可的申请，或未完成或未依法提出该申请，或未在法定期间内提起上诉，部长应当在考虑依据本法第 371D 条作出的报告并在获得赦免问题咨询理事会的建议之后，决定是否建议将刑罚变更为终身监禁，或变更为任何特定的期间，或在其他情况下罪犯应当被赦免或暂缓执行。

（2）为本法本条第 1 款的目的，当赦免问题咨询理事会被要求向部长提供关于任何被判处死刑者的建议时，联邦总检察长应当准备好案件记录并提交咨询理事会，咨询理事会应当在给出其建议时，考虑记录中列出的事项。

第371F条 如果部长决定不建议减刑或者在其他情况下对罪犯进行赦免或暂缓执行，则其应当通知行政司法官，并且应当依据本法本节的规定执行罪犯的死刑判决，行政司法官应当依据对罪犯宣布的死刑判决随即作出相应安排。

第371G条 （1）当部长决定建议变更量刑、赦免或暂缓执行时，其应当签发一份命令，其中一份副本应当送交罪犯被监禁的监狱负责人或其他负责监狱的官员，另一份副本应当送交行政司法官，指示其不再继续执行，并视情况指示其依据建议书将罪犯监禁，或指示其将罪犯释放，无论何种情况，均应符合其可能指明的条件，如果有的话。

（2）行政司法官和监禁罪犯的监狱负责人或监狱的其他负责官员，应当遵守并执行所有依据本法第1款的规定签发的命令。

第371H条 暂行规定①

第372条 有关当局应当将其决定传达给主持审判的法官或将其决定传达给在任的继任者，再由其继任者将其命令的副本送交该法官，该法官应当将该命令收录到法庭的记录中。

第373条 （1）有关当局的命令应当由其亲笔签署并加盖政府公章，且应当依照本法附件四中罗列的某一表格或情况允许下尽可能接近于该表格，如果将要执行死刑，则应当列明执行死刑的地点和时间，并指示遗体埋葬的地点，或者可以指示该死刑执行将发生的时间和地点以及命令中指定的某一官员确定的被执行人的遗体被埋葬的地点。

（2）当确定了某人执行死刑的地点、时间以及埋葬地点，但有关当局的命令中并未对此予以载明时，则被指定的官员应当在经其签署的命令上批注执行死刑的地点、时间以及埋葬地点，或者根据命令条款对其中的一项或多项予以批注。

第374条 如果在拉各斯执行死刑，有关当局亲笔签署并加盖公章的命令副本应当被送交行政司法官，如果在别处执行死刑，则应当被送交执行死刑地的州长，行政司法官或州长应当视情况执行该命令。

如果因为任何原因在有关当局的命令副本中或其批注中确定的执行死刑日期之前，行政司法官或州长没有收到此副本，该行政司法官或州长仍然应当在收到之后最早的适宜之日执行该命令。

第375条 （1）有关当局亲笔签署并加盖政府公章的命令副本或者州长

---

① 原文空缺，系根据目录填补。——译者注

依据本法第374条签发的指令，对于所有依据其中条款执行判决的人而言应当具有充分的法律效力。

（2）尽管死刑的执行地点可能在该州之外，当本法第370条规定的有关当局为州长时，由其亲笔签署的命令将具有充分的法律效力。

此外，有关当局命令的内容可以首先通过电报传送给州长，然后州长应当发电报给有关当局以确认电报，在收到该确认电报后，州长应当签发执行有关当局命令中的条款的指令。

关于被判犯有可判处死刑之罪的妇女声称怀孕的程序

第376条　（1）当被判犯有可判处死刑之罪的妇女声称其怀孕时，或者当对该妇女作出死刑判决的法庭认为适宜时，法庭应当在宣判之前确定其是否怀孕。

（2）该妇女是否怀孕的问题应当由法庭依据代表该妇女的人或者代表控方的人向其提供地证据作出决定，除非该妇女被法庭确切地证实已经怀孕，否则法庭应当裁决该妇女没有怀孕。

（3）当法庭在依据本条进行的诉讼程序中裁决上述妇女没有怀孕时，法庭应当对其宣判死刑。

（4）最高法院应当受理对该裁决的上诉，如果法庭认为该裁决应当被撤销，则应当宣布对上述妇女的判决无效，代之以终身监禁的判决。

（5）本条对被判犯有可判处死刑之罪的妇女所赋予的权利，对快要生产的孕妇而言，因所列最后一项权利不复存在，故这项权利对该孕妇而言可替代为申请刑罚暂缓执行之权利。

（6）法庭应当将任何依据本条规定判决终身监禁的案件报告给有关当局。

第四十一节　监禁刑

第377条　依据规定监禁刑的任何成文法的明文规定，监禁刑作为一种刑罚，可以按照法庭命令附苦役或者不附苦役，如果没有作出明确命令要求监禁必须附苦役的，也可以不附苦役。

第378条　（1）州长可以通过发布在州公报上的通知宣布判决，在某一案件中，如果涉及该通知中列明的，则任何法庭依任何成文法授予的权力对其判处的监禁刑，在没有州长事先同意的情况下，均不得执行，在该通知被发布后，对任何其中列明的长官判处的监禁刑均不得在没有州长同意的情况下执行，州长可以酌情对该长官进行罚款以代替法庭的判决。

（2）法庭可以命令将该长官羁押或者可以酌情将其保释直至州长的决定被知晓，如果判决是监禁刑的一种且州长命令执行该判决的，任何这样的羁押期间均应当被视为前述判决的监禁刑的一部分。

第 379 条　当法庭有权判处监禁刑时，作为判处监禁刑的替代措施，法庭可以命令将犯罪人拘留在该法院的辖区内或者拘留在任何警察局，直至法庭可能指示的时间，但不能晚于其被定罪的当晚 8 时。

在依据本条作出拘留决定前，如果法庭已知或查明犯罪人的住所地，法庭应当考虑拘留地与此住所地的距离，并且，如果在拘留命令作出当日会剥夺犯罪人回到其住所的合理机会的，法庭不应当依据本条作出拘留命令。

第 380 条　当法庭对任何人判处监禁刑时，该法庭可以命令在其他监禁刑期结束之后再开始该判决，其他刑期是该犯罪人之前被任何尼日利亚的主管法庭判处的刑期，但是，当治安法院通过的两个或者多个判决被命令连续执行时，所有监禁刑期的总和不应当超过 4 年，或者与主审法官的裁判权限相比，两者中更长的期限。

第 381 条　监禁刑的判决从判决被宣布之日起生效，判决宣布之日包含在监禁刑期之内。

第 382 条　（1）依据本条其他规定，当法庭依据任何成文法有权对某种犯罪处以监禁刑，且没有特别授权对该犯罪处以罚金刑时，法庭可以酌情决定处以罚金刑代替监禁刑。

（2）在由高等法院定罪的案件中，罚金的数额应当由法庭酌情决定，在犯罪人不履行支付罚金义务时法庭判处的监禁刑期不得超过 2 年。

（3）在由治安法院定罪的案件中——

（a）罚金的数额应当由法庭酌情确定，但是不得超过治安法官被法律授权处以的最大数额，该法律是指其被委派为治安法官所依据的法律；

（b）在不履行支付罚金义务时判处的监禁刑期不得超过本法第 390 条第 2 款中规定的与罚款数额相关的监禁刑期的最长期限。

（4）不履行支付罚金义务时判处的监禁刑期，该监禁刑期是依本条第 1 款授予的权力而判处的，在任何情况下均不得超过成文法对犯罪授权判处的最长刑期。

（5）本条规定不应当适用于任何成文法对某种犯罪规定了判处监禁刑期的最短期限的案件。

第 383 条　对于在剥夺自由刑的服刑期间逃脱合法羁押的人，应当将其抓回并使其继续接受其逃脱时所服刑罚，该刑罚期间等于其逃脱之后的脱逃期间加上原始刑期结束之前的期间，无论在其被抓回时其原始刑期是否已经结束。

第四十二节 笞　刑

第 384 条　任何人不应当因为同一犯罪被判处超过 1 次的笞刑。

第 385 条　任何笞刑不应当适用于在法庭看来已满 45 周岁的女性或男性。

第 386 条　（1）笞刑应当使用细盘条、藤条或者桦条，并且应当在判决书中明确鞭打次数，鞭打次数不应当超过 12 次。

（2）如果一个人在一次审判中被判犯有一项或多项罪行，鞭打的总数不应当超过 12 次。

第 387 条　当任何人被判犯有可能被判处 6 个月或更长期限的监禁刑的罪行时，如果法庭认为适宜，可以在考虑其管辖权范围内犯罪的普遍性或者考虑犯罪人的经历之后，对该犯罪人处以笞刑，作为其应受的额外惩罚或替代惩罚。

第 388 条　（1）在判决或命令中包含肉体刑罚的情况下，应当在法庭可能指定的地点尽快执行该刑罚，除非被定罪者视情况提起上诉、准备提起上诉或者准备申请上诉许可，在其中任何一种情况下均不得被执行该刑罚，直至作出上诉判决或者在申请上诉许可的案件中申请最终被拒绝，并且在上诉申请裁定期间或上诉期间，应当视情况依法庭命令将被告人拘押或将其保释。

（2）当一个包含前述肉体刑罚的判决或决议经上诉后被维持或改判时，根据案件情况，一旦条件许可就应当执行肉体刑罚的判决或决议。如果被执行人在保释中且未遵守保释规定，或者处于非羁押状态的被执行人不能自愿到案，则对其定罪的法庭可以签发令状逮捕此人，此人应当随即被逮捕并且该肉体刑罚的判决或决议应当在其后尽快被执行。

第四十三节 罚金刑

第 389 条　被认定犯有某种罪行的人可以被判处——

（a）监禁刑与罚金刑，判处支付罚金时，可并处监禁刑或不并处监禁刑；

（b）监禁刑或罚金刑，判处支付罚金时，在其不履行支付罚金义务的情况下，可能被判处一定期限的监禁刑，该监禁刑应当附加在其可能被判处的任何其他监禁刑之上。

第 390 条　（1）当依据任何成文法，法庭有权对简易裁判罪判处罚金刑时，在该法或其他成文法没有相反的明文规定的情况下，法庭可以在被判犯有此罪的被告人不支付命令裁决支付的罚金时，视情况命令立即或在命令中指定的时间，依照本条规定的期间将其监禁，监禁可以附苦役，也可以不附苦役。

（2）在所有案件中，依据该命令所依照的成文法规定，法庭就犯罪人不支付命令裁决支付的罚金所处以监禁的期限，无论是否附苦役，应当是在法庭看来符合案件公正要求的期限，但不应当超过下列数值范围中确定的最高极限，即——

判处罚金刑时	监禁期间不应当超过
不超过 1 奈拉	7 日
超过 1 奈拉，不超过 2 奈拉	14 日
超过 2 奈拉，不超过 20 奈拉	1 个月
超过 20 奈拉，不超过 60 奈拉	2 个月
超过 60 奈拉，不超过 100 奈拉	4 个月
超过 100 奈拉，不超过 200 奈拉	6 个月
超过 200 奈拉，不超过 400 奈拉	1 年
超过 400 奈拉	2 年

（3）任何因为未支付罚金而被判处监禁的期限不得大于 2 年，除非定罪所依据的法律明确指令或准许一个更长的期限。

罚金额的确定

第 391 条 法庭在确定对犯罪人处以的罚金数额时应当在考虑其他事项外，还考虑目前公开的财产或为法庭所知的财产，并且在判处罚金刑时，案件中直至定罪且包括定罪应付的诉讼费和警局费用不应当在确定罚金额时被考虑进去或者在罚金额外判处，但是罚金的数额，或者可能支付或取得的其中一部分，应当作如下适用——

（a）首先用于偿付法庭的举报人或控告人、应由犯罪人支付的其他费用以及法庭责令其偿付的其他费用；

（b）其次支付举报人或控告人依据法院规则应付且尚未支付的诉讼费；

（c）如果有余额，在偿付完前述费用后剩余的部分应当纳入总税收。

被告人未支付罚金或罚款的监禁

第 392 条 （1）在所有案件中，当作出命令要求任何人支付一笔罚金，且如果此人不提前支付，则会被判处一定期限的监禁刑时，法庭可以因此作出下列全部或部分行为——

（a）立即签发一份拘押令；

（b）准许在一定期限内支付该笔罚金；

（c）指示分期支付该笔罚金；

（d）指示该付款义务人应当自由决定，对该笔罚金或其中任何一笔分期支付的罚金，是否提供满足法庭要求的担保，担保可以有保证人，也可以没有保证人，可以有一个保证人，也可以有多个保证人。

（2）当准许在一定期限内支付根据定罪或命令裁决支付的罚金时，基于付款义务人的申请或以其名义的申请，有权就未支付前述罚金而签发拘押令的法庭可以准许更长的期限，或者该法庭可以如前所述指示对判决的应付罚金进行分期付款。

（3）当被指示分期付款，且其中有任何一次的欠交时，所采取的程序应当与当时剩余未交的分期付款全部欠交时的程序一样。

（4）如果在准许的期限到期之前，被定罪人自愿来到有权就未支付前述罚金而签发拘押令的法庭，并表明其不愿等到被准许的期限期满，宁可立即被监禁，则如果法庭认为适宜可以立即对其签发收监令。

第 393 条 （1）如果有义务付款且被准许一定期限支付该罚金的人付款，其可以有保证人，也可以没有保证人，保证人可以一人或多人，未履行该付款义务或未提供法庭要求的担保，则法庭可以签发拘押令要求警察逮捕此人并将其转送至监狱，送交负责监狱的官员，并要求监狱负责官员将此人接收至监狱对其进行监禁，监禁可以视情况附苦役或不附苦役，监禁的期限为拘押令中可能指示和指定的期限，除非命令中裁决的金额及其他所有成本、费用和支出被提前支付。

（2）当因为未支付命令裁决的罚金而向法庭申请收监令时，如果法庭认为适宜这样做，可以推迟签发该令状直至法庭认为适宜的时间，满足适宜的条件。

（3）当法庭命令对任何人处以监禁刑时，如果法庭认为适宜，可以命令不立即开始该监禁刑，而是在法庭可能确定的该命令作出日之后 3 个月内的任何一天开始，在这种情况下，法庭可以命令此人在该日期之前不受拘禁或者在其具结后释放此人，具结可以有保证人，也可以没有保证人，条件是保证其在监禁刑开始日能够再次出现以接受该监禁。

（4）依据本条规定签发的拘押令可以在任何一天执行，包括星期日或公共假期。

第 394 条 不管在何种情况下，当因为未支付命令裁决支付的罚金而对任何人签发拘押令时，如果此人向执行人支付或偿还令状中指定的罚金以及截至支付或偿还时该令状本身所花费的数额，令状执行人应当停止执行令状。

第 395 条 当任何人因监禁令状被带至监狱监禁时，该令状上应当批注此人依令状被逮捕的日期，并且该监禁刑期应当从该日起算，且包含该日。

第 396 条 当任何人因为未提供一个或多个保证人而被法庭送进监狱时，该法庭可以基于此人或代表他的某个人提出的申请，对此人的案件进行调查，如果基于向法庭出示的新证据或者情势变更的证据，法庭在考虑案件所有情况后认为适宜的，可以减少原来命令应提供的保证人的数量，或者免除保证人，或者以法庭认为适宜的其他方式处理该案件。

第 397 条 （1）当任何人因为未支付命令裁决的罚金数额而被法庭送入监狱时，此人可以将监禁令中提及的罚金数额连同其中提及的成本、费用和支出的数额，如果有的话，一起支付或指令支付给监狱的负责官员，该监狱负责官员应当对此予以接收并因此释放此人，除非其因为其他事项被监禁。

（2）在任何情况下，如果依据前款规定收取的罚金数额部分满足了被告人因被法庭定罪而应交的数额，该部分数额应当首先被用于支付法庭已经命令支付给控告人的全部或部分费用、损害赔偿金或赔偿金，其次，应当用于支付对被告人处以的罚金，如果有的话。

（3）依照本条第 2 款的规定，当此部分数额用于支付罚金时，本款提出的下述程序应当被遵循——

（a）该监禁刑应当减少一定天数，该天数与此人被判处的总天数的比例尽可能与已支付的罚金数额与此人应支付的罚金数额的比例一样；

（b）拘禁这些清偿部分罚金的人的监狱负责人或监狱的其他负责官员，其后应当尽快将此人带至法庭，法庭应当确定原来判定的监禁刑期因部分清偿而应当减少的天数，并应当在此情况下作出如下命令：

如果在监狱负责人或监狱的其他官员看来，因将此人带至法庭导致的延期将会使得此人被监禁至超过因部分清偿而应当被释放的日期时，该负责人或其他官员可以在其认为适当的日期释放此人，并相应地在该令状上背书，且其后应当尽快通知法庭其采取的该项措施，法庭应当随即依照此情况下的要求作出命令或记录。

（4）在依据本条计算监禁刑期减少的天数时，监禁的第一天不应当被计算在内，在计算担保减少的监禁刑期所需的数额时，考包①的小数部分应当予以忽略。

扣押财物

可以命令通过扣押财物补偿罚金

第 398 条 当法庭依据任何成文法的授权判处罚金或罚款，无论该罚金或罚款是否伴随判处监禁刑，且除扣押财物的补偿方式外，未就如何补偿该罚金或罚款作出其他特别规定时，法庭可以命令用扣押财物补偿该罚金或罚款，若该扣押财物没有满足前述罚金或罚款的数额，法庭可以依照本法第 390 条规定的期限命令将被告人监禁，监禁可以视情况附苦役或者不附苦役。

第 399 条 （1）当法庭命令通过扣押财物补偿该数额时，法庭应当为补偿该数额的目的而签发财产扣押令，该令状应当采用书面形式且由法庭签发，应当授权负责执行的人从被扣押财物的人身上扣押任何金钱和物品，且如此扣押的金钱应当被视作如同依据扣押令取得的物品的出售所得收入一样。

（2）在财产扣押令的执行中，应当实施下列规定——

（a）财产扣押令应当由行政司法官执行或在其指导下执行。

（b）如果负责执行令状的人由于大门紧锁或其他原因而无法执行的，治安法官可以通过在令状上亲笔背书的形式，授权其使用必要的武力来执行该令状。

（c）此人和其家人的衣服和寝具，以及金额达到 10 奈拉的他的职业工具，不应当被扣押。

（d）除了依本条 e 项中的规定及动产被扣押人的书面同意提前变卖外，扣押物品应当被公开拍卖至少 5 日，且不得超过扣押行为作出之后的 14 日；但是当有了如前所述的书面同意时，变卖可以依照该书面同意进行。

（e）依据前述规定，扣押物品应当在令状上确定的时间内被变卖，除非令状签发的金额和扣押及保存扣押物品的费用，如果有的话，被提前付清。

（f）如果令状执行人恣意从扣押物品变卖的收益中留存，或以其他方式索要任何比他目前被法律授权收取的费用更高的费用，或者收取任何不适当的费用，依治安法官的简易定罪，其将要承担不超过 20 奈拉的罚款。

---

① 考包英文"kobo"，为尼日利亚辅币名。——译者注

此处规定不应当影响任何此人因勒索罪而被起诉和判处刑罚的责任。

（g）扣押令状的执行引发的费用和收费的书面账单应当尽快由令状执行人送交治安法官；并且，对于动产被扣押人而言，可以合法地在扣押财产之后1个月内的任何时间检查该账单，且无须支付任何费用或酬金，在办公的任何时间，其可以合法地复印该账单。

（h）令状执行人应当变卖扣押物品或使其被变卖，并且可以从变卖金额中扣除所有因变卖行为而实际产生的费用和收费，且应当将余款支付给治安法官或者他指定的人，以用于支付签发的扣押令状中要补偿的金额以及执行该令状适当的费用和收费，如果还有剩余，可以交还动产被扣押人。

第 400 条 当被指令通过扣押物品补偿的仅为部分数额时，因补偿部分数额而被指令处以的监禁刑期应当被相应减少，且减少的刑期对总刑期的比例应当与已补偿数额对总补偿数额的比例相同，相应地，应当签发押交令且在收监之后，应当适用本法第 397 条的规定。

突 尼 斯

突尼斯刑事诉讼法*

第五编　执行程序

第一章　刑事判决的执行及刑罚法官①

第 336 条　（于 2002 年 10 月 29 日第 92 号法修订）

检察总署代表和每个与案件有关的人跟踪执行判决。

犯罪分子在突尼斯境内没有住所的，犯罪分子居住地的刑罚法官或作出判决的初级法院的刑罚法官在监禁机构的协助下执行刑罚。

---

* 本法于 1968 年 7 月 17 日由突尼斯共和国全国委员会通过，1968 年 7 月 24 日颁布实施。本译本根据突尼斯共和国官方公报 1968 年 7 月 26 日和 1968 年 7 月 31 日第 31 期提供的阿拉伯语文本翻译。

① 第五编第一章的题目根据 2000 年 7 月 31 日第 77 号法第 2 条的规定修订。

刑罚法官负责以下工作：

（1）根据刑法第18条之一的规定，对犯罪分子进行医疗检查；

（2）根据已定名单确定实施刑罚的机构，执行刑法第17条的规定，为避免出现工伤提供保护；

（3）告知犯罪分子本法第336条之一和第344条的规定；

（4）确定犯罪分子的工作、工作日程安排和工作期限，并提交给共和国检察官，由共和国检察官对此进行审批。

刑罚法官对犯罪分子执行刑罚，并以书面方式向其告知一切刑罚执行期间发生的事情，制作刑罚执行过程的报告，交给共和国检察官。

刑罚法官经共和国检察官允许后，可根据本法第336条第3款的规定更改对被判刑罚的安排。

刑罚法官经共和国检察官允许后，可以根据第336条之一和第346条之一中所述的原因中止刑罚的执行。犯罪分子变动住址的，应主动告知刑罚法官。

第336条之一　（于1999年8月2日第90号法中增加）

犯罪分子拒绝为公共利益工作的，或者三次因为非法律上的原因停止了刑罚的执行，他将被判处完整的监禁刑。

第一次的缺席时间不得超过一天，第二次不得超过两天，其后将以倍数补偿缺席天数。

为公共利益而执行的工作期限可以因医疗、家庭、职业的理由或因犯罪分子被监禁，或进行国家服役而暂时中止执行。

新的期限从规定的原因消失时起计算。

第336条之二　（于2009年8月12日第68号法增加）

检察总署代表负责执行刑事补偿刑罚。

刑事补偿刑罚的执行期限从初级法院作出判决的上诉期限结束时，或作出终审判决时起算。

检察总署代表在其所属法院的检察总署为被告人作证，应以载有确切日期的文件证明刑罚的执行和刑事补偿金在刑法第15条规定的期限内执行。

在刑法第15条提到的期限内，没有对执行刑事补偿有利的证据的，检察总署代表执行监禁刑。

犯罪分子在押的，证据不支持上诉及不支持在法律规定的期限内执行刑事补偿判决时，检察总署代表负责向监狱告知对犯罪分子释放的许可。

第337条　有特殊情况的，共和国总检察长可以允许对未羁押的犯罪分子缓期执行刑罚，并将此告知国家司法部长助理。

第338条　判决生效后开始执行。

第 213 条规定的共和国总检察长和上诉法院公诉人的上诉，不影响刑罚的执行。

第 339 条 共和国总检察长、上诉法院的公诉人及共和国检察官，有权在执行时请求警察的协助。

第 340 条 作出判决的法院有权审理关于执行的争议，对判决中存在的实质性错误可以进行更正。

第 341 条 法院根据检察总署代表或有关方面的申请，组成合议庭听取检察总署代表的意见及听取申请方律师陈述后，审理上条所述问题。申请和听证应遵守本法第 149 条规定。

经法院允许，有争议的判决可以中止执行。

关于判决争议作出的裁决，检察总署代表应将其告知与事件相关的当事人。

第 342 条 对死刑判决作出更改裁定的，共和国总检察长应在裁定生效后告知国家司法部长助理，司法部长助理应报告共和国总统，由总统执行赦免。

判决未经更改的，应当依照判决执行。

第 342 条之一 （于 2000 年 7 月 31 日第 77 号法增加，于 2002 年 10 月 29 日第 92 号法修订）

刑罚法官监督监禁执行，由重审法院的监狱机构执行。

刑罚法官可以根据本法第 353 条、第 354 条、第 355 条的规定，建议对被监禁的人实行假释。

符合本法第 353 条、第 355 条规定条件的，刑罚法官在听取共和国检察官的意见后，可以对犯轻罪的犯罪分子给予不超过 8 个月的假释。

执行刑期二分之一以上的犯罪分子，可以予以首次假释；犯罪分子是累犯的，只有在执行完三分之二的刑期后才可给予其假释。

刑罚法官自行或根据犯罪分子申请或其直系旁系亲属或配偶或法定监护人的申请，或者根据监狱长的建议，对犯罪分子给予假释。

刑罚法官在审理假释申请时，应为犯罪分子准备一份卷宗，内容应当包括所作出假释裁定应遵循的规定，特别是关于犯罪分子的行为、健康状况、心理状况、适合进入社会的程度，以及包含刑罚的判决副本和监狱机构提出建议。随后，向共和国检察官提交案卷，共和国检察官应在收到案卷资料后 4 日内给出意见。

刑罚法官接到共和国检察官的意见后对假释申请进行裁定。

共和国检察官在刑罚法官作出裁定后 4 日内可以向审查庭上诉。裁定被提起上诉的，中止执行。

审查庭在上诉申请后 8 日内进行书面审理并作出裁定，犯罪分子无须出庭。裁定不可提起上诉。

假释期间,被再次判刑的,经共和国检察官申请,刑罚法官有权通过裁定取消假释。

在确定的情况中,共和国检察官可以允许临时羁押事件相关人员,只要该事件被立即移交给给予假释的刑罚法官。

共和国检察官负责执行刑罚法官作出的裁定。

没有违反本条规定的,将适用本法第五编第四章的规定。

第342条之二 (于2000年7月31日第77号法增加)

刑罚法官每两个月内至少探监一次,以了解犯人的状况。

刑罚法官应将犯人子女的情况告知家事法官。

犯罪分子有意愿与刑罚法官见面的,刑罚法官应在专门的会晤室听其供述,并可以查阅专门的惩戒手册。

刑罚法官可以要求监狱管理处对在押的犯罪分子进行必要的人文关怀。

刑罚法官给予犯罪分子出监狱的临时通行证。

犯罪分子的配偶、直系旁系亲属患有严重的疾病需探视的,或者出席下列规定的亲属葬礼,刑罚法官可以给予犯罪分子临时的通行证:

——配偶或父母或子女;

——兄弟姐妹、叔叔、舅舅或者姻亲;

——法定监护人。

通行证依照法定程序执行。

审理法官有权给予临时羁押的被监禁人通行证。

第342条之三 (于2000年7月31日第77号法增加)

犯罪分子出现严重生理危险的,狱医应以书面形式向刑罚法官报告。监狱管理处向刑罚法官移交管理处的社会活动的年度报告。

刑罚法官制作年度报告,该报告包含其意见、结论和建议,并将其交给司法部长。

第342条之四 (于2000年7月31日第77号法增加)

二级法官履行初级法院的刑罚法官职责,在刑罚法官缺席或不能履行其职权时,由法院院长指定的一名法官代其履行职能。

第二章 拘 役

第343条 (于1999年8月2日第90号法修订)

犯罪分子缴纳的罚金和费用,上交国库。必要时,由事件相关人员申请通过拘役或公益劳动来交给检察总署（以抵偿罚金与费用）。

第 344 条 拘役以每日 3 第纳尔或者 3 第纳尔的一部分执行，拘役期限不得超过 2 年。

劳动刑罚每日执行 2 小时，劳动期限最长不超过 600 小时。（于 2009 年 8 月 12 日第 68 号法修订）

第 345 条 （于 1999 年 8 月 2 日第 90 号法修订）

对下列提到的人员不得实施拘役和劳动刑罚：

（1）承担民事责任的人；

（2）附带民事诉讼当事人；

（3）被追诉时不满 18 周岁的犯罪分子；

（4）年龄满 70 周岁或以上的犯罪分子；

（5）夫妻双方都要缴纳罚金的。因不同案件受到处罚的，不影响本项规定。

第 346 条 （于 1999 年 8 月 2 日第 90 号法修订）

有下列情况的，且拘役期限将被减至一半，并不超过一年，经犯罪分子申请可以通过为公共利益工作代替拘役：（于 2009 年 8 月 12 日第 68 号法修订）

（1）犯罪分子经常居住地的长官作出贫困证明，证明犯罪分子没有能力交钱；

（2）犯罪分子达 60 周岁。

这两项原因不得合并适用。

第 346 条之一 （于 1999 年 8 月 2 日第 90 号法修订）

犯罪分子拒绝进行公共利益劳动的，或者无法定原因而中止劳动，应对其实行拘役。

由于犯罪分子医疗、家庭方面的原因，或者因其他罪行被判处监禁刑的，或者被判决进行国家服役的，则应中止劳动处罚。

从规定或原因消失时起，开始继续计算。

第 347 条 拘役因为某种原因终止，则不可因为相同的原因和之前判处的刑罚重新进行，除非所有应执行的刑罚期限超过已完成的期限。在这种情况下，应将已完成的期限抵消新的刑罚期限。

第 348 条 （于 1999 年 8 月 2 日第 90 号法修订）

犯罪法条不会因拘役或履行劳动处罚而被删除。

第三章　刑罚撤销

第 349 条　重罪被判的刑罚在 20 年后撤销。但是没有获得地区法院法官签发的许可证的，犯罪分子不得居住在他犯下罪行的区域，否则会因违反居住禁令受到刑事处罚。

轻罪被判的刑罚在 15 年后撤销。

违警罪被判的刑罚在 2 年后撤销。撤销期限从被判的刑罚生效之日起算，如果是缺席审判则自送达之日起算，如果送达时，犯罪分子知道，则仍从判决日起算。

第 350 条　撤销期限因任何妨碍刑罚执行的法律或不可抗力阻碍因素中止，由犯罪分子意愿而产生的阻碍因素除外。

撤销期限在判决剥夺自由的刑罚时因犯罪分子被逮捕而中止，在判决罚金时因专门权力机构进行执行工作而中止。

任何情况下，不得将期限延长超过其一倍。

第 350 条之一　（于 2009 年 8 月 12 日第 68 号法增加）

在该法第 15 条提到的期限内执行刑事补偿刑罚，会撤销被判处的监禁刑，必要时应释放犯罪分子。

第 351 条　重罪、轻罪和违警罪中作出的已生效的裁判或决定所包含的民事罚金，将根据民事诉讼法和商业诉讼法的规定被中止。

第 352 条　除扣押、没收和关闭商铺外的所有原刑罚和刑事补偿刑罚，都会因犯罪分子的死亡消失。

第四章　假　释

第 353 条　犯罪分子被证明在监禁中能够自新，或者其释放对社会利益有利的，可以对其进行假释。

第 354 条　服刑期符合法律规定的犯罪分子，才能给予其假释，服刑量应达到或超过：

（1）刑期的一半。首次犯罪的，已服刑期不少于 3 个月。

（2）刑期的三分之二。有犯罪前科的，已服刑期不少于 6 个月。

对被判无期徒刑的人，考验时间为 15 年。（根据 1989 年 4 月 27 日第 23 号法第 3 条修订）

第 355 条　在下列情况中，可以不遵循第 353 条和第 354 条规定：

（1）犯罪分子在假释时年满 60 周岁；

（2）犯罪分子不满 20 周岁；

（3）患有危险的或不可医治的疾病。

第 356 条　（于 2001 年 7 月 11 日第 73 号法修订）

假释由司法部长作出决定，需经假释委员会同意。

刑罚法官根据法定程序给予假释。（于 2002 年 10 月 29 日第 92 号法增加）

第 357 条　可以对被假释的人作出如下裁定：

（1）没有被判处居住限制或行政监督的，对其实行被保护居住；

（2）将其安置于公共机构或专门机构；

（3）同时适用上述两项规定。

被保护居住或者被安置于公共机构或专门机构的时间不得超过释放时刑罚剩余的时间。

第 358 条　获假释的犯罪分子的刑事补偿刑罚，自其被释放之日起开始执行。

第 359 条　（于 2001 年 7 月 11 日第 73 号法修订）

对获假释的人重新作出判决的，或者假释期间违反法律规定的，司法部长可以在征求假释委员会的意见后作出裁定取消释放。

在上述情形中，共和国检察官可以允许临时羁押事件相关人员，只要该事件被立即上诉给释放委员会。

第 360 条　犯罪分子被取消假释资格的，应根据撤销决定的规定，执行或部分执行未执行完毕的刑罚。犯罪分子被判处新的刑罚的，实行数罪并罚。临时羁押的时间可以折抵刑期。

假释没有被撤销的，假释考验期满则犯罪分子获得最终释放。在此情况下，刑罚自其获得假释之日起视为结束。

第五章　司法记录

第 361 条　法院书记员应制作重罪犯和轻罪犯的犯罪记录，内容包括犯罪分子的姓名、称谓、职业、年龄、居住地、案件有关声明和案件的判决。犯罪记录应在不超过 8 日内交给犯罪记录管理部门。

书记员应制作儿童的犯罪记录，公众不可查阅，包括儿童在被限制自由时发生的突然事件中所作的决定，及与安置儿童或将儿童交给监护人相关的审核案件中所作的决定。年满 13 周岁儿童的犯罪记录应依上述相同规定移交犯罪记录管理部门。

第 362 条 司法身份机构负责收集一号证件，并根据以下条款的规定提交二号证件和三号证件的副本和保证金。

第 363 条 上述一号证件指：

（1）重罪法庭或轻罪法庭作出的不可上诉的判决；

（2）对年满 13 周岁的未成年人作出的判决；

（3）由司法机构或行政机构作出的惩戒裁定，裁定剥夺了犯罪民事权利或法定权利的；

（4）居住限制或行政监督的决定；

（5）外国人的驱逐令；

（6）破产决定。

犯罪记录应写明赦免，及变更其刑罚，或减刑，以及对假释决定或恢复权利的内容，以及取消驱逐、居住限制或行政监督的裁定和完成刑罚与支付罚金的日期等情况。

上述款项中规定的一号证件中受到大赦或被撤销的判决，应删除其司法记录。

第 364 条 儿童在针对他的根据第 225 条、第 234 条、第 241 条、第 254 条规定的刑罚执行完成后，为促使其真正自新，审理法官可以在执行完成的 3 年后自行或根据儿童或检察总署代表的申请，作出上述条款提及的有关撤销、取消一号证件的裁定。审理法官对此作出的是终审裁定。

撤销上述证件的裁判作出，则不应在司法记录中记载上述途径及关于通过该途径取消的一号证件。

案件应由第一次受理该案件的儿童审理法官受理，或儿童现居地或出生地的事件法官受理。

第 365 条 二号证件上记录了所有一号证件中提及的当事人相关事项。该证件只有经司法机构的明确申请才可被提交。

在非此种情形中，三号证件根据行政安排规定的条件提交，只包含第 363 条第 1 项规定的审判声明，该规定不因恢复权利而取消，或者法官不允许对其进行刑罚的缓期执行，除非在最后一种情况中作出了新的裁定，裁定禁止事件的相关人员享受刑罚的缓期执行。

第 365 条① 三号证件不包含期限不超过 6 个月的监禁或数额不超过 1000 第纳尔的罚金的司法判决，除非法律另有规定或在之后的 5 年中重新作出惩罚犯罪的追诉。（于 2008 年 12 月 11 日第 75 号法增加）

---

① 原文本序号即如此。——译者注

不得将此证件交给非其所属之人。

关于公益劳动的判决和刑事补偿刑罚的判决，不加入三号证件。（第 3 款于 2009 年 8 月 12 日第 68 号法增加）

第 366 条 申请修改犯罪记录的，由作出判决的法院组成合议庭，听取检察总署代表的意见后进行审理。

第六章 恢复权利

第 367 条 （于 1973 年 11 月 19 日第 69 号法批准的 1973 年 10 月 29 日第 14 号法中修订）

满足下列条件时，赦免委员会可准许每一位被判重罪刑或轻罪刑的人恢复其权利：

（1）重罪刑罚自刑罚结束、刑罚撤销、赦免裁决作出起已过 2 年的，轻罪刑罚自刑罚结束、刑罚撤销、赦免裁决作出起已过 6 个月的。

犯罪分子是再犯或之前恢复过权利的，则该期限延长至一倍。（第 1 项于 2008 年 12 月 11 日第 75 号法修订）

（2）针对民事补偿的裁定被撤销，或过期，或经犯罪分子证实无法遵循。

（3）羁押处的记录簿和对犯罪分子在释放后行为的调查，证实其确实能够自新。

第 368 条 犯罪人本人应提出恢复权利的申请，但如其无法提要求，由其代理人提出。

犯罪分子死亡的，其配偶、父母或兄弟姐妹在其死亡后的 1 年内可以提出申请。

国家司法部对该申请进行必要的调查。

第 369 条 赦免委员会拒绝犯罪分子申请的，犯罪分子 1 年内不得提交新的申请。

第 369 条之一 （于 1993 年 11 月 22 日第 114 号法增加）

犯罪分子没有在下列期限中因重罪或轻罪得到审判的，则应恢复犯罪分子的权利：

（1）罚金刑罚自交付罚金之日起已过 1 年，或者羁押期限已过或过期撤销；

（2）轻罪的监禁刑在完成后已过 2 年，或者过期撤销；

（3）重罪的监禁刑在完成后已过 5 年，或者过期撤销。（第 1 款于 2008 年 12 月 11 日第 75 号法修订）

刑罚的全部或部分撤销根据全部或部分的判决赦免。

第 370 条　恢复犯罪分子的权利会消除被判刑罚和财物被查封的效果，对此应做出司法记录，不应提到其申请人提交的公民身份文件。

第七章　特　赦

第 371 条　特赦是指赦免被判刑罚，或减少刑期，或依法律规定减轻刑罚。

第 372 条　特赦权由共和国总统根据国家司法部的决定，在听取赦免委员会的意见后行使。

第 373 条　特赦是针对个人的，是有条件的，仅对生效判决产生效力。

第 374 条　特赦不包含司法费用，向国家缴纳的罚金不得退还。

第 375 条　被特赦的判决视为存在司法前科。

第八章　大　赦

第 376 条　依法进行大赦，免除刑罚。

第 377 条　被大赦的犯罪被视为没有发生。

法律有特殊规定的，暂缓大赦。

大赦不得侵犯他人权利，特别是民事当事人的权利，诉讼费即使尚未扣除也不得退回，已执行的没收的财产或查封物不得退回，已缴纳的罚金也不得退回。

美　洲

阿　根　廷

阿根廷刑事诉讼法典[*]

第五编　执　行

第一章　总　则

第 490 条　管辖权

司法裁决由宣布裁决的法院执行或者由执行法官执行，由其依法受理执行期间发生的所有问题和异议，并且进行通知。

第 491 条　附带事项的程序、异议

检察官、其他当事人或者其辩护人可以对司法裁决的执行提起异议，申请事项应当由该事项的相对人进行核查，并且在 5 日内处理完毕。自诉人无权提起异议。

可以对裁决提起异议。除非法院命令中止执行裁决，否则，提起异议不得中止裁决的执行。

第 492 条　无罪判决

无罪判决由审理案件的法院立即执行，即使该判决被提起异议。该判决被提起异议的，由审理案件的法院负责完成相关记录和通知。

---

[*] 本法典于 1991 年 8 月 21 日由国会批准，后历经 20 余次修改，最近一次修正时间是 2012 年 12 月。本译本根据阿根廷《官方简报》提供的西班牙语文本翻译。

第二章　刑事执行

第一节　刑　罚

第 493 条　刑罚的计算和执行法院的职权

由审理案件的法院命令书记员办公室对刑罚进行计算，确定刑满日期或者罚金数额。

应当通知检察官和当事人刑罚计算的结果，检察官和当事人可以在 3 日内核查该计算结果。

有反对意见的，根据本法典第 491 条的规定向审理法院提出异议。相反，如果没有异议，刑罚计算的结果得以通过的，立即通知刑罚执行法院执行判决。

执行法官具有下列管辖权限：

1. 维护宪法和阿根廷共和国批准的所有国际条约中，有关保证被执行人、服刑人和保安处分措施的被执行人的基本权利。

2. 保证犯罪嫌疑人、被告人遵守预审期间的规定和本法典第 293 条规定的中止期间的相关规定。

3. 保证有效执行国家司法机关作出的有罪判决。

4. 处理刑罚执行期间出现的所有异议。

5. 帮助假释人员重新融入社会。

第 494 条　剥夺人身自由的刑罚

对于未被羁押被判处剥夺人身自由刑的被执行人，应当对其实施逮捕，但剥夺人身自由刑不超过 6 个月，并且被执行人未被怀疑逃逸的除外。应当签发逮捕令，并且在 5 日内执行逮捕。

如果被执行人已经被羁押或者被逮捕，应当命令将其移送至相应的监狱关押，在押送途中向其通知刑罚计算的结果，并且出示判决书副本。

第 495 条　中止执行

只有发生下列情形之一的，审理案件的法院才可以推迟执行剥夺人身自由的刑罚：

1. 被执行人为女性，作出判决时正值怀孕或者子女不满 6 个月。

2. 被执行人患有严重疾病，根据官方指定的鉴定人的鉴定意见，立即执行判决可能危及其生命。

上述情形消失后，应当立即执行判决。

第 496 条　临时性外出

服刑人临时性外出不会导致刑罚中止。服刑人的近亲属死亡或者重病的，执行法院可以批准服刑人在大致规定的期间内，在必要的看管下，离开监狱机构参加葬礼或者进行探望。

第 497 条　疾病和近亲属探视

服刑人被执行刑罚期间患有任何疾病，由官方指定的鉴定人出具的鉴定意见认为在其服刑地点无法受到诊疗，或者此情形可能严重危及其健康的，执行法院可以命令将其送往适当的机构进行看管。

服刑人在就医期间被剥夺人身自由的，就医的时间应当计入刑期。但是，为逃避履行刑罚而佯装患病或者故意致病的，不计入刑期。服刑人可以接受任何性别的近亲属的定期探视。探视期间应当保持服刑地点的整洁、严肃和安静。

第 498 条　在省立监狱服刑

应当在省立监狱执行刑罚的，执行法院通知立法机构，以便立法机构申请该省政府采取适当的措施。

第 499 条　附加剥夺权利

剥夺人身自由的刑罚且并处《国家刑法典》规定的附加剥夺权利刑的，执行法院应当命令进行登记、记录，以及采取其他相应的措施。

第 500 条　绝对剥夺权利或者特殊剥夺权利

执行法院应当将判决书中判处绝对剥夺权利的裁决部分刊登于《官方简报》。此外，应当根据情况将该事项通知选举法官、有关行政机构或者权利机构。

判决作出特殊剥夺权利的，由执行法院进行相应通知。特殊剥夺权利涉及任何民事活动的，应当通知警察机关。

第 501 条　罚金

自确定判决作出之日起 10 日内，被执行人应当交纳被判处的罚金。该期间届满以后，执行法院根据《国家刑法典》的相关规定进行处理。

为便于执行罚金刑，检察机关应当被告知背景材料，由检察官以执行判决的方式处理罚金事宜。检察官可以在民事法官的见证下办理。

第 502 条　在住所地服刑

如果执行法官或者相关的法官认为适当，可以命令释放人员管理机构对被执行人在其住所地的服刑进行监视。当地无释放人员管理机构的，可以命令有资格的社会服务机构对被执行人进行监视。任何时候，不得由警察机关或者安全机关进行该监视。

（依据 2008 年 12 月 17 日颁布的 26472 号法令第 5 条修改，参见 2009 年 1 月 20 日《官方简报》）

第 503 条　撤销附条件执行的刑罚

执行法院负责对附条件执行的刑罚进行撤销。但数罪并罚的，仅能由审理案件的法官对附条件执行的刑罚进行撤销。

第 504 条

如果所判处的刑罚应当无效，或者应当对所判处的刑罚作出修改，或者由于一项量刑更轻的法律生效后应当变更刑罚的执行方式，或者由于其他法律原因应当对所判处的刑罚作出修改，由执行法官依其职权或者应当事人、公共部的请求作出变更。变更的方式适用针对执行附带事项的相关规定。

第二节　假　释

第 505 条　申请

服刑人可以立即通过服刑机构的负责人转交假释申请书，并委托辩护人办理假释。

第 506 条　报告

提交假释申请书以后，执行法院要求相关服刑机构的负责人出具包括下列内容的报告：

1. 已经服刑的时间。

2. 申请人在服刑期间遵守监狱规章制度的情况，以及对假释申请人的工作、受教育和遵守纪律表现的等级评定。

3. 所有其他对申请人有利的或者不利的，可以帮助法院作出判断的情节。在必要的情况下，可以要求医学或者心理学专业人士出具鉴定意见。

应当在 5 日内出具相关报告。

第 507 条　刑期计算和犯罪记录

同时，执行法院应当要求书记员对假释申请人已经服刑的时间及其犯罪记录提交报告。为确定假释申请人的犯罪记录，在必要时，书记员可以出具相应的通知书和委托书。

第 508 条　程序

根据本法典第 491 条的规定，对程序、裁决和异议的相关问题进行处理。

批准假释申请的，在假释决定书中应当明确《国家刑法典》规定的假释条件，在进行批准假释通知时，假释人应当保证忠实地履行假释条件。书记员交付假释人假释决定书副本。假释人应当妥善保存该副本，并在负责监视假释人的相关部门要求时向该部门出示该副本。假释申请被驳回的，服刑人不得在作出驳回决定6个月内再次提交假释申请，但驳回假释申请的决定未遵循相关法律规定的除外。

第509条 通知释放人员管理机构

将假释人移交释放人员管理机构，向该机构通知假释决定并且递交假释决定书的副本。

释放人员管理机构协助执行法官检查假释人在其居住区的生活、工作和行为举止。

当地无释放人员管理机构的，私立或者公立机构可以辅助执行法院完成上述工作。

第510条 撤销假释

根据《国家刑法典》的规定，法院依其职权或者应检察官、释放人员管理机构或者相关参与机构的申请撤销假释。

在任何情况下，假释人都可以根据本法典第491条规定的方式进行陈述和提供证据。

在相关问题得到解决以前，如果执行法院认为需要，可以对假释人采取预防性监禁。

第三节 保安处分措施

第511条 监督

执行法院监督保安处分措施的临时执行或者最终执行。保安处分措施执行机构或者执行地点的负责人向执行法院汇报相关情况，并且可以请求鉴定人的协助。

第512条 指示

有关司法机关命令执行保安处分措施的时候，向执行法官下达必要的指示，确定执行法官向该司法机关汇报关于被执行人的状态或者任何重要情况的期间。在执行保安处分措施期间，根据情况需要可以更改上述指示，并将更改结果通知执行法院。

不得对上述裁决提出不服申请。

第513条 未成年人

对未成年人实施不公开的看管措施时，决定处以该措施的司法机关指派代表进行视察或者监督，执行法官、未成年人的父亲、监护人或者看管机构的负责人有义务为其视察和监督提供方便。对未履行上述义务的，处以本法典第

159 条第 2 款规定的罚金，或者采取最多不超过 5 日的羁押。

司法机关指派的代表不仅可以汇报未成年人的情况，而且可以汇报未成年人的社会生活环境，以及该环境是否适合未成年人。

第 514 条　终止

对确定执行期间或者相对不定期的保安处分措施予以终止执行的，执行法院应当听取检察官和当事人的陈述。当事人无行为能力的，可以听取其亲权人、监护人或者保育人的陈述，并且必须由鉴定人出具鉴定意见。

第四节　中止缓刑

第 515 条

一旦有关司法机关通知执行法院将对被执行人实施缓刑，执行法院应当立即命令执行有关指示和规定，并且告知被执行人不遵守相关指示和规定的后果。

不履行和不遵守有关要求、规定、指令的，执行法院可以召见被执行人，决定撤销或者维持对其实施的缓刑。撤销缓刑的，执行法院应当进行相关登记和通知，将被执行人移送有关司法机关。

第三章　民事执行

第一节　经济处罚

第 516 条　管辖权

对于返还、修缮、损害赔偿、交纳诉讼费用和支付相关费用的判决，如果不能立即执行或者不能简单地依照法院判决的命令执行的，当事人或者检察官可以根据《国家民商事诉讼法典》提请民事法官裁决执行。

（依据 1998 年 3 月 11 日颁布的 24946 号法令第 76 条修改，参见 1998 年 3 月 23 日《官方简报》）

第 517 条　行政处罚

检察官根据前条规定的方式执行行政处罚性罚款的，罚款一律上缴国库。

（依据 1998 年 3 月 11 日颁布的 24946 号法令第 76 条修改，参见 1998 年 3 月 23 日《官方简报》）

第二节 担 保

第 518 条 依职权进行的查封、扣押或者禁止其取得财产

宣布查封扣押令以后,法官应当命令查封、扣押犯罪嫌疑人、被告人或者刑事附带民事诉讼被告人的财产,查封、扣押财产的金额应当足够支付经济处罚的罚金、刑事附带民事赔偿金和诉讼费用。

犯罪嫌疑人、被告人或者刑事附带民事诉讼被告人无财产的,或者查封、扣押财产的金额不足的,可以命令禁止犯罪嫌疑人、被告人或者刑事附带民事诉讼被告人取得财产。

存在延误风险和足够的证据证明应当采取预防措施的,在下达查封令或者扣押令以前,可以宣布采取预防措施。

第 519 条 应诉讼方申请进行的查封、扣押

刑事附带民事诉讼原告人可以申请扩大进行查封、扣押的范围,但是应当依照法院的有关规定提供担保。

第 520 条 《国家民商事诉讼法典》的适用

查封、扣押的替换,查封、扣押财物的清点,查封、扣押的方式和执行,查封、扣押财物的保存、保护、看管和管理,查封、扣押的更改,酬金和调解等,均适用《国家民商事诉讼法典》的规定。

第 521 条 实施

查封、扣押的办理与抵押的办理分开进行。

第三节 扣押物品的返还

第 522 条 没收物

经判决没收某件物品的,法院根据该物品的性质选择存放地点。

第 523 条 扣押物品

经判决不予没收但已被扣押的物品,应当归还物品所有人。

作出判决以前,被扣押物品已经交由法院库房保管的,应当通知保管员提出该物品。

可以扣留应当返还给被判决有罪的被告人的扣押物品,作为对其应当支付的诉讼费用、其他支出以及经济处罚的担保。

第 524 条 有管辖权的法官

对返还扣押物品或者返还方式产生争议的,当事人可以向处理民事争议的法院提起诉讼。

第 525 条　未主张返还的物品

诉讼终结 1 年以后，对于不知晓所有人的被扣押的物品，无人要求返还或者无法证明有权要求返还的，可以对该物品予以没收。

第四节　对虚假文书的判决

第 526 条　修正

通过判决宣布公共文书为虚假文书的，作出判决的法院应当命令重新起草、撤销或者修正该文书。

第 527 条　归档文件

上述文书来源于档案卷宗的，应当将该文书放回原档案，在文书的每一页加旁注，并且随附判定该文书全部虚假或者部分虚假的判决书副本。

第 528 条　记录文件

虚假文书属于记录文件的，应当在已提交的证明材料的原件边缘处以及相应的登记表中分别注明判决中的认定。

第四章　诉讼费用

第 529 条　预付

在整个诉讼过程中，如果犯罪嫌疑人、被告人以及其他诉讼各方无经济能力支付诉讼费用的，由国家预付相关费用。

第 530 条　支付

所有终结案件和附带事项争议的裁决，都应当对诉讼费用的支付作出明确规定。

第 531 条　减免

由败诉一方承担诉讼费用。但是法院可以应合理的请求，全部或者部分地免除败诉一方应当交纳的诉讼费用。

第 532 条　豁免

参与诉讼的公共部代表、律师和代理人不应当承担诉讼费用，但法律规定上述人员应当承担诉讼费用的除外。不排除上述人员由于违反相关规定可能接受刑事处罚或者行政处罚。

第 533 条　内容

诉讼费用包括下列项目：

1. 案件受理费。
2. 律师、诉讼代表和鉴定人的酬金。
3. 其他审理费用。

第 534 条　酬金的确定

根据行政经费相关法律的规定，结合诉讼本身的价值或者重要性、诉讼所涉及的法律问题和出庭费用确定律师和诉讼代表的酬金。总之，应当考虑律师和诉讼代表为其当事人所承担的工作和所获得的结果。

根据相应的法律规定确定其他诉讼参与人员的酬金。

第 535 条　诉讼费用的分担

有多名被执行人的，法院确定每人应当交纳的诉讼费用的比例，不排除根据民事法律的规定，由多名被执行人平均分担诉讼费用。

巴　西

巴西刑事诉讼法典[*]

第四卷　执　行

第一编　一般规定

第 668 条　如果没有特别法官，则执行应当由作出判决的法官负责；如果是由陪审团法院作出的裁判，则应当由其主席法官负责。

独一段　如果属于上级法院的原始管辖权且裁判由其作出，则应当由其主席法官负责裁判的执行。

第 669 条　仅当判决转为确定后，才可执行，但以下情况除外：

1. 如果属于有罪判决，而为了拘禁被告人，即使属于可担保的犯罪但仍未提供担保的情况亦然；

---

[*] 本法典于 1941 年 10 月 3 日由总统颁布，并于次年 1 月 1 日起生效。本法典后经多次修订，本译本依据的是 2012 年 7 月 4 日的修正案。本译本根据巴西总统府官网（http://www2.planalto.gov.br）提供的葡萄牙语文本翻译。

2. 如果属于无罪判决，而为了立即释放被告人，只要有关判决并不是在法律规定可处最高 8 年或以上监禁刑的犯罪的诉讼程序中作出的。

第 670 条　如果无罪判决是在非狭义的上诉中获确认或作出的，则应当由裁判书制作人负责发出释放命令状，而此事应当立即告知第一审法官。

第 671 条　与执行有关的附随事项应当由有关的法官决定。

第 672 条　以下时间应当计算在剥夺自由的刑罚的时间内：

1. 在巴西境内或境外羁押的时间；
2. 在巴西境内或境外临时拘禁的时间；
3. 在医院或精神病院住院收容的时间。

第 673 条　如果发现被告人在其提起的非狭义上诉待决期间被拘禁的时间已届满其被判刑的时间，则案件的裁判书制作人应当立即命令将被告人释放，但不影响上诉的审判，除非属于可处最高 8 年或以上监禁刑的犯罪，且原告人或检察院也对有罪判决提起了非狭义的上诉。

第二编　刑罚按照种类的执行

第一章　剥夺自由刑

第 674 条　在剥夺自由刑的判决转为确定后，如果被判刑人正被拘禁或之后被拘禁，则法官应当命令发出凭单式公函以便其服刑。

独一段　如果属于第 82 条最后部分规定的情况，则应当由有权限计算或合并刑罚的法官命令发出凭单式公函。

第 675 条　如果属于被判刑人已被释放或获得担保的刑事违法行为案件，仍没有发出拘禁命令状，则法官，或在提起上诉的情况下，法庭或法院主席法官应当在有罪判决转为确定后立即命令发出拘禁命令状。

第 1 段　如果在上诉阶段中由上级审级纠正无罪判决，而被判刑人正处于自由的状况，则在审判会议结束后，法庭或法院主席法官应当立即将被判刑人的拘禁命令状发送给警察局长。

第 2 段　如果被判刑人被拘禁在特殊监狱，则应当发出立即将被判刑人转移至普通监狱的命令状，直到确定发出凭单式公函以便被判刑人服刑为止，但法律对军人另有规定的情况除外。

第 676 条　凭单式公函应当由书记员制作，并由法官签字，并于每页上作简签；凭单式公函应当发送给被判刑人应在该处按照有罪判决服刑的监狱的狱长，并应当有以下内容：

1. 被判刑人的姓名及其为人熟知的绰号；

2. 被判刑人的民事身份资料（出生地、父母、年龄、婚姻状况、职业）、文化程度，以及倘有的身份和统计署或同类部门的一般登记编号；

3. 有罪判决全文和刑罚结束的日期。

独一段　在发出凭单式公函以便被判刑人服刑后，如果被判刑人正被执行另一刑罚，则仅在该刑罚执行完结后才可以执行新的刑罚。如果刑罚开始执行的时间或执行期间嗣后出现变化，则应当对凭单式公函进行更正。

第 677 条　应当将凭单式公函及其附注的复印件发送给惩教委员会。

第 678 条　被判刑人应在该处服刑的监狱的狱长应当发出凭单式公函的收据，以便附入有关诉讼的卷宗。

第 679 条　凭单式公函应当按照接收的时间顺序在专用的簿册进行登记，并应当在执行过程中作出必要的注释。

第 680 条　如果被判刑人因不可上诉的判决而在规定服刑的场所以外的场所被拘禁，则有关被拘禁的时间应当计算为服刑时间。

第 681 条　如果被并处多种剥夺自由的刑罚，则应当先执行监禁刑，再执行拘留刑，最后执行普通拘禁刑。

第 682 条　如果被判刑人经医学鉴定嗣后患有精神疾病，则应当被收容在司法精神病院，如果没有司法精神病院，则应当被收容在其他适当的场所，并在该处对其进行拘押。

第 1 段　在紧急情况下，惩教场所负责人可以命令将被判刑人迁移，但应当立即通知法官采取了该措施，而法官在收到医学鉴定报告后应当追认或废止相关措施。

第 2 段　如果收容时间持续至剩余的刑期结束之时，且被判刑人没有被施加拘留性的保安处分，则在经适当通知负责无行为能力人事务的法官后，应当将该人送往按照其病情视为适合的地方。

第 683 条　被判刑人在该处被临时收容或服刑的监狱的狱长应当立即将被判刑人或被拘留人死亡、逃脱或被释放的情况告知法官，以便将有情况记录在卷宗内。

独一段　通知书应当附随死亡证明。

第 684 条　再次逮捕逃脱的被判刑人无须预先取得司法命令，并且可以由任何人进行。

第 685 条　在服刑完毕或刑罚消灭后，应当立即通过法官的命令状释放被判刑人；但不妨碍在命令状中注明被判刑人因其他法定原因而应当继续被拘禁。

独一段 如果被施加了拘留性的保安处分，则被判刑人应当被转移至合适的场所（第762条）。

第二章 罚 金

第686条 罚金应当在科处罚金的判决转为确定后10日内缴纳。

独一段 如果对判决提起了上诉，则该期间应当自法官命令执行上级审级裁判之日起计算。

第687条 法官可以应被判刑人申请：

1. 延长缴纳罚金的期间至3个月，如果存在支持延长该期间的情节；

2. 在同样的情节下，允许罚金在规定的期间内分月缴纳，且在有需要时，要求提供物权担保或人事担保。（经1977年5月24日第6.416号法律修订）

第1段 无论是第1款还是第2款规定的情况，申请均应当在给予缴纳罚金的10日内提出。

第2段 如果法官发现被判刑人利用分期缴纳罚金的机制规避刑罚的执行，则应当废止分期缴纳罚金的许可。在这种情况下，所提供的担保须转化为金钱，在缴纳罚金和诉讼费用后的余额应当归还给被判刑人。（经1977年5月24日第6.416号法律修订）

第688条 在10日的期间或延长期间结束后，如果被判刑人仍未缴纳罚金，或者出现前条第2段规定的情况，则应当按照以下规定处理：

1. 如果被判刑人拥有可以被执行的财产，则应当为有罪判决开具证明，以便检察院进行司法征收。

2. 如果被判刑人无偿还能力，则应当按照以下方式进行征收——

a）通过扣除其四分之一的报酬的方式为之，如果正在履行剥夺自由并科罚金的刑罚（《刑法典》第29条第1段和第37条）；

b）通过在其薪俸或工资进行扣除的方式为之，如果剥夺自由的刑罚已服毕或已获假释，但罚金尚未缴清；

c）通过在其薪俸或工资进行扣除的方式为之，如果罚金是被科处的惟一刑罚或获准缓刑。

第1段 在b项和c项规定的情况下，扣除应当通过对雇主、有权限部门或准公共实体发出的命令进行；在订定扣除的金额之前，法官应当要求提供相关信息和命令执行相关措施，如果有需要，包括仲裁，以便遵守《刑法典》第37条第3段的规定。

第2段 雇主应当被通知每月不迟于法官订定的日期以惩教印花税票的方

式收集相等于应扣除的金额，而有关惩教印花税票应当由法官在相关卷宗内作废；违者以违令罪论处，但不妨碍其应进行的执行。

第 3 段　如果被判刑人是州公务员、市公务员或准公共实体雇员，则扣除的金额应当每半年由国库、税务办事处或联邦税务征收局收集，作为惩教印花税收入。

第 4 段　从联邦公务员薪俸单中扣除的金额构成惩教印花税收益。

第 689 条　如果属于犯罪或轻微违反，则罚金应当按照每 1 万雷亚尔相当于 1 日拘留或普通拘禁的方式进行转换：

1. 如果有偿还能力的被判刑人没有缴纳罚金；
2. 如果有偿还能力的被判刑人没有缴纳获批准的无担保每月分期支付的罚金。（经 1977 年 5 月 24 日第 6.416 号法律修订）

第 1 段　如果法官即时确认存在将罚金转换的理由，则应当依职权或应检察院的申请进行转换，无须听取被判刑人的意见；如果不属于前述情况，且被判刑人出现在法庭办公地点所在的地方，则在听取了被判刑人的意见后，可以允许双方当事人在 3 日的期间内呈交证据，包括人证。

第 2 段　在裁判转为确定后，法官应当发出拘禁命令状或对凭单式公函作出附注，视被判刑人处于自由的状况，还是正在履行剥夺自由的刑罚而定。

第 3 段　如果属于本条第 2 款规定的情况，则应当按照未缴纳的分期金额进行转换。（经 1977 年 5 月 24 日第 6.416 号法律引入）

第 690 条　法官应当将转换作废，并发出释放命令状或终止拘禁令，如果被判刑人在任何时候：

1. 缴纳了罚金；
2. 提供了物权担保或人事担保，以确保其缴纳罚款。

独一段　如果属于第 2 款规定的情况，则应当在认可担保之前的 2 日内听取检察院的意见。

第三章　附加刑

第 691 条　如果判决裁决被判刑人丧失公职或暂时无能力担任公职或从事职业或活动，或者被判刑人因判决的作出而导致丧失公职或暂时无能力担任公职或从事职业或活动，则法官应当将已转为确定的判决通知有权限的行政当局。

第 692 条　如果附加刑属于暂时或永久无能力行使亲权、监护权或保佐权的情况，则法官应当采取措施，以便未成年人或禁治产人的人身和财产事务在有管辖权的法院得到照顾。

第 693 条 如果附加刑属于暂时或永久无能力行使夫权或亲权，则应当作出民事登记附注。

第 694 条 如果附加刑是禁止行使权利，则应当将附加刑通知身份和统计署或同类部门，以及记录在被判刑人的犯罪前科登记表和被定罪的罪犯名单。

第 695 条 在暂时禁止行使权利（《刑法典》第 72 条 a 项和 b 项）开始执行后，法官应当依职权或应检察院或被判刑人的申请，订定其结束的时间，并完成以上数条规定的措施。

第三编 执行的附随事项

第一章 缓 刑

第 696 条 法官可以暂缓执行不超过 2 年的监禁刑及拘禁刑，而缓刑期间不可以少于 2 年或超过 6 年；法官也可以暂缓执行普通拘禁刑，而缓刑期间不可以少于 1 年或超过 3 年，如果：（经 1977 年 5 月 24 日第 6.416 号法律修订）

1. 被判刑人在国内或国外均没有因其他可以被处以剥夺自由刑的犯罪而被以不可上诉的判决定罪，但《刑法典》第 46 条独一段规定的情况除外；（经 1977 年 5 月 24 日第 6.416 号法律修订）

2. 被判刑人的犯罪前科记录、人格、有关犯罪的动机和情节均允许推断其不会再犯。

独一段 如果因其他犯罪或轻微违反而针对受益人进行诉讼程序，则缓刑的期间应当视为延续至有确定审判结果为止。

第 697 条 法官或法院应当在判处不超过 2 年的剥夺自由刑的裁判中，宣告给予或不给予缓刑，并说明理由。（经 1977 年 5 月 24 日第 6.416 号法律修订）

第 698 条 如果批准缓刑，则法官应当列明被判刑人在规定的期间内应当遵守的条件，而该期间在将判决通知受益人的听证会议且将类似第 724 条规定的文件交给受益人之后开始计算。（经 1977 年 5 月 24 日第 6.416 号法律修订）

第 1 段 缓刑条件应当与罪行及被判刑人的人格相适应。（经 1977 年 5 月 24 日第 6.416 号法律引入）

第 2 段 除了第 767 条规定的行为规范，还可以对被判刑人施加以下条件作为行为和义务规范：（经 1977 年 5 月 24 日第 6.416 号法律引入）

1. 参加职业技能培训课程或学校教育课程；（经 1977 年 5 月 24 日第

6.416 号法律引入）

2. 提供社会服务；（经 1977 年 5 月 24 日第 6.416 号法律引入）

3. 承担家庭负担；（经 1977 年 5 月 24 日第 6.416 号法律引入）

4. 接受戒毒治疗。（经 1977 年 5 月 24 日第 6.416 号法律引入）

第 3 段　除了在判决中列明的条件及上段所指的条件，法官还可以在任何时间依职权或应检察院的申请订定其他条件，只要存在支持增加相关条件的情节。（经 1977 年 5 月 24 日第 6.416 号法律引入）

第 4 段　对于履行条件的监督，在州、地区及联邦区应当通过补充规范规管；履行条件的监督应当交由惩教社会工作部门、雇主、社区委员会或同类机构负责，并由惩教委员会和检察院独自或共同监察；如果欠缺补充规范，则应当由司法区的执行法官决定补充。（经 1977 年 5 月 24 日第 6.416 号法律引入）

第 5 段　受益人应当定期向监督机构报到，以证明遵守了其应遵守的条件，还应当报告其职业、工资、生活来源、积蓄、所面对的实质困难或社会困难。（经 1977 年 5 月 24 日第 6.416 号法律引入）

第 6 段　为达到法定的目的（第 730 条和第 731 条），如果监督机构发现任何可以导致撤销缓刑、延长缓刑期间或变更缓刑条件的事实，则应当立即通知监察机关。（经 1977 年 5 月 24 日第 6.416 号法律引入）

第 7 段　如果受益人获准许搬迁住所，则应当通知新居所在地的法官和监察机关，受益人应当立即向有关的法官和监察机关报到。（经 1977 年 5 月 24 日第 6.416 号法律引入）

第 699 条　如果有罪判决由陪审团法院作出，则陪审团主席法官有权对缓刑作出裁判。

第 700 条　暂缓执行的对象并不包括罚金、附加刑、判刑的效果和诉讼费用。

第 701 条　法官在给予缓刑时，应当考虑被告人的经济和工作条件，订定全数缴纳或分期缴纳诉讼费用和惩教费用的期间。

第 702 条　在共同犯罪的案件中，可以给予部分被告人缓刑，而不给予其他被告人缓刑。

第 703 条　给予缓刑的法官应当在听证中向被告人宣读相关判决，并提醒被告人注意再次实施刑事违法行为和违反被施加的义务的后果。

第 704 条　如果是由上级审级给予缓刑，则应当由上级审级负责订定有关条件，而听证可以由法院或法庭的任何成员、负责案件的法官或由法院或法庭主席法官指定的其他法官主持。

第 705 条　如果被告人被当面通知或经张贴为期 20 日的告示通知后，没有出席第 703 条所指的听证，则缓刑便告无效并应当立即执行刑罚，但经证明存在合理障碍的情况除外；在此情况下，应当重新安排听证。

第 706 条 如果刑罚由于上诉而被提高至排除给予缓刑的可能，则缓刑也无效。（经 1977 年 5 月 24 日第 6.416 号法律修订）

第 707 条 缓刑应当被废止，如果受益人：（经 1977 年 5 月 24 日第 6.416 号法律修订）

1. 被不可以上诉的判决判处剥夺自由的刑罚；（经 1977 年 5 月 24 日第 6.416 号法律修订）

2. 虽然有偿还能力，但没有缴纳罚金，或者在没有合理理由的情况下没有就损害作出弥补。（经 1977 年 5 月 24 日第 6.416 号法律修订）

独一段 如果受益人不履行判决规定的任何一项义务，不遵守附加刑中固有的禁令，或被不可以上诉的判决判处非剥夺自由的刑罚，则法官均可以废止缓刑。如果不废止缓刑，则法官须提醒受益人应当注意的事项、增加有关条件，甚至在规定的缓刑期间未达至上限时，将之延长至上限。（经 1977 年 5 月 24 日第 6.416 号法律修订）

第 708 条 如果缓刑期间或经延长的期间届满，而没有出现废止缓刑的理由，则剥夺自由的刑罚应当被宣告消灭。

独一段 如果法官认为有需要，则可以在审判之前要求提供受益人最新的犯罪前科登记表。

第 709 条 有罪判决应当登录在身份和统计署或同类部门的专用簿册内，并作出缓刑的注记，而废止缓刑或刑罚的消灭，则应当按照法官或法院的通知作出附注。如果属于废止缓刑的情况，则应当在一般登记中作出确定的附注。

第 1 段 如果当地没有身份和统计署或同类部门，则应当在法庭或法院的专用簿册中作出登记和附注。

第 2 段 登记应当予以保密，但司法当局在新的诉讼程序中要求提供相关信息时除外。

第 3 段 如果被判处禁止行使权利的附加刑，或者因判决的作出而导致禁止行使权利，则不适用第 2 段的规定。

第二章 假 释

第 710 条 如果被判处相等于或超过 2 年的剥夺自由的刑罚，则被判刑人在符合以下条件的情况下，可以获得假释：（经 1977 年 5 月 24 日第 6.416 号法律修订）

1. 已履行超过一半的刑罚；如果被判刑人属于累犯，应当已履行超过四分之三的刑罚；（经 1977 年 5 月 24 日第 6.416 号法律修订）

2. 不具有危险性或危险性已终止；

3. 在囚生活期间表现良好；

4. 具有能力通过诚实地工作维持自己的生活；

5. 已对违法行为造成的损害作出弥补，但不可能弥补的情况除外。（经 1977 年 5 月 24 日第 6.416 号法律修订）

第 711 条　出于假释的目的，相应不同违法行为的刑罚可以合计。（经 1977 年 5 月 24 日第 6.416 号法律修订）

第 712 条　可以应被判刑人、其配偶或直系血亲申请，或由惩教场所负责人建议或由惩教委员会动议，而给予假释。（经 1943 年 12 月 16 日第 6.109 号法令修订）

独一段　如果属于前条规定的情况，则被判刑人正履行的刑罚的执行法官具有给予假释的权限。

第 713 条　应当由惩教委员会审查是否符合给予假释的可受理性、适当性及适时性的条件，但法官不受惩教委员会的意见约束。

第 714 条　惩教场所负责人应当向惩教委员会提交关于以下事宜的详细报告：

1. 被判刑人的犯罪前科和在囚期间的行为所反映出的性格；

2. 被判刑人在囚期间的表现、劳动情况，以及与其他在囚人员和惩教场所工作人员相处的情况；

3. 无论是与家人，还是与陌生人之间的人际关系；

4. 教育和专业技能的程度，并应当指出之前的受雇单位，以及之前已获得的或于在囚期间获得的专业技能；

5. 财务状况和对于未来生活的计划；如果有适当的人就安排被判刑人工作作出书面承诺，并在该书面承诺中指出工作性质和工资，则惩教场所负责人应当附随之。

独一段　应当在 15 日内将报告连同被判刑人手册一并送交给惩教委员会；如果没有提交该报告，则惩教委员会可以自由发表意见，并把监狱长的不作为通知有权限的当局。

第 715 条　如果被施加了拘留性的保安处分，则在没有通过对被判刑人的条件进行审查而确定危险性已终止之前，不可以给予假释。

独一段　如果保安处分是在监护治疗所进行收容，则应当对被判刑人进行精神健康检查。

第 716 条 惩教委员会主席应当将假释请求书或建议书,连同惩教委员会的意见书复印本及监狱长的报告复印本,一并送交法官或法院。

第 1 段 为了发出意见书,惩教委员会可以命令采取措施,以及要求提供诉讼卷宗。

第 2 段 法官或法院应当命令将假释请求书或建议书,连同附随的公函和文件一并附入诉讼卷宗,并在听取检察院的意见之后,作出裁判。

第 717 条 如果不符合第 710 条第 1 款规定的条件,则应当初端驳回申请。(经 1977 年 5 月 24 日第 6.416 号法律修订)

第 718 条 如果申请获得批准,则法官在列明假释的附带条件时应当遵守第 698 条第 1 段、第 2 段和第 5 段的规定。(经 1977 年 5 月 24 日第 6.416 号法律修订)

第 1 段 如果被假释人获准居住于执行法官管辖范围以外的地方,则应当向被假释人移居的地方的司法当局和负责监督和保护的实体发送假释判决书的复印件。(经 1977 年 5 月 24 日第 6.416 号法律修订)

第 2 段 应当提醒被假释人其具有义务立即到司法当局和负责监督和保护的实体报到。(经 1977 年 5 月 24 日第 6.416 号法律修订)

第 719 条 假释也取决于缴纳诉讼费用和惩教费用义务的履行,但经证明属于无偿还能力的情况除外。

独一段 法官在考虑被假释人的经济和工作条件之后,可以订定全数缴纳或分期缴纳诉讼费用和惩教费用的期间。

第 720 条 待假释人尚未缴纳的罚金的缴付方式应当按照第 688 条的规定订定。

第 721 条 如果驳回假释申请的判决被纠正,则应当将卷宗发还第一审级,以订定应当对待假释人施加的条件。

第 722 条 在给予假释后,应当发出一式两份的凭单式公函,并附随判决书完整的复印件;其中一份送交惩教场所负责人,另一份送交惩教委员会主席。

第 723 条 假释仪式应当于应主持该仪式的当局指定的日期以庄严的方式举行,并应当遵守以下规定:

1. 应当由惩教委员会主席或其驻惩教场所的代表在其他在囚人士面前向待假释人宣读判决;如果惩教委员会主席或其驻惩教场所的代表缺席,则应当由地方司法当局在其他在囚人士面前向待假释人宣读判决;如果有特殊原因,则可以在其他在囚人士不在场的情况下宣读判决。

2. 惩教场所负责人应当提醒待假释人注意在假释判决中对其施加的条件。

3. 待假释人应当声明是否接受有关条件。

第 1 段　应当在专用的簿册内以书录的方式将全部过程记录，并由仪式的主持人和待假释人签字；如果待假释人不懂或不能书写，则应当由他人代签。

第 2 段　应当将书录的复印件发送给负责有关诉讼的法官。

第 724 条　在被假释人离开惩教场所时，除了将其积蓄余额和财物交还外，还应当向其交付一本小册子，每当被假释人被司法当局或行政当局要求出示这本小册子时，均应当向其展示。这本小册子应当载有：

1. 被假释人的身份资料表复印件或照片、身份资料和个人特征；
2. 本章条文的印刷文本；
3. 对被假释人施加的条件；
4. 应当履行的附加刑。（经 1977 年 5 月 24 日第 6.416 号法律引入）

第 1 段　如果没有小册子，则应当交付一张通行证给被假释人，当中载明假释条件和附加刑，而身份资料表复印件或照片可以通过对能识别其身份的特征作出描述的方式替代。（经 1977 年 5 月 24 日第 6.416 号法律引入）

第 2 段　在小册子和通行证中应当留有空白位置，以便记录第 718 条规定的条件的履行情况。（经 1977 年 5 月 24 日第 6.416 号法律引入）

第 725 条　惩教社会工作部门、雇主、社区委员会或同类实体进行的监督和保护旨在：（经 1977 年 5 月 24 日第 6.416 号法律修订）

1. 监督附加刑和给予假释的判决列明的条件的履行情况；（经 1977 年 5 月 24 日第 6.416 号法律修订）
2. 保护受益人，指导其履行义务和协助其寻找工作。（经 1977 年 5 月 24 日第 6.416 号法律修订）

独一段　为了提出第 730 条和第 731 条规定的申请，负责监督和保护被假释人的实体应当向惩教委员会提交报告。（经 1977 年 5 月 24 日第 6.416 号法律修订）

第 726 条　如果被假释人再次由于犯罪或轻微违反而被不可以上诉的判决判处剥夺自由的刑罚，则假释应当被废止。

第 727 条　如果被假释人不履行判决规定的任何一项义务，不遵守附加刑中固有的禁令，或被不可以上诉的判决判处非剥夺自由的刑罚，则法官均可以废止假释。（经 1977 年 5 月 24 日第 6.416 号法律修订）

独一段　如果法官不废止假释，则应当提醒被假释人应当注意的事项或增加有关条件（经 1977 年 5 月 24 日第 6.416 号法律引入）

第 728 条　如果废止假释的原因是基于假释生效之前实施的刑事违法行为，则应当将假释人被释放的时间计算入刑罚时间内，而出于再次给予假释的目的，允许将这两项刑罚的时间合计。

第729条 如果基于其他原因废止假释，则被假释人被释放的时间不计算在刑罚时间内，而针对同一刑罚，不可以再次给予假释。

第730条 假释应当由法官应惩教委员会或检察院的申请，或者依职权废止，但在作出决定前应当听取被假释人的意见，并可以命令采取措施及允许在5日内调查证据。（经1977年5月24日第6.416号法律修订）

第731条 法官可以依职权或应检察院或惩教委员会的申请，修改在判决中列明的条件或行为规范，而相关裁判应当由第723条第1款规定的任一当局或公务员向被假释人宣读，并应当遵守该条第2款、第3款、第1段和第2段的规定。（经1977年5月24日第6.416号法律修订）

第732条 如果被假释人再次实施违法行为，则法官或法院可以命令将其拘禁，并在听取惩教委员会的意见之后中止假释的进行；但是，假释应否被废止，取决于新案件诉讼程序的终局裁判。

第733条 如果假释期届满且未曾出现废止假释的情况，或者在前条规定的情况下，被假释人被不可以上诉的判决裁决无罪，则法官应当依职权或应检察院或惩教委员会的申请，裁定剥夺自由的刑罚消灭。

第四编 特赦、赦免、大赦和恢复权利

第一章 特赦、赦免和大赦

第734条 特赦可以应被判刑人、任何人、惩教委员会或检察院的请求而给予，但不妨碍共和国总统自发给予特赦的权力。

第735条 特赦的请求书，连同申请人附随的文件，应当通过惩教委员会送交司法部长。

第736条 惩教委员会在检阅诉讼卷宗时，经听取被判刑人服刑的惩教场所负责人的意见之后，应当制作一份报告书，当中应当叙述犯罪事实、审查证据、说明在申请书中遗漏的任何手续或情节、阐述被判刑人的犯罪前科和被拘禁后的表现，并对申请的实体问题提供意见。（参见1985年第7.417号法律）

第737条 申请书连同相关文件和惩教委员会的报告书经司法部处理后，应当上呈共和国总统进行批示；如果共和国总统命令向其提供诉讼卷宗或该诉讼卷宗任何文书的证明，则应当向其提供。

第738条 在给予特赦，并将命令的复印件附入卷宗之后，法官应当宣告刑罚消灭；如果属于减刑或变更刑罚的情况，则法官应当按照命令的规定就刑

罚的执行进行调整。

第 739 条 被判刑人可以拒绝刑罚的变更。

第 740 条 特赦申请的卷宗应当由司法部存档。

第 741 条 如果被判刑人获得赦免，则法官可以依职权或应利害关系人、检察院的申请，或者应惩教委员会的建议，按照第 738 条的规定采取相关措施。

第 742 条 如果在有罪判决转为确定之后获得大赦，则法官应当依职权或应利害关系人、检察院的申请，或者应惩教委员会的建议，宣告刑罚消灭。

第二章 恢复权利

第 743 条 在主刑或拘留性的保安处分的执行结束之日起计，至少经过 4 年之后，可以向作出判决的法官申请恢复权利，而申请人应当指出在该段时间内曾居住的司法区；如果属于屡犯，则至少经过 8 年之后，才可作出申请。

第 744 条 申请书应当附随以下文件：

1. 证明申请人在前条所指的期间内曾居住的任一司法区在过去和现在均没有就刑事诉讼进行答辩的证明；

2. 警察当局发出的证明书或其他文件，以证明申请人居住在其声明的司法区，并且一直行为良好；

3. 由申请人向其提供劳务的人发出的行为良好证明书；

4. 任何其他可以证明其已改过自新的文件；

5. 对犯罪所造成的损害已作出弥补的证明或损害仍然属于不可能弥补的证明。

第 745 条 为了对申请进行审查，法官可以命令采取必要的措施，而措施应当尽可能保密进行，以及在作出终局裁判之前，应当听取检察院的意见。

第 746 条 对于给予恢复权利的裁判，应当依职权提起上诉。

第 747 条 经过不可以上诉的判决给予恢复权利之后，应当通知身份和统计署或同类部门。

第 748 条 被恢复权利的人的犯罪前科登记表和从法庭簿册开具的证明均不可以再提及之前的判决，但应刑事法官要求而提供的情况除外。

第 749 条 如果恢复权利的申请被驳回，则被判刑人在 2 年之内不可以重新提出申请，但基于欠缺文件或所递交的文件不足而被驳回的情况除外。

第 750 条 恢复权利的废止（《刑法典》第 120 条）应当由法官依职权或应检察院申请作出。

第五编 保安处分的执行

第 751 条 在刑罚执行期间或被判刑人逃避服刑期间,如果符合以下情况,则可以施加保安处分:

1. 法官或法院在判决中——

a) 在存在推定危险性的个案中,遗漏作出采取保安处分的决定;

b) 没有明示采取或排除采取保安处分;

c) 声明卷宗内的资料不足以支持采取或排除采取保安处分,并命令进行调查以核实被判刑人的危险性。

2. 在判决中明示排除了被判刑人的危险性,但新的事实显示被判刑人具有危险性。

第 752 条 在判决转为确定之后,即使尚未开始执行刑罚,可以基于被判刑人逃跑或藏匿以外的原因施加保安处分:

1. 如果在前条第 1 款 a 项或 b 项规定的情况下曾主张存在危险性;

2. 如果属于前条第 1 款 c 项规定的情况。

第 753 条 即使在无罪判决转为确定之后,但未达到相当于保安处分期间下限的时间,仍可以对法律推定为具有危险性的人施加保安处分。

第 754 条 在第 751 条和第 752 条规定的情况下,保安处分应当由执行刑罚的法官科处;而在第 753 条中规定的情况下,保安处分应当由作出判决的法官科处。

第 755 条 在第 751 条至第 753 条规定的情况下,可以依职权或应检察院的申请命令施加保安处分。

独一段 如果惩教场所负责人知悉显示被判刑人具有危险性的事实,但被判刑人尚未被施加保安处分,则应当立即将相关事实通知法官。

第 756 条 在第 751 条第 1 款 a 项和 b 项以及第 752 条第 1 款规定的情况下,可以免除对被判刑人重新进行听证。

第 757 条 在第 751 条第 1 款 c 项和第 2 款以及第 752 条第 2 款规定的情况下,法官在采取其认为适当的措施之后,应当听取检察院的意见,并给予被判刑人 3 日的期间作出陈述,而由法官申请或被法官认为必要的证据应当在 10 日内进行调查。

第 1 段 应被判刑人的申请,法官应当为其委任辩护人。

第 2 段 如果被判刑人在逃,则法官应当采取其认为适当的措施;如果检察院申请,则应当给予请求调查证据的期间。

第 3 段 在请求调查证据的期间届满后，法官应当在 3 日内作出判决。

第 758 条 保安处分的执行应当由执行判决的法官负责。

第 759 条 在第 753 条规定的情况下，法官应当听取已获委任或届时委任的保佐人的意见，可以命令被判刑人接受精神健康检查，并立即将之收容在适当的场所。

第 760 条 在《刑法典》第 78 条第 3 段规定的情况下，为了核实危险性的存在，应当遵守第 757 条规定中适用的内容。

第 761 条 为了采取《刑法典》第 84 条第 2 段规定的措施，如果判决由不同的法官作出，则最后作出判决的法官或在第 82 条规定的情况下具有优先管辖权的当局具有相关的权限。

第 762 条 为了执行属拘留性的保安处分而发出的收容命令状应当载有：

1. 待被收容人的身份资料；
2. 施加保安处分的裁判的内容；
3. 最短的收容期间结束的日期。

第 763 条 如果待被收容人处于自由的状况，则应当发出逮捕命令状，并应当由司法文员或警察当局执行。

第 764 条 在《刑法典》第 88 条第 1 段第 Ⅲ 款规定的场所提供的工作应当具有教育意义和有报酬，以确保被收容人在收容结束后能够谋取生计。

第 1 段 工作可以在户外进行。

第 2 段 在其他场所工作，取决于被收容人的个人条件。

第 765 条 被收容人四分之一的工资归州所有；如果在联邦区或地区，则归联邦所有；其余部分应当以被收容人的名义存放或按照其意愿交给其家人。

第 766 条 妇女应当被收容在专门的场所或专用的区间。

第 767 条 法官应当订定在受监视自由期间应当遵守的行为规范。

第 1 段 对于受监视自由的人，应当施加以下的强制行为规范：

a）如果有工作能力，则应当在合理期间内就业；
b）未经法官事先许可，不可以搬离其管辖的区域。

第 2 段 对于受监视自由的人，可以施加强制义务，尤其是：

a）未经事先通知法官或负责监视的当局，不可以迁居；
b）早归住所；
c）不随身携带攻击性武器或可以用作攻击的工具；
d）不光顾酒吧或赌博场所，也不出席某些集会或公共表演或娱乐活动。

第 3 段 应当向受监视自由的人交付一本小册子，当中应当载明被施加的义务。

第 768 条 应当把在判决中规定的义务通知警察当局。

第 769 条 监视应当低调进行,避免对受监视自由的人造成影响。

第 770 条 法官可以应负责监视的当局或检察院的申请,或者依职权,变更已订定的行为规范或订定其他行为规范。

第 771 条 为了执行禁足令,法官应当将其裁判通知被禁足人被禁止逗留或居住之地的警察当局。

第 1 段 违反该措施的人须被带到法官面前,而法官可以将其拘禁,直到作出裁判为止。

第 2 段 如果被认定违反禁足令,继而被施加受监视自由的措施,则法官应当命令警察当局采取措施,将违法者立即遣往其选择的居住地,并发函通知该地的警察当局,以履行第 768 条的规定。

第 772 条 法官应当将禁止前往某些地方的命令通知警察当局;如果违反禁令,则警察当局应当通知法官。

第 773 条 法官应当将关闭场所或禁止结社的措施通知警察当局,以便警察当局执行。

第 774 条 如果属于《刑法典》第 83 条独一段规定的情况或当违反某项保安处分应导致施加另一项保安处分时,则须遵守第 757 条的规定中适用的内容。

第 775 条 应当在保安处分的最短期间结束时,通过检查被施加保安处分的人的条件的方式对其危险性是否已终止进行审查,并应当遵守以下规定:

1. 如果保安处分的最短期间不少于 1 年,则收容场所的负责人或负责监视的警察当局应当在该期间届满前提前 1 个月向执行法官提交一份详尽的报告,以便法官具备条件针对措施的终结或延续作出裁判;如果属于其他情况,则应当在保安处分的最短期间届满前提前 15 日向执行法官提交有关报告。

2. 如果有关人员被收容在司法精神病院或监护治疗所,则报告应当附随由场所负责人指定的 2 名医生制作的鉴定检查报告。

3. 收容场所负责人或警察当局应当在报告中就是否适宜废除保安处分作出结论。

4. 如果保安处分是禁足令,则法官应当在该措施最短期间届满前提前 1 个月命令采取必要的措施,以便核实采取该措施的原因是否已经消灭;如果保安处分是禁止前往某些地方的命令,则法官应当在该措施最短期间届满前提前 15 日命令采取必要的措施,以便核实采取该措施的原因是否已经消灭。

5. 在报告附入卷宗后或在措施执行后,应当相继在各 3 日内听取检察院和保佐人或辩护人的意见。

6. 如果利害关系人没有保佐人或辩护人，则法官应当为其委任。

7. 法官可以依职权或应任何一方当事人申请命令采取新措施，即使保安处分的最短期间已届满亦然。

8. 在听取了各方当事人意见后或在采取了前款所指的措施后，法官应当在 3 日的期间内作出裁判。

第 776 条　在《刑法典》第 81 条第 Ⅱ 款第 1 段和第 2 段所指的连续检查中，应当遵守上条规定中适用的内容。

第 777 条　在任何时间，即使在保安处分的最短期间之内，法院、法庭或分庭均可以应检察院、利害关系人、其辩护人或保佐人的申请，命令进行检查，以便审查危险性是否已终止。

第 1 段　指定了裁判书制作人，以及在措施非由总检察长申请的情况下，并经听取总检察长意见后，应当在第一次会议中对请求进行审判。

第 2 段　如果请求得到批准，则应当立即将裁判通知法官，而法官应当要求在指定期间内提交第 775 条第 1 款规定的报告和进行该条第 2 款规定的检查，或者命令采取该条第 4 款规定的措施，并按照该条其余各款的规定继续进行程序。

第 778 条　在废止的裁决转为确定后，如果属于拘留性的保安处分，则法官应当发出解除收容的命令；如果属于其他情况，则法官应当发出终止监视或禁令的命令。

第 779 条　在《刑法典》第 100 条规定的情况下对犯罪工具或得益进行的没收，应当在侦查案件的归档批示、不起诉判决或无罪判决中命令作出。

秘 鲁

秘鲁刑事诉讼法典[*]

第六卷 判决的执行和诉讼费用

第一编 判决的执行

第 488 条 权利

1. 在有罪判决的执行中,被执行人、附带民事诉讼被告人和受到处罚的法人可以行使本法典和法律赋予其的权利。

2. 被执行人和其他具有合法权利的当事人,有资格针对刑罚、民事赔偿和其他判决附带后果的执行情况,向预审法官提出相应的合法要求和意见。

3. 在不影响前列诸项规定的情况下,检察院负责监督一般刑罚的执行,采取相应的监督和管理措施并向预审法官提出必要的申请,以便法律的正确执行。

第 489 条 刑事执行

1. 除《刑事执行法典》规定的免除或者减轻刑罚外,预审法官对确定有罪判决具有管辖权。

2. 预审法官有资格对前项规定刑罚的执行过程中产生的所有附带事项作出裁决。依照法律规定进行通告并开展相应程序以保障其合理的履行。

第 490 条 剥夺自由刑罚的计算

1. 如果被执行人处于人身自由状态,但对其作出有效的剥夺自由的刑罚时,预审法官可以对其作出必要的逮捕措施。

2. 完成逮捕且一旦完全确认被执行人的身份后,预审法官应当计算刑期,根据情况减去已执行的逮捕、审前羁押和监视居住时间,以及进入国内诉讼程

---

[*] 本法典于 2004 年 7 月 22 日由秘鲁国会批准,并于 2006 年逐步生效。本译本根据 2004 年 7 月 29 日官方公报《秘鲁人》提供的西班牙语文本翻译。

序体系前,在国外依引渡程序而已经履行的羁押期间。

3. 如果证实存在错误,或者出现新情况且有必要进行修改时,法官可以依职权修改刑期。

4. 刑期的确定应当即刻通知执行刑罚的法庭和国家监狱管理局。

第491条 判决修改的附带事项

1. 检察院、被执行人及其辩护人可以向预审法官提出关于刑罚转换和撤销刑罚转换,撤销中断执行刑罚和撤销有罪判决,以及刑罚终止或者行刑时效届满的附带事项申请。

2. 附带事项通过召开其他当事方出席的审理,在5日内作出决定。有增加证据材料的必要时,预审法官可以依其职权,在召开审理前或者审理进行时中断审理,下令在短时间内展开概要性的调查,随后作出合理的决定。警察在检察官的领导下,开展调查程序。

3. 与提前释放相关的附带事项,不论是半自由的措施、附条件释放还是剥夺自由的保安处分,预审法官根据其重要性,在认为必要时可以通过庭审作出决定,并传唤应当在法庭辩论中作出报告的证据方。

4. 《刑事执行法典》中规定的由刑罚执行产生的附带事项,由一人组成的刑事法庭负责受理,通过召开当事方出席的审理以作出决定。

5. 同样地,多名法官组成的刑事法庭有权受理合并或者累加刑罚的申请。通过召开检察官、被执行人及其辩护人出席的审理作出决定。

6. 所有上诉申请,由高等法院刑事庭负责受理。

第492条 剥夺自由的保安处分

1. 本编的规定同样适用于剥夺自由的保安处分。

2. 刑事法官周期性检查被拘押人的情况。每次检查间隔不得超过6个月,并通过审理以检阅机构和专家的医疗报告,并作出停止或者继续该措施的决定。在继续该措施的情况下,可以下令修改治疗方案。

3. 当法官通过理由充分的报告,了解到拘押的理由不复存在时,则下令替换或者撤销拘押。

第493条 民事执行和其他附带后果

1. 在省级检察官和附带民事诉讼的原告人的参与下,依据《民事诉讼法典》的规定进行民事赔偿。

2. 支付罚款、出售或者分配没收财物的强制执行,应当遵守《民事诉讼法典》的规定。

3. 在民事赔偿和其他附带后果执行过程中产生的附带事项,应当在3日内通过召开当事方出席的审理作出裁决。对裁决不服的,可以提起上诉。

第 494 条　扣押和没收

1. 判决涉及财物没收时，如果该财物未处以司法担保，预审法官则可以下令进行没收。根据没收财物的性质和相关规定进行相应处置。

2. 在确定判决作出后，将已经扣押但不应当没收的财物立即归还给物主。暂时保管的，则通知保管人实行移交。

3. 可以立即扣留被执行人扣押而不应当没收的财物，以支付诉讼费用以及判决中的罚金和民事责任。

第 495 条　宣告伪造文书的判决

1. 当判决宣告公共文书伪造时，预审法官下令重新确认、取消或者修改文书。根据情况，下令进行相应的修改登记。

2. 文书取自档案记录的，则应当归还，同时在每页边缘处进行标注，并附上判定中该文书完全或者部分造假的判决书副本。

3. 如果涉及协议文书，判决书的内容应当标注在原本、提供证言和相应登记页的页面边缘。

第 496 条　其他权限

1. 在执行判决时，第三方宣告对没收或者扣留的财物具有所有权时，预审法官将决定权交与当地有管辖权的民事专门法官，同时对财物进行留置。

2. 省级民事检察官可以参与该程序。

哥伦比亚

哥伦比亚刑事诉讼法典*

第四编 判决的执行

第一章① 刑罚的执行和保安处分的执行

第一节 刑罚的执行

第 459 条 刑罚的执行和保安处分的执行

通过可执行判决处以的刑事制裁，由相应的监狱当局在国家拘押及监狱机构的监督和控制，保留刑罚执行和保安处分执行法官的协调下执行。

检察院可以参与刑罚执行相关的所有活动，并实施其认为必要的措施。

第 460 条 司法合并

在多项犯罪行为竞合的情形下，确定刑罚的条例同样适用于对牵连案件的独立判决。同样地，也适用于在不同程序中作出的不同判决。在上述情形下，第一次裁决确定的刑罚作为制裁的一部分。

在任何程序中，不能合并在作出一审判决或者一审终审判决之后的因犯罪而被处以的刑罚，也不能合并已经执行过的刑罚以及服刑人在被剥夺人身自由期间的因犯罪而被处以的刑罚。

第 461 条 执行刑罚的替代刑

履行预防性羁押的替代措施相同规定的担保后，刑罚执行和保安处分执行

---

* 本法典于 2004 年 8 月 31 日由共和国国会颁布，即日起实施，后经历次修订（参见译文中标注），最近一次修正为 2013 年颁布的第 1652 号法令。本译本根据 2004 年 9 月 1 日出版的哥伦比亚第 45658 号《官方公报》提供的西班牙语文本翻译，并根据该国国会网站翻译历次修正案。

① 原法典文本中即只有第一章，无第二章。——译者注

法官可以向国家拘押及监狱机构作出执行替代刑的命令。

第 462 条　附加刑的执行

《刑法典》中制定的附加刑应当按照以下规则执行：

1. 剥夺在特定地点的居住权或者是出入上述地点权利的，向被禁止居住和出入地点或者被执行人应当居住地点的司法警察当局发送判决书副本。并正式通知国家总检察院代表以便其行使监督职责。

2. 剥夺权利及行使公共职权资格的，将生效判决书副本提交至国家民事状况登记机构和国家公职人员职务犯罪检察院。

3. 剥夺从业资格或者公共职位的，通知其任命人、选举单位或者相关单位的领导机构，并通知国家公职人员职务犯罪检察院。

4. 剥夺工业、贸易、艺术、职业或者职能的从业资格的，命令取消其授权资格证书并正式通知该证书的颁发机构。

5. 将外国人驱逐出国境的，适用以下规则：

（1）一旦剥夺自由刑执行完毕，刑罚执行法官将被执行人移送至公共安全局以便将其驱逐出境。

（2）在宣布最终释放的裁定时，应当将被执行人交由公共安全局以执行驱逐。

刑罚低于 1 年监禁的，法官认为情形适当的，可以予以提前驱逐出境。

被驱逐者在任何情形下都不得返回哥伦比亚领土。

6. 涉及酒精饮料、麻醉性物质或者精神药物的禁令的，应当通知被执行人居住地的警察当局，以便其采取必要措施执行制裁，并正式通知检察院以便其履行监督职能。

7. 特别剥夺行使亲权的，应当正式通知检察院、哥伦比亚家庭福利机构、公证及登记总局以便作出相应登记。

剥夺驾驶权和剥夺拥有以及持有武器权利的，正式通知发出此类相关授权的负责当局，以便其取消或者拒绝授权。

第 463 条　报告

负责执行或者监督上述措施或者授权的当局应当将有关内容告知刑罚执行和保安处分执行法官。

第 464 条　未规定的其他情形

本法典未规定的与刑罚执行相关的其他规定，适用《刑法典》和《拘押及监狱法典》。

第二节　保安处分的执行

第 465 条　执行的机构

由社会保障健康总系统负责对由于患有精神疾病而不承担刑事责任的人的治疗，并实施相应的保护和安全措施。

第 466 条　不承担刑事责任人的监护隔离处分

刑罚执行和保安处分执行法官命令对不承担刑事责任人执行监护隔离处分，并将该裁决通知社会健康保障总系统内的有资格执行该处分的单位，使其指定康复中心进行治疗和护理。国家拘押及监狱机构，即 INPEC，对康复中心的治疗和护理进行规定。

不承担刑事责任人不履行 INPEC 规定的，司法单位应当配合警察当局及其所在地的卫生监督机构将其移送至由社会健康保障总系统授权的精神健康康复中心。

不承担刑事责任人由其家属监护的，其家属应当进行相应监护，并按要求提交报告；家属在接受移交前，应当提供担保并签署相应协议。

对不承担刑事责任人提供担保的当局或者个人每季度向刑罚执行和保安处分执行法官提交报告。

第 467 条　受监视的释放

一旦决定执行受监视的释放，刑罚执行和保安处分执行法官将该措施通报至当地的警察当局以便其执行《刑法典》的相关规定，则刑罚执行和保安处分执行法官应当同时指定相关监管措施。

第 468 条　保安处分的中止、替代或者结束

刑罚执行和保安处分执行法官按照其职权或者经各方的申请，并征得官方认可的专家的同意后，按照《刑法典》的相关规定，可以决定对被执行人：

1. 附条件地中止保安处分。
2. 以其认为合适的其他措施替代保安处分。
3. 命令结束保安处分。

监护隔离在教育或者劳动场所进行的，法官就执行该保安处分的组织或者委员会提出替代措施的书面意见进行裁定。没有上述组织的，可以由该机构的负责人提供上述书面意见。

附条件中止保安处分的被执行人，或者是由保安处分改为受监视释放的被执行人，应当通过个人或者其法定代理人按照本法典规定的方式提供担保。

第 469 条　附条件中止的撤销

被执行人未履行附条件中止协议中规定的义务，或者专家认为应当继续执行原保安处分的，刑罚执行和保安处分执行法官可撤销对保安处分的附条件中止，或者撤销对替代措施的附条件中止。

第 470 条　对原住居民的保安处分

刑罚执行和保安处分执行法官基于社会文化多样性原因，在相关原住民社区最高机构的协助下，对不承担刑事责任的原住民专门安排执行保安处分。

（本条由宪法法院经 2005 年第 C–591 号判决宣布合宪，本规定适用于立法机构制定的与宪法法院 2002 年第 C–370 号判决相关的保安处分。）

第三节　假　释

第 471 条　申请

被执行人符合《刑法典》关于假释所规定的条件的，可以向刑罚执行和保安处分执行法官申请缓刑，提交纪律委员会对其作出的有利决议；没有设立纪律委员会的，向刑罚执行和保安处分执行法官提交监狱机构负责人关于假释的意见。同时提交服刑记录手册的复印件以及其他可以证明满足《刑法典》中关于缓刑要件的材料。上述文件应当 3 日内提交。

被处以罚金附加刑的，支付罚金是申请缓刑的必要要件。

第 472 条　裁定

刑罚执行和保安处分执行法官在收到缓刑申请后 8 小时内作出裁定，裁定应当包含《刑法典》确定的义务，提交担保以保障该裁定的执行。

根据判决中列明的刑罚确定批准假释的时间。

通过劳动、学习，以及法律规定的其他方式减刑的，被减少的刑期视为已判处或者应当判处的刑罚中已经执行完毕的部分。

第 473 条　撤销的条件

被执行人未履行假释协议中规定的义务的，刑罚执行和保安处分执行法官可以依其职权或者经负责监视的人员的申请，撤销假释。

第四节　剥夺自由刑的附条件中止

第 474 条　依据

为批准剥夺自由刑的附条件中止，需要满足《刑法典》中的相关规定，并且确定被执行人对其犯罪行为造成损害的赔偿期限，但已进行财产冻结、查封、扣押以保证履行全面赔偿的除外。

被判处罚金的附加刑的，支付罚金是批准该附条件中止的必要要件，但法律另有规定的除外。

第 475 条　因不对损害进行赔偿而执行刑罚

剥夺自由刑的附条件中止批准后，被执行人在法官指定的期限内无正当理由不对损害进行赔偿的，立即执行相关刑罚，并按照其剥夺自由刑未被中止的情形执行。

第 476 条　刑罚的撤销及担保的返还

根据《刑法典》的相关规定撤销刑罚的，对担保进行返还，并将该决定告知曾被告知判决和附条件中止执行刑罚的机构。

第五节　以上两节的共同规定①

第 477 条　剥夺自由刑的替代刑的拒绝和撤销

应当拒绝和撤销剥夺自由刑的替代刑的，刑罚执行和保安处分执行法官应当告知被执行人原因，以便被执行人在 3 日内作出解释。拒绝和撤销的裁定以法令的形式于 10 日内作出。

第 478 条　裁决

剥夺自由刑的替代刑和恢复权利的裁定由刑罚执行和保安处分执行法官作出。对上述裁定不服的，可以向作出判决的一审或者一审终审法官提起不服申请。

第 479 条　损害赔偿的延期

被执行人的剥夺自由刑被附条件中止后，未在指定期限内履行损害赔偿义务的，刑罚执行和保安处分法官可以通过被执行人提出的正当请求，给予一次延期。特殊情形下，可以批准第二次延期。若再未履行，则执行刑罚。

第六节　恢复权利

第 480 条　批准

按照本法典以及《刑法典》规定的期限，经被执行人申请，由刑罚执行和保安处分执行法官批准恢复被执行人的权利及公共职权。

批准恢复权利的裁决在相关机构的官方公报刊登。

---

① 原文该节名称即如此。——译者注

第 481 条　申请恢复权利的附件

随恢复权利的申请需要同时提交：

1. 一审判决书副本、二审判决书副本或者向最高法院申告的判决书副本。
2. 服刑表现手册记录。
3. 至少两名公认正直的人对申请人服刑完毕后的表现作出的评价声明。
4. 申请人在缓刑或者受监视的释放期间，其监视单位开具的证明。
5. 可能提供的支付民事损害的单据。
6. 公共安全局和国家公职人员职务犯罪检察院开具的证明。

第 482 条　通知

恢复权利和公共职权的裁决应当通知曾被通知判决的机构，以及国家民事状况登记机构，使其作出标注。对于其他恢复权利事由，根据该权利的性质进行通知。

第 483 条　证据的扩充

裁决恢复权利申请的刑罚执行和保安处分执行法官可以要求补充或者验证随相关申请书上交的证据，并在不超过 10 日内，依其职权对相关证据进行审查。

古　巴

古巴刑事诉讼法*

第七编　判决的执行

（本编名称依据 1994 年 6 月 10 日颁布的关于修订刑事诉讼法的第 151 号命令第 9 条修订）

第 490 条　各级法院判决被告人无罪的，应当立即恢复其人身自由，但确因合法理由需延期释放的除外，相关决定通过文书下达。

---

* 本法于 1977 年 8 月 13 日由古巴共和国全国人民政权代表大会批准颁布，经 1991 年 6 月、1994 年 6 月和 2013 年 6 月三次修改。本译本根据 2013 年 6 月 25 日古巴《官方公报》第 18 号特别号提供的西班牙语文本翻译。

（本条依据 1994 年 6 月 10 日颁布的关于修订刑事诉讼法的第 151 号命令第 9 条修订）

第 491 条　下列判决具有生效判决的效力，可以执行：

1. 法定期间内对一审判决结果不服却未上诉或依法不得提起上诉的。

2. 对于一审判决结果不服，而提起上诉后，由于未在法定期间内出庭和参与审理，法院宣布上诉无效，或提出上诉申请后又明示或默示撤回上诉，或上诉未被受理的。

3. 上级法院对不服申请作出的裁决。

4. 判决书中合法且与上诉人没有直接关系的部分。

5. 本法第 487 条第 6 项规定的情形。

对于本条第 1 项、第 2 项规定的情形，应当由作出判决的法院作出决定以确认其为生效判决；其他情形中，判决结果一经公布即为生效判决。

（本条依据 1994 年 6 月 10 日颁布的关于修订刑事诉讼法的第 151 号命令第 9 条修订）

第 492 条　生效判决由作出判决的一审法院执行。剥夺人身自由刑的附加刑不具有羁押性质的，也可以由被执行人住所地的市级人民法院执行。

（本条依据 1994 年 6 月 10 日颁布的关于修订刑事诉讼法的第 151 号命令第 9 条、2013 年 6 月 25 日颁布的关于修订刑法及刑事诉讼法的第 18 号特别命令第 1 条修订）

第 493 条　执行判决的法院可以适时发布必要决定或作出必要的指示，根据个案需要采取措施，保证判决得到执行。

执行判决的法院无法独自完成所有必要事项的，可以委托裁决执行所在地的法院执行。

第 494 条　生效判决为无罪判决但有被告人被处以临时监禁的，法院应当与羁押机关沟通，立即释放被告人。生效判决为有罪判决的，自生效之日起 10 个工作日内，法院应当将生效判决的相关证明材料以及刑罚清单的证明文件送达羁押机关。

第 495 条　受理案件的一审法院负责制作刑罚清单。该清单是监狱机构和其他执行判决的机构确定执行完毕时间的基础。

根据确定的具体原因造成判决执行中断的案件，由判决执行所在地的省级人民法院作出对执行判决的相关变更。

根据刑事法律和其他具有刑法效力的法规、条例的规定，适用最为适宜的刑罚和保安处分。

为保证判决中涉及民事责任的部分得以执行，受理案件的一审法院应当将必要的证据、资料和案件记录应其要求，移送负责执行的公务人员或机构。

法院作为承担司法职权的法定机关行使司法权不受其他政府机关的制约，其有权解决判决执行中的所有问题及执行中产生的附带事项。

（本条依据1994年6月10日颁布的关于修订刑事诉讼法的第151号命令第9条修订，并依据2013年6月25日颁布的关于修订刑法和刑事诉讼法的第18号特别命令第1条修订）

第496条 生效判决判处死刑的，在宣读判决后诉讼程序终止，由国务委员会决定准予执行或变更该判决。

但是，判决中的其他决定应当予以执行。由最高人民法院的相关审判庭负责提供判处死刑的相关证据。

国务委员会自收到相关材料次日起的10日内，作出准予执行死刑或进行变更的决定。10日期间届满后未表态的，视为确认原判决，同时国务委员会应当将相关材料退回最高人民法院的相关审判庭，并由该庭负责执行判决。

（本条依据1994年6月10日颁布的关于修订刑事诉讼法的第151号命令第9条修订）

第497条 在监狱机构或其他执行判决机构的被执行人出现精神紊乱症状的，应当立即通知作出判决的法院。该法院在核实病情后可以作出决定，中止现行执行方式，对其采取刑事法律规定的保安处分。

被执行人恢复精神状态后又在监狱继续服刑的，被剥夺人身自由的保安处分的执行期折抵刑期。

（本条依据1994年6月10日颁布的关于修订刑事诉讼法的第151号命令第9条修订）

第498条 被判处剥夺人身自由刑的被执行人满足下列情形之一的，法院可以经检察院、劳教中心和被执行人本人的申请，决定暂缓执行：

1. 有医疗证明证实被执行人无法执行该项刑罚的。

2. 妇女正在怀孕或哺乳自己未满1周岁的子女的。其中，正在怀孕的，暂缓执行直至分娩。分娩顺利的，以及子女未满1周岁的，均暂缓执行直至其子女年满1周岁。

3. 因劳动中心的特殊情况无法立即执行刑罚的。此种情形下，最多可以暂缓执行一次，暂缓期不超过3个月。

被执行人在暂缓执行期届满后未到相关法院报到的，法院可以通知对其实施搜捕和扭送。

（本条依据1994年6月10日颁布的关于修订刑事诉讼法的第151号命令第9条修订）

第 499 条 诉讼中有关于所有权、占有和改善的争议，刑事审判庭依照民事诉讼法的相关规定进行审理。

（本条依据 1994 年 6 月 10 日颁布的关于修订刑事诉讼法的第 151 号命令第 9 条修订）

墨 西 哥

墨西哥联邦刑事诉讼法典*

第十三编 执 行

第一章 一般规定

第 528 条 法院根据《联邦刑法典》第 42 条规定的方式作出有罪判决的，告知被告人不得成为累犯，并告知累犯应当承担的刑罚。但未进行该程序不影响执行其已宣判的刑罚以及作为累犯应当判处的刑罚。

第 529 条 对不可更改的刑罚的执行属行政权范围，根据《联邦刑法典》在刑罚、执行和措施方面的规定，依法通过相关机构确定刑罚执行的地点和方式。

检察院确保刑罚的严格执行，依法协调负责执行的行政部门，并当庭告知各部门在执行判决时应当避免滥用职权，避免对服刑人作出不当的有利或者不利举动。

第 530 条 检察院通过当事人投诉或者以其他方式获悉行政部门在执行判决时有违法行为的，检察院可以根据事先获得的合众国总检察长的书面指令，在法庭上或者在该行政部门处理该事件。

第 531 条 无论是宣判有罪或者无罪释放，作出判决的法官或者法院应当在宣判后的 48 小时内将判决书副本连同身份资料转交公共安全部。未执行该

---

* 本法典于 1934 年 8 月 30 日颁布，于 1934 年 10 月 1 日生效，后经历次修改。最近一次修正时间为 2014 年 6 月 13 日。本译本根据 2014 年 3 月 14 日出版的《合众国众议院公报》提供的西班牙语文本翻译。

规定的，处以 15 至 30 日最低工资的罚金。

法官有义务确定防范措施以便服刑人能被顺利移交公共安全部。未履行该义务的，处以 40 至 60 日最低工资的罚金。

第 532 条 为执行《联邦刑法典》第 37 条的规定，检察院应当要求法院将处以罚金的判决书副本寄送财政部门，以便能够顺利实施。

第 533 条 判处的罚金被缴纳或者部分缴纳后，财政部门在不可延期的 3 日内将相应的用于赔偿损失的金额交付法院。法院通知有权获得赔偿的人员到场，并向其交付。

法院为确保财政部门执行本条规定，可以在必要时对财政部门实施强制执行。

第 534 条 被告人在获悉被判处不可替代的剥夺人身自由刑后而精神错乱的，应当在其理智未恢复前中止该判决的执行，并将其送往医院治疗。

第 535 条 宣布没收的物品，适用《联邦刑法典》对犯罪物品、犯罪工具和犯罪所得的规定进行保管、销毁、变卖和处理。

第二章 缓 刑

第 536 条 预审阶段，应当依据《联邦刑法典》第 90 条规定的缓刑条件提供可以实施缓刑的相应的证据。被告人提供的证据不意味着对被指控犯罪行为的认可。

第 537 条 检察院的代表或者被告人或其辩护人在提出结论意见书时，认为被告人应当被判处的刑罚为 4 年以内监禁刑的，可以在结论意见书中指出可以判处缓刑。

第 538 条 被告人或者其辩护人在结论意见书中未提出给予缓刑申请，法院也未作出缓刑判决的，则可以在二审中提出缓刑申请。

被告人认为符合《联邦刑法典》第 90 条关于缓刑的条件，并能履行执行该条规定的所有要求，因自己未申请或者因法院未作出缓刑判决的，可以向审理案件的法官提出要求缓刑的附带事项。

第 539 条 根据《联邦刑法典》第 90 条的规定，给予被告人缓期执行的先决条件为另一项处罚执行完毕，判决缓刑的法院在可能的情形下应当召集检察院、被判刑人及其辩护人到庭，证实该先决条件的存在并下令执行。

第三章 假 释

第 540 条 判处剥夺人身自由的服刑人刑期将满,认为有权利申请假释的,可以向法律指定的行政机关提出申请,并附带相关证明及证据。

第 541 条 行政机构收到申请后,根据《联邦刑法典》第 84 条第 1 项和第 2 项规定,向执行羁押的机构索要相关报告,羁押机构应当附带跨学科技术中心对该情形出具的鉴定报告。

除此前所述的羁押机构提供的报告外,在必要情形下还可以通过其他途径获得其他相关材料。

涉及身体健康的与麻醉类或者精神类药品相关的犯罪,必须由国家最高检察院出具报告。

相关部门根据相关的报告和材料对假释申请作出裁决,并对假释期间应当履行的条件作出规定。

第 542 条 有关部门准予假释时应当审核被推荐的保证人的材料,判断其经济能力及是否适宜作为保证人,并据此决定是否接受其为保证人。

第 543 条 通过审核被接受为保证人的,按照本法典对保释的规定,在规定期间内缴纳保证金,同时向被决定假释的服刑人发放通行证以便其能顺利出狱。作出假释决定的机构,应当通知相关监狱的监狱长就上述事项向假释人住所地的行政部门和曾负责案件审理的法院进行告知。

第 544 条 前条所述的通行证应当下发监狱长,由监狱长在被服刑人出狱时交给服刑人员,同时让其签署保证文件,证明其收到通行证,保证假释期间在未得到给予其假释部门的批准的情形下不擅自离开住所地。

在假释期间更换居住地的申请获得批准的,应当前往新居住地的政府报到,出示同意其更换居住地的证明文件。

第 545 条 联邦体系法院大法官、法官、检察院、警察等要求时,被假释人应当出示其通行证。拒绝出示的,上述要求人向给予其假释的行政部门进行通报,该部门可以给予被假释人员最长 15 日的拘禁,但不得因此撤销假释。

第 546 条 假释期间,如被假释人符合《联邦刑法典》第 86 条规定的情形的,市政当局或者其他知情部门可以根据该条规定向作出假释决定的部门进行报告。

第 547 条 被假释人在假释期间再次实施构成犯罪的行为的,受理案件的法院应当将判决书副本移送至作出假释决定的行政部门。该部门根据《联邦刑法典》第 86 条的规定可以直接宣布撤销假释。

第 548 条　根据前述两条的规定撤销假释的，通行证收回并作废。

第四章　拘　禁

第 549 条　（已废除）
第 550 条　（已废除）
第 551 条　（已废除）
第 552 条　（已废除）

第五章　减刑或者终止执行

第 553 条　被判处不可更改刑罚的服刑人，满足减刑或者《联邦刑法典》所述的对其有利的规定时，可以向司法机关或者行政机关申请减刑或者终止执行刑罚。上述机构可以对申请进行裁决，但不得影响对损害的赔偿。

第 554 条　收到申请后，可以无须任何手续进行裁决。
裁决结果应当通知之前负责案件审理的法院、服刑人所在监狱的监狱长。法院应当将该裁定告知利害关系人。

第 555 条　（已废除）
第 556 条　（已废除）

第六章　对被判刑人员的赦免及无罪认定

第 557 条　（已废除）
第 558 条　符合《联邦刑法典》第 97 条第 3 项的赦免规定时，申请人可以通过内务部向联邦行政机构递交申请，并附带参加社会服务的证明。

第 559 条　联邦行政机构接到申请后审查证明材料，并决定附带适当的条件给予赦免。对于政治类犯罪，认为赦免不危害公共安全，不妨碍公共秩序的，可以不附带任何条件给予赦免。

第 560 条　满足如下条件的，可以对被判刑人进行无罪认定：
1. 当判决所基于的证据事后被证实为虚假的。
2. 判决后出现新的证据证明之前判决所基于的证据无效或者递交陪审团的证据无效，而该无效证据是指控和陪审团作出裁定的依据。
3. 被告人因被指控杀害失踪人而被判刑，但事后被害人重新出现或者有确凿证据证明此人健在。

4. 两名被告人因同一罪行被判决，但证据表明不可能为两人涉案。

5. 服刑人因同样事实被不同法院判决，其中有无罪判决，应当依据对其最有利的判决。

6. （已废除）

第 561 条 服刑人认为有权获得无罪认定的，可以向最高法院递交书面申请，说明申请原因和理由，并附带相应证据或者声明对其有利的证据。除前条第 3 项规定的情形，只提交书证。

第 562 条 递交申请后，服刑人可以依据本法典规定委托辩护人在赦免裁定过程中为其代理，直至作出最终裁定。

第 563 条 接到无罪申请后，法院应当立即要求证据材料所在机构按要求提交证据。如申请人根据本法典第 561 条的规定递交证据的，应当在最短时间内接收证据。

第 564 条 接到申请人提交的证据后 5 日内，法院将案件转交检察院，以使其发表意见。

第 565 条 检察院在 3 日内将其意见交服刑人及其辩护人过目，以便其提出书面意见。

第 566 条 前条所述的程序履行完毕后 10 日内，对申请是否合理作出裁定。

第 567 条 认为申请合理的，通过内务部将证据原件递交至行政委员会。该委员会可以不再履行任何手续直接认定服刑人是否无罪。

第 568 条 任何赦免裁定均应当公布于联邦官方日报，同时告知之前宣布判决的法院，法院应当对此作出记录并存入案卷。

无罪决议也应当告知之前作出判决的法院，法院应当对此作出记录并存入案卷。当事人要求的，也应当将此刊登于联邦官方日报。

第七章　恢复权利

第 569 条 政治权利的恢复按照《墨西哥合众国宪法》第 38 条的机构法中规定的期间与方式进行。

第 570 条 剥夺自由刑的服刑人服刑完毕，其民事权利和政治权利的恢复无须任何程序。

第 571 条 剥夺自由刑的服刑人服刑完毕，或者本法典第 572 条规定的期间已届满而未执行刑罚的，可以前往作出确定判决的法院要求恢复被剥夺或者被中止的权利。该要求应当递交书面申请，并附带以下材料：

1. 有关机构作出证明其已服刑完毕，或者被给予其减刑、赦免等裁定的证明。

2. 曾经的居住地的市政府作出的证明连同检察院出具的证明，证明其在被剥夺或者中止各项权利期间以及服刑期间一贯表现良好，已养成遵守秩序、热爱劳动等习惯，并且已形成道德意识。

第572条 所判刑罚为6年及以上的剥夺或者中止权利的，则未满3年不能为其恢复上述权利，期间自实施刑罚之日起计算。

所判刑罚为6年及以上的剥夺或者中止权利的，则服刑过半后可以申请复权。

第573条 法院收到复权申请后，应检察院要求或者认为必要时可以广泛收集并了解服刑人员行为表现的材料。

第574条 获取各种认为有必要的信息后，法院在3日内听取检察院和申请人的意见，判断申请是否合理。认为申请合理的，将材料连同报告通过内务部递交行政委员会，行政委员会直接作出最终裁决。决定恢复权利的裁决应当刊登于联邦官方日报；不予恢复权利的，1年后方可以再次申请恢复权利。

第575条 行政委员会裁决恢复权利后，内务部应当将决议告知相应法院，法院作出记录并存入案卷。

第576条 一旦作出恢复权利裁定，不得再次进行恢复权利。

乌 拉 圭

乌拉圭刑事诉讼法典[*]

第三编 执 行

第一章 刑事执行的权限与前提

第一节 司法权限

第315条 刑事审判执行范围

所谓刑事审判的执行是指对判决结果的执行,包括执行刑罚和保安处分。

第316条 执行的监督

在执行过程中,法院行使下列职权:

1. 监督相关事项,直到罪犯刑满释放;

2. 为确保前条规定的执行,每年到罪犯关押处视察至少一次,并检查相关的各类事项。

在不违背前述规定的前提下,可以随时监督。

第317条 监禁的功能

法官在履行前述各条规定时,应当确保刑罚的执行应当遵守《共和国宪法》第26条的规定,即确保对看押罪犯进行再教育,使其养成劳动能力并避免再次实施犯罪行为,而不是为对其施加痛苦。

为此,在前条第2款中提到的事项中应当包括记录罪犯提出意见、要求和控诉的文件。法官应当对其进行处理。法院书记员应当参与此过程。

法官认为该事项的处理超出其职权范围的,应当将该事项转交至司法部,

---

[*] 本法典于1980年6月24日由国务会议通过15032号法令颁布,并于1981年1月1日起生效,后经历次修正。本译本截至2013年8月16日的修正案。本译本根据乌拉圭参议院2013年8月16日在其公报上提供的西班牙语文本翻译。

由司法部负责处理。

第二节　客观前提

第 318 条　可执行性

除执行根据本法典第一编和第二编的规定所产生的判决外，不得执行任何其他刑罚或者保安处分。

第 319 条　措施的临时执行

尽管有前条规定，法官仍可在以下情形中下令临时执行保安处分。

1. 判决的刑罚执行期届满后，检察院根据法律规定申请执行排除类保安处分的，或者根据犯罪嫌疑人的个性特征和案件情节认为有必要采取该措施的；

2. 对于其他类型的保安处分，尽管法官认为尚不完全具备采取该措施的基础，仍可随时决定对其采取临时措施，但可以随时予以撤销。

临时保安处分的执行期限不得超过确定执行该保安处分的期限。

第 320 条　刑期计算

执行法官要求法院书记部门 5 日内计算出确定的刑期，并明确刑罚的起止日期。

上述结果应当在 5 日内告知检察院和辩护人，检察院和辩护人在 5 日内不反对的，视为同意该结果。

对刑期无异议的或者对中间判决确定判决无异议的，应当立即执行。执行法官应当根据法律规定发布通知。

第 321 条　刑期的折抵

依据前条规定而确定的刑期在执行时，应当减去判决批准执行前被告人在本国或者外国的羁押时间。

羁押 1 日折抵刑期 1 日。

第三节　主观前提

第 322 条　执行法官的管辖权

一审法官根据执行刑罚或者保安处分的地域，由此确定对本判决执行具有管辖权的执行法官。

刑罚或者保安处分需异地执行的，则应由当地的同级法官来行使执行权。根据判决可执行的日期和法官轮次日期确定执行法官。

依据可执行的日期，审判法官和执行法官无法匹配的，则根据刑罚确定的日期适用前款规定。

第 323 条　与执行相关的附带事项的管辖权

判决执行过程中发生的附带事项，由根据前条规定确定的执行法官管辖。

第 324 条　心理健康

判决一经作出，被告人罹患心理疾病的，疾病发作期间不得执行判决。

第 325 条　疾病

服刑期间或者执行保安处分期间突发疾病的，监狱部门应当将该情况通知法官。医务人员无法处理、监狱系统医院无法治愈的或者留狱治疗风险更大的，法官应当安排其在适宜的机构治疗疾病，公立医院优先。

如果遭遇紧急情况，管理机构有权采取适当的措施转移患病罪犯，但应当立即告知法官。

因就医可以产生身体康复效果，该期间应当被计入刑罚和排除类保安处分的执行期间。

第 326 条　剥夺自由刑和排除类保安处分执行中的特殊延期执行事由

在下列特殊情形下，执行法官可以宣布延期执行剥夺自由刑和排除类保安处分：

1. 罪犯是孕妇或者其子女不满 2 周岁的。但子女年龄超过 2 周岁的，法官也可根据实际情况裁定是否延期执行；

2. 罪犯患有严重疾病，根据专家或者法官依职权委任的医务专家的意见，执行剥夺自由刑和排除类保安处分会危及罪犯生命或者加重病情的。

上述情形消除后，应当立即执行相应刑罚或者保安处分。

第二章　刑罚的执行

第一节　附条件释放与提前释放

第 327 条　附条件释放

需执行有罪判决的罪犯正在执行临时性释放的，中止执行判决中的羁押，相应文书应当在刑罚清算之日起 3 日内交给法官检查。

无论已羁押期长或短，相应警察长官提交报告后，法官批准附条件释放。

释放罪犯后，应当基于证据对其表现进行考察，根据其性格、生活方式、生活状况等其他材料作为判断其改过自新的依据。罪犯在附条件释放期间再次实施犯罪的，必须向全国刑事学委员会进行通报。

立即将相应文书上报至最高法院，并在征询最高法院检察官的意见后作出裁决。

《刑法典》第 102 条指定的机关对附条件释放进行监督。

罪犯重新服刑后，最高法院将文书发还法官，并由该法官对已履行的附条件释放期间进行计算，并确定罪犯刑期和刑满日期。

（本条根据 2005 年 9 月 14 日颁布的第 17897 号法令第 10 条修改。）

第 328 条

最高法院因下列情形决定对服刑的罪犯予以提前释放：

1. 在感化院服刑，且已经执行一半的；
2. 被判处监禁刑或者罚金刑，且已经开始执行刑罚的；
3. 罪犯已执行原判刑期 2/3 的，最高法院批准对其提前释放。仅在基于充分理由判定罪犯恢复权利迹象不明显的情形下，可以拒绝批准提前释放。

提前释放申请向罪犯服刑监狱的管理机构提出。

该申请应当在 5 日内由管理机构呈交至执行法官，并附带监狱管理机构对服刑罪犯作出的申请资格评估。

法官收到申请后，要求刑事学研究所提出报告，该报告应当在 30 日内作出。

收到报告后，法官根据报告提出意见，并按照前条第 4 款的规定进行后续程序。

最高法院决定提前释放的，应当立即办理，并根据《刑法典》第 102 条的规定确定获释人员必须遵循的义务，之后将相关文书退回执行法官并执行提前释放。

满足本条第 3 款规定的情形中，最高法院批准提前释放的，应当一并重新评估罪犯的社会危害性，并可据此撤销对其判处的排除类保安处分。

（根据 2005 年 9 月 14 日颁布的第 17897 号法令第 11 条对第三类可予以提前释放的相关规定进行修改，并取代 1993 年 4 月 10 日颁布的第 16349 号法令第 3 条中的相关内容。）

第 329 条　授权出国

附条件释放或者提前释放的，在原刑期期限内，需经最高法院根据本法典第 155 条的规定作出授权后方可出国。

第 330 条　撤销附条件释放和提前释放

罪犯再次犯罪或者没有履行法定义务的，执行法官将相应文书提交至最高法院，请求撤销附条件释放和提前释放。

在撤销附条件释放和提前释放的情形下，处于司法监管状态下的获释时间不计入服刑期间。

第二节　缓　刑

第 331 条　撤销缓刑的管辖权

执行法官有权撤销缓刑。

数个判决合并执行的，最后一个判决的执行法官有权撤销缓刑。

第 332 条　判处缓刑罪行的撤销声明

自被羁押之日起 5 年内没有再次实施犯罪并履行相关法定义务的，执行法官可以宣布判决不再执行、犯罪予以撤销，并适用《刑法典》第 126 条的相关规定要求撤销犯罪记录的登记。

执行判决的权力委托其他机构行使的，宣布撤销犯罪的声明由被委托执行者作出，声明文书应当由被委托执行者归档保存。

犯罪记录的登记机构将该罪犯的后续卷宗及所有被撤销的与犯罪相关的诉讼材料予以移除。

第 333 条　不服申请

对依据上述两条规定所做决议提出不服申请的，作为附带事项申请和受理。

第三节　限制性刑罚

第 334 条　绝对剥夺权利

《刑法典》第 75 条规定的被绝对剥夺职权、公职和政治权利的，法官应当将被剥夺者的名单在政府日报中发布，同时将判处的刑罚上报选举法院和视具体情节而定的相关机构。

第 335 条　特殊剥夺权利

《刑法典》第 76 条和第 77 条规定的特殊剥夺权利，法官应依据具体情形在一定范围内通告，但剥夺的某项民事行为权利应当通知警方。

第 336 条　缓刑

属《刑法典》第 78 条规定内容的，法官应当将该判决通知与服刑人员对应的当局。

第四节　罚金刑、替代刑、附加刑

第 337 条　罚金刑

判处罚金刑的，罚金的支付方式可以约定日期分批缴纳，或者在 18 个月内一次性按照一定金额缴付。该金额可以根据罪犯的经济能力相应减少。特殊情形下，法官可以在罪犯有证据证明经济状况不佳时减少罚金。通过附带事项的程序解决与罚金相关的事宜。

由法院书记部门收缴罚金，在分批缴纳拖欠一次以上的情形下，可以直接向罪犯催缴一定数额，无须法官授权。

（本条根据2003年12月26日颁布的第17726号法令第14条修改。）

第338条　替代刑

经核查罪犯确实无支付能力的，可以根据《刑法典》第84条的规定通过其他刑罚替代罚金刑。

第339条　附加刑

判处《刑法典》第81条和第82条的感化或者其他非剥夺自由刑的，执行法官可以同时对其判处附加刑，但应当登记、说明并记录采取的具体附加刑。

第三章　保安处分的执行

第一节　一般规定

第340条　司法指令

执行法官应当将采取的保安处分及其期限，以及被执行人的个人状况和相关情形告知负责实际执行的管理当局。

第二节　康复类保安处分

第341条　康复类保安处分；履行

对患有精神疾病的罪犯，强制医疗应当在特殊机构或护理中心进行，或者在特定情况下委托护理中心之外的人员对其进行照料。

上述任一情形中，医务人员都应当恰当对待被执行人。

执行管理部门负责人应当将医师作出的病情报告每6个月向法官汇报一次。

第342条　康复类保安处分；终止

罪犯治愈后，法官根据治疗中心或者主治人的报告以及专家意见，决定终止该康复类保安处分。

第三节 排除类保安处分

第 343 条 排除类保安处分；履行

判处排除类保安处分的，应当确定执行该处分的起止日期。

该处分于刑罚执行完毕后在适当场所执行。

第 344 条 排除类保安处分；终止

执行该措施的最短时限届满后，执行法官向实际执行该措施的执行机构了解情况。该机构认为已达到惩处效果，执行法官可以终止执行该排除类保安处分。

第四节 预防性保安措施

第 345 条 当局监督

判处保安措施的判决书中应当载明根据《刑法典》规定的负责监管机构或者人员，以及监管的要件。

执行此类保安措施不得对被执行人造成损害，亦不得妨碍其正常的日常活动。

被执行人认为监管未按规定执行的，可以口头向执行法官提出不服申请，执行法官可以无须审理直接提出必要的解决措施。

第 346 条 担保其不再实施伤害

被执行人应当被担保其不再实施伤害，被执行人应当提供担保人。

被执行人实施禁止其实施的行为的，担保人有义务按照执行法官确定的金额和时间支付保证金。

该担保及其相关事项适用本法典第二编第二章第二节的规定。

被执行人无担保人的，应当对其实施前条规定的监督措施。

第四章 大赦、赦免和因婚姻关系或者行刑期间届满而免除刑罚

第一节 大赦、赦免和因婚姻关系免除刑罚

第 347 条 大赦与赦免

执行法官可以根据法律规定宣布大赦和赦免，立即免除执行对应的刑罚。

第 348 条　因婚姻关系的免刑

属本法典第 22 条所涉罪行的罪犯被处以刑事处罚后,与其存在婚姻关系的被侵犯者提出免予执行申请,执行法官应当立即宣布免除刑罚,并撤销判决产生的所有法律效力。

第二节　因行刑期间届满而不处予刑罚

第 349 条　行刑期间届满

因《刑法典》规定的行刑期间届满而不予刑罚的,应当由执行法官作出该事项的裁定并记录入文书,被告人不可更改地获得释放。

因《刑法典》规定的行刑期间届满而不予刑罚的,法官即便未经申请也应当依职权作出决定。对此决定有异议的,适用附带事项的程序进行解决。

第五章　刑罚执行和犯罪的民事后果

第一节　因诉讼费用和附属程序产生的开支

第 350 条　诉讼费用和对国家的赔偿

判决应当对诉讼费用的支付进行规定。

罪犯有义务支付其服刑期间的衣、食、住宿的费用。

第 351 条　免除

前条第 2 款提及的义务中,只有经法官审查,确定罪犯及其家庭困难后才可以予以免除。该项免除应当由法官在判决书中说明,或者在后续决议中作出。

第二节　刑事预防措施

第 352 条　预防措施期限

可以依职权作出对刑事诉讼中的被告人和刑事附带民事诉讼的被告的财产采取预防措施的决定,作为其对本法典第 350 条规定的诉讼费用和对国家进行赔偿的担保。

第 353 条　终止为恢复性或者补偿性义务设立的预防措施

对刑事诉讼中的被告人和刑事附带民事诉讼的被告的财产采取的预防措施,旨在确保因刑事责任导致的民事责任得以履行。该措施可以依本法典第

82 条的规定而持续、转换或者终止。

终止该措施的,执行法官应当下令撤销已确定的物保或者人保。

第 354 条 刑事查封和扣押的期限

对可能没收的标的物的查封和扣押应当持续至产生确定判决。

可执行的判决决定没收的,执行法官根据标的物的性质决定其归属。

第 355 条 查封物和扣押物的返还

查封物和扣押物不应当没收或者退还的,由执行法官确定将其返还至对其具有权利的人。

第 356 条 对无人要求的查封物和扣押物

刑事诉讼的确定判决执行完毕满 1 年后,执行法官依据程序对无人能根据正当理由要求的查封物和扣押物决定没收。

智 利

智利刑事诉讼法典[*]

第八章 包括刑罚和保安处分的判决的执行

第一节 参与人

第 466 条 参与人

在刑罚和保安处分执行期间,仅有检察官、被执行人以及其辩护人、负责以公众服务替代刑罚的事务代表、负责实施监视的代表,以及负责实施密切监

---

[*] 本法典由智利参议院于 2000 年 9 月 29 日批准,本法典在科金博地区和阿劳卡尼亚地区,自 2000 年 12 月 16 日起生效;在安托法加斯塔地区、阿塔卡马地区、马乌莱地区,自 2001 年 10 月 16 日起生效;在塔拉帕卡地区、卡洛斯·伊瓦涅斯将军的艾森地区、麦哲伦地区、智利属南极地区,自 2002 年 12 月 16 日起生效;在瓦尔帕来索地区、解放者贝纳尔多·奥希金斯将军地区、比奥比奥地区、洛斯拉格斯地区,自 2003 年 12 月 16 日起生效;在圣地亚哥首都大区,自 2005 年 7 月 16 日起生效。本法典后经历次修改(参见译文中标注)。最近一次修正时间是 2014 年 6 月 14 日。本译本根据智利国会图书馆网站 2015 年 1 月 24 日提供的西班牙语文本翻译。

视的代表可以参加其应当参与的，由保障法官审理的程序。

被执行人，或者相关情形中的监护人，在刑罚或者保安处分执行期间可行使刑事规范和刑罚规范赋予的所有权利和职权。

（本条根据 2012 年 6 月 27 日《官方公报》颁布的第 20603 号法第 3 条第 5 款修改。）

第二节　判决的执行

第 467 条　刑事判决的执行规则

刑事判决依照本节规定，以及刑法和其他特别法的规定执行。

第 468 条　刑事判决的执行

刑事判决在生效前不得执行。判决得以确定后，法院逐一确定全面执行判决的事项和通知。

被告人应当被处以剥夺自由刑的，法院将判决副本和已经确定的调查报告移交至相关司法部门，令其开始服刑。被执行人尚处于自由状态的，法院立即命令实施逮捕，之后适用前述规则执行。

判决执行剥夺或者限制自由的刑罚的其他替代刑的，将判决副本提交至负责执行该替代刑的机构。

同样地，命令和监督执行判决中的罚金和没收处罚，依照本法典第 147 条的规定执行担保。并在执行程序开始后，向应当参与执行的公共机构或者官方部门发出有关通知。

（本条根据 2012 年 6 月 27 日《官方公报》颁布的第 20603 号法第 3 条第 6 款修改。）

第 469 条　没收财物的用途

没收的钱款和其他物资移交至司法权管理机构。

法院认为有必要销毁物品的，由法院管理人员负责，或者将该事务指派给另一公共机构执行。在任何情形下，该事务的执行都应当作出记录。

其他没收物品移交至抵押信贷管理总局公开拍卖。没有价值的，则将其销毁。转让所得移交至本条第 1 款中规定的机构。

在《刑法典》第 366－4 条、第 374－1 条第 1 款、第 374－2 条规定的情形中，法院将没收的技术仪器，例如电脑、成像仪、音频播放器以及其他类似仪器移交至国家青少年服务中心或者警察机构中可以使用上述仪器的专业部门。

（本条根据 2004 年 1 月 14 日《官方公报》颁布的第 19927 号法第 3 条第 2 款修改。）

第 470 条　扣留但未被没收的财物

自作出确定判决起至少 6 个月后，被扣留财产的合法持有人在未提出异议的前提下，法院按照以下规定处置被扣留但未被没收的有形动产：

对于物品，法院的行政管理人员经过法官委员会的同意，将其公开拍卖。拍卖会 1 年可以举行两次。

拍卖所得，以及被扣留但未被没收的钱款和其他所得，移交至司法权管理机构。

已经宣布暂时停止诉讼程序或者附条件中止诉讼程序的，本条第 1 款规定的期间为 1 年。

由检察院看管或者处理的财产，于涉及本法典第 167 条、第 168 条、第 170 条、第 248 条第 3 项规定的裁决或者决定颁布至少 6 个月后，移交至抵押信贷管理总局，并依照前条第 3 款的规定予以处置。

对于违禁财物，不适用前列各款的规定，由检察官向法官申请授权销毁。
（本条根据 2005 年 11 月 14 日《官方公报》颁布的第 20074 号法第 1 条第 61 项修改。）

第 471 条　对移交法院处理财物的监督

每年 6 月，有关刑事法院向相关上诉法院就被移交该法院处理财物的结果作出详细报告。

第 472 条　民事部分的执行

判决中民事部分的执行，适用《民事诉讼法典》中关于司法裁决的规定。

第三节　确定判决的再审

第 473 条　再审的依据

最高法院可以对重大案件或者普通案件的确定判决进行特别再审，并在出现以下情形时撤销原判决：

1. 判决出现矛盾，同一案件判处两名或者两名以上被告人有罪，而只可能由一人实施犯罪行为。

2. 因主谋、共谋、窝藏杀人案件而获刑，但在判决作出后证实被害人没有死亡。

3. 有罪判决依据的材料或者证据被确定为虚假材料。

4. 有罪判决作出后，发生或者发现原诉讼程序中尚未得知的某一事件或者文件，而该事件或者文件可以证明被告人无罪。

5. 作出有罪判决的一名或者多名法官，由确定的司法判决确认在受理该案时渎职或者受贿。

第 474 条　再审申请的期间和申请人

对确定判决的再审申请可以由检察官、罪犯及其配偶、尊卑亲属、兄弟姐妹提出。刑罚已经执行完毕的,也可以申请再审。已经死亡的,其继承人也可以申请对其恢复名誉。

第 475 条　再审申请的正式手续

再审申请提交至最高法院的秘书处。应当在申请中具体阐述其法律依据,提交要求撤销的判决的确切副本以及证明其依据的文件。

引证的事实如果属于本法典第 473 条第 2 项规定的,申请中应当指明杀人案中被害人在判决认为其已经死亡但判决作出后发现其健在的证明方式。属于第 4 项规定的,应当指明在诉讼期间未知的事件和文件,陈述真实事件或者提交文件。根据情形无法提供文件的,至少应当阐明文件的性质以及文件存放的地点和归档的位置。

应当驳回不符合上述规定或者明显缺乏依据的申请。驳回的决定应当由审理申请的法官通过一致意见作出。

对于符合法律规定的申请,应当通报检察官。由检察官提起的再审申请认为符合法律规定的,则交予原审被告人。之后立刻调取相关案卷,并适用普通程序的规定进行审理,无须其他程序作出裁定。

第 476 条　不接受证人证言

再审申请的事实依据不得通过证人进行证实。

第 477 条　提起再审申请的效力

提起再审申请,不产生中止执行判决的效力。

但是法院认为需要中止执行相应判决的,可以在受理再审申请的任何阶段中止相应判决的执行,并可以在其认为适当时对原审被告人采取本法典第一编第五章第六节规定的人身预防措施。

(本条根据 2002 年 5 月 31 日《官方公报》颁布的第 19806 号法第 62 条修改。)

第 478 条　法院的决定

最高法院接受再审申请的,宣布原审判决无效。

申请材料确切证实原审被告人清白的,法院在同一审理中独立地作出替代原判决的新判决。

同样地,在有依据主张赔偿并且经申请人申请的,最高法院可以立即依照《政治宪法》第 19 条第 7 项第 9 目的规定作出赔偿判决。

第 479 条　判决的效力

最高法院当庭或者经新的审判判决原审被告人无罪的,原审被告人可以要求将此判决刊登于《官方日报》，并由国家承担刊登费用。原审被告人也可以要求对其收取费用者返还罚金、费用以及依据被废除判决所履行的赔偿。

相关民事诉讼判决，将由相关民事法官立即审理。

原审被告人死亡的，其继承人具有相同权利。

此外，根据情形，由判决宣布恢复原审被告人自由，并停止剥夺其权利。

第480条　再审新一轮审判通知

检察官决定对已废除判决中的案件正式调查的，在相应审理中，应当一并提交再审申请的判决副本。

第四节　保安处分的执行

第481条　保安处分的期间和监督

对精神失常者处以的保安处分，仅可以在对其处以保安处分所依据的必要条件仍然有效时继续执行。在任何情形下，都不得对其实施其他剥夺或者限制自由的处罚，也不得超过可以对其处以的刑罚的最短期间。该期间由法院的判决作出规定。

刑罚的最短期间，是指在调查或者起诉决定中的相关罪行，被法律规定的处以的刑罚中最短剥夺或者限制自由的期间。

对精神失常者执行保安处分的负责人或者负责机构应当每半年向检察官和精神失常者的监护人或者其家人报告一次其进展状况。依据本法典第108条的规定确定报告的顺序。

检察官、精神失常者的监护人或者家人在情形适宜时，可以向保障法官申请中止保安处分，或者变更保安处分的方式。

在不妨碍前述规定的前提下，检察官应当每6个月视察保安处分的被执行人被拘禁或者治疗的精神病院或者相应机构，向保障法官报告视察结果，申请采取其认为必要的措施纠正观察到的在保安处分执行中出现的任何错误、弊端或者不足之处。

保障法官依据材料立即采取紧急措施，传唤检察官和精神失常者的法定代表人到场。保障法官有权要求任何其认为必要的报告，以便通过报告决定继续或者停止执行保安处分，或者更改保安处分的执行方式和执行机构。

第482条　被执行人精神失常

宣布判决后被执行人精神失常的，法院听取检察官和被执行人的辩护人的意见后，宣布不执行限制或者剥夺自由刑的裁决，根据其情形处以相应保安处分，并由法院监督该裁决的立即执行。其余事项，适用本节规定。

大洋洲

澳大利亚

澳大利亚 2011 年联邦法院规则[*]

（2011 年第 134 号特别法律文件）

第五章　判决、诉讼费用和其他一般性规定

第 41 部分　执　行

第 41.1 节　一般性规定

第 41.01 条　不经通知即申请指示

当事人或利害关系人可以不经通知即向本院申请对命令的生效或执行作出指示。

注释："不经通知"的定义参见词典。

第 41.02 条　未满足先决条件

（1）对当事人有利的命令附加了条件的，该当事人在该条件满足前不得执行该命令。

注释：本院可以签发附条件的命令——参见第 1.33 条。

（2）但当事人可以向本院申请下令撤销该条件或变更该命令。

第 41.03 条　申请中止判决或命令

受判决或命令约束的当事人可以向本院申请下令中止该判决或命令。

注释：一方当事人可以该判决或命令生效后发生的事件为依据。

---

[*] 本规则于 2011 年 7 月由澳大利亚联邦法院法官根据《1976 年澳大利亚联邦法院法》制定，2011 年 8 月 1 日实施。先后经过四次修正，最近一次修正时间是 2016 年 4 月 1 日。本译本根据澳大利亚联邦法院官网（http://www.fedcourt.gov.au）提供的英语文本翻译。

第 41.04 条　未遵守本院命令

（1）被本院命令实施或不实施某行为、完成或不完成某事件的人应当遵守该命令。

（2）向本院保证实施或不实施某行为、完成或不完成某事件的人应当履行该保证。

注释：该人不遵守本院命令的，登记官可以将该人的不作为、疏忽或懈怠提请本院注意。本院可以主动采取措施——参见第 1.40 条的规定。

第 41.05 条　不出庭回应传票或命令

（1）本院已经签发传票或命令就下列事项之一要求某人到本院出庭：

（a）出示证据；

（b）提交文件或物品；

（c）对藐视罪指控进行抗辩；

（d）基于其他理由；

而该人不出庭的，当事人可以向本院申请命令，就下列签发采用格式 90 的令状，并交付司法行政官或令状中指定的其他人：

（e）对该人实施逮捕和拘留，直至其被带至本院出庭；

（f）该人在本院提交材料。

（2）第（1）款规定不限制法庭惩罚藐视罪的权力。

（3）对于本院要求当事人遵守本规则的命令或指示，不适用本条规定。

第 41.06 条　在命令上注明有关信息

命令要求某人实施或不实施某行为、完成或不完成某事件（不论有无规定期间），且不遵守该命令的后果可能是收监、扣押或以藐视罪处罚的，该命令应当附有签注，即具有下列情形之一的，该命令的受送达人有义务接受入狱、财产被扣押或因藐视罪受罚的后果：

（a）对于要求该人实施行为或完成事件的命令——该人忽视或拒绝在该命令规定的期间实施该行为或完成该事件；

（b）对于要求该人不实施某行为或不完成某事件的命令——该人违反该命令。

第 41.07 条　命令的送达

（1）第 41.06 条规定的命令应当在下列期间直接送达有义务实施或不实施该行为、完成或不完成该事件的人：

（a）该命令规定的期间；

（b）未规定期间的命令——允许受送达人遵守命令的期间。

（2）但具有下列情形之一的，视为已在该人听说或得到通知时送达：

（a）判决宣告或命令签发时该人在场；

（b）通过电话或电子方式将命令的内容口头通知该人。

第 41.08 条　某人不遵守命令时的申请

（1）某人不遵守其有义务遵守的命令的，当事人可以向本院申请下列命令：

（a）将该人收监；

（b）扣押该人财产。

（2）法人或组织不遵守命令的，当事人可以向本院申请下列命令之一：

（a）将该法人或组织的官员收监；

（b）扣押该法人或组织的财产。

（3）但不得针对第（2）款（a）项规定的命令提出申请，除非该官员具有下列情形：

（a）第 41.07 条第（1）款规定的命令已经送达该官员，且该命令已经根据第 41.06 条规定作了签注；

（b）该官员符合第 41.07 条第（2）款规定的情形，在命令签发时在场或者已经得到通知。

（4）本院已经签发下列命令之一的，适用本条规定：

（a）禁制令；

（b）具有禁制令性质的命令；

（c）具有训令或禁令性质的命令。

注释：第 42 部分规定了"藐视罪"。

第 41.09 条　替代履行

（1）有义务者（第一人）忽视或拒绝实施行为的，当事人可以就下列事项向本院申请命令：

（a）该行为由本院任命的另一人实施；

（b）第一人支付因签发该命令而产生的诉讼费用和开支。

（2）第（1）款规定不限制：

（a）本院处罚藐视罪的权力；

（b）该当事人可以获得的其他执行模式。

第 41.10 条　执行的一般性规定

（1）为执行判决或命令，当事人可以向本院申请签发作出该判决或命令的州或领地最高法院能够签发或采取的令状、命令或其他手段，效力等同于该最高法院的判决或命令。

（2）将要执行的命令允许在某个州或领地执行的，根据第（1）款规定签发的命令授权司法行政官在执行本院命令时可以与该州或领地最高法院相同官员相同的方式执行。

（3）当事人意图执行的命令涉及不止一个州或领地的，可以采用已经作出该判决或命令的州或领地最高法院的程序模式和文件格式。

注释：没有必要在每个州或领地采用不同程序模式和文件格式。

第41.11条　中止执行

当事人可以向本院申请中止执行判决或命令。

第41.12条—第41.20条留白

第41.2节　针对合伙企业的执行

第41.21条　针对合伙企业的命令的执行

（1）针对合伙的命令可以针对下列对象之一执行：

（a）澳大利亚境内合伙企业的所有财产，不管合伙人是否居住在澳大利亚境外；

（b）该合伙企业中已经在诉讼中提交送达地址通知书的合伙人；

（c）已经被承认或认定为该合伙企业合伙人的人；

（d）该合伙企业中被单独送达原始申请书副本的合伙人。

（2）但第（1）款不适用于让该款规定的人单独承担责任，除非该人同时具有下列情形：

（a）已经被直接送达该原始申请书；

（b）已经提交在该诉讼中的送达地址通知书。

第41.22条　针对单个合伙人的执行

（1）命令针对合伙企业签发，该命令所支持的当事人意图针对并非第41.21条第（2）款规定的单独承担责任者执行该命令的，应当向本院申请针对该合伙人的命令。

（2）该合伙人在申请的审理时承认责任的，该判决可以登记并可以针对该合伙人签发命令。

（3）该合伙人在申请的审理时否认责任的，申请人可以就下列事项向本院申请命令：

（a）该诉讼的后续进程；

（b）该诉讼以该合伙人的名义而非该合伙企业名称继续进行。

第41.23条　适用于合伙人之间的诉讼

（1）本条规定适用于：

（a）在澳大利亚从业的合伙企业与其一个或一个以上成员之间的诉讼；

（b）在澳大利亚从业且有一个或一个以上共同成员的不同合伙企业之间。

（2）未经本院许可，适用第（1）款规定的诉讼中的命令不得执行。

（3）寻求第（2）款规定的许可的当事人可以向本院申请下列之一：

（a）指示；

（b）为提取和保留账目及调查结论而签发的命令。

第41.24条—第41.30条留白

第41.3节　针对公司名称的执行

第41.31条　命令的执行——针对代表其公司的人的诉讼

（1）在针对代表其公司的人的诉讼中签发的命令，仅能通过执行程序针对该公司名下经营的公司财产进行强制执行。

（2）但该公司是合伙企业，且该命令所针对的是使用合伙名称的合伙企业的，该命令可以根据第41.21条规定通过执行程序强制执行。

（3）对于第（1）款规定的命令的执行，该公司财产是指该人起初投入公司或为公司而获取的全部财产、财产权利和财产性利益。

第41.32条—第41.40条留白

第41.4节　司法行政官

注释：本院的司法行政官负责本院向其指示的所有文件的送达和执行——参见本法第18P条的规定。

第41.41条　文件执行的中止

（1）仅在申请签发该文件的当事人向司法行政官提交书面通知书，指示该司法行政官中止文件的执行时，该司法行政官才得中止文件的执行。

（2）已经根据第（1）款规定向司法行政官提交通知书的人，可以通过向该司法行政官提交通知书指示其执行该文件的方式撤回该指示。

第41.42条　不执行文件

司法行政官不根据文件条款执行文件的，申请签发该文件的当事人可以向本院申请命令，指示该司法行政官应当执行。

第41.43条　申请与执行文件有关的命令

司法行政官可以经通知或不经通知即向本院提出申请，要求就文件应否执行以及执行的方式作出指示。

注释:"不经通知"的定义参见词典。

第41.44条—第41.50条留白

第41.5节 费　用

第41.51条　第41.5节中的术语

在本节中:

"费用账单"是指送达或执行本院文件的费用的账单。

"费用"包含手续费和佣金。

"利害关系人",就送达和执行本院文件的费用而言,是指下列人员之一:

(a) 向司法行政官提交需送达或执行的文件的当事人;

(b) 担保支付该费用或以其他方式对支付该费用负责的律师;

(c) 对于根据执行令状,该司法行政官有权扣押财产的费用——财产的所有权人。

第41.52条　保证

(1) 当事人向司法行政官提交送达或执行的文件的,该司法行政官可以根据提请:

(a) 要求提交该文件的当事人向司法行政官提供一定数额押金,作为送达或执行该文件的全部或部分费用的保证金;

(b) 接受提交该文件的当事人的律师为支付全部或部分费用的担保。

(2) 当事人被要求根据第(1)款(a)项支付押金,但其对被要求支付的数额提出异议的,可以向本院申请确定应支付的数额的命令。

(3) 司法行政官可以中止文件的送达或执行,直到出现下列情形之一:

(a) 提交该文件的当事人支付规定的押金;

(b) 提交文件的当事人的律师提供支付该费用的担保。

(4) 根据本条规定支付的押金超出费用数额的,司法行政官应当将差额退还给提交文件的当事人或其律师。

第41.53条　律师的义务

当事人的律师向司法行政官提交送达或执行的文件的,不论该律师是否已经根据第41.52条第1款(b)项规定提供担保,该律师都有义务支付该司法行政官的费用。

第41.54条　费用账单

(1) 利害关系人可以要求向司法行政官送达费用账单。

(2) 费用账单送达利害关系人的,该费用在司法行政官和该人之间具有约束力,除非该人收到征税命令。

第 41.55 条　核定

(1) 已经收到费用账单的利害关系人可以向本院申请下令对该费用进行核定。

(2) 本院签发第(1)款规定的命令的,司法行政官应当将该费用账单提交执行核定的诉讼费评定官。

(3) 诉讼费评定官确定的费用数额对司法行政官和利害关系人均有约束力,其变更或审查应符合第 40.34 条的规定。

第 41.56 条　律师不支付司法行政官的费用

当事人的律师有义务支付一定数额的司法行政官费用,但未在该数额对该司法行政官和该律师有约束力后的 7 日内支付的,该司法行政官可以向本院申请命令,要求该律师向其支付该数额。

第 41.57 条—第 41.60 条留白

第 41.6 节　《1991 年外国判决法》规定的判决的相互执行

第 41.61 条　对第 41.6 节的解释

除非出现相反的意图,在本节中使用的有关根据《1991 年外国判决法》进行的诉讼中的表述,其含义与其在该法中相同。

第 41.62 条　为登记外国判决而申请命令

(1) 当事人意图根据《1991 年外国判决法》第 6 条第(1)款规定登记判决的,应当提交采用格式 134 的原始申请书。

(2) 原始申请书应当附随下列文件:

(a) 由原审法院验证的该判决副本。判决不是英文的,应当附随经宣誓书确认的该判决的译本;

(b) 说明下列事项的宣誓书:

(i) 当事人的全名、职位、常住或最后居住地或公司地址;

(ii) 以《1991 年外国判决法》第 6 条第(1)款(b)项为依据的——经由上诉作出最后诉讼判决的日期;

(iii) 判决是在根据《1986 年商业法(新西兰)》产生的裁决事项的诉讼中作出,而非在根据该法第 36A 条、第 98H 条或第 99A 条产生的裁决事项的诉讼或其一部分中作出;

(iv)《1991 年外国判决法》第 2 部分适用于该判决;

(v) 该判决已经登记的,不得根据《1991 年外国判决法》第 7 条规定宣告该登记无效；

（vi）寻求在已登记判决中包含的该登记的诉讼费用或杂费的数额；

（vii）该判决是金钱给付判决的——该判决是由《1991年外国判决法》第2部分扩展的国家的高级法院作出，或者由《1991年外国判决法》第2部分的上述国家的初级法院作出；

（viii）《1991年外国判决法》第13条的规定不适用于原审法院所在国的——不适用该条规定；

（ix）判决是非金钱给付判决的——该判决是《1991年外国判决法》第5部分第（6）款规定的一种非金钱给付判决。

（3）申请可以不经通知即提出。

注释："不经通知"的定义参见词典。

第41.63条　在审理当日提交新的宣誓书

申请人应当在审理当日提交说明下列事项的新的宣誓书：

（a）该判决涉及的诉因；

（b）该判决可以在原审法院所在国生效；

（c）以判决规定的应支付金额为依据、根据该国法律应支付的利率（假如有）；

（d）判决是金钱给付判决的，宣誓书应当说明下列事项：

（i）该判决尚未完全执行；

（ii）该判决已经部分执行的——在审理当日应支付的余额；

（iii）根据原审法院所在国家的法律和该判决，在判决登记前的合理的利息（假如有）；

（iv）判决规定应支付的金额是以澳大利亚货币之外的货币表述，且申请书未说明该判决应以其表述的货币进行登记的——该判决应根据当日汇率以等值的澳大利亚货币登记；

（e）简明扼要地说明该宣誓书中每一陈述的理由。

第41.64条　登记

（1）金钱给付判决的登记令应当采用格式135。

（2）非金钱给付判决的登记令应当采用格式136。

第41.65条　登记的通知

（1）申请人应当根据第41.64条规定将该判决的登记令副本送达该登记判决的执行对象。

（2）申请人应当在命令副本上附上支持性宣誓书的副本。

（3）该命令的官方文本和所有支持性宣誓书的副本应当根据本规则相关

规定直接送达，本院对送达方式另有命令的除外。

（4）申请人应当在采取被视为执行已登记判决的措施之前送达宣誓书。

第41.66条　申请宣告判决登记无效或中止判决生效

（1）被告人可以申请有关下列事项之一的命令：

（a）宣告判决登记无效；

（b）中止判决的生效。

（2）第（1）款规定的申请应当在判决登记令副本送达被告人之日后14日内提交。

（3）该申请应当：

（a）在登记该判决的诉讼中通过中间申请提出；

（b）附随说明下列事项的宣誓书：

（i）宣布判决登记无效或中止判决执行的理由；

（ii）支持该申请的主要事实依据。

第41.67条　申请宣告已登记外国判决无效

（1）当事人可以申请命令，要求：

（a）根据本节规定登记的判决应当宣告无效；

（b）对审理和裁定该申请产生的争议作出指示。

（2）一旦收到要求宣告已登记判决无效的申请，本院可以就审理和裁定该申请产生的争议作出必要指示。

第41.68条　诉讼费用的担保

当事人可以向本院申请命令，要求寻求根据第41.62条规定登记判决的申请人对下列诉讼费用提供担保：

（a）该申请的费用；

（b）申请宣告判决登记无效的费用。

第41.69条　已登记判决的记录

登记官应当保留所有已登记判决的下列细节记录：

（a）原审法院判决的细节；

（b）下令登记判决的日期；

（c）涉及胜诉债权人的——该胜诉债权人的全名和地址，或文件可以送达的胜诉债权人的律师或代理人的姓名和地址；

（d）涉及作为该判决执行对象的当事人的——该当事人的全名、职业和最新的已知地址；

（e）判决是金钱给付判决的，应当保留下列细节记录：

（i）已登记判决表述的货币金额；

（ⅱ）根据该判决，至登记时间的合理利息（假如有）；
（ⅲ）已登记判决附带的利息的利率；
（f）判决是非金钱给付判决的——该判决的条款；
（g）已登记判决中包含的该登记的诉讼费用或杂费；
（h）涉及已登记判决的执行或程序细节。

巴布亚新几内亚

巴布亚新几内亚1963年地区法院权力法[*]

第九章 判决的执行

第一部分 总 则

第160条 制作判决的记录

（1）当法院宣告某人有罪或者作出不利于被告人的判决时，应该制作关于宣告或者判决的记录或者备忘录，并且由法院中的地方法官签名。

（2）第1款中提到的记录不是承担责任或者执行命令的批准中的一部分。

（3）由书记员签名的记录或者备忘录的副本是宣告或者判决的最初证据。

第161条 正式的宣告和判决

（1）根据第2款，在制作第160条中的记录或者备忘录之后，宣告或者判决应该开始起草，如果有要求，法院可以采取适当的格式。法院应该将其保存在书记员处，并且让书记员在法院的各项记录中存档。

（2）虽然有第1款的规定，法院并不一定要起草正式的宣告或者判决或者其他决定的记录，除非当事人一方请求制作以便于将来上诉或者国家法院要求回复正式令状或者判决。

第162条 驳回起诉的诉讼程序

（1）如果法院驳回某个信息、控诉或者抵消，法院应该作出驳回的判决，

---

[*] 本法由巴布亚新几内亚独立国国民议会批准，1966年1月4日实施。本译本根据太平洋岛法律信息研究所官方网站（http：//www.paclii.org）提供的英语文本翻译。

并且在案件允许的情况下，根据原告人或者被告人的申请，给予他们由一名或者多名参与审理的地方法官或者书记员签名的判决证明书。

（2）第1款中的证明书在产生的过程中，没有进一步证据的情况下，任何法院不再处理本国内在相同案件中针对相同当事人提出的相同信息、控诉或者诉讼程序。

第163条　错误可修改的情况下有罪宣告无须撤销

一份有罪宣告或判决或裁定不是无效或可撤销的，也不是因内容或格式有缺陷或错误，而可以在任何场合被撤销、取消或驳回，如果国家法院认为，地区法院作出的有罪宣告、判决或裁定的证据理由已经足够充分，并且被授权可以对不足或错误进行修正，国家法院可以在其认为合适的时候，就给付诉讼费等条款对有罪宣告、判决或裁定进行修改。

第164条　诉讼文书的副本

当法院制作一份有罪宣告或者判决或者撤销某项信息或者控诉，所有对其有兴趣的各方可以向书记员缴纳法定的费用，来要求并且获得相关信息或者控诉、口供或者有罪宣告或判决的副本。

第165条　缴纳费用的时间或者分期付款

（1）当在有罪宣告或者判决中要求缴纳一定数额的罚款或者诉讼费用时，法院可以采取以下措施：

①允许一定的付款时间；

②指导进行分期付款；

③要求具有付款责任的自由人提供相应的担保。

（2）当罚款或者一定数额的金钱或诉讼费用被要求分期付款，分期支付的金钱应当交给书记员或者法院指定的其他人。如果没有履行分期付款，法院将采取同样的诉讼程序来补交剩余的数额，之前分期付款的命令将视作不存在。

第166条　罚款执行上管辖权的转移等

（1）当一份判决要求给付罚金或者赔偿一定数量的金钱或费用，而且负有给付义务的人的经常居住地并不在判决作出地或其附近，当地的书记员如果认为在法院指定的其他地点履行给付的行为更加方便，他可以准备并签署一式两份证明书（即该条提到的"送达罚款证明书"），并将其送达另一地的书记员，同时送达的还有第160条中的记录或者备忘录及其副本，如果该副本还没有被送达给付责任人的话。

（2）当书记员已经将根据第1款制作的有关判决执行在法院指定的另一地更加方便的证明书送达时，书记员可以准备并签署一份进一步的一式三份的罚款证明书，并不加迟延地送达：

①证明书、证明书的副本、第160条中的记录或者备忘录及其副本，如果该副本尚未送达给付责任人，送达另一地的书记员；并且

②将一式三份的证明书送达判决制作地的书记员。

（3）一份罚款证明书应当包括第160条的记录或者备忘录的详情，应该阐述执行判决的行为（如果有的话）、判决要求需要继续执行的数额。当书记员签署保证书后，它将成为相关事实的初步证据。

（4）当书记员收到罚款证明书时，他应该不加迟延地在保证书的副本上背书已经收到的备忘录，并且将送达回证交给送予他罚款证明书的书记员。

（5）罚款证明书开始传递的时间起，如果证明书没有被送到，所有可以发生在其他地方的执行判决的行为应该在保证书需要被送到的地方进行，除非根据这部分法规，进一步的罚款证明书已经被签署并送达。

（6）通过罚款证明书，书记员收到的付款应该不加迟延地被送给判决制作地的书记员，并向其加以解释。

（7）如果第160条中的记录或者备忘录的副本还没有被送至罚款责任人处，在收到罚款证明书的同时收到该副本的书记员应该将（除非根据这部分法规，进一步的罚款证明书已经被签署并送达）：

①记录或备忘录的副本；以及

②关于建议将罚款支付给这个书记员而非判决制作地的书记员的通知；

送达给负有给付责任的人。

（8）根据罚款证明书的要求已经执行判决的该地书记员应该将执行的结果报告给判决制作地的书记员。

第二部分　执行和责任承担的批准

第167条　不履行罚款的关押等

（1）根据其他法律，有罪判决要求支付罚款或者费用，除非该判决是针对法人作出，否则罚款或者费用的缴纳应该在监禁中执行。

（2）当判决认为法人需要支付罚款或者费用，该判决和关于支付一定数额的金钱或费用的判决一样，应当根据第173条的规定执行。

第168条　法院应该在少缴罚款时处以监禁等

（1）除了有罪宣告是针对法人作出的以外，作出应当缴纳罚款或者费用的宣告的法院，应该对少缴罚款的行为处以监禁。

（2）如果作出有罪宣告所依据的法律中有对监禁的习惯或者条款进行规

定或指导，那么在有罪宣告中应该相应地增加。

（3）如果作出有罪宣告所依据的法律中没有规定监禁的习惯，法院可以在认为合适时根据有关条款处以监禁，只要监禁的时间没有超过第201条中的相关规定即可。

（4）如果地方法官已经确信没有缴纳罚款或者费用，他可以批准要求承担相应的责任。

第169条 拒不履行的证明

由于不履行支付罚款或者费用的有罪宣告而申请地方法官批准承担相应的责任，一份由作出有罪宣告的法院书记员签署的证明没有履行罚款或者费用的支付义务的保证书，将足以证明申请中的事实，除非法官要求更进一步的证据。

第170条 批准承担缴纳罚款的责任等

一份要求承担关于缴纳有罪宣告确定的罚款或费用的责任的批准，应该要求被告人在有罪宣告确定的时间内被监禁，除非要求缴纳的金钱已经足额缴纳。

第171条 其他案件的责任承担的批准

（1）当：

①有罪宣告中没有要求罚款，但是被告人已经因为他的罪行被监禁；或者

②法院要求为一定行为，但没有要求缴纳罚款或一定数额的金钱或费用，如果被告人拒绝履行法院要求的行为，那么他就应该被监禁。被告人确实拒绝履行法院要求的行为，法院或者地方法官可以发布批准，同意在有罪宣告规定的时间内要求被告人承担监禁的责任。

（2）如果根据第1款提到的有罪宣告或者判决，被告人同样被要求向原告人缴纳费用，但是被告人没有根据有罪宣告或判决的要求缴纳费用，地方法官可以通过批准，根据有罪宣告或者判决的规定将被告人交付矫正机构或者警察看管，直到他缴纳费用。

第172条 批准可以延期执行

申请法院或者地方法官发布如下文书：

①批准要求执行判决规定金额；或者

②批准要求在拒不执行判决规定的金额时承担责任；

如果法院或者地方法官认为这么做是有利的，他们可以推迟发布批准，直到他们认为合适的时间或合适的条件（如果有的话）。

第173条 通过批准执行来执行判决

当法院判决要求支付一定数额的金钱或费用时，不需要法院另外发布命令就可以通过强制执行给付责任人的私有财产来弥补金额，同样也可以发布征税的批准。

第 174 条 执行程序

（1）法院或者地方法官发布的执行批准应该按以下方式执行——
①由警察负责执行或者由批准书中确定的其他公务人员执行；并且
②通过扣押、拍卖批准书针对的人的私有财产来执行。

（2）被告人及其家人的衣物、寝具等以及被告人进行交易的工具，所有总价值不超过 200000 基纳的东西不应该被执行。

（3）被执行人在书面同意书中载明的物品，已经被扣押的私有财产应该被公开拍卖，除了鲜活易腐的物品应该在扣押后的 24 小时内拍卖之外，在进行扣押和拍卖之间至少要间隔 5 日的时间，以便吸引公众的注意。

（4）当提供第 3 款中的同意书时，拍卖应当根据同意书进行。

（5）根据第 4 款，没收的私人财产应该在批准书规定的时间内拍卖，如果没有规定时间，则应该在扣押之后的 14 日内进行，除非批准书确定的金额以及应该执行的内容已经执行完毕。

（6）根据执行批准书中相反的指导，当家庭用品被扣押时：
①除了被执行人的书面同意书中涉及的部分，其他物品不应被带离他的房子，直到拍卖的时间；但是
②根据批准执行书，足够满足执行数额的所有物品，应该在扣押时在上面贴上醒目的标记。

（7）如果有人把第 6 款中贴上标记的物品拿走，或者损伤、移除标记，将触犯刑法。

处罚：不超过 100000 基纳的罚款。

（8）如果负责执行命令的人实施下列行为将触犯刑法：
①任意地保留用于满足执行需要的物品，或者要求提供多于当时法律规定的费用；或者
②进行不恰当的指控。

罚款：不超过 100000 基纳的罚款。

（9）当一个人根据第 8 款被认为有罪，宣告其有罪的法院，除了法律规定的罚款以外，可以另外要求他对应该享有合法权利的人进行补偿。

（10）关于执行批准中确定的费用和遭受损失的指控的书面账目，应该尽可能快速地送至负责执行的警察或者其他人、书记员处。批准被执行人可以在此时或者扣押后的 1 个月内，免费检查账目或者在合理期限内免费获得账目的副本。

（11）警察或者其他负责执行的人：
①应该保证被扣押的物品顺利拍卖；并且
②可以在拍卖实现的金额中扣除拍卖的成本和实际造成的影响；并且

③应该在保留执行申请书中要求的数额、合理的成本和费用之后,返还所有人剩余的金额(如果有的话)。

第 175 条　现金和可以被查封、起诉以及拍卖的诉讼财产等

(1) 当本法或者任何其他法律或者地方法官出具的批准,要求扣押某人一定数量的私有财产:

①任何属于此人的现金或者银行收据都可以被查封、带走以满足执行的需要,但是不需要进行拍卖;并且

②任何属于此人的支票、汇票、本票、债权、合同或者有价证券都可以被查封、带走并且采取安保措施或者置换成需要扣押的数额的有价证券;

(2) 当支付第 1 款中涉及的支票或者其他票据的时间届满时,根据发布的批准应该被受偿的人可以:

①要求并收到给付;并且

②在任何合适的法院起诉他人:

(i) 发布的批准针对的人;或者

(ii) 发布的批准针对的人可能已经被起诉;

为了恢复已经担保的金额或者已经到期的支票或有价证券的金额。

第 176 条　付款的对象

(1) 执行的批准应该要求警察或者其他人将根据批准书扣押的一定数额的金钱,交付给制作判决书的法院书记员。

(2) 如果已经被有罪判决要求支付罚款或者费用的被告人,支付给警察或者其他人,警察或者其他人应该不加迟延地将罚款或者费用交付制作有罪判决书的法院书记员。

第 177 条　有罪判决要求支付金钱的适用

在收到有罪判决认定的一定数额的金钱,或者其中的一部分金钱之后,书记员应该不加迟延地将其支付给:

①首先,按照法院的要求,将费用支付给需要弥补的一方当事人;并且

②其次,根据有罪判决的其他条款交付(如果有的话);并且

③最后,根据使相关信息成立的法律规定交付,或者如果该法律中没有有关交付的规定,就交付财政部门。

第三部分　相反的请求

第 178 条　对扣押物品的相反请求

(1) 如果有人(不属于执行针对的一方当事人)提出执行批准扣押私人

财产的相反请求，或者物品价值的异议，申请针对负责执行的警察或者其他人，地方法官可以发布传票传唤执行针对的一方当事人和提出请求的一方当事人。

（2）在根据第 1 款发布传票时，因为需要送达原告人本案的传票，关于该请求的起诉应该中止审理。受诉的法院因为物品和财产已经被扣押，需要送达相应的证据，法院可以在送达之后要求起诉的当事人支付本案所有的诉讼费用。

（3）法院可以审理这个请求并且对其作出判决。

（4）根据本法关于提起上诉的规定，依据第 3 款作出的判决是对双方生效的最终判决。

第 179 条　交互诉讼的审理规则

关于第 178 条中的请求，应当注意以下规则：

①根据第 4 项，原告人应该在提出请求的 24 小时内，将下列物品送达负责执行或者留在书记员办公室的人，详情如下：

（i）原告人认为应该属于其个人的物品或者私有财产，以及他请求的理由；或者

（ii）在要求租金的情况下，对租金的需求以及在什么时期和前提下租金的请求到期。

②请求人的姓名、地址和详细情况应该在第 1 项的陈述中充分写明。

③在执行中支付给书记员的现金或者银行凭证，应该由书记员保存，直到请求被裁判。

④经过法院的许可，在案件的任何阶段，案件的详情可以进行修改；或者经过同意，案件详情可以全部免除。

⑤发出传票的地方法官可以确定任意时间要求被送达人回复传票。可回复的传票应该和一般控诉的传票用相同的方式送达，且至少在传票确定的审理时间之前的 48 小时以上送达。但是如果是有背书书面同意书的传票，可以要求一经收到立即回复，并且可以经过同意之后免除送达。

⑥当关于执行中被带走的物品或者私人财产的请求，或者关于物品或私人财产收益或价值的请求，在裁决时作出对请求不利的决定时，法院许可的负责执行人的花费，应该由其自己保留或者由书记员代替他保留所扣押的数额，除非法院有其他的命令。如果法院要求原告人给付执行债权人一定金额，则不会影响到原告人所反对的债权执行人保留一定金额的权利。

第四部分 与债务相关的扣押

第 180 条 对这一部分的解释

在这一部分：

"债务人"是指对法院发出的关于支付金钱或赔偿损失的付款指令负有义务的人。

"次债务人"是指对债务人负有借款或其他债务，并在以下第 182 条第 1 款情形下的付款指令中被涉及的人。

第 181 条 对债务人的口头询问

（1）当为了支付金钱，而不论有无损失的付款指令；或是为了满足原告人命令被告人支付损失的付款指令已经发出，有权申请强制执行的一方向地区法院或地方法官申请签发传票，关于：

①债务人；或者

②在债务人是法人的情形下，传唤其职员；

口头询问以下内容：

③是否对债权人负有债务以及对债权人负有何种债务；并且

④债务人是否有财产或者是否有其他财产或方法满足付款指令。

（2）具备第 1 款的条件，传票可以由地区法院或地方法官签发。

（3）债务人或其职员以及被传唤作证或提交书证的任何人，必须宣誓，即便在简易程序当中也同样如此。

第 182 条 针对连带债务发出的附条件裁定

（1）地区法院或地方法官：

①应一个已经获得付款指令的人的单方申请；并且

②宣誓书或类似方法已经证明，这一付款指令已经作出但支付金额的总数未被完全满足；并且

③另一人对债务人负有债务，且仍在本国领土范围内；

命令将次债务人对债务人所负的所有借款或其他债务用来满足债权人的付款指令。

（2）在具备第 1 款中所提到的付款指令，或者具备后补令的情形下，地区法院或者地方法官可以要求付款指令中指定的次债务人在地区法院出庭，以向获得付款指令的债权人说明，他不应当支付这一他与债务人之间的到期借款，或是不应支付已经超出债权人的付款指令金额范围的借款的原因。

（3）依本条所提起的申请，因债权人寻求恢复的金额很小，或其他原因，

地区法院或地方法官可以拒绝发出付款指令，因为寻求赔偿在该地区法院或地方法官看来可能是无价值的或是无理纠缠的。

第183条　附条件裁定的送达使债务连带

（1）符合第182条的付款指令副本的文书送达，或是地区法院以公告方式对次债务人送达付款指令，使次债务人与债务人的债务连带。

（2）在第3款的条件下，如无法院特殊命令，符合第182条的附条件裁定的送达，应当是对被送达人本人送达，或对已满16岁的共同居住人送达，送达至次债务人的经常居住地或经营场所，或是其最后居住地或交易场所。

（3）为了符合第2款规定，某一交易场所不得被视为次债务人的经营场所，除非次债务人是该场所的雇主，或是雇主之一。

第184条　当次债务人对债务未提出异议

当次债务人没有：

①向地方法官支付他对债务人负有的到期款项，或者与债权人的付款指令数额相等的款项，并且没有对债务本身或其债务是否到期提出异议；或

②在付款指令中的时间、地点出现，并且出庭，

在先前没有签发这一文书，或经过这一程序的情形下，地区法院签发执行令。并且地区法院对次债务人的到期欠款进行征收，或获得足够多的金额来满足付款指令。

第185条　当次债务人对债务提出异议

（1）假如次债务人对其债务存有异议，地区法院并非依第184条发出裁定，而是针对获得付款指令的一方和次债务人以及异议作出裁定，并对次债务人的责任进行审理和决定。假如申诉是迟缓的，或者某一行为涉及债务人对次债务人的债务，那么不论以何种方式，也不论在哪一地区法院，法院会针对异议进行审理或判决。

（2）在第1款中提及的向地区法院提出的"异议"，应当在该裁定中详细说明。

第186条　异议应当书面提出

因第185条对异议进行审理和决定的原因而获得裁定的一方，应当在法定时间内，在地区法院将其异议详细填写在裁定中，法院会对异议进行审理和决定。判决、裁定或者其他决定将会依这一法院的惯例尽快地强制执行，或进行其他后续程序。

第187条　第三人对债务主张留置权或费用

在获得连带债务的程序当中，次债务人表明债务属于第三人，或是第三人对债务主张留置权或其他权利，地区法院可以命令该第三人出庭对该债务的性

质和详细情况进行陈述和说明。

第 188 条　出于征得该金额的需要，地区法院可以要求提供担保

在听取第三人在第 187 条的情形下的主张以及地区法院要求出庭的其他人的主张后，或是在应当出庭的第三人或其他人没有出庭的情形下，地区法院会：

①要求对次债务人的到期债务的执行提供担保；并且

②对异议进行审理和决定；

③根据第 186 条强制执行这一决定，并进行其他后续程序；并且

④如果第三人或其他人主张的金额在某种程度上小于次债务人对债务人的应付账款的金额，那么驳回其主张；并且

⑤在任何情况下，假如有第三人或其他人主张留置权、费用或损失，地区法院应当以其公平合理观念作出裁定。

第 189 条　债务人的给付使次债务人免责

在本部分所规定的程序中，次债务人被要求给付，或被强制执行时，可主张对债务人已经支付或被强制执行的部分金额免除责任。法院或是驳回，或是撤销这一程序。

第 190 条　连带债务登记簿

（1）书记员应当保存连带债务登记簿，将所有依本部分作出的连带债务登记其中，详细记录各方的名字，给付债款的日期和状况说明以及其他事项。

（2）向书记员申请之后可复制连带债务登记簿。

第 191 条　连带债务的诉讼费

申请连带债务及因这一申请所产生或附带产生的诉讼程序的诉讼费，依地区法院对这一申请所作的决定；依第 181 条情形下获得付款指令的一方的诉讼费，除非另有说明，应当依本部分规定以及裁定优先于付款指令中的到期账款获得补偿。

第五部分　对欺骗性债务人的监禁

第 192 条　对民事案件中被告人的监禁

（1）法院发出付款指令：

①为了如下给付：

（i）在此之前可收回的借款；或者

（ii）分期给付的债款，不论有无损失。或者

②为了如下给付：

（ⅰ）因牲畜的攻击或非法侵入的损害赔偿；或者

（ⅱ）对损害赔偿的分期付款；或者

（ⅲ）在此之前可收回的，并且不如罚款或分期支付的罚款一样可强制执行的损害赔偿金，不论有无损失。或者

③为了原告人要求被告人支付的，因处理信息而产生的费用，或对这些费用的分期罚款。或者

④为了即便在被及时通知后也没有正当理由而扣留的运输货物，在忽视或拒绝依命令交出货物的情形下，向权利受损一方支付其货物的价值，

如无危难或其他情形，不得以监禁的方式强制执行。

⑤除非对债务人不履行如下债务的证明，已经达到地区法院所认定的充分标准：

（ⅰ）自那时或自获得付款指令的日期开始，"充分的"是指债务人有能力对不履行的债务总额为给付，或者在付款指令指明分期付款的情形下，分期支付这一款项，然而他拒绝或忽视去支付这一款项；或者

（ⅱ）将要在债务、损害赔偿金、费用、金钱或分期付款，或其他类似事项未完成给付的情形下离开本国；或者

（ⅲ）出于逃避债务的目的，将要去往本国内的任何地方；或者

（ⅳ）在本法案规定的债务人扣留运输货物，并且在被及时通知后也没有提出正当理由的情形下，忽视或是明确拒绝遵从付款指令，并且没有向权利受损一方支付其货物的价值。或者

⑥除非已经证明达到地区法院所认定的充分标准，被告将承担责任，并在如下情形下作出付款指令：

（ⅰ）在诈骗或是通过欺骗或违背诚实信用的方法，获得信任或通过合同确定责任；或者

（ⅱ）不对解除合同保留合理预期，任意地订立合同来约定责任；或者

（ⅲ）已经或将要赠与、交付、转让财产或者已经被指控的事项，出于诈骗债权人的目的转移或隐匿财产。

（2）第1款中主张某一原因的证据，可以以这样的方式向地区法院提出，这一申请是因为责任看起来是正义的，并且也是出于证明的需要：

①违约方可以：

（ⅰ）被直接送达固定格式的传票；并且

（ⅱ）会在传唤出庭中宣誓，询问上一目详细记载并在传票上列明的任一事项。并且

②即便适用简易程序，任何证人，包括违约方，可以依据传唤及询问的相

关条款，被传唤出庭并宣誓。

（3）遵循第 4 款，假如对任何在第 1 款中详细规定的理由证明达到地区法院认为充分的程度，在债务人立即拒绝履行或者在付款指令规定的时间内不履行向书记员支付未给付完全的金钱以及因付款指令所导致的传唤和出庭询问的费用以及派生费用，在依付款指令的规定应一次付清或者分期付款的情形下。法院作出一个固定格式的裁定，对其进行矫正或司法拘留，但时间不得超过 2 个月。

（4）付款指令是在为金钱给付的时候作出，但后来作出无力偿还裁定，在这样的情形下，符合第 3 款规定的为履行债务的裁定不应针对这样的人作出。

第 193 条　强制要求离开本国

（1）尽管本部分有规定，地区法院不应在符合第 192 条规定的情形下，签发要求债务人或其他人离开本国去往澳大利亚的裁定。除非地区法院有充足的理由认定，他能够在这一国家赚得足够的报酬来维持他本人、配偶以及家庭的生活，并且他除了以下财产，还拥有超过 50 基纳价值的财产：

①他的食物或食物的总量以及他的衣物的价值；以及

②假如他的配偶将和他一同离开本国，配偶的食物或食物的总量以及她的衣物的价值；以及其他将和他一同离开本国的家庭成员的这些财产的价值；以及

③假如他的配偶将和他一同离开本国，属于配偶的价值超过 50 基纳的财产；以及其他将和他一同离开本国的家庭成员的这些财产的价值。

（2）出于本部分的目的，债务人或其他人向地区法院充分证明其除了第 1 款第 1—3 项规定的财产之外，没有超过 50 基纳价值的财产。

（3）在第 192 条情形下，决定是否签发裁定之前，地区法院将书面命令送达警察，要求警察毫不延迟地将债务人或其他人带到法院。

（4）在第 3 款的情形下，债务人或其他人出庭或被带到法庭：

①地区法院要求他接受誓言的检验或者通过其他相同的方式接受检验，假定他曾经依传票出庭并且已经依第 192 条第 2 款被检验；并且

②他负有经法院询问检验的义务，检验他是否应该依相关条文的规定经传唤出庭并且接受询问。

第 194 条　针对不履行债务行为的执行令

当依第 192 条规定，出于履行债务目的的付款指令已经作出，并且金钱及费用、分期付款款项，或付款指令中详细记载的费用中有一项或全部没有支付，书记员不需对理应支付的一方事先告知或传唤即可对其签发固定格式的执

行令，他应当执行和服从这一执行令，警察机关的所有成员也应当协助令状的执行。

第 195 条　单方的为履行债务的付款指令

（1）除非在地区法院出现特殊情况需提供担保，依本部分规定所作出的履行债务的付款指令，应当由地区法院基于宣誓或第 192 条详细规定的其他原因，单方并且无告知地作出。

（2）符合第 1 款的规定，并由地方法官组成的合议庭作出或地方法官单独作出的付款指令，应当在地区法院存档。并且，针对作出付款指令的法官的反对意见也应当处理。犹如为履行债务的付款指令应当依据第 192 条作出，且由书记员签发的执行令也应当遵循固定格式。

第 196 条　债务人的释放

（1）因依本部分条文签发的令状而被拘留的人，在给付或满足了为履行债务的付款指令中详细记载的金额总数之后，应当依书记员签发的已经给付完成的证明文件予以释放。

（2）尽管本部分条文有规定，假如该案有特殊情形，并且地区法院认为适合这样处理，地区法院在任何时候均可依据地方法官签发的命令决定立即释放依本部分条文作出的裁定而被羁押的人。

第 197 条　询问应当书面记载

依本部分条文而对不履行债务的人及所有其他证人就案件情况进行询问，应当书面记载，并且该记载的副本可以用于对履行债务的付款指令的上诉审理。

第 198 条　询问这一司法程序

根据本部分条文对一个人所作的询问应当被视为一个司法程序。

第 199 条　对不给付完全债务的人的监禁

符合本部分条文的监禁，并不满足或免除付款指令中所记载的应付账款，而且尽管对其监禁，一个针对其财产的全新执行令会被签发，或其他旨在恢复应收账款的程序会依法定的合理原因而被执行。

第六部分　其　他

第 199A 条　社区工作裁定

（1）在遵循法律的前提下，地区法院在定罪后可以对违反法律的行为人施以罚款或监禁，也可以附带施以罚款，或者不施加罚款或监禁而命令被告人在社区做特定的工作，并以一种由部长在国民公报上公告的、允许的目的和方式进行。

（2）在地区法院依第 1 款作出命令的情形下，命令完成的工作在不超过 3 个月的一定期限内不应超过：

①每日 8 小时；并且

②一周 6 日。

（3）在一个人不遵从根据第 1 款作出的命令的情形下，由于他不遵守这一命令，地区法院可以对这个人施加不超过 2 日的监禁。

（4）依据第 1 款作出的命令可能包括第 3 款情形下的命令。

第 200 条　地区法院对给付责任的减轻

（1）当地区法院依据法律施加监禁或罚款，并且该法律规定要求被告人提交保证书并且提供担保来保障秩序、作出合适的行为，并且遵守其他情形，或者要求被告人做上述任一事项的，地区法院可以全部免除或部分免除这样的要求。

（2）在符合第 3 款的情形下，地区法院根据法律，在简易程序中对一个应受惩罚的违法行为施加处罚而无权对其施以罚款。假如地区法院认为罚款而非监禁更有利于该案正义的实现，法院可以处以不超过 200 基纳的罚款。罚款的具体数额根据违法者的行为决定，在不履行罚款的情形下，可以对根据该法负有责任的人处以监禁。

（3）第 2 款不适用于法律对该违反情形已经规定最短期刑监禁的情形。

第 201 条　对不支付金钱行为的监禁期限幅度

（1）当：

①根据本法或其他法律，支付：

（ⅰ）罚款；或者

（ⅱ）诉讼费；

通过定罪来判定支付，并被授权通过监禁来强制执行；并且

②监禁的期限不是由授权法院定罪的相关法律所规定，监禁期限应当是地区法院认为合适的时长，并且不超过第 2 款中规定的最长期限。

（2）因第 1 款的原因被处以监禁的，不应当超过以下幅度的最长期限：

当判定支付的总额及诉讼费	期限不应超过
少于 50 基纳	14 日
多于 50 基纳不多于 200 基纳	28 日
多于 200 基纳	60 日

第 202 条　部分履行缩短监禁时长

（1）当支付罚款或诉讼费以及一定期限的监禁的判决已经对不履行给付的被告人作出，依已支付或满足的部分罚款或诉讼费确定的监禁时长，应当随已监禁时长的经过而减少，并且监禁的总天数应当依据判决支付的金钱分为相同的部分。

（2）在本阶段的给付可以支付给：

①书记员；或者

②被告人拘留地的矫正机构主管人员或者警察。

（3）当针对被告人不支付罚款或诉讼费的履行债务执行令已经签发，并且已经向书记员支付部分罚款或诉讼费，书记员应当向其签发一份关于支付情况的证明文件。

（4）在收到第 3 款的证明文件后，或者在这一阶段支付了一笔金钱后，被告人因履行债务执行令而被拘留的，拘留地的矫正机构主管人员或者警察应当针对这一支付情况以及因这一支付而减少监禁时长的情况在执行令上注明，且该注明应当被视为已经相应地修正。

第 203 条　因全部付清而释放

（1）遵循第 204 条的规定，当被告人因不支付罚款或其他金额的履行债务执行令而被拘留，他可以向拘留地的矫正机构主管人员或者警察支付或者被要求支付履行债务执行令中详细记载的金额总额，该官员应当接受该金额总额，并且在被告人没有其他应当羁押的事由时，释放被告人。

（2）矫正机构主管人员或者警察依履行债务执行令所接受的金额总额，应当立即支付给最近的或最便捷的地区法院的书记员，该书记员应当立即通知作出定罪决定的地区法院的书记员。

第 204 条　应付款项的减少

当被告人因不支付罚款或其他金额的履行债务执行令而被拘留，罚款或其他金额随后被支付或者被正当程序所征得，罚款或其他金额应当被视为已经减少，并且与已经履行的监禁时长相对应。

第 205 条　保存账目

书记员、矫正机构主管人员或者警察应当保留一份真实准确的由于定罪或执行令而收到的金钱的账目，记明支付金钱的人、收到金额的时间、收款的地区法院以及向地区法院的书记员给付这些金额的时间。

第 205A 条　社区工作裁定

（1）依据本国的现行法律，地区法院在定罪后，可以因被告人的违法行为而判处罚款或监禁，也可以附带判处罚款，或者不判处罚款或监禁，命令被告人在社区做特定的工作，以一种由部长在国民公报上公告的、允许的目的和方式进行。

（2）地区法院依1款作出的裁定中命令被告人完成的工作在不超过3个月的一定期限内不应超过——

①每日8小时；并且

②一周6日。

（3）在一个人不遵从根据第1款作出的命令的情形下，地区法院可以对这个人施加不超过2日的监禁。

（4）依据第1款作出的命令可能包括第3款情形下的命令。

第205B条　活动范围限制

（1）尽管活动范围限制没有规定为对某一违法行为的惩罚，除对其判处一种或多种其他惩罚措施之外，地区法院还可以对其依本条规定判处活动范围限制。

（2）在任何情况下，地区法院考虑判处一种或多种惩罚措施时，同样应当考虑在该案的情形下，活动范围限制是否是一个合适的惩罚措施。

（3）当一个人承认违法，除了其他可能判处的惩罚措施外，在地区法院确定的不超过5年的期限内该法院可以命令他：

①不进入或居住在地区法院指明的本国该区域范围内；或者

②在地区法院指明的情形下，返回他的居住地。

（4）在第3款情形下的命令：

①可以依地区法院认为合理的例外情况和情形而作出，包括要求该人定期向地区法院官员、缓刑官或者警察机关职员报道；并且

②在地区法院确定的期限内有效。

（5）依第3款第2项作出的命令在要阻止一个人离开本国的情形下不起作用。

（6）在没有合理解释证明发生的情况，拒绝遵守或未能遵守依第3款作出的命令，构成犯罪行为。

处罚：监禁，期限不超过6个月。

（7）一个被证明违反第6款规定的人，应当被强制带出地区法院在命令中指明的本国该区域范围；或者强制移到地区法院指明的区域，依具体情况决定，或是对其作出一个符合本部分规定的新命令。

（8）出于本部分的目的：

"居住地"和人相关，是指：

①在作出判处本节规定惩罚措施的有罪认定之前，连续居住5年以上的地

方，假如有的话；或者

②一个他可以依风俗建造并居住在一栋房屋、庭院的地区，而不论房屋的所有权属于他自己、他的配偶或其他亲戚；或者

③一片由一个语言文化集体所有的传统土地，而他或他的配偶对这一土地依习惯享有使用权；或者

④一片土地租赁12个月以上，或者由他或他的配偶依据本国的现行法律自由持有；或者

⑤在前述第1—4项都不适用的特殊情形下，任何其他在法院看来与他或他的配偶有联系的地方，都应当被合理地视为他的居住地；

"缓刑官"是指一个依据1979年缓刑法案而被指定的缓刑犯监督官员。

第206条 没收的财产可以出售

遵从法律规定，所有因可审判的违法行为而被地区法院没收的非金钱财产，或者由地区法院强制执行的非金钱财产，可以出售、处理或者依地区法院的决定依相似方法处理，出售的收入应当依同样的方式运用，犹如这一收入是一个符合没收收入相关法案的合理施加。

第207条 承担责任执行令不因仅不合程序而无效

如果有一个有罪判决或裁定足以支撑其是合法正当的，或者可以依本法案对其进行修正使其合法正当，那么这个旨在执行的承担责任执行令不应仅因一个误差或错误而被认定无效。

第208条 有罪判决等应当向国家法院的登记员送达

地区法院判决一个人有罪或判决撤销一个与可能依简易程序在地区法院处理的可起诉行为相关的通知之前，应当依照实际情况立即向国家法院的登记员送达有罪判决以及保证书，或者有关撤销的证明文件副本（如果有的话），由他保存到国家法院的记录当中，并且地区法院应当依同样的目的将所有的此类判决、裁定、决定登记在一本登记簿上。

瓦努阿图

瓦努阿图共和国刑事诉讼法典[*]

第十部分 量刑与执行

第189条 判处有期徒刑的拘捕令

司法人员签发的拘捕令可在共和国内的任何监狱执行。该拘捕令中的刑罚由监狱的执行人员及其他工作人员全权执行。

第190条 判处拘留的拘捕令

司法人员签发的拘捕令应被出示。

第191条 共同犯罪的责任承担

数人被法院起诉并定罪的,各被告人应各自缴纳其罚金及诉讼费用。

第192条 罚金的执行

(1)无论法院判决已定罪者何时缴纳罚金或者诉讼费用,该法院可随时:

(a)确定付款时间;

(b)延长支付期限;

(c)允许分期付款;

(d)确定分期付款的延展期;

(e)改变分期付款方式;

(f)命令从收入中扣除相应数额。

(2)如果已定罪者未能在规定付款期限内缴纳当期付款金额,而且其未获准延展期限或者执行令未发生变更的,应当立即签发执行令状,强制执行已定罪者当时所有未付款项,就如同法院定罪后未允许其分期付款一样全额

---

[*] 本法典于1981年由瓦努阿图共和国总统和议会批准,1981年10月1日实施。先后于1984年、1986年、1988年、1989年、2003年和2006年颁布了6次修正案,最后一次修正时间为2006年7月17日。本译本根据太平洋岛法律信息研究所官方网站(http://www.paclii.org)提供的英语文本翻译。

缴付。

第 193 条　罚金的执行令

（1）法院判令强制缴纳罚金、罚款、赔偿金、诉讼费或者其他费用时，可根据执行令状扣押或者拍卖当事人的不动产以及个人财产。如果当事人有足够财产缴纳执行令中所列费用，则不拍卖其不动产。

（2）该当事人可向执法人员支付或者缴清上述款项以及在此期间扣押财产所产生的相关费用。

（3）该条项下执行完成的总额应用于支付一审中执行费用、罚金等。

（4）执行人员可依该执行令扣押或者拍卖当事人的国内财产。

第 194 条　执行异议

（1）案外人主张对第 193 条中所签发的执行令状中的执行标的全部或者部分有法定或者正当权益，可在法院拍卖该财产之前任何时间提出书面异议。执行异议申请书应当列明其异议人权利主张的性质并证明财产价值。异议人应当宣誓证明其价值并将其随异议申请书一并提交。

（2）法院在收到第（1）款中有效地执行异议申请书之后应当书面致函执行人员中止执行程序。

（3）法院签发第（2）款中的决议后应当书面指令异议人在规定时间出庭陈述其主张。

（4）该通知应送交被执行人，如果该财产不是用于缴纳罚金，还应送交拍卖所得收益者。此外，通知应明确执行异议人出庭时间和地点。如果被执行人希望参与执行异议的庭审，通知应指令其届时出庭。

（5）庭审时，法院应调查核实第（4）款所列各方当事人提交的证据材料以审查执行异议人的权利主张。

（6）如果法院经过调查确信被执行财产在被执行时并非被执行人或者其受托人以及受他信任之人所有，或者为其财产承租人占有使用，或者虽由其占有使用但其并非享有全部或者部分所有权的财产，法院应裁定撤销全部或者部分强制执行措施。

（7）如果异议人未按期到庭，或者根据第（5）款载明的庭审调查法院认为其异议主张不成立，应裁定驳回异议继续执行。

（8）该条规定并不剥夺不符合第（1）款规定的申请人采取本条规定以外的合法的权利救济方式。

第 195 条　徒刑代替财产刑

如果扣押或者变卖财产对被执行人及其家人来说是毁灭性的，或者据称其无可供扣押的财产等情况出现，法院自行决定将被执行人收监。签发扣押令后如果被执行人未能尽快缴纳罚金等费用，法院也可自行决定将其收监。

第 196 条　收监后付清罚金

除非被执行人因其他罪行被收监，否则尚未缴付完成的被执行人可向监狱工作人员支付令状中所列金额以及由此产生的相关费用从而获释。

第 197 条　收监后部分缴付

（1）如果被执行人因未履行缴付责任而被监禁应执行部分财产刑，其监禁期限可相应折抵费用。

（2）想要利用第（1）款规定减轻其财产刑的被执行人可向其所在监所的负责人提出申请，主管部门应立即安排其出庭受审。法院应确定原判刑罚因部分缴付而折抵的数额并视具体情况作出裁决。

第 198 条　令状签发机关

执行判决的令状可由作出判决的审判官或者受案法院的其他司法官签发。

第 199 条　裁决和令状的错误与漏洞

法院可随时修改裁决和令状中的形式或实质错误。根据本法规定裁决或者令状中有关时间、地点的错误或者形式上的错误应视为无效或者非法。

附录：

《世界各国刑事诉讼法》分解资料丛书翻译与审校人员

翻译人员（按姓氏笔画为序）

卞建林	孔冠颖	王　丹	王　舸	王贞会
王迎龙	王玮玮	王绍佳	兰　哲	叶　萌
白　冰	白思敏	刘　昂	刘　莹	刘为军
刘亚男	刘在航	刘建波	刘林呐	刘缘艺
孙　扬	孙　璐	孙天瞳	孙长永	安　宁
师晓敏	朱昕怡	许慧君	齐　济	齐赟赟
余　婧	吴小娟	吴宏耀	宋英辉	宋泫沙
宋维彬	张　艺	张　辰	张泽涛	张　珂
张　龚	张　晶	张　鹤	张　璐	张天仪
张佳华	张鸿绪	张瀚文	李　伟	李　响
李　晶	李　辞	李红丽	李依苇	李学军
李庚强	杨　依	杨宇冠	汪沸丝	肖沛权
辛金霞	迟　颖	邵　聪	陆而启	陈　岩
陈开元	陈永生	周　凡	周　楠	周蕴菁
季奕鸿	季美君	岳礼玲	林　静	林艺芳
罗　宇	罗结珍	罗海敏	苑　冬	苑宁宁
苗思雨	金玄卿	侯宇翔	段君尚	赵　路
赵九之	赵京剑	赵珊珊	赵海智	赵新兰
倪　润	徐　磊	徐美君	栗峥	桂梦美
殷晓超	袁晓岩	郭　晶	郭　锴	郭志媛
都　郁	顾永忠	高　通	高　源	高　鑫

黄 风	黄宝伟	黄晓敏	曾 莉	曾元君
程 雷	程明珠	蒋 毅	谢 澍	谢刚炬
褚 宁	裴 炜	潘 灯	潘 侠	霍艳丽
魏 武	魏晓娜			

审校人员（按姓氏笔画为序）

Elio de la Cal　　　Lisy Alina Jorge Mendez
Luis Felipe Borja　　　孔祥承　　　巴尔克娜·伊奈斯

王绍佳	白思敏	邝金玲	刘计划	刘清波
孙致祥	孙钰岫	朱昕怡	许静文	严文君
何 丹	何锦荣	初殿清	吴宏耀	宋振策
张瀚文	李 伟	李本森	李依苇	李学军
李婧宜	陈子楠	周 凡	岳礼玲	林宝红
罗 颖	郑志展	郑鼎基	金哲楠	胡家伟
徐美君	袁木松	钱钊强	顾永忠	曹俊雅
曾 莉	董 杨	蒋 毅	谢 凯	潘 灯
黎彩玲	戴 昀			

图书在版编目（CIP）数据

刑事执行程序：外国刑事诉讼法有关规定／卞建林主编．—北京：中国检察出版社，2017.9

（《世界各国刑事诉讼法》分解资料丛书）

ISBN 978-7-5102-1969-6

Ⅰ.①刑… Ⅱ.①卞… Ⅲ.①刑事诉讼-执行（法律）-诉讼程序-中国 Ⅳ.①D925.218.3

中国版本图书馆 CIP 数据核字（2017）第 218106 号

刑事执行程序

外国刑事诉讼法有关规定

卞建林　主编

出版发行：	中国检察出版社
社　　址：	北京市石景山区香山南路 109 号（100144）
网　　址：	中国检察出版社（www.zgjccbs.com）
编辑电话：	（010）86423708
发行电话：	（010）86423726　86423727　86423728
	（010）86423730　68650016
经　　销：	新华书店
印　　刷：	保定市中画美凯印刷有限公司
开　　本：	710 mm × 960 mm　16 开
印　　张：	31.25　插页 4
字　　数：	576 千字
版　　次：	2017 年 9 月第一版　2017 年 9 月第一次印刷
书　　号：	ISBN 978-7-5102-1969-6
定　　价：	68.00 元

检察版图书，版权所有，侵权必究
如遇图书印装质量问题本社负责调换